《周易》鄭解

鄭吉雄　著

目錄

上編：字義詮解

壹、從卦爻辭字義的演繹論《易傳》對《易經》的詮釋

中編：義理象數

下編：歷史源流

序論

　　本書收錄 2002 年至 2021 年個人研究《周易》的主要成果，為上、中、下編，凡十八章。年齒漸長，我愈來愈不耐煩讀太厚的書，沒想到自己觀象玩辭，觀變玩占，經歷二十寒暑，不知不覺間也積累了五十萬字，誠屬意料之外。

　　我在 2012 年由中央研究院出版的《周易玄義詮解》各章，經修訂後也收入本書，不再單獨刊行。〈《周易》全球化：回顧與展望〉原已列入《周易階梯》第十二章，因近年我在香港籌劃「寰宇《易經》」系列演講，遂略作補充，成為新修訂版，收入本書下編〈壹〉。2002 年問世的《易圖象與易詮釋》、[1]以及分別在 2018 和 2019 年付梓的《周易階梯》和《周易答問》，[2]其中論點，均可與本書互參。去年（2021）春天定稿，我又將本書各章大幅修訂。像〈《易》儒道同源分流論〉一章，原發表於 2008 年，近來重籀《老子》，有靈光乍現之感，不得不將全篇重寫。

　　筆者治《易》，持論多與流行學說不同。輯成之後，書名擬定，頗費躊躇。內子敏慧說：「既是你的一家之言，以為正解，可逕題為《周易鄭

1　拙著，《易圖書與易詮釋》，初版由喜瑪拉雅基金會出版，2004 年改由臺大出版中心出版，收入「東亞文明研究叢書」第 6 種。

2　拙著，《周易階梯》（上海：上海古籍出版社，2018）；《周易答問》（上海：上海古籍出版社，2019）。

解》。」是為本書定名的緣起。[3]

　　筆者於個人觀點，敝帚自珍，固有自信，但我所樹立的理論是否算得上「新典範」則難言，孔恩（Thomas Kuhn）「典範轉移」（paradigm shift）之說，未必適用於人文學。人文學不比自然科學，難以像廣義相對論或量子力學的原理，提出後即讓人無法迴避。人文學是主觀之學，近於藝術，永遠可以迴避，再碻不可移的觀點也常被忽視，也很難有實證方法定奪誰對誰錯，最後就是眾聲喧嘩，橫看成嶺側成峰。但站在作者的角度，面對真理，必須有睥睨古今的氣魄，擇善固執，不能妄為調和之論。面對二十世紀初科學主義和疑古運動浪潮下，綿延百年之久的《易》學觀點，研究者沒有打破全局的勇氣，將難以從舊說泥淖中自拔。

　　本書十八章編次，頗費思量，雖劃分為上編「字義詮解」、中編「義理象數」、下編「歷史源流」，但三者既高度相關，怎麼分割都很勉強。因字義校勘剖析，必定涉及義理分判；考察歷史源流，也躲不開訓詁哲理的研討。例如下編〈伍〉，探討的是《周易》與儒、道思想軌跡糾纏的技經肯綮，雖謂考察源流，但要是手上沒有奏刀義理的遊刃，焉能謋然解牛而躊躇滿志？就課題形成次序而言，我最初讀《易》，返本溯源，對流行一世紀的「經傳分離說」於《易》學的破壞，感到痛心，不吐不快。故本書最早撰寫的，是下編〈貳、論二十世紀初《周易》「經傳分離」說的形成〉，藉由解構古史辨運動興起的隱曲，披露舊說謬誤。先破而後立，繼而撰成上編〈壹、從卦爻辭字義的演繹論《易傳》對《易經》的詮釋〉，循訓詁入手，析論經文，嘗試重建經傳義理發展體系。故上述二篇，實為全書基礎。主幹確立，枝葉花實，循序而繁茂，漸次對經義、字義、校勘、象數、禮制、歷史、玄理，一一梳析，而有最後的規模。

　　為提綱挈領，謹說明本書十個主要論點如下。

---

[3]　我在撰寫《周易階梯》、《周易答問》二書時提及這部書稿，曾一度暫用了《周易源流研究》之名。

一 重建經傳關係

　　本書的構思，肇始於 2002 年我立意重探《周易》經傳關係，以求總結一個世紀以前古史辨運動《易》家所建立的舊典範——經傳分離，為它劃下句點。

　　「經傳分離」是過去一世紀《易》學的主流意見，亦是不被懷疑的典範性觀點。高亨、[4]戴君仁、[5]屈萬里、朱伯崑、[6]余敦康[7]等前輩大師，無不持守此一立場。遺憾的是，似乎沒有學者注意到它是「目的論」（teleology）

4　高亨之說，與同時期學者皆本於二十世紀初進化史觀、科學主義及反傳統思潮，高氏之說散見《周易大傳通說》、《周易古經今注》等著作；古史辨運動學者之言論則見顧頡剛編著，《古史辨》，第 3 冊（上海：上海書店「民國叢書」本，1992）。

5　戴君仁，〈易傳之釋經——談易之一〉，《民主評論》，第 10 卷第 24 期（1959 年 12 月），頁 14-15。又說：「易本卜筮之書，這是不容辯的。卜筮是上古民智未開，迷信時代的東西，用現代人眼光看起來，應是毫無價值。但易經是不是全無價值呢？我想多數人會否認其無。可是其價值何在呢？據我想，在於它已成為哲學的書，即是義理的書。天道人事的道理，都說在裡面；尤其是人事方面，其政治性、道德性，發揮得極其精要。那麼，易之可貴，無疑的即在於此。我們有需要，依義理的性質，談一談易經的內蘊。周易一書，由術數的轉變為義理的，關鍵在易傳十篇。」戴君仁，〈易經的義理性〉，原刊《國立故宮博物院圖書季刊》，第 2 卷第 3 期（1972 年 1 月），後收入《梅園論學續集》（台北：藝文印書館，1974），頁 222。

6　朱伯崑提出《周易》「經」、「傳」、「學」三者分立，彼此勿相混淆，更恰好代表了二十世紀學者的主流觀點，其論點散見於所著《易學哲學史》（北京：華夏出版社，1995），第 1 卷，以及其晚年的論著。讀者可參考朱氏於 1997 年在香港道教學院演講〈易學研究中的若干問題〉（收入《朱伯崑論著》〔瀋陽：瀋陽出版社，1998〕，頁 831-882），對於「經傳分離」的主張，對「以經釋傳」、「以傳釋經」、「以學釋傳」的抨擊，有相當詳盡的論述。大致而言，朱氏認為《易經》為占筮語言，《易傳》為哲學語言，二者不能混淆。

7　余敦康說：「《易傳》對卦象作了哲學的解釋。……《易經》以八卦的卦象為槓桿，提出了一個對世界的總的看法。它把天地、山澤、雷風、水火看作是兩兩相對，交互作用，又把陰陽看作是決定事物變化的根本原因。這完全是哲學世界觀的內容。……所以在春秋時期，與筮法發展為卦象說的同時，也開始了擺脫宗教巫術的束縛而向哲學發展的前進運動。在從《易經》到《易傳》的歷史發展過程中，春秋時期是一個重要的中間環節。」余敦康，〈從《易經》到《易傳》〉，原刊《中國哲學》，第 7 輯（北京：三聯書店，1982），頁 1-27，後收入《中國哲學論集》（瀋陽：遼寧大學出版社，1998），頁 381-400。

的論述，倡議者最終目的是摧毀《周易》經傳系統——「經」沒有了義理解釋則無異於歷史糟粕，「傳」失去「經」義的支撐，其主體性也隨之崩解。這滿足了古史辨運動反傳統文化的目的，卻誤導了學界數十年，讓學者費盡唇舌爭論《易傳》究竟屬於儒家抑或道家，渾忘了《易傳》的詮釋主體原本就是「經」——六十四卦卦爻辭。經傳分離典範一旦成形，即為《周易》的解釋與研究設下了無法消除的障礙。即使研究義理的學者，也必先承認其原本為純粹占筮之書，義理屬於後起的內容。

　　「經傳分離」之說，單就中國傳注傳統方法論考察，已知其無稽。[8]《五經》的解釋，無不依賴後世的傳、箋、注等。沒有傳、注的支撐，經文意義根本無從說起。將「傳」與「經」一刀兩斷，經文被孤立了，一切所謂研究，皆無異於射覆猜謎，連帶整個學術體統也失衡。這種謬誤，就像近二十年若干漢學家未經經典文本訓詁校勘的訓練，即自恃考古出土文物而暢論中國上古文明。上一世紀也曾有學者試圖依恃出土文獻和古文字探索「經」義，雖不能說全無貢獻，終究與經文及史實大相逕庭。衡諸世界各文化系統的經典傳統，一切經典在經典化（canonization）的過程中，也不可能將經文與後來的解釋傳統切割。「經」的解釋不能捨「傳」而為，是閱讀經典的常識。就「傳」而論，《易傳》是天壤之間最早專門解《易》的著作，縱使並非孔子親撰，眾多作者的意見，價值難以估量。《易傳》年代上距經文撰著僅數百年，近現代研究者則在二千年以上，縱使近人有洞見，豈能反過來傲然否定《易傳》作者的智慧財產，動輒指控解經為無效？事實上，「經、傳」關係，有如父母子女，父母的個性習氣，常因遺傳而影響子女。「經」之基因遺留予「傳」，「傳」之血緣則承繼自「經」。研究者固然不應視「經、傳」為一體，但亦不宜認「經、傳」為毫無關係的兩種文獻；正如今天我們不會將子女視為父母的分身，亦不會視父母子女為毫無關係的陌路人。

8　以《詩》、《書》而論，豈有完全捨棄《毛傳》、偽《孔傳》而進行研究的可能？何以獨獨研究《周易》時要在經與傳之間劃下不可跨越的疆界？即此已可知持「經傳分離」說的學者的用心。

終結了二十世紀初奠立的「經傳分離」舊典範，並不表示我們要走回二十世紀以前「經傳一體」的舊路，也不代表新典範就能建立。典範轉移，從來是多重因素促成，至為複雜。一種論點能影響一兩個世代，風行一時，很少是出於一、二人的主觀設計。倘若本書的論點有幸獲得《易》學界接受，為《周易》研究開拓出另一時代的新猷，這絕對是我的榮幸。但卑之毋甚高論，我寧可將一切研究奠基於文獻。

二 從卦爻辭一字多義探討語言哲學

「一字多義」（polysemy）本屬語言通性現象，拉丁語、梵文皆然，漢語亦不例外，例子不勝枚舉。本書上編〈壹、從卦爻辭字義的演繹論《易傳》對《易經》的詮釋〉提出二十多例討論卦名的多義性，並說明卦爻辭作者早已有「字義演繹」的實踐，前年（2021）就有最新研究成果刊布，延續了我的思路，探討「清華簡」卦名音義的關聯問題，[9]說明了吾道不孤。錢鍾書《管錐編》「論易之三名：一字多意之同時合用」條，對「一字多義」所論至詳。[10]因漢字是「形、音、義」的結合，有時同一字形有不同音韻而表述不同意義（如「樂」有動、名不同而有音、義之區別，又或上古「巳」字亦借為「已」）；有時字形不同，讀音意義卻毫無分別（如「毓」之與「育」、「身」之與「娠」），又或因古代字少，而出現「假借」（說詳上編〈貳、《易》學與校勘學——異文與「一字多義」〉），或因增添偏旁，轉成新字（即六書中之「轉注」[11]）。這也是戴震區分「字之體、字之用」的用意。[12]卦爻辭古奧，一

9　黃澤鈞，〈清華肆《別卦》卦名釋義——以意義相關者為範圍〉，《漢學研究》，第 39 卷第 1 期（2021 年 3 月），頁 1-39。

10　錢鍾書，《管錐編》（香港：中華書局，1980），《周易正義》第一條，頁 1-8。

11　此用龍宇純師之說。

12　戴震〈答江慎修先生論小學書〉，將指事、象形、形聲、會意屬「字之體」，轉注、假借屬「字之用」。參〔清〕戴震撰，《聲韻考》，收入張岱年主編，《戴震全集》（合肥：黃山書社，

字多義之情形至為複雜，研究者必先認識漢字形音義統一的本質，知三者不可分割，然後以傳統小學的方法分析探求其結構之義，同時以哲學思辨的方法，玄思冥索其抽象之義。但區分二者，最終也必然明白到：結構、抽象二義，原本即統一於每一個字之中。傳統所謂「訓詁」、「義理」兩種進路，正是達致此二義的津梁。研究至於義理抉盡無遺之時，則必然發現二義實同出一源，孰為結構之義？孰為抽象之義？往往難以二分。此又緣於漢字形音義結合統一的本質，故雖不斷衍生新義成為「意義群」，亦始終有一根本理念作為其內核，統攝諸義。如何捕捉「字」的內核，則取決於研究者文獻訓詁的學養。

古代經典異文甚多，而歷代寫手在抄寫經文時，受限於文本物質的限制，當然不可能同時寫下反映數種意義的文字的各種形體。《周易》亦不例外，如「井」之與「汬」，「坎」之與「欿」均是。字形雖含歧義，但畢竟任何抄本，都只能選擇其中一種寫法，以寄託抄寫者自身解讀的意義。因此對後世學者而言，披覽不同版本，遇到不同的字體寫法，應該要注意到，這些分歧不但反映了抄寫者對於該經典的某種特殊理解及詮釋，同時也注定讓讀者放棄（或失去）其他未被選擇而呈現出來的字形字義。我常常提醒簡帛研究者，在遇到「異文」時千萬不要遽下判斷，用「對、錯」的標準對待不同字形，其故在此。

關於經典中的語言哲學問題，我另有兩篇論文〈名、字與概念範疇〉[13]及〈論先秦思想史中的語言方法——義理與訓詁一體性新議〉[14]，有所論析。追源溯本，先秦諸子百家爭相討論「名」的問題，在孔子有「正名」學說，在《墨經》「墨辯」之論，莊子有「齊物」之想，在惠施有「厤物」

　　1995），第 3 冊，卷 4，頁 333-334。

13　拙著，〈名、字與概念範疇〉，《杭州師範大學學報（社會科學版）》，第 39 卷第 4 期（2017），頁 13-28。後被中國人民大學書報資料中心選入複印報刊資料《中國哲學》，第 12 期（2017），頁 10-25。

14　拙著，〈論先秦思想史中的語言方法——義理與訓詁一體性新議〉，《文史哲》，2018 年第 5 期，頁 38-67。

之辯，荀子有「解蔽」、「正名」之議。歸根究柢，漢字「一字多義」的複雜情形，導致出現「名」與「實」常常互相混淆。同一個字，在經典中喻指兩種或以上的事理（如〈革〉卦「己日乃孚」之「己」，兼指更改之「改」及戊己之「己」。詳參上編第二章），是常見的情形。研究古代哲學的「名」（概念範疇），必須同時考慮人類認知活動，包括感官認知，乃至於心靈感知，即《荀子‧正名》所說：

> 緣天官。凡同類同情者，其天官之意物也同。故比方之疑似而通，是所以共其約名以相期也。形體、色理以目異；聲音清濁、調竽奇聲以耳異；甘、苦、鹹、淡、辛、酸、奇味以口異；香、臭、芬、鬱、腥、臊、漏、庮、奇臭以鼻異；疾、養、滄、熱、滑、鈹、輕、重以形體異；說、故、喜、怒、哀、樂、愛、惡、欲以心異。心有徵知。徵知，則緣耳而知聲可也，緣目而知形可也。然而徵知必將待天官之當簿其類，然後可也。[15]

「心」的「徵知」，不但有別於耳、目、肌膚等各個感官，也具綜合能力——緣耳而知聲，緣目而知形，而且能轉化為對事理的價值判準，總之不離軀體。由此提醒我們：在語言與身體密切關聯上，以漢字漢語書寫的卦爻辭結合超越語言文字的卦爻符號，只是初階，最後必經「天官」的「當簿其類」，由符號、語言，進而直觀和聯想，才能感知意義的流動變化。經典的解釋，是閱讀的藝術，語言文字訓詁的工夫不可廢，想像力也不可或缺。

三 《周易》古史觀檢討

《周易》古史觀肇興於古史辨運動，而確立於胡樸安 1942 年出版之《周易古史觀》，其主要包括兩觀點：《易》本占筮紀錄，卦爻辭多載古代社會風貌，可為古史材料。

---

15 〔清〕王先謙撰，沈嘯寰、王星賢點校，《荀子集解》（北京：中華書局「新編諸子集成」本，1997），卷 16，頁 415-417。

前一觀點主要在二十世紀初古史辨派學者，截取朱熹「《易》為卜筮之書」之語，[16]注入進化史觀，將早期中國思想視為源出於巫術、迷信。當時的學者急於批判舊文化，而不能具備「《六經》皆史」[17]的正確眼光，從政治典冊的本質看待《易》和《詩》、《書》。後一觀點是用後人的觀念理解前人。以為古人像現代人一樣，身邊有各種便捷書寫工具，可隨手記錄社會生活風貌。要知道古代書寫不便，程序複雜，書寫於竹簡需要殺青，甲骨鐘鼎更需要鑄刻。掌管知識的人少，典冊所記，主要供政教之用，斷不能與今人行事方式相提並論。

　　《周易》雖可用作占筮，卻非單純的占筮紀錄，亦不以記述社會風貌為務，主要因為：《易》為王朝典冊，用在政事，對統治階層進行政治教育，亦即章學誠所說的「《六經》皆先王之政典」[18]之意。《易》確與「古史」有甚深關係，事實上我就引述《詩・大雅・文王》、《尚書・多士》等與〈坤〉卦互證，說明此卦實為警告殷頑民遷雒邑的訓辭（說詳下編〈參、《歸

<hr />

16　《易》學界皆知朱子受程頤影響甚深，但對程氏《易傳》忽略卜筮深感不滿。朱子〈答孫季和〉：「近世言《易》者直棄卜筮而虛談義理，致文義牽強無歸宿。此弊久矣。要須先以卜筮占決之意求經文本意，而復以《傳》釋之，則其命詞之意，與其所自來之故，皆可漸次而見矣。」〔宋〕朱熹著，曾抗美、徐德明校點，《晦庵先生朱文公文集（六）》，收入朱傑人、嚴佐之、劉永翔主編，《朱子全書》（上海：上海古籍出版社；合肥：安徽教育出版社，2002），第 25 冊，別集卷 3，頁 4885。《朱子語類・易一》亦記：「問：『伏羲畫卦，恐未是教人卜筮？』曰：『這都不可知。但他不教人卜筮，畫作甚？』」〔宋〕黎靖德編，王星賢點校，《朱子語類》（北京：中華書局「理學叢書」本，1986），卷 65，頁 1619。然而，深一層考察，朱子強調的「卜筮」主要精神在於上古聖人開物成務，借卜筮以教育人民。故說：「蓋上古之時，民淳俗樸，風氣未開，於天下事全未知識。故聖人立龜以與之卜，作《易》以與之筮，使之趨利避害，以成天下之事，故曰『開物成務』。然伏羲之卦，又也難理會，故文王從而為之辭於其間，無非教人之意。如曰『元亨利貞』，則雖大亨，然亦利於正。如不貞，雖有大亨之卦，亦不可用。如曰『潛龍勿用』，則陽氣在下，故教人以勿用。『童蒙』則又教人以須是如童蒙而求資益於人，方吉。凡言吉，則不如是，便有簡凶在那裏。凡言不好。則莫如是，然後有簡好在那裏，他只是不曾說出耳。」同前，卷 66，頁 1621-1622。

17　〔清〕章學誠，《文史通義・易教上》，《章氏遺書》（台北：漢聲出版社影印吳興劉氏嘉業堂本，1973），卷 1，頁 1a。

18　同前注。

藏》平議〉)。《周易》主要用於政教，歷史意義也在此，而非社會史料的蒐輯。故討論《易》「象」，必據西周禮樂制度上溯陰陽的調和，先確立「陰陽」為天地的至高無上之「象」。陰陽之「象」則不離乎禮教。正如《禮記・郊特牲》「樂由陽來者也，禮由陰作者也，陰陽和而萬物得」。[19]弄清楚這一點，我們才能對《左傳》、《國語》所記春秋時期二十多條「筮例」有正確的理解，明瞭這些筮例反映的，並非《易》學的興盛，而是《易》學的衰微。[20]然後才能明白何以孔子讀《易》至嫻熟，對於以《易》授徒卻頗消極。繼承《易》、《詩》、《書》等政典，以之為讀本，傳之於民間的第一人，實為孔子。孔子整理《六經》，被公認為「王官學」流而為「百家言」的關鍵人物，在經典傳承上至關重要。孔子與《周易》的關係不予釐清，《易》的價值始終受到懷疑。

今天研究漢學（Chinese studies）的學者，面對古史問題，必須拋開政治意識型態的好惡，用科學的態度，客觀地回顧古史。要知道古史辨學者所說，多已過時，價值不大。中國古代文明起源的探討，包括中國文明、人種的來源等，自十九世紀末以來，即有各種諸如「西來說」、「夷夏東西說」等等假說。延伸至於中國古經典的研究，亦有種種推想，如謂《山海經》所述地理實係記載中國以外地區包括中亞細亞甚至北美洲等。[21]至於中國少數民族對《易》亦有研究，包括《周易》在古代文明位置、源起等等，大異於漢族傳統的解釋。[22]這部分因不屬於本書範圍，可期諸異日「寰宇《易經》」計畫的進一步探討。

---

19 〔漢〕鄭玄注，〔唐〕孔穎達等正義，《禮記注疏》（台北：藝文印書館影印阮元校刻《十三經注疏附校勘記》本，1979），卷 25，頁 10a。

20 讀者亦可參蔡瑩瑩，〈《左傳》《易》例重探——兼論先秦《易》說的特色與價值〉，《中國文學研究》，第 35 期（2013 年 1 月），頁 1-58。

21 See Henriette Mertz, *Pale Ink: Two Ancient Records of Chinese Exploration in America*, BiblioBazaar, 2008 (original copyright 1953.) 此書主張《山海經》（*Classic of Mountains and Seas*）所論山經多屬北美地域。衛聚賢亦有著作論中國人最早發現美洲，《山海經》記述的是古天竺的地理等。

22 吳偉明教授的專書《非漢族易學史》有詳細闡述，即將問世。

四 《易》非占筮紀錄

《易》學學者因久習慣於「《易》本卜筮之書」的舊說，對「《易》非占筮紀錄」自然難以理解，尤其朱熹曾說「且如易之作，本只是為卜筮」。[23]其實朱子這句話並不簡單。他說：

> 聖人立龜以與之卜，作《易》以與之筮，使之趨利避害，以成天下之事，故曰「開物成務」。然伏羲之卦，又也難理會，故文王從而為之辭於其間，無非教人之意。[24]

聖人借卜筮教人治事明理，「卜筮」實不脫離政治教化的作用，教導人民趨利避害，以「成天下之事」。此可知朱熹口中的「卜筮」，不離政治教化，和近現代治《易》者所倡議的「卜筮」截然不同。

考察傳本及簡本《歸藏》，卦辭形式，與卜辭形式大異其趣，可證殷商時代，《歸藏》已與占筮分流。[25]《周易》承《歸藏》而作，卦爻辭多用「悔」、「吝」、「吉」、「凶」等占斷之辭，與出土日書卜病測運類同。只要通讀經文，即不難了解卦爻辭的高度系統性，目的在於闡述哲理，而不可能是「紀錄」。

近數十年研究《易》占最具影響的研究，當屬張政烺及其數字卦研究。數字卦早在宋代已被發現，當時稱為「奇字」。張先生具啟迪性的觀點甚多，例如他注意到帛書《老子》「德經」先於「道經」，和嚴遵《道德真經指歸》的篇次一樣，接著指出「甲骨文裡『上下』二字合書，『上』字在下，『下』字在上。再證以《周易》的六十四卦也是先下卦後上卦，

23　如《朱子語類‧易二》記朱子說：「且如《易》之作，本只是為卜筮。如『極數知來之謂占』，『莫大乎蓍龜』，『是興神物，以前民用』，『動則觀其變而玩其占』等語，皆見得是占筮之意。」黎靖德編，《朱子語類》，卷66，頁1621。

24　同前注。

25　論者或疑傳本及簡本《歸藏》均是訛偽產物，本書下篇〈參、《歸藏》平議〉一章辨之甚詳盡，讀者可參。

而六爻也是從下往上數起」，而推斷「古人的陰陽觀就是這樣」，[26]如此將陰陽觀用以解釋《易》和《老子》，確具卓見！他最為學界樂道的，當是〈試釋周初青銅器銘文中的易卦〉、[27]〈殷墟甲骨文中所見的一種筮卦〉[28]等幾篇論文，綜合考察卜骨、鼎銘中的數字卦，大大拓展了研究視野，並掀起了《易》學界對於數字卦研究的浪潮。他努力證明《易》卦是從數字卦發展出來，固然展現了站在新材料前沿提出洞見的魄力，但畢竟其中牽涉問題太複雜，未能完全讓研究者信服。事實上，張先生也注意到「筮法不容易解決」。[29]他講的「筮法」其實就是「成卦之法」。歷史上流傳對於《周易》成卦之法的紀錄，唯一近古而可參的是《繫辭傳》「大衍之數五十」一章，可與《左傳》、《國語》筮例參證，後來也藉由朱熹《易學啟蒙》的解釋而發生廣泛的影響。當然，後人也未盡相信朱子的解釋。[30]關鍵在於《繫辭傳》成卦之法是專門解釋《周易》的，而《周易》的「主變」主要寄託於「卦」，而「卦變」又藉「爻變」才有可能。觀諸先秦筮書，只有《周易》兼有卦辭和爻辭（《歸藏》無爻辭）。有爻辭，「爻變」才有道理可講；有「爻變」，「卦變」才能實現。這是《周易》系統特色所在。本書〈《歸藏》平議〉一章指出，《周易》爻題以「六、九」（老陽、老陰）標示陰陽以體現「變」，寄託的正是「爻」而非「卦」。先儒多推論《歸藏》用「七、八」（少陽、少陰）為占，[31]推論終歸只是「推測」，最早也只能引《周

---

26 張政烺，〈在長沙馬王堆漢墓帛書座談會上的發言〉，收入張政烺著，李零等整理，《張政烺論易叢稿》（北京：中華書局，2015），頁4。

27 張政烺，〈試釋周初青銅器銘文中的易卦〉，原刊《考古學報》，1980年第4期，頁403-415，收入《張政烺論易叢稿》，頁6-29。

28 張政烺，〈殷墟甲骨文中所見的一種筮卦〉，原刊《文史》，第24輯（北京：中華書局，1985），頁1-8，收入《張政烺論易叢稿》，頁64-76。

29 張政烺，〈殷墟甲骨文中所見的一種筮卦〉第四節，頁73-76。

30 可參高亨，〈周易筮法新考〉，《周易古經通說》，收入高亨，《周易古經今注（重訂本）》（北京：中華書局，1984），頁139-160。

31 《左傳》因有三例「皆八」的占筮，遂引起後世學者「象占」、「爻占」的區別之論。說詳本書下編〈參、《歸藏》平議〉。

易乾鑿度》為說，因傳本和王家臺簡本《歸藏》皆無爻辭，遂完全缺乏實證支持。張先生既然承認數字卦筮法無法解決，卻在〈試釋周初青銅器銘文中的易卦〉討論數字卦「變卦」，這當然是行不通的。[32]他參考的《焦氏易林》是偽書，不足為據，而文中借用《左傳》、《國語》筮例，理應明瞭它們多據《周易》系統，難以說明數字卦的成卦之法。無論如何，這樣把《周易》變卦理論套用在不知來歷、結構和《易》不同、系統和《易》不一的數字卦之上，[33]扞格不通，實難以避免。我們尊敬張先生，但在數字卦是否為《易》卦之源的問題上，仍應秉持實事求是的態度。[34]

回歸文本，卦爻辭卦名及卦爻辭大量使用漢字的引申義（extended meaning）而非本義（etymological meaning），本書〈從卦爻辭字義的演繹論《易傳》對《易經》的詮釋〉一章已提供大量例證說明。即此可知《周易》是成熟的創作，而不是原始的紀錄。過去堅信卦爻辭為占筮紀錄的研究者，根本忽略了文字音義引申複雜而漫長的過程。關鍵在於：讀者如缺乏對語文的敏感性而閱讀經典，無異於五音不全的聽眾鑑賞音樂，難以感知細節與意味是必然的。但即使像李鏡池為古史辨運動健將，1930 年代強烈堅持卜筮書的觀點，晚年亦委婉而有限度地承認卦爻辭有哲學思想。[35]或有人

---

32 張政烺，〈試釋周初青銅器銘文中的易卦〉，第四節「變卦問題」，頁 16-17。

33 數字卦不止於六、九之數，且有四爻、五爻之卦。

34 李零為乃師整理遺稿，指責李宗焜〈數字卦與陰陽爻〉（《中央研究院歷史語言研究所集刊》，第 77 本第 2 分〔2006 年 6 月〕，頁 279-318）對張政烺評價不公允。我頗不以為然。張先生對數字卦的推說在學界是新觀點，接受檢驗天經地義。再說李文已提出了多項論點。李零迴避了張先生新說的正面證據不足的問題，反責李宗焜「一點反證都沒有」（李零，〈寫在前面的話──讀《張政烺論易叢稿》〉，《張政烺論易叢稿》，頁 19）。其實李零只據爻的「橫畫斷連」一致性，認為有出土文物可證，這豈能說是公允呢？

35 參李鏡池，〈關於周易的性質和它的哲學思想〉，收入《周易探源》（北京：中華書局，1978），頁 151-177。儘管說李先生「承認」卦爻辭有哲學思想，他仍然堅持一種帶有進化論色彩的歷史觀，說：「古人占卜雖是迷信，但『卜以決疑』，在生活上碰到困難，發生問題，才去占卜，當然他們用的方法不對頭，不用人的智慧來解決問題，不用人的主觀能力來克服困難，而乞靈於神，這是他們幼稚的地方。」（頁 154）他強調《易》是占卜書，只是其中含有哲學思想成分而已。

根據《左傳》、《國語》筮例而認定《易》為卜筮書，則不悟可以用作卜筮的工具至夥，《周易》可用作卜筮，並不代表它就只能是卜筮工具。[36]世人習於耳食，道聽塗說，不足為怪，但研讀經典的我們，終究不能粗心大意，人云亦云。古代經典成書時期可用的文字有限，書寫工具亦不便利，造成作者常將多層涵義，寄託於有限篇幅。也由於經典屢經傳寫、雕琢，才形成藝術性。後人閱讀經典，不但需要文字聲音等知識，更重要的是像莊子所說：

> 无聽之以耳而聽之以心，无聽之以心而聽之以氣。[37]

像《周易》這樣具藝術性的經典，尤需以哲學心靈理解。誠如《荀子・解蔽》所云：

> 疏觀萬物而知其情，參稽治亂而通其度，經緯天地而材官萬物，制割大理而宇宙理矣。[38]

閱讀經典，必須深入語文，進而超越語文，充分運用感知力與想像力，從大自然之理縱觀宇宙。倘若執著於疑古、辨偽，管中窺豹，必至於「心不使焉，則白黑在前而目不見，雷鼓在側而耳不聞」。[39]這樣讀經典，厚誣古人多矣！

五 象、數分論重探

象數與義理、圖書合成《易》學三大支柱。由於傳統象數學說體系宏

---

36 當然，《周易》被用作占筮已有二千餘年，人類精神貫注既久既多，自有其神明奧妙，超越於語言的玄之又玄、難以解釋的妙用。這是另一問題。

37 《莊子・人間世》。〔清〕郭慶藩撰，王孝魚點校，《莊子集釋》（北京：中華書局「新編諸子集成」本，1997），卷2中，頁147。

38 《荀子・解蔽》，王先謙撰，《荀子集解》，卷15，頁397。「理」原作「裏」，依楊倞《注》「裏當為理」改。

39 同前注，頁387。

大，恍如迷宮，今日重探，不易尋覓頭緒。本書有別於《易》家合象數為一的舊路，採「象」、「數」分論之法，以避免牽纏舊說。

象數之學，關乎經傳辭例，且多涉神祕主義成分，向稱難治。傳統論象數的學者，多主漢儒。雖說距古未遠，其學說遠有所承，但受到漢代特有的災異、讖緯思想，漢《易》象數系統也不免蕪雜。倘若回歸文本，卦爻辭樸素，探討其中數字，不參照《易傳》以及秦漢學說，又難以申述，研究起來確實不易。

《十翼》之中，以《繫辭》、《說卦》兩傳論「象」最詳，但解說的方法進路卻常相反：《繫辭傳》的解釋抽象已極，而難以捉摸；《說卦傳》的解說至為具體，卻難以歸納。《繫辭傳》諸如「易者，象也；象也者，像也」，[40]「象其物宜」，[41]「法象莫大乎天地」、「縣象著明莫大乎日月」，[42]吉凶是「失得之象」，悔吝是「憂虞之象」，變化是「進退之象」，剛柔是「晝夜之象」，[43]皆屬於抽象的描述，真所謂仁者見之謂之仁，智者見之謂之智，難以知其具體指向為何。《說卦傳》釋「象」則一一歸諸具體，如：

> 乾為天，為圜，為君，為父，為玉，為金，為寒，為冰，為大赤，為良馬，為老馬，為瘠馬，為駁馬，為木果。[44]

「為天」與「為君、為父」連繫或不難想像，但何以「為良馬」又「為木果」則難以理解。將《繫辭》、《說卦》二傳比合而觀，實讓人對「象」如墮五里之霧。這正如孔穎達將「象」區別為「實象」與「假象」：

> 實象者，若「地上有水，比也」、「地中生木，升也」，皆非虛，故言實也。假象者，若「天在山中」、「風自火出」，如此之類，實无此象，假而為義，

40　〔三國魏〕王弼、〔晉〕韓康伯注，〔唐〕孔穎達等正義，《周易注疏》（台北：藝文印書館影印阮元校刻《十三經注疏附校勘記》本，1979），卷8，頁8b。

41　同前注，卷7，頁16a。

42　同前注，頁29a。

43　同前注，頁5a-6a。

44　同前注，卷9，頁7b-8a。

故謂之假也。雖有實象、假象，皆以義示人，總謂之象也。[45]

借用孔氏之說，「乾」之為君、為金、為冰云云，就很「實」了；但這種「實」其實又很「假」，因為難以歸納出共同屬性；「憂虞之象」，不可謂之不假，但這種「假」確屬真「實」，因為憂樂之情宰制著每個人的生活。筆者論「象」，先立乎其大者，據「法象莫大乎天地」一語，上溯古史，確認古代聖王治世必先效天地之法象。《周易》哲學主剛、尚陽、主變，與周王朝政治意識型態、禮樂制度一致，而確認「天地」間最大的「法象」實為「陰陽」，「陰陽」即施用於禮樂制度，實為周王朝定鼎中原後施政方略的根本精神。本書中編〈貳、《易》象新議〉一章，即以此立論。釐清此一大關節後，後人才能認清《左傳》、《國語》所記春秋戰國筮例，反映的是王者迹熄、禮崩樂壞以後《易》的衰微，而非《易》的興盛。

《易》數亦言人人殊，方術家尤喜縐合民俗陰陽五行之數，結合卦氣學說，比附天文曆數，衍釋《周易》。本書中編〈參〉、〈肆〉二章，先從自然科學的基礎。界定《易》數與天文星曆之數的關係，駁正舊說。繼而追溯早期中國數字觀念世界的形成，並與《易》的四種數：占筮之數、爻位之數、卦氣之數、哲理之數一一比較說明，以見《易》數於歷史上的真貌。「占筮之數」的遠源，原不離龜卜與數字卦，但《易》於西周初年為王朝新著，自有其神聖與尊貴本質，不能以卜筮為理由，將三者任意混淆。[46]饒宗頤先生論占筮之數與後世生數、成數、土數有關，但記載生數、成數、土數觀念的相關材料年代較晚，以後者推前者，稍一不慎即流於附會，不可不知。[47]「爻位之數」實為《周易》獨有，因《歸藏》無爻辭，而《周易》之卦變，皆寄託於爻位、爻象、爻辭的變化。故後人研究卦爻

---

45 同前注，卷 1，頁 9a。《象傳》「天行健，君子以自強不息」句孔穎達《正義》暢論「象」至為詳盡，甚有價值（同前，頁 8a-9a）。

46 凡涉比較研究，必須先考察兩個研究對象之「異」，再論其「同」。否則先考察其「同」，將對其「異」視而不見。

47 饒宗頤，〈由卜兆記數推究殷人對於數的觀念——龜卜象數論〉，《選堂集林‧史林》（香港：中華書局香港分局，1982），頁 18-82。

之數，據以論《易》絕無問題，若持之上溯伏羲畫卦，則易生混淆。「卦氣之數」已如上論，天文星曆之理一旦闡明，卦氣之數有當與否，即可一言而定。「哲理之數」範疇最廣，或前有所承（如以「一」為「元」），後亦迭有新造（如《易傳》以策數喻指萬物之數），或至建立數字宇宙論（如劉牧《易數鉤隱圖》），甚或推知宇宙時程（如邵雍《皇極經世書》承劉歆《三統曆》演說「元、會、運、世、年」）。

　　總之，凡論象數，必須深探象數本源，不應剿襲後儒舊說。例如王弼「掃除象數」，實專指其《周易略例》的理論發明而言，並不表示王弼對漢儒象數一無所取。如〈歸妹〉六五爻辭「帝乙歸妹，其君之袂，不如其娣之袂良。月幾望，吉。」《象傳》稱：「帝乙歸妹，不如其娣之袂良也。其位在中，以貴行也。」王弼《注》曰：

> 配在九二，兌少震長，以長從少，不若以少從長之為美也，故曰不若其娣之袂良也。[48]

王弼以「兌」少女和「震」長男之說解釋〈歸妹〉內外卦的關係，用的不就是《說卦傳》的象數之說？見微知著，王弼《注》此類歸本象數的解釋，所在多有，不可視而不見。但就漢《易》象數學說而論，亦非理所當然，不宜視為唯一之解，或自出心裁附會。最合情理的方法，是綜合考古材料、經典文本、傳注解釋、後世學說，才能平情觀察其全體。至於民俗信仰有《火珠林》、《梅花易數》等，則非本書討論範疇，故存而不論。

六　儒、道同源於《易》

　　《易》、儒、道的源流，同時涉及思想史重探與經典新詮釋問題。由於過去一世紀以來中國思想史研究，普遍以「孔子」為思想史源頭，標誌人道主義和理性主義的興起。孔子以前，則是思想史形成的背景，因此較孔

48　《周易注疏》，卷5，頁34a。

子年代更早、被視為卜筮之書的《周易》，未被視為與思想史有關。這就涉及文明起源的問題。

　　歐洲漢學家研究中國古代宗教信仰，首先注意理性主義的萌芽，由此而注意中國古代社會宗教迷信。從李約瑟（Joseph Needham）《中國科學技術史》（*Science and Civilization in China*）[49]到普鳴（Michael J. Puett）2004 年 *To Become a God: Cosmology, Sacrifice, and Self-Divination in Early China*[50]均如此。普鳴回顧西方學界比較中國早期宇宙論與西方宇宙論的兩種模型，一者為韋伯（Max Weber）觀點，認為早期中國是「此界的世界觀」（this worldly orientation），缺乏西方文明所具有的「人」與神聖國度（divine realm）之間的緊張性（tension），另一則是雅斯培（Karl Jaspers）的觀點，確認中國有發生過朝向超越性轉移（shift towards transcendence）。近數十年「巫」傳統在早期中國研究中尤其受到重視，研究者藉此與上一世紀疑古派批判中國古代唯心主義封建迷信的潮流接軌，同時也暗示向理性主義轉向的重要性。李零《中國方術考》[51]開卷即討論薩滿教（Shamanism）即為一例。但事實上，回歸思想史尤其是哲學研究特別重視的系統性思維，六十四卦俱備的《周易》實足以為代表。比較《周易》與《歸藏》，則可見其文本與內容的銜接，說明了思想史的發生，應該上推殷末周初。確定這一點，我們才能明白到中國文化中「政治教化」占據中心位置的特色有多強大，也明瞭到儒、道思想發生的歷史背景——儒家強調德性倫理的政治教化，與老莊型態的自由主義，如何成為中國文化思想的兩個型範。

　　近年東西方研究觀點普遍認為「道家」是一個漢代才成型的觀念，在

49　李約瑟（Joseph Needham）著，《中國科學技術史》翻譯小組譯，《中國科學技術史》（香港：中華書局香港分局，1975）。

50　Michael J. Puett, *To Become a God: Cosmology, Sacrifice, and Self-Divination in Early China* (Cambridge, Mass.: Harvard University Press, Harvard-Yenching Institute Monograph Series 57, 2002). 該書中譯本見普鳴著，張常煊、李健芸譯，李震校，《成神：早期中國宇宙論、祭祀與自我神化》（北京：生活・讀書・新知三聯書店「古典與文明」第 2 輯，2020）。

51　李零，《中國方術考》（北京：東方出版社，2000）。

先秦並沒有這麼一個「學派」存在。《莊子‧天下》將「關尹、老聃」與「莊子」分別敘述，支持了這看法。而自韓愈以來直至今天，也有一種觀點，認為莊子是儒家中人——儘管我認為這是儒家學者一廂情願的講法。我也認為沒有必要執著將黃帝、老、莊、關尹等統合起來成為一個學派，掛上「道家」的招牌，但終究不能因此而輕視或低估先秦時期存在一派尊尚「陰」的思想源流，相互之間的共通性，並站立在思想史光譜的另一端，與尚「陽」的儒家思想相對。這尚「陰」的一派，從理論上看，老子、莊子最具代表性，兼及諸如稷下黃老等講究養生的思想家。

由於《周易》以尊尚「陽」的陰陽哲學用於禮教，遂成為西周禮樂的內在要素，滲透到儒家禮教思想之中：儒家貴陽而賤陰、男尊而女卑的思想，正是這種思想的反映，至《易傳》、董仲舒而大盛。相對上，以老、莊為首的尊尚「陰」的思想家，每以批判禮樂政教為主要論述，明顯地站立在儒家思想的對立面，與儒門的疆界涇渭分明，有目共睹。2004 年夏天，我在臺灣大學邀請了儒家《易》與道家《易》兩種立場的學者聚首一堂，深入討論儒道詮釋之異。[52]而今看來，這個問題的確值得重探。同一時期，老子「見周之衰」，離去而著書，汲取《周易》陰陽哲理而以尚陰思想為歸宿，強烈批判禮樂道德價值，指出帶有侵略性的文明，終將走入衰敗的命運。儘管天地循環的盛衰往復的規律無可避免，老子仍深信用「無為而無不為」的精神來經營個人，能有助於調養身心，安頓國家，免除競爭、戰爭引起的不幸。

孔子是殷人之後，人所共知，他對《周易》的嫻熟，已至於將《易》的語言化為日常用語。原已深植周朝禮樂的陰陽哲學，也繼續深入滲透到儒家禮教學說中。老子與殷商是否有血緣關係雖未能知悉，但在思想上，殷民族重母統的傳統反映於《歸藏》立純陰的〈坤〉為首，一點靈根，成為老子思想的種子、精神的資源。[53]老子也終將《周易》尚陽的陰陽哲學

52　成果彙輯為鄭吉雄、林永勝合編，《易詮釋中的儒道互動》（台北：臺大出版中心，2012）。

53　並參拙著，〈從遺民到隱逸：道家思想溯源——兼論孔子的身分認同〉，《東海中文學報》，

轉化為尚陰的陰陽哲學，建構宏大的政治教化的方略。原來先秦兩大思想家都可溯源於殷商，和《歸藏》、《周易》都脫離不了關係！孔子和老子思想對於《易》哲學的承繼轉化，實為先秦思想史的一大事因緣。

七 經、傳作者疑義

　　過去屈萬里先生考論《易》卦源於龜卜，張政烺論《易》卦源於數字卦。近年香港大學中文學院周錫䪖先生論證卦爻辭最後成書於召穆公虎之手，其言甚辯。[54]先師梅廣教授《上古漢語語法綱要》第五章討論「而」字和「然」字用法，認為「而」字作為連詞的用法時間很晚，[55]同時「在一個質詞組或動詞組之後加語尾『然』，以表示某一種狀況或狀態」，既不見於《尚書》西周誥文，也不見於早期金文，推測《易經》「最後編定時間……其上限恐怕要落到春秋時期」。[56]筆者認為，卦爻辭文本如參周說，則共和時期已大體撰成，下限不會晚於幽王犬戎之亂。因平王東遷，文物

第 22 期（2010 年 7 月），頁 125-156；及〈隱士逸民與進退出處——清儒論「隱」〉，本文曾於 2013 年在臺灣大學中國文學系「學術薪傳講座」發表，後刊《嶺南學報》，復刊版第 14 期（2021 年 11 月），頁 239-278。

54 周錫䪖導讀及譯注，《周易》（香港：中華書局，2012），頁 31。周教授從史實、用詞、疊詞、押韻等將散文「韻文化」等等證據（頁 31-36），作出考慮，考據甚有說服力。所論「而」字的用法（頁 35），與先師梅廣教授可謂英雄所見略同。

55 梅師謂：「早期金文也沒有『而』」，「『而』字在西周銘文中還沒有出現，一直到春秋晚期銅器銘文裡才找到真正能確定是連詞用法的『而』」。「周初誥辭的各篇中都沒有『而』字句」，而《周易》卦爻辭有不少『而』字，都是連詞用法」，故「從歷史語法的觀點推測，如果卦爻辭（經文）的成立時間是周初，它的編定時間恐怕比它的成立時間要晚很多，其上限恐怕要落到春秋時期」。見《上古漢語語法綱要》（台北：三民書局，2019），頁 168-169。

56 梅廣，《上古漢語語法綱要》，頁 168-169。筆者認為，語言、語法的探討，是辨識文獻年代的屠龍刀，因為語素特質（linguistic features）永遠是忠實的。經典用語絕不會忽然出現與其被認定之年代更早或更晚的用法。梅師所論，確不可移。然而，此說和屈先生及周先生的推論未必衝突，因為古代經典文獻，由初撰至寫定往往歷時甚久，如〈中庸〉繫子思為作者，但內容論及「書同文，車同軌」則必在入秦以後。

星散，恐已沒有穩定的環境，讓「經」的文本獲得進一步修改。若以西周末葉上溯西周初年，亦已歷經數百年，才出現了梅老師所指出虛詞用法大異的情形。但說文本落到春秋時期，則可能性不大。我們看《左傳》所記二十二條筮例，遍及多個國家，其中占辭與傳本卦爻辭大多可相印證，可見春秋時期，流傳各國的《易》已有一個相對穩定的文本。至於初撰，則筆者從《周易》用商、各卦論開邦建國建侯爭戰之事等推測，仍深信撰著於西周初年，則將第一作者歸於周文王，至為合理。

　　本書〈《歸藏》平議〉一章中也指出，六十四卦卦名半數以上與《歸藏》相同，而卦爻辭則多用殷商掌故，顯示《易》卦遠有所承，未必僅有龜卜和數字卦之源。傳統「《易》歷四聖」之說、先天後天之學，區分了伏羲《易》和文王《易》。《連山》不可考，《歸藏》則若有若無在於天壤之間。「經」的作者肯定不止一人。睹六十四卦卦爻辭寬宏瑰偉，充滿封邦建侯的開國氣象，據此考察，傳統《易》家以「文王」為《周易》的作者，不無道理，唯一無法成立的是「文王重卦」之說。[57]至於《易傳》撰著，必然與孔子有關。自歐陽修《易童子問》疑《易傳》非孔子所撰，崔述、錢穆先生等承其說，疑古風潮邊興，此一說法駕乘風潮，震動一時，風氣所及，《論語》「五十以學《易》」，《魯論》「易」作「亦」竟也被廣泛採信。此一問題，首先涉及孔子與《易》的關係。我常說：經典的解釋，就是閱讀的藝術。《論語・述而》記孔子說：

　　加我數年，五十以學《易》，可以無大過矣。[58]

孔子的「大過」一語雙關。〈大過〉原是《周易》第二十八卦卦名，「過」字取義「超過」、「過度」，[59]孔子的用法，則將字義轉而引申為「過錯」、「過失」。這恰好顯示：《周易》文本實已融入孔子思維之中，所以自然而然

57　《歸藏》六十四卦已備，但接近半數卦名與《周易》不同。

58　〔三國魏〕何晏注，〔宋〕邢昺疏，《論語注疏》（台北：藝文印書館影印阮元校刻《十三經注疏附校勘記》本，1979），卷7，頁6a。

59　即〈大過〉九二爻辭「枯楊生稊，老夫得其女妻」及九五爻辭「枯楊生華，老婦得其士夫」，用配偶年齡很大的差異來譬況「大過」的意旨。

在日常用語中流露，引出諷喻興味。[60]前人心中預設了疑古態度，認定孔子平生未嘗讀《易》，因而對文本視而不見。這都是先入為主之病。

研究者又或以為《左傳》、《國語》所記筮例眾多，誤認占卜即《周易》的主要用途。實則古代經典原皆屬王官之學，陰陽哲學主要體現於禮制。平王東遷，禮崩樂壞，王者之迹熄，春秋時期筮人附會卦象，占問人事，實反映《易》學衰微。因此孔子告誡學者須達五十知命之年始學《易》，對於傳授《周易》，格外謹慎。然而《易傳》多稱「子曰」，已充分說明作者對孔子《易》學的接受。雖然子思、孟子不甚重視，但亦有其他弟子傳述不輟。相關論證，拙著《周易階梯》中已有扼要說明，代表我最近的見解。本書〈《易傳》作者問題檢討〉一章於此亦有詳盡的介紹。總而言之，如上文指出，用父母子女的關係來看待《周易》經傳，才能得其真貌。唯有這樣認識《周易》經傳，才能擺脫過去種種似是而非的舊說。亦唯有如此，才能還《易傳》本來面目，明白《易傳》主要傳述「經」的思想，並非儒家或道家思想的附庸。

八 《易》道主剛與天文星曆

我在 2006 年首次提出「《易》道主剛」，[61]強調「陰、陽」對立之中，以「陽」為尊尚，則必以「陰」為輔助。此一法則，原本立足於自然科學，因《周易》以日照為基礎，反映了北半球的自然之理——太陽對地球的運動、黃赤交角、日照南北運移等，說明了周民族站立在地球表面觀察日月星辰在天球（celestial sphere）的運動，而感受到日照對於群體生命的主宰力量，進而發展為政治哲學。自然科學的理論基礎，並不妨礙《周易》在政

---

60 黃沛榮師〈孔子與周易經傳之關係〉「貳、關於孔子讀《易》之問題」亦有詳辨，收入黃沛榮，《易學乾坤》（台北：大安出版社，1998），頁 164-182。

61 拙文〈論易道主剛〉首先在 2006 年在北海道大學中國文化論講座宣讀，翌年在《臺大中文學報》第 26 期（2007 年 6 月，頁 89-118）正式發表。

治哲學上的施用，因周民族滅殷，宣示三大準則：尚陽、崇德、主變，均可在西周初年政治方略中獲得徵驗。「尚陽」亦即「主剛」，實針對殷商王朝崇尚陰柔、重視穩定的政治理念而設。從二元概念之中向「陽」傾斜，設為教令，俾人民有所依循。二元概念既已傾斜，則必不對稱。故《周易》哲理屬於「不對稱二元論」（asymmetric dualism），不能和「矛盾統一」的辯證法混為一談。這種不對稱性，不但衍伸出《易傳》及後世傳注陽貴陰賤、陽尊陰卑、陽義陰利的思想，也在政治哲學的層面促成儒、道思想的分野，成為戰國時期百家爭鳴的主題之一。「《易》道主剛」的觀念，由自然科學之理的奠基，演變為政治哲學之用，又再發展為人文文化新意義、新思維的闡發，其影響之大，足以為東方文化的代表。

　　《易》理雖尊尚陽剛，藉以表述主變的思想，但人類永遠依附大地生活，不可須臾或離，因此變化的自然，恰好映襯出人生對穩定的渴求，而安土重遷。[62]此即「厚德載物」哲理的精義。《周易》列〈坤〉卦於〈乾〉卦之後，為六十四卦之門戶，實合乎自然與人文的安排。

　　若自哲學深觀《周易》，則筆者揭示《易》哲學「五性」。「五性」之說，實筆者反覆思考，「千載之祕，覩於一曙」（章太炎語）[63]而得。「五性」即：不對稱性（asymmetry）、[64]相互關聯性（interconnectivity）、[65]動態永續性（dynamical continuity）、[66]創生性（creativity）、[67]不可預測性（unpredictability）。[68]

62　近數十年科學界致力將人類移民外星，可謂不切實際。不必說外星，即使攀登額菲爾士峰（Mount Everest）的登山者，山上氣溫倏忽轉變，即致死亡。即以專業科技與先進裝備，每年亦死傷枕藉，可見人類之脆弱，受地球環境約束的嚴重。人類不能耗費於維護地球環境，妄圖殖民外星，皆屬貪欲的表現。

63　章太炎，《菿漢微言》，《章太炎全集》，第 2 輯（上海：上海人民出版社，2015），第 5 冊，頁 70。

64　即《易》道以陽剛為主不以陰柔為主所形成的不對稱。

65　即《周易》之感應哲學。

66　知「動態永續」即知過去哲學界《易》時間哲學之論未臻透悟。

67　《易》之創生奠基於主陽尚剛，故有生生之義，一氣流行而不息，推至人性論則永恆價值必在於仁義趨善。

68　不可預測性肇因陰陽之不對稱，陰陽消息之演化雖有規律卻不可預測（unpredictable）。

「五性」亦即五大法則，第一法則為共同基礎，決定其餘四法則之成立。因過去一世紀治哲學者囿於經傳分離，論《易》哲學或僅談《易傳》，或雜混經傳以立說，僅能模糊影響以立論；唯筆者論「五性」必推源卦爻辭上溯撰《易》之始，向下則辨析經傳哲學同異，與民國初年以來諸家大相逕庭。此說聚焦《周易》哲學的重建，關鍵在於玄思，而非文獻之疏通，將在本書以外獨立討論，在本書僅在〈序論〉及中編〈壹〉扼要提示五大法則。

《易》道主剛涉及宇宙論，並及天文星曆。先民因自然科學知識有限，認定具有神祕性的《易》學，與天文曆法關係密切，甚至認為掌握《易》數即可以訂新曆。二千餘年之中，隨著天文知識的增添，後儒對《易》與天文星曆的理論多有校正，但從事民俗宗教的《易》家，因循舊說的仍不在少數，這都是過信傳統《易》數之過。本書討論《易》理《易》數與天文曆法的關係，旨在釐清其並非民俗宗教所述的彼此吻合，而不在於評價民俗宗教引《易》占驗是否靈驗。我的用意，近似將「歲星」與「太歲」加以區別。「歲星」甲骨文或稱「歲」，即指木星（Jupiter），古有「歲」或「大歲」之名，因歷天需時一紀（於黃道每年進入一宮，凡十二年為一紀，實測為 11.86 年）而被古代曆家所重視，而「太歲」則係虛擬與歲星對應的神祇或神祕力量，是否像宇宙中尚未能被科學家實質測量的「暗物質」一樣發揮著巨大的影響力，目前仍然言之過早。我們弄清楚歲星歷天時間長度，目的不在於驗證民間「太歲」與生肖是否相沖、是否靈驗。盯著實實在在運行於太陽系的木星來證實「太歲」靈驗，本來就不適當。

《易》中的天文星曆之學，最為源遠流長的是「卦氣」，也就是「卦」與二十四氣（十二節氣、十二中氣）的關係。《易》道主剛，歸本日照往返於南北回歸線的節奏規律，而「二十四氣」計算的是太陽的「回歸年」。[69]中國曆法本屬陰陽合曆。以「月」的圓缺一週長度，稱為「月」，十二月約得 354 日，為一「年」；若以「日」照循環一週長度（回歸年），約得 365¼

69　即日照在南北回歸線循環一次的長度。

日，為一「歲」。[70]上古星曆，必定以陰曆陽曆結合考慮。故周正建子，即夏曆十一月，講的是陰曆；[71]但之所以「建子」，在於冬至日（陽曆 12 月 21

70　回歸年（日照於北回歸線及南回歸線往返一週）之長度，為 365¼ 日，或稱之為「中數」，古稱「歲」；相對則陰曆十二個月的天數 354 日，或稱之為「朔數」，古稱「年」。《周禮・大史》掌「正歲年以序事」，鄭《注》云：「中數曰歲，朔數曰年。」〔漢〕鄭玄注，〔唐〕賈公彥疏，《周禮注疏》（台北：藝文印書館影印阮元校刻《十三經注疏附校勘記》本，1979），卷 26，頁 12b。《禮記注疏》孔穎達《正義》：「中數者，謂十二月中氣一周，三百六十五日四分之一，謂之一歲。朔數者，朔，十二月之朔，一周謂三百五十四日，謂之為年。此是歲年相對，故有朔數、中數之別。若散而言之，歲亦年也。故《爾雅・釋天》云『唐虞曰載，夏曰歲，商曰祀，周曰年』是也。」〔漢〕鄭玄注，〔唐〕孔穎達等正義，《禮記注疏》（台北：藝文印書館影印阮元校刻《十三經注疏附校勘記》本，1979），卷 14，頁 18a。

71　學者或不信「周正建子」之說，劉知幾《史通・摸擬》已指出：「春秋諸國，皆用夏正。」〔唐〕劉知幾著，〔清〕浦起龍通釋，王煦華整理，《史通通釋》〔上海：上海古籍出版社，2009〕，卷 8，頁 204）馮時說：「傳統認為，周代王曆以建子為歲首，正月起於冬至所在的農曆十一月。王應麟、王韜和日本學者新城新藏等人根據對《春秋》的研究指出，春秋時期的魯曆並不完全以子月為正，大致春秋前期魯曆以丑正為主，中期以後以子正為主，兼有寅正和亥正，情況比較複雜。」薄樹人主編，《中國天文學史》（台北：文津出版社，1996）第一章「天文學的萌芽期」，由馮時主筆，頁 52。林素英引馮時之論，說：「周初曆法似乎以丑月為正，然而有時會前後移動，俗傳所謂三代曆法，夏曆以建寅的月分為正月，殷曆以建丑之月為正月，周曆以建子之月為正月的『三正』說法，並無法與歷史事實完全吻合。周代以冬至所在之月為子月，且訂之為歲首的曆法，應在西周末年至春秋初期始稱確立。」林素英，《歲時禮俗文化論略》（台北：臺灣師範大學出版中心，2020），頁 42-43。雄按：《逸周書・周月》：「萬物春生、夏長、秋收、冬藏，天地之正，四時之極，不易之道。夏數得天，百王所同。其在商湯，用師于夏，除民之災，順天革命，改正朔，變服殊號，一文一質，示不相沿，以建丑之月為正，易民之視，若天時大變，亦一代之事。」黃懷信、張懋鎔、田旭東撰，黃懷信修訂，李學勤審定，《逸周書彙校集注（修訂本）》（上海：上海古籍出版社，2011），頁 579。這段話意思是：「天道」宰制大自然，自有其不易的規律。「夏數得天，百王所同」是明明白白承認夏曆「建寅」始終是不易之理，故不論後王如何以新曆頒示天下，「夏曆」都是不可廢的。夏曆是「百王所同」，故〈周月〉作者名之為「質」；殷曆改用「建丑之月」，以新朝代頒行新曆，向前提早一月啟動新歲、宣示新氣象，轉移人民視聽，則是「文」。「四時之極」，原本就是「不易之道」，意思是說：春、夏、秋、冬變遷是穩定的，宰制著人類生活，這樣的自然規律永恆不變，人類也無力改變；國家能夠做的，就只能依靠宣布提早一個月為「正月」，讓人民領會政治革新之感。這就是〈周月〉作者稱殷革夏命，改曆為「文」之意。「文」、「質」二者，「示不相沿」，那就表示可以並行不悖。或有學者認為，《逸周書》著成時代在戰國末年，〈周月〉臚列二十四氣，說「閏無中氣」，皆

或 22 日）當西曆十二月，講的是陽曆。「值日」的方法，分配六十四卦於 365¼日，看的仍然是陽曆。而傳統《易》家同時注意到，太陰曆一年十二個月共 354 日，[72]加閏月 30 日合計 384 日，數字恰好與《周易》384 爻吻合。如果再將「變」的因素一併考慮，64 卦 384 爻的變化就隱然給予《易》家一種卦爻與曆法冥相符合的感覺。正因為中國曆法為陰陽合曆，以《易》合曆，合的是陽曆抑或陰曆，有時可游移於兩者之間，看哪一方面有利於解釋就加以採用。這樣就羼入了自由心證的成分，而被晚近《易》家如黃宗羲、焦循等指出。這些問題，最明顯反映在「六日七分」說的歧異解釋。後世不治曆又不治《易》者，固然無法評騭；治《易》者而不通貫星曆之學，也不容易發現矛盾。此外，京房「游魂」、「歸魂」的特殊學說，歷來說者甚多，似未能圓融通解。陰陽、五行的自然原理，也是人人言殊。譏詆者不求甚解而盲目攻訐，崇信者亦不明原理即加以採信。這些都是筆者試圖加以說明的。

九 《易》卦的人體取象

關於《易》卦取象於人體，我在本書各章已有略述，亦請參見我另一論文〈釋「天」〉。經典以人類身體作為抽象玄理的象徵，散見於歷代文獻，包括《文心雕龍》所論文氣、體格、神思、肌理、肥瘠等等，無不以

是其證，故其「三正」之論不能反映三代。此一論證實似是而非。「三正」周曆稱「一之日」與夏曆稱「月」並用，《詩・豳風・七月》已屬鐵證。而《春秋》魯國或用殷正，《逸周書》「一文一質」之說已給予合理解釋。王朝頒曆用「周正」，民間各國各採其適合之曆法，亦係勢所必至。這不因《逸周書》的年代而有影響。

72 「月」圓缺一週的長度，平朔為 29.53 日，自殷商甲骨記載，小月 29 日，大月 30 日，偶亦有長短不同（因定朔最短之月約 28.5 日，最長之月約 30.5 日），或連小月、連大月，但大致符合自然之數。詳參拙著，〈釋「天」〉，《中國文哲研究集刊》，第 46 期（2015 年 3 月），頁 63-99。並參裘錫圭，〈從一組卜辭看殷曆月的長度和大小月的配置〉，收入《裘錫圭學術文集・甲骨文卷》（上海：復旦大學出版社，2012），頁 495-503。

人體取喻。追源溯本，以《周易》最早。因《易》卦純粹抽象符號，並非語言文字，而以卦爻辭寄託身體不同部位於各爻，或用足履象徵初爻，或以頭首象徵上爻，或合內外卦以取象人身或某一器官（如〈頤〉與〈噬嗑〉之象口頤），都屬於顯而易見。發展至後世，衍而為大量道教丹圖及宋元明儒《易》圖。《易》六十四卦，非覆即變（如〈乾〉䷀〈坤〉䷁之屬為「變」，〈咸〉䷞〈恆〉䷟之屬為「覆」）。「覆」的例子共有五十六卦，二十八種形式。每組兩卦，一自上而下，另一自下而上，循環發展，如〈剝〉卦上九「覆」而成〈復〉之初九：

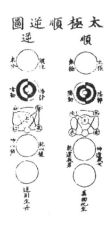

反過來〈復〉之上六也就成〈剝〉之初六。這樣看，〈剝〉上九「君子得輿」之象與〈復〉初九「不遠復，无祇悔，元吉」實為一致；而〈復〉上六「迷復，凶，有災眚。用行師，終有大敗，以其國君，凶；至于十年，不克征」與〈剝〉卦初六「剝牀以足，蔑貞凶」也共同分享凶險。其後道教信徒取上述「覆卦」左右順逆閱讀的形式，而創為內丹修煉的圖式。如《道藏》所錄《上方大洞真元妙經品》的「太極順逆圖」：

閱讀的方法：右方「順」圖自上而下，即「順則生人」之意，自「無極而太極」順下，指世人順應生理功能，因婚媾而生兒育女，故至於最下一圈則「萬物化生」。發展至左圖「逆則成丹」，則自下而上，絕欲絕育，達到形神分離的境界，回歸「混沌未分」的狀態。北宋周敦頤截取此類道教丹圖的右半「順圖」，而成其著名的「太極圖」：

此圖如朱熹解釋，闡述「一理、二氣、五行之分合」，[73]重點在於說明人類受命於天，兩性繁育，生生不息之理，故將煉丹圖的左半邊截去，只取右半以成圖式，而與道教義理區分。或有學者以為「身體觀」在《易》卦、丹圖、《易》圖，只是《易》學別出之義，並非主流，則是大謬不然。早在《說卦傳》已有《易》卦為人身喻象的說明：

　　乾為首。坤為腹。震為足。巽為股。坎為耳。離為目。艮為手。兌為口。[74]
這不是清清楚楚的身體觀嗎？因此清華簡〈筮法〉即將之化為圖形如下：

73　朱熹〈通書後記〉：「獨此一篇（雄按：指《通書》），本號《易通》，與《太極圖說》並出，程氏以傳於世。而其為說實相表裡，大抵推一理、二氣、五行之分合，以紀綱道體之精微，決道義文辭祿利之取舍，以振起俗學之卑陋。」見朱熹著，戴揚本、曾抗美校點，《晦庵先生朱文公文集（五）》，《朱子全書》，第 24 冊，卷 81，頁 3857。

74　《周易注疏》，卷 9，頁 7a。

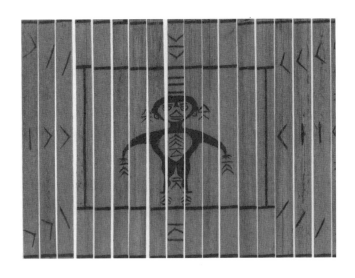

八卦位置中，除了「離」卦改置於腹部「坤」卦下方，不符《說卦傳》「離為目」外，其餘與《說卦傳》八卦象徵身體各個部位一概相同。[75]過去研究《周易》經傳的學者，未能深切注意由六十四卦卦畫、卦爻辭乃至於《說卦傳》以及《道藏》、宋儒對於身體哲學（body philosophy）發揮，主要因為研究者並未具有符號學（semiotics）的觀念，不能用比較的眼光，將《易》的符號和圖象與東西方其他符號圖象作通性的比較研究之故。

十　《周易》的寰宇視野

「寰宇《易經》」（global *Yijing*）觀念最早是司馬富（Richard Smith）教授

75　清華簡〈筮法〉體系與傳本《周易》不同，釋讀者是李學勤先生，第五節提及「易向」，李先生認為是變易卦位（頁87）。本圖人身卦旁的八卦方位，與《說卦傳》後天八卦方位比較，「坎」北「離」南也互換了。李先生解釋「坎」與「艮」為「水火相見在下」的卦象（頁94、95），並不能解釋「坎」與「離」互換的原因。清華大學出土文獻與保護中心編，李學勤主編，《清華大學藏戰國竹簡（肆）》（上海：中西書局，2013），頁94-95。由於文獻不足徵，李先生的論點只能視為推測。

提倡。[76]他主要提出一歷史文化的觀點，卻未深入《周易》卦爻辭中縷述原理。2017 年我發表〈《周易》全球化：回顧與展望〉一文，可能是中文世界首創，介紹歐洲、北美、日本、朝鮮至韓國等各地學者對這部經典的接受、詮釋與翻譯。2021 年吳偉明主編的 *The Making of the Global Yijing in the Modern World: Cross-Cultural Interpretations and Interactions*，[77]則是英文世界的首創，該書第三章"Reexamining the English Translation of the *Yijing*"是我所撰。至 2019 年我與韓子奇、吳偉明、黎子鵬等四位同道共同倡議，並在香港推動「寰宇《易經》」系列講座，先後舉辦了六場，是為第一階段。在這六次講座中，四位講者引領讀者遊歷近一世紀以來《易》的全球足跡：《易》原是中國古經典，在全球文明對話的過程中，隨著知識的漣漪擴及於亞洲及歐美，而發生文化對話、思潮傳播等效應，使《易》突破了占筮手冊的性質，而成為與不同地區，與歷史宗教文化發生關係的全球經典。

　　從經典的原理上講，卦爻辭——經典文本——實包含兩項元素，一項是語言文字（漢語漢字）的元素，經典的本義（original meaning）藉此而被約束於文本，「一字多義」的意義多重性（multiplicity of meaning）也藉此而獲得發揮。任何針對經傳文本的研究，都不能忽視「語言」。另一項元素則是超越語言文字的符號，包括陰陽爻、經卦（八卦）和別卦（六十四卦）的卦體，乃至於後世一切《易》圖象，因為它們不受語義字義疆界與衍伸理路的約束，因而能被「非漢語」的全球各文化體系吸納，異邦、異教的學者信徒也得以賦予漢語漢典傳注體系以外的新意義、新詮釋。這是《易》獨異於其他經典，得天獨厚的優勢。

　　以上十論，跨越了人文、社會與自然科學。就人文學而言，不但突出

76　See Benjamin Wai-ming Ng ed., *The Making of the Global Yijing in the Modern World: Cross-Cultural Interpretations and Interactions* (Singapore: Springer 2021), "Foreword: Globalizing and Localizing the *Yijing*" by Richard Smith and Chapter 1 "Brief Introduction: Welcome to the World of Global *Yijing*" by Ng.

77　同前注。

字源學（etymology）、訓詁學（philology）、校勘學（textual criticism）等文獻研究的重要性，也因以新的上古文明研究為基礎，適度援引考古學、歷史學、哲學等各方面的新知與舊義，總是希望能不拘一格，強調知識整合。《易》學累積數千年，新舊問題交疊，必須適度注入新知，才能不牽纏於舊說。

十一 結語

　　自 2000 年起參與教育部大學學術追求卓越計畫，正式公開發表《周易》研究成果，二十年來我在全球多個國家訪問講學，也見證了《周易》的全球遊歷。《易》哲學是變動的哲學，「變動」是全人類面臨最迫切的大問題。從國際秩序看，世界秩序的變遷，冷戰結束後，二十世紀九〇年代邁入全球化，再進而為全球在地化（glocalization）同時發生的文明的衝突。人權、平等、民主等等普世價值面臨嚴重危機。在科學領域，科學和科技的革命包括從廣義相對論，到量子力學再到「弦論」，哈伯望遠鏡（Hubble Space Telescope）和韋伯望遠鏡（James Webb Space Telescope）讓我們對宇宙包括其起源等有了全新認識。科技創新促進了資訊能源革命，同時又似未能改善環境變遷所帶來的各種污染，極端氣候直接導致生物多樣性（biodiversity）的崩解。回顧人類知識板塊的重組，全盤解決威脅人類生存問題的過程中，又處處存在希望和機遇。總而言之，「變動的哲學」提醒我們「變」是宇宙的永恆規律，也將伴隨人類的命運。不但《周易》研究者要充分汲取新知，從實務上感知「變動」無處不在，普羅大眾乃至於不研究《周易》的知識人也應該透過《周易》及其哲理，讓自身從哲學的層面意識到「變動」如影隨形與人類命運相終始的本質。

　　本書是我積年研究《易》學的結集。付梓之際，洋溢了對眾多師友的感謝。個人成學於臺大中文系，《易》學師承屈翼鵬萬里先生的高弟黃沛榮老師，對屈、黃兩先生感念殊深。我也感謝邀請我參加教育部大學學術

追求卓越計畫（2000-2004）並引領我進入東亞文明研究的黃俊傑老師、在《易》學和翻譯學上給我指導的康達維（David R. Knechtges）老師，在語言學上常賜教誨的先師梅廣教授和楊秀芳老師，還有比我年長的幾位《易》學諍友、畏友：周錫䪖教授、夏含夷（Edward L. Shaughnessy）教授、廖名春教授、韓子奇教授等。世界各國《易》學界曾給我嘉惠匡正的同行太多，難以一一臚列，心裡卻常存銘謝。我特別感念三位已故《易》學前輩：北京大學余敦康教授、清華大學李學勤教授、北海道大學伊東倫厚教授。[78]2010年春我與汪學群兄到余先生府上拜訪，暢談《易》道與人生，先生的磊落胸次給我印象尤深。李學勤先生給我指導甚多，自2000年起，因緣際會，我常有機會在各種場合請教，並曾兩度到府第請益。2014年在岳麓書院相見，我還和先生匯報了本書論點，先生語多勉勵。不意書未出版，而先生已經仙逝。伊東先生與我的忘年友情，訂立於2005年他邀請我赴札幌訪北大。猶憶8月5日晚札幌市郊小金湯溫泉旅館晚飯後，我倆就《周易》經傳關係問題進行了整整三小時「君子以同而異」的坦率辯論。我重申經傳不能分離的論點，先生則堅持「比津田左右吉更激進的疑古派」的立場。前賢的碩學懿德，堪為典型。

最後不能不提到2022年8月逝世的先師梅廣教授——兼通儒學哲學的語言學大師，是近二十年來與筆者論學最密切的導師。本書撰著期間，我不斷向先師匯報寫作進度，先師也持續和我分享他的論著與思想。2019年12月先師手贈大著《上古漢語語法綱要》，特別垂詢卦爻辭撰著年代問題，提示該書第五章指出卦爻辭「而」之用法不見於西周初年文獻。2022年6月我赴新竹府上拜訪，和先師暢談東西方學術，盡興而返。不意先師8月因病遽逝於英倫旅次。其淡泊儒雅，高風亮節，令人緬懷不已。

筆者另有〈象數與義理之際——朱子與茶山《易》學的比較〉、〈丁茶山《易》學與禮學關係初探〉，因屬海外漢學範疇，另收入拙著《漢學論

---

78 中國文化論講座教授、日本《周易》學會會長、北海道中國哲學會會長。

衡初集》。[79]已發表英文文稿"Reexamining the English Translation of the *Yijing*," "The Philosophy of 'Change' and the Metaphor of 'Body': From the *I Ching* (*The Classic of Changes*) to *Wenxin diaolong* (*Carving the Dragon with a Literary Heart*)"暫擬收入筆者主編之英文書 *Global Yijing: An Asian Perspective* 刊行。2022 年秋天發表於新亞書院儒學講座之〈《易》學、儒學與哲學〉文稿亦將收入《鄭吉雄 2022 新亞儒學講座專集》中。以上各篇均未及收入此書。

　　數十年來，我每成一文、每撰一書，內子敏慧必先閱讀諟正，提問攻錯，啟發良多。銘記於此，以申謝忱。

2022 年中秋前夕鄭吉雄書於香江御龍山寓廬

79　鄭吉雄，《漢學論衡初集》（台北：臺大出版中心，2022），頁 133-169、171-189。

上編‧‧字義詮解

壹、從卦爻辭字義的演繹論《易傳》對《易經》的詮釋*

一 問題的提出

上古經典包含了大量後人未盡明瞭的深邃智慧，其價值歷久彌新，引起後世文史哲研究者嚮慕。後人對之持續不斷的詮釋與再詮釋，除文本的內容，也必然同時包括詮經者自身的思想，而層累成為一個源遠流長的傳統。從這個角度看，當一部書引起了世人的共鳴，而被詮釋注解，其思想內涵必然影響了詮解者（「經」影響了「傳」）；而同時解經之「傳」，受限於與「經」的時代不同，其對經典原文的解釋，必然有符合和不甚符合原義的部分。其中不符合原義的部分，成因甚多：有可能是注經者想解決其自身的時代問題，也有可能是注經者想特別發明「經」的某一層意義。無論如何，注經者的思想不可能完全符合「經」的「原義」（假定真的有所謂「原義」），也不可能和「經」的意旨完全無關（「傳」承繼了「經」）。一旦「經」與「傳」聯繫起來成為一個傳統，並對後世發生進一步的影響，該部經典（包含經與傳）即占據了一個論述主流。這時候對於「經傳」而言，「原義符合與否」，即成為次要的問題。尤其時代久遠，哪怕後人費盡文辭，亦不

---

* 本文原刊《漢學研究》第 24 卷第 1 期（2006 年 6 月），頁 1-33。本文用「演繹」一詞，是取傳統漢語的義涵，並非邏輯學上的 deduction。朱熹〈中庸章句序〉：「於是推本堯舜以來相傳之意，質以平日所聞父師之言，更互演繹，作為此書。」（〔宋〕朱熹，《四書章句集注》〔台北：大安出版社，1994〕，頁 20）在這裡「演繹」有聯繫、推衍的意思。本文用的正是此一義。

可能改變一種論述曾對經學史或思想史產生過重大影響的事實。因此，後世學者除非選擇不參與儒家經典詮釋的傳統，否則只要詮釋經典，就注定無法全盤推翻傳統的經說。

《十翼》是最早解釋《易》卦爻辭的著作，在經典詮釋史上，理應占有無可動搖的地位，無可置疑地成為後世學者理解《易經》經義的津梁。然而，很不幸地，作為《五經》之首的《易經》（卦爻辭），在近一個世紀以來就被無數學者將之從《十翼》中切割出來，將它對於《易傳》內容及思想體系的影響力，完全抹殺。至於以詮解《易經》為主要任務的《十翼》，竟被研究者將之與「經」一刀切斷，被限縮到不能和「經」發生任何意義聯繫的地步。「經傳分離」，被二十世紀的《易》學研究者視為治《易》基本前提。[1]這個前提，包括下列三種觀點：

（一）認為《易經》為卜筮之書

《易經》為卜筮之書的論點，為古史辨時期學者如錢穆、顧頡剛、李鏡池、高亨等學者普遍的信念。向上追溯，北宋歐陽修《易童子問》早已對《易傳》提出種種懷疑，[2]但僅集中辨析《十翼》非盡孔子所作。清儒崔述《考信錄》踵事增華，提出更多論據，說明《易傳》非孔子所撰著。大約一個世紀之後，錢穆先生亦於1928-1929年發表了〈論十翼非孔子作〉。[3]但這些論述，不過離析《易傳》與孔子的關係而已。唯錢先生指《易傳》頗有道家及陰陽家言，開啟後來學者申言《易傳》義理並不來自《易經》而是來自戰國諸子學說，且後來學者的言論愈趨激烈。1926年12月顧頡

1　參本書下編〈貳、論二十世紀初《周易》「經傳分離說」的形成〉。
2　說詳本書下編〈陸、《易傳》作者問題檢討〉。
3　錢穆，〈論十翼非孔子作〉，《古史辨》，第3冊，頁89-94。按：該文篇首載「（民國）十七年夏在蘇州青年會學術講演演會所講《易經研究》之一部分；刊入《蘇中校刊》第十七、八合期；又載十八，六，五，《國立中山大學語言歷史學研究所週刊》第七集，第八十三、四合期」。

剛開始撰寫〈周易卦爻辭中的故事〉，[4]考證《易經》為筮書，內容為古史之「故事」；故《易傳》義理解釋當與經文意旨不同。其後古史辨學者益衍伸此一論點。[5]像高亨就認為「《易傳》解經與《易經》原意往往相去很遠，所以研究這兩部書，應當以經觀經，以傳觀傳」。[6]後來學者大致承繼古史辨學者的論點。即使偶然稍作讓步，強調「經、傳」之間有某種關係，亦必歸本於經傳分離之說。[7]如朱伯崑著《易學哲學史》即發揮此一論點，認為「《周易》是周人占筮的典籍」，又認為「依《周禮》所說，《周易》中的卦爻辭，就其素材說，是從大量的筮辭中挑選出來的」，[8]其編纂則「企圖將卦象和筮辭系統化」，[9]最後他得出兩點結論，其一「總的說來，這部典籍的形成是出於占筮的需要」；二是「《周易》畢竟是一部迷信的著作，將其哲理化是後來解易者的任務」。[10]朱伯崑的論述，其實只是古史辨時期「經傳分離」說稍加改變，強調經傳是既有相同又有不同，那麼對於經傳關係相「異」的論述和相「同」的主張，都可以包括在內，而且更加強化「《周易》為迷信著作」的論述。無論如何，「《易經》（卦爻辭）為筮書」的論點是古史辨學者的基本立場，不容置疑。而出土文獻的新發現，在研究者以這種有色眼鏡的觀察下，也進一步支持了這種論述。例如從出土的

4　該文原刊 1929 年 12 月《燕京學報》第 6 期，翌年 11 月修改，收入《古史辨》，第 3 冊第 1 篇，頁 1-44。

5　詳本書下編〈貳、論二十世紀初《周易》「經傳分離說」的形成〉及下編〈陸、《易傳》作者問題檢討〉。

6　高亨，《周易大傳今注・自序》（濟南：齊魯書社，1979），頁 2。

7　如余敦康認為《周易》經傳性質不同，但「《易傳》的哲學思想是利用了《易經》占筮的特殊結構和筮法建立起來的」。參余敦康，〈從《易經》到《易傳》〉，頁 381。

8　參朱伯崑，《易學哲學史》，第 1 卷，頁 9。又黃慶萱認為「六十四卦是占筮的符號；卦爻辭是對占筮所得結果的解釋。跟六十四卦同是西周初年所作，帶著濃厚的『占筮』的性質。」又說「《十翼》除《雜卦》為西漢作品外，都著成於春秋戰國，代表著先秦儒者對《周易》的闡釋」。參黃慶萱，〈周易縱橫談〉，《周易讀本》，第一章（台北：三民書局，1992），頁 3。

9　朱伯崑，《易學哲學史》，第 1 卷，頁 10。

10　同前注，頁 11。

甲骨、[11]銘器、[12]竹簡、[13]陶罐的各類痕跡，尤其是數字卦和卜筮活動，與卦爻辭作進一步的比較研究，[14]刻意迴避彼此之間的不同，而強化「《易經》為卜筮書，《易傳》為義理書，二者不相同」的結論。

（二）認為《易傳》是《易》義理之源

　　《易傳》為《易》義理之源的論點，亦是古史辨時期的學者首發其端，認為卜筮之書終究無義理可言，相對上，《易傳》發揮《易》義，具有思想體系，故《易》學之有義理，實起源自《易傳》。正如曾春海所說「《易》書漸由卜筮之書，轉進成探討宇宙與人生哲理的經典」。[15]主張《易傳》為

11　甲骨為「卜」的紀錄，與以「數」為主的「筮」不同。故《禮記‧曲禮》：「卜筮不相襲。」但龜卜對於《易》卦的發明幫助極大。屈萬里曾撰〈易卦源於龜卜考〉一文，指出《周易》卦畫、《易》卦反對的順序、《易》卦爻位的陽奇陰偶、九六之數、內外往來等幾個方面，都和龜卜有關。屈萬里，〈易卦源於龜卜考〉，原刊《中央研究院歷史語言研究所集刊》，第27本（1956年4月），後收入《書傭論學集》，《屈萬里全集》（新北：聯經出版事業公司，1984），第14種，頁48-69。

12　北宋徽宗重和元年（1118）湖北孝感出土的安州六器中一件方鼎的銘文，其中有「七八六六六六，八七六六六六」兩組數字，張政烺認為這是一件有文義可尋的易卦（數字卦），參張政烺，〈試釋周初青銅器銘文中的易卦〉，《考古學報》，1980年第4期，頁403-415。據李學勤和唐蘭的考釋，這件方鼎在年代上當是周昭王之物，時間為西元前十世紀中葉。參李學勤，〈西周中期青銅器的重要標尺〉，《中國歷史博物館館刊》，1979年第1期，頁29-36。又參李學勤，〈關於《周易》的幾個問題〉，收入《走出疑古時代》（瀋陽：遼寧大學出版社，1997），頁73。

13　如阜陽漢簡、包山楚簡、馬王堆帛書的卦畫，均以「一」表陽爻、「八」表陰爻。論者遂認為八卦是由數字派生演變出來的。

14　1978年12月張政烺在第一屆「中國古文字學術研討會」上發表了〈古代筮法與文王演《周易》〉一文，首先提出數字卦的研究。1980年在《考古學報》上發表了〈試釋周初青銅器銘文中的易卦〉，再次考證了數字卦的研究。張政烺主要認為，殷、周出土文物上存在的數字紀錄，其實是占筮的紀錄。這些數字的組合，即是八卦數字符號，是《易》卦的來源。關於數字卦在過去一世紀的研究和影響，詳參楊慶中，《二十世紀中國易學史》，第7章第1節，頁334-355。關於數字卦與《易》占的關係，並參李宗焜，〈數字卦與陰陽爻〉，刊《中央研究院歷史語言研究所集刊》，第77本第2分（2006年6月），頁279-318；邢文，〈數字卦與《周易》形成的若干問題〉，《臺大中文學報》，第27期（2007年12月），頁1-32。

15　曾春海，《易經的哲學原理‧自序》（台北：文津出版社，2003），頁1。

《易》義理之源的論著很多，例如馮友蘭《中國哲學史新編》即以《易傳》屬中國哲學史戰國階段之思想，而《易經》的卜筮內容則不屬哲學史之中，認為「在中國哲學史中，《易傳》首先比較自覺地、系統地講到範疇、公式的作用。人類在能作抽象思維的時候，就已不自覺地應用範疇和公式。……這樣的應用是人類認識發展的一個進步，表示人類認識提高了一步。在中國哲學史中，《易傳》就是這步提高的表現。」[16]而余敦康〈從《易經》到《易傳》〉則引用《左傳》、《國語》的筮例，認為在《易傳》編撰之前，春秋時期的卜筮之法有了新發展，「用象徵性的意義來解釋龜兆，引申發揮，講出了一套似是而非的道理」。[17]這種余先生稱之為「卦象說」和殷周原始筮法相較，為「明顯的進步」，[18]而「《易傳》的作者用陰陽範疇解釋了這兩個基本符號，《周易》的框架結構才第一次得到全面的解釋」。[19]總之，這一類看法，是過去一世紀以來主流見解，諸家無甚異辭。較早期的研究可參戴君仁〈易經的義理性〉、[20]高亨《周易大傳今注》；近年來這一觀點深植人心，影響甚廣，著述之多，不遑列舉。

（三）認為《易傳》多摻雜戰國諸子思想

這種看法細分又有三種論點：第一種是認為《易傳》主要以儒家思想為主，如武內義雄從孔子傳經的譜系切入，並將《易傳》的內容和《禮記》諸篇的內容相結合作出思考，強調《繫辭傳》中的思想和〈中庸〉的思想頗一致，是戰國至秦漢間「易の儒教化」的具體證據。[21]第二種看法則認為《易傳》的思想屬性是道家而非儒家。主此說者最早為錢穆先生，[22]最

16　馮友蘭，《中國哲學史新編》（北京：人民出版社，1992），第二十一章第三節，頁 336。

17　余敦康，〈從《易經》到《易傳》〉，頁 396。

18　同前注，頁 399。

19　同前注，頁 407。

20　戴君仁，〈易經的義理性〉，《梅園論學續集》，頁 222-235。

21　武內義雄，《中國思想史》（東京：岩波書店，1962），頁 115-122。

22　錢先生在〈論十翼非孔子作〉一文舉十證以論《十翼》非孔子所作，其中第十證，即暢論《論語》和《易》思想的不同。此條比較了《論語》與《繫辭》論「道」、「天」、「鬼神」之

具代表性的是創辦《道家文化研究》的陳鼓應先生。他早年研究《易傳》與老、莊和稷下黃老思想的一致性，所著《道家易學建構》中則認為《易經》和《易傳》都是道家思想的產物，《易經》的占筮語言在發展至《易傳》的過程中，已經融入了老子的思想，而向道家哲學延伸。[23]第三種見解則認為《易傳》思想並不單純為儒家或道家的產物，而是既受儒家、道家的影響，也受陰陽家的影響。如張立文認為「易傳雖以儒家思想注釋易經，但亦吸收了道家、陰陽家的思想」。[24]朱伯崑亦認為，《繫辭》借了《莊子・大宗師》「太極」一詞，解釋筮法；[25]又吸收了陰陽五行家「五行」觀念，「解釋大衍之數出於天地之數」。[26]關於《易》與先秦諸子的關係，十分複雜，如先秦道家與《歸藏》和《周易》即有糾結的歷史關係。[27]胡自逢有《先秦諸子易說通考》，[28]頗有參考價值。

　　以上三說，構成了《易》學「經傳分離」之說：由於有第一說，《易經》亦即卦爻辭從此與《易》學哲學思想無關；由於有第二說，《易傳》即為《易》學義理之源，更不須往上再追溯；由於有第三說，《易傳》義理一變而降為戰國諸子如老子、莊、陰陽家思想的遺裔。這三種主流見解，形成了對《周易》經傳和哲理思想發展的許多不健康的看法，不肯再思考《易經》具有哲理的可能性，嚴重忽略「經、傳」之間的內在關係，對於《易傳》詮釋《易經》特殊方法與理念也不再注意。

　　處，指出《繫辭》思想近老莊，其哲學是道家的自然哲學。參《古史辨》，第 3 冊，頁 91-94。

23　陳鼓應，《易傳與道家思想》（台北：臺灣商務印書館，1994）；《道家易學建構》（台北：臺灣商務印書館，2003），尤其是後者所收錄〈道家與《周易》經傳思想脈絡詮釋〉（頁 43-80）、〈乾坤道家易詮釋〉（頁 81-115）兩篇文章。

24　張立文，〈周易帛書淺說〉，收入《周易帛書今注今譯》（台北：台灣學生書局，1991），頁30。

25　朱伯崑，《易學哲學史》，第 1 卷，頁 52、66。

26　同前注，頁 64-65。

27　詳拙著，〈從遺民到隱逸：道家思想溯源——兼論孔子的身分認同〉。

28　胡自逢，《先秦諸子易說通考》（台北：文史哲出版社，1989）。

其實近數十年來，斷斷續續已經有不少學者意識到《易經》並非漫無體統的占卜之書，顯示了經過數十年的發展，「經」與「傳」截然二分說法的缺失已受關注。例如前述朱伯崑指出卦爻辭的「系統化」，已說明了《易經》並非只是占卜的「素材」而已。黃沛榮師《易學乾坤》收錄〈周易卦爻辭釋例〉一篇，認為「研究《周易》卦爻辭之辭例」，其目的之一即係「闡明卦爻辭之哲學」，[29]直指卦爻辭本身具有哲學成分，實為巨眼。戴璉璋更說：

> 明象位、重德業是易學發展的兩大主脈。這兩條主脈，發端於《易經》，貫穿於《春秋》，而結穴於《易傳》。於是象位與義理，蘊含富美，相得益彰，為《易》學與儒學開拓了嶄新的局面。這樣看來，在《易》學的基本精神上，《傳》不但並未違異於《經》，而且還可以說是對《經》作了最好的繼承與發展。[30]

上述兩位前輩，都是極重視文獻基礎研究，研究態度極精審的學者。他們的論點奠基於研究之上，而非泛泛維護傳統文化之論。[31]本文即擬從卦爻辭字義的演繹，對照《易傳》詮釋《易經》的方法，藉以說明《周易》經傳的關係，從經傳字義的關係上可以清晰地看見。我深盼研究者能從「經傳分離」的氛圍中暫時超脫出來，重新審視卦爻辭的內在結構，以及其對《易傳》的影響。

本文第一部分提出了問題的背景；第二部分則分析「經傳分離」說難以成立的三點理由；以下第三部分擬以字義為討論核心，說明《易經》卦爻辭如何演繹卦名，尤其是爻辭如何演繹卦辭；第四部分分析《易傳》對於《易經》字義的演繹。最後「結論」總結全文，嘗試歸納出《周易》經傳字義演繹的幾項規律。

---

29 黃沛榮，〈周易卦爻辭釋例〉，《易學乾坤》，頁155。
30 戴璉璋，《易傳之形成及其思想·自序》（台北：文津出版社，1989），頁4。戴先生在該書「思想的淵源」中甚至推溯《易經》中的道德意識，透析卦爻辭內容甚深細，讀者可參。
31 廖名春近年撰寫論文，亦認為《易經》已有哲理，見〈《周易》卦爻辭的哲學——以《乾》《坤》兩卦為例〉，《文史》，2014年第3輯（總第108輯），頁79-104。

二 「經傳分離」說難以成立的三點理由

中國經學史傳統精神，向以謹慎保守為主，若非有確實碻切的證據，釋經者通常不會輕率否定相傳的解釋。然而，自顧頡剛掀起「古史辨運動」之後，古史辨學者發明古史層累說，李鏡池、余永梁紛紛撰文論證《易經》僅為卜筮紀錄，容肇祖更發表〈占卜的源流〉一文，將《易經》和後世民間方術之士的命理書視為源流相同。[32]近代學者對於「經」、「傳」本質與年代之間的差異，有新的認知，而明瞭「經」、「傳」不應被視為一體。這是一個有突破性、有大貢獻的創獲，的確釐清了過去盲目地經傳不分所造成文獻年代被混淆的弊端。然而，就古代儒家經典的發展歷程觀察，「傳」始終是依「經」而起的產物，是以解經為任務的。尤其以先秦儒家經典的古奧艱澀，倘若全面捨棄「傳」，根本無從了解「經」。近代學者研究諸經，無論《詩經》、《春秋》，均必須充分參考「傳」、「箋」內容，加以解釋。即使近年風起雲湧的出土文獻研究，研究者亦多先隸釋出土文物中的古文字，再廣引經典文獻中的「傳」、「注」和辭書相互取證，才有可能認清該文獻的思想性質為何。本文絕不支持視《周易》經傳為一體，卻也認為對經文的解釋，應該充分參考《易傳》，不可全盤放棄，理由有三：

（一）研究其他經書均得引「傳」《周易》不應獨異

儒家經典多古奧，自戰國晚期即不斷出現解經的文獻，諸如《毛傳》之於《詩經》，《左傳》之於《春秋》，王弼《注》之於《易經》，乃至於《禮記》、《爾雅》諸篇，都深受研究者正面重視，可見經典與後世傳、注之間，縱使意義因時代不同而不能完全相符，但至少「傳」對於「經」義的理解，具有極重要的參考價值，無庸置疑。即使恃出土文獻一類新材料之發現，而認為可超越舊說，然而對於新材料之解釋，亦不可能不引用傳統文獻參證。此即王國維「二重證據法」所揭示的道理，其允當亦毋須複

---

32 李鏡池、余永梁、容肇祖之論文，均收入《古史辨》第 3 冊。

述。近當代學者研究亦無不如此，而取得重要研究成果。以《尚書》而言，如于省吾《雙劍誃尚書新證》，幾乎每條均引偽《孔傳》釋義，雖有批評修正，正面參用之處亦不少。[33]以《左傳》而言，杜預《注》晚出，頗沿今古文門戶成見，但如楊伯峻《春秋左傳注》參用杜《注》之處亦頗不少，並不因其晚出而全盤捨棄。[34]以《詩經》、《周易》而言，當代研究專著中參用《毛傳》、王《注》的更多，不遑舉例。綜觀當世經學研究著作，任何人都不可能完全拋棄「傳」、「注」，而論述「經」的文義，或單獨分析「傳」的義理。獨獨《易傳》之於《易經》，竟被二十世紀初學者登高一呼，將二者關係一刀兩斷，且視為理所當然。甚至論及《易》哲學的起源，也將《易經》義理之源，完全截斷。其不合乎通常研究古典的方法，實顯而易見。

（二）近代《易》家以《易傳》以外之文獻釋《易》的限制

近一世紀以來，反對「以傳解經」的學者，在解釋卦爻辭的時候，既已標舉不能以傳釋經，但又不得不援用古籍以論證卦爻辭內容。既無其他路子可走，只好大量運用《易傳》以外的其他文獻與《易經》互證。這方面的文獻可約分為四類。

第一類是出土文獻，如甲骨文、金文、石經等。早期如屈萬里、于省吾在這方面都是翹楚。屈先生的《漢石經周易殘字集證》、于氏的《雙劍誃易經新證》、張政烺對出土文物中的數字卦的研究，以至當代學者如于豪亮、張立文研究《帛易》、廖名春、林忠軍、邢文等運用楚簡與傳世《易經》互勘等，均有成果，廣為人知。出土文獻在研究方法上的重要性，從前王國維「二重證據法」已經有明確的肯定。不過，如何利用、以及利用何種「紙上遺文」以與「地下遺物」互相釋證，《易傳》能不能算作重要

33　參于省吾，《雙劍誃群經新證、雙劍誃諸子新證》（上海：上海書店出版社，1999）。

34　如隱公元年「廩延」地理位置，不用劉文淇《春秋左氏傳舊注疏證》引《水經注》以為即今滑縣舊治，而採用杜《注》所指「陳留」（今河南省延津縣北）之說。參楊伯峻，《春秋左傳注》（北京：中華書局，1981），頁 12-13。

的「紙上遺文」中的一類，仍然是一個必須正視的問題。

第二類是經部文獻。近代《易》家探討卦爻辭中的字義、語義，往往徵引《詩經》、《尚書》、《左傳》。如胡自逢參用《禮記・月令》、《大戴禮記・本命》篇所載關於陰陽關係的文字，說明〈坤〉卦上六「龍戰于野，其血玄黃」之義。[35]研究卦爻辭而用經部文獻，以雙方年代相近（如《詩》、《書》），解釋系統交集部分亦不少，問題一般不大；唯獨學者偶或徵引更為晚出的經部文獻如《爾雅》，[36]甚至許慎《說文解字》，卻不肯參用早至戰國時期的《易傳》，其不合理處，亦昭然可見。

第三類是史部文獻。近代《易》學研究與古史結合，始自 1919、1920 年疑古思潮的興起，[37]繼由李鏡池等學者發揚，而總體成果則大體反映於 1942 年胡樸安的《周易古史觀》。[38]其觀念係以古史角度審視《易經》材料，或以古史證明卦爻辭。如前述《左傳》、《國語》為先秦重要史籍，成書年代雖出於卦爻辭甚晚，也常被《易》家徵引以闡釋卦爻辭。如〈咸〉九四爻辭「憧憧往來」，屈萬里《學易劄記》稱：

> 《戰國策》卷廿：「今王憧憧，乃輦建信以與強秦角逐，臣恐秦折王之椅

35　參胡自逢，〈周易經文研究〉，收入《易學識小》（台北：文史哲出版社，2000），頁 24。雄按：該文第五節即為「以經通經」，內容主要引述諸經文字，以解釋《周易》經文（頁 24-25）。

36　例子甚多，如鄧球柏，《帛書周易校釋（增訂本）》（長沙：湖南出版社，1996），釋〈訟〉卦九二「不克訟，歸而逋，其邑人三百戶无省」（雄按：傳本此爻說解頗有爭議），「省」字傳本《周易》作「眚」，義為病目、或妖祥。鄧氏引《爾雅・釋詁》：「省，察也。」及《禮記・禮器》：「禮，不可不省也。」選擇用「省」字，釋為省察（頁 93）。雄按：鄧說不確，應依傳本作「眚」。此一例子，恰好證明研究者不深究經部文獻彼此是否可以通用互證的限制，而任意引作依據的弊端。

37　據《胡適之先生年譜長編初稿》，1920 年 7 月胡適演講〈研究國故的方法〉，有「寧可疑而錯，不可信而錯」之語（胡頌平，《胡適之先生年譜長編初稿》〔新北：聯經出版事業公司，1990〕，第 1 冊，頁 407）；同年 11 月 24 日評顧頡剛撰〈古今偽書考跋〉，又說：「我主張，甯可疑而過，不可信而過。」（顧頡剛編著，《古史辨》，第 1 冊，頁 12）1921 年 1 月，錢玄同向顧頡剛提出「疑古」的觀念（錢玄同，〈論近人辨偽見解書〉，同前，頁 24-25），1923 年 6 月並公開宣揚要敢於「疑古」（錢玄同，〈研究國學應該首先知道的事〉，同前，頁 102）。

38　詳參陳桐生，〈20 世紀的《周易》古史研究〉，《周易研究》，1999 年第 1 期，頁 23-26。

也。」憧憧，悟憒之 。[39]

又〈師〉卦《象傳》：「地中有水，師；君子以容民畜眾。」屈先生《學易箚記》：

因是師卦，故曰畜眾。以坎為眾，《左傳》似有此義。[40]

屈先生所稱「《左傳》似有此義」，可能是指《左傳》宣公十二年：

知莊子曰：「此師殆哉。《周易》有之。在師䷆之臨䷒曰：『師出以律，否臧凶。』執事順成為臧，逆為否。眾散為弱，川壅為澤。有律以如己也。故曰：『律否臧。』」[41]

又《國語‧晉語四》亦載：「坎，勞也，水也，眾也。」[42]此「眾」字與《左傳》之「眾」均特指「兵眾」亦即軍隊，並非泛指「群眾」。[43]雄按：戰國以迄漢代經師講說《易》象，多由卦爻辭歸納而得。故《左傳》所記知莊子之繹釋以及《象傳》之說解，可能均由經文卦象「坎」與卦名「師」推論而產生，並非《左傳》襲取《象傳》或《象傳》襲取《左傳》之說。所反映的是戰國以前《易》家釋經的一種普遍方法，[44]又由於《左傳》、《國語》所載筮例，與《周易》成卦之法偶有不同，[45]同一卦名亦偶有占辭完全相異，因此近代學者如高亨、尚秉和、李鏡池等，治《易》亦僅以《左傳》

---

39 屈萬里，《學易箚記》，收入《讀易三種》，《屈萬里全集》，第 1 種，頁 530。

40 同前注，頁 484。

41 〔晉〕杜預集解，〔唐〕孔穎達等正義，《春秋左傳注疏》（台北：藝文印書館影印阮元校刻《十三經注疏附校勘記》本，1979），卷 23，頁 8b-9b。杜預《注》：「坎為眾，今變為兌，兌柔弱。」《正義》曰：「〈晉語〉文公筮：『尚有晉國。』司空季子占之，曰：『震，雷也，車也。坎，水也，眾也。主雷與車而尚水與眾。』是坎為眾也。《易‧說卦》：『兌為少女』，故為柔弱。眾聚則彊，散則弱，坎變為兌，是眾散為弱也。」

42 上海師範大學古籍整理組校點，《國語》（上海：上海古籍出版社，1978），卷 10，頁 362。

43 Joseph Adler 翻譯朱熹《周易本義》注解「兵不外於民，故能養民，則可以得眾矣」為 "an army is not separate from the people. Therefore being able to nourish the people one can gain troops"顯然讀懂了這個「眾」字，故譯為"troops"。見 Joseph Adler translated and edited, *The Original Meaning of the Yijing: Commentary on the Scripture of Change* (New York: Columbia University Press, 2020), p. 90.

44 說詳本書中編〈貳、《易》象新議〉、〈肆、《易》數與早期中國數字觀念〉。

45 如《國語‧晉語四》所記「得貞屯、悔豫皆八」之例（卷 10，頁 362）。

作輔佐性參考，以探討占卜辭例和成卦之法。

第四類是子部文獻。推本溯源，以子部文獻與儒家《五經》參校研究，貫通彼此之間的語義文義，其事大盛於高郵王氏父子。然而在今日的眼光觀察，用先秦諸子與《易經》互相釋證，仍有兩點限制。分述如下。

就思想層次而言，卦爻辭編定於西周初年至末葉，諸子則興起於戰國中期以後。依照常理推斷，卦爻辭固然會影響諸子思想，諸子也可以將《易》理加以轉化。唯轉化以後的思想內容，雖有《易》理的痕跡，卻未必都屬於《易》的原義。而從方法上說，因為《易經》年代早，諸子年代相對晚；利用卦爻辭的觀念分析先秦諸子思想怡然理順，利用先秦諸子思想反過來說明卦爻辭的觀念卻較難。

就語言文字層次而言，有兩種情況：第一種情況是，先秦諸子以年代較晚，其中有些採用《易經》語言的部分，確可反過來證明卦爻辭之語義。如〈乾〉九三爻辭「君子終日乾乾」，黃沛榮師〈易經卦義系統之研究〉（以下簡稱〈系統〉）：

> 「乾乾」，為上進不倦之意。《呂氏春秋・士容》：「乾乾乎取舍不悅。」高注：「乾乾，進不倦也。」由於上進不倦，故〈大象傳〉云：「天行健，君子以自強不息。」[46]

這一類情況，我們除了先檢視持論者立論合理與否外，亦可以透過經文的內容，衡量其是否可以成立。以此一例子而言，「乾乾」釋為「上進不倦」，合乎〈乾〉卦六爻由「潛→見→飛→亢」的動態遞進，以及「夕惕，若厲」四字的意旨，故至為合理。另一種情況，則因為語言意義的轉移，晚出諸子借用《易》語詞概念，已有新的闡釋，又或因思想體系與《易》不符，則後出的研究者實不宜輕易採信以釋《易》。如〈謙〉卦六四爻辭「无不利，撝謙」，林政華稱：

> 撝，借為為，指有所施為或施與。《老子》第十章說：「生而不有，為而不恃，長而不宰」；而儒家見義勇為，不求回報的行徑，即源於此，如孟子論

---

46 黃沛榮，〈易經卦義系統之研究〉，《易學乾坤》，頁89。

惻隱之心，說：「今人乍見孺子將入於井，皆有怵惕惻隱之心，非所以內交
於孺子之父母也，非所以要譽於鄉黨朋友也。」[47]

林氏引《老子》「為而不恃」，將「撝謙」釋為見義勇為又能謙卑之義，並
引《孟子》為旁證，可謂儒道義理交互並用。然而，「撝」字《晁氏易》
引京房作「揮」，《熹平石經》亦作「揮」，李鼎祚《周易集解》引荀爽：「撝
猶舉也。」[48]王弼《注》：「指撝皆謙，不違則也。」《正義》：「所以指撝皆
謙者，以不違法則，動合於理，故无所不利也。」[49]從漢唐的《易》學文獻
和儒說綜合判斷，則「撝」字應釋為「指揮」之「揮」。如果不深究字義
關係，將「撝」、「為」二字混為一談，加以申論，就很危險了。

　　各類諸子文獻，語言方面當然可以相參證，思想上則其體統或與《周
易》不類，或年代相差甚遠，或思想內容差異極大。倘任意以諸子思想與
卦爻辭互證，是極為危險的。然而，近現代學者對於運用與《易經》關係
甚為密切的《易傳》來釋卦爻辭，幾乎完全排斥，反而對於以諸子思想與
《易經》互證，不甚警覺。其輕重倒置的錯誤，顯而易見。

（三）近代學者詮解《易經》不得不參考《易傳》

　　卦爻辭有許多內容，不用《易傳》，往往很難通解。即使強烈反對「以
傳解經」的學者，其實往往亦無法完全避免「以傳解經」。如〈泰〉卦，
《易》家多釋「泰」義為「通」（亦有釋為「大」者），[50]《彖傳》「天地交而
萬物通也」，《序卦傳》「泰者，通也」均可證，但這一義解，除《易傳》
外又無旁證。[51]此即所謂非用「傳」不能解「經」之顯例。又如高亨論「悔」

47　林政華，《易學新探》（台北：文津出版社，1987），頁 88。雄按：高亨《周易古經今注（重
　　訂本）》亦釋為「為」。參高亨，《周易古經今注（重訂本）》，卷 1，頁 206。

48　〔唐〕李鼎祚輯，《周易集解》（台北：臺灣商務印書館，1996），卷 4，頁 95。

49　《周易注疏》，卷 2，頁 33b。

50　除《十翼》外，如《周易乾鑿度》、《經典釋文》、鄭玄、李鼎祚、程頤、朱熹，以迄近代
　　如高亨、屈萬里均如此。唯馬融釋為「大」，于省吾取其義，證以古物，推論「泰」即
　　「汏」，義為「大」。參于省吾，《雙劍誃易經新證》，卷 2，頁 15a-b。

51　〈否〉卦義為「不通」，其義與〈泰〉卦之釋為「通」互相支持：〈泰〉為通，〈否〉則否；

字：

> 《說文》：「悔，恨也。从心每聲。」《廣雅‧釋詁》：「悔，恨也。」《詩‧雲漢》：「宜無悔怒」，《毛傳》：「悔，恨也。」《論語‧為政篇》：「多見闕殆，慎行其餘，則寡悔」，皇《疏》：「悔，恨也。」按悔恨之情比悲痛為輕，悔恨之事不及咎凶之重。

高亨遍引與《周易》同時期的（如《詩經》）或晚出的（如《說文》）經部文獻，得到的「恨也」的訓釋，但最多亦不過得知其輕重介乎「悲痛」與「咎凶」之間而已。他接著又說：

> 《周易》所謂「悔」，其實不過困厄而已，《繫辭傳上》云：「悔吝者，憂虞之象也。」又云：「悔吝者，言乎其小疵也。」是其徵矣。[52]

到最後，極力堅持「離傳釋經」的高亨，還是得回到《繫辭傳》中，才能證明「悔」義為「困厄」，有「憂虞」、「小疵」之象。這不就說明「經傳分離」之說的窒礙難通了嗎？

屈萬里先生為著名《易》家，深受古史辨時期「科學方法治《易》」、「《周易》古史觀」兩種論述的影響，在運用出土文獻（如甲、金文及石經）、傳世文獻（包括所有可供與《周易》經傳互勘的材料）及《周易》經傳相互釋證方面，取得豐碩的成果。他認為古代信史的重建，必須靠地下出土的資料，[53]亦贊成將《易經》與《易傳》明確地切割；[54]然而，在論證卦爻辭的意義時，他亦發生與高亨同樣的情況。茲舉數例說明。如〈乾〉九三：「君

反之亦然。但此亦須先回歸卦爻辭內容，並與《象》、《序卦》等傳互釋，始能推知。

52 高亨，〈吉吝厲悔咎凶解〉，《周易古經通說》，《周易古經今注（重訂本）》，卷首，頁131-132。

53 見屈萬里，〈我國傳統古史說之破壞和古代信史的重建〉，《書傭論學集》，頁377。又如屈先生《書傭論學集》所收〈易卦源於龜卜考〉、〈漢石經周易為梁丘氏本考〉等文章，均奠基於出土文獻。其中〈說易散稿〉一文「貞」條，據卜辭論證「貞」字義為「守常不變」，即係成功之一例。

54 並參前引屈萬里〈說易散稿〉。又說：「夙擬以甲骨金文及詩書中所習用之語法、物事，以稽研卦爻辭；以戰國諸子所習用之語法、物事，以參證十翼。」見屈萬里，《先秦漢魏易例述評‧自序》，《屈萬里全集》，第8種，頁4。

子終日乾乾，夕惕若，厲，无咎。」屈先生《周易集釋初稿》（以下簡稱《集釋初稿》）：

> 夕惕若厲，應以厲字絕句，漢唐以來皆如此，至宋儒始以厲字屬下讀。……據《文言》，仍當讀「夕惕若」一句，「厲，无咎」一句，《文言》所謂雖危无咎也。……按：《彖》《象傳》《文言》皆訓厲為危。[55]

他據《文言傳》論證「厲，无咎」為一句始為正確，又據《彖傳》、《象傳》、《文言傳》證「厲」訓為「危」。又〈履〉卦九五：「夬履，貞厲。」《集釋初稿》說：

> 夬《象傳》：「夬，決也。」謂決其可履則履之。若固一不移則厲也。[56]

這真是再明白不過的「以傳釋經」。又〈巽〉九二：「巽在牀下。」《集釋初稿》：

> 《序卦傳》：「巽者入也。」鼎《象傳》：「以木巽火。」巽謂在下。《雜卦傳》：「巽，伏也。」[57]

要解釋〈巽〉九二爻辭，還能不參考《象》、《序卦》、《雜卦》等傳嗎？又〈渙〉上九：「渙其血去逖出。」《集釋初稿》：

> 《雜卦傳》：「渙，離也。」王《注》：「逖，遠也。」去，離去。[58]

〈渙〉卦之「渙」有奐飾之義（詳後）。屈先生此處引《雜卦傳》論證上九爻辭之「渙」字義並非為「奐飾」而是「離去」；而論「逖」字，所引王弼《注》的說法，年代已晚至東漢末，距離卦爻辭的時代已更遠了。其實在沒有更好的解釋或證據時，即使晚出的說法，也不得不引以為據。這也是傳統解經者不得不遵用的做法。

　　其實近三十年來，已有愈來愈多學者意識到《易經》並非漫無體統的占卜之書。經過數十年發展，「經、傳」截然二分說法的缺失，已漸露端倪。如前述朱伯崑指出卦爻辭的「系統化」，雖承認了《易經》並非只是

55　屈萬里，《周易集釋初稿》，收入《讀易三種》，頁7。
56　同前注，頁86。
57　同前注，頁348。
58　同前注，頁359。

占卜「素材」，但其中的系統細節為何？其系統又是否基於某種義理？恐怕都是不能迴避的大問題。自 1973 年馬王堆帛書《周易》問世，文獻內容陸續披露，[59]除了引起了大批《易》學家研究帛書《周易》外，也激起了學者思考《周易》經傳源流的問題。其中如李學勤即重新思考了《周易》與文王、周公的關係，[60]廖名春更提出要從本經出發研究《周易》的作者，也要合理地吸收先秦、兩漢文獻的記載。[61]這無疑都有助於釐清《周易》本經性質為何、作者為誰等問題，讓《易》學研究者正視重新檢討《周易》經傳關係問題的重要性。

三 卦爻辭字義演繹二十二例

《周易》經文有通體一貫的辭例，對於字義演繹，亦隱然有一系統性的通則。《易傳》作者受到「經」的影響，其依經文自身的義理去演繹經文，也常推衍字義往不同方向引申。換言之，《易傳》作者的釋經方法，實即承繼《易經》的寫作方法而成。一旦我們承認《易傳》演繹經文時無中生有地創造出種種新義，是一種「創造性詮釋」的話，那麼我們也必須承認，這種創造性詮釋方法早已存在於卦爻辭的撰著中。而貫徹《周易》

59　《文物》1984 年第 3 期刊布了馬王堆漢墓帛書整理小組的〈馬王堆帛書《六十四卦》釋文〉。1993 年 8 月陳鼓應主編《道家文化研究》第 3 輯為「馬王堆帛書專號」，並以「首次公布的珍貴帛書文獻」為欄目，刊布了陳松長，〈帛書《繫辭》釋文〉，陳松長、廖名春，〈帛書《二三子問》、《易之義》、《要》釋文〉兩篇文章。其後 1995 年 1 月朱伯崑主編《國際易學研究》第 1 輯，亦主要為帛書《周易》專號，與《道家文化研究》第 3 輯一樣，刊布了許多《易》學家研究帛書《周易》的文章。讀者可並參邢文，《帛書周易研究》（北京：人民出版社，1997）及廖名春，《帛書《周易》論集》（上海：上海古籍出版社，2008）。

60　參李學勤，〈帛書《易傳》與《易經》的作者〉，收入朱伯崑主編，《國際易學研究》，第 1 輯（北京：華夏出版社，1995），頁 62-66。

61　參廖名春，〈從帛書《易傳》等文獻論《周易》本經的作者問題〉，《帛書〈周易〉論集》，頁 55。

經、傳中的這種演繹的方法，基本上就是以字辭的字形、音韻、義訓為核心，作輻射式的推衍演繹。說到底，《易傳》詮釋《易經》之法，其實早已是經典初撰時作者已經申明的意義。以下謹從六十四卦中選擇二十二卦，加以申論。

1. 〈乾〉、〈坤〉二卦，〈乾〉有天之象但義非天，〈坤〉有地之象但義非地。然而〈乾〉卦六爻發展至九五，爻辭為「飛龍在天」；〈坤〉卦六爻發展之初，初六為「履霜堅冰至」，履霜成冰之堅冰即地。如依王引之「因聲求義」之法，指出「乾」與「健」聲近，「坤」與「順」聲近（參下文），則由乾、坤二語和健、順二語之間的相互演繹，實構成了二卦的卦爻辭內容。

2. 「乾」字不見於甲骨文及金文，其字本義《說文》釋為「上出」，認為與其聲符「倝」字本義為「日始出」有關。[62] 就字義而言，則與日照有關。卦爻辭作者固然賦予〈乾〉卦「龍」的喻象，而九三爻辭「君子終日乾乾」的所謂「終日」，即從具體的太陽之「日」，引申為抽象的時間之「日」。同時作者又以「君子」與「龍」互喻。故九三「乾乾」，太陽初升，愈見光明，上出不已，引喻人生，指君子上進不倦。《象傳》以聲訓的方法，以「健」釋「乾」，就是從太陽的形象引申出來的新義。朱子《周易本義》：「乾者，健也，陽之性也。」「坤者，順也，陰之性也。」[63]（雄按：朱子所謂「性」，即「理」）但健行不倦，含義抽象，故爻辭即以具體「龍」的形象，加以演繹，有「潛龍」、「飛龍」、「亢龍」等各種具體型態，再申達諸如潛伏、飛騰、高亢等含義抽象的變化。

3. 〈屯〉卦之「屯」，依《說文》釋為「象艸木之初生」，[64] 即為象形字，

---

62 說詳本書上編〈參、試從詮釋觀點論易、陰、陽、乾、坤字義〉。

63 〔宋〕朱熹，《周易本義》（台北：大安出版社，1999），頁 27、39。

64 〔漢〕許慎著，〔清〕段玉裁注，《說文解字注》（北京：中華書局，2013），1 篇下，頁 1b。

那就是「芚」字；[65]屈先生稱該字「即純字，本為絲，故有經綸之象」，[66]那就是「純」字。《說文》「難也」，強調的是其抽象的「困難」之義，應是本於《易》卦的本義，因《易》卦就是「困難」義（說詳本書上編〈肆、《周易》〈屯〉卦音義辨正〉）。朱子《周易本義》：「屯，……難也，物始生而未通之意。」[67]人生可以有各種類型的困難，六二「屯如邅如」則演繹至乘馬之迴旋不前。至九五：「屯其膏，小貞吉，大貞凶。」「迍邅」義又變易為「囤積」義，「屯」兼有「屯難」與「囤積」二義。「屯其膏」，即聚斂財貨，於人生似易而實難，因「囤積」膏澤終將造成「困難」。九五之「屯」既亦訓釋為「難」，故《象傳》言「施未光也」。[68]

4. 「蒙」字從「艸」，上博楚簡作「尨」，音義相同。《經典釋文》：「莫公反。蒙，蒙也，稚也。《稽覽圖》云：『無以教天下曰蒙。』《方言》云：『蒙，萌也。』離宮四世卦。」[69]「蒙」字本義應為一種草木的名稱，[70]《說文解字》：「萌，艸木芽也。」[71]但卦名及卦爻辭皆用「蒙昧」之義，則可能是直接取「冡」字以為名。「冡」義為「覆」，後為「蒙」字所

---

65 揚雄《法言‧寡見》：「春木之芚兮，援我手之鶉兮。」汪榮寶撰，陳仲夫點校，《法言義疏》（北京：中華書局「新編諸子集成」本，1996），卷10，頁217。「芚」義即草木初生。承本書審查人提出，「屯」字宜與「生」字同觀，《說文解字》：「生，進也。象艸木生出土上。」（許慎著，段玉裁注，《說文解字注》，6篇下，頁4a）故「屯」字象草木從土中冒出，「生」字則象其已完全長出，二者皆從「屮」。故「屯」有「難」義，又有「始」義。此一考慮甚為周詳，謹附列於此。

66 屈萬里，《周易集釋初稿》，頁41。又黃慶萱釋「屯」字含有「始」、「難」、「聚」、「盈」四種意義（詳《周易讀本》，頁71），可以參考。

67 朱熹，《周易本義》，卷1，頁46。

68 朱熹《周易本義》：「九五坎體，有膏潤而不得施，為『屯其膏』之象。」同前注，頁49。則朱子仍讀此爻之「屯」為屯難字。

69 〔唐〕陸德明，《經典釋文‧周易音義》（上海：上海古籍出版社影印北京圖書館藏宋刻本，1985），卷2，頁3b。

70 「蒙」為「王女」（草名），見《說文》、《爾雅‧釋艸》，並參《說文解字注》，1篇下，頁50a。

71 許慎著，段玉裁注，《說文解字注》，1篇下，頁33a。

取代，[72]其字義本為蔽覆不明。[73]則由卦名本義「冢昧」，而引申出「發蒙」、「包蒙」、「困蒙」、「童蒙」、「擊蒙」等義。初六：「發蒙，利用刑人，用說桎梏，以往吝。」所發之蒙，是未脫桎梏的刑人；九二所包之蒙，是所「納」之「婦」，即剛出嫁的女子，在其夫家為新人，亦即蒙昧之人；上九所「擊」之「蒙」，是指「利禦寇」之「寇」。同屬「蒙昧」者，卻可以引申到現實人生中不同類型的人。朱熹《周易本義》：「蒙，昧也。」[74]歷代注家於此卦義均無異議。

5. 「需」[75]字義本為「等待」，何琳儀引金文及戰國字形，釋該字「會雨天不宜出行而有所待之意」，[76]那就是將「需」字拆為上「雨」下「天」，符合《象傳》「雲上於天，需」的講法。雲上於天，有準備下雨、有所等待的象徵。至於〈需〉卦各爻，或兼用「濡」義，與「等待」之義已有相當距離，可以說是「需」字語義的引申。如九二「需于沙」、九三「需于泥」。「濡」又變易為「醹」義。九五：「需于酒食，貞吉。」「需」引以同音，借為「醹」。[77]自「需」至於「濡」、「醹」，均藉由同音假借，而衍化出種種不同的爻辭內容及占筮判斷。

6. 「履」金文字形從頁從舟，何琳儀釋「會人履似舟之意」。[78]《說文》：「履，足所依也。從尸，服履者也。從彳夂，從舟，象履形。」段玉裁

---

72 《說文》「蒙」：「蒙，王女也，從艸、冡聲。」段《注》：「今人冢、冒皆用蒙字為之。」《說文》「冢」：「冢，覆也。」段《注》：「凡蒙覆、僮蒙之字，今字皆作蒙，依古當作，冡行而冢廢矣。艸部蒙，艸名也。」同前注，7篇下，頁37b。

73 高亨認為「本卦蒙字皆借作矇，以喻愚昧無知之人」（《周易古經今注（重訂本）》，卷1，頁173），不如直取「冢」字為宜。

74 朱熹，《周易本義》，卷1，頁49。

75 于省吾《雙劍誃易經新證》：「按李過《西谿易說》引《歸藏》『需』作『溽』。《說文》『獳』讀若『槈』。古韻『需』侯部，『溽』幽部。侯幽通協。」（卷2，頁6b）

76 何琳儀，《戰國古文字典：戰國文字聲系》（北京：中華書局，1998），侯部，頁390。

77 黃沛榮師〈易經卦義系統之研究〉：「唯是九五『需于酒食』，則不可謂待於酒食之中。細覈辭義，疑『需』讀為『醹』。《說文》：『醹，厚酒也。』然則『需于酒食』者，謂厚於酒食也。」（頁92）

78 何琳儀，《戰國古文字典：戰國文字聲系》，脂部，頁1262。

《注》:「古曰履,今曰履;古曰履,今曰屨。名之隨時不同者也。引申之訓踐,如『君子所履』是也。」[79]則「履」字本義為「鞋履」。[80]如初九「素履,往无咎」,「素履」為「鞋履」義;卦辭「履虎尾」之履,則為「踐踏」義。「履」卦諸爻又隱含禮儀實踐之義,故有「禮」的含義。《象傳》:「君子以辯上下,定民志。」即引申禮儀尊卑之義,顯示《象傳》作者扣緊「履」、「禮」的語言關係,推衍引申「禮」的義理。帛書《周易》「履」作「禮」,應非書寫之異。

7. 〈同人〉卦名,義為聚合人眾,因〈同人〉卦義以兵眾為喻,專義是軍隊同僚,廣義則志同道合者。〈系統〉稱:「『同』為動詞,《說文》:『同,會合也。』故『同人』有『聚眾』之義。……又由所聚之眾引申為『友輩』,九五:『同人先號咷而後笑。』即此義。」[81]

8. 「豫」義為「豫樂」。《尚書・金縢》:「既克商二年,王有疾,弗豫。」《經典釋文》:「豫,本又作杼。」[82]《爾雅》:「豫,安也。」[83]鄭玄釋「豫」為「喜逸悅樂之貌也」。[84]于省吾《雙劍誃易經新證》引金文、《歸藏》、《尚書》等數種文獻互證,以「豫」為「忬」,又以「忬」通「余」、「舍」、「夜」,有休、息之義。[85]他說:「《說文》:『余,語之舒也。从八舍省聲。』又『夜,舍也,天下休舍也。』段玉裁謂以疊韵為訓,是

---

79 許慎著,段玉裁注,《說文解字注》,8篇下,頁3a。
80 黃沛榮師〈易經卦義系統之研究〉稱「履本為『鞋履』之義,引申為踐踏」(頁94)。
81 同前注,頁95。
82 〔舊題漢〕孔安國傳,〔唐〕孔穎達正義,《尚書注疏》(台北,藝文印書館影印阮元校刻《十三經注疏附校勘記》本,1979),卷13,頁6b。〔唐〕陸德明,《經典釋文》(上海:上海古籍出版社,1985),卷4〈尚書音義下〉,頁4a。
83 《爾雅・釋詁下》,〔晉〕郭璞注,〔宋〕邢昺疏,《爾雅注疏》(台北:藝文印書館影印阮元校刻《十三經注疏附校勘記》本,1979),卷2,頁10b。
84 李鼎祚輯,《周易集解》,卷4,頁96。
85 于省吾《雙劍誃易經新證》:「李過《西谿易說》引《歸藏》有『夜』卦。……《書・金縢》『王有疾弗豫』,《說文》引作『有疾不忬』。《古文四聲韵》引《古尚書》『豫』亦作『忬』。『忬』即『忬』。經傳『予』、『余』同用。金文皆作『余』,是从『予』从『余』,一也。」(卷2,頁20a-b)

也。」[86]雄按：九四「由豫，大有得，勿疑，朋盍簪」，「由豫」即「猶豫」，故下文稱「大有得，勿疑」。「猶豫」之「豫」，與「豫樂」之「豫」無關，只能說前者是透過讀音相同，假借為猶豫字，而衍化出來的新義。

9. 〈蠱〉卦之「蠱」，帛書《周易》作「箇」，帛書〈衷〉篇作「故」。甲骨文字形為皿中有蟲之形，何琳儀釋：「从虫或从蚰，从皿，會聚眾蟲於皿中生成蠱毒之意。」[87]依《說文》本義為「腹中蟲」。[88]王引之《經義述聞》卷一：「『蠱』《正義》引梁褚仲都講疏曰：『蠱者，惑也。物既惑亂，當須有事也。故《序卦》云：「蠱者，事也。」謂物蠱必有事，非謂訓蠱為事。』……引之謹案：訓詁之體，一字兼有數義。蠱為疑惑。《爾雅》曰：『蠱，疑也。』……此一義也。蠱又為事，《釋文》曰：『蠱，一音故。』蠱之言故也。《周官·占人》：『以八卦占筮之八故。』鄭注曰：『八故，謂八事。』……此又一義也。二義各不相因。」[89]雄按：王引之之意，「蠱」兼有二義，既訓為「疑惑」，亦用為「故」而訓為「事」，二者不相因。「蠱」卦取「事」之義訓，與「惑亂」無關。我很同意王引之「一字兼有數義」之說，但並不同意「二義各不相因」。因〈蠱〉卦之「蠱」既訓為「事」亦訓為「疑惑」。凡人皆有疑惑不定之事，而《易》理主「變」，事久則變，物久必壞。故子女承繼父母之業，不革新則腐壞，父母有賴子女協助而使之無疑惑，此即所謂「幹父之蠱」、「幹母之蠱」。上九「不事王侯，高尚其事」，前一「事」字為動詞，後一「事」字為名詞，都是「蠱之言故也」的證明。君子仕於王侯，倘「壞極而有事」（朱熹《本義》之說），[90]君子無法解惑或無法端正其惑亂，正不妨求去，以求高尚。故在〈蠱〉卦，卦名不但兼有

---

86 同前注，頁20b。
87 何琳儀，《戰國古文字典：戰國文字聲系》，魚部，頁480。
88 許慎著，段玉裁注，《說文解字注》，13篇下，頁5b。
89 〔清〕王引之，《經義述聞》（南京：江蘇古籍出版社「高郵王氏四種」本，2000），卷1，頁28a-b。
90 朱熹，《周易本義》，卷1，頁92。

「事」、「惑」二義，而且兩義互相支持，引申於人事，在內則有父母之蠱須要「貞、幹」（修正、支持），在外則有「事」與「不事」王侯的抉擇。清華簡〈別卦〉簡 2 作「𦣻」，整理者趙平安釋該字云：「由古、夜兩部分構成。對照王家臺秦簡《歸藏》作『夜』或『亦』，馬王堆帛書《周易》作『箇』或『故』來看，『𦣻』可能是一個古、夜皆聲的雙聲符字。上博簡《周易》作『蛊』，今本作『蠱』，一簡一繁，與從古從夜的字聲音相近，可以通用。」[91]

10. 〈噬嗑〉義為咬合，《說文》：「噬，啗也。」[92]王弼《注》：「噬，齧也。」[93]黃沛榮師指出，拘縛的刑具，亦用金屬咬合的原理，故「噬嗑」又引申為刑具。如初九「屨校滅趾」、上九「何校滅耳」，《說文》：「校，木囚也。」[94]「滅」，據高亨，義為「遮掩」。[95]或引申為刑獄，如卦辭「亨，利用獄」。

11. 〈坎〉卦本名〈習坎〉，於八卦取義為《象傳》所說「水洊至」，故《彖傳》釋為「重險」，與〈離〉為「火」相對；但初六、六三爻辭引申其義為「坎窞」；從「坎坑」義又變易為狀聲字之「坎坎」。六三爻辭：「來之坎坎，險且枕。入于坎窞，勿用。」「坎坎」為敲擊聲。屈先生《集釋初稿》：「《詩・伐檀》：『坎坎伐檀兮。』《傳》：『坎坎，伐檀聲。』〈宛丘〉：『坎其擊鼓。』《傳》：『坎坎，擊鼓聲。』皆以坎坎形容聲音。」[96]黃沛榮師：「六三『來之（原注：往也）坎坎，險且枕。』蓋謂犯人戴上刑具，故來往時發出坎坎之聲。此一取義，語帶雙關。一則自『牢獄』引申，二則卦名『習坎』（原注：重坎），『坎坎』正是『坎』字相重。」[97]

---

91 清華大學出土文獻與保護中心編，李學勤主編，《清華大學藏戰國竹簡（肆）》，頁 131 注 11。

92 許慎著，段玉裁注，《說文解字注》，2 篇上，頁 15a。

93 《周易注疏》，卷 3，頁 11a。

94 許慎著，段玉裁注，《說文解字注》，6 篇上，頁 59b。

95 高亨，《周易古經今注（重訂本）》，卷 2，頁 221。

96 屈萬里，《周易集釋初稿》，頁 187。

97 黃沛榮，〈易經卦義系統之研究〉，頁 103。

12.「離」字从「隹」，本義為「離黃」，即倉庚。[98]於八卦取義為「火」，「火」與「日」有關，故九三爻辭「日昃之離」即以「離」為落日之象。〈離〉之「火」與〈坎〉之「水」相對。[99]而〈離〉卦又依讀音的相同，演為「附麗」義。〈離〉卦《彖傳》：「離，麗也。」王弼《注》：「麗，猶著也，各得所著之宜。」《正義》：「麗，謂附著也，以陰柔之質，附著中正之位，得所著之宜，故云『麗』也。」[100]故離火、落日、附麗等均屬引申之新義。

13.「咸」字甲骨文字形為「𢦏」（乙1988），从戌从口，象斧鉞之形；《說文》釋為「皆也，悉也」，[101]為假借義；清華簡〈別卦〉簡6作「慼」；帛書《周易》、上博楚簡《周易》卦名均作「欽」。《詩・秦風・晨風》「憂心欽欽」，《毛傳》：「思望之，心中欽欽然。」這裡的「欽欽然」具體意義未詳，但和「慼」字皆从「心」，都指向心情的活動。卦爻辭的運用，則通義為「感」，故《彖傳》即說：「咸，感也。」惟王引之《經義述聞》：「《雜卦傳》：『咸，速也。』……下文『恆，久也』，訓恆為久也。此云『咸，速也』，訓咸為速也。蓋卦名為『咸』，即有急速之義。『咸』者，感忽之謂也。……咸與感聲義正同。虞、韓二家訓『咸』為感應之速，而不知『咸』字本有『速』義，故未得古人之指。」[102]雄按：王說可信。〈恆〉卦為「恆久」義，可以確定，則依「坎、離」、「剝、復」、「損、益」等一組二卦對舉並立的例子，「咸」有「速」義，與「恆」相對，其例正同；若依爻辭「咸其拇」、「咸其腓」等推論，

---

98 許慎著，段玉裁注，《說文解字注》，4篇上，頁27a。

99 學者或釋「離」本義為「附麗」而非「火」，不確。「離」字本義為「離黃」即「倉庚」，但〈離〉卦卦名的意義，是與〈坎〉一起成立的。故「坎」為水，則「離」為火；「離」為火，則「坎」為水。水、火即係二卦卦名本義。正如〈家人〉與〈睽〉，〈咸〉與〈恆〉、〈損〉與〈益〉，二義相反而同時並立，同時並存。

100 《周易注疏》，卷3，頁36b。又朱駿聲對於「離」字「假借為麗」，有較詳細的說明。參〔清〕朱駿聲，《說文通訓定聲》（台北：藝文印書館，1966），隨部弟十，頁49b。

101 許慎著，段玉裁注，《說文解字注》，2篇上，頁21a。

102 王引之，《經義述聞》，卷2，頁50a-b。

則又必然有「感」義。然則〈咸〉卦之名，應兼具「感」、「速」兩義。以一字而同時包含兩義，即王引之所謂「訓詁之體，一字兼有數義」，亦是字義演繹的一種方式。

14. 「遯」字，《說文》：「逃也。」[103]《經典釋文》：「遯，……隱退也。匿迹避時，奉身退隱之謂也。」[104]上博簡《周易》作「豚」，帛書《周易》作「掾」，清華簡〈別卦〉簡 1 作「敚」。《說文解字》：「敚，彊取也。」段玉裁《注》：「此是爭敚正字。後人假『奪』為『敚』，『奪』行而『敚』廢矣。」[105]蔡飛舟讀「敚」為「挩」，說：「訓作挩逃，音義與遯通。」[106]黃沛榮師〈系統〉：「六二：『執之用黃牛之革，莫之勝說。』雖未見卦名『遯』字，然『說』字義同『脫』、『挩』，亦由『遯』義而生。」[107]則「遯隱」字為本義，六二爻辭則引申「遯」義，變為「說」（脫、挩）字。

15. 「大壯」的「壯」字，首見於戰國，字形本義，古文字學有不同解釋，或認為从「土」，或認為从「士」，因為右偏旁隸釋不同，本義遂有爭議。[108]《說文》：「壯，大也。」[109]《經典釋文》：「王肅云：『壯，盛也。』」[110]朱熹《周易本義》：「大，謂陽也。四陽盛長，故為『大壯』。」[111]

---

103 許慎著，段玉裁注，《說文解字注》，2 篇下，頁 10a。
104 陸德明，《經典釋文・周易音義》，卷 2，頁 13b。
105 許慎著，段玉裁注，《說文解字注》，3 篇下，頁 36a。
106 蔡飛舟，〈清華簡《別卦》解詁〉，《周易研究》，2016 年第 1 期，頁 17。
107 黃沛榮，〈易經卦義系統之研究〉，頁 104。
108 何琳儀《戰國古文字典：戰國文字聲系》稱：「从土（原注：或作立形），爿聲。《淮南子・墜形》『壯土之氣』，注：『壯土，南方之土。』故壯之本義當與土有關。小篆土誤作士。」（陽部，頁 701）季旭昇《說文新證》指「壯」本義為「大」，取義於雄性的強壯：「『壯』字首見戰國，从士、爿聲。這時『士』字的意義已指男性。……或以為『壯』字从『土』（原注：或作立形。《戰國古文字典》701 頁說。）案：『壯』字或从『立』形，見楚系文字，其實楚系文字並沒有其他从『土』的偏旁可以和『立』相通的例子。」（卷 1 上，上冊，頁 51）。
109 許慎著，段玉裁注，《說文解字注》，1 篇上，頁 40a。
110 陸德明，《經典釋文・周易音義》，卷 2，頁 14a。
111 朱熹，《周易本義》，卷 2，頁 140。

則「大壯」本義為陽之壯盛。然而「壯」字又有二說：其一、《周易集解》引虞翻：「壯，傷也。」[112]其二、王引之《經義述聞》卷二「故受之以大壯」條：「今案：壯者，止也。《傳》曰：『遯者，退也。』『物不可以終遯，故受之以大壯』者，物無終『退』之理，故止之使不退也。」[113]則依卦序關係，釋「壯」為「止」。無論義為「傷」或為「止」，都與壯盛義不相同，但都是以同音假借、字義引申的途徑，自「壯盛」義跳躍到新的意義。初九爻辭：「壯于趾，征凶，有孚。」此「壯」字為「壯盛」義，即今語「趾高氣揚」，再引申為「止」義。又上六爻辭：「羝羊觸藩，不能退，不能遂，无攸利，艱，貞吉。」《周易集解》引虞翻：「遂，進也。」[114]則「不能退，不能遂」，也有「止」之象。

16. 「明夷」之「夷」，何琳儀釋金文字形，認為該字為「會夷人善製矢繳之意，矢亦聲。」[115]季旭昇採《說文》的解釋，釋字義為「平」，又說：「假借為東夷之人。」[116]《序卦傳》：「夷者傷也。」那就是讀「夷」為「痍」字。以此觀六二「夷于左股」，即傷於左股。屈先生《集釋初稿》亦釋「夷」為「痍」：「即後世痍字。」又說：「夷又有滅義，明入地中，其明滅也。」[117]「痍」和「滅」，略有差異但義可相通（「滅」義亦係從「傷」義引申而出），故後世經典二義結合。[118]〈明夷〉卦之「夷」字，已和「夷」的本義無關，而是直接用「痍傷」字。

17. 「井」字據甲骨文、金文字形，本義為水井，二爻至上爻爻辭均為水井義。然而初六：「舊井无禽。」王引之《經義述聞》：「崔憬曰：『……禽，

---

112 李鼎祚輯，《周易集解》，卷7，頁170。

113 王引之，《經義述聞》，卷2，頁49b。

114 李鼎祚輯，《周易集解》，卷7，頁173。

115 何琳儀，《戰國古文字典：戰國文字聲系》，脂部，頁1239。

116 季旭昇，《說文新證》，卷10下，下冊，頁115。

117 屈萬里，《周易集釋初稿》，頁221。

118 成公十六年《公羊傳》：「王痍者何？傷乎矢也。」〔漢〕何休注，〔唐〕徐彥疏，《春秋公羊傳注疏》（台北：藝文印書館影印阮元校刻《十三經注疏附校勘記》本，1979），卷18，頁9b。《說文解字》：「痍，傷也。」許慎著，段玉裁注，《說文解字注》，7篇下，頁33a。

古擒字。擒猶獲也。」引之謹案:《易》爻凡言『田有禽』、『田无禽』、『失前禽』,皆指獸言之。此禽字不當有異。『井』當讀為阱,阱字以井為聲,故阱通作井,與井泥不食之井不同。」[119]依照王說,則「舊井」即「舊阱」,「舊阱无禽」即由「水井」義引申演繹而有之新義,因舊井乾涸,井泥不食,獵人遂利用此「井」以為捕獸之「阱」,爻辭之意:用作「井」則無水,用作「阱」則無禽。上海博物館藏戰國楚竹書《周易》,〈井〉卦之「井」字皆作「汬」,即專取水井之義。後人若據此字而以為〈井〉卦本義,則其他引申義可能會被忽略。

18. 「革」字,何琳儀《戰國古文字典》釋金文字形,以為本義為「象皮革展開之形」。[120]《說文》:「獸皮治去其毛曰革;革,更也。」段《注》:「二字雙聲,治去其毛,是更改之義。」[121]則「革」本有二義。一指「治獸皮而去其毛」,一則引申為「事物之變化改易」,初九爻辭「鞏用黃牛之革」,用的是前一義;九五爻辭「大人虎變」、上六「君子豹變」,用的是後一義。〈革〉卦從獸皮「更革」之義,演繹為形容大人君子,須累積內在之德行,始轉變而為外在既有文采又具威猛之貌。[122]

19. 「艮」,高亨《周易古經今注》:「『艮』即『見』之反文」,「余謂『艮』者,顧也,從反見。顧為還視之義,引申為注視之義。艮亦為還視之義,引申為注視之義。本卦艮字皆當訓顧,其訓止者,當謂目有所止耳。」[123]釋「艮」字為顧視,其說可通;但說「艮」字「訓止,當謂目有所止」,則不確。〈艮〉卦與〈震〉卦為覆卦,義亦相反:「震」象為

---

119 王引之,《經義述聞》,卷1,頁50a。

120 何琳儀,《戰國古文字典:戰國文字聲系》,之部,頁30。

121 許慎著,段玉裁注,《說文解字注》,3篇下,頁1a。

122 高亨亦指出「去毛獸皮」之「革」(雄按:名詞)為本義,初九、上六用此義;「去獸皮之毛」亦曰「革」(雄按:動詞)為引申義,六二、九三用此義。高亨,《周易古經今注(重訂本)》,卷4,頁302。雄按:「小人革面」之「革」疑應讀為動詞,即指君子之變革自有符合其德性內涵之文采,小人之變革僅能改易其容色而已。

123 高亨,《周易古經今注(重訂本)》,卷4,頁311。黃沛榮師〈易經卦義系統之研究〉一文亦採用高亨說(頁110)。

「雷」，有「動」之象；「艮」象為「山」，則有「不動」之象。「顧視」之義，係從「止」義引申而來。依此推論，則〈艮〉卦同時有「顧」、「止」二義。朱熹《周易本義》亦以「動靜」為卦義之主，故說「蓋『艮其背』而『不獲其身』者，止而止也；『行其庭』而『不見其人』者，行而止也。動靜各止其所，而皆主夫靜焉，所以得无咎也。」[124]

20. 〈豐〉卦，屈先生《集釋初稿》據《說文》釋為「豊」。[125]《漢石經》正作「![豊]」（豊）。[126]《說文》：「豊，行禮之器也。从豆，象形。……讀與禮同。」[127]同書「豐」：「豐，豆之豐滿也。」[128]于省吾《雙劍誃易經新證》：「古籀豐豊無別。」[129]由禮器之「豊」，引申為豐滿盛大之義。故爻辭演繹此卦卦名，六二「豐其蔀」、九三「豐其沛」、上六「豐其屋」，皆用「大」義，用以形容實物「蔀」、「沛」、「屋」。「豐其屋」之「豐」應作「寷」，據《說文》義為「大屋」。[130]亦因此而《彖傳》稱：「豐，大也。」

21. 〈兌〉卦，《說文》釋「兌」義為「說」，即今「悅」字；[131]「說」義為「釋也」。據段玉裁《注》，「說釋」即「悅懌」，是因為「說釋」有「開解之意，故為喜悅」，[132]則《說文》釋「兌」字為「喜悅」，釋「說」字則本於言說開解，而引出「喜悅」之意。「言說」、「喜悅」雖為共源，但終屬二義。高亨則以為「說」從「言」，專採「談說」之義為「兌」卦本義，認為六爻皆引申「談說之道」。[133]事實上，六十四卦中，含經

---

124 朱熹，《周易本義》，卷2，頁194。
125 屈萬里，《周易集釋初稿》，頁335。
126 屈萬里，《漢石經周易殘字集證》，《屈萬里全集》，第11種，卷2，頁11b。
127 許慎著，段玉裁注，《說文解字注》，5篇上，頁39a。
128 同前注，頁39b。
129 于省吾，《雙劍誃易經新證》，卷3，頁18b。
130 許慎著，段玉裁注，《說文解字注》，7篇下，頁7b。
131 同前注，8篇下，頁8b。
132 同前注，3篇上，頁15a。
133 高亨，《周易古經今注（重訂本）》，卷4，頁332。

卦「兌」者或有口舌之喻象，[134]故「兌」本主口舌，不必加「言」旁始有「談說之道」。黃沛榮師〈系統〉仍以為「兌有『喜悅』及『說話』二義」，[135]從六爻爻辭考察，似較屬實，不宜謂〈兌〉卦全無「喜悅」之義。然則以同一字而爻辭用作兩種意義，亦係本文所謂演繹之意。

22. 〈渙〉卦的情況與〈井〉、〈兌〉類似。依六三「渙其躬」、六四「渙其群。……渙有丘」、九五「渙汗其大號」、上九「渙其血去逖出」，義均為《說文》所釋「流散」。[136]但九二「渙奔其机」、九五「渙王居」則不能釋為「流散」。黃沛榮師〈系統〉：「九二：『渙奔其机。』九五：『渙王居。』則又借『渙』為『奐』、『煥』，有明煥、奐飾之意。」[137]可見〈渙〉卦諸爻兼有「流散」與「明煥」二義，正如〈井〉爻辭同時具有「水井」、「陷阱」二義，〈兌〉爻辭同時具有「談說」、「說釋」、「喜悅」諸義。

《周易》各卦利用卦名，從字的「本義」發展出「引申義」，再發展為卦爻辭，已見上述二十二例。

還有另類情形，就是以特殊的用字來闡釋爻位，再而演繹出各種新義。如二爻居於內卦的中間位置，有被初爻、三爻包覆、收納之義，因此衍發為爻辭，則常常出現「包」、「內」、「中」、「黃」等字，如〈蒙〉卦

---

134 如〈臨〉內卦為「兌」，六三「甘臨」「為以甘說臨人之象」（朱熹《周易本義》說，卷1，頁97）；〈咸〉外卦為「兌」，上六「咸其輔頰舌」；〈夬〉外卦為「兌」，上六「无號，終有凶」；〈中孚〉內卦為「兌」，九二「鳴鶴在陰」，六三「或泣或歌」。

135 黃沛榮，〈易經卦義系統之研究〉，頁112。按：《說卦傳》：「兌為口。」《正義》：「兌，西方之卦，主言語，故為口也。」（《周易注疏》，卷9，頁7a-b）朱駿聲《說文通訓定聲・泰部弟十三》「兌」條：「說也，从人，谷聲。按：谷非聲。當从人口，會意；八，象氣之舒散。」（頁3b）同部「兌」後緊接著為「說」條：「說，釋也。一曰談說也。从言兌，會意。按：兌亦聲。《墨子・經上》：『說，所以明也。』《廣雅・釋詁二》：『說，論也。』」（頁4a）據朱氏的考釋，「兌」字與口舌言語有關。

136 段《注》本作「散流」，說：「各本作『流散』，今正。分散之流也。」許慎著，段玉裁注，《說文解字注》，11篇上2，頁3a。

137 黃沛榮，〈易經卦義系統之研究〉，頁113。

九二「包蒙，吉。納婦，吉。子克家」、[138]〈泰〉卦九二「包荒，用馮河，不遐遺。朋亡，得尚于中行」、〈否〉卦六二「包承，小人吉，大人否」、〈姤〉卦九二「包有魚，无咎，不利賓」均用「包」字；[139]〈師〉卦九二「在師中，吉」、〈家人〉六二「无攸遂，在中饋，貞吉」均用「中」字。又《左傳》昭公十二年：「黃，中之色也。」[140]故二爻亦多繫「黃」字，如〈離〉卦六二「黃離，元吉」、〈遯〉卦六二「執用黃牛之革，莫之勝說」、〈解〉卦九二「田獲三狐，得黃矢，貞吉」的「黃離」、「黃牛」、「黃矢」。二爻居中，故或有「幽囚」的象徵，如〈履〉卦九二「履道坦坦，幽人貞吉」、〈歸妹〉卦九二「眇能視，利幽人之貞」。由二爻又有中間、間界義的「介」字，如〈豫〉卦六二「介于石，不終日，貞吉」、〈晉〉卦六二「晉如愁如，貞吉。受茲介福，于其王母」。「介」字甲骨文字形本義，何琳儀釋為「癬疥」，[141]季旭昇釋為「界畫」。[142]《說文》：「畫也。」段玉裁《注》：

> 畫部曰：「畫，畍也。」按：「畍也」，當是本作「介也」。「介」與「畫」互訓。田部「畍」字，蓋後人增之耳。介、畍，古今字。分介則必有閒，故「介」又訓「閒」。[143]

《說文》「介」字之後為「兆」字，義為「分也」，[144]如依《說文》體例，「介」

---

138 一說「包蒙」應作「彪蒙」，孟喜、京房、陸績皆作「彪」，《經典釋文》：「鄭云：『苞，當作彪。』彪，文也。」陸德明，《經典釋文・周易音義》，卷2，頁3b。又高亨《周易古經今注（重訂本）》釋為「庖」，「包蒙」為「庖人目病生翳」，似不確（卷1，頁174）。

139 屈萬里《周易集釋初稿》：「二五稱包。」（頁51）

140 《春秋左傳注疏》，卷45，頁32a。

141 何琳儀，《戰國古文字典：戰國文字聲系》，月部，頁902。

142 季旭昇，《說文新證》，卷2上，上冊，頁73。

143 許慎著，段玉裁注，《說文解字注》，2篇上，頁2b。

144 同前注。雄按：《說文》釋「兆」為「分也」，似不確。「兆」字本義疑應為「兆象」。至於「介」字，本書審查人之一列舉例證，認為此字屬一字多義之例，故作「畍」（界畫）、「砎」（堅砎）、「芥」（纖芥）、「疥」（癬疥）、「蚧」（貝蚧）……隨文見義，故「介」釋為「間界」、「堅強」、「介大」，或許並非連屬引申，恐是一形多義之現象反映。此一推論與本文主旨相同，謝謝審查人提出。謹附見於此，供學界參考。

有「間界」之義，是合理的。但依〈豫〉卦六二爻辭，「介」義為堅強，[145]則由間界義之「介」，引申為堅強義之「介」。至〈晉〉卦六二，又由間界義之「介」，引申為「大」義之「介」。[146]此亦屬於字義演繹的另一類型。又〈未濟〉九四爻辭：

> 貞吉，悔亡。震用伐鬼方，三年有賞于大國。

此爻「震用伐鬼方」，讀者應注意「震」字。《詩·魯頌·閟宮》「不虧不崩，不震不騰」，鄭《箋》：

> 震、騰，皆謂僭踰相侵犯。[147]

九四「震用伐鬼方」，既用雷震之義，亦用「僭踰相侵犯」之義，亦屬於字義引申的例子。這一類例子，在《易》中不勝枚舉。

四 《易傳》對《易經》字義的演繹

《易傳》發揮《易經》義理，亦係依沿卦爻辭字義演繹的規律。茲舉數例說明如下：

（一）《彖傳》之例

《彖傳》於《十翼》之中，年代較早，而於字義的演繹，亦最為豐富。茲舉數例說明如下。如〈乾〉卦辭：

> 乾，元亨利貞。

「元亨利貞」四字，以「元」為首。據甲骨文和金文，「元」字本義是「人

---

145 《孟子》、《老子》書中均有「介然」一詞，義為堅強，屈先生《學易劄記》有說，參《讀易三種》，頁 503。

146 《經典釋文》：「介，音戒，大也。」（陸德明：《經典釋文·周易音義》，卷 2，頁 14b）〈晉〉卦六二爻辭「介福」即「大福」。

147 〔漢〕毛亨傳，〔漢〕鄭玄箋，〔唐〕孔穎達等正義，《毛詩注疏》（台北：藝文印書館影印阮元校刻《十三經注疏附校勘記》本，1979），卷 20 之 2，頁 6b。

頭」，由具體的「人頭」意義，再而產生出《說文》所說的抽象的「始」義。[148]〈乾〉卦《彖傳》稱「萬物資始」，即是從「元」字的本義引申、衍生而來。又據甲骨文和金文，「天」字和「元」字一樣，本義為人頭；而《彖傳》作者又從「元」又引申「天」義，而推衍為「乃統天」三字。[149]〈乾〉既「統天」，「天」當能布雲行雨，於是又有「雲行雨施，品物流形」八字。[150]「元」本義既為「人頭」，又可引申出「首」字，[151]因此《彖傳》又說：「首出庶物。」

〈同人〉卦辭「同人于野，亨，利涉大川，利君子貞」。《彖傳》：

> 同人，柔得位、得中，而應乎乾，曰同人。「同人于野，亨。利涉大川」，乾行也。文明以健，中正以應，「君子」正也。唯君子為能通天下之志。[152]

《彖傳》所謂「乾行」，亦即「健行」。〈同人〉外卦「乾」，所謂「乾行」即扣緊外卦「乾」作出演繹。又屈先生《集釋初稿》：

> 通，釋亨。[153]

卦爻辭僅僅斷該卦為「亨」，《彖傳》作者則演繹此「亨」字，引申出「通天下之志」的新義。從詮釋的觀點看，屈先生所謂「釋」，也就是本文所謂演繹了。

又如〈習坎〉卦，《彖傳》：

> 習坎，重險也。水流而不盈，行險而不失其信。「維心亨」，乃以剛中也。

---

148 《說文解字》：「元，始也。」（許慎著，段玉裁注，《說文解字注》，1篇上，頁1b）又季旭昇《說文新證》「元」條，指「元」本義為「首」、「人頭」，「『始』是『元』的引申義」、「《說文》訓為『始也』，是引申義，不是本義。」（卷1上，上冊，頁30）

149 許慎《說文解字》「元」字之後緊接著為「天」字，可證二字具有密切關係。

150 從「雲行雨施，品物流形」二語而言，表示「天」一字所取的應是自然之天而非道德之天。宋明理學家以自然之「天」推衍建構道德之「天」的觀念，則又是進一步的演繹。

151 《說文解字》：「天，顛也。」段玉裁《注》：「顛者，人之頂也。」許慎著，段玉裁注：《說文解字注》，1篇上，頁1b-2a。「人之頂」，就是「頭首」的意思。

152 《周易注疏》，卷2，頁26a-b。雄按：原本作「曰同人。同人曰：『同人于野，亨。利涉大川』」，「曰同人」三字疑衍，應作「曰同人。『同人于野，亨。利涉大川』」。

153 屈萬里，《周易集釋初稿》，頁103。

「行有尚」，往有功也。天險，不可升也。地險，山川丘陵也。王公設險，以守其國。險之時用大矣哉！[154]

如依《說卦傳》，「坎」「為水、為溝瀆、為隱伏、為矯輮……」，[155]有眾多引申的喻象，但《彖傳》釋〈習坎〉，只依「流水」義而引申至「險」，再進而敘列「天險」、「地險」、「王公設險」（即君子之險阻）等，暢論宇宙人生各種「險」的時用。

又如〈謙〉卦之名，本義為謙虛、謙抑之義。《彖傳》說：

天道下濟而光明，地道卑而上行。天道虧盈而益謙，地道變盈而流謙，鬼神害盈而福謙，人道惡盈而好謙。謙尊而光，卑而不可踰，君子之終也。[156]

這是一個非常生動的字義演繹之例。《彖傳》的「下」、「卑」、「虧」、「變盈」、「害盈」、「惡盈」、「尊」等七個字詞，都是自「謙」字落實在經驗界而有不同的情狀，也可以說是「謙」義發揮出來的幾種不同的描述。「變盈」即改變盈滿之狀，「害盈」、「惡盈」義亦如此類推；「尊」字，依王引之《經義述聞》說，即「撙」字，義為「損」，即撙節退讓。[157]

（二）《繫辭傳》之例

「易」的名稱甚古，《左傳》昭公二年，韓宣子「觀書於大史氏，見《易》象與魯《春秋》」；[158]昭公三十二年「在易卦，雷乘乾曰大壯」。[159]《周易》之名，在《左傳》亦出現九次之多，[160]可見春秋時期《易》名已普及

---

154 《周易注疏》，卷 3，頁 33a-34a。

155 同前注，卷 9，頁 9a。

156 同前注，卷 2，頁 31b-32a。

157 王引之《經義述聞》：「『尊』讀撙節退讓之撙，尊之言損也，小也。」（卷 2，頁 7a）

158 《春秋左傳注疏》，卷 42，頁 1b。關於韓宣子見《易》象於魯，歎周禮盡在魯矣之義，說詳本書中編〈貳、《易》象新議〉。大旨以為韓宣子所觀之《易》非《周易》上下經，而是典籍所記周禮陰陽之義。

159 同前注，卷 53，頁 26b。

160 莊公二十二年「周史有以《周易》見陳侯者」、宣公六年「其在《周易》豐之離，弗過之矣」、宣公十二年「此師殆哉！《周易》有之，在師之臨」、襄公九年穆姜言「是於《周易》

於各國。其後《莊子》、《荀子》、《周禮》、《大戴禮記》、《禮記》、《管子》、《戰國策》均稱《易》名，未嘗稱《周易》。「易」字本義，或說為官名，或釋為二手持酒器，會「變易」之義，其後有「守宮」象形、日月合文等各種解說。唯據種種證據推斷，應為日光照射之義。[161]但其字的本義為何，於此暫且不論，據《周禮》「太卜掌三《易》之灋」，以及戰國史子文獻的稱謂，戰國時代「易」名，有時亦兼指當時「筮書」而言。而《繫辭上傳》引申演繹「易」字，說：「乾以易知，坤以簡能；易則易知，簡則易從；易知則有親，易從則有功；有親則可久，有功則可大。」[162]這段文字顯示字義演繹極清晰。《繫辭傳》作者將「易」字由筮書之名，引申為「易簡」（意謂簡易）之義。六十四卦以〈乾〉、〈坤〉為首，故以「易」字繫於「乾」之後，再衍為「乾以易知」四字；以「簡」字繫於「坤」之後，再衍為「坤以簡能」四字。再逐步演繹其意義如下：

  易→乾易→（乾）易知→有親→可久→賢人之德 ╲

           易簡而天下之理得

  簡→坤簡→（坤）簡能→有功→可大→賢人之業 ╱

從此可見《繫辭傳》作者，從一「易」字，變更其義，演為「易簡」之義，然後再依照這兩個字，逐步建構一個完整的賢人德業並重、得天下之理的敘述架構。

  《繫辭下傳》：「復，小而辨於物。」[163]「復」本義為回復、恢復。王引之《經義述聞》：

  今案：小，謂一身也，對天下國家言之，則身為小矣。辨，讀曰徧。古字辨與徧通。復初九《傳》曰：「不遠之復，以脩身也。」所脩惟在一身，蓋

  曰隨元亨利貞，无咎」、襄公二十八年子大叔言「《周易》有之，在復之頤」、昭公元年醫和曰「在《周易》，女惑男，風落山謂之蠱」、昭公五年「莊叔以《周易》筮之，遇明夷之謙」、昭公七年「孔成子以《周易》筮之」、哀公九年「陽虎以《周易》筮之」。

161 詳本書上編〈叄、試從詮釋觀點論易、陰、陽、乾、坤字義〉。

162 《周易注疏》，卷7，頁3a-4a。

163 同前注，卷8，頁17b。

亦小矣，而身脩而後家齊，家齊而後國治，國治而後天下平。萬事之大，
無不由此而徧及，故曰「復小而徧於物」。[164]

則演繹〈復〉卦「回復」、「返復」義，為反身修身之義，都是以「復」字
本義為核心的演繹。

（三）《象傳》之例

「坤」字形與陰雨雷電有關。唯〈坤〉卦《象傳》「地勢坤」，則借聲
音的相近，衍生為「順」字，取平順之義。王引之《經義述聞》：

《說卦傳》：「乾，健也；坤，順也。」乾與健聲近，坤與順聲近。乾《象傳》
「天行健」，健即是乾；坤《象傳》「地勢坤」，坤即是順。是坤與順聲相近
也。[165]

「地勢坤」，即「地勢順」之意。

又〈履〉卦《象傳》「上天下澤，履；君子以辯上下，定民志」，[166]《集
釋初稿》：

履，禮也。禮之要在明尊卑、定上下，故有「辯上下定民志」之言。[167]

屈先生「履，禮也」之說是正確的，馬王堆帛書《周易》「履」卦，「履」
皆寫作「禮」，可為旁證。則據屈先生的解釋，「履」、「禮」二字之間具有
演繹關係——從「鞋履」義引申為「踐踏」義；《象傳》再衍生「辯上下，
定民志」的「禮」的功用義。要注意的是：在這裡「履」與「禮」既是聲
音的相近，也有意義的聯繫，與一般的假借（如燃燒之「然」，借為語詞之
「然」）不同。

〈隨〉卦本義為「追隨」、「追尋」之義，至《彖傳》則結合《易經》
重「時」、「位」的思想，稱「天下隨時」；至《象傳》稱「君子以嚮晦入

---

164 王引之，《經義述聞》，卷 2，頁 41b-42a
165 同前注，卷 1，頁 5a-b。
166 《周易注疏》，卷 2，頁 18b。
167 屈萬里，《周易集釋初稿》，頁 84。

宴息」，認為日暮之後，應該休息，即發揮「隨時」的思想。[168]

又如〈解〉卦，《彖傳》：「解，險以動，動而免乎險，解。」[169]朱熹《周易本義》：「解，難之散也。」[170]《象傳》：「雷雨作，解，君子以赦過宥罪。」[171]黃沛榮師〈系統〉：「皆由消釋、解緩之義衍生。」[172]所謂「衍生」，即筆者所謂「演繹」。

又如「艮」於八卦為山，有不動之象，與「震」的動之象相對。「艮」作為「山」之形象，為不動；引申於人，則有反躬自立之義。故六四《象傳》：「艮其身，止諸躬也。」又：「君子以思不出其位。」可注意的是，《象傳》所演繹的「不動」，並非有形的身體行為的「動」、「靜」的不動，而是引申到抽象意義的德性上的自省。其實《易傳》此一類的演繹頗多。前引《繫辭傳》「復，小而辨於物」即係一例。

「兌」字本義，不易確考，但〈兌〉卦中兼衍「喜悅」、「談說」二義，既可確定，則「兌」應與口舌相關。《象傳》引申為「君子以朋友講習」，即將「說釋」引申至朋友研討學問，由於是「朋友」，故情洽而喜悅；由於是「談說」，故能切磋講論。

（四）《文言傳》之例及其他補充

〈乾〉卦辭：

乾，元亨利貞。

《文言傳》：

元者，善之長也；亨者，嘉之會也；利者，義之和也；貞者，事之幹也。

君子體仁足以長人，嘉會足以合禮，利物足以和義，貞固足以幹事。君子

---

168 參黃沛榮，〈易經卦義系統之研究〉，頁 97-98。

169 《周易注疏》，卷 4，頁 24a。

170 朱熹，《周易本義》，卷 2，頁 157。

171 《周易注疏》，卷 4，頁 24b。

172 黃沛榮，〈易經卦義系統之研究〉，頁 107。

行此四德者，故曰「乾，元亨利貞」。[173]

「元亨利貞」四字，以「元」為首。如前文分析，「元」字本義為人首；從人首又衍伸有「始」義；同時，「元」又有「天」義，「天」字與「大」字意義本近。[174]《文言傳》稱「元者，善之長也」，「長」字亦有「大」義，如《呂氏春秋‧任數》「今亂而無責，則亂愈長矣」句，高誘《注》釋「長」為「大」。[175]因此《文言傳》的「長」字，應該是來自卦辭的「元」字。《文言傳》又說「君子體仁足以長人」，「君子」云云，卦辭未提及，不過九五爻辭「利見大人」，「大人」與「君子」都屬統治者。再結合前文「元」、「大」二字字義，而由「善」字推衍出「體仁」的觀念，由「元亨利貞」的「元」字，和「利見大人」的「大」字推衍出「長」字。《文言傳》「嘉會足以合禮，利物足以和義，貞固足以幹事」三句，亦均演繹卦辭而成。又《象傳》：

> 天行健，君子以自強不息。[176]

《說卦傳》：

> 乾，健也。[177]

《象傳》和《說卦傳》的作者俱以「健」訓「乾」，用的應該是聲訓之法。[178]

---

173 《周易注疏》，卷1，頁10a。此段文字亦見《左傳》襄公九年穆姜之語（《春秋左傳注疏》，卷20，頁a-b），唯稱「元者，體之長也」，「嘉德足以合禮」，有二字之別。

174 「天」字象人頭之形，「大」字甲、金文本象人形。《說文解字》：「天，顛也。至高無上，從一大。」段《注》：「至高無上，是其大無有二也。」（許慎著，段玉裁注：《說文解字注》，1篇上，頁1b-2a）是一種後起的解釋。不過這種解釋似與《易傳》作者的講法，頗為一致，可能同時反映戰國時期的經說。

175 許維遹撰，梁運華整理，《呂氏春秋集釋》（北京：中華書局「新編諸子集成」本，2009），卷17，頁443。

176 《周易注疏》，卷1，頁8a。

177 同前注，卷9，頁6b。

178 帛書《周易》「乾」卦作「鍵」，可供參證。楊秀芳從「詞族」觀念考察，認為「健」、「鍵」、「楗」、「犍」、「鞬」、「建」等字，屬同一詞族，均有豎立、撐持的意思。此說亦可參。詳楊秀芳，〈論動詞「楗」的語義發展〉，《中國語言學集刊》，第1卷第2期（2007年12月），頁99-115。又參楊秀芳，〈從詞族研究論「天行健」的意義〉，收入鄭吉雄、佐藤鍊太郎合編，《臺日學者論經典詮釋中的語文分析》（台北：台灣學生書局，2010），頁35-75。

上述此一釋經之例，近代學人知此解者亦大不乏人，舉《周易》〈小畜〉卦為例。〈小畜〉卦辭「亨，密雲不雨，自我西郊」，《彖傳》說：

密雲不雨，尚往也；自我西郊，施未行也。[179]

屈先生《集釋初稿》〈小畜〉卦條說：

乾《彖傳》：「雲行雨施。」益《彖傳》：「天施地生。」《春秋繁露》：「天道施。」施皆謂降雨。此「施未行」，即釋「密雲不雨」也。[180]

屈先生據《彖傳》以釋《彖傳》，又引《春秋繁露》，證明「施未行也」應該是詮釋「密雲不雨」而非「自我西郊」。而高亨《周易大傳今注》〈小畜〉卦「附考」則說：

亨按傳文當作「密雲不雨，施未行也。自我西郊，尚往也。」蓋傳寫誤竄。《文選》潘安仁〈閑居賦〉：「陰謝陽施。」李注：「施，布也。」《大戴禮記·曾子天圓》篇：「陽施而陰化也。」義同。施未行謂雲布而雨未行，施字正釋密雲，未行正釋不雨，則「施未行也」當在「密雲不雨」之下，明矣。[181]

高氏亦引經部《大戴禮記》及集部《昭明文選》，論證「施」義為「布」，與屈先生「施皆謂降雨」的推論，義稍不同。但對於「施未行也」應為詮解「密雲不雨」一句，則推論理由相同，所得結論亦相同。不過高亨直接指傳本《周易》為「傳寫誤竄」，等於深信《彖傳》本文應修正為「密雲不雨，施未行也；自我西郊，尚往也」。總之，《彖傳》的「施未行也」是從卦辭「密雲不雨」四字衍生出來，而屈、高二位前輩之所以得出如是的結論，正是因為他們都依據《彖傳》與卦爻辭之間密切關係推論的緣故。[182]

如果我們說《易傳》的作者脫離了《易經》的卜筮內容而作了嶄新的

---

179 《周易注疏》，卷 2，頁 14b。

180 屈萬里，《周易集釋初稿》，頁 78。

181 高亨，《周易大傳今注》，卷 1，頁 138。

182 筆者認為《彖傳》「密雲不雨，尚往也；自我西郊，施未行也」義理，未必如屈、高二先生所論為「傳寫誤竄」。此四句蓋指文王之事，「密雲不雨」意指文德之蓄積，目的在於翦滅殷商，故暗含「尚往」之意，有所進取。「自我西郊」意指文王未發兵，目的在「積善累德，諸侯皆嚮之」（《史記·周本紀》語），故謂「施未行也」。參〔漢〕司馬遷，《史記》（北京：中華書局，1959），卷 4，頁 116。

發揮，那麼《易經》的作者跳脫「屯」、「離」、「蒙」、「坎」等字的本義，不也是作同類型的嶄新發揮嗎？如果我們認同並且推崇《易傳》的作者們對《易》理作全新的發揮和演繹；那麼我們為何不能用同樣的標準，承認這種發揮和演繹的工作，早已存在於卦爻辭之中，並推崇其撰著者演繹字義的智慧呢？《易經》作者在卦爻辭中大量運用字義演繹的方法，其實就是《易傳》在義理上引申、演繹方法的真正源頭。證據俱在，我們還可以說《易傳》和《易經》毫無關係嗎？

五 結語

卦爻辭字義的演繹，歸納其情況，大約可分為以下六種：

1. 卦名為虛義，而演繹出具體實義。如「乾」為日光上出，演繹為剛健之「龍」及乾乾之「君子」之例。

2. 卦名為實義，而演繹出抽象意義。如「革」初義為皮革，演繹為更革義。

3. 卦名的詞義，隨著詞性的轉變而轉變，如「履」由名詞（鞋履）變為動詞（踐履），「同人」由動詞（聚眾）變為名詞（友輩）。

4. 將卦名之字同時在爻辭中發揮兩種意義。如「井」、「兌」、「渙」等例。

5. 以卦名之字為本，引申為另一字，再演繹其意義（即兩階段的演繹），如「蠱」本義「惑」引申為「事」，於爻辭則依「事」字的引申義而再演繹。

6. 卦名以及爻辭具有一直線發展的意義，但卦象又具有另一意義，與卦名本義不同。如「艮」、「咸」之例均屬此類。

前文提及「經傳分離」說共包含三說，筆者對第一說和第三說的批判，散見本書各章，讀者可參。

至於第二說，則本文透過分析卦爻辭字義的演繹，說明「傳」解「經」之法實來自於「經」。《易經》卦爻辭藉由演繹字義而引申義理；「傳」復

取「經」中一字一詞，加以發揮，再開拓出新義理。故就詮釋方法而言，《周易》經、傳之間，型態一貫，方法一致，可見密不可分。學者研究《易傳》義理，豈能對卦爻辭字義演繹置之不理？卦爻辭結構，倘如朱伯崑所說，編纂者企圖將之系統化，那麼撰著者系統化的主要方法之一，就是依據漢語漢字的特性，突破單字單義的規範，將字義作各類型跳躍式的演繹。《易傳》既無法脫離漢語語言的特性，同時又深受卦爻辭文辭的演繹方式，於是作更進一步的發揮，而創造出種種新的意義。因此，我們若真的認為《易傳》建構了一個新的哲學世界，那麼我們就必須承認，這個世界的構築、型態，早已在《易經》奠下基礎。

朱熹在《易學啟蒙》卷四指出〈乾〉卦「群龍无首」就是〈坤〉卦的「牝馬先迷」；〈坤〉卦的「利永貞」就是〈乾〉卦的「不言所利」。[183]這個見解極精到，說明了〈乾〉、〈坤〉二卦的關係。解釋經典的學者，若不詳細審視文辭內容的涵義，往往放過這些隱蔽之處。將《啟蒙》的例子，與本文所強調的字義演繹的例子相比較，前者表述同一意義（乾坤互動），卻用了不同的文辭內容（即〈乾〉、〈坤〉二卦的內容）；後者則用相同的文辭（同一字義），卻演繹出豐富的創造性涵義。《周易》經傳內容在「詮釋→再詮釋」此一衍生層累的過程中，所形成的複雜結構，可見一斑。我們論「經典詮釋」，在奢言哲理問題之前，實需要對經典的語文結構保持高度的警覺。

卦爻辭以漢語字義孳乳衍生的特性為基礎，進行演繹，十分成功。漢字形音義具備於一體：或先有字形而後讀音，或先有音義而後有字形；而在聯字綴詞、成為文章的過程中，依據此一特性作意義的發揮，必然在一定程度上跳脫原來形音義的局限，而作出新義轉化。學者如不諦審卦爻辭字義的演繹，就很容易停留在文本的表層，或稱之為假借，或稱之為附會，而忽略了這種特殊的演繹方式，實深深影響《易傳》對《易經》的詮解。

---

183 朱熹著，王鐵校點，《易學啟蒙》，卷 4，《朱子全書》，第 1 冊，頁 259。關於〈乾〉、〈坤〉二卦的關係，說詳本書中編〈柒、從乾坤之德論「一致而百慮」〉。

貳、《易》學與校勘學——異文與「一字多義」*

一 兩類「校讎／校勘」

　　校讎學在中國是一門古老的學問。如果說文獻是文化與文明的載體，「校讎」就是保證文化文明能藉由文獻獲得完整而準確地承載與傳播的一門學問。古人常常強調讀書治學要「求義」，揭示經典文獻裡面的「意義」是最終目標，而校讎作為「方法」是達致目標的必要工具。倘若方法不夠完善，目標就無法達致。本文藉由《周易》的版本與異文作為範例，說明中國古代經典文獻存在一種「一字多義」（polysemy）的現象，以及這種現象和校讎學之間的關係。

　　「校讎」也稱之為「校勘」，原本是指文獻的核對；但廣其意義，也指涉因整理文獻之需而對於圖書知識進行分類的工作。這兩種意義的「校讎」，原本都和劉向有關。因為劉向校書中祕，不但在技術上對文獻內容進行對勘校正，其所編《七略》，也對於先秦流傳至漢初的文獻，依據其知識的類型和施用以及傳承的源流，提出前所未有的一種分類架構。前一項是古今治校讎、校勘學者所重視的工作，《別錄》所謂「一人讀書，校其

*　本文發表於 2013 年琉球大學於沖繩舉辦的「校勘與經典國際學術研討會」（北京大學劉玉才教授、琉球大學〔現任東京中央大學〕水上雅晴教授召開），原文曾收入劉玉才、水上雅晴合編，《經典與校勘論叢》（北京：北京大學出版社，2015），頁 9-37。2020 年筆者補寫〈革卦「己日及孚」辨正——再論《周易》異文與一字多義〉，收入安平秋主編，《中國典籍與文化論叢》，第 23 輯（南京：鳳凰出版社，2021），頁 1-12。其後將兩篇文稿合而為一，而成為本章。

上下，得繆誤，為『校』；一人持本，一人讀書，若怨家相對，為『讎』」即指此。[1]傳統學者於文獻的訛誤，透過版本的研究，字詞的比較，而對內容有所諟正，排除了障礙，讓後人順暢地通讀中國古典載籍。毫無疑問，這是當今文獻學家所不陌生的。然而今人論「校讎」或「校勘」，有時會將重點置於此，而忽略了圖書與文獻分類以明知識源流的重要性。著名文獻學家喬衍琯說：

> 我國歷史悠久，載籍繁富，而每經一次傳鈔或刊印，便不免有些脫誤、衍羨或顛倒的情形，影響到學術研究，便得靠精密的校勘來改正，而校勘又是讀書的基本功夫。我國校勘書籍，早在周秦，便已注意到，而宋代盛行雕板印書，清代崇尚實學，校勘學都有輝煌的成就。宋人對校勘的見解，散見於文集、筆記或所校書的敘跋中，清人如王念孫的《讀書雜志》、盧文弨的《羣書校補》，都極精審，俞樾的《古書疑義舉例》，更建立了校勘的體系。此後校勘益密，陳垣撰〈元典章校補釋例〉（原注：民國二十三年十月史語所刊於北平），胡適之推為我國校勘學走上科學道路之傑作。王叔岷校諸子數十種、《史記》一百三十卷，旁及《孟子》、《陶淵明詩集》等，更集其數十年校勘的學識經驗，撰為《校讎學》，後出轉精，又超越清儒的成就。[2]

喬先生講校勘、校讎，側重了技術層面也就是文獻的校訂的工作，卻沒有提及文獻編次所涉及圖書與知識源流變遷的研究的重要性。而後者在整個文獻學史及至於廣義的思想史的發展源流上，重要性絕不在前者之下。劉向《七略》、班固〈漢志〉藉由圖書部次而轉對於文史知識作宏觀的分類，在中國近世亦不乏學者加以繼承，其中當以鄭樵及章學誠為最著名。鄭樵的學說具見於《通志‧校讎略》；學誠的學說則具見於《文史通義》及《校

1　參《文選》左思〈魏都賦〉「讎校篆籀」句下，李善注引《風俗通》錄劉向《別錄》語。〔南朝梁〕蕭統編，〔唐〕李善注，《文選》（台北：藝文印書館影印清胡克家重刻宋淳熙本，1955），卷6，頁22a。

2　中國文化大學中華百科全書編纂委員會編，張其昀監修，《中華百科全書》（台北：中國文化大學出版部，1981），「校勘學」條（喬衍琯撰），第7冊，頁571。

讎通義》。嚴格來說，章學誠的學問主要還是來自鄭樵，而《校讎通義》實係不完整的文稿，亦係章氏中年未定之論，他的相關學術思想的定論，還是多寄託於晚年撰寫的《文史通義》諸篇。[3]回溯鄭樵的「校讎」之論，見於其《通志》卷七十一，〈校讎略〉第一的第二部分「編次必謹類例論六篇」的第一篇說：

> 學之不專者，為書之不明也；書之不明者，為類例之不分也。有專門之書，則有專門之學；有專門之學，則有世守之能。人守其學，學守其書，書守其類。人有存沒，而學不息；世有變故，而書不亡。[4]

由此段話中可見，鄭樵論「校讎」，其首要的關懷，在於分類例，守專家之學而使學術能超越個人的生死，代代相傳。對於書籍類例的區分，也就

3　章學誠注意到鄭樵，和他畢生的論敵也是景仰者戴震也不無關係。學誠在〈答客問上〉說：「癸巳（雄按：乾隆三十八年癸巳，1773）在杭州，聞戴徵君震與吳處士穎芳談次，痛詆鄭君《通志》，其言絕可怪笑，以為不足深辨，置弗論也。其後學者頗有訾謷，因假某君敘說，辨明著述源流，自謂習俗浮議，頗推陷廓清之功。」〔清〕章學誠，《文史通義·答客問上》，《章氏遺書》，卷 4，頁 42b。本年夏是學誠畢生第二次遇到戴震，可能是在他與戴震在寧波道署相遇之前的一次，其時學誠在史學上已窺見門徑，自信滿滿。而同年學誠撰〈與嚴冬友侍讀〉說：「識力頗進，而記誦益衰，思斂精神，為校讎之學。上探班、劉，淵源官禮，下該《雕龍》、《史通》，甄別名實，品藻流別，為《文史通義》一書，草創未多，頗用自賞。」（《章氏遺書》，卷 29，頁 65a）這一年他的「校讎之學」「上探班劉」，那就是追源於《七略》、〈漢志〉，但當年尚未撰《校讎通義》，而是開始經營《文史通義》。而翌年（乾隆三十九年甲午，1774）學誠撰成《和州志》，並從中輯為《和州文徵》八卷，後刪為《和州志隅》二十篇。《和州志隅·自敘》說：「鄭樵有史識而未有史學，曾鞏具史學而不具史法，劉知幾得史法而不得史意，此予《文史通義》所為作也。《通義》示人，而人猶疑信參之。蓋空言不及徵諸實事也。」（《章氏遺書》外編，卷 16，頁 1a）當年學誠對於鄭樵略有批評，但並未影響他對鄭的推崇。至乾隆四十四年己亥（1779）學誠始著成《校讎通義》四卷，而乾隆四十六年辛丑（1781）學誠在大梁遇劫匪，失去所有書籍，也包括《校讎通義》。他在〈跋酉冬戌春志餘草〉記：「余自辛丑游古大梁，所遇匪人，盡失篋攜文墨，四十四歲以前撰著，蕩然無存。……但己亥《校讎通義》四卷，自未赴大梁時，知好家前鈔存三卷者，已有數本。及余失去原稿，其第四卷竟不可得。索還諸家所存之前卷，則互有異同，難以懸斷，余亦自忘真稿果何如矣。遂仍訛襲舛，一併鈔之。」（《章氏遺書》，卷 29，頁 25a-b）由此可見今本《校讎通義》並不完整，亦非原本。

4　鄭樵，《通典·校讎略》，卷 71，收入《十通》（台北：臺灣商務印書館，1987），頁 831。

等於上文所說的「對於知識的分類」；唯有成功地區分書的類例，才能讓書的要旨明晰，進而讓學術能專精。而專精，正是學術超越於世變以外的一種永恆的作用。「世有變故」也許是無法避免的，但書不亡，世變背後的穩定價值就能藉由書籍的保存、學術的專精而能守住。這是「校讎」在改正脫誤、衍羨、顛倒的技術工作之上，更為深遠的理想。章學誠《校讎通義》論「校讎」尤深於於此一項工作：

> 校讎之義，蓋自劉向父子部次條別，將以辨章學術，考鏡源流，非深明於道術精微，羣言得失之故者，不足與此。後世部次甲乙，紀錄經史者，代有其人，而求能推闡大義，條別學術異同，使人由委溯源，以想見於墳籍之初者，千百之中，不十一焉。[5]

學誠所謂「道術」，講的其實是一種人文文化變遷的理路。[6]人類生活型態與夫文明的發展，是聖王立政創制的依據，而官府政制的文字紀錄，即所謂「史」，實乃儒家經典的原始，而為後世學術的起源。「辨章學術，考鏡源流」者，其意義範圍，已經超越於對文獻書籍「脫誤、衍羨或顛倒的情形」加以校正的技術層面工作，也並非僅僅只是目錄學的編目工作，而是進而及於歷史文化的偉業。

以上略說兩類「校讎」，相信都是當世治校讎學的學者所熟知的，不待我於此贅言。後一種「校讎」涉及文史知識的分類，需要具備對於人文學、文獻學的宏觀視野，高瞻遠矚，雖然經鄭樵、章學誠的闡發，為學界所知悉；唯因晚近中國文史領域受西方文明衝擊，尤其歐美大學分科觀念的規範，今天言「校讎」或「校勘」的學者，已鮮少致意於此，可為之太息長嘆，但亦無可如何。至於前一種強調蒐羅版本、訂正異文的「校讎」，雖然廣泛受到當世治校讎學的學者所注意，但其實箇中種種繁複的問題頗不少，未發之覆尚多。本文特別要提出的是中國文獻裡面字詞的「多義性」

5　章學誠，《校讎通義‧敘》，《章氏遺書》，卷10，頁1a。
6　詳見拙著，〈論章學誠的「道」與經世思想〉，《臺大中文學報》，第5期（1992年6月），頁303-328。拙著，〈論戴震與章學誠的學術因緣──「理」與「道」的新詮〉，《文史哲》，2011年第3期「創刊六十周年紀念專號」，頁163-175。

所呈現一字多義（polysemy）的現象，有時在校勘工作，很容易被忽略。學者對於比對不同版本而發現的異文，除了能辨別異文的對錯、版本的優劣外，也要著眼於不同異文之間共同呈現的關係。簡而言之，由於漢字具有形音義統一的特性，統一之中又有參差：有兩個字形異而義同的，有兩個字音近而義通的，也有兩個字形混而義異的。這些情形，導致一個文本中的某個字在不同版本中出現各式各樣異寫（即「異文」）的情況。由於情況眾多，原因繁複，校書者應避免遽爾下斷語，在彼此之間做是非判斷，獨取其中一種字形以擷取某一種意義，而是應該透過訓詁的知識，注意不同版本的異寫，其實可能反映的是經典字詞的多義性——某一個字同時具有兩種或以上的意義，可以並存。研究者應將這幾種字義一併考慮，勿作輕易取捨。以下謹以《周易》版本異文為例，撰為本文，就教於方家。

二　《周易》版本校勘、異文到「一字多義」

傳本《周易》不同版本異文多錄於《經典釋文》，清儒著述迻錄者亦多，[7] 而近世則出土文獻關於《易》的文本尤其豐富：

1. **漢石經**：自宋代以降陸續問世的漢石經《周易》遺文，經屈萬里《漢石經周易殘字集證》蒐輯考證而廣受注意。
2. **輯本《歸藏》**：清代馬國翰《玉函山房輯佚書》以及嚴可均《全上古三代秦漢三國六朝文》所輯《連山》、《歸藏》遺文，因為此二書與《周易》為相傳三代筮書，有可供比較的價值。
3. **帛書《周易》**：1973 年湖南長沙馬王堆帛書出土，其中有《周易》

7　如王引之《經義述聞》卷一、二「周易上、下」。又錢大昕《潛研堂文集》卷十一〈答問八〉：「問：許叔重《說文解字》十四篇，九千三百五十三文，不見於經典者幾十之四，文多而不適於用，竊所未喻」一節，指出《易》經傳內容數十條，如「墽」即《易》「確乎其不可拔」之「確」。見〔清〕錢大昕著，陳文明、曹明升點校，《潛研堂文集》，卷 11，收入陳文和主編，《嘉定錢大昕全集（增訂本）》（南京：鳳凰出版社，2016），第 9 冊，頁 170。

一種，以八宮卦的形式為卦序，卦名與今本不同。除六十四卦外，尚有：〈二三子問〉（共三十二節），卷下〈繫辭〉、〈易之義〉、〈要〉、〈繆和〉、〈昭力〉五種。

4. <u>阜陽漢簡《周易》</u>：1977 年安徽阜陽雙古堆出土漢簡，其中有《周易》殘簡，經韓自強十餘年整理，而略可見其大體。據韓自強《阜陽漢簡〈周易〉研究》指出，屬卦爻辭的約 1,108 個字，分屬 53 個卦，170 多條卦爻辭。卦名保存的有 32 個。總計阜陽《周易》和今本、帛書不同的異文有 63 個字，和今本相同與帛書有別的異文 51 個字，和帛書相同與今本有別的 26 個字。[8]

5. <u>上博簡《周易》</u>：1994 年出現香港文物市場，後為上海博物館收購的一批戰國楚地竹簡，其中有 58 支竹簡記錄了 34 個《周易》的卦（部分為殘斷，含 25 個卦畫），總計 1,806 個字。其中第 32 簡「暌」卦九三爻辭，缺「牛掣，其人天且劓。无初，有終」。香港中文大學中國文化研究所舊藏的一支殘簡，恰好有這 11 個字，應該就是原缺的簡段。[9]

6. <u>王家臺秦簡《歸藏》</u>：1995 年湖北省江陵縣荊州鎮郢北村出土秦墓，有大量竹簡，荊州博物館發表〈江陵王家臺 15 號秦墓〉發掘報告，[10]其中包括一批 164 支簡屬《易》卦包括卦畫、卦名及卦辭。這是一部從未被發現過、與今本《周易》不同，卻與清人所輯《歸藏》有大量相近同內容的本子。

由傳世文獻到出土文獻，「異文」的出現提供了校勘家豐富的研究資源。但研究者一般的態度是在不同版本與眾多字形之中，區別出是非對錯——確定某字當作某，讀如某，而不去考慮不同字形結體之間可能有「並存」的可能性。自 2005 年我發表〈從卦爻辭字義的演繹論《易傳》對《易經》

8　韓自強，《阜陽漢簡〈周易〉研究》（上海：上海古籍出版社，2004），頁 100。

9　香港中文大學所藏簡「掣」字字形作「㪿」。

10　荊州地區博物館，〈江陵王家臺 15 號秦墓〉，《文物》，1995 年第 1 期，頁 37-43。

的詮釋〉闡述《周易》經文（卦爻辭）字義的多樣性與歧異性後，多年來我一直注意《周易》版本與異文以及「一字多義」的現象。無論是「異文」或「一字多義」，皆非古漢字及漢文獻所獨有，拉丁文、梵文等古老語言文字均如此，最初皆因字少所致。如《詩・大雅・緜》「自土沮漆」，傳注釋「漆」為漆水、「沮」為沮水。[11]唯孔達生（諱德成）師〈「自土沮漆」解〉考證「土」即「杜」，謂《漢書・地理志》「杜陽」所指之「杜水」，齊《詩》正作「杜」；「沮」同「徂」。四字義謂周太王遷岐，自杜水往漆水之事。達生師說：

> 蓋古者字少，且以一字當數義，又同音文字，往往通用不別，若此類者，本無足異，故甲骨文及金文，或以且作祖，或以且作俎，《韓非子》以范雎作范且（原注：見〈外儲說左上〉）。先秦經籍，此類例證甚多。[12]

達生師所指出「古者字少」，正好說出了「異文」和「一字多義」現象的成因。古代文字不多，或借用某一字形表達另一音義不同的字，是為假借，如「然」字本義為「燃」，下方四點即是「火」字。但此字被「然而」、「雖然」借用為語詞後，書寫者唯有再添加一「火」於左邊，成為「燃燒」的專用字。又或同屬一字而有不同寫法，如「毓」、「育」二字實皆女性產子的會意，音義皆同，而字形結體則有異。總之，漢字形、音、義的關係，或離或合、或異或同，變化多端，而在歷史洪流中，字形訛變，亦未必有道理可講。《周易》迭經歷代人傳抄，難免出現字的訛誤。後人不認得原字，有時會用另一同音字取代（音近而誤），或誤用另一同形字（形近而誤），甚至有時直接用較通行的字代替。

　　《周易》包含「經」（卦體、卦辭、爻辭、卦序等）及「傳」（即《十翼》），其涉及校讎的工作，首在於版本異文的問題。《經典釋文》所列版本的異同至多，其中經文異文甚多，形成的原因也很多。近世出土文獻中出現多

11　《毛詩注疏》，卷 16 之 2，頁 12a。

12　孔德成，〈「自土沮漆」解〉，原刊《說文月刊》，第 3 卷第 10 期（1943 年 5 月），頁 169-170，收入孔德成，《孔德成先生文集》（台北：藝術家出版社，2018），頁 15。

種本子的《周易》，如馬王堆帛書《周易》（以下簡稱《帛易》）、阜陽雙古堆《周易》殘簡（以下簡稱「阜陽《易》」）、上博簡本《周易》（以下簡稱「上博《易》」）等，以及疑為《歸藏》而與《易》相關的文獻，版本的異同增多了，研究的材料豐富了，的確有利於研究者將《易》學向前推進；不過這部經典的異體字原本繁複的情形，因新材料的出現而更形複雜，也是事實。然而研究者對於這些古今出現的異文，往往會將之單純化，加以處理。阜陽《易》的整理者韓自強就說：

> 阜陽《周易》出現的異文，都是因為衍、奪、通假和使用古今字不同而造成的。[13]

《帛易》出土後，李學勤評論其中的異文，特別指「異文大多數是文字通假」：

> 當然，帛書與通行本比較，不一定帛書總是更好，而且異文大多數是文字的通假。[14]

我同意帛書與通行本比較，不一定較好，說異文中有不少是文字的通假，基本上也沒有錯；但這種說法很容易誤導學者：只用「通假」的原則，就將原文似乎讀不通的字，一概以讀音類近、「一音之轉」、「聲近可通」等為理由，轉讀為另一個字，以求符合研究者自身主觀所想望的意思。這種研究取向，近年在《易》學界非常普遍，學者當不會陌生。韓自強的一番話，就是很典型的例證：

> 阜陽《周易》有些異文使用了比今本字義更為準確明白的字。例如〈豫〉卦的「盱豫」作「歌豫」；〈復〉卦的「无祗悔」作「无智悔」。就使得令人費解的「盱」、「祗」兩字的含義得以明瞭。再如〈剝〉卦裡的「剝牀以辨」、「剝牀以膚」，牀何以有膚、有膝蓋！這些難解的文句，在阜陽《周易》簡裡作「僕牀以膚」，帛書作「剝臧以膚」，僕、臧皆是古代的奴隸，

13　韓自強，《阜陽漢簡〈周易〉異文》，頁100。

14　見李先生為鄧球柏《帛書周易校釋》所撰〈序言〉。鄧球柏，《帛書周易校釋（增訂本）》，序頁3。

剝是小擊，牀和臧都是戕字的假借字，「僕戕以膚」或「剝臧以膚」，都是
說奴隸的皮膚或膝蓋受到創傷，這樣，〈剝〉卦的內容就很容易理解了。[15]

韓先生整理阜陽《易》十年以上，備極辛勞，人所共知；但上述的解讀方
法，真是完全讓人無法接受，舉三方面說明：

1. 卦爻辭非常古老。就像《尚書・周書》諸篇、《詩經・大雅》、〈周頌〉
   一樣，卦爻辭本來就不可能容易解讀。後人解讀卦爻辭，應以準確靠近
   原義為目的，而非以「容易理解」為目的。

2. 凡指某字應「讀為」或「讀若」某聲，或某字是另一字之假借，應有輔
   證，不能單純以聲音為關聯，直接指稱假借而不理會上下文脈和其他輔
   證。

3. 究竟卦爻辭是性質是什麼？這至今仍沒有可靠的答案，何以見得多記大
   人君子治國用兵的《周易》卦爻辭，竟然會瑣碎到記錄「奴隸的皮膚或
   膝蓋受到創傷」呢？[16]

事實上，經典出現異寫、異文的原因很多，除了一般常見的「假借」、「形
近而誤」、「涉上文或下文而誤」等之外，還有地域、年代、書寫者之身分
與習慣，乃至於本文的「一字多義」等原因都存在。後人不能因為古典「難
解」，就儘求方便易解以圖了事。「假借」是一個容易借用的理由，尤其應
該謹慎從事。事實上《易》學界以及出土簡帛研究者濫用假借、不去全面
追溯字義的歷史發展的情況已經太多，熟悉這一行的學者一定知道。個人
近年曾針對「行」、「中」兩個字寫過兩篇長文，[17]討論其字義變遷的類別
與軌跡，正是希望提示學界對於古代經典字義應採取更嚴謹的態度。關於

---

15 韓自強，《阜陽漢簡〈周易〉研究》，頁 100。

16 說詳本書下編〈肆、論《易經》非占筮紀錄〉。

17 鄭吉雄、楊秀芳、朱歧祥、劉承慧合著，〈先秦經典「行」字字義的原始與變遷——兼論「五
   行」〉，《中國文哲研究集刊》，第 35 期（2009 年 9 月），頁 89-127。拙著，〈先秦經典「中」
   字字義分析——兼論《保訓》「中」字〉，發表於香港浸會大學中文系主辦「簡帛經典古史研
   究國際論壇」，2011 年 11 月 30 日-12 月 2 日，後收入陳致主編，《簡帛・經典・古史》（上
   海：上海古籍出版社，2013），頁 181-208。

《周易》異文，多年前已有專門的著作出現，[18]但頂多臚列歸納，斷言某一字應讀為某字而已，未嘗對異文可能反映漢語「多義性」的現象，有一絲一毫的發明。直至今天，除筆者反覆著述申論外，以個人的淺陋所知，似尚未見有學者專注及於此，殊為可惜。

蒐羅《周易》異文的著作，最早且最為豐富的，當推陸德明《經典釋文》，其中所列，何止百條。那是因為漢魏以前，《易》家各有師承，對於經典原文內容，各有所持，亦各有其獨特的說解。自鄭玄兼綜今古文，諸家經說散佚者多，幸而透過唐代《經典釋文》、《周易集解》一類書籍，才得以保存。其中有的是很單純的差異，例如〈困〉卦九四「困於金車」，《釋文》云「金車，本亦作金輿。」[19]「車」是「輿」字的部件，二字意義相同。作「車」作「輿」，也許對爻義的解釋，關係不甚大。又或〈損〉卦《象傳》「君子以懲忿窒欲」，「窒」字《經典釋文》記「鄭、劉作愍。愍，止也」。[20]「窒」之與「愍」均有「止」之義，意義亦無分別。《說文解字》以「窒」與「窴」字互釋，段玉裁釋「窴」為「寊」字，俗訛為「塞」，意為「填實」。[21]又如〈謙〉卦，《釋文》記《子夏傳》作「嗛」，云「嗛，謙也」。[22]「謙」、「嗛」二字形近義同，亦不至於混淆。有一些異文對於校正原本經文、或將文義順通，是有幫助的。例如〈晉〉卦初六「晉如摧如，貞吉。罔孚，裕，无咎」。《帛書》「摧」作「浚」，張政烺釋為「逡」，義

18　如吳新楚，《周易異文校證》（廣州：廣東人民出版社，2001）。

19　陸德明，《經典釋文・周易音義》，卷2，頁18b。

20　同前注，頁16b。

21　《詩經・豳風・東山》：「洒掃穹窒。」〈豳風・七月〉：「穹窒熏鼠。」《說文解字》：「窒，窴也。」段玉裁《注》：「窴之隸體為寊。……塞於義不為窒，邊塞其本義也。自用塞為填寊字，而寊義廢矣。……《釋言》、〈豳傳〉皆曰：『窒，塞也。』」（7篇下，頁22a）「窴」字，段玉裁《注》：「此與土部塞，音同義異。與心部愻，音同義近。塞，隔也；隔，塞也。與窴、窒訓別。愻，實也；實，富也。與窴、窒訓近。凡填塞字皆當作窴。」（5篇上，頁26a）

22　陸德明，《經典釋文・周易音義》，卷2，頁7a。

為徘徊不進。[23]實則《經典釋文》釋「摧」：

罪雷反，退也。鄭讀如「南山崔崔」之崔。[24]

鄭玄讀為「崔嵬」之「崔」，《說文解字》：「崔，大高也。」那就是巍峨之意，指的是山岳的崇高。面對崇高的山岳，而徘徊不前，這樣或能補充解釋《帛易》作「浚」而義為「逡巡」的徘徊不進的原因。當然，究竟文本講的是「崇高」（作「崔」）還是「逡巡」（作「浚」），從嚴格意義上說爭議仍在，問題又未必解決了。

三 引起困擾的異文

《周易》迭經歷代傳抄，難免出現字體的訛誤，主要因為原本某字後來沒有再被使用，漸為歷史淘汰——有點類似字「死」了。後人不認得原字，便會用另一個較通行的字代替。例如〈大畜〉卦九三爻辭「曰閑輿衛」，《經典釋文》「曰」：

音越，劉云：「曰猶言也。」鄭人實反，云「日習車徒」。[25]

「曰閑輿衛」四字頗費解，鄭玄讀「曰」為「日」，釋「閑」字為「習」，則於文義較通順。鄭讀如為實，則顯屬傳抄時「日」字因形近而訛為「曰」。[26]

〈夬〉卦九五「莧」，諸家皆讀如字。王弼《注》：

莧陸，草之柔脆者也，決之至易，故曰夬夬也。[27]

---

23 原文：「浚，王弼本作摧。《釋文》：『摧，退也。』浚，當讀為逡，退也，與摧音近相通。」張政烺，《馬王堆帛書周易經傳校讀》（北京：中華書局，2008），頁87。

24 陸德明，《經典釋文·周易音義》，卷2，頁14b。

25 同前注，頁11a。

26 《經典釋文》：「閑，馬、鄭云『習』。」同前注。朱熹《周易本義》亦說：「曰，當為日月之日。」（卷1，頁117）

27 《周易注疏》，卷5，頁3b。

朱熹《周易本義》：

莧陸，今馬齒莧，感陰氣之多者。[28]

唯王夫之《周易內傳》讀為「莧」。[29]《說文解字》卷十「莧」部：

山羊細角者。从兔足，从莧聲。凡莧之屬皆从莧。讀若丸。寬字从此。[30]

「莧」常見而「莧」罕睹。如讀為草本植物的「莧」，則「莧陸夬夬」意義，實難索解；如讀為山羊細角之「莧」，釋為山羊在草地上決行無礙之貌，義更見長。設想原作「莧」，後人因字不常見而以「莧」字代替，實也在常理之中。今日的困難在於孤證難為定論，從最嚴謹的角度考慮，暫時只能存疑。

又如〈明夷〉卦六二「明夷，夷于左股，用拯馬壯，吉」，[31]《經典釋文》討論「夷于左股」之「夷」：

如字。子夏作「睇」，鄭、陸同，云：「旁視曰睇。」京作「眱」。[32]

「如字」云云，說明「夷」是陸德明所確認的寫法。如採子夏、鄭玄、陸績之「睇」字，釋為「旁視」，則旁視左股，難以理解。本爻「夷于左股」，似乎與下句「用拯馬壯」意義相承接，「夷」字似讀為「痍」，義為「傷」，[33]即傷於左股之意。這種情形是，「夷」字原有平、易、安等義，後來假借為受傷的「痍」字，然後才出現了專字「痍」。但「痍」字罕見亦罕用，於是後人讀「夷于左股」，便忘記了（也就捨棄了）「痍」，而讀回原來的「夷」。

28 朱熹：《周易本義》，卷2，頁168。

29 〔清〕王夫之，《周易內傳》，嚴靈峰編，《無求備齋易經集成》（台北：成文出版社，1976）第75冊影印清道光二十二年（1842）湘潭王氏守遺經書屋刊本，卷3下，頁16b。

30 許慎著，段玉裁注，《說文解字注》，10篇上，頁26a。

31 雄按：王弼讀為「用拯馬，壯吉」。《周易注》：「以柔居中，用夷其明，進不殊類，退不近難，不見疑憚，『順以則』也，故可用拯馬而壯吉也。」《周易注疏》，卷4，頁14b-15a。

32 陸德明，《經典釋文‧周易音義》，卷2，頁14b。

33 《公羊傳》成公十六年：「晉侯及楚子、鄭伯戰于鄢陵。楚子、鄭師敗績。敗者稱師，楚何以不稱師？王痍也。王痍者何？傷乎矢也。」《春秋公羊傳注疏》，卷18，頁9a-b。又按：〈大壯〉卦《周易集解》引虞翻：「壯，傷也。」（卷7，頁170）

又如〈睽〉卦六三「見輿曳，其牛掣，其人天且劓。无初，有終」，《經典釋文》：

> 掣，昌逝反。鄭作「挈」，云：「牛角皆踊曰挈。」徐「市制反」。《說文》作「觢」，之世反，云：「角一俯一仰。」子夏作「𦫽」，《傳》云：「一角仰也。」荀作「觭」。劉本從《說文》，解依鄭。[34]

由此看來，「其牛掣」的「掣」字幾乎可以確定是形近而致的訛誤，其本字取義與「牛角」或有關，或「牛角皆踊」，或「角一俯一仰」，或「一角仰」。諸形不論為「挈」抑或「𦫽」，都是因形近而訛為「掣」字。陳松長編著《香港中文大學文物館藏簡牘》注稱「此字讀為『掣』」。引饒宗頤〈在開拓中的訓詁學——從楚簡易經談到新編《經典釋文》的建議〉：

> 楚簡此本作「㑉」者，因諸觢、挈、契均从㓞為聲，《說文》四下：「㓞，巧㓞也，從刀丯聲。」又丯字云：「艸蔡也，象艸生之散亂，讀若介。」㑉字從介為聲，與㓞之丯聲讀若介正同音，可借用。《說文》角部：「觢，一角仰也，從角㓞聲，《易》曰其牛觢。」今本《易經》觢作掣。《集韻》去聲十三祭：掣字下同音字共二十，掣又作𤙡，與觢、挈為一字。足見楚簡之「㑉」，乃丯、㓞之音借。[35]

我懷疑《集韻》去聲十三祭「掣」字下同音字中的「𤙡」字是後起字，是否「與觢、挈為一字」，仍應以《經典釋文》為準。因此審慎考慮，此字不宜作「掣」，以免混淆。透過異文，我們可以糾正原文的錯誤。這是一個顯例。

　　罕見字被通行字所取代，情形也有很多種。有時兩種或以上的異體字，不但字形不同，意義也南轅北轍，讓後世的學者不容易作取捨。如王應麟《困學紀聞》論〈頤〉卦六四爻辭「虎視耽耽，其欲逐逐」：

> 《漢書·敘傳》「六世耽耽，其欲浟浟。」（原注：音滌。）注：「〈頤〉六四

34　陸德明，《經典釋文·周易音義》，卷2，頁15b-16a。

35　陳松長編，《香港中文大學文物館藏簡牘》（香港：香港中文大學文物館，2001），頁12。引文見饒宗頤等著，中山大學中國文學系、中國訓詁學會主編，《訓詁論叢》，第3輯「第一屆國際暨第三屆全國訓詁學學術研討會論文集」（台北：文史哲出版社，1997），頁3。

爻辭，濯濯，欲利之貌。今《易》作『逐逐』。」《子夏傳》作「攸攸」，顏注以「濯濯」為欲利，輔嗣以「逐逐」為尚實，其義不同。[36]

這個例子和「鹿」、「麓」之例相同，讓人難以定奪「逐」、「攸」、「濯」三者究竟何者為正確。

又如〈豫〉卦九四「由豫，大有得。勿疑，朋盍簪」的「簪」字，異體至多。《經典釋文》：

「簪」，徐側林反，《子夏傳》同，疾也。鄭云：「速也。」《埤蒼》同。王肅又「祖感反」。古文作「貸」。京作「撍」。馬作「臧」。荀作「宗」。虞作「戠」，戠，叢合也。蜀才本依京，義從鄭。[37]

「簪」字有「貸」、「撍」、「臧」、「宗」、「戠」等異體合計五種，讀音至少兩種。它們或僅知其形而未知其義，或採相同之形而不同之義（如蜀才），簡直讓人無從選擇。又如〈益〉卦上九《象傳》：

《象》曰：「莫益之」，偏辭也；「或擊之」，自外來也。[38]

「偏辭」一詞，《經典釋文》：

音篇。孟作「徧」，云：「周帀也。」[39]

作「徧」則義為周匝，作「偏」則不周匝，二字字形略有區別，意義適為相反。又如〈泰〉卦九二「包荒，用馮河，不遐遺，朋亡，得尚於中行」。其中「包荒」《帛易》作「枹妄」。《經典釋文》：

「苞」，本又作「包」，必交反。下卦同，音薄交反。「荒」，本亦作「㠩」，音同。鄭注《禮》云：「穢也。」《說文》：「水廣也。」又大也。鄭讀為「康」，云虛也。[40]

然則「包荒」或作「枹妄」、「苞荒」、「苞㠩」，究竟哪一個為正確？實無

36　〔宋〕王應麟著，〔清〕翁元圻等注，欒保羣、田松青、呂宗力點校，《困學紀聞（全校本）》（上海：上海古籍出版社，2008），卷1，頁114。

37　陸德明，《經典釋文・周易音義》，卷2，頁7b。

38　《周易注疏》，卷4，頁32b。

39　陸德明，《經典釋文・周易音義》，卷2，頁16b。

40　同前注，頁6a。

定論。惠棟《九經古義·周易古義》卷一〈泰〉九二：

> 「包荒」，《說文》引作宍，从川亡，云「水廣也」。《釋文》云：「本亦作
> 宍，音同。(原注：鄭氏云：「宍讀為康，虛也。」《穀梁傳》云：「四穀不升謂之康。」
> 康是虛宍之名，其義同也。)」[41]

雄按：鄭玄經說與許慎多不同，[42]此處亦不例外。許慎引此卦而訓「宍」
為「廣」，顯然著眼於河，即讀「包荒」二字義為被廣濶之大河所包圍。
鄭玄讀「宍」為「康」訓「虛」，則著眼於「包」而讀為「匏」，「包宍」
就是「匏虛」。「匏虛，用馮河」，是將匏瓜掏空，用以渡河，即《莊子·
逍遙遊》「慮以為大樽而浮乎江湖」：

> 惠子謂莊子曰：「魏王貽我大瓠之種，我樹之成而實五石，以盛水漿，其堅
> 不能自舉也。剖之以為瓢，則瓠落無所容。非不呺然大也，吾為其無用而
> 掊之。」莊子曰：「……今子有五石之瓠，何不慮以為大樽而浮乎江湖，而
> 憂其瓠落無所容？……」[43]

「包荒」二字究竟採用何形何義，許、鄭兩位經學大師的訓釋即截然相
異，實讓人費解。[44]

41　〔清〕惠棟，《九經古義》(台北：藝文印書館《叢書集成續編》影印槐廬叢書本，1971)，
　　卷 2，頁 4a-b。

42　如許慎著《五經異義》，鄭玄著《駁五經異義》。

43　郭慶藩撰，《莊子集釋》，卷 1 上，頁 36-37。《說文解字》：「匏，瓠也。」段玉裁《注》：
　　「『瓠』下曰：『匏也。』與此為轉注。……〈邶風傳〉曰『匏謂之瓠』，謂異名同實也。」
　　許慎著，段玉裁注，《說文解字注》，9 篇上，頁 38b。

44　王應麟《困學紀聞》卷一：「鄭康成《詩箋》多改字，其注《易》亦然。如『包蒙』，謂『包
　　當作彪，文也』；〈泰〉『包荒』，謂『荒讀為康，虛也』；〈大畜〉『豶豕之牙』，謂『牙讀為互』；
　　〈大過〉『枯楊生荑』，謂『枯音姑，无姑、山榆』；〈晉〉『錫馬蕃庶』讀為『藩遮』，謂『藩
　　遮，禽也』；〈解〉『百果草木皆甲宅』，『皆讀如解』，『解謂坼呼，皮曰甲，根曰宅』；〈困〉
　　『劓刖當為倪 』；〈萃〉『一握為笑』，『握讀為「夫三為屋」之「屋」』；《繫辭》『道濟天下』，
　　『道當作導』；『言天下之至賾』，『賾當為動』；《說卦》『為乾卦』，『乾當為幹』。其說多鑿。
　　鄭學今亡傳，《釋文》及《正義》間見之。」(卷 1，頁 32-33)王應麟評鄭玄之說，可參。
　　唯《說卦》『為乾卦』當作『為幹卦』，可信。離卦固非乾卦，稱『離』之象『為乾卦』不可
　　解，此其一；『離』為中男之象，陽爻自初至中，有幹正之義，作『幹』較合文義，此其二；
　　《經典釋文》：「古丹反。鄭云：『乾當為幹。陽在外，能幹正也。』董作『幹』。」(卷 2，

又如〈屯〉卦六三「即鹿无虞，惟入於林中。君子幾不如舍，往吝。」「鹿」，《經典釋文》：「王肅作麓。」[45]鹿、麓二字，影響到該爻的說解。《周禮・夏官・大司馬》：

虞人萊所田之野，為表，百步則一，為三表，又五十步為一表。[46]

又〈天官・大宰〉：

虞衡作山澤之材。[47]

賈公彥《疏》：

案〈地官〉：「掌山澤者謂之虞，掌川林者謂之衡。」則衡不掌山澤。而云「虞衡作山澤」者，欲互舉以見山澤兼有川林之材也。[48]

如作「鹿」，此爻即謂君子射獵逐鹿至於森林之中而無虞人引領；[49]如作「麓」，此爻即謂君子行入山澤之中並無虞人引領。二者對經義終極的解讀，也許沒有太大分別；但對此爻爻義的解釋，畢竟至為不同。不過，有沒有可能這個字同時指涉「鹿」、「麓」二字呢？如果考慮本文所提出卦名一字多義的現象，我們也很難完全排除「鹿」、「麓」兼採的可能性，但畢竟此一例並不似下文討論〈井〉、〈履〉那樣明顯，所以我們也不好遽爾下定論，以某字為是，某字為非。

又如〈師〉卦卦辭「師，貞，丈人吉，无咎」，王弼《注》：

丈人，嚴莊之稱也。為師之正，「丈人」乃吉也。興役動眾，无功，罪也，故吉乃「无咎」也。[50]

朱熹《周易本義》：

頁31b）陸德明引董遇，並注明反切，即讀此字為「幹」。此其三；《周易本義》：「乾，音干。」（卷4，頁273）朱子亦採此說，此其四。

45　陸德明，《經典釋文・周易音義》，卷2，頁3a。

46　《周禮注疏》，卷29，頁15a。

47　同前注，卷2，頁8b。

48　同前注，頁10a。

49　「君子幾不如舍」，《經典釋文》又記：「鄭作機，云：『弩牙也。』」（卷2，頁3a）鄭讀「幾」為「機」，言機不如舍，有射獵的情狀，則以作「鹿」於義較勝。

50　《周易注疏》，卷2，頁8a。

丈人，長老之稱。用師之道，利於得正，而任老成之人，乃得吉而无咎。戒占者亦必如是也。[51]

《帛易》及上博《易》皆作「丈人」，與今本無異。然而，「丈人」一詞，《周易》六十四卦卦爻辭僅此一見，是屬於比較罕見的詞彙。唯李鼎祚《周易集解》載崔憬引《子夏傳》，「丈人」作「大人」。[52]倘若經文本作「大人」，而後世抄本始誤作「丈人」，不但竹簡本與帛書本抄寫錯了，後世注家如王弼、朱熹的說法亦皆誤。[53]然而如今考察此字，讀為「大人」雖較「丈人」為通順，畢竟屬於孤證，即使有上博《易》以外的出土文獻作「大人」，亦難遽爾推翻簡帛本及今本。

又如〈晉〉卦六五「悔亡，失得勿恤。往吉，无不利」。「失得」，《經典釋文》：

如字。孟、馬、鄭、虞、王肅本作「矢」。馬、王云：「離為矢。」虞云：「矢，古誓字。」[54]

作「矢得」有兩解：一解因〈晉〉卦上離下坤，六五居外卦「離」之中爻，馬融、王肅之釋實取外卦「離」象，其說本於《說卦傳》；另一解為虞翻之釋，則以「矢」為古「誓」字，釋「矢得」為「誓得」。這兩個解釋都屬於漢魏《易》家，均讀「失得」為「矢得」，並無異議，只是對「矢」的解釋有分歧而已。對今人而言，究竟依文本讀「失得」，還是依漢魏《易》說讀為「矢得」呢？如採用「矢得」，又應讀為馬、王所依據《說卦傳》，用「離為矢」的意義理解「矢得」，抑或用虞翻「誓得」的意義去理解呢？這委實難以定奪。

51　朱熹，《周易本義》，卷1，頁59。

52　李鼎祚輯，《周易集解》，卷3，頁56。

53　高亨《周易古經今注（重訂本）》：「丈人，《集解》引崔憬曰：『《子夏傳》作大人。』李鼎祚曰：『《子夏傳》作大人，是也。』吳澄曰：『丈字蓋大字之譌。』姚配中曰：『此當從子夏傳作大人。』亨按：諸說是也。《易》恆言『大人』，無言『丈人』者。」高亨，《周易古經今注（重訂本）》，卷1，頁180。

54　陸德明，《經典釋文·周易音義》，卷2，頁14b。

又〈小畜〉卦九二「牽復，吉」。屈萬里《周易集釋初稿》：

> 牽復，言被牽而復也。疑「牽輹」二字之訛，牽字漢石經作「宇」（原注：
> 見牽羊悔亡），形近牽。牽，車軸頭鐵。輹，說文：「車軸縛也。」二者皆所
> 以固軸。既牽又輹，軸固故吉。軸當車之中，故象曰在中也。又疑牽如
> 字，復作輹（原注：大畜作輹）。牽輹，謂縛輹於軸也。牽輹則吉，脫輹則
> 凶。[55]

歷代傳注多採「牽復」之說，意思是被牽而復，因意義暢通，似無異辭。
而屈先生以實證方式提出「牽輹」之說，或讀為「牽輹」，實均可以成立，
於卦義亦圓融無礙。但究竟應採何種讀法，今天看來，亦值得研究者思
考。

　　由上文可知，《周易》的異文極多而繁複，其實有許多因年代久遠，
實難獲得定論，至今即使得出土文獻之助，仍然缺乏確據，恐難以平息爭
議。治《易》之困難，除象數、義理糾紛聚訟甚多外，異文亦是重要因
素，只不過一般讀者不去注意，沒能察覺其中的關鍵而已。以上引述的異
文之「例」，雖未必能有定論，以確定彼此之是非，但至少提供了後代學
者參照之用。

四 引發更多新意義的異文

　　〈大有〉卦之「有」，《雜卦傳》：

> 大有，眾也。

《經典釋文》：

> 包容豐富之象。[56]

55　屈萬里，《周易集釋初稿》，頁 79。
56　陸德明，《經典釋文》，卷 2，頁 6b。

《詩‧魯頌‧有駜》：「自今以始，歲其有。」[57]《毛傳》：

> 歲其有豐年也。[58]

《說文解字》「年」：

> 秊，穀孰也。……《春秋傳》曰：「大有年。」

段玉裁《注》：

> 宣十六年經文。《穀梁傳》曰：「五穀皆孰為『有年』；五穀皆大孰為『大有年』。」[59]

〈大有〉上九爻辭「自天祐之，吉，无不利」，《帛書》「祐」作「右」。《說文》：

> 祐，助也。[60]
> 右，助也。[61]

「右」為「祐」字的語源，加「示」旁，專指天之幫助、庇祐，但此種庇祐，在農業社會，當以「穀熟」為最重要，所以這個「右」或「祐」字，是從〈大有〉卦名的「有」字而來。據此，《帛易》作「右」字，兼有「庇祐」和「穀熟」兩義，非僅有「助也」一義。換言之，如單純釋「自天右之」為得天之助，就代表了釋經者忽略了一字多義的原則了。[62]

---

57 《毛詩注疏》，卷 20 之 1，頁 12b。阮元《校勘記》引《唐石經》「有」下旁添「年」字，云：「案：《釋文》云：『「歲其有」，本或作「歲其有矣」，又作「歲其有年者矣」，皆衍字也。』……考此詩『有』與下『子』韻，不容更有『年』字。依《釋文》本為是。」這是說《詩經》文本為「歲其有」，「年」字衍。〈詩疏二十之一校勘記〉，頁 26b。

58 孔穎達《五經正義》本作「歲其有豐年也」，云「定本、《集注》皆云『歲其有年』」（卷 20 之 1，頁 13a）。阮元《校勘記》：「考此經本云『歲其有』，傳本云『歲其有年也』，傳以『有年』說經之『有』也。經誤衍『有』下『年』字，傳又誤衍『年』上『豐』字，皆失其旨。當以定本、《集注》為長。」這是說《毛傳》應作「歲其有年」。「豐」字衍。〈詩疏二十之一校勘記〉，頁 27a。

59 許慎著，段玉裁注，《說文解字注》，7 篇上，頁 50a。

60 同前注，1 篇上，頁 5a。

61 同前注，2 篇上，頁 21a。

62 張立文《周易帛書今注今譯》：「蓋天助為右，故孳為『祐』。從示，以示自天助也。」（頁 600）即未顧及此「右」及「祐」字與「有」之間的語源關係。

六十四卦中不少卦名雖有異寫，但應該只是假借，但也兼採原字的原義。例如今本《周易》〈需〉卦，帛書《周易》作「襦」、上博《易》作「孤」，輯本《歸藏》亦有「溽」卦。「需」、「溽」二字上古均屬「侯」部，而「襦」字或作「繻」，在《周易》僅一見，即〈既濟〉卦六四「繻有衣袽」，上博《易》作「需又衣紧，冬日戒」，「繻」又作「需」。按《說文解字》「襦」：

> 襦，短衣也。从衣，需聲。一曰暖衣。[63]

〈需〉卦全卦取等待之義，和衣服並無關係。正如《說文解字》釋「需」：

> 需，嬃也，遇雨不進，止嬃也。[64]

《說文》並未具體指「需」字有「暖衣」之義，因此，《帛易》的「襦」字只能說是「需」的假借，與另一字「嬃」通，並未含有在「需」字以外的特殊意義。又如今本《周易》〈臨〉卦，《帛易》、阜陽《易》皆作「林」。「臨」、「林」上古皆「來」紐「侵」部，古音相同。又輯本《歸藏》無〈臨〉卦但有「林禍」，學者即指為〈臨〉卦。〈臨〉卦的卦義，是大人君子臨民、治民，字義並沒有樹林、林木或者相關的意義，其字作「林」，應該屬於單純的假借。至於「禍」字則不知何所指。又如今本《周易》〈无妄〉卦，帛書《周易》作「无孟」，阜陽《易》作「无亡」，上博《易》作「亡忘」，王家臺秦簡《歸藏》作「毋亡」，輯本《歸藏》作「母亡」。按〈无妄〉卦卦義，即孔穎達《正義》所謂：

> 物皆无敢詐偽虛妄，俱行實理，所以大得亨通，利於貞正，故曰「元亨利
> 貞」也。[65]

而其他諸本所作異寫，均無異於「无妄」的特殊意義。故彼此間僅有單純

---

63 段玉裁《注》：「日部曰：『安嬃，溫也。』然則暖衣，猶溫衣也。」《說文解字注》，8篇上，頁60a。
64 許慎著，段玉裁注，《說文解字注》，11篇下，頁15b。
65 《周易注疏》，卷3，頁21b-22a。

的假借關係。其餘許多卦，包括〈咸〉、[66]〈遯〉、[67]〈晉〉[68]等，以及〈否〉卦帛書《周易》作「婦」，〈損〉卦輯本《歸藏》作「員」，〈剝〉卦阜陽《易》、輯本《歸藏》皆作「僕」，都屬於單純假借之例。韓自強將「剝」字讀為奴僕之「僕」，並無根據。

　　但此外尚有不少卦，情況截然不同，不同的本子作異寫，並不是單純的假借，而是有超過一個意義的牽連。如「坤」之為卦名，《經典釋文》云：

　　本又作「巛」。[69]

「坤」之與「巛」之為異體，就涉及解讀的問題。王引之《經義述聞》說：

　　《說文》：「坤，地也。《易》之卦也，從土從申，土位在申。」是乾坤字正
　　當作「坤」。其作「巛」者，乃是借用「川」字。考漢〈孔龢碑〉、〈堯廟
　　碑〉、〈史晨奏銘〉、魏〈孔羨碑〉之「乾坤」，〈衡方碑〉之「剝坤」，〈郙
　　閣頌〉之「坤兌」，字或作⫽⫽，或作⫽⫽、或作⫽⫽，皆隸書「川」字。是
　　其借「川」為「坤」，顯然明白。「川」為「坤」之假借，而非「坤」之本
　　字。故《說文》「坤」字下無重文作「巛」者。《玉篇》「坤」下亦無「巛」
　　字，而於「川」部「巛」字下注曰：「注瀆曰川也。古為坤字。」然則本是
　　「川」字，古人借以為「坤」耳。[70]

按《帛易》〈坤〉卦名正作「川」。「川」，王氏父子以為是「坤」的假借，並非「坤」的本字。然而，出土竹簡陰爻皆作「八」或「八」，「巛」字諸形如「⫽⫽」、「⫽⫽」、「⫽⫽」等似均與〈坤〉卦卦體「⚏」形的側置相似。以此而論，「巛」可能是〈坤〉卦在簡帛出土文獻的卦體之形的借用，它與「坤」字的關係，就不是假借，而是指涉同一卦名的兩個不同的字。這

66　《帛易》、上博簡《周易》、輯本《歸藏》皆作「欽」。「咸」、「欽」上古同屬侵部。

67　《經典釋文》一本作「遬」，又作「逎」（卷2，頁13b）。《帛易》作「掾」，上博《易》作「塍」，輯本《歸藏》作「蒇」。

68　《帛易》作「溍」。〈晉〉卦為日出地上之象，日有火象，與水無關，作「溍」應屬假借。

69　陸德明，《經典釋文・周易音義》，卷2，頁2b。

70　王引之，《經義述聞》，卷1，頁4b-5a。

個「巛」字，後來部分抄寫者因形近而寫成「川」，也有仍保持原形如王氏父子所引幾種碑銘的寫法，在「川」、「巛」之間。《象傳》作者以「川」、「順」同音，遂引申為「地勢坤」，形成如王氏父子所說的「天行健」，「健」即是「乾」，「地勢坤」，「坤」即是「順」的平行現象。至於「坤」字最早出於戰國，右旁從「申」即與閃電有關，與「巛」意義並無關連，[71]但合而觀之，則可以窺見相對於「天」或「乾」而與大地相關的意義。[72]

又如〈履〉卦之「履」本義為鞋履，引申為步履，故有「履虎尾」、「履道」云云，但實則同時含有「禮」之義，因禮儀禮制，重在實踐，如人行步。故〈履〉卦《象傳》云：

> 君子以辯上下，定民志。[73]

「辯上下」正是「禮」之要義，故〈履〉卦《經典釋文》云：

> 利恥反，禮也。[74]

〈履〉初九「素履」，《周禮・天官・屨人》：

> 掌王及后之服屨。為赤舄、黑舄、赤繶、黃繶；青句、素屨，葛屨。[75]

又《儀禮・士冠禮》：

> 素積白屨，以魁柎之。[76]

《周禮》、《儀禮》晚於《周易》卦爻辭時代，但所記載的禮儀卻不是新生

---

71 程燕認為《清華簡》「坤」字作𡗥為從「大」、「昆」聲。程燕，〈談清華簡《筮法》中的「坤」字〉，《周易研究》，2014 年第 2 期，頁 20。實則此字下筆並非「大」字，而是兩陰爻重疊，形狀與眾多出土數字卦陰爻之形幾完全相同。

72 楊秀芳論證「乾」《帛易》作「鍵」，「鍵」與「楗」、「犍」等字為同一「詞族」（word family），「鍵」、「楗」皆有支撐之義，與「乾」的「天」的象喻有關。詳楊秀芳，〈從詞族研究論「天行健」的意義〉，收入鄭吉雄、佐藤鍊太郎主編，《臺日學者論經典詮釋中的語文分析》（台北：台灣學生書局，2010），頁 35-76。又參本書上編〈叁、試從詮釋觀點論易、陰、陽、乾、坤字義〉。

73 《周易注疏》，卷 2，頁 18b。

74 陸德明，《經典釋文・周易音義》，卷 2，頁 5b。

75 鄭玄《注》：「履自明矣，必連言服者，著服各有屨也。」《周禮注疏》，卷 8，頁 18a。

76 〔漢〕鄭玄注，〔唐〕賈公彥疏，《儀禮注疏》（台北：藝文印書館影印阮元校刻《十三經注疏附校勘記》本，1979），卷 3，頁 10a-b。

事物，而是古禮的遺留，反而可以證明「素履」或「素屨」屬於古禮之一部分，說明了「履」與「禮」的關係。難怪〈坤〉卦初六「履霜堅冰至」，「履霜」《經典釋文》云：

> 如字。鄭讀履為禮。[77]

衡諸古史，鄭讀的有確據。帛書《周易》〈履〉卦正作「禮」，《序卦傳》也說「物畜然後有禮，故受之以履」，[78]恰好說明了「履」、「禮」的關係。可見將「履」寫成「禮」，並不是單純的假借，而表示此卦兼指「履」、「禮」二義，包含的意義在一種以上。

又如〈井〉卦，諸本無異，唯上博《易》作「汬」，從表面上看，「井」中有水，作「汬」傳達此一字義，似理所當然。但證諸本經內容，則實不然。初六「井泥不食，舊井无禽」，王引之《經義述聞》「舊井无禽」條：

> 《易》爻凡言田有禽、田无禽、失前禽，皆指「獸」言之，此禽字不當有異。井當讀為阱，阱字以井為聲。（原注：《說文》：「阱，大陷也。從𨸏井，井亦聲。」）……是阱所以陷獸也。舊阱，湮廢之阱也。阱久則淤淺，不足以陷獸，故无禽也。……卦體上坎下巽，坎為陷，巽為入，故有禽獸陷入於阱之象。初六陰爻體坤，坤土塞阱，故湮廢而不用也。不然，則「久井不見渫治，為禽所不嚮」，仍是「井泥不食」之義。[79]

王氏父子從「禽」字的義訓（非家禽，乃專指捕獵之野獸）論證「井當讀為阱」，但事實上此一解說猶有一間之未達。「井泥不食，舊井无禽」之義，係指舊井已涸，用以取水則無水可食，用為陷阱又無禽可獲，引而申之，雖無凶象，但亦如卦辭所言「无喪无得」。據此卦名，「井」字在此卦卦爻辭中，原本兼指水井、陷阱兩義，諸本作「井」，雖不能同時兼指此兩義，但至少可以將兩義同時包括；上博簡抄寫者在「井」下加「水」字成「汬」，則反而使「陷阱」之義被忽略了，後人就讀不到「舊井无禽」中特

77　陸德明，《經典釋文・周易音義》，卷2，頁2b。

78　《周易注疏》，卷9，頁11b。韓康伯《注》：「履者，禮也。禮所以適用也，故既畜則宜用，有用則須禮也。」

79　王引之，《經義述聞》，卷1，頁50a-51a。

有的「陷阱」的意思了。

　　與〈井〉卦頗有相關的是〈習坎〉卦，亦與陷阱有關。《經典釋文》云：

　　「坎」，徐「苦感反」，本亦作「埳」。京、劉作「欿」，險也，陷也。[80]

《說文解字》「欿」義為欲得，並沒有險、陷之義；《孟子》「自視欿然」假借為「坎」，義為虛空，亦和險、陷無關。[81]未知「京、劉作欿，險也、陷也」是否實為另一字的混淆，抑或直指〈坎〉的卦象引申。又《帛易》作「習贛」，《歸藏》此卦則名為「勞」（王家臺本）或「犖」（輯本），字無可說。「坎」於八經卦之象為「水」，然而此卦為〈習坎〉（即「水洊至」）而非〈坎〉，初六、六三爻辭皆言「入于坎窞」，六四「納約自牖」、上六「係用徽纆，寘于叢棘」，皆強調陷身坎窞之中未能脫身。是故諸家所釋，此卦以「埳」、「欿」之義為主，以「水」之義為輔。故王弼《注》：

　　坎，險陷之名也。[82]

朱熹《周易本義》：

　　坎，險陷也。其象為水，陽陷陰中，外虛而中實也。此卦上下皆坎，是為重險。[83]

然則〈習坎〉之「坎」，取其涉水危險之象；「習欿」則取其深陷坎窞、陷阱之象。兩種寫法，意義雖微有不同，但終極取向則一致。我不認為有誰可以在這種異文之中，區分出對錯、是非，甚至優劣。

　　又如〈蹇〉卦有蹇困之義，「王臣蹇蹇」，實兼有「蹇」及「謇」二義，故「蹇蹇」也兼有「謇謇」的意思，即〈離騷〉「余固知謇謇之為患兮」，[84]

80　陸德明，《經典釋文‧周易音義》，卷2，頁12a。

81　《說文解字》：「欿，欲得也。」段玉裁《注》：「《孟子》：『附之以韓魏之家，如其自視欿然，則過人遠矣。』……玉裁按：《孟子》假欿為坎，謂視盈若虛也。」許慎著、段玉裁注，《說文解字注》，8篇下，頁24a-b。

82　《周易注疏》，卷3，頁32b。

83　朱熹，《周易本義》，卷1，頁122。

84　洪興祖撰，《楚辭補注》，白化文、許德楠、李如鸞、方進點校，《楚辭補注》（北京：中華書局，1983），卷1，頁9。

指正言、直言之貌。[85]古代君臣之義，臣下持正直言，是士大夫精神，故有「謇謇」之義；但在專制獨裁的體制下，犯顏直諫，既困難又危險，甚至有殺身之禍，故又有「蹇蹇」之義。然而經文抄寫者或印刷商，實難以將兩個字同時寫在一段經文之中，唯有保存一個、捨棄另一個，這就讓經典作者將兩字字義同時寄託在一個字之中的苦心，灰飛煙滅了。

又如〈需〉卦九五「需于酒食」，黃沛榮師云：

> 唯是九五「需于酒食」，則不可謂待於酒食之中。細覈辭義，疑「需」讀為「醹」。《說文》：「醹，厚酒也。」然則「需于酒食」者，謂厚於酒食也。[86]

這是十分精到的觀察。然而讀者也要注意，這個「需」字其實兼有等待和厚於酒食兩層意思，不應該擇一而遺一。

再舉〈觀〉卦為例，王家臺秦簡《歸藏》亦有此卦，卦名作「灌」。「觀」、「灌」二字，似屬異文而無關。然而〈觀〉卦卦辭：

> 盥而不薦，有孚顒若。

《周易集解》引馬融：

> 盥者，進爵灌地以降神也，此是祭祀盛時。及神降薦牲，其禮簡略，不足觀也。[87]

「觀」之為義，與「盥」有關，「盥」為「進爵灌地以降神」，則與「灌」亦有關。無怪乎王家臺秦簡《歸藏》作「灌」了。王弼《注》：

> 王道之可觀者，莫盛乎宗廟。宗廟之可觀者，莫盛於盥也。至薦，簡略不足復觀，故觀盥而不觀薦也。孔子曰：「禘自既灌而往者，吾不欲觀之矣。」盡夫觀盛，則下觀而化矣。故觀至盥則「有孚顒若」也。[88]

《說文解字》「觀」：

---

85 《廣韻》：「謇，吃又止言。」（周祖謨校，《廣韻校本》〔北京：中華書局，2011〕，上聲卷3，頁30a）《韻會》：「《博雅》『吃也』。……謇諤，忠也，直言貌。」（〔元〕黃公紹、熊忠著，甯忌浮整理，《古今韻會舉要》〔北京：中華書局，2002〕，卷14，頁6b）

86 黃沛榮，〈易經卦義系統之研究〉，頁92。

87 李鼎祚輯，《周易集解》，卷5，頁112。

88 《周易注疏》，卷3，頁8b。

諦視也。从見，雚聲。[89]

「觀」、「灌」皆从「雚」，輯本《歸藏》此卦作「瞿」，以王家臺秦簡《歸藏》作「灌」考之，顯然為「雚」形近之誤。「觀」、「盥」、「灌」又與「祼」有關。《說文解字》「祼」：

灌祭也。从示，果聲。[90]

由此可見，王家臺秦簡《歸藏》之作「灌」，絕非只取聲音的相同以為「觀」之假借，而是關乎祭祀的內容與精神。春秋襄公九年《左傳》「君冠，必以祼享之禮行之」，杜預《注》云：

祼，謂灌鬯酒也。

孔穎達《疏》：

《周禮·大宗伯》「以肆獻祼享先王。」〈鬱人〉：「凡祭祀之祼事，和鬱鬯以實彝而陳之。」鄭玄云：「鬱，鬱金，香草也。鬯釀秬為酒，芬香條暢於上下也。築鬱金煮之，以和鬯酒。」〈郊特牲〉云：「灌用鬯臭。」鄭玄云：「灌謂以圭瓚酌鬯，始獻神也。」然則「祼」，即灌也，故云「祼謂灌鬯酒也」。祼是祭初之禮，故舉之以表祭也。[91]

《周禮·春官·大宗伯》「以肆獻祼享先王」鄭玄《注》：

祼之言灌，灌以鬱鬯，謂始獻尸求神時也。〈郊特牲〉曰：「魂氣歸于天，形魄歸於地，故祭所以求諸陰陽之義也。殷人先求諸陽，周人先求諸陰。」灌是也。[92]

扼言之，「祼」為祭禮之專名，「灌」則專指禮中「灌以鬱鬯」之儀式。[93]《禮記·郊特牲》：

周人尚臭，灌用鬯臭，鬱合鬯，臭陰達於淵泉。灌以圭璋，用玉氣也。既

---

89 許慎著，段玉裁注，《說文解字注》，8篇下，頁14a。

90 同前注，1篇上，頁11b。

91 《春秋左傳注疏》，卷30，頁31b。

92 《周禮注疏》，卷18，頁8b。

93 禘禮亦有「灌」之儀式。《論語·八佾》：「禘自既灌而往者，吾不欲觀之矣。」《論語注疏》，卷3，頁6a。

灌，然後迎牲，致陰氣也。蕭合黍、稷，臭陽達於牆屋，故既奠，然後蕭合羶薌。

「羶薌」即「馨香」。鄭玄《注》：

> 羶當為「馨」，聲之誤也。奠或為「薦」。[94]

這部分的祭禮，先使氣味（臭）達於淵泉，再使氣味達於牆屋。前者為「灌」禮，屬陰；後者為「薦」（奠）禮，屬陽。先陰而後陽，典禮的次序井然。黃慶萱說：

> 盥、薦都是宗廟祭祀的儀式。盥，通灌，於宗廟神龕前東向束白茅為神像置地上，而持鬯酒灌白茅束成的神像上，使酒味滲入淵泉以求神。薦，是將犧牲陳列在供桌上。[95]

黃先生似乎沒有注意到祭祀儀式中也有陰陽的象徵意義。朱熹《周易本義》：

> 觀者，有以示人，而為人所仰也。九五居上，四陰仰之，又內順外巽，而九五以中正示天下，所以為觀。……顒然，尊敬之貌。[96]

雄按：「觀」、「灌」從「雚」聲，「灌」、「祼」、「盥」音義相近。可見〈觀〉卦本義，原本關乎神聖的祭禮，但又絕非如「古史」一派的解釋，指該卦為記述某一古代故事，因為〈觀〉卦諸爻都引申「觀臨」、「目視」之義，並不是史書記實。以「盥」字之會意而分析，字形象人手於器皿中洗滌。

倘若再以〈臨〉卦與〈觀〉卦互證，〈觀〉、〈臨〉互為覆卦，〈臨〉亦有觀臨目視之義。《說文解字》「臨」字緊接「監」字之後，釋「監」字為「臨下也」，釋「臨」字為「監也」。[97]二字互訓。「監」字甲骨文「𥃩」[98]

94　《禮記注疏》，卷26，頁21b。又《經典釋文·禮記音義二》：「薌，音香。」（卷12，頁13a）

95　黃慶萱，《周易讀本》（台北：三民書局，1980），頁250。

96　朱熹，《周易本義》，卷1，頁98。

97　許慎著，段玉裁注，《說文解字注》，8篇上，頁47b。

98　撫續190、合27742、無名組。

象人俯身自器皿所盛之水為鏡自照，[99]故稱「監」，或加偏旁為「鑑」，與「臨」字象人巨目注視，〈觀〉卦「觀我生」、「觀其生」、「觀國」等義亦相近（《周易》六十四卦，每兩卦為一組，非覆即變，每組意義或相反，或相近）。〈觀〉卦卦辭用「祼」、「灌」祭祀之義，以譬喻觀民、自觀的神聖性。祭禮先「祼」而後「薦」，「盥而不薦」，意即向先祖神靈敬酒，而不以宗廟祭祀的慣例獻祭，「有孚顒若」，主要依靠的是個人的信孚。「臨」有「君臨」之意，指君主臨民教民，故有「咸臨」、「甘臨」之名；「觀」則不限於君主，而及於士大夫對人民生活各種觀察，故有「觀我生」（治國者自觀）、「觀其生」（觀民）之別。總結上文分析，「觀」、「灌」、「祼」、「盥」與「臨」、「監」等都彼此相關，共同呈現一種以神聖虔敬心情對待祭禮的態度來觀臨人民，又有自監自省的意義。異文之難以區分對錯是非，又可見一斑。

上文所舉之例子，皆一字兼有二義或以上。亦有如〈升〉卦，帛書、阜陽簡《易》作「登」（二字上古皆屬「蒸」部）。二字屬同義。餘如〈豐〉卦，《漢石經》作「豊」，即「禮」之本字，《說文解字》釋「豊」為：

　　行禮之器，从豆，象形。凡豊之屬皆从豊，讀與禮同。[100]

因〈豐〉卦諸爻「豐其蔀」、「豐其沛」、「豐其屋」，可見「豐」之義引申為盛大，而卦辭「王假之」，故與典禮有關。

值得一談的是今本《周易》〈大畜〉、〈小畜〉二卦，「畜」皆有畜積之意。〈小畜〉，《帛易》作「少蓺」，《經典釋文》：

　　本又作「蓄」，同。敕六反，積也，聚也。卦內皆同。鄭許六反，養也。[101]

又〈師〉卦《象傳》「君子以容民畜眾」之「畜」，《經典釋文》：

　　敕六反，聚也；王肅許六反，養也。[102]

99　何琳儀：「會人以皿中盛水照影之意。」何琳儀，《戰國古文字典：戰國文字聲系》，談部，頁 1451。

100　許慎著，段玉裁注，《說文解字注》，5 篇上，頁 39a。

101　陸德明，《經典釋文・周易音義》，卷 2，頁 5a。

102　同前注，頁 4b。

則「畜」有積聚、養育之義。〈小畜〉卦《象傳》釋為「君子以懿文德」，[103]
實由卦辭「密雲不雨，自我西郊」（此二句講的是水氣的畜積、畜養，引申為畜
養懿德）而來。「自我西郊」指周民族居岐而言，「密雲不雨」疑指文王畜
積恩德不發，[104]故《象傳》稱「施未行也」。[105]而據《經典釋文》，〈大畜〉
卦之「畜」本又作「蓄」，與〈小畜〉相同。[106]然而〈大畜〉的「畜」字字
義，又兼指體型大的牲畜，即爻辭所稱「豶豕」、「童牛」、「良馬」。以「豶
豕之牙」一辭，可知〈大畜〉卦所述的牲畜非豢養於家中，而係自外捕獵
而得，因其勇悍而易傷人，故爻辭稱「豶豕之牙」。其餘「童牛之牿」、「良
馬逐」，都清楚提示了獲得此類野獸的主人應設法駕馭並防範，避免受其
傷害。正如《象傳》所言，〈大畜〉卦精神在於「養賢」：

> 《象》曰：大畜，剛健，篤實，輝光，日新其德。剛上而尚賢，能止健，大
> 正也。「不家食，吉」，養賢也。「利涉大川」，應乎天也。[107]

以此譬諸天子諸侯養賢，賢士的能力強大者（不論文武）亦容易傷害其主
人，故古人有養士譬如養虎、養鷹的種種譬喻。[108]這一類的思維，即源出

---

103 《周易注疏》，卷 2，頁 15b。

104 文王「積善累德……陰行善」（《史記・周本紀》，卷 4，頁 116-117），有潛龍之象；「諸侯
皆向之」，終能「自西至東，自南至北，無思不服」（《詩・大雅・文王有聲》，《毛詩注疏》，
卷 16 之 5，頁 13b-14a）。故「密雲不雨，自我西郊」，有所畜積而東向拓土，在周人而言，
即屬文王之象。

105 《周易注疏》，卷 2，頁 14b。

106 《經典釋文》「大畜」：「本又作蓄，敕六反，義與小畜同。」（卷 2，頁 10b）。

107 《周易注疏》，卷 3，頁 24b-25a。

108 韓非子早已以虎喻力量強大的臣下，《韓非子・主道》：「弒其主，代其所，人莫不與，故
謂之虎。……散其黨，收其餘，閉其門，奪其輔，國乃無虎。」（〔清〕王先慎撰，鍾哲點
校，《韓非子集解》〔北京：中華書局「新編諸子集成」本，2003〕，卷 1，頁 28-29。）《三
國志・魏書・呂布傳》：「始，布因（陳）登求徐州牧。登還，布怒，拔戟斫几曰：『卿父勸
吾協同曹公，絕婚公路。今吾所求無一獲，而卿父子並顯重。為卿所賣耳！卿為吾言，其
說云何？』登不為動容，徐喻之曰：『登見曹公言：「待將軍譬如養虎，當飽其肉，不飽則
將噬人。」公曰：「不如卿言也。譬如養鷹，饑則為用，飽則揚去。」其言如此。』布意乃
解。」（〔晉〕陳壽撰，《三國志》〔北京：中華書局，1959〕，卷 7，頁 225。）又杜甫〈送
高三十五書記十五韻〉：「饑鷹未飽肉，側翅隨人飛。高生跨鞍馬，有似幽并兒。」（〔唐〕

於〈大畜〉卦。卦辭所謂「不家食」，就是不食於家之意，亦即獲之於野外的意思。天子求賢，多從宮廷以外求，湯之聘傅說、文王之延呂尚，都如此。得賢以後，即畜養於朝廷。總之「大畜」、「小畜」皆有畜積、畜養之義，《帛易》〈小畜〉之「畜」作「蓻」、〈大畜〉之「畜」作「𡍮」，均為同義之異文，但《經典釋文》二卦下皆云「本又作蓄」，《帛易》亦作「蓄」，則兼有「豢養」及「畜積」二義；〈大畜〉之「畜」更兼有抽象之「畜積」及具體之「牲畜」二義。《歸藏》所記兩卦名，多一「毒」字，輯本〈大畜〉作「大毒畜」，王家臺簡未見；輯本〈小畜〉作「小毒畜」，王家臺本作「少督」。「少督」之「督」，宜與「毒」為假借。[109]「毒」字有二義，一為毒藥之意，如《周易》〈噬嗑〉卦「噬腊肉，遇毒」之「毒」；另一為養育之意，即《老子》「亭之毒之」、《周易》〈師〉卦「以此毒天下」之「毒」。[110]因可推知《歸藏》卦名之「毒」字，義為養育，實與「畜養」之意相輔。

五 〈革〉卦「己日乃孚」的四個版本

(一) 已日

漢魏《易》家注解《周易》，多將「已日」讀為「已經」字，是結束、完成的意思。如《玉篇》釋「巳」（雄按：此「巳」字實為「已」）：

杜甫著，〔清〕仇兆鰲注，《杜詩詳注》〔北京：中華書局，1999〕，卷 2，頁 127）

109 「毒」定紐幽部、「督」端紐幽部。二字相近可通。

110 王弼《老子注》：「亭謂品其形，毒謂成其質。」《老子王弼注》，收入《老子四種》（台北：大安出版社，1999），頁 44。《周易》〈師〉卦《彖傳》：「以此毒天下，而民從之。」《經典釋文》：「毒，徒篤反。役也。馬云：治也。」（卷 2，頁 4b）《莊子・人間世》：「無門無毒。」郭象《注》：「毒，治也。」《經典釋文》同（郭慶藩撰，《莊子集釋》，卷 2 中，頁 149）。實則〈師〉卦《彖傳》、《莊子・人間世》郭《注》所訓「治、役」，義與「育」亦相通，因養育人民，與治役人民，並無二致。

退也、止也、此也、弁也、畢也、又訖也。[111]

〈革〉卦六二「已日乃革之，征吉，无咎」，荀爽：

> 五已居位為君，二乃革意，去三應五，故曰「已日乃革之」。[112]

王弼《注》：

> 不能自革。革已，乃能從之。[113]

干寶：

> 天命已至之日也。[114]

崔憬：

> 湯武行善，桀紂行惡，各終其日，然後革之，故曰已日乃革之。[115]

金景芳、呂紹綱《周易全解》說：

> 已字應讀作已（yi），不應讀作十二地支辰巳的巳（si），也不應讀作十天干
> 戊己之己（ji）。已日，可革之日也。條件不到位，即先時而革，人疑而不
> 孚。[116]

考察上述諸說，傳統學者沒有開展討論，尚未知道他們選擇讀為「已」的
理由。金景芳、呂紹綱則提出理由。但顯然他們是對卦爻先作了詮解，然
後根據詮釋決定選擇「已」字。無奈這欠缺字形分析的理據。

（二）巳日

《易》家讀「已日」為「巳日」，有兩個解釋，或將「巳」字讀為十二
地支的第六個「巳」。按《史記・律書》：

> 中呂者，言萬物盡旅而西行也。其於十二子為巳。巳者，言陽氣之已盡

---

111 〔南朝梁〕顧野王撰，《大廣益會玉篇》（台北：臺灣商務印書館《四部叢刊正編》影印建德
　　周氏藏元刊本，1979），卷30，頁3b。此「巳」字實即「已」字。

112 李鼎祚輯，《周易集解》，卷10，頁242。

113 《周易注疏》，卷5，頁19a。

114 李鼎祚輯，《周易集解》，卷10，頁241。

115 同前注，頁242。

116 金景芳、呂紹綱著，呂紹綱修訂，《周易全解（修訂本）》（上海：上海古籍出版社，
　　2005），頁381。

也。[117]

王應麟《困學紀聞》卷一：

> ……如「月幾望」、「巳日乃孚」，皆陰陽氣數之變。[118]

王夫之《周易內傳》卷四上則將「巳」和「日」分開，釋「巳」為「巳時」：

> 道之大明，待將盛之時以升中，於時為「巳」，日在禺中而將「午」。前明
> 方盛，天下乃仰望其光輝而深信之，六二當之，故三陽協合，以戴九五于
> 天位。[119]

「三陽協合」的「三陽」，指的是〈革〉卦三四五爻。又或亦主「巳」字，
但讀為「祭祀」字。高亨《周易古經今注》卷四：

> 巳疑借為祀。孚讀為浮，罰也。巳日乃孚，謂祀社之日乃行罰也。……行
> 罰之時，必祀社以告神，故曰巳日乃孚。[120]

同書卷三〈損〉卦初九「巳事遄往」：

> 《釋文》：「巳，虞作祀。」《集解》巳作祀。惠棟曰：「鄭《詩譜》云：孟
> 仲子，子思弟子，子思論《詩》：『於穆不已。』孟仲子曰：『於穆不祀。』
> 知已與祀通。」亨按此文字當作巳，巳借為祀。〈革〉云：「巳日乃孚。」
> 六二云：「巳日乃革之。」並以巳為祀。余疑《周易》初本祀皆作巳，今多
> 作祀者，後人增示旁耳。[121]

周振甫《周易譯注》：

> 巳：同祀。孚：信。
>
> 〈革〉卦：（原注：人們懷疑改革），到祭祀日才相信，大通順。[122]

由上述可見，讀為「巳」有兩派，一派讀地支而釋為巳時，另一派則讀為
祭祀字的省形。同樣地，他們的論證都欠缺古文字上的理據，主要是根據

---

117 《史記》，卷 25，頁 1246。

118 王應麟著，翁元圻等注，《困學紀聞》，卷 1，頁 95。

119 王夫之，《周易內傳》，卷 4 上，頁 1b-2a。

120 高亨，《周易古經今注（重訂本）》，卷 4，頁 302。

121 同前注，卷 3，頁 277。

122 周振甫，《周易譯注》（北京：中華書局，1991），頁 172。

他們對經文文本推測而作判斷。

（三）己日

《易》家又或將「已日」讀為「己日」，其中也可以區分為兩種意見。第一種認為「己日」為古代天干記日之法中的「己日」，同時也因「己」在經典中也可以讀為「改」，有更改、改變的意思。顧炎武《日知錄》「已日」條引南宋朱震讀為「戊己之己」，認為甲日至癸日之間，過「己日」（第六日）則為過中，有改革的意思：

〈革〉「已日乃孚」。六二「已日乃革之」。朱子發讀為「戊己」之「己」。天地之化，過中則變，日中則昃，月盈則食。故《易》之所貴者中，十干則「戊」「己」為中，至於「己」則過中而將變之時矣，故受之以「庚」。「庚」者，更也，天下之事當過中而將變之時，然後革，而人信之矣。古人有以「己」為變改之義者。《儀禮・少牢饋食禮》「日用丁己」，《註》：「內事用柔，日必丁己者，取其令名，自丁寧、自變改，皆為謹敬。」而《漢書・律曆志》亦謂「理紀於己，斂更於庚」是也。王弼謂「即日不孚，已日乃孚」。以「己」為「已事遄往」之「己」，恐未然。[123]

清儒吳夌雲《吳氏遺箸》卷一：

「己」讀若「改」，與「开」讀若「開」、「豈」讀若「愷」同例。從「攴」為「改」，又與「學」為「斅」，「启」為「啟」同意。《儀禮・少牢禮》：「日用丁己。」《注》：「必用丁己者，取其令自變改也。」是鄭（玄）以「己」為古「改」字矣。「己日」，即「改日」；「改日」，猶「革日」也。[124]

屈萬里《周易集釋初稿》引顧、吳之說：

按：吳說，顧亭林已先言。又按：己即戊己之己，因其音同改，有改變

---

123 〔清〕顧炎武著，〔清〕黃汝成集釋，欒保羣、呂宗力校點，《日知錄集釋（全校本）》（上海：上海古籍出版社，2006），卷1，頁28-29。

124 〔清〕吳夌雲：《吳氏遺箸》，《叢書集成續編》，第73冊（台北：新文豐出版公司影印光緒十五年〔1889〕廣雅書局刻本，1989），卷1，頁12a。

義，故曰己日乃孚也。[125]

顧炎武、吳汝綸之說，涉及筆者「一字多義」之說，下文有詳細分析。

另一種讀為「己日」則是用「納甲說」解釋。漢儒「納甲」的學說，是以八卦配十天干：乾、坤對應甲、乙和壬、癸，以震、巽對應庚、辛，以坎、離對應戊、己，以艮、兌對應丙、丁。〈革〉的內卦「離」為「己」，故虞翻說：

> 四動體離，五在坎中。[126]

尚秉和《周易尚氏學》引虞翻之說，云：

> 離為日，貞己，故曰「己日」。己日謂二，二，離主爻，承陽應五，故曰「己日乃孚」。……顧炎武《日知錄》謂朱子發讀為戊己之己，當從之。按虞氏注云：「離為日，孚謂坎。四動體離，故己日乃孚。」是虞氏亦以離為己日，讀為戊己之己明甚。[127]

惠棟《周易述》：

> 二體离，离象就己，為「己日」。孚謂五，三以言就五。（原注：……二體离為日，晦夕朔旦，坎象就戊；日中則离，离象就己。故為「己日」。）[128]

漢儒「納甲」之說，以八卦配十天干，《繫辭傳》「在天成象」，《周易集解》引虞翻：

> 謂日月在天成八卦，震象出庚，兌象見丁，乾象盈甲，巽象伏辛，艮象消丙，坤象喪乙，坎象流戊，離象就己，故「在天成象」也。[129]

清儒李道平亦主納甲之說，云：

> 二體離為日，離納己，故曰「己日」。[130]

---

125 屈萬里，《周易集釋初稿》，頁 298。

126 李鼎祚輯，《周易集解》，卷 10，頁 240。

127 尚秉和，《周易尚氏學》，收入尚秉和撰，張善文校理，《尚秉和易學全書》（北京：中華書局，2020），第 3 冊，卷 14，頁 219。

128 〔清〕惠棟，《周易述》，《文淵閣四庫全書》，第 52 冊，卷 7，頁 9b-10a。

129 李鼎祚輯，《周易集解》，卷 13，頁 312。

130 〔清〕李道平，《周易集解纂疏》（北京：中華書局，1994），卷 6，頁 436。

所謂「二體離」指的是〈革〉內卦「離」及三四五互「離」，皆納「己」。
以上可知，讀「己日」的亦有兩派：一派認為就是天干紀日的第六日「己
日」，另一派則用納甲說來解釋。

（四）己、已、巳的相混——傳本到譯本

「巳」、「已」、「己」三字在歷代版本之中相混，也是造成注釋系統錯
亂的原因之一。《說文解字》「巳」字：

> 已也。

段玉裁《注》引《史記・律書》及《漢書・律曆志》說：

> 辰巳之「巳」，既久用為已然、已止之「已」，故即以已然之「已」釋
> 之。……即用本字，不叚異字也。〈小雅・斯干〉《箋》云：「『似』讀為『巳
> 午』之巳』。『巳續妣祖』者，謂已成其宮廟也。」此可見漢人「巳午」與
> 「已然」無二音，其義則異而同也。[131]

古書無「已」字，假借「巳」字而為「已」，故漢代發生相混。[132]《說文解
字》「己」字段玉裁《注》又說：

> 此與巳止字絕不同。宋以前分別，自明以來，書籍閒大亂，如《論語》「莫
> 己知也」、「斯己而已矣」，唐石經不譌，宋儒乃不能了。[133]

而明代則「己」、「巳」亦相混，直至清代，經書的刻本二字仍然相混。除
了阮刻本《十三經注疏》外，阮元《經籍籑詁》卷三四下（四紙下）「巳」
字條引《釋名・釋天》：

> 巳，巳也，陽氣畢布巳也。[134]

---

131 許慎著，段玉裁注，《說文解字注》，14 篇下，頁 30b。

132 魏慈德：「先秦時『已』字尚未從『巳』字中分化出來……因此當時『巳』這個形體既可讀
　　『巳』聲，也可讀『已』聲。」參魏慈德，〈從出土文獻的通假現象看「改」字的聲符偏旁〉，
　　《文與哲》，第 14 期（2009 年 6 月），頁 12。

133 許慎著，段玉裁注，《說文解字注》，14 篇下，頁 21b。

134 阮元撰，《經籍籑詁》（北京：中華書局，1995），頁 964-965。

這裡的「巳」也讀為「已」。[135]（並參魏慈德，頁 13。）我們看北京大學出版社 2000 年出版李學勤主編《十三經注疏》整理本雖為鉛字排印，但〈革〉卦仍作「巳日乃孚」，[136]儘管王弼《注》讀為「已事遄往」之「已」。

漢字「己」、「已」、「巳」的相混，對以漢語為母語的華人學者而言已屬繁難，對歐美學者而言更是困擾。上述三種讀法，在英譯《周易》中都曾被歐美學者採用：

➤ Wilhelm/Baynes 讀為「己日」，自己的「己」："On your own day you are believed…… Six in the second place: When one's own day comes, one may create revolution." [137]

➤ John Lynn 讀為「已日」，已經的「已」："Only on the day when it comes to an end does one begin to enjoy trust."[138]

➤ Richard Rutt 則讀為「巳日」，祭祀的「巳」："On a sacrifice day, use the captives."[139]

（五）改日／改日

「已日」字形不同的爭議，近年因上海博物館刊布所藏《戰國楚竹書》而有新說。上博簡《周易》整理者濮茅左《楚竹書〈周易〉研究》隸定為「改日」，解釋作：

逐鬼禳祟之日。[140]

---

135 並參魏慈德，〈從出土文獻的通假現象看「改」字的聲符偏旁〉，頁 13。

136 李學勤主編，《周易正義》，《十三經注疏（整理本）》（北京：北京大學出版社，2000），卷 5，頁 237。

137 Richard Welhelm translation, rendered into English by Cary F. Baynes, *I Ching or Book of Changes* (Penguin Books, 1950), pp. 636, 638.

138 Richard John Lynn trans., *The Classic of Changes: A New Translation of the I Ching as Interpreted by Wang Bi* (New York: Columbia University Press, 1994), p. 445.

139 Richard Rutt, *The Book of Changes* (Surrey: Curzon Press Ltd. 1996), p. 272.

140 見濮茅左，《楚竹書〈周易〉研究：兼述先秦兩漢出土與傳世易學文獻資料》（上海：上海古籍出版社，2006），頁 164。陳仁仁亦採用濮茅左之說，又說：「從楚竹書本作『改』來看，

濮茅左隸定「」字為「改」，可能依據甲骨文至楚系簡帛文字字形僅有「改」而無「改」字。甲骨文作「𢼝」、[141]「𢼜」[142]等形。郭店楚簡〈緇衣〉

此處變革之義似非抽象地談，而是涉及具體的『逐鬼禳祟』之事或風俗。似表示需待『改』後方可革更之。」陳仁仁，《戰國楚竹書〈周易〉研究》（武漢：武漢大學出版社，2010），頁 270。夏含夷順從濮茅左之說，"Here and in the Six in the Second line, for yi 改, which Pu Maozuo says means 'to drive off ghosts and dispel curses,' R reads si 巳, 'the sixth of the earthly branches.' " 並譯此爻為"On an exorcism day when trust." See Edward L. Shaughnessy, *Unearthing the Changes: Recently Discovered Manuscripts of the Yi Jing (I Ching) and Related Texts* (New York: Columbia University Press, 2014), pp. 122-123.

141 前 5.10.6，合 39465，黃組。

142 前 5.17.6，合 39468，黃組。

作「改」。[143]侯馬盟書 308「而敢或䢼改」的「改」字作「攺」，與上博簡明顯不同。而丁四新也有近似的推斷，《楚竹書與漢帛書周易校注》說：

> 「改」，帛本殘，今本作「巳」。案：《說文》分別「改」、「攺」為二字，誤。其實為一字，字本從巳從攴，「改」乃俗訛字。[144]

丁四新斷定「攺」字為正，「改」字乃俗訛字，可能正是根據甲骨文至楚系簡帛僅有「攺」字而無「改」字。然而針對同一文本，李零有很不同的觀察，值得參考。上博簡〈井〉卦「改邑不改井」，李零說：

> 改，簡文從巳。濮說此字與「攺」形近字通，不妥。案許慎以為改字從攴己（原注：《說文》卷三下），李陽冰也說「己有過，攴之即改」，都是誤以此字從己。其實，早期已、巳無別，但與己明顯不同。改字並不從己，因此也無所謂形近字通。[145]

〈革〉卦「改日」下又說：

> 改，簡文寫法同簡 44，馬王堆本、今本作巳，濮注讀為劾改的攺，不妥。[146]

又說：

> 「巳日」讀「改日」。上博本作「改日」，下「巳日」同。馬王堆本、雙古堆本，這兩處皆殘缺。下九四有「改命」。「改日」「改命」皆與「革」字有關。案：改字從巳或已，不從己。巳、已、己現在寫法相似，但古文字，巳、已無別，而與己完全不同。[147]

李零讀為「改日」，即改革字，不同意濮茅左讀為殺改字的「攺日」，並強調「改」字不從「己」而從「巳」。李零無異說明了「改」、「攺」二字無所謂「形近字通」，「改」也不是「攺」的俗訛字，更不如丁四新所說「其

---

143 引自中央研究院楚系簡帛文字庫 http://xiaoxue.iis.sinica.edu.tw/chuwenzi。

144 丁四新，《楚竹書與漢帛書周易校注》（上海：上海古籍出版社，2011），頁 145。

145 李零，〈讀上博楚簡《周易》〉，《中國歷史文物》，2006 年第 4 期，頁 62。

146 同前注，頁 63。

147 李零，《死生有命，富貴在天：〈周易〉的自然哲學》（香港：香港中文大學出版社，2013），頁 213。

實為一字」。

　　魏慈德〈從出土文獻的通假現象看「改」字的聲符偏旁〉一文對於「攺」、「改」二字的聲符與字義發展的關係，有系統性的分析與說明，甚有價值。他臚列楚簡中的「改」字的文例，皆用為「改」（更改字），[148]讀音為「已」（餘紐之部），並直言：

> 認為楚簡中的「改」字非「改」是不可信的，因為目前所可見的楚簡中未見有寫作「從己從攴」的「改」，而且楚簡中可與文獻對讀的「改」字都作「改」。[149]

我們判讀傳本及出土簡本經典文字，應該考察它動態的變化，有時不能執著於字形筆劃的異同。從最普通的文獻閱讀經驗看，更改、改變的「改」字在經典中十分常見，像《詩・鄭風・緇衣》的「予又改為兮」、「予又改造兮」、「予又改作兮」的「改」、[150]《尚書・仲虺之誥》的「改過不吝」、[151]〈召誥〉的「改厥元子茲大國殷之命」、[152]《楚辭・離騷》「何不改此度」[153]等等，用的都是「改」字，「逐鬼禳祟」義的「攺」字絕少。在沒有充分證據時硬要捨「改」而取「攺」，沒有什麼道理。

　　《說文解字》區別「改」、「攺」為二字。「改」字為：

> 更也。从攴，己聲。[154]

「攺」字：

> 毅攺，大剛卯，以逐鬼魅也。从攴，巳聲，讀若巳。[155]

段玉裁注「改」字為「古亥切」，「攺」字為「余止切」，並說「一本作『古

148　魏慈德，〈從出土文獻的通假現象看「改」字的聲符偏旁〉，頁 2-5。

149　同前註，頁 5。

150　《毛傳》：「更，改也。」《毛詩注疏》，卷 4 之 2，頁 4b-6b。

151　《尚書注疏》，卷 8，頁 7b。

152　同前註，卷 15，頁 6b。

153　洪興祖撰，《楚辭補注》，卷 1，頁 7。

154　許慎著，段玉裁注，《說文解字注》，3 篇下，頁 35a。

155　同前註，3 篇下，頁 40a。

亥』，非」。[156]二字不同。朱駿聲《說文通訓定聲》「改」字說：

> 更也。从攴，巳聲，與从「巳」之殺改字別。《詩·緇衣》：「敝，予又改
> 為兮。」《傳》：「更也。」……〈士相見禮〉：「改居，則請退可也。」《注》：
> 「謂自變動也。」[157]

「改」字說：

> 與从「巳」聲之改革字別。按：「殺改」亦疊韻連語，以正月卯日作，故曰
> 「剛卯」。或以玉，或以金，佩之辟邪，其度大者長三寸，廣一寸，小者長
> 一寸，廣五分，皆四方，于中央從穿作孔，采絲繫之，文曰：「正月剛卯既
> 央，靈殳四方，赤青白黃，四色是當。帝令祝融，以教夔龍，庶疫剛癉，
> 莫我敢當。」[158]

朱駿聲論「改」字強調「與从『巳』聲之改革字別」（這裡朱氏的「巳」實是
「已」），論「改」則強調「與从『巳』之殺改字別」，顯然是提醒學者切勿
混淆此二字。魏慈德也指出：「攺日」的「攺」讀為「已」，「攺日」就是
「已日」，並指出清代《說文》四大家中，朱駿聲是唯一指出「改」字从
「已」聲的。他認為，先秦時期寫作「改」的「改」字，與寫作「已」的
「已」字相通，因二字同屬「餘紐之部」。他同時列舉出土文獻指出先秦至
漢代有多個用讀音「已」的「苢」字代替「改」字的例子。[159]至漢代則聲
紐漸由「餘」變為「見」，遂令偏旁亦从「巳」變為从「己」。魏的分析，
雖然沒有討論《周易》文本的義理系統，但無異支持了「已日」之說，只
是認為其字形即作「攺」（上博簡即寫作「攺」）而讀為「改」。

朱駿聲著有《六十四卦經解》，說雖本漢儒，但他讀〈革〉卦卦辭，
卻對上述幾種讀法一概反駁，單採曆法之義，釋讀為「己日」：

> 甲子至癸亥名目，古以紀旬，不以紀年。旬法六十日一週，一歲六週，故

---

156 同前注。關於《說文》不同版本之間的問題，魏慈德的文章亦有討論。詳〈從出土文獻的通
　　假現象看「改」字的聲符偏旁〉第二節「關於『改』字的構形」，頁8-10。

157 朱駿聲，《說文通訓定聲》，頤部弟五，頁28a-b。

158 同前注，頁24a。

159 魏慈德，〈從出土文獻的通假現象看「改」字的聲符偏旁〉，頁7-8。

今年甲子日子正初刻初分冬至，則明年必己巳日卯初三刻奇冬至也。計閏
三百七十一年，而又為甲子日子正初刻初分冬至，但不在朔日耳。然則
「己日」為太陽一歲週而復始之日，舉一年以概三百六十年也。天運有
常，不愆于期，故孚。所謂「革而信之」也，所謂「天地革而四時成」也，
所謂「行有嘉」也，所謂「革去故」也。故《象傳》統一卦之象而揭之曰
「君子以治曆明時」。[160]

朱駿聲根據《彖傳》「天地革而四時成」和《象傳》「君子以治曆明時」，
認定〈革〉卦與天文曆法有關，認為古代用甲子紀日，而每年 365¼ 日，故
今年甲子日在子正初刻初分冬至，經 365 日即為己巳日，再過¼日即由子
正初刻至卯初三刻。因此「己日」就是太陽一歲週而復始之日，舉一年（回
歸年）即可概括其餘。至於「己」、「巳」、「已」的讀音，朱駿聲說：

辰巳之巳，與已止之已，字畫音聲，本皆無異，皆羊里反。以陽氣至，巳
而盡出，至午則陰生，故轉訓為「既」為「止」。……按《說文》「己」，
居擬切，「象萬物辟藏詘形也。己承戊，象人腹」。「巳為蛇，象形」，詳里
切；「四月，陽氣已出，陰氣已藏，萬物見，成文章」，故象蛇形也。
「已」，羊止切，「用也，從反巳，賈侍中說『已意已實也』，象形」。三字
音聲略同，字畫迥殊，意義亦別。況文豈言「巳時乃孚」耶？又「己日，
天命已至之日」。……然已至之日，安得但云「己日」。[161]

朱氏強調「己」、「巳」、「已」三字音聲略同，但字畫、字義均不相同，「已
日」、「巳日」均窒礙難通，而「己日」則怡然理順。

綜上所論，〈革〉卦的「己日」，漢儒皆誤讀為「已日」，實即沿「改」
字從「巳」為聲，即用「已經」、「已然」的意義理解，顯屬謬誤。筆者對
此字贊成「己日」，但不採朱駿聲「己日」的解釋，而採用顧炎武之說，
原因如下。

顧炎武《日知錄》以十天干之「己日」解說，認為「己日」為第六日，

---

160 朱駿聲，《六十四卦經解》（北京：中華書局，1958），頁 212。
161 同前註，頁 212-213。

在十日之中已過半,「過中則改」,故有「改日」之義。這與殷商紀旬之法,[162]以及《周易》沿襲而稱「甲日」、「庚日」的辭例均相符合。此外,〈革〉卦全卦均申論「改革」之義,「己日」的「過中則改」與「改日」也合符卦義的系統。顧氏指出「己日」之「己」,既讀為十天干「戊己」字,亦有《儀禮・少牢禮》及《漢書・律曆志》,「丁己」字,「己」都有「改」的讀法。這和〈蠱〉卦卦辭「先甲三日,後甲三日」、〈巽〉卦九五爻辭「先庚三日,後庚三日」以「辛」喻「新」、以「丁」喻「叮」、以「癸」喻「揆」等,其例均同。[163]提醒我們,在《周易》〈革〉卦中,此字實兼有二義──《周易》哲理本於陰陽消長、反復其道,「己日」為第六日,過中則改,故同時也含有「改」革的含義。這正是本文「一字多義」的又一例證。對於《周易》〈革〉卦的分析,筆者參酌了古文字及諧聲的方法,至於討論卦爻辭義理,則回歸卦義系統切入。筆者的進路,與歷代文字音韻學家專注於

---

162 殷商有紀日之法、紀旬之法、紀月之法。其中紀旬之法,以十日為「一旬」,《尚書・堯典》所謂「朞三百有六旬有六日」(「朞」即「期」,〈堯典〉稱 366 日,傳統解釋均以為是太陽曆 365¼日的概括數字,沈括《夢溪筆談》卷七「循黃道日之所行一朞,當者止二十八宿星而已」〔胡道靜著,虞信棠、金良年編,《夢溪筆談校證》(上海:上海人民出版社,2016),頁 242〕,所謂黃道日所行一朞,亦指 365¼ 日而言。不過經典對於「朞」的說法頗有歧異。朱熹《周易本義》也說:「期,周一歲也,凡三百六十五日四分日之一。此特舉成數而概言之耳。」但《繫辭傳》:「乾之策,二百一十有六;坤之策,百四十有四,凡三百有六十,當期之日。」〔《周易注疏》,卷 7,頁 22a-b〕是以 360 日為「朞」,與《尚書・堯典》不同),而《左傳》宣公十一年亦有「事三旬而成」(《春秋左傳注疏》,卷 22,頁 16a-b),《周禮・地官・質人》有「凡治質劑者,國中一旬,郊二旬,野三旬,都三月,邦國朞。期內聽,期外不聽」(《周禮注疏》,卷 15,頁 1b-2a),《孟子・梁惠王下》亦有「五旬而舉之」(《孟子注疏》,卷 2 下,頁 5b)。宜乎董作賓解釋說:「在一月之內,十日一紀,是很便當的;在一月之外,似乎應該紀月了,何以還記『三旬』、『五旬』、『六旬』呢?這是因為月有小大,不如紀旬的日數準確。即如《周禮》所載,質人所掌之事,為交易契約的『時效』。時效是法定的日數,所以以一旬,二旬,三旬,三月,朞來定準確的時間。」參董作賓,〈卜辭中所見之殷曆〉,原載《安陽發掘報告》,第 3 期(1931 年 6 月),收入《董作賓先生全集甲編》(台北:藝文印書館,1977),頁 153-154。

163 拙著〈釋「天」〉及本書中編〈陸、論《易傳》對《易經》哲理的詮釋〉,均曾引自漢至宋歷代《易》家的注解,以及王引之《經義述聞》的深入考釋,有詳細說明,請讀者自行參閱。

小學形音義分析的進路未必完全一致，請讀者並觀之。

六 結語

「校讎」是一門古老的學問。文獻是文化與文明的載體，嚴謹的校讎，保證了文化文明藉由文獻獲得完整而準確的承載與傳播。《周易》文本傳抄已歷三千年，當中有各類問題，不但影響文義，也關乎藝術性。如〈未濟〉九四爻辭：

貞吉，悔亡。震用伐鬼方，三年有賞于大國。

「大國」當作「大邦」，疑因避漢高祖劉邦名諱而易為「國」字。《周易集解》引虞翻本即作「邦」，可證。「邦」字與前句「亡」、「方」叶韻，[164]因此釐清此一字，即可得卦爻辭音節之美。這就關係到經典的藝術性問題。

本文特別闡明的「一字多義」，則關係到寫本文獻傳抄時的限制，實質影響到閱讀理解的重大問題。經典異文甚多，而歷代的抄寫者在抄寫經

---

164 「大國」當作「大邦」，由黃沛榮師先發其覆（見〈周易卦爻辭釋例〉，頁 156）。現今流通的各種《周易》版本，此爻爻辭皆作「大國」，唯《周易集解》虞翻本作「大邦」。但《周易集解》不同版本也有不同情形。臺灣商務印書館 1968 年的本子（末有乾隆丙子德州盧見曾序）此爻作「大邦」（卷 12，頁 309），而北京中華書局 2016 年王豐先點校本，採聚樂堂朱本為底本，以《秘冊匯函》胡本、汲古閣毛本、雅雨堂盧本、文淵閣《四庫》本及枕經樓周本為校本，再參以明清校勘家的意見（〔唐〕李鼎祚撰，王豐先點校，《周易集解》〔北京：中華書局，2016〕，點校前言，頁 14），此爻卻作「大國」（卷 12，頁 387）。雄按：檢〈未濟〉九四虞翻《注》云：「變之『震』，體〈師〉，『坤』為鬼方，故『震用伐鬼方』，『坤』為年，為大邦；陽稱賞。四在『坤』中，體〈既濟〉『離』三，故三年有賞于大邦。」（《周易集解》，卷 12，頁 309）雄按：「變之震」，謂九四變為六四（陽變陰），則二三四互「震」；三四五互「坤」（四爻，「坤」之中爻，故謂「四在坤中」），與內卦「坎」合為〈師〉卦，故謂「體師」。互體有「坤」象，引喻「鬼方」、「年」、「大邦」。〈未濟〉九四，覆而成〈既濟〉九三，故謂「體〈既濟〉『離』三」。如此，即為爻辭「三年有賞于大邦」作出迂迴的解釋。然而王豐先點校本九四爻辭作「三年有賞于大國」，虞翻《注》末句作「故三年有賞于大國。」既然虞翻指出「坤為年，為大邦」，末句應作「大邦」，意義始符合。懷疑後人傳抄，仍沿襲西漢避諱，誤以為「坤為年，為大邦」喻指「大國」，未審文義，遂致誤。

文時，受限於文本物質的限制，當不可能同時寫下反映數種意義的文字的各種形體。《周易》亦不例外，如「井」之與「汬」，「坎」之與「欿」均是。字形雖含歧義，但畢竟任何抄本都只能選擇其中一種寫法，以寄託抄寫者自身解讀的意義。故對後世學者而言，抄不同的版本，讀到不同的字體，不同的寫法，應該要注意到，這些分歧不但反映了抄寫者對於該經典的某種特殊理解及詮釋，同時也注定讓讀者失去其他未被選擇而呈現出來的字形及其寄託的意義。所可惜的是，傳統校讎學方家，在不同版本之間做出是非判斷，如老吏斷獄，不容含糊於其間，是其所擅長，也就導致他們無法考慮到《周易》經文中「一字多義」的現象，更不會思考到文獻學、訓詁學上「異文」的背後，在訓詁學、詮釋學和哲學上的意義。研究者倘未能以寬廣的心情，看待同一個字可以兼有兩種或以上的意義，又如何能想像到，一個小小的「異文」，已足以衍生出好多種不同的說解，可以引起千百年的誤會和跨世代的辯論呢？

如果治校讎學者不能察覺漢語「一字多義」的本質，對於異文的現象輕輕放過，最終結果，可能導致文化文明傳承的失真。這真是關乎文化命脈存續的大問題。漢字是結合形、音、義三者為一的語言，而三個元素可以有不同的組合，有時字形相同，用不同的讀音來表達不同意義；有時讀音一樣，字形、字義卻都不同；有時音義一樣，卻又有不同的字形結構。更有很多例子是，一字本身即含有兩個以上的意義。

生當後代的研究者，應該高度警覺漢字「一字多義」的現象，追源漢語本身形、音、義合一的特性，將不同版本寫作不同形體的異體字放在一起，從「形」、「音」、「義」三方面參互比較，比合而觀，不宜一概用單純的方法視某字為本義，其餘諸體則為假借。更重要的是，凡涉及經典詮釋，必須細心揣摩、品嚐文本，切忌囫圇吞棗，急急判斷是非對錯，造成文獻的訛誤，也引致讀者的誤解。

叁、試從詮釋觀點論易、陰、陽、乾、坤字義[*]

一 前言

　　本章宗旨在於聚焦《周易》的幾個重要關鍵字——易、陰、陽、乾、坤——而探討其意義。首論「易」字。「易一名而有三義」即簡易、變易、不易，實為《易》理三大法則。次論「陰」、「陽」，其文字創造為後起，必先有此兩個抽象觀念，才能造為陰爻和陽爻兩個符號，之後才能衍生為文字，再發展為八卦與六十四卦。陰陽哲學，原屬自然哲學而推究至於倫理政治，是為《易》理的根本。最後討論「乾」、「坤」，因二卦為純陽、純陰之卦，六十四卦之門戶，故亦與陽光有關。以上五個字的字義，有原始，亦有變遷；有本義，亦有引申義，字義糾纏，均與日光照射、陰雨雷電等等自然現象有關。它們都本於以日照為中心的自然哲學，推闡出豐富的意義世界。

　　有文字、原理而有哲理。殷《歸藏》另一名為《坤乾》，立〈坤〉為首卦，而六十四卦並具。[1]《歸藏》立〈坤〉為首，可見在殷商之世，

---

* 本文原題〈試論易陰陽乾坤字義〉，於福建師範大學「第三屆中國經學國際學術研討會」（2009 年 11 月 7-8 日）宣讀，後易為今題。另收入鄭吉雄、佐藤鍊太郎合編，《臺日學者論經典詮釋中的語文分析》，頁 1-34。本文為最新修訂本。

1　《禮記‧禮運》：「我欲觀殷道，是故之宋而不足徵也，吾得《坤乾》焉。」鄭《注》：「得殷陰陽之書也，其書存者有《歸藏》。」《禮記注疏》，卷 21，頁 8a。研究論文甚多，《新出簡帛研究》一書收錄包括邢文、柯鶴立（Constance A. Cook）等多篇論文。艾蘭、邢文編，《新出簡帛研究：新出簡帛國際學術研討會論文集》（北京：文物出版社，2004）。說詳本書

「乾」、「坤」意義已確立。《周易》由「經」發展至「傳」,「傳」的作者擷取「經」中某一、二字,創造為新觀念,如「乾,元亨利貞」、「坤,元亨」,「元」字原屬二卦卦辭的首字,《彖傳》作者則取之與卦名「乾」字和「坤」字結合,成為「乾元」、「坤元」兩個新觀念,而利用「大哉乾元」、「至哉坤元」,鋪陳出一套弘大的哲學思想。或如〈坤〉《彖傳》以「含弘光大」四字演繹卦辭「元」字,以「品物咸亨」四字演繹「亨」字,都屬此例。由此可知,追尋這五個字的意義變化系統,不但可揭露更多《周易》源出自然哲學的本質,也有助於了解由「經」到「傳」的意義衍生過程。

■二 「易」字義探源

近世治《易》的學者,於「易」字字義的說解,頗多爭議,章太炎甚至認為「易」名義不可解,而僅能就後世諸多訓釋中歸納出「易簡」、「變易」二義。[2]這只是從專業的訓詁學角度考釋,並未從哲學角度考慮。錢鍾書《管錐編》則參照漢語以外的印歐語系,說明「易」兼有相反意義的合

下編〈叁、《歸藏》平議〉。

2 章太炎說:「《易》何以稱《易》,與夫《連山》、《歸藏》,何以稱《連山》、《歸藏》,此頗費解。鄭玄注《周禮》曰:『《連山》似山出內氣變也;《歸藏》者,萬物莫不歸而藏於中也。』皆無可奈何而強為之辭。蓋此二名本不可解。『周易』二字,『周』為代名,不必深論;易之名,《連山》、《歸藏》、《周易》之所共。《周禮》『太卜掌三《易》之法』,《連山》、《歸藏》均稱為《易》。然易之義不可解。鄭玄謂易有三義:易簡,一也;變易,二也;不易,三也。『易簡』之說,頗近牽強,然古人說易,多以易簡為言。《左傳》南蒯將叛,以《周易》占之,子服惠伯曰:『《易》不可以占險。』則『易』有平易之意,且直讀為易(原注:去聲)矣。易者『變動不居,周流六虛,不可為典要,唯變所適』,則變易之義,最為易之確詁。惟不易之義,恐為附會,既曰易,如何又謂之不易哉?又《繫辭》云:『生生之謂易。』此義在變易、易簡之外,然與字意不甚相關。故今日說《易》,但取變易、易簡二義,至當時究何所取義而稱之曰《易》,則不可知矣。」章太炎,〈經學略說(上)〉,收入《章太炎演講集(下)》,《章太炎全集》,第2輯,頁886-887。

理性，更從「乾」字推論到孔穎達《周易正義》「實象」、「假象」的區別，「殊適談藝之用」，對一名三義之說十分賞歎。[3]錢氏將經義推及於藝術鑑賞，比起板起臉討論字詞訓詁的考據學家，更為有趣。

就《易》學界提出的說解而言，「易」字之義有三說。第一種本於《說文解字》，同時從象形、會意釋「易」字，將「蜥易」、「守宮」之形以及「日月為易」之意並列，又進一步引《緯書》證明「日月合文」之說：

> 易，蜥易，蝘蜓，守宮也。象形。祕書說曰：「日月為易。」象会易也。一曰从勿。凡易之屬皆从易。[4]

據段玉裁《注》，「祕書」指的是「緯書」。[5]《說文解字》對於字義的說解，由於許慎在該書〈序〉中立論從造字本源講起，因此當世治古文字的學者，多認為許慎以篆體結型為說，為不合理，而忽略了《說文解字》所論字義，都本於《五經》的經義為說。即以「易」字為例，守宮象形顯然都不符事實；但「日月為易」四字，顯然並不是講字形結構，而是以「日」之為「太陽」、「月」之為「太陰」結合起來考察，由此而引申出「象会易也」一句，顯然是將「易」字置回《周易》文本義理體系中獲得的推論。這就十分穩妥。《周易參同契》：

> 日月為易，剛柔相當。[6]

這裡說「日月為易，剛柔相當」，用意和許慎相同，講的都不是文字結構，而是結合《周易》陰陽哲理以闡發意義。

第二種說法，是參考《禮記‧祭義》「易抱龜南面」及《國語‧楚語》「在男曰覡，在女曰巫」之說，認為「易」為官名，在字源則為「覡」字

3　錢鍾書，《管錐編》，《周易正義》第一條「論易之三名」，頁 1-8。第二條論「乾」字的實象、假象，參頁 11-15。

4　許慎著，段玉裁注，《說文解字注》，9 篇下，頁 44b-45a。

5　段玉裁《注》：「祕書，謂緯書。目部亦云：『祕書，瞋从戌。』按：《參同契》曰：『日月為易，剛柔相當。』陸氏德明引虞翻注《參同契》云：『字从日下月。』同前注，頁 44b。

6　《周易參同契》，《無求備齋易經集成》（第 155 冊影印明萬曆間刊百陵學山本），卷上，頁 1b。

的假借，再引申則為筮書的名稱。《禮記‧祭義》說：

> 昔者聖人建陰陽天地之情，立以為《易》。易抱龜南面，天子卷冕北面，雖
> 有明知之心，必進斷其志焉，示不敢專，以尊天也。

前一個「易」字指的是《周易》，後一個「易」字則是官名。鄭玄《注》：

> 「立以為《易》」，謂作《易》；「易抱龜」，易，官名。[7]

又《周禮‧春官‧簪人》：

> 掌三《易》以辨九簪之名：一曰《連山》、二曰《歸藏》、三曰《周易》。
> 九簪之名，一曰巫更、二曰巫咸、三曰巫式、四曰巫目、五曰巫易、六曰
> 巫比、七曰巫祠、八曰巫參、九曰巫環，以辨吉凶。[8]

「掌三《易》」的「《易》」是書名；「簪」是官職名稱。所以「簪人」就是
掌《易》之官，而從事占卜之事，且「九簪」以「巫」為名，則綜合而又
有「覡」之名。《國語‧楚語下》：

> 在男曰覡，在女曰巫。[9]

然則「巫」、「覡」是同一類人，只因性別而有異稱。後世學者常以此與朱
熹所說「《易》本為卜筮而作」[10]的說法比合而觀，而認定古今學者考察
《易》，無論從書籍名稱或官職名稱看，都是卜巫之流。他們沒有注意到，
朱熹「《易》本為卜筮而作」一語不能從字面理解。如果他們注意到《周
易本義》和《朱子語類》的說明，應當知道朱子觀念中的「卜筮」和義理
是相結合的複合體，不是近現代人所認為的單純的卜筮紀錄。無論如何，
近現代學者認定「易」之義為卜筮，參酌了《周禮》「大卜」和朱熹之說，
最後引出他們想說的「占筮」的意義。這也是前有所承，承繼的正是喜歡
實證的清儒。吳汝綸《易說》云：

> 《周易》之名，說者以交易、不易、變易釋之，皆未審也。《戴記‧祭義》
> 篇云：「昔者聖人建陰陽天地之情，立以為易。易抱龜南面，天子卷冕北

7　《禮記注疏》，卷48，頁15a。

8　《周禮注疏》，卷24，頁23a-b。

9　上海師範大學古籍整理組校點，《國語》，卷18，頁559。

10　〔宋〕黎靖德編，王星賢點校，《朱子語類》，卷66「易二」，頁1620。

面。」是易者占卜之名，因以名其官。《周禮》：「太卜，主三兆、三易、三夢之占。」易與兆、夢同類，其不以交易、變易為義，決也。鄭君《周禮》注云：「易者，揲著變易之數可占者也。」蓋亦釋易為占。《史記‧大宛傳》云：「天子發書易云：神馬當從西北來。」武帝〈輪臺詔〉云：「易之，卦得大過。」「發書易」者，猶云發書卜也。「易之」者，卜之也。易為占卜之名，故占卜之書謂之《易》。至《參同契》謂「日月為易」，皆曲說也。[11]

為了表示和喜談抽象之「理」的宋明理學有所區別，清儒特喜將經書的意義指向實物解釋。吳汝綸一口氣把三個傳統意義都否定了，單獨標舉「占卜」一義，謂「占卜之書謂之《易》」，看來並不是一個好的主意——這顯然低估了經典意義的多義性與流動性，而且從多方面看也自相矛盾，欠缺考慮。第一、《戴記‧祭義》明明講的是職官——易抱龜南面，既不是他所說的「占卜之名」，也不是他所說的「占卜之書」。第二、他認為「易與兆、夢同類」，所以「不以交易、變易為義」，但釋為「占卜之書」也很明顯不「與兆、夢同類」。第三、他引《周禮》鄭玄《注》指「易」是「變易之數」，同樣是既非職官，亦非文獻（接下來引《史記》與〈輪臺詔〉都是漢人記載）。第四、他說「易之者，卜之也」，即下結論說「易為占卜之名」，這句話和上文所引〈祭義〉、《周禮》、鄭玄《周禮注》等等又都扞格牴觸了。他下一斷語「故占卜之書謂之易」，究竟「易」原本是「抱龜南面」的職官，抑或作為一種專業工作的「卜」，抑或作為一部文獻的名稱呢？他在前文直指以變易之義釋「易」為「未審」，而後文既引述《周禮》鄭《注》，「易」是「揲著變易之數可占者」，那麼「易」不但是「數」（與職官和文獻都沒有關係），而且是「變易之數」，明明和「變易」有關了，這樣一來，前文已否定「易」有「變易之義」要如何自圓其說呢？其實從清儒治學取態的角度看，吳汝綸受考證學浪潮影響，對於經典名物喜用實證方

11　〔清〕吳汝綸，《易說》，收入吳汝綸撰，施培毅、徐壽凱校點，《吳汝綸全集》（合肥：黃山書社，2002），第2冊，卷1，頁3。

法考釋，是可以理解的，但實證過了頭，至於缺乏抽象思考，甚至忽略了推理邏輯，就容易出問題了。其後尚秉和沿此一方向，引「吳先生說」認為「易」是「占卜之名，因以名其官」。[12]而高亨亦承此一思考理路，以官名解釋「易」字，說：

> 其用作書名，當為借義。余疑易初為官名，轉為書名。

他認為「易」本象蜥蜴之形，假借為官名，又依官職所司掌，而轉為筮書通名，復引《說文解字》「覡」的說解：

> 覡，能齊肅事神明者。在男曰覡，在女曰巫。[13]

再引《荀子・正論》「出戶而巫覡有事」楊倞《注》：

> 女曰巫，男曰覡。有事，祓除不祥。[14]

高亨接著解釋說：

> 卜筮原為巫術，遠古之世，實由巫覡掌之。《周禮》卜筮之官有大卜、卜師、占人、筮人等，非初制也。巫覡掌筮，尤可論定。……巫掌筮，故筮字從巫，其證一也。……巫掌筮，故九筮之名皆冠筮字，其證二也。《世本・作》篇曰：「巫咸作筮」，《呂氏春秋・勿躬》篇文同。作筮者巫，則掌筮者其始必亦巫，其證三也。覡與巫同義，易與覡同音。筮官為巫，而《禮記》稱易，則易蓋即覡之借字矣。筮官之易既為覡之借字，則筮書之《易》亦即覡之借字矣。朱駿聲曰：「三易之易讀若覡」。說雖無徵，確有見也。《周易・繫辭上》曰：「生生之謂易。」以變易之義釋筮書之名，恐不可從。鄭玄《易贊》及《易論》云：「易一名而含三義：易簡一也，變易二也，不易三也」。更屬駢枝之說矣。[15]

細推上述分析，「覡」字字義僅限於「男巫」，並未見有「掌《易》」職掌

---

12 尚秉和《周易尚氏學》：「吳先生曰：易者占卜之名。〈祭義〉：『易抱龜南面，天子卷冕北面。是易者占卜之名，因以名其官。』……簡易、不易、變易，皆易之用，非易字本詁。本詁固占卜也。」（頁19）

13 許慎著，段玉裁注，《說文解字注》，5篇上，頁26b-27a。

14 王先謙撰，《荀子集解》，卷12，頁334。

15 高亨，〈周易瑣語・周易釋名〉，《周易古經通說》，《周易古經今注（重訂本）》，頁5-6。

的記載;「巫」與「易」是否有關係,文獻上亦無確據。唯「筮官之易為覡之借字」一項,高亨提出朱駿聲《說文通訓定聲》之說以為據,定「易」為「覡」之假借,遽睹似可相信。然而上古文字音韻相近同的例子太多,「易」、「覡」古音近同,實為孤證,原就難以獨力支持「易」必為「覡」的結論,更何況高亨所引朱駿聲的原文,尚有重要部分被省略掉了。《說文通訓定聲》解部弟十一「易」字云:

> 駿謂:「三易」之「易」讀若「覡」,《周易》之「易」讀若「陽」。夏后首「艮」,故曰《連山》;商人首「坤」,故曰《歸藏》;周人首「乾」,故曰《周易》。「周」者,「匊」之借字;「易」者,「易」之誤字也。[16]

朱駿聲將「三易」與「周易」截然區別,分別而觀,認為「三易」為「太卜」所掌,故為「覡」之「別義」;[17]《周易》之「易」,則為「『易』之誤字」。此足可說明高亨引朱駿聲原文,截斷後文(尤其「《周易》之『易』讀若『陽』」一語),讀者遂不知不覺中將《周易》之「易」直接對應「覡」字,反而跳過了朱駿聲讀《周易》之「易」為「易」字的重要論證。這一做法,故意隱瞞原典內容,以證成己說,實在不甚高明。然則高亨所列諸證,歸結最後,實只有一個論據,就是認定《易》其實源出於巫術,所謂「卜筮原為巫術,遠古之世,實由巫覡掌之」,這才是高氏開宗明義的宣言。然而以今天回顧,此一說法,並無文獻或考古之確據,恐怕係二十世紀初學者對於上古社會常識性的臆測而已。

上引朱駿聲認為《周易》之「易」為「易」字之誤的論點,才是筆者想申論的關鍵。按:《說文通訓定聲》壯部弟十八「易」字云:

> 開也,從日、一、勿,一曰飛揚,一曰長也,一曰彊者眾皃。按:此即古「暘」,為會易字。會者,見雲不見日也;易者,雲開而見日也。從日,「一」者,雲也,蔽翳之象;「勿」者,旗也,展開之象。會意兼指事。或

---

16 朱駿聲,《說文通訓定聲》,解部弟十一,頁44b。朱駿聲也討論到《說文解字》「蜥蜴」與「日月為易」兩義,認為前者為本義,後者特加按語,稱「此說專以解羲經」(頁44a-b)。

17 雄按:此段文字置於該書「別義」而非「假借」之下,說明不屬於假借之例。

曰「从旦」，亦通。經傳皆以山南水北之「陽」為之。[18]

朱駿聲確定《周易》之「易」字，本為指「雲開見日」的「易」字，其意極為明確。關於「『一』者，雲也，蔽翳之象；『勿』者，旗也，展開之象」云云，其說是否合乎「易」字的形義，讀者可參看本文第三節所引「易」字形體，即可判斷。

第三種是參酌「易」一名而有三義之說，而截取「易」本變易之義，而推論古文字「易」為交易、貿易之形，用以證明其說。原本學者將「易」字的意義，釋為「變易」或「簡易」，說既本於《緯書》及鄭玄，歷來學界殆無異議。《周禮・春官・大卜》：「掌三《易》之灋，一曰《連山》，二曰《歸藏》，三曰《周易》。」賈公彥《疏》說：

> 《連山》、《歸藏》皆不言地號，以義名《易》；則周非地號，以《周易》以純乾為首，乾為天，天能周帀於四時，故名《易》為周也。[19]

賈《疏》似是配合「易」字字義而釋「周」為「周帀」。又《周易乾鑿度》：

> 孔子曰：「易者，易也，變易也，不易也。」[20]

孔穎達〈周易正義序〉：

> 夫易者，變化之總名，改換之殊稱。……謂之為易，取變化之義。[21]

「易」「取變化之義」可以說是治《易》者的另一種解讀。貿易、變易的說解，不純粹是一種古文字的解釋，而是與陰陽哲理的交替互動有關。直至近現代古文字學家才提出「易」與「益」字字形具密切關係的論點，認「易」本義為「變易」，用例上則多用為「錫」，義為「賜給」。如季旭昇《說文新證》列舉「易」字甲金文諸形，分析其本義說：

> 本義：變易、賜給。假借為平易、容易、暘。釋形：甲骨文從兩手捧兩酒器傾注承受，會「變易」、「賜給」之義。或省兩手、或再省一器，最後則

18　朱駿聲，《說文通訓定聲》，壯部弟十八，頁 1a。

19　《周禮注疏》，卷 24，頁 11b-12a。

20　〔漢〕鄭玄注，《周易乾鑿度》，《無求備齋易經集成》〔第 157 冊影印清乾隆二十一年（1756）雅雨堂刊本〕，卷上，頁 1a。

21　《周易注疏》，易序，頁 3b。

截取酒器之一部分及酒形，而作「⺈」形（原注：參郭沫若〈由周初四德器的考釋談到殷代已在進行文字的簡化〉、徐中舒《甲骨文字典》，頁1063）。**師酉簋**字形漸漸訛變，與蜥蜴有點類似，《說文》遂誤釋為蜥蜴。中山王譽鼎作二「易」相對反，強調上下變易之義（原注：四訂《金文編》1595號謂「義為悖」，學者多主張當釋「易」）。秦文字「易」、「易」有相混的現象。[22]

何琳儀《戰國古文字典》：

> 甲骨文作「𥁃」從二益，會傾一皿之水注入另一皿中之意，引申為變易。益亦聲。易、益均屬支部，易為益之準聲首。西周早期金文作「易」，省左益旁，甲骨文或作「⺈」，截取右益之右半部分。金文或作「易」於器皿鏊手之內箸一飾點。……戰國文字承襲兩周金文之省文，多有變化。或從二易，似與甲骨文初文有關。或作「𣅀」，則與易字相混。[23]

無論是「兩手捧兩酒器傾注承受」抑或「傾一皿之水注入另一皿中」，固然有交易、轉易的意義。但再引申到講「易」字，似乎仍十分勉強。季旭昇以「變易、賜給」來解釋「易」字本義。但「變易」與「賜給」明明為兩種不同的意義，相去甚遠，何以能聯繫而為一字之本義呢？又如何能解釋其與《周易》的原理？這些勉強彌縫的解釋，恐怕都難以厭足學者之心。〈德鼎〉作𥁃之形，即「益」字，用為「錫」字，是古文字學家以「易」之⺈形為「益」之省的主要依據之一。然而也有學者不同意此一看法。鄧佩玲〈《詩·周頌·維天之命》「假以溢我」與金文新證〉一文，[24]論證「益」乃「溢」之初文，又從西周早期「德」鑄諸器，如〈德鼎〉、〈德簋〉等說明「益」或可讀為金文習見之「易」，通今之「賜」字。而「益」與「易」

---

22 季旭昇，《說文新證》（台北：藝文印書館，2004），卷9下，下冊，頁94。

23 何琳儀，《戰國古文字典：戰國文字聲系》，支部，頁759。本文承張光裕教授來信賜示，提醒何琳儀教授「『易』與易字相混」之說，應係引自睡虎地82「相易」字例，無非指出秦文字之地域特點，應屬特例。如欲用為印證，似宜多搜尋實例以作說明，否則書為「易」之「易」字，與義指為「易」之「易」並不一定相涉。謹轉引張教授之說，俾供讀者參考，並致謝忱。

24 鄧佩玲，〈《詩·周頌·維天之命》「假以溢我」與金文新證〉，收入李雄溪、林慶彰主編，《嶺南大學經學國際學術研討會論文集》（台北：萬卷樓圖書公司，2014），頁321-323。

在字形上相關，在用法上相通，卻不代表這兩個字相互間完全相等。張光裕說：

> 金文的沙（易），是否就是益字的省形，卻還是值懷疑的。因為甲骨文中、二字顯然有著不同的用法。……易字的三小點都是朝下，其方向也與益字小點寫法是相反的。因此我們暫時只能相信「益」、「易」的通假只是古音同部的關係而已。[25]

郭沫若說：

> 易（沙）字作益（益），可以看出易字是益字的簡化。但易字在殷墟卜辭及殷彝銘中已通用，其結構甚奇簡，當為象意字，迄不知所象何意。[26]

郭沫若已注意到「易」字結構奇簡，「當為象意字」；嚴一萍〈釋沙〉更直接指出「易」與日光照射的形象：

> 德鼎之用「益」為「錫」，當是音同相借，為偶發現象。決非字形演變之簡化。故其他銘文所見，益自益，沙自沙，而益皆从▲未有絲毫混同之跡象可尋。且金文之沙，更有作者，明其右半从日，正象雲開而見日出；左半之彡，象陽光之下射也。[27]

根據嚴一萍的看法，「易」字右半从日，左半「彡」象陽光下射，那麼「易」的本義，就是象陽光的照射。此一基於甲骨文字形的分析，與前引朱駿聲以《周易》之「易」原本是義為「雲開而見日」的「易」字之說是吻合的。

綜合而言，「易」字甲骨文字形象為陽光照射，在六書應屬「會意」。《說文》以小篆形體釋「易」為守宮，則視本字為象形字；但用祕書說釋為「日月合文」，似仍屬「會意」的解釋，實則已將陰陽哲理元素的動態互動納入考慮，不完全是講古文字字源。戰國以降，陰陽氣化觀念已極成熟，《易傳》釋「易」，無論講的是經典的《周易》即或抽象觀念的「易」，都多用陰陽氣化觀念。後世儒者遂有不少選擇用晚出的「日月合文」之

---

25 張光裕，《先秦泉幣文字辨疑》（台北：國立臺灣大學文學院，1970），頁 96。

26 郭沫若，〈由周初四德器的考釋談到殷代已在進行文字簡化〉，《文物》，1959 年第 7 期，頁 1。

27 嚴一萍，〈釋沙〉，《中國文字》，第 40 期（1971 年 6 月），頁 3a。

說，申論「易」字本誼。此一說解之遠源，應可推至戰國。

總之，讀者若以嚴一萍釋甲骨文「易」字為「雲開日出、陽光下射」象形之說，與朱駿聲及段玉裁「『易』為『易』之誤」和以「雲開見日」之義釋「易」二說互相印證，「易」字與陽光的關係，已相當明顯。讀者如再參考本書中編〈壹、論《易》道主剛〉之說，以及本文第三、四節所論「陰」、「陽」、「乾」、「坤」字義系統均源本於日光顯隱的自然道理，則「易」字字義的大方向，更可確定。上述這些論據，不約而同均指向相同的結論，恐非偶然。

然而，持懷疑論的學者可能仍認為，「易」字甲骨文字形源於殷商，[28]而《周易》及《易》的名稱，晚至戰國時代才出現，與《詩》、《書》等並列為《六經》，上距甲骨文年代已數百年。因此，即使「易」字有陽光照射的含義，《易》取之以為書名，亦未必和甲骨文文字的本義有關。對於此一問題，筆者認為研究者不能膠柱鼓瑟，固執一隅，而應該用通達的心胸去體會抽象觀念、字形字源、文獻名稱、職官名銜等各方面的關係。謹略說明如下。

《周易》之取名為《易》，固然未必沿用遠古甲骨文文字的本義。正如本書〈序〉引述浙江義烏出土距今八、九千年的陶罐上的六爻卦符號，今

---

28 其實《周禮》所記太卜三《易》之法，已知《易》有《連山》、《歸藏》、《周易》，則《易》之源流，在周代以前，已極悠遠。近代《易》學界且早已有學者提出《易》起源於殷商甲骨卜辭之論，其說最早可能是明義士（James M. Menzies），其所著《柏根氏舊藏甲骨文字考釋》說謂「甲骨卜辭，……其文或旁行左讀，或旁行右讀，亦不一律。惟各段先後之次，率自下而上為序，幾為通例；而於卜旬契辭，尤為明顯。蓋一週六旬，其卜皆以癸日，自下而上，與《周易》每卦之六爻初二三四五上之次，自下而起者同。而《周易》爻辭，亦為六段，與六旬之數尤合。疑《周易》為商代卜辭所衍變，非必始於周也。」屈萬里自張秉權處得睹明義士之說，頗贊同其說，但認為易卦應該是源於龜卜，而著成於周武王時，與明義士稍異。屈先生評論明義士說：「明義士此書，成於二十餘年前，已知《周易》為商代卜辭所衍變，可謂獨具隻眼。惟謂《周易》非必始於周，則與予說有間耳。又，勞貞一先生亦以為：《易》筮之術，雖完成於周初，而由龜卜演變為《易》筮，當需一長時間之演變，非一人、一時、一地之事。其說與明義士之說暗合。」詳屈萬里，〈易卦源於龜卜考〉，《書傭論學集》，《屈萬里全集》（新北：聯經出版事業公司，1984），頁69。

天我們見到的古經典的遠源，極可能存在超出我們知識與想像範疇的時代。邵雍提出「先天、後天」的區別，固然出於獨特的象數考慮，但依循這個思路，今本《周易》體現的確是周朝的政治意識型態，不能和更早時期的殷《歸藏》甚至可能存在的夏《連山》混為一談。至於陰爻陽爻的創造、三爻經卦的製作、六爻卦的形成，其年代之早，更不是《周易》一書所能說明。換言之，《連山》、《歸藏》均不名為「易」，即可見「易」的名稱是周朝定鼎以後的事。

我們確認了《周易》是周朝王室所寫定的典冊的專用名稱後，就可以理解，「易」字本義是否為陽光照射，並不是單純的古文字形構問題。要知道周民族有「尚陽」的思想，是歷史事實。拙著〈釋天〉曾指出：《詩・豳風・七月》「一之日、二之日、三之日、四之日」所涉及古代曆法「周正建子、殷正建丑、夏正建寅」的所謂「三正」的現象，是為確據。因甲骨文「月」是象形字，以「月」（moon）的變化作為「月」（month）軌跡運行長度的座標，作為陰曆「月」（29.53 日）的理據。但在周民族用語，卻用「日」來稱「月」（「一之日」即周曆的一月，「二之日」即二月）。周民族「尚陽」思想的激進，可見一斑。[29] 以此作為旁證，嚴一萍以陽光照射解釋「易」字字義，配合理解《周易》「尚陽」（卦爻辭中陽大陰小，《易傳》推衍為陽實陰虛、陽貴陰賤等思想）的哲學，驗證《周易》為周民族寄託政治意識型態的典冊，那幾乎是無可置疑的事實了。

《周易》之名，首見於《左傳》，即莊公二十二年記「周史有以《周易》見陳侯者」；[30] 而以《易》為名，與《詩》、《書》等並列為儒家六種經典，則首見於《莊子・天運》孔子謂老聃：

　　丘治《詩》、《書》、《禮》、《樂》、《易》、《春秋》六經，自以為久矣。[31]
以及《莊子・天下》：

29　參鄭吉雄，〈釋「天」〉，頁 92-93。
30　《春秋左傳注疏》，卷 9，頁 24b。
31　〔清〕郭慶藩撰，王孝魚點校，《莊子集釋》，卷 5 下，頁 531。

《詩》以道志,《書》以道事,《禮》以道行,《樂》以道和,《易》以道陰陽,《春秋》以道名分。[32]

然而,我們只能藉《左傳》、《莊子》等典籍,確知戰國之世學者已經習用《易》或《周易》來稱名此書,並不能據以推定「易」名出現年代的上限在於戰國。換言之,《易》之名究竟首出於何時?是否西周初年已有?抑或晚至戰國中期以後始有?這些問題,都不能據《左傳》、《莊子》以確定。如以清代以迄近代文字學家的分析為基礎,再參考「《易》道主剛」之義,而推斷甲骨文「易」字字義的「血脈」,本於日光照射的「基因」,流傳百年,遂被採用以訂定《周易》之名。在筆者的看法中,不論就字形結構、文本脈絡、經傳傳統、近人學說等各方面而言,都是比較可靠的說法。

三 「陰」、「陽」字義探源

「陰」、「陽」二字,原作「会」、「易」。《說文》釋「易」字字義為「開也」,段玉裁《注》:

此陰陽正字也。陰陽行而会易廢矣。「闔戶謂之乾」,故曰「開也」。[33]

段玉裁特別指出「陰陽行而会易廢」,又特引《繫辭傳》「闔戶謂之乾」以解釋「易,開也」之義,無異引「乾」的「闔戶」,來說明「易」字為「雲開而見日」之意。可見清代著名小學家如段玉裁與朱駿聲均意識到「乾」、「陽」、「易」字義均本日光照射。至於「黔」字,段《注》云:

今人陰陽字,小篆作「黔易」。「黔」者,雲覆日;「易」者,旗開見日。引申為兩儀字之用。今人作「陰陽」,乃其中之一耑而已。[34]

---

32 同前注,卷 10 下,頁 1067。《郭店楚簡・六德》亦提及「觀諸《詩》、《書》則亦在矣,觀諸《禮》、《樂》則亦在矣,觀諸《易》、《春秋》則亦在矣。」可見戰國中期,已有《六經》之名。參劉釗,《郭店楚簡校釋》(福州:福建人民出版社,2003),頁 115。

33 許慎著,段玉裁注,《說文解字注》,9 篇下,頁 34a。

34 同前注,11 篇下,頁 16a-b。

《說文》「『会』，古文『黔』省」下段《注》云：

> 古文「雲」本無雨耳，非省也。[35]

前引朱駿聲指「陰」與「陽」，一表「見雲不見日」，一表「雲開而見日」，又謂「易」字所从的「『勿』」者，旗也，展開之象」；今段玉裁指「黔」、「易」二字，一表「雲覆日」，一表「旗開見日」，意正相同。[36]那麼段玉裁、朱駿聲均以陽光的照耀與隱沒以說解「黔」、「易」二字，是顯而易見的。

「陰」字西周金文左半从阜，與山陵有關，如〈夨伯子盨〉「其陰其陽」，「陰字字形作◨；〈敔簋〉「袞敏陰陽洛」字形作◨。又或从水，如〈永盂〉「錫失師永 田陰易洛疆」，字形作◨。在金文的用例，「陰」字多與「陽」字同用，十分明顯，均指相對的地理位置。故《說文》「陰」字云：

> 闇也，水之南，山之北也。从𠂤，会聲。[37]

參考段玉裁「陰陽行而会易廢」一語，徐中舒評其說為「近是」。[38]「会易」為本字，其義為雲覆日及旗開見日；二字又用為方位：「陽」為山之南、水之北，「陰」為山之北，水之南。如前所述，許慎撰《說文解字》並非只講字源，亦兼有梳釋《五經》經義的目的，而值得學者注意的是，經典中文字的用法，並非只用本義，更多情形下用的是引申、假借等義訓。因此推究《五經》內容，每字均查核其本義當然是必需的步驟，但要掌握經義，絕不能只盯著本義，而忽略其整個文脈中的意義。這和前文分析漢代以前學者說解「易」不僅止於講字形字源，也兼及字的抽象哲理，情況相同。如《詩・大雅・公劉》：

> 相其陰陽，觀其流泉。[39]

這裡講的當然不是雲覆日或雲開見日，而是講地理方位的南北，也包括日

---

35 同前注，頁 16b。

36 雄按：許慎《說文》釋「易」字「一曰从勿」的「勿」字，如以朱駿聲及段玉裁之說，亦宜為「旗」之貌，為「展開之象」。

37 許慎著，段玉裁注，《說文解字注》，14 篇下，頁 1b。

38 徐中舒主編，《甲骨文字典》（成都：四川辭書出版社，1995），卷 9，頁 1044。

39 《毛詩注疏》，卷 17 之 3，頁 11a。

影照射方向等直接關係到農業耕作的元素。故「陰、陽」二字，無論偏旁從阜與否，雖用為南北地理方位之指稱，實質上卻不止於此。本書〈序〉特別說明《周易》以陰陽哲理為基礎，就是這個意思。要知道實物的出現，必先有抽象觀念。古人造為陰爻、陽爻，也必然先有抽象的「陰、陽」的觀念，才能造出形象化的符號。由此可知，葛兆光引《尚書・周官》「燮理陰陽」，認為其有抽象普遍的意涵，[40]推論十分謹慎，似對於西周時期竟出現抽象觀念的陰陽，沒有什麼把握。在筆者則相信，如果《易》卦真的早在距今八、九千年前已出現，抽象的「陰、陽」觀念年代甚至可以推得更早，毫無可疑。《說文》「陽」字段玉裁《注》說：

> 不言「山南曰昜」者，陰之解可錯見也。山南曰陽，故從阜。《毛傳》曰：
> 「山東曰朝陽，山西曰夕陽。」[41]

從上述的分析考察，段玉裁對於指稱日光顯隱的「爰昜」字，與指稱地理方位的「陰陽」字，區分是很清楚的。

「易」字甲骨文有「𝌆」（前 4.10.2，商代）、[42]「𝌆」（〈宅簋〉，周代早期）[43] 等形，李孝定釋為「日」在「丅」上，象日初昇之形；[44]徐中舒認為金文

---

40 葛兆光認為「陰、陽」字金文從「阜」部，可能最初與地理有關；而從甲骨文字形，再參考《詩經・公劉》，則「至少在殷商西周時代，它就已經與天象發生聯繫了」。他又說：「如果《尚書・周官》還有西周的歷史的影子的話，那麼，『論道經邦，燮理陰陽』這句話似乎透露了，早在西周，『陰陽』就不只表示山水南北方位，而且包括了『見雲不見日』和『雲開而見日』的天象，包括了單與雙的數字，甚至包括了世上所有對立存在的一切事物的總概念，儘管這時也許還沒有自覺的歸納和理智的闡述，而只是一種普遍的無意的觀念存在。」（葛兆光，《中國思想史》〔上海：復旦大學出版社，2001〕，第 1 卷，頁 74-75）此一推論，與本文的看法相近，惟葛氏認為「陰陽」初指地理，與本文論證「陰陽」本指日光之顯隱，並不相同。以「『見雲不見日』和『雲開而見日』的天象」說解「陰陽」二字，尤其與本文引朱駿聲、段玉裁之說相符合；但造字本義樸素，不可能在造字之初即包括單雙數字與世上對立的總概念，此則葛兆光所未考慮。

41 許慎著，段玉裁注，《說文字解注》，14 篇下，頁 1b。

42 參孫海波編，《甲骨文編》（台北：藝文印書館，1963），卷 9，頁 382。

43 參周法高主編，《金文詁林》（香港：香港中文大學，1975），卷 9，頁 5816。

44 李孝定編述，《甲骨文字集釋》（台北：中央研究院歷史語言研究所，1991），卷 9，頁 2973。

增「彡」，殆象初日之光線；[45]季旭昇釋其本義為「日陽」，何琳儀《戰國古文字典》「易」字：

> 甲骨文……从日，从示，會日出祭壇上方之意。……《說文》：「暘，日出也，从日，易聲。〈虞書〉曰：「日暘谷。」又《禮記・祭義》「殷人祭其陽」，注：「陽讀為日雨日暘之暘，謂日中時也。」亦可證易與祭祀太陽有關。[46]

然則學者均認為「易」本義為日陽，陰「陽」字及「暘」谷字都與日光有關。個人推測「陰陽」的初義可能指「日光之顯隱」，古人依據日光照射方位的改變，以考察地理方位的不同，始有金文以及《詩》、《書》的用法，可以說是由天象的名稱，轉而及於地理。期間即發生了段玉裁所謂「陰陽行而侌昜廢」的文字學現象。劉長林論「陰陽」概念來源，統計了《尚書》、《詩經》和《周易》陰陽字出現的次數以及意義，[47]亦發現其多指地理方位；但劉氏亦直指地理方位的用法主要和日光照射有關：

> 在早期文獻中，陽字表示受到日光照射而顯示出來的性態，陰字則表示未受到日光照射而呈現出來的性態。在古漢語中，日代表太陽的實體，太陽則標示日這一天體所具有的性能。因而，當指稱此一天體時，用「日」；當描述其對地球表面的作用時，則稱「陽」。……總之，向日為陽，背日為陰。[48]

---

45 徐中舒主編，《甲骨文字典》，卷9，頁1044。

46 何琳儀，《戰國古文字典：戰國文字聲系》，陽部，頁661。

47 他說：「在《尚書》中，陽字六見，陰字三見，均為分別使用。其義，陽字大部解作山之南，如『岳陽』、『峰陽』、『衡陽』、『華陽』、『岷山之陽』（原注：〈禹貢〉）等。陰字或為山之北，或以『暗』作解。如『南至于華陰』（原注：〈禹貢〉），『唯天陰騭下民』（原注：〈洪範〉）等。《詩經》，陽字十六見，陰字十見，個別地方陰陽連用。如〈大雅・公劉〉：『既溥既長，既景迺岡。相其陰陽，觀其流泉。』此詩歌頌公劉為農作考察地利，『陰陽』指岡之北和岡之南兩面。《易經》僅陰字一見。中孚卦九二：『鳴鶴在陰，其子和之。』陰借為蔭，意鶴鳴於樹蔭之下。」劉長林，〈陰陽原理與養生〉，收入朱伯崑主編，《國際易學研究》，第2輯（北京：華夏出版社，1996），頁102。

48 同前注，頁102-103。

劉氏的理解，與拙見相同；唯一尚未討論到的，是拙著〈論《易》道主剛〉所推論至於黃赤交角 23.27 度，以及地球與太陽的關係而已。

先秦「陰陽」觀念意義發展，約歷經四個階段。上述「日光之顯隱」以及由日光變幻轉指涉地理方位，分別屬於第一、二階段。第三階段為春秋時期發展為「陰陽氣」的觀念，但尚未推擴為統轄宇宙一切「氣」的兩大範疇。如僖公十六年《左傳》：

> 春，隕石于宋五，隕星也；六鶂退飛過宋都，風也。周內史叔興聘于宋，宋襄公問焉，曰：「是何祥也，吉凶焉在？」對曰：⋯⋯退而告人曰：「君失問，是陰陽之事，非吉凶所生也。」[49]

昭公元年《左傳》：

> 天有六氣，降生五味，發為五色，徵為五聲，淫生六疾。六氣曰陰、陽、風、雨、晦、明也，分為四時，序為五節。[50]

上述兩段《左傳》文辭，「陰陽」都已非指地理方位，亦與日光照射與雲覆日無關，而指的是一種抽象的氣化宇宙觀念：前者認為星隕、鶂飛均屬「陰陽」自然之事；[51]後者強調「陰陽」與「風雨晦明」共為宇宙間重要的「氣」。則正如前引劉長林說：

> 古人⋯⋯將凡是能與日光照射所顯性能發生「相應」、「相聚」、「相召」關係的現象，統以「陽」概括之；將凡是能與背對日光所呈性態發生「相應」、「相聚」、「相召」關係的現象，統以「陰」概括之。其中最為重要的是將天歸於陽，將地歸於陰，道理很明顯，陽光來源於日，日高懸於天；而當夜幕降臨，四野呈「陰」，此時此狀，方顯大地本色。另外，向日之陽

---

49 《春秋左傳注疏》，卷 14，頁 14b-15b。其後《國語・周語》亦有近似於《左傳》的用法，如「（稷）曰：陰陽分布，震雷出滯」、「陽伏而不能出，陰迫而不能烝，於是有地震。今三川實震，是陽失其所而鎮陰也。陽失而在陰，川源必塞」、「陰陽序次，風雨時至」等均是。參《國語》，卷 1，頁 20、26-27 及卷 3，頁 128。

50 同前注，卷 41，頁 26b-27a。

51 杜《注》：「陰陽錯逆所為，非人所生。」《正義》：「若陰陽順序，則物皆得性，必無妖異，故云『陰陽錯逆所為，非人吉凶所生也。』」同前注，卷 14，頁 15b。

處，雲所蒸騰升天；背日之陰所，氣化為水歸地，等等。故天為陽，地為
陰。由是，陰陽概念其外延得到擴展，但並非無限；其內涵變得抽象，卻
更為豐富。[52]

劉氏解釋之方向，與個人見解大致相同，只是劉氏籠統解釋「陰陽」概念
外延的擴展，我則重在界定其四個階段的差異。

　　戰國以降，下迄秦漢，「陰陽」作為氣化之概念益形明顯，演化出將
「陰」、「陽」視為統轄宇宙的兩種「氣」。這是「陰陽」意義發展的第四階
段。《莊子‧則陽》：

　　是故天地者，形之大者也；陰陽者，氣之大者也。[53]

以陰陽為「氣之大者」而比附於天地，則顯然非將陰陽視為六氣中的兩種
所可比擬。《素問‧太陰陽明論》亦以陰陽為天地之氣，一主內，一主外：

　　陽者，天氣也，主外；陰者，地氣也，主內。[54]

至《荀子‧禮論》：

　　天地合而萬物生，陰陽接而變化起。[55]

亦係以「陰陽」配「天地」，而視為天地氣化絪縕相合的元素、促進萬物
生而變化起的根源。[56]除了配「天地」外，也有以「陰陽」配「日月」者。

52　劉長林，〈陰陽原理與養生〉，頁 103。楊超〈先秦陰陽五行說〉似乎認為氣化之「陰陽」觀
　　念是由天地對立的觀念進一步發展出來，並未注意到「以陽為天，以陰為地」的觀念，必然
　　是在陰陽氣化思想成熟了後才會有。他僅引《左傳》、《國語》以為說，並未注意到「易」、
　　「陰陽」字義的演變問題。參楊超，〈先秦陰陽五行說〉，《文史哲》，1956 年第 3 期，頁 49-
　　56。

53　郭慶藩撰，《莊子集釋》，卷 8 下，頁 913。

54　〔唐〕王冰編次，〔宋〕高保衡、林億校正，吳潤秋整理，《素問》（北京：中醫古籍出版社，
　　1999），卷 9，頁 32。

55　王先謙撰，《荀子集解》，卷 13，頁 366。

56　其後至西漢，《淮南子》發揮精氣的思想，認為陰陽是天地之氣之精。如〈本經〉：「陰陽者，
　　承天地之和，形萬殊之體，含氣化物，以成垓類。」何寧撰，《淮南子集釋》（北京：中華書
　　局「新編諸子集成」本，1998），卷 8，頁 583。又〈天文〉：「天地之襲精為陰陽，陰陽之
　　專精為四時，四時之散精為萬物。」高誘《注》：「襲，合也。精，氣也。」同前，卷 3，頁
　　166。

《禮記・禮器》說：

> 大明生於東，月生於西。此陰陽之分，夫婦之位也。[57]

「大明」即太陽，「月」即太陰。故謂「陰陽之分」，而恰好昭示了自然陰陽調和而成夫婦的形象。事實上，陰陽「氣」的觀念不但統合日月之義以及夫婦之誼，也處處貫串著周代的禮儀制度。[58]

眾所周知，「陰陽」一詞之在《周易》卦爻辭，「陽」字未見，「陰」字則僅〈中孚〉九二「鳴鶴在陰」一見，且用為「蔭」字，並無抽象「陰陽」之義。「陰陽」作為《易》學概念，最早出現在《易傳》。其義訓發展所經歷的階段變化，略如上文所示。但歸根究柢，甲骨文與金文「昜」字字義，與「易」字同有日光照射的含義（「会」則指雲蔽日），清代以迄近當代古文字學家多表贊同，略無異議，而筆者及劉長林等當世治《易》者亦已有所闡述，其意義可以確定。至「陰陽」一詞在《詩經》、《尚書》，則多用為地理方位之指示，嚴格而言，與《周易》陰陽爻、《易傳》陰陽氣化的「陰陽」，都沒有直接關係。就《易傳》而言，「陰」、「陽」兩觀念的意義發展至為豐富，既汲取了「日光顯隱」的原理，亦推擴至於「氣」的宇宙論。[59]至戰國下迄秦漢，陰陽作為天地形象之表述，其意義範疇益形闊大，如《禮記・禮運》亦謂「天秉陽，垂日星；地秉陰，竅於山川」，[60]即太陽、星辰亦成為陽氣演化的產物。

龐樸在〈《周易》古法與陰陽觀念〉說：

> 天之陰陽的認識，如時之晝夜，地之向背，年之冬夏，氣之冷暖，諸如此類的感性認識，當然也會很早便有，但由之上升到理性的對立，上升為陰

57　《禮記注疏》，卷 24，頁 9a。

58　說詳本書中編〈貳、《易》象新議〉。

59　《繫辭傳》：「一陰一陽之謂道。」（《周易注疏》，卷 7，頁 11a）又說：「乾，陽物也；坤，陰物也。陰陽合德，而剛柔有體，以體天地之撰，以通神明之德。」（同前，卷 8，頁 15a-b）又說：「精氣為物，遊魂為變。」（同前，卷 7，頁 7a）《繫辭傳》作者之意，陰陽之精，合撰而生萬物，屬乾者為陽物，屬坤者為陰物。至後二句尤在於解釋「生死」的問題（包括一切動植飛潛），認為陰氣陽氣變幻，促使具有生命萬物，有始有終，有聚有散。

60　《禮記注疏》，卷 22，頁 5b。

陽一般，則絕非輕而易舉之事。《易傳》上大量使用的陰陽二字，《詩經》中早就用了；但陰陽在《易傳》上是一對牢籠天地的範疇，在《詩經》中只不過是表示山岡和太陽關係的兩個名詞而已。這裡的差別，不是源於人的智慧高低，而僅僅是由於時間的先後不同。認識領域裡的事，尤其是無法一蹴而就的。[61]

泛觀古代經典中觀念的發展，龐樸的解釋看似言之成理；然而解構其立論基礎，亦不免局限於唯物史觀的基本預設，故論古代思想必取實證，愈上溯古代則文明必然愈樸素。《詩》、《書》中之「陰陽」二字，固然用為地理方位的指稱；但抽象意義的「陰」、「陽」意識（未必寄託於「易」二字），豈能說西周以前絕無出現之可能？推龐樸先生之意，難道先民抽象之思維，必然全部反映於有形之文字？而現存古文物的有形紀錄，就能完整表述先民抽象思維的全部內容嗎？那麼我們試想想：較殷周年代更早的易卦符號，其中的「陰爻、陽爻」是怎樣造出來的？畫卦畫爻者是基於一種什麼動機和想法作畫？孔子儘管明瞭「文獻不足徵」，卻自信「夏禮」、「殷禮」「吾能言之」，孟子說「盡信《書》不如無《書》」，不也給了後人某一種在實證主義之外，「好學深思，心知其意」的啟示？難道我們不應該考慮其他的因素，而逆探殷周之際尚陽尚陰的意識是否有絲毫殘存於殷周二民族文化遺產及其政治典冊？

《周易》與《詩經》、《尚書》同屬周王朝重要冊籍，故多屬政治訓誨之內容，而同屬傳世典冊，[62]但《易》之為書，顯而易見，是獨立於《詩》、《書》之外的另一套知識體系。《周易》中許多占斷語，如悔亡、貞吝、无咎之類，都不是《詩》、《書》的尋常語言，尤可證明此經之獨特。因此，以《詩》、《書》用為地理方位的「陰陽」二字，以論證《易經》中牢籠天

61　龐樸，〈《周易》古法與陰陽觀念〉，《文化一隅》（鄭州：中州古籍出版社，2005），頁407。

62　如上文引述，《易》與《詩》、《書》等並列《六經》之名始見於《莊子・天運》，立於學官則更晚至西漢；然而《左傳》記韓宣子聘魯，見《易》象與魯《春秋》，曰「周禮盡在魯矣」。那麼《易》象為西周禮文之屬，亦即周朝政治教化之權威性典冊，是不容置疑的。

地的「陰陽」觀念必然興起於《易傳》之後，並不一定能成立。我的推斷，三《易》的傳統，指涉「時之晝夜、地之向背、年之冬夏、氣之冷暖」的「会易」觀念，必然早在揲蓍定數的方法之前即已出現；但這樣的觀念，未必寄託於「会易」二字，更未必像龐樸所說的那樣「感性」而不「理性」。古人見日光顯隱的循環，而推想到春秋代易、冷暖循環，甚至影響到自然與人文生命的各種變幻如生死、禍福、順逆等，遂而悟出一番道理，其間豈能說全無「理性」的認識？[63]孔子說：

> 逝者如斯夫，不舍晝夜。[64]

後世也沒有解經者認為孔子此語純為感性唱嘆，而沒有理性思考在其中。至於運用揲蓍之法，運數而成卦，而「歸奇於陽、納偶入陰」，[65]那恐怕是在單純的「会易」觀念發展為較複雜的「陰陽」觀念以後的事，但這也不會太晚。如果考慮中古學者傳述的殷《歸藏》與清儒所輯佚的文獻有可取的價值，則《歸藏》已有的六十四卦（卦名與《周易》有同有異），其背後必然已有一套成卦的揲蓍定數之法，或為大衍，或為六 ，[66]雖不可知，但其事卻是可以確定的。

四 「乾」、「坤」字義探源

「乾」、「坤」二字，《易》首卦、亦是唯一的純陽之卦〈乾〉，其字不

---

63 《周易》卦爻辭中即有「初終」之觀念，是《彖傳》、《繫辭傳》中「終始」觀念的來源。「終始」固然較「初終」含有更豐富的哲理意涵，但吾人卻不能否定「初終」觀念與經文共同闡述的往復終始，是一種抽象思想。說詳本書中編〈陸、論《易傳》對《易經》哲理的詮釋——辭例、易數、終始觀念〉。

64 《論語・子罕》。參〔三國魏〕何晏注，〔宋〕邢昺疏，《論語注疏》（台北：藝文印書館影印阮元校刻《十三經注疏附校勘記》本，1979），卷9，頁7b。

65 龐樸，〈《周易》古法與陰陽觀念〉，頁408。

66 關於「六 」的討論，並參龐樸，〈《周易》古法與陰陽觀念〉第三節「六 中的數謎」，頁399-400。

見於甲骨文和金文，而始見於戰國文獻，似乎出現頗晚。但古代文獻對於《歸藏》立「坤乾」為首，歷有明文，[67]似又顯示殷商時期即已有「坤」、「乾」之名。楊秀芳先生據帛書《周易》作「鍵」，引入「詞族」觀念認為此字與為「犍」、「鍵」有關而有支撐之義，是「乾」字用為象「天」的首卦之名的原因。[68]

《說文解字》釋「乾」：

> 上出也，从乙。乙，物之達也。倝聲。

段玉裁《注》：

> 此乾字之本義也。自有文字以後，乃用為卦名。而孔子釋之曰：「健也。」健之義生於「上出」。上出為乾，下注則為溼。故乾與溼相對。俗別其音，古無是也。[69]

段《注》的解釋非常清楚。季旭昇引《睡虎地秦簡》50.92：「比言甲前旁有乾血。」釋「乾」字本義為「乾燥」，[70]也可能是參考了段《注》「上出為乾，下注則為濕。故乾與濕相對」解釋的緣故。《說文》釋「倝」字：

> 日始出光倝倝也。从旦、㫃聲。凡倝之屬皆从倝。[71]

王國維《史籀篇疏證》考釋「乾」字，說：

> 《說文解字》「乙」部：「乾，上出也。从乙。乙，物之達也。倝聲。乾，

67　《禮記‧禮運》：「我欲觀殷道，是故之宋而不足徵也，吾得《坤乾》焉。」鄭《注》：「得殷陰陽之書也，其書存者有《歸藏》。」《禮記注疏》，卷 21，頁 8a。被研究者直接視為《歸藏》的王家臺出土簡本《易》，卦名大致與清儒輯佚《歸藏》相同。然而「坤」卦卦畫「☷」旁有「𡖓」字，似即「坤」卦卦名，形體未有「土」或「申」之部件，但依其形體，略似「順」字之或體，王引之《經義述聞》即以「地勢順」之「順」為「坤」字之同音字，馬王堆帛書《周易》「坤」卦作「川」，可參證。秦簡「乾」卦卦畫旁則有「天目」二字，未見「乾」之名，故王明欽列表，即以該卦卦名為「天目」。參王明欽，〈王家臺秦墓竹簡概述〉，收入艾蘭、邢文編，《新出簡帛研究：新出簡帛國際學術研討會論文集》，頁 29-39。則《坤乾》之名，尚未有地下實物以為證。

68　說詳楊秀芳，〈從詞族研究論「天行健」的意義〉，頁 35-76。

69　許慎著，段玉裁注，《說文解字注》，14 篇下，頁 20a。

70　季旭昇，《說文新證》，卷 14 下，下冊，頁 274。

71　同前注，7 篇上，頁 14b。

籀文乾。」案：「倝」部「倝」下曰：「日初出光倝倝也。」下重「𣄰」字云「闕」。「闕」者，不知其為古為籀。今案：倝、𣄰，皆㫃之異文。古金文从㫃之「旅」字多作「𤣥」，又有作「𠂤」者（原注：東武劉氏所藏〈旅父己爵〉文如此）。蓋古之旅皆載于車上，而古車字多作「𫐄」（原注：〈盂鼎〉、〈父癸卣〉等）。知𤣥字所从之車，篆書有作此者，其後兩輪一輿之形，訛變而為𤰔，〈頌鼎〉有𤰔字，即𤣥之本字，借為祈求之「祈」。𣄰又𤰔之訛變。篆文之倝，則𤰔之訛變也。倝、𣄰二字，當重㫃下。「乾」下當云：「从乙，倝聲。倝，古㫃字。」許云：「倝，日始出光倝也。从旦，㫃聲。」蓋不免从譌字立說矣。[72]

王國維論證的主體是確認「倝、𣄰」都是㫃的異文；「倝」是「古㫃字」，是𤰔的訛變。故在字源上，無論是𣄰、𤰔、𫐄，原本都是載旅的車輿，也是「倝」字的異文。由此而論證「倝」並不从旦，亦不以㫃為聲符，也就否定了「倝」字「日始出光倝倝」的解說。至於「乾」字从乙，以倝為聲符，王國維未有評論。換言之，「倝」與「乾」只有聲音的關係，沒有意義的關聯，因而「乾」字也就和「日始出光倝倝」拉不上關係了。

王國維的推論，在古文字學上並不是定論。何琳儀原則上接受王的見解，但對「倝」字構形另有看法，認為其字从「早」：

从早，㫃聲。……或加叩為音符作𣄰，遂演變為小篆之𣄰。……或以為日下从干，非是。……《說文》：「倝，日始出光倝倝也。从旦，㫃聲。（古案切）」「𣄰，闕。」（七上六）倝、𣄰一字之變，許慎誤分二篆，茲合二篆為一。[73]

何琳儀原則上接受王國維之說，卻認「倝」字从「早」；季旭昇則認為从「易」。他說：

「倝」字始見戰國，从易、㫃聲。易為日在勿上，和「倝」義近，因此可

---

72 王國維，《史籀篇疏證》，《王國維遺書》（上海：上海古籍出版社，1983），第 6 冊，頁 36a-b。

73 何琳儀，《戰國古文字典：戰國文字聲系》，元部，頁 967-968。

以做「𠦞」的義符。[74]

他顯然不認為「𠦞」和𣎳、𣏾有關係，而以「𣏾」為聲符，以「易」為義符。「𠦞」字金文作「𣎳」、[75]《包山楚簡》作「𣏾」。但無論从早或从易，上半的「日」字都是太陽的象形。至於「乾」、「𠦞」二字的關係，學界也有不同的新說。[76]

　　糾纏於從造字角度探討文字的本義，未必有助於說明《周易》〈乾〉卦卦義。我也要強調無意將讀者的注意力完全聚焦在古文字字形的考證。正如題目所示，本章討論「易」、「陰、陽」、「乾、坤」的字義，並不單純講字源學，而是從經典的詮釋觀點，去梳理它們之間的關係。無論如何，回歸《周易》，《易》之三大法則的唯一合理解釋，仍是地球自轉及繞行太陽公轉的自然律則，亦即「黃赤交角」形成地球一年間白天黑夜變換、日照強弱規律性變化的基礎。在這基礎之上，展現了周民族「尚陽」的政治理念。指涉太陽的「易」、「昜」二字，已足以反映《易》理最核心的思想。而依許慎對《周易》「乾」字的理解，實不可能與太陽無關。要知道「乾」字並不見於甲骨文及金文，段玉裁解釋「上出」之義，稱「此乾字之本義也。自有文字以後，乃用為卦名」，意即謂「乾」是卦名的專用字。「乾燥」的「乾」則與之有意義派生的關係。段《注》說：

　　上出為乾，下注則為溼。故乾與溼相對。俗別其音，古無是也。

段玉裁意思是：「下注」是「濕」，相對上「上出」為「乾」，這「上出」的意思很明顯就與陽光有關了。這也說明了睡虎地簡「乾血」一詞的乾燥

74　季旭昇，《說文新證》，卷7上，上冊，頁541。

75　周法高主編，《金文詁林》，卷7，頁4201。

76　徐少華〈上博八所見「令尹子春」及其年代試析──兼論出土文獻整理與解讀中的二重證法〉指出《上海博物館藏戰國楚竹書（六）》中，〈平王與王子木〉一篇簡1-5內容關於「競坪王命王子木□」的記載，和《說苑・辨物》的內容相似。其中簡文「城公𠦞瓜」即《說苑》的「成公乾」，並引《說文》「乾」字的訓解，稱「𠦞」、「乾」二字音同義通。徐少華，〈上博八所見「令尹子春」及其年代試析──兼論出土文獻整理與解讀中的二重證法〉，《簡帛文獻與早期儒家學說探論》（北京：商務印書館，2015），頁158-159。雄按：徐教授的論證，亦為本文「𠦞」非僅「乾」之聲符，提供一佐證。

之義。段又說：

　　而孔子釋之曰：「健也。」健之義生於「上出」。

認為《易傳》將「乾」釋為「健」，正是取「上出」的意義。在《說文》
的系統中，與「乾」字相關的不止「倝」字，還有「朝」字。《說文解字》：

　　旦也，从倝、舟聲。[77]

《爾雅‧釋詁》：

　　朝、旦、夙、晨、晙，早也。[78]

「朝」字義為「早」，和「从倝」有關，也就是許慎認定的「日始出光倝倝」
的意思。《爾雅》並未講解字形結構，而僅說字義，直指「朝」義訓為
「早」。今楚簡文字「朝」有（包2.145）、（上博、容）等形。[79]

　　王國維考證「倝」字後，何琳儀、季旭昇也提出了不同看法。《說文
解字》指出「乾」為「倝聲」，如果我們用保守的態度將之理解為「倝」
字僅作為「乾」的聲符的話，[80]在討論〈乾〉卦卦義時，大可以暫不將「倝」
的「日始出光倝倝也」說解納入考慮──儘管季旭昇認為「倝」字从「㫃、
办聲」，而「易」「為日在勹上」，有日照的意義。

　　撇開「倝」字構形取義的考證不論，許慎的確認定「倝」、「乾」、「朝」
三字為相關：「乾」字義為「上出」，「朝」字義為「旦」，和《爾雅》訓為
「早」一致，都直接與旭日初昇也就是「倝」所謂「日始出光倝倝」相關。
而「乾」字是《周易》首卦之名，段玉裁「自有文字以後，乃用為卦名」
正說明了這一點。換言之，許慎對於「乾」的說解，恐怕並非僅僅考慮古
文字構形的源始問題──視「倝」為「乾」的意義來源，而是從該字在經
典的原始意義為何，去考慮「乾」作為《周易》首卦的專用字，[81]表達的

77　許慎著，段玉裁注，《說文解字注》，7篇上，頁14b。

78　《爾雅注疏》，卷2，頁7a-b。邢昺《疏》：「朝者，〈邶風‧蝃蝀〉云：『崇朝其雨。』《毛傳》
　　云：『崇，終也。從旦至食時為終朝。』」

79　據中央研究院小學堂楚系簡帛文字 https://xiaoxue.iis.sinica.edu.tw/chuwenzi。

80　《說文解字》所收文字部分从某聲之字，聲符亦兼有義符。

81　段玉裁指「乾」字「自有文字以後，乃用為卦名」是可信的。王家臺秦簡《歸藏》無「乾」

意思是什麼。也就是說，許慎《說文解字》一書，從來就不是建立一套孤立於經典之外的文字解說系統，而是在《五經》注解基礎上，為經典文字提供形音義的指引。許慎既將「乾」之字義釋為「上出」，參考段《注》提出「上出為乾，下注為濕。故乾與濕相對。俗別其音，古無是也」的解說，乾濕的「乾」字也很難說與日照無關。古往今來，無論是農業或漁獵的社會，不論是晾乾衣服抑或用曝曬之法防止食物腐敗，日光照射是最常見、最通用的辦法。「乾」字由卦名引申而有「乾燥」的意義，核心意義恐怕難以脫離陽光照射。《彖傳》說「大明終始，六位時成」，用喻指太陽的「大明」一詞衍釋〈乾〉卦，無疑也是出於相同考慮。經典詮釋的考慮，不能僅憑字義作為孤證，而必須考慮文本脈絡，於此可證。

《易》以〈乾〉為首卦，〈乾〉六爻皆陽。如上文分析，古代中國，必先有抽象觀念的「陰、陽」，才會出現表述此抽象意義的具象符號——陰、陽爻。然則以六陽爻來表述「乾」這個概念，必然包含「易」字所含陽光、太陽之義，並進而引申出「健」的意義。研究者實不必膠柱鼓瑟於「乾」字的字義是否直接與「倝」相關，因〈乾〉卦本身必然與「易」、「昜」日光的意義呼應。日出日落循環所構成白天黑夜的易簡之理，一年四季日照長短變化（變易）中的穩定節奏（不易），即成為《易》的三大法則。「乾」字含「乾燥」義，更為強有力的旁證。萬物乾燥，主要即由日光曝曬所致；[82]《莊子·齊物論》所謂「十日並出，萬物皆照」，[83]與自然現象中旱季日照猛烈而導致山林大火，可以互喻。

以上嘗試將「乾」字放在經典、文化、文獻的脈絡中，觀察它意義的開展，以及在歷史中的象徵顯發。同時透過多角度的詮釋觀點，考察它開

卦，但有「天目」，廖名春認為「目」字實為「曰」字，其卦名當作「天」。此說碻確。參廖名春，〈王家臺秦簡《歸藏》管窺〉，《周易研究》，2001年第2期，頁18。

82　《詩·小雅·湛露》「湛湛露斯，匪陽不晞」，《毛傳》：「陽，日也；晞，乾也。」《毛詩注疏》，卷10之1，頁9b。這兩句詩的意思是：沒有陽光的話，露水就不會乾。恰好可以作為旁證。

83　郭慶藩撰，《莊子集釋》，卷1下，頁89。

展的意義，避免孤立地把它視為一個古文字，僅聚焦於它的構形問題探討其本義。本書〈從卦爻辭字義的演繹論《易傳》對《易經》的詮釋〉一章，已經詳細舉例說明了《易》諸卦名或卦爻辭所出現卦名的本字，絕大部分都不是用該字的「本義」。

「乾」有日光之義，以詮釋角度考察，尚有餘義可以論述。《周易》〈乾〉卦圍繞「乾」之意義發展，而引申出龍、君子、剛健之象。以《彖傳》「乾元」、「坤元」二概念考察，卦名之出現，必定隨卦爻辭而有，絕不晚至戰國。[84] 即就〈乾〉卦而言，「元亨利貞」四字，亦不用本義。「元」字甲骨文字形 $\overline{\uparrow}$（一期，前 4.32.4）、$\overline{\uparrow}$（一期，林 2.28.11）、$\overline{\uparrow}$（一期，前 4.32.5），應為會意字，會「人首」之意。故該字字義有生命元首、開始之意，《說文》即釋為「始也」；但用為「元亨」一詞，則必不可能指人首，而必引申為「大」或至尊至貴至為重要之事物。

次如「亨」字，甲骨文作 含、含，原與「享」字相同，本作「亯」，或謂象宗廟之形狀，[85] 又同「饗」字。[86] 《說文》：

> 亯，獻也，從高省，象孰物形。《孝經》曰：「祭則鬼亯之。」

段玉裁《注》：

84　《歸藏》六十四卦卦名皆具備，即可證卦爻之源起甚早，而陰、陽的觀念更早。〈乾〉卦《彖傳》「大哉乾元」，即是作者截取卦名「乾」字與卦辭「元亨利貞」之首字，合而成「乾元」此一新概念；〈坤〉卦《彖傳》「至哉坤元」，即是作者截取卦名「坤」字與卦辭「元亨」之首字，合而成「坤元」此一新概念。此充分證明，《彖傳》撰著之時，卦辭之前已有卦名；而卦名之起，絕不晚於戰國。

85　其上之三合形狀，似與「命」、「令」字之上部結構相同，為口部的倒形，則會鬼神受亯之意。

86　參段玉裁〈亯饗二字釋例〉：「凡字有本義，有引申之義，有叚借之義。《說文解字》曰『亯者，獻也。從高省，曰象進孰物形』，引《孝經》『祭則鬼亯之』，是則祭祀曰『亯』，其本義也。故經典『祭亯』用此字。引申之，凡下獻其上亦用此字。而燕饗用此字者，則同音叚借也。《說文解字》又曰『饗者，鄉人飲酒也。從食，從鄉，鄉亦聲』，是則鄉飲酒之禮曰『饗』。引申之，凡飲賓客亦曰『饗』，凡鬼神來食亦曰『饗』。而祭亯用此字者，則同音叚借也。」〔清〕段玉裁，《經韵樓集》（台北：漢京文化事業公司重編影印清學海堂刊本，1980），卷 11，頁 21a。

《禮經》言饋食者，薦孰也。……言象薦孰，因以為飪物之偁，故又讀普庚切。言之義訓薦神，誠意可通於神，故又讀許庚切，古音則皆在十部。其形，薦神作亨，亦作享。飪物作亨，亦作烹。《易》之元亨，則皆作亨，皆今字也。[87]

祭祀以鼎烹肉，以飪物之香氣上達鬼神是為「言」，下言上達（「烹」字晚出），故「亨」、「享」、「烹」均有通達之意，即段《注》所謂「誠意可通神」。

「利」字甲骨文𥝌（一期，人 1094）、𥝌（三期，通 733），本會用耒翻耕泥土之意，耒耜須鋒銳，始利於翻土播穀種禾，故引申為便利之意。故甲骨卜辭除人名、地名之用法外，多用為「有利於」、「不利於」之意，均有「吉利」的含義，如「不利其伐𥝌利」（前 2.3.1）、「庚戌卜王曰貞其利又馬」（後下 5.15）。[88]《說文》：「利，銛也，刀和然後利。从刀、和省。」[89]則是據篆體字形以為說。

「貞」字甲骨文𦉢（一期，南南 2.9）、𦉢（一期，鐵 45.2）、𦉢（二期，京 3133），本即「鼎」字，而在卜辭中常用為「占問」之義。[90]但其後於《周易》中，語義發展為守常不變，或貞定不移。據屈萬里考定，在卦爻辭中，「貞」字即不能釋為「占問」，而應釋為「守其素常不變」。[91]揆諸事實：《易》道尚剛，《易經》主變，唯人類生活，不可能以追逐「變」為人生目標，而必於變遷之中求其不變之規則，如陰陽變化，往來消息，無時或已；但知其往來消息循環不已之法則，則可以趨吉避凶。故「貞」字「守其素常不變」之義，應該是源出於「占問」的原理。

---

87 許慎著，段玉裁注，《說文解字注》，5 篇下，頁 28a-b。
88 參徐中舒主編，《甲骨文字典》，卷 4，頁 471-472。
89 許慎著，段玉裁注，《說文解字注》，4 篇下，頁 42a-b。
90 參徐中舒主編，《甲骨文字典》，卷 3，頁 350-351。
91 關於「貞」字不釋為「占問」而應釋為「守其素常不變」之義，說詳屈萬里，〈說易散稿〉「貞」條，《書傭論學集》，頁 29-32。《釋名‧釋言語》：「貞，定也，精定不動惑也。」〔漢〕劉熙，《釋名》，《文淵閣四庫全書》（台北：臺灣商務印書館，1983），第 221 冊，卷 4，頁 5b。《荀子‧不苟》「行無常貞」（《荀子集解》，卷 2，頁 51），亦素常不變之意。

正如「元亨利貞」四字在卦爻辭中並不用本義而是用引申義而言，[92]「乾」字的情形亦相同。故「乾」字用於本經，六爻爻辭雖未提及日光之義，而均闡述「龍」德的變化。「龍」為自然之陽物，「乾」九三「君子終日乾乾」則引申到人文的「君子」，以喻象君子剛健不息的精神，呼應太陽往復循環、亙古不息的原理。此亦《周易》聯繫自然人文義理的一證。這種情形與「元亨利貞」四字之義均發揮文字的引申之義而非用字源之本義，是相同的。

以上分析「易」、「乾」、「陰」、「陽」諸字皆與日光有關，唯獨「坤」字首出現於戰國，字義似與以上四字無關，古文字學家亦多不知其本義。《說文》稱：

> 坤，地也，《易》之卦也，从土申，土位在申也。[93]

只能說「坤」是《易》之卦名。王家臺出土《歸藏》「坤」卦亦未見「坤」字的形體，[94]傳統說《易》者認「坤」本字為「巛」，王引之《經義述聞》提出異議。王氏首先引諸家說解云：

> 坤，《釋文》：「坤，本又作『巛』，『巛』，今字也。」毛居正《六經正誤》曰：「『巛』字三畫作六段，象小成坤卦。『巛』，古坤字。陸氏以為『今字』，誤矣。」鄭樵〈六書略〉曰：「坤卦之☷，必縱寫而後成『巛』字。」

接著以「引之謹案」的按語說：

> 《說文》：「坤，地也。《易》之卦也，從土從申，土位在申。」是乾坤字正當作「坤」。其作「巛」者，乃是借用「川」字。考漢〈孔龢碑〉、〈堯廟碑〉、〈史晨奏銘〉、魏〈孔羨碑〉之「乾坤」，〈衡方碑〉之「剝坤」，〈郙閣頌〉之「坤兌」，字或作，或作，或作，皆隸書「川」字。是其借「川」為「坤」，顯然明白。「川」為「坤」之假借，而非「坤」之本字。故《說文》「坤」字下無重文作「巛」者。《玉篇》「坤」下亦無「巛」

---

92 關於「元亨利貞」的說解，黃慶萱先生亦有精闢的說解。讀者亦可參黃慶萱，《新譯乾坤經傳通釋》（台北：三民書局，2007），頁 3-6。

93 許慎著，段玉裁注，《說文解字注》，13 篇下，頁 16b。

94 參本章注 67。

字，而於「川」部「巛」字下注曰：「注瀆曰川也。古為坤字。」然則本是
「川」字，古人借以為「坤」耳。

王氏考釋字形後，又從八卦字形相同的基礎，指出：

淺學不知，乃謂其象坤卦之畫，且謂當六段書之。夫「坤」以外，尚有七
正卦，卦皆有畫，豈嘗象之以為「震」、「巽」、「離」、「坎」等字乎？甚
矣其鑿也！[95]

王氏的分析，犖然清楚而有據。且以七正卦均無象三爻之形狀的寫
法，以證明「坤」卦不得獨異，以內證法說明，尤具有比較方法的基礎。
然而近世出土的《易》卦或數字卦材料，陰爻皆作「八」或「八」。如係
「坤」卦，即作「炎」，如上博簡本《周易》「師」卦即作 炎炎 。[96]外卦的形
體，恰好是「巛」的側傾。參考「坤」字在出土文獻中的形體，王引之
「『巛』本為『川』」、「借『川』為『坤』」的說法，可能必須重新考慮，
也就是說，「坤」之書為「巛」可能不是單純的為「川」的假借。「川」字
形與「炎」相似，又與「陰」的日光掩抑、烏雲覆日的形象有關。如果此
一假設可以成立，那麼漢〈孔龢碑〉、〈堯廟碑〉、〈史晨奏銘〉、魏〈孔羨
碑〉、〈衡方碑〉、〈郙閣頌〉的「坤」字作「川」或「川」（即「川」字），
其實都是「巛」字形變的結果。那麼我們有理由相信，古人原書「坤」作
「炎」或「巛」，都以出土《易》卦、數字卦的陰爻「八」、「八」為基
本元件。其後造為「坤」字，特別從閃電闡發「陰」的意義（詳下）；由
「巛」改寫為「川」字，則又復從中引申出「水」的含義。這恐怕已是戰
國道家「水」宇宙觀成熟以後的事。[97]

回來討論「坤」字。古文字學家或以「坤」象地，故從「土」，但何
琳儀《戰國古文字典》列戰國時期「坤」字有「土」、「坤」、「坤」諸形，

---

95 王引之，《經義述聞》，卷1，頁4b-5b。
96 馬承源主編，《上海博物館藏戰國楚竹書（三）》（上海：上海古籍出版社，2003），頁19。
97 拙著〈從《太一生水》試論《乾·彖》所記兩種宇宙論〉曾提及王引之的推論可能錯誤，但
   未予申論，謹以本文補論。該文刊武漢大學簡帛研究中心主辦，《簡帛》第2輯（上海：上
   海古籍出版社，2007），頁139-150。

偏旁从「立」：

> 戰國文字坤，从立，申聲。申，或歸諲部，則申非聲。[98]

由於古文字偏旁从「土」、从「立」，偶有相混，[99]因此戰國「坤」字諸形从「立」，亦不能確認其本形不从「土」。當然，即使其本形从「立」，「立」字本義為一人站立於地上之形，亦與「土地」的意義有關。[100]而其偏旁的「申」字，甲骨文作「𨑃」、「𠃐」、「𠃊」諸形，則本為閃電之形。[101]此可見「坤」字的字義，必與閃電有關。葉玉森稱：

> 「𠃊」之異體……象電燿屈折形，《說文》「虹」下出古文「蚺」，許君曰「申，電也」，與訓「申，神也」異。余謂象電形為朔誼，「神」乃引申誼。[102]

按「神」字，金文作「𥛐」（〈寧簋〉）、「𥛜」（〈宗周鐘〉）、「𥘵」（〈癲鐘〉）等形，[103]均為「示」旁加一象閃電型態的「申」字。故古文字學家有「申、神、電三位一體」之說。田倩君說：

> 「申」之本義，即神靈也。此乃古人見天象變化，於敬畏之下造成此字，作為膜拜之徵象。《禮記・禮運》注：「山林川谷邱陵能出雲為風雨皆曰神」。……「神」从示申；申，電也。電，變化莫測，故稱之曰神。神之示旁亦為周時所加，見〈宗周鐘〉神𥛜。電字周以前無雨旁，祇作申；神字周以前無示旁，祇作申。此乃申、電、神三位一體之明證。[104]

98　參何琳儀，《戰國古文字典：戰國文字聲系》，真部，頁1120。按：王筠《說文句讀》亦認為當从「申」聲。〔清〕王筠，《說文句讀》（北京：中國書店影印光緒八年〔1882〕尊經書局刊本，1983），卷26，頁11b。

99　如「地」字，先秦文字多从「土」，但戰國文字亦有訛為从「立」的例子。參季旭昇，《說文新證》「地」字條，卷13下，下冊，頁231。

100　同前注，卷10下，下冊，頁131。

101　季旭昇《說文新證》（卷14下，下冊，頁291-292）與何琳儀《戰國古文字典：戰國文字聲系》（真部，頁1119）說法相同。

102　詳葉玉森，《殷虛書契前編集釋》（台北：藝文印書館，1966），卷1，頁17b。

103　均見戴家祥主編，《金文大字典》（上海：學林出版社，1995），頁3128。

104　詳田倩君，《中國文字叢釋》（台北：臺灣商務印書館，1967），「釋申電神」，頁356-357。

「申」、「電」、「神」三位一體之理，均本諸閃電。閃電是雲端與地面陰陽電極交流而產生，以水氣積聚於天上成雲，作為起始點。對古人而言，神道設教，「坤」之「順承天」，正好借取从「申」的「坤」字，以喻雷電交加、神靈降格的具體形象，而其含義，則與「黔」之「雲覆日」相呼應。蓋「雲」之「覆日」，恰好是「閃電」現象的必要基礎。可以肯定，以閃電的形象造為「坤」的字形，與以閃電形象造為「電」、「神」等字形一樣，「申」作為符號，既取其聲，亦取其義。「坤」字本義，固然為《易》卦之名；而其造為此字時所襲取之義，既與「黔」的雲覆日有關，又同時象徵自然界飛潛動植各種生物所站立的地面，承受著天象閃電的力量。拙文〈從《太一生水》試論《乾·彖》所記兩種宇宙論〉曾透過分析先秦道家以「水」為中心之宇宙論，提出可能性，認為傳統學者解說「坤」字本作「巛」並通「川」字，實反映此種宇宙論，結合了「坤」義的雷電閃耀、「陰」義的雲氣覆蓋，以及「川」義的百河競流。這種種現象，恰好與「易」、「易」、「乾」所反映的陽光普照的意義為相對。故「乾陽」之與「坤陰」相對，陽光普照之象與雲雷陰雨之象相對，都有其自然宇宙觀的來源。「坤」卦《彖傳》：

> 至哉坤元，萬物資生，乃順承天。[105]

綜合研判，「坤」有地之象，卻又並不純粹指「地」，而蘊涵大地上承天象力量的隱喻。《易》以「坤」為卦名，而其字鮮少見於其他的經典文獻，但究其精神含義以及在自然哲學上的價值與重要性，卻與「乾」、「陽」所指的日光，並無二致。以此考察，「陰」、「陽」之義本指日照的有與無，再引申則指地理位置的南與北。「陰」、「陽」兩觀念之組合與構成，即表述了萬物生命既受大地所承載，而充盈於乾（天）坤（地）之間的陽光雷雨，即共同構成萬物賴以生長的大自然環境，讓人類和萬物得以在其中生生不息。今本《易經》以〈乾〉、〈坤〉居首，以之代表陰陽之義，就凸顯

---

105 《周易注疏》，卷 1，頁 22a。

了這一道理。[106]

　　《易》「乾」、「坤」字義，已如上述；但如本文所強調，字義雖反映《易》之自然哲學原理，但經文所用，則多為引申義。《易》本象教，[107]故〈乾〉、〈坤〉爻辭，亦均屬「象」辭，故不用卦名文字之本義，而是遠有所引申。〈乾〉以「龍」為喻象，故初、二、四、五、上爻及用九皆繫以「龍」。[108]但以〈乾〉九三「君子終日乾乾」，可證「龍」喻「君子」，而多引申飛躍進取、剛健不息的精神。〈坤〉卦本字雖有閃電之義，但爻辭「履霜」、「含章」、「括囊」、「黃裳」，均闡述柔順、卑下、隱伏之理。[109]此外，〈乾〉中有〈坤〉，故〈乾〉初九有「潛龍」之象；〈坤〉中有〈乾〉，故〈坤〉上六有「龍戰于野」之象。《周易》原為古代政典，為《六經》之一種，故經文多含教化意義。其意義則多以字詞為核心，由字詞「本義」漸次演繹出「引申義」，以申教化之種種理論，敷張揚厲，排比辭藻，合為篇章，遂成龐大繁複的「意義群」。故《易經》卦名，字義適可反映其自然哲理；但經文則多用引申義，申述政治教化的義涵。二者宜比合並觀，庶可考察經典詮釋傳統的演變。

---

106 《歸藏》和王家臺秦簡的《易》卦卦名頗與今本《周易》不同，長沙馬王堆帛書《周易》卦序與今本亦異，可能都代表了另一種占筮的系統。筆者擬另文討論。

107 據玉函山房輯佚書本《歸藏》內容，證之以王家臺秦簡，《歸藏》多神話迂怪之說，此即以抽象神話指涉人事，為象教的一種，故《文心雕龍·諸子》稱：「《歸藏》之經，大明迂怪，乃稱羿斃十日，嫦娥奔月。」（〔南朝梁〕劉勰撰，范文瀾注，《文心雕龍注》〔臺北：臺灣開明書店，1993〕，卷4，頁17b）《左傳》僖公十五年：「龜，象也；筮，數也。物生而後有象，象而後有滋，滋而後有數。」（《春秋左傳注疏》，卷14，頁11a-b）《繫辭傳》本有「《易》者，象也；象也者，像也」之說，至為明顯，又有「《易》有四象」、「聖人立象盡意」、「聖人設卦，觀象繫辭焉而明吉凶」、「象者，言乎象者也」、「象其物宜，是故謂之象」、「以制器尚其象」、「見乃謂之象，形乃謂之器」等言論，均可見《易》以象教。

108 學者或指二卦喻天象，如 Edward L. Shaughnessy, "The Composition of 'Qian' and 'Kun' Hexagram of the *Zhouyi*," in Shaughnessy, *Before Confucius: Studied in the Creation of the Chinese Classics* (Albany, N. Y.: SUNY, 1997), pp. 197-219，亦僅能備一說。回歸卦爻辭內容，則「乾」絕不指天象。

109 關於〈坤〉卦卦爻辭的政治意涵，我別有一個本於殷周之際朝代遞嬗的歷史解釋。說詳拙著，〈從遺民到隱逸：道家思想溯源——兼論孔子的身分認同〉。

五 結語

　　本文考訂「易」、「陰」、「陽」、「乾」、「坤」五字，認為「易」為日照之象，與「昜」字字義相同。古人當然不可能先確認「易」字本義，然後稱《周易》為「易」；但《易》之為書，之所以得名，絕非象守宮之形，也不是日月合文，更不是部分古文字學者所說的「交易」的意思的引申，而是沿襲了甲骨文「易」字本為陽光照射的本義。「陰陽」字本作「侌昜」，其義分別為「雲覆日」與「雲開見日」，《詩》、《書》之「陰陽」多用指地理方位，《易》家則取二字用以指乾坤氣化之德。至於「乾」字則是《周易》首卦的專用字，既有「上出」之義，亦引申出「乾燥」之義，考慮〈乾〉卦六爻皆陽，為純陽之卦，即知「乾」字義兼陽光。「坤」從「立」從「申」而為閃電之形體。出土《易》卦及數字卦陰爻作「𦥑」、「𠆢」，可能正是「巛」、「川」、「水」字字形的重要來源，傳統學者指「坤」字古作「巛」，或不能直接定為錯誤的說法，而忽略了字形字義變遷的複雜性。

　　綜合而言，「昜」、「易」、「陽」、「乾」諸字均與日光照射有關；「坤」、「陰」二字，字義相喻，共為陰雨雷電之象。「天尊地卑，乾坤定矣」，乾坤為天地之象，而陰陽則為乾坤氣化之體。乾坤、陰陽，以日光顯隱之理為基礎。一陰一陽，決定了自然的循環。一天由白天與黑夜構成，四季日光的強與弱（陰陽老少）則標誌了一年的循環。太陽照耀的力量，為大地四季冷暖交替的樞紐；而陰雨雷電的力量，也是大地動植飛潛所賴以生存的元素。以此觀察《易經》〈乾〉、〈坤〉二卦，並立為六十四卦之首，為《易》之「門戶」的原理，均與「陰」、「陽」有關，從自然之理，進而發揮出以政治教化為中心的人事之理。從字義上理解《易經》的宇宙論，與戰國以降《易傳》及諸子文獻相印證，以考察經典觀念的演繹，實其宜也。

肆、《周易》〈屯〉卦音義辨正

一 緣起[1]

　　本文的撰著，緣起於 2007 年 *Journal of Chinese Philosophy* 向我邀約一篇討論《易》學注釋傳統的英文稿"Interpretations of YANG in the *Yijing*"，與主編成中英教授對於〈屯〉卦「屯」的讀音發生爭議。過程委曲毋須再提，問題本身卻很有意義。本文主要從〈屯〉的兩種音義紀錄講起，再從〈屯〉卦爻辭通貫之義、《彖傳》的辭例、歷代的《易》注三個方面，說明〈屯〉卦之「屯」必須讀為「屯難」字（zhun），而非「屯聚」字（tun）。

二 「屯」字兩種音義紀錄

　　「屯」字在現代漢語中有"zhun"、"tun"兩讀，前者聲母為齒音，後者為舌音。這兩種讀音，最早紀錄於陸德明《經典釋文》，一在《周易》，一在《毛詩》。傳統學者提出「類隔」之說，試圖解釋舌音與齒音上古無別的現象，錢大昕《十駕齋養新錄》「舌音類隔之說不可信」說：

> 古無舌頭舌上之分。知、徹、澄三母以今音讀之，與照、穿、牀無別也；求之古音則與端、透、定無異。[2]

1　本文承楊秀芳教授就古聲類和詞族的觀念賜教，特此致謝。

2　〔清〕錢大昕著，孫顯軍、陳文和點校，《十駕齋養新錄（附餘錄）》，卷 5，收入陳文和主編，《嘉定錢大昕全集（增訂本）》，第 7 冊，頁 160。

又說：

> 古人多舌音，後代多變為齒音，不獨知、徹、澄三母為然也。[3]

借用錢大昕的話來說明，〈屯〉字在《經典釋文》裡有兩種音義紀錄，其一反切上字（聲母）為「張」或「陟」，「知」紐，屬於舌上音，後代變為「齒音」"zhun"；另一反切上字為「徒」，「定」紐，屬於舌頭音，後代維持不變而唸為「舌音」"tun"。這兩類讀法，在上古雖無差異，都讀為舌頭音"t"；但中古以降，此字另外派生出「舌上音」（知母），再變為今天「齒音」"zhun"的讀法，表達「困難」的意思，確是事實。所以，「屯難」之「屯」的讀音，中古以降以迄今天讀為齒音"zhun"，「屯聚」之「屯」的讀音維持舌音"tun"，以音別義，已歷千餘年之久。以下略作分梳，以見二者之殊別。

（一）屯難之「屯」

屯難之「屯」字在上古屬文部，中古為「知」紐「諄」韻，[4]《經典釋文》音注為「張倫反」或「陟倫反」，反切上字今天讀為齒音"zh"，意義則為「困難」。此一音義最早即用於〈屯〉卦，諸家略無異辭。許慎《說文解字》正是用《周易》之義，而引據的則是《彖傳》。《說文》云：

> 屯，難也。屯，象艸木之初生，屯然而難。从中貫一屈曲之也。一，地也。《易》曰：「屯，剛柔始交而難生。」[5]

〈屯〉《彖傳》說：

> 屯，剛柔始交而難生。動乎險中，大亨，貞。雷雨之動滿盈，天造草昧，宜建侯而不寧。[6]

「剛柔始交而難生」是《彖傳》依上下體所昭示之卦義而解釋，許慎即根據《周易》經傳〈屯〉卦之義，來解釋「屯」字的形與義。《彖傳》接著

---

3   同前注，頁 165。
4   參王力編著，《王力古漢語字典》（北京：中華書局，2000），「屯」條，頁 241。
5   許慎著，段玉裁注，《說文解字注》，1 篇下，頁 1b。
6   《周易注疏》，卷 1，頁 28a-b。

稱「雷雨之動滿盈」,「盈」則是「屯」的引申義。故《經典釋文》於「屯」字兩義並存:

> 張倫反,難也,盈也。[7]

《序卦傳》:

> 屯者,盈也。[8]

「屯」字的「盈」意義,《序卦傳》也予以採用,但就〈屯〉卦而言,畢竟是引申義而非本義(雄按:〈屯〉卦爻辭皆用「困難」義,故「屯盈」應為該卦之引申義而非本義。說詳下)。段玉裁《說文解字注》云:

> 《說文》多說「一」為「地」,或說為「天」,象形也。中貫「一」者,木剋土也;屈曲之者,未能申也。……陟倫切,十三部。

在「《易》曰:剛柔始交而難生」句下段《注》又說:

> 《周易・象傳》文。《左傳》曰:「屯固比入。」《序卦傳》曰:「屯者,盈也。」不堅固、不盈滿,則不能出。[9]

許慎引用了《象傳》「難」字來解釋「屯」,段玉裁則同時解釋了「難也」和《經典釋文》「盈也」二處的意旨,又引用了《左傳》和《序卦傳》,說明「屯」兼有「固」、「盈」之義。依段氏的講法,艸木初生,不固、不盈,則不能出土地之上;反過來說,既固既盈,才有「屯」然始生可言。這說明了「難」、「盈」和「固」三種意義之間,是有關係的。讀音方面,段玉裁則採用了《經典釋文》的記載。清代小學家除段玉裁外,朱駿聲《說文通訓定聲》亦注為「陟倫切」,唯以《說文》「屯,難也,象艸木之初生,屯然而難」定為本義,而以下列的用法,俱屬假借:

> 為偆、為奄,《易・序卦傳》:「屯者,盈也。」《廣雅・釋詁一》:「屯,滿也。」又為惇,《晉語》:「厚之至也,故曰屯。」《左・閔元・傳》:「屯固比入。」又為笔,《廣雅・釋詁三》:「屯,聚也。」《漢書・陳勝傳》注:「人

7　陸德明,《經典釋文・周易音義》,卷2,頁3a。

8　《周易注疏》,卷9,頁11a。

9　許慎著,段玉裁注,《說文解字注》,1篇下,頁1b。

所聚曰屯。」。[10]

從《說文通訓定聲》的實例看，朱駿聲「假借」含有音義引申的關係，和今天的定義並不相同（雄按：聲韻學上所謂「假借」僅有聲音的關聯，沒有意義上的關聯）。朱駿聲依讀音的近同而聯繫到意義引申之字，故而有偆、奄、笔、屯盈、惇厚、屯聚、屯戍等新的字形和字義。「屯」為「盈滿」之義，朱駿聲亦歸為假借。依照王念孫《廣雅疏證》的解釋，「屯盈」字亦當讀為「屯難」之「屯」。：

> 《序卦傳》云：「盈天地之間者唯萬物，故受之以屯。屯者，盈也。」又〈屯〉《彖傳》云：「雷雨之動滿盈。」是「屯」為盈滿之義，不當讀為「屯田」之「屯」。曹憲音「大村反」，失之。[11]

王念孫認為《彖傳》和《序卦傳》記「屯」字用為「盈滿」之義時，不應該讀作「屯田」（「屯田」含有「屯聚」之義）之「屯」。由此可見，清代最重要的幾位研究文字聲韻訓詁之學的學者，注《周易》〈屯〉卦之「屯」，無論意義為「屯難」抑或「屯盈」，都讀為"zhun"而不讀為"tun"。

《莊子・外物》有「沈屯」一詞，用的亦是屯難字：

> 慰暋沈屯。[12]

《經典釋文》：

> 張倫反。司馬云：「沈，深也；屯，難也。」[13]

這樣看，《莊子・外物》的「屯」字應該是採用《易經》〈屯〉卦「屯難」的音義。《集韻》「屯」：

> 株倫切，《說文》：難也。象屮初生屯然而難。引《易》：「屯，剛柔始交而難生。」一曰：厚也。

緊接「屯」字為「迍」字：

10　朱駿聲，《說文通訓定聲》，屯部弟十五，頁29b。
11　〔清〕王念孫，《廣雅疏證》（南京：江蘇古籍出版社「高郵王氏四種」本，2000），卷1上，頁16b。
12　郭慶藩撰，《莊子集釋》，卷9上，頁920。
13　陸德明，《經典釋文・莊子音義下》，卷28，頁14a。

遭也。[14]

《集韻》客觀轉錄了《說文解字》的解釋。另錄義為「聚也」的「屯」字，詳下。

（二）屯聚之「屯」

先秦經典「屯」字另一類音義紀錄為「屯聚」之「屯」，在上古屬文部，中古為「定」紐「魂」韻，[15]《經典釋文》音注為「徒本反」或「徒尊反」，反切上字今天維持上古的舌頭音"t"。此一音義，最早的文獻紀錄可能是《詩經・召南・野有死麕》「白茅純束」，《毛傳》「純束，猶包之也」，《鄭箋》：

純，讀如屯。[16]

《經典釋文》：

徒本反。沈云：鄭徒尊反。「如屯」，舊徒本反，沈徒尊反，云「屯，聚也」。

徒本反、徒尊反，都讀為「屯聚」之屯。又《莊子・寓言》「火與日，吾屯也」[17]的「屯」亦是「屯聚」字，《經典釋文》音義紀錄為：

徒門反，聚也。[18]

成玄英《疏》：

屯，聚也。[19]

成《疏》的解釋是有所本的。《楚辭・離騷》有「飄風屯其相離兮，帥雲霓而來御」之句，正用「聚」之義。《廣雅・釋詁》卷一記載了「屯，難也」之外，卷三又載：

14　〔宋〕丁度等編，《集韻》（上海：上海古籍出版社，1985），平聲二，頁27a。
15　王力編著，《王力古漢語字典》，「屯」條，頁241。
16　《毛詩注疏》，卷1之5，頁9b。
17　郭慶藩撰，《莊子集釋》，卷9上，頁960。
18　陸德明，《經典釋文・莊子音義下》，卷28，頁17a。
19　郭慶藩撰，《莊子集釋》，卷9上，頁961。

屯，聚也。[20]

《集韻》：

> 屯，徒渾切，聚也。[21]

這個「屯」字義的發展，以後又有「屯陳」、[22]「屯戍」[23]等義，與「屯難」之「屯」字在上古音同樣屬「文部」，讀音是近同的，僅聲母不同。由「屯聚」字發展，又衍生了「囤」、「笔」等字。

（三）異文「肫」及其他

　　阜陽漢簡《周易》以及馬王堆帛書《周易》作「肫」。[24]「肫」字《說文解字》釋為「面頯也」。段玉裁《注》釋為「高祖隆準」（《史記》）的「準」字的本字，即俗稱顴骨。又說：

> 《儀禮》《釋文》引《說文》「肫」，之允反，是也。……又〈中庸〉「肫肫其仁」，鄭讀為「誨爾忳忳」之「忳」。忳忳，懇誠皃也。是亦假借也。〈士昏禮〉「腊一肫」，「肫」者，純之假借。純，全也。[25]

雄按：《儀禮·士昏禮》「肫髀不升」，《經典釋文》云：

> 劉音純，音之春反。《字林》之閏反。[26]

又《禮記·中庸》「肫肫其仁」，鄭玄《注》云：

> 肫肫，讀如「誨爾忳忳」之「忳」。「忳忳」，懇誠貌也。「肫肫」，或為「純

20　王念孫，《廣雅疏證》，卷 3 下，頁 5b。

21　丁度等編，《集韻》，平聲二，頁 36a。

22　《楚辭·離騷》：「屯余車其千乘兮」。〔宋〕洪興祖撰，白化文、許德楠、李如鸞、方進點校，《楚辭補注》（北京：中華書局，1983），卷 1，頁 46。

23　《管子·輕重乙》：「置屯籍農。」房玄齡《注》：「屯，戍也。」黎翔鳳撰，梁運華整理，《管子校注》（北京：中華書局「新編諸子集成」本，2009），卷 24，頁 1462。又《漢書·陳勝傳》：「勝、廣皆為屯長。」顏師古《注》：「人所聚曰屯。」〔漢〕班固，《漢書》（北京：中華書局，1962），卷 31，頁 1786。

24　參韓自強，《阜陽漢簡〈周易〉研究》（上海：上海古籍出版社，2004），頁 47。又參陳松長編著，鄭曙斌、喻燕姣協編，《馬王堆簡帛文字編》（北京：文物出版社，2001），頁 159。

25　許慎著，段玉裁注，《說文解字注》，4 篇下，頁 20b。

26　陸德明，《經典釋文·儀禮音義》，卷 10，頁 4a。

純」。[27]

所以寫作「純純」，實則讀為「忳忳」，是誠懇的樣子。因為表情在臉上顯現，寫作「肫肫」，不知是否與「面顴」有關。《經典釋文》云：

「肫肫」，依注音之淳反，懇誠皃。

「純純」，音淳，又之淳反。[28]

很有趣的是，〈屯〉卦《象傳》：

雲雷屯，君子以經綸。

屈萬里《周易集釋初稿》：

屯，金文作 ，即純字，本為絲，故有經綸之象。[29]

《說文解字》：

純，絲也。[30]

阜簡《周易》和帛書《周易》〈屯〉作「肫」，據鄭玄《禮記注》「肫」則作「純」，而追溯《象傳》以「經綸」演繹「屯」字，顯然《象傳》的作者是將「屯」讀為「純」字，或特意將「屯」字依聲音的近同引申到「純」、「經綸」這樣的意義。這就是本書〈從卦爻辭字義的演繹論《易傳》對《易經》的詮釋〉章所說的「字義演繹」。〈屯〉的異文情形，其實正是說明《易經》字義演繹的一個很好的例子。但回來講聲母的問題，無論是「之允反」、「之春反」、「之閏反」、「之淳反」，反切上字「之」為「止而切」，章母，屬「照三」，是真正的齒音，今亦讀為"zh"而不讀為"t"。

綜合分析，依照前引段玉裁的「不堅固、不盈滿，則不能出」的說法，「屯聚」的意義和「物之初生」、「盈滿」、「堅固」等意義是有關係的。試想有機的生命體經由各種物質條件的聚合，至於充盈、堅固，然後曲曲折折地冒出來成為獨立的生命體，是一個完整的過程，草苗、種子、果實、嬰兒、幼雛無不如此。因此，從「詞族」（word family）的觀念看，屯

---

27 《禮記注疏》，卷53，頁13b。

28 陸德明，《經典釋文‧禮記音義之四》，卷14，頁4b。

29 屈萬里，《周易集釋初稿》，頁41。

30 許慎著，段玉裁注，《說文解字注》，13篇上，頁1b。

聚之屯、屯固之屯、屯難之屯，以至於笔、奄、芚、肫、囤等字，應該都
是同出一源。「屯」字上古聲母僅有「舌音」，也是事實。這一點我們無須
否認。

　　然而，今天我們不能因此而將《周易》〈屯〉卦的「屯」字聲母唸為
"t"，原因有二：第一、除非今天有人能完全用上古音唸《周易》，否則沒
有任何理由要單單將「屯」字唸成錢大昕所講之「舌音」"t"。第二、中古
以降，「屯」字既已出現用「清、濁」來區別意義的情形——動作動詞
「屯」（屯聚字）仍然維持濁音定母"t"的讀法，故反切上字為「徒」；狀態
動詞「屯」（屯難字）則轉變為清音知母"zh"讀法，故反切上字為「張」或
「陟」（「屯盈」亦與「屯難」相同，讀為"zh"）。這樣的區別，已歷經一千五
百年之久，最後形成了今天「屯」字的兩種讀法，那麼我們必須接受這個
讀音演變的歷史事實。

　　讀音既已確定，以下我們只要證明《周易》〈屯〉卦本義為「難」，它
的聲母必須讀為"zh"就可以確定。因此，下文我將針對此一問題加以論證。

三 從爻辭內容證明〈屯〉讀為屯難之「屯」

　　「屯」字固然兼有兩種音義紀錄，但單就〈屯〉卦而言，讀為屯難之
「屯」是沒有任何爭論餘地的，因為從卦爻辭進行內證（或本證），〈屯〉卦
六爻均係圍繞「屯難」之義。以六爻依次而論，初九「磐桓，利居貞，利
建侯」，呼應了卦辭的內容「元亨，利貞，勿用有攸往，利建侯」。「磐桓」
即「盤旋不進」之義，[31]也就是卦辭所謂「勿用有攸往，利居貞」。王弼

31　李富孫《李氏易解賸義》卷一雜引漢儒經說云：「『《子夏傳》曰：盤桓，猶桓旋也。』（原
　　注：《漢上易》一）馬融曰：『槃桓，旋也。』（原注：《釋文》）陸績曰：『屯難之際，盤桓
　　不進之貌。』（原注：《京易注》）。」參〔清〕李富孫，《李氏易解賸義》，《無求備齋易經集
　　成》〔第 185 冊影印清光緒十三年（1887）槐廬叢書本〕，卷 1，頁 6b。

《注》釋為「動則難生，不可以進，故磐桓也」正是注意及此。[32]由初九引申，二、三、四、上爻又都出現「乘馬班如」四字，括了「盤旋不進」的困難之義。如六二「屯如邅如，乘馬班如，匪寇，婚媾。女子貞不字，十年乃字」，「屯」亦係「難」義，「邅」則亦「盤旋」之貌。《楚辭·九歌·湘君》「邅吾道兮洞庭」王逸《注》：

> 邅，轉也。[33]

「乘馬班如」，「班如」亦是「盤旋」之貌。孔穎達《正義》引馬融云：

> 班，班旋不進也。[34]

「班旋」就是「盤旋」。「屯如邅如」四字，就是對於「乘馬班如」四字的描述。乘馬求婚媾至中途而盤旋不進，復被人誤會為匪盜，這就是「屯難」的一種具體形象的描述。「女子貞不字，十年乃字」二語，更加強了這種「屯難」之象。王引之《經義述聞》說：

> 六二居中得正，故曰「女子貞」。……「不字」為一句，猶言婦三歲不孕也。「不字」者，屯邅之象，非以「不字」為貞也。……二至四互坤，坤為母為腹，故有妊娠之象。二乘剛則難，故「不字」；應五則順，故反常乃「字」。[35]

王引之的解釋，再明白不過了。婚媾之始，妻子不孕，十年乃孕，正是一個鮮活的「初生屯然而難」的象徵。接著再看〈屯〉卦六三：

> 即鹿无虞，惟入於林中。君子幾不如舍，往吝。

---

32 關於「磐桓」的異文，吳新楚《周易異文校證》有綜合說明：「『磐』，帛《易》作『半』，阜《易》作『般』，《釋文》：『本亦作盤，又作槃。』『桓』，帛《易》作『远（遠）』。按：《釋文》云：『馬云：槃桓，旋也。』『磐桓』，本疊韻連綿詞，字无定形。『磐』、『盤』、『槃』、『般』、『半』和『桓』、『远』，古音均屬元部。」參吳新楚，《周易異文校證》（廣州：廣東人民出版社，2001），頁 11。

33 洪興祖撰，《楚辭補注》，卷 2，頁 60。

34 《周易注疏》，卷 1，頁 39a。

35 王引之，《經義述聞》，卷 1，頁 11b-12b。

描述君子逐鹿，鹿入林中，[36]但虞人（治林之官）[37]又不在（无虞），前進則有危險，亦等於是「盤旋不進」之貌，故爻辭有「幾不如舍」[38]的喻象。六四「乘馬班如，求婚媾」雖然結果為「往吉，无不利」，但首二句亦喻一事在起始階段即遇到困難之意。不過六四與初九相應，往上承九五有志行之象，故屯邅之象暫時消失，而有往吉之慶。至於上六「乘馬班如，泣血漣如」，與九五為乘剛，與六三則無陰陽之應，故不能如六四之往吉无不利，而為「泣血漣如」也。

但學者也應該注意到，《易經》一卦之中，卦義本可以隨卦爻變動而引申演繹，六十四卦中例子甚多，〈屯〉卦亦不例外。〈屯〉卦本義為「屯難」固然毫無疑問的，但該卦九五爻辭也有字義演繹、一字兼二義的情形。爻辭「屯其膏，小貞吉，大貞凶」，「屯」即讀為「囤」。「囤其膏」，就是聚斂貨財之意。[39]朱熹《周易本義》說：

> 九五坎體，有膏潤而不得施，為「屯其膏」之象。占者以處小事，則守正猶可獲吉；以處大事，則雖正而不免於凶。[40]

朱子用「有膏潤而不得施」，那就是將「屯」字讀為「屯聚」；但引申至「處小事獲吉，處大事不免於凶」，那表示本爻亦未嘗脫離「屯難」之義。卦爻辭本來就存在一種扣緊卦名一字的字形或字音，或引申其意義、藉以創

36　《象傳》：「即鹿无虞，以從禽也。」（《周易注疏》，卷1，頁30b）《詩・齊風・還》：「並驅從兩肩兮」，《毛傳》：「從，逐也。」（《毛詩注疏》，卷5之1，頁7b）故「從禽」即是追逐禽獸。又《經典釋文》「鹿」：「王肅作麓，云：山足。」陸德明：《經典釋文・周易音義》，卷2，頁3a。如依王肅說，則「即鹿无虞」指君子欲入山麓狩獵，而無虞人引導，故「幾不如舍」也。

37　《周禮・天官・大宰》：「虞衡作山澤之材。」《疏》：「〈地官〉掌山澤者謂之虞。」《周禮注疏》，卷2，頁8b、10a。

38　幾，《經典釋文》：「鄭作機，云：弩牙也。」陸德明，《經典釋文・周易音義》，卷2，頁3a。「機不如舍」，指準備入林而獵獸，不如舍棄。

39　屈萬里《周易集釋初稿》即讀此字為「屯聚」字，引《廣雅・釋言》：「膏，澤也。」《孟子・離婁》：「膏澤不下於民。」（頁45）。又屈萬里《周易批注》：「屯，聚。膏，澤。〈大學〉：『財聚則人散。』」屈萬里，《周易批注》，收入《讀易三種》，頁629。

40　朱熹，《周易本義》，卷1，頁49。

造新義的一種詮釋方法，〈屯〉九五喻指「施膏」之事受到困阻，屯聚貨財反而招致凶事，顯然亦是一種「屯難」之象。如果說「屯其膏」是兩種音義同時並存，讀者亦不必多慮，因為熟悉《易經》的學者都知道，《易經》卦爻辭這一類「一字而兼二義」或「兼多義」的情形很多，即就「易」字而言，「一名而含三義」就是最顯著的例子。[41]

　　如前所述，事物在始生之前，多歷經積聚、堅固、充盈的階段，但整個由「始生」到「已生」的過程，都離不開困難。難怪《易經》〈屯〉卦的取義，許慎《說文解字》的說解，都將「困難」定為「屯」字的根本意義。

　　從《易》〈屯〉卦九五爻辭「屯」兼有「屯難」與「屯聚」二義看來（說詳下），西周初年《易經》撰著之時，「屯」字已兼有此二義。[42]從《彖傳》、《序卦傳》、《象傳》「屯難」、「屯滿」、「屯固」、「經綸」等用法看來，「屯」字字義的演繹，至《易傳》朝多向性有更進一步的發展。然而，〈屯〉卦的音義，卻應從「屯難」而不應從「屯聚」，這是因為〈屯〉卦六爻，皆有「屯難」的象徵。這是「屯」讀為「屯難」之「屯」最直接而堅實的內證。任何脫離卦爻辭本義，而妄求引申而與卦爻辭違悖的臆測，都是不可靠的。

四 從《彖傳》辭例證明〈屯〉讀為屯難之「屯」

　　成中英教授"editor's note"提出" 'tun' has primary sense of gathering which gives rise to secondary sense of difficulty as represented by the sound of 'zhun'"的誤判，可能是源於他對《彖傳》「剛柔始交而難生」一語的誤解。

41　說詳本書上編〈壹、從卦爻辭字義的演繹論《易傳》對《易經》的詮釋〉。

42　《莊子·外物》、〈寓言〉兩篇出現兩個「屯」字，一讀為屯難，一讀為屯聚，亦可為一佐證。

從"editor's note"內容推斷，他是將「剛柔始交」四字理解為「陰陽屯聚在一起」，並認此為原始意義（primary sense of gathering），之後才引申出「而難生」的第二層意義（secondary sense of difficulty）。熟悉《周易》的學者都應該知道，這樣的理解根本不符合《彖傳》的辭例（用白話講，就是說「這不是《彖傳》作者講話的方式」）。因為依照《彖傳》辭例，「剛柔始交」四字講的是卦的上下二體之關係，並不是說陰陽屯聚，而且「始交」的「交」字也不能訓解為「屯聚」。

〈屯〉䷂《彖傳》全文為：

> 屯，剛柔始交而難生，動乎險中，大亨，貞。雷雨之動滿盈，天造草昧，宜建侯而不寧。[43]

朱子《周易本義》的讀法是：

> 以二體釋卦名義。「始交」謂震，「難生」謂坎。[44]

朱熹認為，「始交」二字，是針對內卦「震」初九與六二相交接而言，所以說「『始交』謂震」；外卦「坎」則為困難之象，即所謂「難生」。換言之，〈屯〉卦取義的重心，首先要看〈屯〉卦初九和六二，然後再看內外卦。又：六十四卦首二卦〈乾〉、〈坤〉為純剛、純柔之卦，故剛柔不交；第三卦〈屯〉才開始六爻有剛有柔，「剛柔始交」四字的立論基礎，亦與此有關（詳下文）。虞翻注《易》所謂「乾剛坤柔」，[45]即指此。「震」初九、六二兩爻為陰陽相交，就是不折不扣的「始交」。虞翻所謂「坎二交初」，亦指此。[46]簡而言之，「剛柔始交而難生」，漢儒宋儒的解釋，都著眼於上

43　《周易注疏》，卷1，頁28a-b。

44　朱熹，《周易本義》，卷1，頁46。雄按：《本義》的詮解，可能是參考了北宋學者龔原《周易新講義》之說：「『剛柔始交而難生』，此屯之成體。『剛柔始交』者，震也；『難生』者，坎也。乾坤之畫，一索而得震，故曰『剛柔始交』；一陽蹈乎二陰之間，而在塞為難，故曰『難生』。有體斯有用，震動乎坎險之中者，用也。故二體合而成卦，成卦而後致用。」〔宋〕龔原，《周易新講義》，《無求備齋易經集成》〔第17冊影印清光緒八年（1882）《佚存叢書》本〕，卷2，頁1b。

45　李鼎祚輯，《周易集解》，卷2，頁38。

46　同前注。虞翻釋《易》諸例之中，有陰陽升降之例。〈屯〉卦之解，虞翻意指內卦原應為

下二體的關係，沒有絲毫涉及「剛柔相聚」（gathering）的含義。

　　也許成教授會認為，無論是虞翻或朱熹讀《彖傳》都讀錯了，只有他的理解是正確的。那麼請再看看《彖傳》本身解釋經文的模式，就不難證明傳統注家言必有據。要知道《彖傳》就是解釋《彖辭》（即卦辭）的一種《傳》，它在六十四卦中，有非常一貫的解釋型態，就是以釋卦的上下二體（即內外卦）作為基礎，再從二體之關係引申（或說明）德性或自然的意義。舉數例如下：

> 訟䷅《彖》：訟，上剛下險，險而健，訟。……（雄按：上剛下險，即指外卦「乾」而內卦「坎」。故稱「險而健」。）

> 履䷉《彖》：履，柔履剛也，說而應乎乾，是以履虎尾，不咥人。……（雄按：內卦「兌」為少女之卦為柔，外卦「乾」為剛，故稱「柔履剛」。）

> 泰䷊《彖》：泰，「小往大來，吉亨」，則是天地交而萬物通也。……（雄按：卦爻辭通用之語言，陽稱「大」，陰稱「小」；「來」指內卦，「往」指外卦。「小往」指上體「坤」，而「大來」指下體「乾」。）

> 隨䷐《彖》：隨，剛來而下柔，動而說，隨。……（雄按：「剛來」指內卦「震」為長男之卦；「下柔」指外卦「兌」為少女之卦。）

> 蠱䷑《彖》：蠱，剛上而柔下，巽而止，蠱。……（雄按：「剛上」指外卦「艮」為少男之卦；「柔下」指內卦「巽」為長女之卦。）

> 蹇䷦《彖》：蹇，難也，險在前也。見險而能止，知矣哉！……（雄按：〈蹇〉亦有「難」義，亦在於上下二體，即內卦「艮」之上為外卦「坎」，所謂「險在前」；進一步則引申至人文意義，而稱「見險而能止，知矣哉」。）

> 解䷧《彖》：解，險以動，動而免乎險，解。（雄按：〈解〉內卦「坎」而外卦「震」，故稱「險以動」；進一步則引申至人文意義，而稱「動而免乎險」。）

　　「坎」，九二下降為初九，初六上升為六二，「坎」遂變動為「震」。

➤ 困☱☵《彖》：困，剛揜也。險以說，困而不失其所亨，其唯君子乎！……（雄按：剛揜，指內卦「坎」之陽卦為外卦「兌」之陰卦所揜，而下承以「險以說」，即內卦坎險而外卦兌說。）

➤ 鼎☲☴《彖》：鼎，象也，以木巽火，亨飪也。……（雄按：〈鼎〉卦內卦「巽」為「木」之象，外卦「離」為「火」之象，故稱「以木巽火」，而有烹飪之象。）

或從爻位說明，亦是強調上下體的關係的。例如：

➤ 需☵☰《彖》：需，須也，險在前也，剛健而不陷，其義不困窮。（雄按：「險在前」，即指〈需〉外卦「坎」；「剛健而不陷」，即指內卦「乾」。）

➤ 小畜☴☰《彖》：小畜，柔得位而上下應之，曰小畜。健而巽，剛中而志行，乃亨。（雄按：柔得位而上下應之，指六四得位，與九五為志行，與初九為相應。[47]）

➤ 損☶☱《彖》：損，損下益上，其道上行。……（雄按：損下益上，指減損內卦三爻自陽變陰，以益上爻自陰變陽。）

➤ 益☴☳《彖》：益，損上益下，民說无疆。……（雄按：此與〈損〉卦辭例相同。兩卦「上」、「下」二字，均亦同時喻指君子與小民。故〈益〉卦《象傳》稱「民說无疆」。）

➤ 中孚☴☱《彖》：中孚，柔在內而剛得中，說而巽，孚乃化邦也。（雄按：「柔在內」指上下體均為女性之卦，亦指三、四爻為陰爻居四陽之內；「剛得中」則指九二及九五。）

➤ 小過☳☶《彖》：小過，小者過而亨也。（雄按：卦爻辭例，陰稱「小」，陽稱「大」。「小者過」，指內外卦之中爻即「六二」、「六五」以陰遇陰，不得相應。）

➤ 未濟☲☵《彖》：「未濟，亨」，柔得中也；「小狐汔濟」，未出中也。「濡其尾，无攸利」，不續終也；雖不當位，剛柔應也。（雄按：「未

---

47 朱熹《周易本義》則認為與其餘五陽相應：「以卦體釋卦名義。『柔得位』，指六居四，『上下』，謂五陽。」（卷1，頁66）

濟亨」為卦辭,「柔得中也」指外卦「離」之中爻為六五以柔居中;「小狐汔濟」亦為卦辭,「未出中也」,指內卦「坎」以剛居中。[48])

以上我舉了十六個例子。其他例外模式,在《彖傳》中也是有的,例如「剝☶」、「復☳」、「夬☱」、「姤☴」四卦,《彖傳》均以六爻陰陽消長以為說,而不以上下二體為說。〈剝〉《彖傳》「剝,剝也,柔變剛也。……」,即指「陰」自初至五共成五陰爻決「陽」而成卦。〈復〉《彖傳》「剛反」,即指初九陽爻居五陰之下,為卦辭「七日來復」之意。〈夬〉《彖傳》「夬,決也,剛決柔也。健而說,決而和。……」,即指「陽」自初至五共成五陽爻決「陰」而成卦。〈姤〉《彖傳》「姤,遇也,柔遇剛也」,即初六陰爻遇五陽爻之意。但這四個例子都是陰陽爻數懸殊,故以剛柔決變以為言,在《彖傳》中算是特例,與絕大部分的辭例不同是有其特殊原因的。

上文所述《彖傳》的辭例,絕不是我個人的特殊理解,歷代《易》家無不如此。舉例言之,如〈復〉卦《彖傳》:

「復,亨」,剛反,動而以順行,是以「出入无疾,朋來无咎」。

王弼《注》:

入則為反,出則「剛長」,故「无疾」。[49]

「入則為反」釋卦辭「剛反」,就是指初九一陽;「出則剛長」,指的是外卦三陰終將變而為陽。朱子《周易本義》解釋各卦的《彖傳》內容時,更常常用「以卦體釋卦名義」或「以卦體、卦德釋卦名義」以為說;在〈履〉卦《彖傳》更特別說明「柔履剛」三字是「以二體釋卦名義」。這些例子實在太多,幾已是讀《易》的常識。

---

48 經卦「坎」有「狐」之象,說詳本書中編〈貳、《易》象新議〉。

49 《周易注疏》,卷3,頁18b。

五 從歷代《易》注證明〈屯〉讀為屯難之「屯」

在《周易》二千餘年傳注傳統中，我從來未見過有任何的注釋，是將〈屯〉卦用「屯聚」之義來解釋的。這是因為自《彖傳》以降，歷代注家對於《彖傳》「剛柔始交而難生」一語，雖有不同說解，但都一致認萬物初生而困難才是〈屯〉的本義。這一點沒有爭議餘地。除了上文已引述的許慎、朱子、龔原、段玉裁等《易》家和經學家外，以下再略舉數家《易》注說明。

漢儒或以象數為說，如虞翻以「陰陽升降」的《易》例以為說，亦以「難」義解釋〈屯〉。他說：

> 震為侯，初剛難拔，故利以建侯。《老子》曰：「善建者不拔也。」[50]

這是以內卦初九說明其「難拔」之義，似亦參用了《左傳》「屯固比入」之誼。同時引《老子》善建者不拔之義，說明卦辭之所以有「利建侯」之辭，關鍵即在於初爻的剛強義；因其剛強難拔，故為善建封地之侯。虞翻解釋《彖傳》「剛柔始交而難生」句又說：

> 乾剛坤柔，坎二交初，故始交。確乎難拔，故「難生」也。[51]

虞翻認為「剛柔始交」的理據有二，一者指〈屯〉的前兩卦（也是六十四卦的首二卦）為〈乾〉、〈坤〉，恰好一為純剛、一為純柔之卦；二者指〈屯〉內卦原為坎卦，唯二爻與初爻陰陽互換而成為「震」，故稱「始交」。「確乎難拔」即取「難」的意思而言。又漢儒崔憬說：

> 十二月陽始浸長，而交於陰，故曰「剛柔始交」。萬物萌芽，生於地中，有寒冰之難，故言「難生」。於人事則是運季業初之際也。[52]

〈屯〉卦二陽四陰，故以十二月為言（十二消息卦之觀念，一陽之〈復〉為十一月，十二月則添一陽，故崔憬稱「陽始浸長」）。相對於漢儒喜談象數，宋儒則

---

50 李鼎祚輯，《周易集解》，卷2，頁38。

51 同前注。

52 以上虞翻、崔憬之說，均見同前注。

多循陰陽消長以為說。蘇軾《東坡易傳》卷一：

> 屯有四陰，屯之義也。其二陰以无應為屯，其二陰以有應而不得相從為
> 屯。故曰「剛柔始交而難生」。[53]

蘇軾著眼於〈屯〉卦四陰爻而以為屯難之義取於此。相對於蘇軾著眼於
「陰」，宋儒趙彥肅《復齋易說》釋「剛柔始交而難生」則著眼於「氣宇宙
論」的「陽」的出現，云：

> 分氣者一，受施者二；一專而精，二博而衍。始者難生，終焉效著；陽之
> 體段，明見于此。[54]

彥肅所謂「分氣者一」指的是「天」，為理之本源（宋儒常引《繫辭傳》「天一」
以作詮解）；「受施者二」指的是「地」，為氣化流行（宋儒常引《繫辭傳》「地二」
以為詮解）。天是專而精，地是博而衍；「乾知大始」而難生，「坤作成物」
而效著。彥肅以為「陽」的體段，即於〈屯〉卦可見。

以陰陽為說者，尚有北宋陳瓘《了齋易說》：

> 剛柔不交，而萬物不生；交而難生，交之始也。「動乎坎中」者，震出而坎
> 伏也。「交」非乾也，子考也。乾至健而常易，「難」則不易矣。盈天地之
> 間者唯萬物，雷雨之動滿盈，則无不生也。生之謂動，草而未竭，昧而未
> 麗，天造之始也。[55]

這段話的意思是，〈乾〉、〈坤〉二卦為純陽純陰，天地肇始，剛柔不交故
萬物不生；「剛柔始交」則已脫離了〈乾〉的階段，是萬物隨雷雨之動而
始生的現象，意指〈屯〉卦處於天地始生之後。又唐人史徵《周易口訣義》
論〈屯〉卦引李氏曰：

> 雲，陰也；雷，陽也。陰陽二氣相激薄而未感通，情不相得，故難生也。[56]

53　〔宋〕蘇軾，《東坡易傳》，《無求備齋易經集成》〔第 16 冊影印明萬曆二十五年（1597）兩
　　蘇經解本〕，卷 1，頁 13b。

54　〔宋〕趙彥肅，《復齋易說》，《無求備齋易經集成》〔第 17 冊影印清康熙十九年（1680）通
　　志堂原刊本〕，卷 1，頁 5b。

55　〔宋〕陳瓘，《了齋易說》，《文淵閣四庫全書》，第 9 冊，頁 9a-b。

56　〔唐〕史徵，《周易口訣義》，《文淵閣四庫全書》，第 8 冊，卷 1，頁 11a。

陰陽二氣之始交，主要還是由於〈屯〉卦之前，即為六十四卦首二卦〈乾〉及〈坤〉的緣故。故除了據陰陽以為說外，亦有直接指「剛柔始交」為「乾坤始交」。如宋儒張根《吳園周易解》：

> 震、坎皆陽，而曰「剛柔始交」者，此論乾坤而不論卦，與損剛益柔之義同。[57]

歷代諸家之中，似以清儒王夫之《周易內傳》解釋得最為詳細。他說：

> 「始交」，謂繼乾坤而為陰陽相雜之始也。《周易》竝建乾坤以為首，立天地陰陽之全體也。全體立，則大用行。六十二卦，備天道人事、陰陽變化之大用。物之始生，天道人事變化之始也。陰以為質，陽以為神；質立而神發焉。陽氣先動，以交乎固有之陰，物乃以生。屯之為卦，陽一交而處乎下，以震動乎陰之藏；再交而函乎中，以主陰而施其潤。其在艸木，則陽方興而欲出之象，故屯繼乾坤而為陰陽之始交。[58]

上段文字主要釋「剛柔始交」四字，王夫之直接指出〈屯〉是接〈乾〉、〈坤〉二卦而為第三卦，也是「陰陽相雜之始」（因首二卦為純陽純陰之卦），那就是「天道人事、陰陽變化之大用」，而陽氣處於下，施潤於陰而興盛欲出。以下三段文字，則分別詮解「難生」二字。他接著又說：

> 乾坤初立，天道方興，非陰極陽生之謂，是故不以復為始交，而以屯也。「難生」，謂九五陷於二陰之中，為上六所覆蔽，有相爭不寧之道焉。陽之交陰，本以和陰，而普成其用；然陰質凝滯而吝於施，陽入其中，欲散其滯以流形於品物，情且疑沮，而不相信任，則難之生，不能免也。故六二疑寇、九五屯膏、上六泣血，皆難也。[59]

夫之強調〈屯〉的「難生」並不是像〈復〉卦的「陰極陽生」，而是「陽」陷於陰之中而為陰所凝滯。就各爻具體而言，則是九五陷於二陰之中，反

---

57 〔宋〕張根，《吳園周易解》，《無求備齋易經集成》〔第 19 冊影印清同治七年（1868）錢儀吉刊經苑本〕，卷 1，頁 11a。按：張根生卒年不詳，主要活動於北宋徽宗大觀年間。

58 王夫之，《周易內傳》，卷 1 下，頁 2a-b。

59 同前注，頁 2b-3a。

映了陽氣受陰氣的凝滯疑沮，遂有困難產生。〈屯〉六二、九五、上六都是「難」的具體描述（此處夫之亦用爻辭以為內證）。王夫之有如此清楚的解釋，故為後世學者所接受。[60]

也許有人會認為，《易經》撰著之世距今遙遠，後世學者或亦有累世承繼之錯誤亦未可知。因此，《彖傳》以降以迄清代學者都將〈屯〉釋為「屯難」，亦不代表今人不能將「屯聚」義定為〈屯〉卦本義。對於這樣的看法，我的評論是：任何舊說都可以被檢討，但前提是：必須有充分的證據。倘若缺乏充足的理據，試問有何種理由支持我們拋棄舊說，另立新義呢？《易經》是中國的經典。中國經典的詮釋傳統，二千年來一向有其科學求真的精神。這種精神，除了講求「實證」以外，也強調尊重較早期的說解。也就是說，如果沒有充分的證據，一般都會以奕世相傳的傳注之解為基礎，進行修正、討論、重探。所可惜的是，《易經》自二十世紀初即受到廣泛攻擊、排詆，在科學主義思潮盛行之下，研究者普遍輕視傳統注家的解說，又先認定《易經》是毫無義理可言的卜筮之書，進而摧毀《易傳》和漢儒說解的權威性，遂使近當代學者多任意雜引古文字和先秦諸子學說來重新詮解《易經》，而產生種種奇奇怪怪、自騁心臆的解說。《易經》究竟始作於何時？原始作者為誰？這是今天仍無法回答的問題，也許他日亦不會有答案。然而，任何時代的學者讀經典，都不能迴避文本；而讀文本，又不能毫無文獻訓詁的依據。後人既不能師心自用地亂解經典，就必須回歸較早的文獻紀錄以及傳注傳統，去求得至少相對可靠的答案。我們對於傳統經典的內容，包括字形、字音、字義，一般學術規範大體都如此。如前所說，中國經學研究的傳統一向是尊重層累下來的傳注之說，即使有新出土文獻出現，提供新證據，亦需要回歸傳注傳統反覆檢驗，不能輕率地依憑一己的揣度，來決定哪一個字唸成什麼音或作什麼形。我不厭

60　蕭元認為〈屯〉接〈乾〉、〈坤〉二卦之後，故為「剛柔始交」以為說：「屯卦是乾、坤二卦始交所生的第一卦。」參蕭元主編，廖名春副主編，《周易大辭典》（北京：中國工人出版社，1991），「屯」條，頁97。該條作者為蕭元。

其煩地提出這一點，主要是要說明我們對於詮釋經典的一種基本的態度。對於〈屯〉卦的解釋，亦不能例外。研究者一旦放棄了這種基本態度，那就可以很容易地將秦漢以後儒者的說解視為誤說，全盤否定，轉對於早期經典文本直抒胸臆，作出似是而非的推論。在此我不想具體舉證，批評前賢。但二十世紀以來，這樣的冤枉路已走了不少。人文學固然是主觀之學，有它難以實證的困難，但也並不代表語言、訓詁、文獻的證據統統可以視而不見，僅用印象派式的猜想進行解釋。

六 結語

本文首先臚列〈屯〉卦兩種音義紀錄，以說明「屯難」字與「屯聚」字派分的實況，接著引〈屯〉卦六爻爻辭說明《象傳》「剛柔始交」四字（內證）。第四節則引《象傳》辭例說明〈屯〉《彖》辭句（本證）。第五節引歷代《易》注以見《周易》詮釋傳統的說解（旁證）。關於〈屯〉卦卦名的讀音問題，我一向不認為有需要撰文討論，如我上文所述，這是顯而易見、毫無爭議餘地的。

「屯」字上古聲類雖只有「舌音」，「屯難」、「屯滿」、「屯聚」諸義也可能同出一源，是由一個「詞族」派分出來的。但中古以降，「屯」的聲母早已派分為清（知母）、濁（定母）兩類，前者表屯難義（狀態動詞），後者表屯聚義（動作動詞），而《周易》〈屯〉卦本義為「難」，從內證、本證、旁證看來都毫無爭議餘地。生於當代的我們既不能重現古音，那就必須依照累積了一千五百年的讀法；故今天〈屯〉卦之名，自應讀為"zhun"而非"tun"。

在西方學術界，弄錯〈屯〉卦音義的學者不少。Richard Rutt 將〈屯〉意譯為"massed"（聚集），[61]犯了和 *Journal of Chinese Philosopy* 主編成中英

61　See Richard Rutt, *The Book of Changes (Zhouyi)*(Surrey: Curzon Press, 1996), pp. 198, 226.

教授同樣的錯誤；但 Rutt 注音為"zhun"，至少讀音唸對了。其餘翻譯《易經》的學者絕大部分都沒有犯錯，如理雅各（James Legge）、[62]衛禮賢父子（Richard Wilhelm, Hellmut Wilhelm）、[63]Richard Kunst、[64]John Lynn[65]等等，都掌握了正確的音與義。成中英教授讀〈屯〉卦為"tun"，譯為"gathering"，在音和義兩個方面都錯了。

《周易》〈屯〉卦音義的問題，驗之以「屯」字兩種音義的區別，驗之以〈屯〉卦各爻爻辭，驗之以《彖傳》的辭例，驗之以歷代注家對〈屯〉的解釋，在在都證明，讀為「屯難」之「屯」"zhun" 才是正確的。這當中沒有絲毫爭議空間。任何人要堅持〈屯〉卦卦名讀為「屯聚」之「屯」，除非改變爻辭的內容，否定《彖傳》的辭例，再將漢代以迄近代所有《易》學家的解說全盤推翻。但這樣的可能性有多大呢？相信讀本文者閱讀至此，已能了然於胸了。

62　理雅各音注為"chun"，意譯為"Initial difficulties, the symbol of bursting"。參 James Legge trans., *I Ching, Book of Changes* (New York: University Books, 1964).

63　音注為"chun"，意譯為"Difficulty at the Beginning"。參 Richard Wilhelm(衛禮賢) trans., rendered into English by Cary F. Baynes, *The I Ching or Book of Changes* (New York: Stratford Press, 1964), p.15. Hellmut Wilhelm, *Heaven, Earth, and Man in the Book of Changes* (Seattle: University of Washington Press, 1980), p. 65.

64　Kunst 音注為"zhun"，參 Richard A. Kunst, *The Original "Yijing": A Text, Phonetic Transcription, Translation and Indexes, with Sample Glosses* (PhD dissertation, University of California, Berkeley, 1985), p. 244.

65　John Lynn 音注為"zhun"，意譯為"the difficulty of giving birth when the hard and the soft begin to interact"，參 John Lynn, *The Classic of Changes, A New Translation of the I Ching as Interpreted by Wang Bi* (New York: Colombia University Press, 1994), p. 152.

伍、《周易》身體、語言、義理的開展——
兼論《易》為士大夫之學*

一 問題的提出

　　卦爻辭作者扣緊卦名,[1]在卦爻辭的內容中作出演繹,用以引申各種新意義。繼續問下去,還將衍生其他問題:為何卦爻辭作者認為藉由文字形音義的牽合和比附,可以讓各個演繹出的新意義,連合無間,共同支撐一卦的意義系統?亦即說,為何《周易》作者會認為利用具有多義性的語言文字推衍出「多重意義」的方法,可以成立,而不至於讓經典的意義,變成一團鬆散而無關聯的「意義群」?譬如〈革〉卦之「革」,原指獸皮,即初九所謂「鞏用黃牛之革」;[2]而作者引申為「虎變」、「豹變」,有更革之義,九四「改命」,更已透露出《彖傳》「應天順人」的革命之意涵。何以作者認為獸皮之「革」、可以與虎變、豹變之「革」、以及「改命」之「革」合置於一卦之中,可以互通無礙,共同支撐〈革〉卦的卦義?

　　正如本書提出的解釋理論:語言既是訓詁問題,也是義理問題。語義

---

*　本章初稿於西北大學「第二屆中國經學國際學術研討會」(2007 年 8 月 28-29 日)宣讀,不久在清華大學(北京)歷史系「經學講壇」(2007 年 9 月)向研究生發表,後刊《中國典籍與文化論叢》,第 12 輯(北京:北京大學出版社,2009),頁 4-23。

1　亦即一卦卦爻辭圍繞的主旨之一、二字,如〈漸〉卦中各爻爻辭以「漸」為說,〈大壯〉卦中各爻多論「陽」(大)、「壯」之義等等。

2　《說文解字》:「鞏,以韋束也。」段《注》:「『《詩·大雅》:「藐藐昊天,無不克鞏。」毛曰:「鞏,固也。」』此引申之義也。」許慎著,段玉裁注,《說文解字注》,3 篇下,頁 2b。〈革〉初九爻辭意指以獸皮將物品束縛牢固。

的關聯現象，除了取決於語言元素，也必然有哲理基礎。本章試圖從卦爻辭的宇宙觀切入，說明《周易》字義演繹原理基礎，與卦爻辭以「人」為宇宙中心的思想有關，也與《易》為士大夫之學的本質有關。本章將從「《周易》以『人』為中心的宇宙觀」、「卦爻辭語義的二重性」、「從身體到語言：論《易》為士大夫之學」三部分，層層切入探討卦爻辭運用「字義演繹」的方法論依據，在於認為「語言」源出於「人」的身體，身體則得自於天地，效法於天地，自然反映天地陰陽的道理規律。換言之，語義之可以擴充衍伸，均源出於以「人」為中心的宇宙觀。本章可以說是〈字義演繹〉一章論題的進一步發展。

二 《周易》以「人」為中心的宇宙觀

《周易》一卦六爻，爻辭每受到內、外卦（或稱上、下體）卦象與卦德的影響，而有各種不同的繫辭。[3]一卦之中，每有完整的喻象，六十四卦之間彼此又各不相同。大致而言，一卦自內而外，自下而上，通常有一個明確的方向性：或喻一事發展的先後過程，或喻人生行事的基礎與發展，或就某一事而喻自身與國家之遠近。故《易》所謂「貞」、「悔」，實即指一事發展之基礎及結果而言。以占斷而論，本卦為貞，之卦為悔；就一卦而論，則內卦為貞，外卦為悔；就錯綜之二卦（如〈乾〉與〈坤〉、〈屯〉與〈蒙〉）而論，則貞悔為一相對待之循環。又《易經》卦爻辭例，往往運用一個人的軀體來比喻外在世界的某一種義理，具體而言，即以人身的「足」、「履」比喻初爻，而以人身的「頭」、「首」比喻上爻。其間的微妙之處，頗有趣味；謹舉數例，說明如下。

3　例如經卦「坎」有陷阱、洞穴之象，故諸卦從「坎」的內卦或外卦，爻辭多繫以洞穴，
　〈坎〉卦初六、六三均稱「入于坎窞」，即是最好的例子。又如經卦「兌」卦有口舌之象，故
　六十四卦諸卦從「兌」者，多有刑獄之象。如〈履〉卦九二「履道坦坦，幽人貞吉」即為一
　例。這些都是治《易》者通知的義例。

關於初爻有「足」、「履」之義，如〈坤〉卦䷁喻地、或喻水，[4]初爻「履霜堅冰至」，「霜」是固態的「水」，落於地面變為堅冰而成為「地」的一部分。故「履霜」之「履」，無論作為動詞之「踐履」或作為名詞之「鞋履」，均與「足」、「地」有關。又如〈履〉卦䷉初九爻辭「素履，往，无咎」，〈履〉卦有踐履德行之義，[5]「素」義為白，故「素履」之義，表層意義即白色之鞋履，深層意義即樸素地踐履德性、也就是實踐禮儀之意。又如〈離〉卦䷝初九「履錯然」，意指穿著華麗鞋履之人；〈大壯〉䷡初爻爻辭「壯于趾」，意指趾高氣揚。[6]以上都是十分明顯的例子。

關於上爻有「頭」、「首」之義，如〈比〉卦䷇上六「比之无首，凶」，[7]從字面的意思講，上六為陰爻，居九五之上，故稱「无首」；從深層的意義講，〈比〉卦卦義在於親附，與前一卦〈師〉卦䷆比喻軍隊或戰爭、意

4　〈坤〉卦喻水，就帛書《周易》而論，「坤」字即作「川」。鄧球柏，《帛書周易校釋（增訂本）》，頁216。王引之《經義述聞》指出，古本《周易》本作「巛」、「𡿧」或「川」（雄按：上博簡《周易》字形略同）。我分析認為「坤」同時兼有「水」和「地」兩種意義。說詳本書上編〈叁、試從詮釋觀點論易、陰、陽、乾、坤字義〉，及拙著，〈從《太一生水》試論《乾・象》所記兩種宇宙論〉，頁139-150。

5　〈履〉與前一卦〈小畜〉為反對之關係。〈小畜〉所謂「復自道」、「有孚攣如，富以其鄰」，都含有自修德行之義，故《象傳》詮釋卦義為「君子以懿文德」（《周易注疏》，卷2，頁15b）。畜積懿德是為〈小畜〉，畜積賢者是為〈大畜〉。又按：〈履〉卦與〈小畜〉相對，講的是內在的文德實踐為外在的禮儀。故屈萬里《周易集釋初稿》說：「履，禮也。」（頁84）黃沛榮〈易經卦義系統之研究〉：「履本為『鞋履』之義，引申為踐踏。……《易》傳又引申為『禮』，蓋因禮為人所共履之道。」（頁94）

6　注家多釋初九爻辭之「壯」字為「傷」，即傷於足趾之意。拙見認為，〈大壯〉卦本指陽氣壯盛，繫於初爻，即指陽氣自足趾壯盛，故為「征凶」之象。桓公十三年《左傳》：「十三年春，楚屈瑕伐羅。鬬伯比送之，還，謂其御曰：『莫敖必敗。舉趾高，心不固矣。』……羅與盧戎兩軍之，大敗之。莫敖縊于荒谷。」《春秋左傳注疏》，卷7，頁14b-15b。《左傳》的內容實即與「壯于趾」相對應、呼應的故事。《易經》與經史子文獻類似相呼應的例子頗不少。

7　《熹平石經》（參羅振玉，《漢熹平石經集錄續補》，《歷代石經研究資料輯刊》〔北京：北京圖書館出版社，2005〕，第5冊，頁1a）、帛書本《周易》（鄧球柏，《帛書周易校釋（增訂本）》，頁158）、上博簡本《周易》（馬承源主編，《上海博物館藏戰國楚竹書（三）》〔上海：上海古籍出版社，2003〕，頁22）均作「比无首，凶」，宜從之。

義為相對。〈比〉主要講的是鄰國、他國的親附與否，故卦辭稱「不寧方來，後夫凶」。[8]〈比〉九五以陽爻居尊位，爻辭「王用三驅」，特意繫以「王」字，以喻諸侯或天子；上六則處於九五之上，而為陰爻。就二爻而論，九五以王者之姿可以獲得親附，符合「比」的精神；上六位居王者之上但無可親附，故稱「无首」。又如〈大過〉䷛上六「過涉滅頂」，繫以「頂」字；又〈既濟〉䷾、〈未濟〉䷿上爻爻辭均稱「濡其首」，繫以「首」字。均屬此例。

　　一卦六爻自「初」至「上」，可以比喻人的身體；將卦名與身體自下而上各部位的器官結合一起，引申出新的意義。如〈咸〉卦䷞初六爻辭「咸其拇」，「咸」字字義為感動，「咸其拇」即動其足趾；六二爻辭「咸其腓」，「腓」為小腿肚，[9]九三爻辭「咸其股」，「股」為大腿。自初爻至三爻，即象喻人的下半身——由足趾之動至於大腿之動。九四「憧憧往來」，眾人來來往往，是形體上的動；「朋從爾思」，則是心情上的動；九五「咸其脢」，「脢」為背上肉。然則，九四、九五擴及於腰部以上之軀體（心胸），而且由外在的軀體之動、漸及於內在的心性之動。[10]最後「感動」至於上六，則推擴及於頭部的器官，爻辭稱「咸其輔頰舌」，雖不言「凶吝」，但凶象已甚明顯。搖動口舌，等於〈頤〉卦䷚所謂「舍爾靈龜，觀我朵頤」，恃口舌為感動他人之物，反而有凶吝之象。[11]〈離〉卦䷝初九「履錯然，敬之，无咎」，上九「王用出征，有嘉折首，獲匪其醜，无

8　「方」字甲骨文、金文中常指邦國，如「土方」、「鬼方」。「不寧方」，指相爭戰、不服從的國家。故「不寧方來」，即如屈萬里所釋「蓋謂不寧之國來歸」。參《周易集釋初稿》，頁488-489。

9　《說文解字》：「腓，脛也。」許慎著，段玉裁注，《說文解字注》，4篇下，頁26a。

10　雄按：九五爻辭「咸其脢，无悔」，脢在胸腹之後，本不易動，現今則隨雙腿之動而動，表示身心一致的狀態，故爻辭稱「无悔」。《象傳》釋為「志末也」，可謂得其正解。《周易注疏》，卷4，頁3b。

11　故王弼《注》稱：「咸道轉末，故在口舌言語而已。」《周易注疏》，卷4，頁3b。朱熹《周易本義》：「上六以陰居說之終，處咸之極，感人以言而无其實。又兌為口舌，故其象如此，凶咎可知。」朱熹，《周易本義》，卷2，頁134。

咎」。初爻繫以「履」字，上爻繫以「首」字，亦是其例證。

〈噬嗑〉卦☲的情形非常特殊，它亦以一身為喻：初九爻辭「履校滅趾」，符合初爻以「足趾」為象之例，上九爻辭「何校滅耳」，耳朵屬於頭部的器官，又符合上爻以「頭首」為象之例。但就全卦卦象和卦辭通體而觀，則「噬嗑」象徵人的嘴巴，咬著一物。從卦象的表層意義看，初九及上九象徵嘴唇，九四則象所咬之物；如從爻辭內容深究其卦象的深層意義，則初爻和上爻喻指受刑之人，二至五爻喻指施行刑罰之事。[12]「噬嗑」字義本為咬合，《說文解字》「噬」作「籅」，篆形「籅」，說：「啗也。一曰喙也。」[13] 王弼《周易注》：「噬，齧也。」[14] 又拘縛的刑具，亦用金屬咬合的原理，故「噬嗑」引申為刑具，而與刑獄有關。[15]〈噬嗑〉卦辭稱「亨，利用獄」，即此意。至於〈噬嗑〉卦卦義，亦呈現一種以人身為主體的整體性。初爻「履校滅趾，无咎」，足趾受到刑具束縛，並不是重大的刑罰，有小懲大戒、期於改過之意；「何校滅耳」，頭首負上大的刑枷，至於掩滅雙耳，不但喻指罪名重大，而且含有受刑者無法聆聽外界勸喻之意，故爻辭斷以「凶」字。

〈頤〉卦☲也是以身體為喻，和〈噬嗑〉一樣，集中在嘴巴。原來卦辭「觀頤，自求口實」已經指出。所謂「口實」，其義有二：一指食物，如六二「顛頤，拂經」指食物塞滿嘴巴不能言語；一指言語，如初九「舍爾靈龜，觀我朵頤，凶」，即指將神靈大龜之占斷置之不理，反而聆聽我之喋喋不休；上九「由頤，厲，吉。利涉大川」，「由頤」義指暢所欲言。一個人暢所欲言，可以致福，亦可以取禍，故為「厲，吉」。如《尚書》

---

12 六二「噬膚，滅鼻」、六三「噬腊肉，遇毒」、九四「噬乾胏，得金矢」、六五「噬乾肉，得黃金」。四爻所「噬」之物即受刑之人，「噬」之主體即刑獄。

13 許慎著，段玉裁注，《說文解字注》，2篇上，頁15a。

14 《周易注疏》，卷3，頁11a。

15 詳參本書上編〈壹、從卦爻辭字義的演繹論《易傳》對《易經》的詮釋〉。王弼《注》：「噬，齧也。嗑，合也。凡物之不親，由有間也；物之不齊，由有過也。有間與過，齧而合之，所以通也。刑克以通，獄之利也。」《周易注疏》，卷3，頁11a。

訓誥之屬，即係言語可以致福；〈大學〉所謂「一言僨事」，[16]即指言語可以致禍。從〈頤〉初九至上九，可知該爻是以「慎飲食」來譬喻「慎言語」——進食可以養生，亦易致疾病；言語可以興邦，亦可以喪邦。二者都是君子所當注意謹慎的。〈頤〉卦基礎，以慎言而始，勿觀人之朵頤；而〈頤〉之終歸結於「由頤」，用以治國，亦有危險，必須謹慎。

　　以上提出幾個例子，說明《易》以「逆數」[17]為爻序、以六爻來比喻人類自「足」至「首」整個身體的例子。這些例子不可能遍及六十四卦，因為六十四卦有很多類喻象，並非只表達一類意義。但綜觀上文，以六爻比喻身體，已顯然無疑，說明了卦爻辭的作者是企圖藉由「卦」與「爻」，來展現「人」的身體和外在世界之間，在具體的結構上和抽象的含義上，恆常存在互相交映的對應關係。要知道《易》的撰著，始於文王，成於西周，讀者必然為貴族士大夫，用於教育。故卦爻辭所展現的，是「君子」（卦爻辭之「君子」即指士大夫）以自身為宇宙中心，修飭身體與生命，進而經緯世宙、博施教化的學問。二十世紀古史辨學者傾盡全力將《易經》形塑為一部問卜迷信的紀錄，那真是太小看了這部精深奧博的經典了。

　　倘若先確立了「卦爻辭已具有某一種世界觀」的角度考察《易》中的諸卦，就更不難看出其中所蘊含的道德義涵的內容。這些內容，有時透過互為反對的一組卦共同結構中展現，有時就在一卦之中展現。前者之例，如〈小畜〉卦䷈與〈履〉卦䷉：〈小畜〉就卦名而言，指水氣之畜積，故卦辭以「密雲不雨」為說，但爻辭則引申至討論個人德行的畜積，[18]如初九「復自道，何其咎」，即回復、依循正道而行之意，故能无咎，這是屬於個人之「畜」；九五爻辭「有孚攣如，富以其鄰」，畜積德行至於建立堅實的「孚信」，則福澤能沾漑鄰人或鄰國（倘至於〈大畜〉䷙，所論之「畜」

16　《禮記注疏》，卷 60，頁 8b。

17　即初爻至上爻自「下」而「上」的發展。

18　〈小畜〉卦辭「密雲不雨，自我西郊」，依《象傳》「施未行」、「尚往」之解，即指文王畜積文德於西郊，未著手翦滅殷商之事。《象傳》引申為君子普遍積德之訓，故稱「君子以懿文德」，即引申此意。參《周易注疏》，卷 2，頁 14b-15b。

則超越於一己一身，而涉及「養賢」之事）。至於緊接著〈小畜〉卦並與之反對的〈履〉卦，指的是對於內在孚信、文德的外在踐履。故初九為「素履」即樸實無華的踐履文德；上九「視履考祥，其旋元吉」則指觀察所履之處（視履）、研求其中吉凶善惡之徵（考祥），能反省自復於道（其旋）則為大吉。兩卦都是講的君子踐履道德之事，不過〈小畜〉以近於內聖而偏於自治，〈履〉卦則近於外王而喻指治民。

　　當然，有部分學者始終無法認同《易》具有德性義涵，更不承認遠古先民即已經有所謂以「身體」開展義理的觀念。實則西周以前，遠古先民早就有「人」與「天地」為合一的思想。考古學者早已從古代墓葬的形制中，發現古人以身體部位與方位來體現「人」與宇宙之間的對應關係。馮時就引述位於遼寧省淩源、建平兩縣交界處的牛河梁紅山文化遺址為例，[19]說明考古文物所反映古人以身體反映陰陽交泰的觀念。該墓內葬一人，頭向正東，仰身直肢，兩腿膝部相疊交，左腿在上，右腿在下，形成一個「交」的型態。馮教授根據《周髀算經》所講之「髀」指的是人的大腿骨的長度，再結合墓葬的形制，指出「古人用以測定時間的表正是為模仿人體測影而設計，而直立的人體正是由腿骨所支撐」的原理。[20]他分析並推論該墓主的兩腿交疊的型態即體現一種天地交泰的思想。[21]此可見，遠古先民以身體比附外在世界的客觀規律，是證據確鑿的事實，撰著於西周時期的卦爻辭，就更不用說了。

　　以下舉《周易》幾個例子說明。

　　〈比〉卦䷇義為「親附」，從六四「外比之」一語看，內卦三爻均喻指

19　馮時，〈天地交泰觀的考古學研究〉，收入葉國良、鄭吉雄、徐富昌合編，《出土文獻研究方法論文集・初集》（臺北：臺大出版中心「東亞文明研究叢刊」，2005），頁 327。馮教授指出該處所是一處建築有圜丘和方丘的禮祀天地的早期祭祀遺址，年代約為距今 5500-5000年。方丘西側的墠旁分布的墓葬卻顯然應與這兩處天地祭壇有關，其中規模最大的一座墓葬 M4 尤為特別。該墓墓長 1.98 公尺，寬 0.4-0.55 公尺。

20　同前注，頁 327-328。

21　同前注，頁 332。

親附的基礎，也就是大人君子的「孚信」。故初六爻辭「有孚比之，无咎。有孚盈缶，終來，有它吉」，這段爻辭的意義，是說有孚信的親比，則能无咎；若國君所擁有豐厚充盈的孚信，[22]則敵國終將遠來親附，且有其他吉慶之事。六二爻辭「比之自內，貞吉」，以六二居內卦，故稱「自內」，亦以喻君子的內心。發自內心的信孚為基礎的親附，當能有貞吉之結果。

〈謙〉卦䷎，卦辭「亨，君子有終」，訓誨的意義至為明顯，意指君子能謙，則必能亨而有好的結果。〈謙〉卦內卦為「艮」，外卦為「坤」，初六「謙謙君子，用涉大川，吉」，二三四爻為互體「坎」，初爻居坎之下，故有涉川之象，君子謙虛不矜意氣，則雖身涉危險，亦能逢凶化吉。六二、上六均繫以「鳴謙」二字，即以謙虛而鳴於世之意，故六二貞吉，上六可以利用行師。六三「勞謙君子，有終吉」，則是君子勤勞而能謙之象。六四「无不利，撝謙」喻以謙遜之道指揮於上下之象而无不利。六五「利用侵伐，无不利」，是以謙虛服眾之意。〈謙〉卦六爻的道德涵義明顯如此，我們還能說《易》僅只是問卜的紀錄嗎？

〈恆〉卦䷟九三爻辭「不恆其德，或承之羞」所謂「德」，倘不解釋為道德、德性之義，實難索解。這也是《論語》明確記載孔子曾加以詮解的兩句話。[23]〈恆〉六五爻辭就說「恆其德，貞」。若以九三、六五爻辭為基礎認識〈恆〉卦，則恆久之道，就是以「德性」為基礎。恆久於德，則「亨无咎，利貞，利有攸往」。至於該卦初六「浚恆，貞凶」、上六「振恆，凶」，二爻皆凶，那是因為恆久之道，宜於平穩而不宜於剛躁；[24]故以「恆

---

22 《經典釋文》：「缶，方有反，瓦器也。鄭云：汲器也。」則「缶」是裝水的器皿，「盈缶」指滿溢。陸德明，《經典釋文・周易音義》，卷2，頁5a。

23 《論語・子路》：「子曰：南人有言曰：『人而無恆，不可以作巫醫。』善夫！『不恆其德，或承之羞』，子曰：不占而已矣。」邢昺《疏》：「『不恆其德，或承之羞』者，此《易》恆卦之辭，孔子引之，言德無恆，則羞辱承之也。子曰：『不占而已』者，孔子既言《易》文，又言夫《易》所以占吉凶，無恆之人，《易》所不占也。」參《論語注疏》，卷13，頁9a。雄按：孔子「不占而已矣」，就是在講解〈恆〉九三爻辭，意思是無恆之人，必然遭遇羞吝之事。這純粹是道德的問題，根本不須占問。

24 「浚恆」之「浚」為深浚、疏浚之意；「振恆」之「振」為振動之意。

其德」而論，剛躁則不能恆於德性而致凶吝，靜柔則能有恆而獲亨吉。

　　卦爻辭也有一種現象：初爻為「內卦」之初，爻辭多論個人之修養問題；至於上爻居「外卦」之末，則多論國家對外之事。如〈蠱〉卦䷑之「蠱」，卦爻辭作者演繹為「故」，又引申指「事」；也就是惑亂之事。初六「幹父之蠱」、九二「幹母之蠱」，都是講的修正父母所做的不正之事。有趣的是上九爻辭「不事王侯，高尚其事」，賢能之士接受王侯的豢養，但王侯自身行為不正，賢能之士如不能端正他們，則最好的方法就是離他而去。「不事王侯，高尚其事」兩次用「事」字來演繹或引申「蠱」的卦名，運用的方向卻不相同，詞性亦不相同：前一「事」字為動詞，後一「事」字為名詞。拒絕事奉王侯，也許才是最理想、最高尚的「幹」王侯之「蠱」的方法。〈遯〉卦䷠也闡發了近似的道理，內卦三爻（初六「遯尾」，六二「莫之勝說」，九三「係遯」）皆不能遯逃，外卦三爻則屬能「遯」──九四「好遯」、九五「嘉遯」之上，上九爻辭繫以「肥遯」，即飛遯，指出了遯隱的最高境界，就是遠遠地逃離，也就等於孔子「乘桴浮於海」之志了。〈蠱〉、〈遯〉二卦的兩個上爻，純粹是以自身德性為基礎的人生選擇。若不循德性內涵去理解，此二爻實無法解釋其文義。一位士大夫倘若沒有充實的內在德性涵養，必然只懂得巴結奉承位高權重的主政者，又焉能領悟到「不事王侯」、「肥遯」竟然也是端正王侯的好方法，甚至也是最好的自處之道呢！

　　外在的禍福安危，是否影響及於自身，其契機正在於自己。這個道理，〈需〉卦䷄早已有最好的說明。初九「需于郊」為「利用恆」，離坎險尚遠；九二「需于沙，小有言」，則有言語的衝突，而未至於切近己身的危險。至於「需于泥」則「致寇至」，災禍之所以近及於身，問題的根源，主要還是由於自己站立在危險的地點所招致。〈需〉卦藉由危險自遠至近，愈切近於己身，說明了士大夫外在的際遇，恆常與自身之德業行為相關涉。

　　本書上編〈壹、字義演繹〉一章說明了《易》諸卦名或卦爻辭所出現的卦名之本字，大部分都不是用該字的「本義」；卦名與卦爻辭之間，存

在著多種方向的字義演繹引申的關係。這種透過字義、語義演繹而呈現的張力，讓卦爻辭的義理存在複雜性與多重性，得以廣闊地開展新意義。《周易》卦爻辭的作者的確利用「語言」、作為其衍伸義理的工具。但正如我提出的問題：為什麼「語言」可以作為真理鋪陳、開展的媒介？這與《易》以「人」為中心的宇宙觀，又有什麼關係？

我認為：《易》作者既將「人」視為與世界秩序相對應，也就代表「人」就是宇宙的中心。[25]「人」既是「天地之德，陰陽之交，鬼神之會，五行之秀氣」[26]所鍾，與外在世界是互為主客、同條共貫的關係。同時，人類發明語言，運用語言，建構了社群秩序，奠立了道德價值。人類所建構的秩序和價值，根本上是憑藉語言，[27]而語言又源出自人類的心靈，而心靈又是源自天地、成為人類生命與行為的主宰。語言、身體、心靈、外在世界，共同構成一個整體。故一卦的上爻多繫以人類形體之「首」（或頭部器官），又可繫以自然界之「天」，如〈大畜〉䷙上九「何天之衢」、〈明夷〉䷣上六「初登於天」、〈中孚〉䷼上九「翰音登于天」。古代中國的哲人早已了解，人類本來就是一個整體性世界的一部分，自始至終，未嘗與世界分離，故一卦可以喻身體的功能，同時可以喻客觀世界的規律。在「人」與「宇宙」合一的前提下，「語言」就不僅只是一種人與人之間溝通思想的工具而已。根本上，「語言」是「人」的精神生命感發了宇宙真理以後、透過肉體生命向外抒發的結果。我們也可以說，「語言」是宇宙「抽象之理」、透過「人」這個宇宙之核心感應以後、發而在外、音義並具的「具

25　我所說的「人」有兩個意思：第一個意思是，在《易經》的年代，應該是專指「大人」（統治者，即天子或諸侯）和「君子」（士大夫）而言，並不涵括一般的農民和下層社會的工人徒隸；第二個意思是，就「大人」、「君子」階層中每一個個體之人而言，其自身就是他的宇宙的中心，正如〈咸〉卦「咸其拇」所感之人，可以是大人、君子中的任何一人，而不必然特別指某一個人。這是因為，《易經》編撰之世，思想尚未成熟到像華嚴宗法藏大師那樣討論到具主體性的「人」與「人」之間如何互相接觸、形成一個共同的世界，即所謂帝釋珠網、互相映現的境界。

26　《禮記‧禮運》。《禮記注疏》，卷22，頁5a。

27　《尚書》典、謨、訓、誥，都是以語言訓誨為主的歷史檔案，可以為證。

象之理」。這種具象之理蘊含神聖性。在「人」與「宇宙」合一的關係下，「語言」當然可以被理解為從人的「聲帶、口腔」發出，也可以被理解為從人的「心性」發出，更可以被解釋為由「宇宙之真理」發出。[28]正是由於《周易》作者具有「身體→語言」的自覺，而「語言→義理」又具有發展關係。「身體→語言→義理」的三個層次的開展，便成為《周易》哲理系統主要架構。

三 卦爻辭語義的二重性

有了「身體→語言→義理」這樣的關聯性思維以後，演繹語言，衍伸語義，便成為《周易》「經」與「傳」作者視為理所當然之事。這是《易傳》作者模仿經文之法，演繹引申字義、申說義理的主要原因。在整體性世界觀（holistic world view）的映照下，卦爻辭的一字一詞之意義，固然具有多重性，可以步步衍伸；但衍伸所至，也不會變成毫無道理的、附會出來的「意義群」，因為語詞意義的演繹，就是世界秩序的示現（manifestation）。這種語義的衍伸，〈字義演繹〉一章已有說明。以下再引若干例子，說明卦爻辭語義的二重性：一為「淺層」（較貼近字面的意思），另一為「深層」（引申譬喻的意思）。

（一）卦爻辭的例子

所謂「語義的二重性」，在不同的卦之中有不同的發揮，前文舉〈小畜〉卦，表層義涵為水氣之畜積，深層義涵為德行之畜積，即為一例。例如在〈乾〉卦☰，自初爻至上九、用九皆繫以「龍」字；九三「君子終日乾乾，夕惕若，厲无咎」，繫以「君子」而未繫以「龍」字。故就〈乾〉

---

28 這方面，《莊子·齊物論》關於「吹萬不同」、「知、言」的關係（大知閑閑，小知閒閒，大言炎炎，小言詹詹），亦申論相同的道理。參郭慶藩撰，《莊子集釋》，卷 1 下，頁 50-51。

卦六爻而言,「龍」就是「君子」的自然喻象,「君子」就是「龍」的人文喻象。卦爻辭中這一類「自然形象」與「人文形象」互喻的例子很多。[29] 用兩個不同的形象來比喻〈乾〉的卦義,一屬自然,一屬人文,這是「語義二重性」的一種表現。

又或可看〈晉〉卦䷢卦辭:「康侯用錫馬蕃庶,晝日三接。」〈晉〉與〈明夷〉卦䷣為相對,象旭日東升、明出地上之象,故「晉」字即蘊涵「上進」之義。卦辭「晝日」即由外卦「離」居內卦「坤」之上的形象而來。日出東方是自然之「晉」,「晝日三接」則是人事之「晉」。以人事之「晉」為卦辭,與「明出地中」的自然之義互相比喻,那很明顯就是以「人文」來印證「自然」。

又如〈井〉卦䷯卦辭:「改邑不改井,无喪无得,往來井井。汔至,亦未繘井,羸其瓶,凶。」出現了三次「井」字,很顯然是演繹〈井〉的卦名。「往來井井」,「往來」二字,承「改邑不改井」而言,[30]既指《易》義內外卦之往來,亦借「水井」之義,兼指遷往他處之人及遷來此處之人。又〈井〉初六爻辭「井泥不食,舊井无禽」。王引之《經義述聞》:

「井」當讀為阱,阱字以井為聲,故阱通作井,與井泥不食之井不同。[31]

「井」本用以取水,故上博簡《周易》作「汬」;「井」乾涸無水,故稱「井泥不食」;改作「陷阱」,又不能捕獸,故稱「舊井无禽」。「舊井」兼有「汬」、「阱」兩義,字帶雙關。

又如〈比〉卦䷇六二爻辭:「比之自內,貞吉。」六四爻辭:「外比之。」六二居內卦而繫以「內」字,六四居外卦而繫以「外」字,兩兩相對。又六二與九五陰陽相應,剛柔中正,九五為「顯比,王用三驅,失前禽,邑人不誠,吉」,有王者之喻象,反觀六二「比之自內」一方面指的自內卦陰順中正之爻、向外與外卦「顯比」王者之象相應,有貞吉之占;

29　因為《易經》作者認為「自然」、「人文」是一體的。

30　參屈萬里,《周易集釋初稿》,〈井〉卦條,頁291。

31　王引之,《經義述聞》,卷1,頁50a。

另方面「比之自內」也有自內心親附王者之意。〈比〉卦的「內」字，除扣緊內卦而言以外，也蘊涵了「內心」的意義。這也是意義二重性的例子。

又如「大有」一詞原指豐收，[32]但〈大有〉卦☲上九爻辭：「自天祐之，吉，无不利。」上爻為天位，「祐」字即从「大有」之「有」字取音義。人生之大有，若為上天助祐而有，則必吉無疑。其實「豐收」不就是一種天賜的「助祐」嗎？「自天祐之」，也就是「大有」的含義引申而成。

所謂「語義的二重性」，其最初的背景，不過在於延伸意義；延伸所至，則成為六十四卦的一個定例，字義、辭義、卦義、象義都常常含有二重性。如〈隨〉卦☱卦辭：「元亨，利貞，无咎。」〈隨〉卦名本義，是用「追隨」、「跟蹤」之義，故爻辭以「係小子，失丈夫」、「係丈夫，失小子」、「拘係之，乃從維之」而論，即指戰爭中追逐、拘係俘虜而言；但引申於《易》理，《易》以時變為本，故「追隨」即引申為「隨時」。「追隨」俘虜不能得元吉而无咎；待人處世，能隨時而改變，則可以元亨而利貞无咎。

又如〈蹇〉卦☵六二爻辭「王臣蹇蹇，匪躬之故」，「蹇」字即兼有「蹇」與「謇」二義。《經義述聞》解釋說：

故，事也。言王臣不避艱難盡心竭力者，皆國家之事，而非其身之事也。[33]

屈萬里說：

〈離騷〉：「余固知謇謇之為患兮。」王《注》：「謇謇，忠貞也。」引《易》此句。[34]

爻辭以「蹇」為名，演繹字義引申為「謇」，从言，即進諫言於君主之意；但「謇」字其實也是一種「蹇」，表述了臣子勸諫君主之困難。六二為臣，九五為王；二爻相應，君子（士大夫）雖「謇」而「蹇」，但能如此堅持，

---

32 《春秋》宣公十六年：「冬，大有年。」《穀梁傳》：「五穀大熟為大有年。」〔晉〕范甯注，〔唐〕楊士勛疏，《春秋穀梁傳注疏》（台北：藝文印書館影印阮元校刻《十三經注疏附校勘記》本，1979），卷12，頁17a。

33 王引之，《經義述聞》，卷1，頁47a。

34 屈萬里，《周易集釋初稿》，頁240。

則國家可以不蹇，因為士大夫竭力的是國家之事，而非個人之事。《易》卦爻辭遣詞用字之巧妙，往往如此。總之，這一類語義之引申而至於有雙重的意義，卦爻辭的作者常用以聯繫「自然」與「人文」的兩個世界。《易》卦爻辭這一類巧妙的意喻，俯拾皆是。自然與人文的關係，並非至《易傳》始有所闡發，卦爻辭中早已蘊涵。

（二）抄本異寫的問題

從事經典文獻研究，遇到卦爻辭及《易傳》出現「異文」——字的不同形構——時，一般會認為是假借（借另一同音字）或者訛誤（「形近而誤」、「涉上下文而誤」等不同原因導致）。單從文獻談文獻，「異文」不過也就是「異文」罷了，未必有什麼深義。

但事實上情形並不單純。有些經典的異文，實質上是抄寫者（或詮釋者）根據原文形音義的線索、故意改換為形音相近、或音同形不同、或形近而音不類、或形音近同但義不相屬的另一字，目的是要朝不同方向將原文的意義延伸擴大。說詳本書上編〈貳、《易》學與校勘學〉。

夏含夷 2006 年在中央研究院中國文哲研究所發表〈重寫《周易》：談談在中國古代寫本文化中抄寫的詮釋作用〉時，特意引用了拙著〈字義演繹〉的論點，提出了另類的思考。該文一針見血地提出反省「定本」的意義何在的問題：

> 我們經常以為「經」是永久不變的事物，當它寫定了以後，詮釋者的理解儘管不同，但是所詮釋的原文不會改變。但是問題是什麼叫做「寫定」，什麼叫做「定本」，定本在什麼程度上固定？最近幾十年以來，在中國和西方都曾有眾多古代寫本出土了，其中也有不少「經典」。這些經典寫本和傳世的經典往往有各種異文。這些異文很多僅僅是由於不同的書寫方式而產生的，不一定有什麼思想意義，但是也有不少可能含有不同的內涵。

夏含夷提出的幾種可能，包括不知不覺的「抄錯」、故意「抄錯」和介乎二者之間的「抄錯」三種。他說：

> 不同的內涵可以分成不同的類別。有的是由於抄寫者不知不覺地抄錯了，

將某一字寫成音近或是形近的字，也會漏掉或是重寫某些字。除此之外，恐怕也有抄寫者故意地改變原文，便以把「經」的內涵和他自己的思想弄成一致。還有一個可能，抄寫者的抄錯或是改變是在不知不覺和故意之間。那就是說，抄寫者在抄寫的時候一定會受到他自己的教育和思想背景的影響，看書的時候看不見所寫的字而看見他要看的字。無論是在中國還是在西方都可以找到這樣的例子。在中國也有特殊情況，使這個過程更複雜。因為古書通常是寫在竹簡上，然後用某種繩子將很多條竹簡編連在一起，而過了一段時間以後，編連的繩子往往毀掉，竹簡的次序就會弄亂。抄寫者有的時候能夠按照原文的上下文恢復次序，可是也有時候他只是根據他自己的理解將竹簡再編連。[35]

從這樣的角度去觀察古書的「重抄」（rewrite），但其實「異寫」不一定是「抄錯」，也有可能是同一字的另一種寫法。至於何以有不同的寫法，原因很多。要知道在漢語中，同一語言表述相同音義可以有不同寫法（如「彷徨」或作「方羊」）；形音不變，意義也可擴充（如「行道」之「行」轉化為「行列」之行）；也有假借（如「然」字從「然燒」字轉化為「雖然」字）、轉注（如女紅之「紅」與顏色之「紅」原為二字，前者「工」音義兼具，後者則純以「工」為聲符）。音義輾轉、孳乳變化，遂使中國文字愈來愈多。及至古人撰著經典，或以「賽」為「蹇」、或以「咸」兼具「感」、「速」二義，其例極多。[36]這種「多義」（multiple meanings）的情形，並非《易》所專有，在先秦經典中俯拾皆是。試想如果每個漢「字」都只有一種寫法、一種讀音、一個意義，那麼字與字之間、語言與語言之間彼此遠相隔絕，像《詩經》、《周易》那樣充滿喻象或諷喻的文獻，就很難出現。從這個角度看，我們面對數十年來出現的幾種重要的《易》出土寫本（包括馬王堆帛書《周易》、阜陽漢簡《周易》、上博簡《周易》等），對於其中抄寫的不同，實在不宜輕易地說某一種

---

35 原發表於中國文哲研究所經學組林慶彰教授主持之「儒家經典之形成」研究計畫活動。修訂後改題為〈重寫儒家經典──談談在中國古代寫本文化中抄寫的詮釋作用〉，收入夏含夷，《興與象：中國古代文化史論集》（上海：上海古籍出版社，2012），頁87。

36 參本書上編〈壹、從卦爻辭字義的演繹論《易傳》對《易經》的詮釋〉。

一定是對的，另一種一定是錯的；或者說某一種寫法才是原形原義，其他的都是晚出的寫法。譬如說〈兌〉卦帛書《周易》本作「奪」；[37]〈家人〉卦王家臺秦簡《歸藏》作「散」，[38]〈師〉卦阜陽漢簡《周易》和上博簡《周易》均作「帀」，[39]難道帛書《周易》、《歸藏》本一定就較近原義，今本《周易》反為後出；抑或說今本一定是原本，帛書《周易》和《歸藏》本較晚出？當然，同一個字的不同寫法，問題自然不大；唯一旦遇到可能兼有兩個或以上意義的字詞時，[40]抄寫者在抄寫時，必然只能選擇呈現一種寫法，必不可能將一個字的所有含義（如果確有多重意義的話），全部呈現出來。當抄寫者選擇某一種寫法時，其實等於將其他同時並存的其他寫法（及其含義）捨棄了，也就等於泯滅了經典文本之中可能存在的多義性。這是以「抄寫」作為文獻流傳方法的限制。

從這個角度看，古代文獻的傳抄，常常出現「異寫」、「異文」的情形，恐怕不能解釋為古代學者的不嚴謹，或者抄錯，或者有意無意地摻入自身的思想。我們看到古人這種抄寫的限制，也不能用「排除法」在異文中論斷是非，反而，我們應該從歷史文化的角度，以同情的眼光看待古人，將之理解為古人留存了不同的寫法的若干種。這種情形，等於古人不約而同、藉由各種異寫，而保存了經典的多義性。此一態度對於出土文獻研究而言，至為重要。作為研究經典、詮釋經典的我們，應該覺察「語言多義性」的事實，用一個寬鬆的態度去綜括所有異文，儘量發掘其中的意義群，而不是狹隘地刺取此義而捨棄彼義，或硬要在異文中判別優劣，而不知不覺地忘記或忽略了其他眾多的寫法。當然，從此一角度看待《易

37　鄧球柏，《帛書周易校釋（增訂本）》，頁252。

38　竹簡本《歸藏》係根據王家臺秦簡本《易》，詳荊州地區博物館，〈江陵王家臺15號秦墓〉，頁37-43。據學者研究，王家臺秦簡本《易》即殷《歸藏》。又清儒馬國翰輯古本《歸藏》，收入《玉函山房輯佚書》，《續修四庫全書》（上海：上海古籍出版社影印光緒九年〔1883〕嫏嬛館刻本，2002），第1204冊。

39　參韓自強，《阜陽漢簡〈周易〉研究》，頁49；馬承源主編，《上海博物館藏戰國楚竹書（三）》，頁19。

40　如〈蹇〉卦六二「匪躬之故」，上博簡《周易》作「非今之古」，同前注，頁47。

經》，也需要高度的方法論自覺，也不能無限上綱地將所有異文均視為背後一定含有某種微言大義。

（三）「語義二重性」與「文義二重性」

「語義二重性」和「文義二重性」有同有異，既是《周易》文本在「表層涵義」之下，隱藏了另一個「深層涵義」的「因」，也是「果」。如〈大畜〉卦䷙九三「良馬逐」、六四「童牛之牿」、六五「豶豕之牙」，提到了許多形體龐大的牲畜，因此近當代學者往往將本卦解釋為與農業社會畜牧之事有關。[41]但究竟卦爻辭記載古代農業畜牧之事的目的何在？這豈能不深入思考？可見「畜牧」云云，僅能解釋卦爻辭的表層意義而已，此卦的深層意義則取「豢養牲畜」的引申義，喻指國君的「養賢」。

以卦與卦的關係而言，與〈大畜〉為反對即同一組卦的前一卦為〈无妄〉䷘；與〈大畜〉意義相關的另一卦為〈小畜〉。〈无妄〉指未經計畫的行為，純粹出於自然，[42]引申而言，即古語所謂「誠」。能「无妄」則元亨，「匪正」則有眚而不利攸往。則无妄的意義十分明顯。〈大畜〉卦義與之相對，指超越一身以外、畜養賢者之意。能輔國的賢者，必有過人的能力、又各具特殊的個性，正如馬、牛、豕之體型龐大，行為模式卻不相同。國君豢養賢能之士，必須以不同的方法駕馭，始能用賢。這是〈大畜〉卦要

41　如高亨《周易古經今注（重訂本）》均以農業社會之名物器儀來解釋各爻。又周振甫指該卦「卦爻辭講的大畜，靠養牛養豬和農業及出外謀生」。見周振甫，《周易譯注》，頁 95。

42　黃沛榮師〈易經卦義系統之研究〉：「『无妄』應為『意料不及』或『未經計畫』之意。」（頁 101）帛書本《周易》作「无孟」（鄧球柏，《帛書周易校釋（增訂本）》，頁 99）；阜陽漢簡《周易》作「无亡」（韓自強，《阜陽漢簡〈周易〉研究》，頁 59-60）；《經典釋文》：「馬、鄭、王肅皆云：妄猶望，謂无所希望也。」（陸德明，《經典釋文·周易音義》，卷 2，頁 10b）《史記·春申君列傳》作「毋望」。〈春申君列傳〉載朱英謂春申君曰：「世有毋望之福，又有毋望之禍。今君處毋望之世，事毋望之主，安可以無毋望之人乎？」《史記正義》曰：「無望，謂不望而忽至也。」又《史記索隱》稱：「《周易》有无妄卦，其義殊也。」（《史記》，卷 78，頁 2397）其實「无妄」本義正是「毋望」，但《索隱》從卦爻辭的引申義「誠正」之義看，故認為二義相殊。

傳達的深層意義。故卦辭「不家食」，即求食於外。龐大的牲畜，須自家門以外的地域捕捉而豢養；猶如王侯求賢，賢者亦須自外尋覓，以利於己身己家。對大人而言，一國之主，高門深局，固不可能求得賢者。[43]相對於〈大畜〉的向外求賢，〈小畜〉則是向內求蓄積個人文德。〈大畜〉九三「良馬逐」、「童牛之牿」、「豶豕之牙」講的都是豢養牲畜的藝術，也就是如何飼養大型牲畜而不為所傷，正如一國之中如何維持良臣良將相互競逐，但不致互相傷害。賢者或智或勇，或二者兼備，或剛強奮進，容易與大人（延聘賢者的人，即國君）發生衝突。本卦強調「利己」、「閑輿衛」、「童牛之牿」、「豶豕之牙」，均說明大人賢者相互之間如何建立合作關係、不致發生衝突的道理。所以，就「語義的二重性」而言，「畜」字本指具體家畜的畜養，引申而有抽象的「畜積」之義，前一語義發展出後一語義；就「文義的二重性」而言，各爻多以大型的牲畜為喻，這是表層意義，深層意義則是國君的養賢。

就「文義的二重性」而言，因《易》理依「身體→語言」而開展，故凡卦爻辭之義理，多屬於切近己身、明晰可曉的義理，也有日常生活智慧的義理。近世治《易》者，多指卦爻辭沒有義理，認為義理的發生，在於戰國。不悟今人所講的「義理」，如性、命、仁、義、天道之類抽象的概念，是較高層次的義理。從思想史的發展軌跡看，在《周易》撰著的年代，未必有這一類玄奧之言；即使有，也未具備能詳盡鋪陳發揮的條件。然而，即使後世沒有看到早期中國有這一類玄奧之言，又豈可以斷言古人沒有抽象思維的能力與智慧？事實上，正因為近世學者總懷著歷史進化的觀點，有意無意地視《周易》卦爻辭之撰著時代，為距茹毛飲血之世不遠，或視古人不離巫術迷信之陋，遂使卦爻辭中所蘊涵古人的智慧（正不妨可以稱之為「義理」），隱而不彰。《周易》之中，如〈需〉卦䷄上六爻辭：「入

---

43 再進一步引申，就可以推論到《彖傳》作者釋為「養賢」，《象傳》作者衍釋為「多識前言往行」，引申喻指士君子蟄居家中，難以親炙賢人的範式，故強調向外界的型範學習、尚賢養賢、有所畜積之意。參《周易注疏》，卷3，頁25a-b。

于穴，有不速之客三人來，敬之，終吉。」坎體之終，有穴之象；「不速之客」指內卦三陽。「敬之終吉」，亦為卦辭「有孚光亨」引申之義。就人生的境遇而言，有不速之客三人來，在情境上不免為突兀、尷尬之事，但若能恭敬接待，則終必能吉。這並不是高層次的、討論仁、義、誠、命之類觀念的義理，而是切實於人生境遇的及身之智慧。然而，倘沒有切近己身的平實之義理，又焉有幽深致遠的抽象之義理可言？《周易》在平凡中見偉大，正是在諸卦卦爻辭之中，充滿這一類平實而蘊藉的智慧，涵括國家政治以至於修身治事各個層面的緣故。這是研究《周易》者所不可不知的。

四 從身體到語言：論《易》為士大夫之學

（一）卦爻辭所記大人君子的智慧

　　《易》卦爻辭取象於人體，本書〈序論〉已有介紹。它申論的，是以「人」為宇宙之中心，而人類言說的內容，亦當上配天地之真理、抒發心性的德義。這是孔子反覆強調「仁者其言也訒」（〈顏淵〉）、「剛毅木訥近仁」（〈子路〉）的原因。語義隨境而變，引申也好，演繹也罷，因語言源出心性之內、發為文字音聲於外，只要語言的根本——身體——能持守正道，語義自然圍繞中心，演繹義理。殷周時代，知識並不普及，是貴族士大夫的專利。而語義演繹之思維之所以貫串《易》，正是因為它本為王朝典冊，士大夫所誦讀，與《詩》、《書》性質相同。

　　論者或謂「士」階層的興起，並不在殷末周初，而在春秋中期；但就文獻所記而言，「士」字早就廣泛地出現在甲骨文中，顯示「士」作為一種官職、行業或身分，其淵源甚早。本文用「士大夫」一詞，就是取其一般的意義，也就是上古貴族社會專政時期兼掌文武職業的官員，即《尚書》所謂「多士」、「庶士」。余英時曾經指出：

> 遠在商、周的士如文獻中的「多士」、「庶士」已可能指「知書達禮」的貴

族階級而言了。[44]

饒宗頤則歸納出上古中國「士指男性」、「士之職在宰之間」、「士民在四民之列」、「動詞之士訓事」四個結論，並進一步推論出「士之訓事，因士是掌事之官」，則甚有意義。[45]許倬雲的〈審查報告〉則更指出「士」兼掌文武之職，而《易》六十四卦可能是反映「士」具有駕馭抽象觀念的理性思考。這更是饒富趣味的推論。卦爻辭所記的「君子」，指的就是「士」，不論其爵位高低、屬文屬武，均包括在內。[46]就《周易》而言，「君子」是相當普通的用語。卦爻辭中「君子」一辭凡出現二十次：

1. 〈乾〉九三：君子終日乾乾，夕惕若，厲无咎。
2. 〈坤〉卦辭：元亨，利牝馬之貞。君子有攸往，先迷後得主。利西南得朋，東北喪朋。安貞，吉。
3. 〈屯〉六三：即鹿无虞，惟入於林中。君子幾不如舍，往吝。
4. 〈小畜〉上九：既雨既處，尚德載。婦貞厲。月幾望，君子征凶。
5. 〈否〉卦辭：否之匪人，不利君子貞，大往小來。
6. 〈同人〉卦辭：同人于野，亨。利涉大川，利君子貞。
7. 〈謙〉卦辭：亨，君子有終。

---

44 關於上古「士」的起源，余英時〈古代知識階層的興起與發展〉一文有相當詳盡的考證與分析。參余英時，《中國知識階層史論（古代篇）》（新北：聯經出版事業公司，1980），頁1-92。該文由許倬雲與饒宗頤所寫的兩篇〈審查報告〉亦均針對古代「士」的名義與階級屬性提出細膩的補充考察。余文第一節「近代有關『士』之起源諸說」，對近代「士」起源問題已有所介紹，並直接指出「遠在商、周的士如文獻中的『多士』、『庶士』已可能指『知書識禮』的貴族階級而言了」。（頁7）

45 參余英時，《中國知識階層史論（古代篇）》，頁95-100。

46 許倬雲：「專由武士一意討論（如顧氏說），似未為全貌。士之『文』職部分，須嫻習禮節，熟知法制及掌故，其意義已是對於『知識』之掌握。王官之學，亦不外對此數項知識之分類而已。哲學之突破，當兼具量與質雙方面。量之增加，使分類有其必要，竊以為易卦可能即是分配現象於若干（8-64）個範疇之努力。一經分列範疇，具體的現象，即轉化為抽象的觀念，知識一入抽象境界，便不可避免的獲得『理性思考』的特質。」同前注，頁93-94。按：饒宗頤亦認為：「近人新說士之本義為農事耕作，及士原指武士二說，皆不可信。」同前注，頁101。

8. 〈謙〉初六：謙謙君子，用涉大川，吉。

9. 〈謙〉九三：勞謙君子，有終，吉。

10. 〈觀〉初六：童觀，小人无咎，君子吝。

11. 〈觀〉九五：觀我生，君子无咎。

12. 〈觀〉上九：觀其生，君子无咎。

13. 〈剝〉上九：碩果不食，君子得輿，小人剝廬。

14. 〈遯〉九四：好遯，君子吉，小人否。

15. 〈大壯〉九三：小人用壯，君子用罔，貞厲。

16. 〈明夷〉初九：明夷于飛，垂其翼。君子于行，三日不食。有攸往，主人有言。

17. 〈解〉六五：君子維有解，吉。有孚于小人。

18. 〈夬〉九三：壯于頄，有凶。君子夬夬獨行，遇雨若濡。有慍，无咎。

19. 〈革〉上六：君子豹變，小人革面。征凶，居貞吉。

20. 〈未濟〉六五：貞吉，无悔。君子之光，有孚，吉。

從一般語義考察，「君子」當指屬於貴族階級的從政者而言，故與「小人」為相對。例如《尚書・酒誥》所稱「庶士有正越庶伯君子」[47]以及《詩・魏風・伐檀》「彼君子兮，不素餐兮」之「君子」，也就是鄭玄所謂出仕受祿之人。[48]《禮記・曲禮上》：

> 博聞強識而讓，敦善行而不怠，謂之君子。[49]

《禮記》的定義，屬於晚出，包含了對「君子」應具備之行誼的理想寄託成分，但《詩》、《書》的記載，卻和卦爻辭的內容頗一致，都是指貴族階級、受俸祿的從政者，如「士」、「卿士」、「大夫」。卦爻辭的本質，多言戰爭、建國、政事、修身之事，而所涉及的人物，大多為具有階級地位的貴族。此類例證在六十四卦中太多，實難一一細述，前文所論已引述不少

---

47 《尚書注疏》，卷 14，頁 17a。

48 鄭玄《箋》：「彼君子者，斥伐檀之人，仕有功，乃肯受祿。」《毛詩注疏》，卷 5 之 3，頁 10a。

49 《禮記注疏》，卷 3，頁 1b。

例證。又如〈訟〉卦䷅九二爻辭:「不克訟,歸而逋,其邑人三百戶,无
眚。」爻辭是以地位較卑微的封邑者向地位尊崇者興訟為譬喻,認為以小
訟大,若能及時歸返逃竄,則大患可以變為小患。又〈訟〉上九爻辭:「或
錫之鞶帶,終朝三褫之。」「鞶帶」為命服之飾,非卿士或大夫不能有。
又如〈師〉卦䷆九二爻辭:「在師中,吉,无咎。王三錫命。」「王」有「錫
命」,則必為卿大夫無疑。當然,我們還要更進一步問,《易》論君子,究
竟只是泛指職位、爵位或身分的意義,還是有賦予內在的義涵?我們從卦
爻辭中的「君子」,可知其必然有道德義涵。如〈訟〉六三爻辭:「食舊德,
貞厲,終吉。或從王事,无成。」「訟」事本身即不屬於吉事,然而若興
訟者有「舊德」可「食」,則雖貞而危,而可以吉事終了。卦爻辭的這個
「德」字,應有道德、德行之義。此可見卦爻辭有「尚德」的思想,否則
此「德」字終無解。[50]然則《周易》所謂「君子」,並非僅僅為身分職等的
描述,而是蘊含德性上的要求。凡治國之士,必先累積自身的德性,〈訟〉
之「食舊德」即指此,亦須先考求自身的德性,正如〈觀〉卦䷓所謂「觀
其生」,亦必以「觀我生」為基礎。(雄按:〈觀〉卦九五:「觀我生,君子无咎。」
即指君子觀自己的「生」;上九:「觀其生,君子无咎。」應指君子觀人民之「生」。)
若以〈臨〉、〈觀〉二卦為例考察,〈臨〉卦䷒初、二兩爻均繫以「咸臨」,
王弼讀為「感臨」,[51]證之以「咸其拇」、「咸其腓」諸爻辭,王《注》應符
合經旨。以相感的心情(即今語所謂「同理心」)觀臨人民百姓,當為「貞
吉」。六三「甘臨」,居於〈臨〉內卦「兌」之上爻。由於「兌」有口舌之
象,故六三之「甘」即甘甜的言辭。鼓如簧之舌、以甘美之言取悅於人
民,當无所利;治民之君子若能以此為病,並以此病為憂,則可以无咎。
上三爻「至臨」、「知臨」、「敦臨」,「至」即親至,注家或釋為「至善」,

---

50 《詩‧大雅‧抑》:「有覺德行,四國順之。」(《毛詩注疏》,卷18之1,頁9a)〈邶風‧雄
    雉〉:「百爾君子,不知德行。」(卷2之2,頁4b)兩處的「德行」,均與〈訟〉卦之「舊德」
    或〈恆〉卦「不恆其德,或承之羞」之「德」,意義相同,均指人類的道德行為而言。

51 《周易注疏》,卷3,頁7a-b。

亦可；[52]「知」即「智」，以睿智臨民，唯偉大之君主能為之（爻辭稱「大君之宜」）。至於上爻則為「敦臨」，即以敦厚之態度臨民。〈臨〉卦之主，都是指治民之人，也就是大人君子。而〈觀〉卦之「觀」與〈臨〉卦之「臨」又屬於互相發明、互相支持的意義，因為「觀國之光」，正與觀察人民以及治民者自我省察，均有密切的相互關係。

余英時〈古代知識階層的興起與發展〉一文「四」提出「哲學的突破」之說，以說明人類以理性思維重新認識宇宙秩序與自身環境的意義。他說：

> 在公元前一千年之內，希臘、以色列、印度和中國四大古文明都曾先後各不相謀而方式各異地經歷了一個「哲學的突破」的階段。所謂「哲學的突破」即對構成人類處境之宇宙的本質發生了一種理性的認識，而這種認識所達到的層次之高，則是從來都未曾有的。與這種認識隨而俱來的是對人類處境的本身及其基本意義有了新的解釋。以希臘而言，此一突破表現為對自然的秩序及其規範的和經驗的意義產生了明確的哲學概念。從此希臘的世界不復為傳統神話中的神和英雄所任意宰制，而是處在自然規律的支配之下了。[53]

東西方文化系統中的哲學突破，都離不開人類對於環境的理性認識，亦即認識抽象原理的能力，在歸納物類的過程中，捨棄個別事物的個別條件與形象，而抽繹出貫通其中通性之理。參考前引許倬雲對於六十四卦的研判，再綜觀卦爻辭，其中顯然並未凸顯一個具有宗教意義之「天」或「上帝」的觀念，但卻在具體物類之上，透過「象」（包括卦象、爻象、象辭）的運用，而透視各種抽象的原理，同時又不離於自然、倫理的事物。故《周易》哲理，既屬自然哲學，又是包含倫理元素的政治哲學。它強調了治國者（即士君子）必須擁有修德自省的能力（如觀生、勞謙、敬慎）以及治民治

---

52 孔穎達《正義》：「能盡其至極之善而為臨。」同前注，頁8a。按：阮元《校勘記》：「『感』當作『咸』，此注正述經文也，無改字之例。」（〈周易注疏卷三校勘記〉，頁2a）
53 余英時，《中國知識階層史論（古代篇）》，頁32。

事的誠心（如咸臨、謇謇、幹蠱），而這種能力與誠心，又以一個人文與自然、人倫與宇宙同體呈現之整體架構，作為其理論基礎。那麼，上述士君子所具有的自覺，正是奠立在其對自身處境的理性認識，也就是奠基於一種人與世界相融攝的觀念，進而指向士君子必須以德性自修為基礎，對於外在世界有整體觀察和實踐能力，以建立一個整體性的秩序。

（二）占卜、義理並存的理據

《易》與占卜有關，在《左傳》、《國語》諸筮例中已可見。近世《易》家每謂遠古之《易》用於占卜，並無義理於其中。上文已說明「義理」本來就可區分為兩類，一類是切近己身的義理，另一類是抽象玄遠的義理，二者本不容易遽分。再進一步討論，其實凡言「占卜」，皆不能沒有義理，義理占卜，一定是相須為用的。凡占卜，結果不論為吉凶悔吝，必須有人事的解釋，始有意義；而所謂人事之解釋，必不僅止於吉凶悔吝而已。倘若說占卜可以不需要運用人事以解釋，則等於占卜之活動與人生可以無關係，人類亦不需要占卜了。因此，凡占卜而有待於人事解釋，解釋之人，不論是「覡」、「巫」或「史」，必不能遠離人生、人文的價值而給予解釋。換言之，世間並沒有可以脫離「義理」、獨自運作的「卜筮」。這種情形尤以《易》為然。關鍵在於《周易》在本質上是王朝的典冊，體現於邦國的禮教（說詳本書中編〈貳、《易》象新議〉），傳述的原本就是周民族尚陽、主變、崇德的政治理念。《周易》既為王朝典冊，對象必以士大夫為主。六十四卦，三百八十四爻，卦辭爻辭均未嘗脫離現實人生倫理、社會國家，其中且充滿教育訓誨的意味，則更可見《易》之為書，必非占問吉凶悔吝之後，盲目進行祈禳之事以趨吉避凶的迷信活動，而是廣泛地運用人生智慧，以印證天道之規律。

《易》與《禮》均強調「人」是天地陰陽的精粹，取法於自然，故天道有陰陽、人道則有男女。就德性而言，「自律」（autonomy）與「他律」（heteronomy）的對立亦將不復存在，因為自然與個人具有整體性，無法區分內外，而人的道德趨向，理論上與自然規律是一致的。

《易》既為王朝典冊而立基於邦國典禮，則占問決疑，亦係王朝典禮的一部分，其反映義理，必然與治國者的「心」與「身」所體驗、感知的義理一致。職是之故，即使卦爻辭可施用於占卜，亦是一個繁複決策的一部分，[54]絕非人人可以為之的單純占問，而卦爻辭也絕非農業社會的占卜紀錄。從社會學角度，將卦爻辭所涉及的占筮視為一般的社會活動，殊為荒誕。卦爻辭字義、詞義、語義、文義所引申的種種新意義，幾乎從未脫離個人、眾人或政治之事的道理，而且充滿人生價值的理解與判斷。此等理解與判斷，固非高層次的玄遠義理之詞，也絕不可能是巫術迷信之產物。

《易》的原理既本於日光顯隱，也就是源出「陰」、「陽」二字的本義，即表示其為自然哲學，並未標舉一個具人格的神祇或上帝。《易》占的基礎，既涉及自然界的動植飛潛之物，又涉及人文界的人類社群，則「卜筮」的基礎，實即指自然與人文之間的關係，而非一切歸諸於不可知的天神意志。「義理」的基礎，亦係指人文不得不依循之自然規律而言，而非盲目崇奉不可知之上帝。

如以自然之《易》理印證人生，人生的際遇，人人不相同——有先天的不同，也有後天的不同。「先天」的部分，非人力可改變；「後天」的部分，則可藉人力以改變。「義理」強調道德實踐，道德實踐是人類依據其自身能力、踐履心性之價值而成，所謂「我欲仁斯仁至矣」（《論語・述而》）即指此，當代儒者所謂道德之自律、亦即德性主體之「絕對自由」，即指此種非由外鑠、純循心性而行的道德主體性而言。

但相對上，我們生命中也有許多人力所不能掌控的部分：每個人甫出生，貧富壽夭，均非自身所能選擇。有些人天生體魄強健、過目不忘，自然能成功而美滿。這本來就不值得自豪，歸根究柢不過運氣不錯而已。也有的人身體殘障、智力低弱，則不免坎坷卑賤、貧病交尋。這種先天條件

54　《尚書・洪範》「稽疑」一節所記「擇建立卜筮人」載之甚詳。參《尚書注疏》，卷 12，頁 16b-17b。

的差異，再加上社會群體、人際權力的消長變化，貴貴賤賤，遂使古人不得不求諸「卜筮」，希望能逆知自身際遇。倘若我們回歸古代文獻，凡深於《易》者，即使其人並非聖哲，亦不致盲目崇奉占問的結果，而往往發揮自身的道德價值觀，作為吉凶悔吝的判準。經典具在，不容否認。最有名的，莫過於襄公九年《左傳》所記占筮之例：

> 穆姜薨於東宮。始往而筮之，遇艮之八䷳。史曰：「是謂艮之隨䷐。隨，其出也。君必速出！」姜曰：「亡！是於《周易》曰：『隨，元亨利貞，无咎。』元，體之長也；亨，嘉之會也；利，義之和也；貞，事之幹也。體仁足以長人，嘉德足以合禮，利物足以和義，貞固足以幹事。然，故不可誣也，是以雖隨无咎。今我婦人而與於亂。固在下位，而有不仁，不可謂元。不靖國家，不可謂亨。作而害身，不可謂利。位而姣，不可謂貞。有四德者，隨而無咎。我皆無之，豈隨也哉？我則取惡，能無咎乎？必死於此，弗得出矣。」[55]

這段文字最常被引用以證明《文言傳》為晚出文獻。但我們若從文獻時代的問題提升出來，游心於古人用《易》的原則：穆姜以一女子，所解〈隨〉卦含義與史氏所論，完全相反，而且，雙方都沒有引據其他經書典籍，或《周易》典故，作為判讀的依據。即使同樣解釋「元亨利貞，无咎」六字，亦能作出南轅北轍的解讀。很明顯地，如果內心沒有適切的道德價值，不但吉凶悔吝的原理無從解釋，甚至連吉或凶、悔或吝都會完全解錯。正如前文解釋〈蠱〉卦䷑上九爻辭「不事王侯，高尚其事」，〈蠱〉卦之終，「不事」王侯，看似與「幹父之蠱」、「幹母之蠱」亦即「蠱」的精神相違悖，實則爻辭直指對於有蠱惑而不正的王侯，能「不事」奉之，其「事」反而最為「高尚」。這就是卦爻辭中以人類道德主體之價值，決定行為之方向的證明。

《繫辭下傳》：

> 是故履，德之基也；謙，德之柄也；復，德之本也；恆，德之固也；損，

55　《春秋左傳注疏》，卷30，頁25a-27a。

德之脩也；益，德之裕也；困，德之辨也；井，德之地也；巽，德之制
也。[56]

作者將這九個卦一一解釋為「德」的不同層次、不同面相的展現，豈不正
在於作者深深了解到經文本身貫徹著一種「尚德」的思想？這種「尚德」
的思想，其實同樣也存在於與《易經》同時期的《詩經》、《尚書》等經典
中，只不過《詩經》以歌謠的形式展現，《尚書》以訓詁的形式展現，《易
經》以占筮的形式展現而已。由此可見，經典意義是否隱晦，其實端視後
世學者是否懷抱著敬意來閱讀。如果解釋者執意戴著疑古的眼鏡，視經文
為毫無哲理的占筮紀錄，那麼經義再顯豁，無論如何也是看不到的。

五 結語

　　本文揭示的主旨，是認為《周易》作者在成書的年代，其實已經存在
一種思想，一方面以「卦」比附人體，展現出一種以自身為中心的宇宙
觀，另方面認為人類運用的語言文字，與宇宙的規律與真理之間，有一種
契合關係。語言文字，並不只是溝通的工具而已，而是自然之「道」透過
人的身體，逐漸抒發於外，發而為「有形」、「有聲」而「含義」的符號。
這些符號和人類的行為應該是一致的，小則足以治身，大則足以治民安
國，具有無窮的力量。故卦爻辭的字義，可以演繹，可以引申，《周易》
意義架構的建立，義理思想的世界，都藉由此一原理而成功。回歸到最根
本，語言文字是由身體發出，身體與宇宙的真理之間又具有一種特殊的關
係。「身體→語言→義理」，是一種層層開展的關係。

　　《周易》將主觀的生命（包括語言、身體、思維）與客觀世界統一起來的
學問，可以說相當的成熟，應該是一套蘊積相當長時間而形成的學問。這
套學問的文獻依據，的確可能和原始占筮息息相關；但這些紀錄也僅僅只

56　《周易注疏》，卷8，頁17a-b。

作為原始材料而已，就像《詩經》以民歌為素材，經過改編，而為含有政教意義的經典一樣。這些素材經由編輯重纂後，成為一部首尾具足、體統細密的訓誨之書，用以教育士大夫治身治國所應該具備的生命（兼攝人文生命與自然生命）知識。這種知識，是透過身體→語言→義理三階段逐步開展的。

傳統學者視《周易》「經」和「傳」視為一體，以經傳混合相釋證，固然讓他們難以認識到《周易》的真實內涵；而近百年來視《易經》與《易傳》為毫無關係的「經傳分離」之說，也讓學者心中先橫亙了「卦爻辭僅為卜筮巫術之紀錄」的偏見，遂致卑視了古人的智慧。唯有直接切入卦爻與卦爻辭，在高度謹慎參酌《易傳》義解的前提下，從中著手分析卦爻辭，才能同時破除上述兩種偏失，而揭開《周易》經傳的神祕面紗。當然，如果讀者堅持經傳分離之說，認定經文只是破碎殘斷的古史片段，拒絕聆聽本文所述說各卦爻文辭內容的解釋的話，那麼這只能說是讀者自己為前人所作之繭所困縛，自囚於舊說的牢籠罷了！

中編：義理象數

壹、論《易》道主剛——《周易》的不對稱二元論[*]

一 前言

　　約二十年前個人宣示「《易》道主剛」之論，同行聆聽後每生疑惑，據《繫辭傳》「一陰一陽之謂道」一語，認為《周易》原理既由「陰」、「陽」共構，必為陰陽並重、剛柔互濟，不可能向陽剛傾斜。正如孔穎達《周易正義·序》說：

> 自天地開闢，陰陽運行，寒暑迭來，日月更出。[1]

歷代《易》家亦無不依此原則，據乾坤並建之論，[2]理解陰陽運行，動靜翕闢，以闡釋《易》理，則陰陽不可能有所偏，而至於主剛不主柔。

　　其實「《易》道主剛」之說和歷來學者所理解的並無牴觸，並不存在忽略陰柔的憂慮。因為「主剛」原理，實係《周易》陰陽二元「不對稱」（asymmetric）所致，於二元論（dualism）本質並無絲毫影響。借用《老子》

---

[*] 本文原刊《臺大中文學報》，第 26 期（2007 年 6 月），頁 89-118。

[1] 《周易注疏》，易序，頁 3b。

[2] 王夫之「乾坤並建」之說，更落實了陰陽、乾坤、剛柔的平衡對稱的關係。見〔清〕王夫之，《周易內傳》，卷 1 下，頁 2b-3a。又如曾春海利用「陰陽儀圖」（曾先生稱之為「陰陽魚太極圖」）來說明「陰」與「陽」均等調和、以合構而成「太極」的關係：「陰陽間係一勻稱、合理和諧的對待關係。……陰陽之間含具著一動一靜、一消一息、一翕一闢的互動推移之動態性的和諧往來。」曾春海，《易經的哲學原理》（台北：文津出版社，2003），頁 27-28。蕭元認為「乾卦和坤卦同為六十四卦之首，兩者相互作用，不可分離，但首乾次坤的卦序又表明乾具有更為重要的地位，是作用的主要方面。」與拙見相同。參蕭元、廖名春編，《周易大辭典》，「乾」條，頁 671（雄按：該條執筆人為蕭元）。

之說：

> 有無相生，難易相成，長短相較，高下相傾，音聲相和，前後相隨。

在二元對立的世界中，「經、權」，「常、變」關係亦如是。若謂《周易》主「變」，《易》占觀變，則與「變」為相對，必隱伏一對立的觀念——「常」；反之亦然。故謂《易》道主剛尚陽，陰柔的觀念必在其對立面。

二元論既確立，則再諦視《周易》經傳文本內容，即不難發現其中「陰陽」關係，陽大陰小、陽實陰虛、陽貴陰賤。大小、虛實、貴賤，正是「不對稱」的實質展現。揆諸《周易》經傳，此一哲理本質十分清楚。凡熟諳二元論的讀者，睹《周易》陰陽哲學，寓目之頃，即能明瞭。

回溯中國經典詮釋主流，最重要的學者，其解釋經傳，無不掌握《易》道主剛的準則。只不過近代學者囿於陰陽相推、乾坤並建之說，未能細察二者之間實為不對稱的關係。故嚴格而言，《易》道主剛的觀念並非我的新創，只不過《易》家較少措意於此一問題，而我特意從經傳文本，以及傳注傳統勾稽此一節，加以說明而已。

本章將分別從《易》的自然原理、卦爻辭的體統、《易傳》對《易》理的詮釋，以及後儒對《易》的解釋等共四個方面，說明「《易》道主剛」的原理，早已確立在《周易》傳注傳統中。最後由此申明《周易》哲學實屬一自然哲學，而其最高理念，是一種不對稱二元論（asymmetric dualism），故絕不能和強調矛盾統一的「辯證法」混為一談。

二 從自然原理說明

關於「陰」、「陽」二觀念的源起與演變，歷代《易》注家提出過各種解釋，近世如丁若鏞、徐復觀、戴璉璋等幾位學者更先後明確地以日光之有無，來解釋「陰」、「陽」二字，[3]卻沒有進一步探究日光之有與無，如何

3　丁若鏞《中庸講義》論及「陰」、「陽」之名，起於日照：「陰陽之名起於日光之照掩。日所

決定《周易》宇宙論的建構。原因在於，前賢與時賢多認為「陰」、「陽」之為日光之有無，僅屬於這兩個字的初始義。而《周易》卦爻辭中只有〈中孚〉九二爻辭有「鳴鶴在陰，其子和之」用到「陰」字。但從上下文脈看，此「陰」字並不是取義於《易》理恆言之「陰陽」觀念的「陰」。唯有《易傳》大量討論到「陰陽」，學者遂多直接以先秦文獻廣泛出現的「陰」、「陽」記載來論證《易傳》陰陽二氣的變換互動關係。[4]因此前賢、時賢不免將「日光之顯隱」封鎖在「古文字的初始義」的牢籠裡，而基於「經傳分離」的基本理念，[5]將《周易》經與傳切割，而著意從「氣」的層次闡釋《易傳》宇宙論中的「陰」與「陽」之關係，不再考慮日光的問題。拙文〈「易」占に本づく儒道思想の起源に關する試論——併せて易の乾坤陰陽の字義を論ず〉[6]指出《易》理即為日光的顯隱，「一天」由白天與黑夜循環一次而成，而白天與黑夜轉變，即取決於太陽的顯現和隱沒。「一年」

<hr />

隱曰陰，日所映曰陽。」《中庸講義》，收入丁若鏞，《與猶堂全書》，第 4 冊（漢城：茶山學術財團刊印本，2012），頁 238。其說有見地。但若鏞又說陰陽「本無體質，只有明闇，原不可以為萬物之父母」，則明顯困守在「日光」之義，未悟到它仍有多重引申意義，仍有一間之未達。徐復觀〈陰陽五行及其有關文獻的研究〉提出「陰陽」本字應為「霒」、「昜」，「原意是有無日光的兩種天氣」（收入徐復觀，《中國人性論史：先秦篇》〔台北：臺灣商務印書館，1969〕，附錄二，頁 511），並考訂分析了春秋時期陰陽五行的各種文獻材料（頁 513-525）。戴璉璋也分析了徐復觀所提出的原典，而得出類似的結論，指出「從西周到東周初期，陰陽兩字的主要涵義是指日光的有無或日光能否照射的地區」。參戴璉璋，《易傳之形成及其思想》（台北：文津出版社，1989），頁 58-59。戴先生也進一步導入說明春秋戰國時期陰陽觀念與《易傳》所記陰陽思想的關係。詳參《易傳之形成及其思想》，第二章第三節「陰陽觀念的發展」，頁 55-69。但本文所提出的黃赤交角、日照於南北半球轉移的理念與陰陽遞換的關係，則兩位先生均未提出。

4 除徐復觀和戴璉璋二先生用此一分析方法外，如鄺芷人說「陰陽二字在文字學上原是分別指雲蔽日而暗及太陽之明照而言。這大抵就是陰陽二字的初始義」。又引《老子》稱「負陰而抱陽」則認為老子已經「分別指二種抽象原則或二種物質條件」，而《繫辭傳》「一陰一陽之謂道」則「更明顯為一對相反而又相成的本體論或宇宙論的普遍原則。」鄺芷人，《陰陽五行及其體系》（台北：文津出版社，1998），頁 8-10。

5 詳參本書上編〈壹、從卦爻辭字義的演繹論《易傳》對《易經》的詮釋〉。

6 拙著，〈「易」占に本づく儒道思想の起源に關する試論——併せて易の乾坤陰陽の字義を論ず〉，《中國哲學》，第 34 期（札幌：中國哲學會，2006 年 3 月），頁 1-48。

由春夏秋冬循環一次而成，而寒暑的往來，亦取決於日照的強與弱。這是因為地球繞行太陽，自轉軸略有傾斜，形成了在天球（celestial sphere）黃道與天赤道之間約 23.5 度的傾角（黃赤交角），導致日照隨地球自轉和公轉在南北回歸線往復照射，讓地球出現四季的變化。[7]就北半球的位置而言，一年之中，夏天太陽照射點落在北回歸線，是為北半球受日照最長最烈之時。之後，隨著日照南移，北半球的氣溫漸降。日照點移至赤道後，北半球漸入秋，並隨著陽光的進一步南移而入冬趨於酷寒。待日照點從南回歸線北移，隨著陽光漸向北移動，北半球又復趨於溫暖，直至落在北回歸線而北半球恢復為酷熱。[8]由於中國位處北半球而非赤道，故有四季之分。日照在一年之中規律性地南北移動，日照所至即溫暖，日照不及時即轉為寒冷。倘以「陽」表述日照，「陰」表述沒有日照，則陰陽的遞嬗循環，氣候的寒燥循環，主要取決於「陽」的壯盛與否。也就是說，四季遞換完全由於日照的長短強弱，陰陽的消息也取決於「陽」的南北轉移。《易》理以「剛」為主不以「柔」為主，其故在此；古人特別重視「二分二至」（春分、秋分，夏至、冬至）的觀念，其故亦在此。[9]《易》理自一陰一陽循環往復構成，歸總言之，此一原理的基礎，即是黃赤交角形成日照運移而成四季。[10]而此一自然規律，固然是「易」理最根本的依據，其觀念上溯「陰、

7　天文學通稱「黃赤交角」，「黃」就是天球黃道，亦即太陽的視路徑；「赤」就是天球赤道，亦即與天極垂直軸線成直角在天球上劃出的最大圓弧。地軸相對於軌道平面的傾角（obliquity）就是「黃赤交角」。這個斜角，加上地球自轉和圍繞太陽的公轉，造成日照在地球上的垂直照射點，永恆在南北回歸線之間往返。

8　假設黃赤不存在交角，那麼位處地球中線的赤道，就會恆常燠熱，而愈向南北方向移動則愈冷。

9　二分二至是二十四氣最重要的日子。《史記‧春申君列傳》引黃歇上書秦昭王曰：「臣聞物至則反，冬夏是也。」《正義》：「至，極也，極則反也。冬至，陰之極；夏至，陽之極。」《史記》，卷78，頁2388。）

10　「四象」指涉的少陽、老陽、少陰、老陰，即指「四季」而言。高亨說：「蓋筮法以四營象四時，即以『七』象春，以『九』象夏，以『八』象秋，以『六』象冬也。春時陽氣漸壯，故象春之『七』為少陽。夏時陽氣漸老，故象夏之『九』為老陽。秋時陰氣漸壯，故象秋之『八』為少陰。冬時陰氣漸老，故象冬之『六』為老陰。由春而夏，乃由陽而陽，時序雖

陽」形成的遠古中國，而確立於文本《周易》（卦爻辭）的出現，最終透過經典的流傳，以及禮教的廣被，尚陽、主剛的主軸成為戰國以降《易》家思想的基礎。

地球運動模式，受太陽引力吸引而有公轉；受月亮的引力吸引而自轉時發生搖晃，形成「歲差」（precession）。也就是說，地球的自轉並非以平滑的線條進行，而是依循規律性的波動。換言之，地球的運動主要由太陽引力控制，而運動的偏移則受月亮影響。早期中國，「日」有「太陽」之名，「月」有「太陰」之名，陰陽相對，其理在此。先民也許沒有「地球環繞太陽運轉、月亮環繞地球運轉」的天文知識，但在世代累積的生活經驗中，先民早已注意到太陽對地球、日光對於人類生活具有決定性的控制力量。

由於《周易》是一部創作的經典，而非纂輯的占筮材料，[11]向上追溯，《歸藏》早已具備六十四卦，重卦不始自文王。而〈乾〉、〈坤〉二卦在創立之始，即已不是單純運用其字的本義，而是已包含一種以上的複雜象喻和含義。古人常以乾、坤配陰、陽，或以剛、柔釋乾、坤之德，或以乾、坤為日月、天地的喻象。這種情形，《易》學研究者必須給予合理的解釋，不能僅推論為戰國《易》家的新解釋。在「乾坤」、「陰陽」、「剛柔」、「日月」、「天地」幾組《易》相對觀念而言，〈乾〉無論釋為象「天」、「日」、「陽光」、「剛健」，都是「太陽」喻象的延伸；而〈坤〉的喻象則有「月亮」和「大地」的歧異。單就「月亮」和「大地」二者之間，是無法找到任何的關連，以解釋〈坤〉同時象「地」又象「月」的原因的。然而，倘以「太

改而陽氣未變，故『七』為不變之陽爻焉。由夏而秋，乃由陽而陰，時序既改，陽氣亦變，故『九』為宜變之陽爻焉。由秋而冬，乃由陰而陰，時序雖改而陰氣未變，故『八』為不變之陰爻焉。由冬而春，乃由陰而陽，時序既改，陰氣亦變，故『六』為宜變之陰爻焉。」高亨，〈周易筮法新考〉，《周易古經通說》，卷首，頁144。

11 屈萬里先生首倡卦爻辭成於一手之說，黃沛榮師已明白指出卦爻辭非雜纂而成，非長時間積聚的複雜的材料，亦非「由許多本子混合編纂而成」。說詳黃沛榮，〈周易卦爻辭釋例〉，頁155-156。

陽」為〈乾〉象為基準,則月亮和大地都與太陽為相對:「日」和「月」對於地球都有重大影響,在古代漁獵、農業社會,先民早已從生活經驗中切身感知此一原理;而陽光為大地萬物生命所必需,也是人盡皆知的事實。

六十四卦之中,〈坎〉、〈離〉二卦與〈乾〉、〈坤〉二卦具有較為特殊的關係。〈乾〉、〈坤〉居上經之首二卦,〈坎〉、〈離〉居上經之末二卦。關於卦序的義理,黃沛榮師曾有精闢的論述。[12]我的看法,〈離〉源出〈乾〉卦,〈坎〉則源出〈坤〉卦。〈乾〉本義為日照上出,循環不息。古往今來,人類對於生活用品如食物、衣物的乾燥,均多依賴日照,因此「乾」字又有乾燥義。[13]日照猛烈,大地乾燥,則往往引致山林大火。古人取得火,除人為的鑽木等方法外,最通常的方法即係從山林大火之後的餘燼取得。〈離〉本象「火」,而其抽象義為「麗」,但因與〈乾〉字具有密切的關係,故〈離〉九三爻辭有「日昃之離」的夕陽之象。

〈坤〉卦本取為地上閃電之象,「陰陽」的「陰」字本義又為「雲覆日」,陰雲覆蔽、雷電交作,常與大雨同時發生。而〈坤〉的概念,本又與雨水具有密切的關係。「雨」是地面河川水源。〈坤〉字讀為「川瀆」之「川」,《象傳》稱「地勢坤」表述「地勢順」之意,漢代《易》家多認為字本作「巛」,帛書《周易》作「川」,於是土地的〈坤〉與河流的「川」發生關係,「坎」水即源於此。[14]

在變易的原理中,陰陽相輔、乾坤相對、剛柔並濟,固然是顛撲不破的道理。然而,陰陽、乾坤、剛柔互相依循、互相推移的模式,始終是乾、陽、剛為主動,坤、陰、柔為被動。以下我將再從卦爻辭、《易傳》和後儒的詮解等共三個方面分析。

12　參黃沛榮,〈《易經》形式結構中所蘊涵之義理〉,《漢學研究》,第 19 卷第 1 期(2001 年 6 月),頁 1-22。目前《易》學研究受限於出土文獻不足,未能證明今本《易》卦序,自卦爻辭撰著於西周初年,即已同時出現。在未有更早的證據以前,我們仍應以今本為據。

13　說詳本書上編〈叁、試從詮釋觀點論易、乾、坤、陰、陽字義〉。

14　此一解釋詳見拙著,〈從《太一生水》試論《乾‧象》所記兩種宇宙論〉,頁 139-150。

三 從卦爻辭證明

《易》以「陽」為主的原理，發揮於卦名和卦爻辭之中，則有陽大陰小、陽吉陰凶、陽尊陰卑等思想。六十四卦除八純卦中的〈乾〉、〈坤〉為純陽、純陰之卦外，其餘六十二卦均雜以陰陽。陰爻稱「小」，陽爻稱「大」。〈小畜〉卦，朱子《周易本義》：

> 小，陰也。畜，止之義也。[15]

毛奇齡《仲氏易》：

> 以大畜小者謂之小畜，以小畜大者謂之大畜。……大小者，陰陽也。[16]

焦循《易通釋》：

> 陽剛為大，陰柔為小。[17]

陰陽爻以大小區分。「大」、「小」兩概念具有價值高低的含義，因此由「大」、「小」又引申出「主、從」、「吉、凶」的區別。如〈泰〉卦卦辭「小往大來」，〈否〉卦卦辭「大往小來」；「大」即「陽」，「小」即「陰」；「陽」來為泰，「陰」來為否；故〈泰〉卦為「吉」而「亨」，〈否〉則「不利君子」。[18]《易》義既然尚吉不尚凶，則必尚大不尚小，尚陽不尚陰。「大」字本身的意義即是正面的，如〈大有〉卦五陽一陰，卦辭為「元亨」。又「大有」二字為豐收之義。《春秋》桓公三年：「有年」，《穀梁傳》：

> 五穀皆熟，為有年也。[19]

宣公十六年「大有年」，《穀梁傳》：

15　朱熹，《周易本義》，卷 1，頁 65。

16　〔清〕毛奇齡，《仲氏易》，《無求備齋易經集成》〔第 77 冊影印影印清道光九年（1829）刊《皇清經解》本〕，卷 6，頁 5a。

17　〔清〕焦循，《易通釋》，《無求備齋易經集成》〔第 120 冊影印清道光九年（1829）刊《皇清經解》本〕，卷 4，頁 6a。

18　〈泰〉卦卦辭：「小往大來，吉，亨。」〈否〉卦卦辭：「否之匪人，不利君子貞，大往小來。」

19　《春秋穀梁傳注疏》，卷 3，頁 8b。

五穀大熟為大有年。[20]

〈豫〉卦九四，爻辭稱：

> 由豫，大有得，勿疑，朋盍簪。

〈豫〉卦一陽五陰，「大有得」的「大」即指九四陽爻而言，故王弼云：

> 處豫之時，居動之始，獨體陽爻，眾陰所從，莫不由之以得其豫。[21]

卦名本具有「猶疑」之義，得陽爻則可以「勿疑」。

再以〈剝〉、〈復〉二卦為例，「剝」字字義為「剝落」，有敲擊、[22]破裂、[23]消盡[24]等意義，〈剝〉卦五陰爻居於上九之下，為「陽」被「陰」所消解之象，即《象傳》所謂「柔變剛」，故上九爻辭「碩果不食」，「碩」義為「大」，上九「碩果」未為五陰所食。將此爻對照初、二、三、四、五爻，則五「陽」俱為「陰」所吞食、消解，故卦名為「剝」。又卦辭雖未至於「凶」，亦為「不利有攸往」。至於「復」字主要為「返回」[25]之義，其卦為初九一陽爻居於五陰爻之下，即指「陽」的返回並將有所滋長。故卦辭稱「出入无疾，朋來无咎。反復其道，七日來復」，「朋」即指「陽」而言，[26]則「陽」有滋長之義。以〈剝〉、〈復〉二卦比較，前者「陽」為「陰」所消解，則「不利有攸往」；後者「陽」滋息、「陰」減退，則卦辭

20　同前注，卷 12，頁 17a。

21　《周易注疏》，卷 2，頁 36b。但王弼讀「豫」為「逸豫」，故孔穎達《疏》稱：「謂之『豫』者，取逸豫之義。」同前，頁 34a。

22　《詩・豳風・七月》「八月剝棗」，《毛傳》：「剝，擊也。」《毛詩注疏》，卷 8 之 1，頁 19a。

23　《說文解字》「剝」：「裂也。」許慎著，段玉裁注，《說文解字注》，4 篇下，頁 46a。

24　段玉裁《說文解字注》：「《易傳》曰：『致飾，然後通則盡矣，故受之以剝。剝者，剝也，物不可以終盡，剝窮上反下，故受之以復也。』按：此是『剝』訓『盡』，『裂』則將盡矣。」同前注。

25　《爾雅・釋言》：「復，返也。」《爾雅注疏》，卷 3，頁 1b。又《周易》〈泰〉卦九三爻辭：「无平不陂，无往不復。」《詩・小雅・黃鳥》：「復我邦族。」鄭《箋》：「復，反也。」《毛詩注疏》，卷 11 之 1，頁 14b。

26　王弼《注》：「朋，謂陽也。」《周易注疏》，卷 3，頁 18b。

為「吉」而「利有攸往」。可見陽息則吉，陰消則否。[27]《易》義尚吉不尚凶，則尚陽不尚陰，可無疑問。

　　陰陽爻以大小區分，亦以大小區別君子、小人。前引〈剝〉卦上九爻辭「君子得輿，小人剝廬」，意指一陽爻居五陰爻之上，則有君子得小人支持之象；反之以小人而居於此爻，則無所庇蔭。[28]

四 從《易傳》的詮釋證明

　　卦爻辭「乾」、「坤」之義取喻於陽光的顯隱。引申的意義在卦爻辭雖已至為繁多，但仍圍繞日照剛健不息的主要意義。就卦爻辭而論，〈乾〉卦六爻以龍為象，強調剛健上進，「君子終日乾乾」，故「潛龍」發展而至於「亢龍」；〈坤〉卦六爻則強調含蓄、壓抑（含章、括囊无咎无譽）、中道（黃裳元吉），符合土地的精神。《繫辭傳》提示：〈乾〉道主剛健，剛健則主變化、開創；〈坤〉道主柔順，柔順則主穩定、完成。[29]《易》的精神在於變化，〈乾〉、〈坤〉二卦，其實均以變化為主——〈乾〉是顯明的變化，故有飛躍之象；而〈坤〉則是柔順的變化，正如履霜至於獲得堅冰。以《易傳》而論，《說卦傳》：

　　　參天兩地而倚數，觀變於陰陽而立卦，發揮於剛柔而生爻。[30]

27　以消息卦理論而言，〈復〉、〈臨〉、〈泰〉、〈大壯〉、〈夬〉、〈乾〉為陽息卦，喻十一月至四月陽氣滋長；〈姤〉、〈遯〉、〈否〉、〈觀〉、〈剝〉、〈坤〉為陰消卦，喻五月至十月陽氣潛藏、為陰所消。可見「陽息則吉，陰消則否」所代表的意義，置於自然界而論，則日照的有無，可以引申而喻指人事的吉凶。

28　王弼《注》：「君子居之，則為民覆蔭；小人用之，則剝下所庇也。」《周易注疏》，卷3，頁18a。

29　《繫辭上傳》以「動」、「靜」釋「乾」、「坤」，《文言傳》亦然，論「乾」則強調「進德修業」，論「坤」則稱「至柔而動也剛，至靜而德方」。「動」即變化，「靜」則穩定。又《繫辭上傳》：「乾知大始，坤作成物。」《周易注疏》，卷7，頁3a。

30　《周易注疏》，卷9，頁1b-3a。

換言之，一動一靜、一陰一陽、一剛一柔，雖然是相摩相盪，互相推移，但整個變動過程，在「動靜」、「陰陽」、「剛柔」的替換中，「靜」只是變化過程中的一個環節，整個「動→靜→動→靜」的循環，始終是變動，故剛健變化永為主軸，所謂「觀變於陰陽」即指此。《文言傳》釋〈坤〉卦「承天而時行」，則〈坤〉是承〈乾〉的力量，以〈乾〉為主導。又說：

> 積善之家，必有餘慶；積不善之家，必有餘殃。臣弒其君，子弒其父，非一朝一夕之故，其所由來者漸矣，由辯之不早辯也。《易》曰「履霜堅冰至」，蓋言順也。[31]

甚至「順」也是一種「變」。《文言傳》又說：

> 天地變化，草木蕃；天地閉，賢人隱。[32]

「生生之謂易」，變化就是生生的表徵。至於《繫辭傳》論變與不變，也是總以變動為主，而非以不變、靜態、穩定為主。如：

➤ 剛柔相推而生變化。（《繫辭上傳》）

➤ 原始反終，故知死生之說。精氣為物，遊魂為變。（《繫辭上傳》）

➤ 參伍以變，錯綜其數。通其變，遂成天地之文；極其數，遂定天下之象。非天下之至變，其孰能與於此？（《繫辭上傳》）

➤ 闔戶謂之坤，闢戶謂之乾，一闔一闢謂之變，往來不窮謂之通，見乃謂之象，形乃謂之器，制而用之謂之法，利用出入，民咸用之謂之神。（《繫辭上傳》）

➤ 剛柔相推，變在其中矣；繫辭焉而命之，動在其中矣。吉凶悔吝者，生乎動者也。（《繫辭下傳》）

➤ 易窮則變，變則通，通則久。（《繫辭下傳》）

➤ 日往則月來，月往則日來，日月相推而明生焉。寒往則暑來，暑往則寒來，寒暑相推而歲成焉。（《繫辭下傳》）

➤ 《易》之為書也不可遠，為道也屢遷，變動不居，周流六虛，上下无

---

31 同前注，卷1，頁26a。

32 同前注，頁27a。

常，剛柔相易，不可為典要，唯變所適。(《繫辭下傳》)

「一闔一闢謂之變」是天地終極的軌跡，故稱「天下之至變」，只不過「變」之中有跡可循，動之中亦有靜、變之中有常，可見「不變」是在「變」的基礎上展現的。然則《易》理以「變」為主，不以「不變」為主，豁然無疑。

《易傳》有「陽貴陰賤」之論。〈乾〉卦《文言傳》釋「亢龍有悔」，稱「貴而无位，高而无民」，[33]即以陽爻為貴。〈屯〉卦初九《象傳》：「以貴下賤，大得民也。」依王弼《周易注》的解釋「陽貴而陰賤也」，[34]《象傳》即以陽爻為貴，陰爻為賤。又〈蹇〉卦上六《象傳》：

「往蹇，來碩」，志在內也。「利見大人」，以從貴也。[35]

上六「志在內」之「內」、「以從貴」之「貴」，均謂九三。[36]近年清華簡刊布之〈筮法〉說：

夫天之道，男勝女，眾勝寡。[37]

從這兩句話的上下文看，難以推論出特殊的思想命題，但就「眾勝寡」三字看，難免讓人聯想到王弼《周易略例》「夫眾不能治眾，治眾者，至寡者也」的思想。這兩個命題是否在意義上為對立，視乎「眾勝寡」的「勝」字是什麼意思。但如將「眾勝寡」與上一句「男勝女」比合而觀，則似隱約透露了「尚陽」的意思。

33　同前注，頁 15b。

34　同前注，頁 29b。

35　同前注，卷 4，頁 23b。

36　孔穎達《疏》：「貴，謂陽也。以從陽，故云『以從貴』也。」同前注。據阮校，宋本「以從陽」作「以陰從陽」。〈周易注疏卷四校勘記〉，頁 7b。

37　清華大學出土文獻與保護中心編，李學勤主編，《清華大學藏戰國竹簡（肆）》，圖版頁 46，釋文頁 115。亦參見本書下編〈伍、《易》儒道同源分流論〉。

五 從後儒詮《易》證明

（一）董仲舒《春秋繁露》及漢魏《易》家詮釋

董仲舒《春秋繁露》允為西漢儒家陰陽五行化最具代表性的著作。二十世紀思想史研究者受到科學主義、疑古思潮等價值觀念影響，常以負面角度評價早期中國的「陰陽五行」思想，並嚴重低估其重要性，孰不知「陰陽五行」實為先秦時期中國最重要的思想浪潮。[38]而「陰陽五行」思想有許多重要觀念與《周易》分享著同一個文化源頭。陰陽五行被批判，其中主要論題包括認為其理念原始素樸而膚淺，是一種邪說，用以迷惑先民。[39]其次是因其推崇「陽尊陰卑」，作為一種束縛古老封建王朝的牢籠，綱常名教理論的規則是：君為臣綱、父為子綱、夫為妻綱。而陰陽、尊卑等思想都是根源。但經過上文的分析後，即可明白，「陽尊陰卑」並不是董仲舒的新創，而是先秦思想的舊義。

首先，《春秋繁露》承戰國中葉以來的思潮，而以凸顯陰陽五行的儒學理論為支柱，重新建立一套宇宙秩序。這套秩序提出區別黑白、是非、

---

38 說詳鄭吉雄、楊秀芳、朱歧祥、劉承慧合著，〈先秦經典「行」字字義的原始與變遷——兼論「五行」〉，頁 89-127。又拙文〈海外漢學發展論衡——以歐美為範疇〉亦曾針對《尚書‧洪範》及〈皋陶謨〉「五行」思想有所闡發。原刊《依大中文與教育學刊》（*Erudite: Journal of Chinese Studies and Education*），第 2 期（2020 年 12 月），後收入拙著，《漢學論衡初集》，頁 30-34。

39 徐復觀說：「梁任公有〈陰陽五行說之來歷〉一文，其結論謂：『春秋戰國以前所謂陰陽五行，其語甚希見，其義甚平淡。且此二事從未嘗併為一談。諸經及孔老墨孟荀韓諸大哲，皆未嘗齒及。然則造此邪說以惑世誣民者誰耶？其始蓋起於燕齊方士；而其建設之、傳播之，宜負罪責者三人焉。曰鄒衍，曰董仲舒，曰劉向。』任公此文，雖內容疏略，但極富啟發性。以後欒調甫有〈梁任公五行說之商榷〉，及呂思勉有〈辨梁任公陰陽五行說之來歷〉兩文，對梁文提出不同的意見；惜二文均條理不清，不僅使任公所提出的問題，未得進一步的解決，且使人有越說越糊塗的感覺。齊思和在《北師大學報》四期上有〈五行說之起源〉一文，著眼與梁任公略同，而內容稍微具體。日人狩野直喜在其《中國思想史》中及瀧川資言在其《史記會注考證》〈五帝本紀〉中，現京都大學中國哲學研究室教授重澤俊一郎在其〈中國合理思維之成立〉一文中，對五行觀念之演變，均有很好的見解，惟皆語焉不詳。」徐復觀，〈陰陽五行及其有關文獻的研究〉，頁 509。

厚薄、親疏、遠近、善惡、賢不肖[40]等人倫價值觀念，以貫徹董氏的尊陽卑陰、[41]尊君卑臣思想，而其理論基礎之一，即在於陰陽的自然規定與五行的秩序架設。其中五行相生相勝衍生出的朝代更迭、改正朔、易服飾之論，一般思想史書籍論述甚多，於此不再複述。唯此種更迭改易的理論，推其立說根本，應在於陰陽推移之論。《春秋繁露・天辨在人》稱：

> 少陽因木而起，助春之生也；太陽因火而起，助夏之養也；少陰因金而
> 起，助秋之成也；太陰因水而起，助冬之藏也。[42]

董氏這段話，是將金木水火與四季結合起來，並以筮法加以解釋。依《繫辭傳》所述的揲蓍之法，大衍之數五十，其用四十有九；三變而得一爻，十八變而得一卦。三變之中，三奇為老陽，即董氏所謂「太陽」，為夏季；二陽一陰得「少陰」為秋季；三陰為老陰，即董氏所謂「太陰」，為冬季；二陰一陽得「少陽」為春季。[43]陰陽老少，既奠基於自然季節循環法則，又判定了易爻變不變的準則。不過董氏所說的陰陽循環規律，陰與陽的力量，在其宇宙論中並不對稱。他說：

> 陽氣始出東北而南行，就其位也；西轉而北入，藏其休也。陰氣始出東南
> 而北行，亦就其位也；西轉而南入，屏其伏也。是故陽以南方為位，以北

---

40 據《史記・太史公自序》：「夫《春秋》，上明三王之道，下辨人事之紀，別嫌疑，明是非，定猶豫，善善惡惡，賢賢賤不肖，存亡國，繼絕世，補敝起廢，王道之大者也。」《史記》，卷130，頁3297。又《春秋繁露・楚莊王》：「屈伸之志，詳略之文，皆應之。吾以其近近而遠遠，親親而疏疏也。亦知其貴貴而賤賤，重重而輕輕也。有知其厚厚而薄薄，善善而惡惡也。有知其陽陽而陰陰，白白而黑黑也。」蘇輿撰，鍾哲點校，《春秋繁露義證》（北京：中華書局「新編諸子集成」本，1992），卷1，頁11。

41 《春秋繁露》有〈陽尊陰卑〉篇，同前注，卷11，頁323-328。

42 同前注，頁335。

43 《繫辭傳》「兩儀生四象，四象生八卦」，高亨即以四季變化解釋：「蓍草七揲者為少陽之爻，以象春也。由春往夏，是陽之增長，故七揲為不變之陽爻。蓍草九揲者為老陽之爻，以象夏也。由夏往秋，是由陽變陰，故九揲為可變之陽爻。蓍草八揲者為少陰之爻，以象秋也。由秋往冬，是陰之增長，故八揲為不變之陰爻。蓍草六揲者為老陰之爻，以象冬也。由冬往春，是由陰變陽，故六揲為可變之陰爻。少陽、老陽、少陰、老陰四種爻乃象四時。八卦由此四種爻構成，故曰：『四象生八卦』。」高亨，《周易大傳今注》，卷5，頁538-539。

方為休；陰以北方為位，以南方為伏。陽至其位而大暑熱，陰至其位而大寒凍；陽至其休而入化於地，陰至其伏而避德於下。是故夏出長於上、冬入化於下者，陽也；夏入守虛地於下、冬出守虛位於上者，陰也。陽出實入實，陰出空入空，天之任陽不任陰，好德不好刑，如是也。[44]

依照董氏的講法，陽氣運行自東北開始，依順時針方向南行，繼而向北而「藏其休」。陰氣運行則自東南開始，依逆時針方向，北行遇陽於正北，然後經正西方轉至南而「屏其伏」。這種順逆並進的運行中，要注意「陽」的力量是實的，「陰」的力量是虛的。怎麼看得出呢？根據〈陰陽出入〉和〈陰陽終始〉兩篇的講法，「夏至」陰氣於正南方屏其伏，此下則漸盛而起於東南，至「秋分」而至於東，這時候，陽氣則居於西，「陰陽之氣俱相併」，[45]過此則陽漸消而陰漸長，漸而入冬。至陰陽二氣相遇於北方，亦即在「冬至」時，實實在在的陽氣入化於地，「入者損一」；[46]而空空虛虛的陰氣就出而占據在上，「出者益二」。[47]出的力量大於入，故「冬至」而大寒凍；再漸而陽漸息而陰漸損，陰氣自北而行於西，陽氣自北而行於東，至「春分」而陽氣居正東，陰氣居正西，「陰陽之氣俱相併」，過此則漸而入夏，陰陽之氣相遇於正南方，此時為「夏至」，而實實在在的陽氣出長於上，「出者益二」；而空空虛虛的陰氣則入守地於下，「入者損一」，出的力量大於入，故「夏至」而大暑熱。在這種循環中，陽氣是正面的力量，「春分」少陽至於正東方和五行中的「木」結合，與之俱生；到達「夏至」，太陽與五行中的「火」結合，與之俱煖。這種情況，董氏稱之為「經」。相對地，陰氣是負面的力量，故春分陰氣至於西方不在東方，而反助東方之陽氣；「秋分」陰氣至於東方不在西方，而反助西方之陽氣。這種情況，董氏稱之為「權」。[48]以圖表顯示，則為：

44　《春秋繁露‧陰陽位》，蘇輿撰，《春秋繁露義證》，卷 11，頁 337-338。
45　《春秋繁露‧陰陽終始》，同前注，頁 340。
46　同前注。
47　同前注。
48　董仲舒此一思想，馮友蘭亦有分析，與本文稍有不同。讀者可以互參。詳馮友蘭，《中國哲

	春分	春→夏	夏至	夏→秋	秋分	秋→冬	冬至	冬→春
陽	東	東南	南(就其位)	西南	西	西北	北(藏其休)	東北◎
陰	西	西南	南(屏其伏)	東南◎	東	東北	北(就其位)	西北

* 「◎」表示其起源點

　　「陽」氣起於冬、春之交，而「陰」氣起於夏、秋之交。就經義而言，「經」訓為「常」，「權」則為「反常」。[49]董仲舒的「經」、「權」之論的核心理念，即係「陽實陰虛」。簡而言之，「陽」增長的力量源出於自身，此所謂「經常」；「陰」的增長則主要肇因於「陽」的衰減或消失，此所謂「反常」。換言之，「陰」並沒有實質的力量，凡「陽」減損多少，「陰」即增益多少。以自然界而言，日照所及的地區即溫暖，日照不及則寒冷。

　　在董仲舒陰、陽二氣運行的圖譜中，「陽」的運行是順時針，由北而南再而向北；「陰」的運行是逆時針，由南向北再而向南。這與自然界的四種現象一致，分別為：

> ➤ 地球是圓的，但觀測者立地觀測，展現的是天球的一半。「天圓地方」的觀念即立基於此。
> ➤ 黃道與天赤道存在約 23.5 度角，觀測者觀天，星象以及天際線均隨季節而變。
> ➤ 中國居於北半球（赤道在南，故以「離」火居南。）。
> ➤ 天左旋，日月星辰自東向西運動。

天體繞著地球運動此一原理，自先秦思想家即已覺察到。[50]具體而言，董

學史新編》，第二十七章第七節，第 3 冊，頁 55-65。另方面，《淮南子‧詮言》亦說：「陽氣起於東北，盡於西南；陰氣起於西南，盡於東北。陰陽之始，皆調適相似，日長其類，以侵相遠，或熱焦沙，或寒凝水。」參何寧，《淮南子集釋》，卷 14，頁 1037。與《春秋繁露》所述相同，而詳盡更有過之，指出陰陽發展於至極之地，「或熱焦沙」，那是赤道的氣候；「或寒凝水」，那就是兩極的氣候。

49　《尚書‧大禹謨》：「寧失不經。」偽《孔傳》：「經，常。」參《尚書注疏》，卷 4，頁 7a-b。宣公十二年《左傳》：「政有經矣。」杜預《注》：「經，常也。」參《春秋左傳注疏》卷 23，頁 5a。《說文》：「權，黃華木，从木，雚聲。一曰反常。」（6 篇上，頁 16a）

50　詳參拙著，〈釋「天」〉。《莊子‧天運》：「天其運乎？地其處乎？日月其爭於所乎？孰主

仲舒雖然沒有上述四方面的認知，但他的描述，完全符合太陽從北回歸線至南回歸線再返北的事實：首先，北半球之所以入冬轉冷，主要是因為日照轉移而直射南半球的緣故。此即所謂「陽實陰虛」。而由於太陽永遠從東方升起，因此董仲舒認為春分陽氣顯露即在東方，其源起的契機則在東北（即陰氣就其位於正北之後，冬至之後，一陽來復起之時），而日照自南回歸線返回北半球，故陽氣的「位」亦即其最強盛的地點必在南方（就其位）。相對地，就中國而言，冷鋒驅動寒流力量自北極而南下，主要是因為陽的力量消減的緣故。故陰氣的「位」（就其位）在北方，而以冬至最為強盛。

漢儒除董仲舒外，漢魏《易》家又有「陽升陰降」之說，認為凡陽在下，應上升至五位；凡陰在上，應降居於陽所遺留之位。其說備見於屈萬里先生《先秦漢魏易例述評》，茲不贅辭。[51]歷來治《易》者批評漢儒此一學說者甚多，[52]我並不是說「陽升陰降」之說合乎《易》本義，但就理論背景而言，此一觀念實來自於「《易》道主剛」。從「《易》道主剛」觀念出現後，「陽貴陰賤」、「陽尊陰卑」、「陽升陰降」等思想，都隨之而興起。這樣的一條線索，可以適切地解釋先秦至兩漢陰陽觀念的發展。

張是？孰維綱是？孰居无事推而行是？意者其有機緘而不得已邪？意者其運轉而不能自止邪？」郭慶藩集釋，《莊子集釋》，卷 5 下，頁 493。

51　依屈先生的分析，有「乾二當升坤五」、「坤五當降乾二」、「初陽當升五」、「三陽當升五」、「四陽當升五」等例。詳屈萬里，《先秦漢魏易例述評》，頁 117-119。其後唐代李鼎祚編《周易集解》，承繼漢魏《易》家思想，亦持陽尊陰卑的思想，如〈需〉卦釋六四「需于血，出自穴」，稱「陰體卑弱，宜順從陽」，「陽」指初九（卷 2，頁 49）。

52　如余敦康認為《周易》以傳解經的傳統是「著重於闡發陰陽相交、二氣感應的義理」，荀爽等學者的「陽升陰降」是象數派易學的特殊立場，不能視為一種普遍適用的體例，強行加在《周易》的文本之上。參余敦康，《易學今昔》（桂林：廣西師範大學出版社，2005），頁201。

（二）王弼《周易注》的詮釋

歷來研究者均肯定王弼掃除漢儒象數學說，而不知王弼其實對於漢儒象數，亦已消化融和並有部分接受。關於「《易》道主剛」觀念的接受與否，王弼的情況比較複雜。人所共知他有「崇本舉本」或「崇本息末」之論，而所謂「本」，實即《老子》所標舉的「無」。《周易》〈復〉卦「復見其天地之心乎」句下王弼《注》：

> 復者，反本之謂也。天地以本為心者也。凡動息則靜，靜非對動者也；語息則默，默非對語者也。然則天地雖大，富有萬物，雷動風行，運化萬變，寂然至无，是其本矣。故動息地中，乃天地之心見也。若其以有為心，則異類未獲具存矣。[53]

王弼以「反本」二字解釋「復」之名。「反本」之「本」亦即「崇本息末」之「本」，也就是上文的「靜」、「默」、「无」三個觀念。以本文縷述自卦爻辭、《易傳》一脈相承的觀念而言，「乾」為陽動、「坤」為陰靜，那麼王弼理應屬於主「陰」不主「陽」的一系思想。尤其如果我們讀《周易略例‧明象》，王弼說：

> 夫眾不能治眾，治眾者，至寡者也。夫動不能制動，制天下之動者，貞夫一者也。[54]

「動」不是主，「貞一」才是主。「貞一」的概念源出《老子》「王侯得一以為天下貞」一語。那麼「一」就是老子的「道」，也就是「無」。因此邢璹《注》說：

> 制眾歸一，故靜為躁君，安為動主。[55]

「安」、「靜」都是「無」的替代之名。作為「陰」的喻象，「安靜」才是「躁動」的君主。

但有趣的是，如果我們進入王弼的《周易注》，我們又可找到許多

53　《周易注疏》，卷3，頁19b。

54　〔三國魏〕王弼、〔晉〕韓康伯注，《周易王韓注》（台北：大安出版社，1999），頁250。

55　同前注，頁251。

「《易》道主剛」觀念的痕跡，而發現：當王弼直接面對卦爻辭時，實難以違悖「主剛」的哲理精髓，於是隨文作《注》，也只好隨順舊義。首先，王弼注《周易》通用的觀念，以初、三、五（奇數）爻位為大、君、夫、剛之位，以二、四、上（耦數）爻位為小、臣、妻、柔之位；前者應配以陽爻，後者宜配以陰爻。以陽爻為「大」為「剛」，陰爻為「小」為「柔」。故〈訟〉卦《彖傳》《注》：

> 以剛而來，正夫羣小，斷不失中，應斯任也。[56]

「以剛而來」指〈訟〉九二；「羣小」即指初六、六三。王弼又以「陽」為「實」，如〈小畜〉卦九五爻辭《注》：

> 以陽居陽，處實者也。居盛處實，而不專固，「富以其鄰」者也。[57]

以「陽」為實，相對上則以「陰」為虛。王弼又以「五」位為「天位」，宜配以陽爻。如〈需〉卦九五爻辭王弼《注》：

> 己得天位，暢其中正，无所復須，故酒食而已，獲貞吉也。[58]

王弼又認為〈乾〉卦九二有「君之德」，九五則既有「君之德」又有「君之位」。〈坤〉卦六五則《注》說：

> 坤為臣道，美盡於下。[59]

王弼又以「陽剛」為君子，以「陰柔」為小人。〈臨〉卦《彖傳》「臨，剛浸而長，說而順，剛中而應，大亨以正，天之道也」句下王弼《注》說：

> 陽轉進長，陰道日消，君子日長，小人日憂，「大亨以正」之義。[60]

〈臨〉為十二月之卦，處「復」、「泰」之間，象陽氣的滋長，王弼引申為「君子日長，小人日憂」。如上文所說，《易》理陽長則君子道長小人道消為吉，陰盛則小人道長君子道消為凶，王弼承繼此一理念，加以衍釋。〈夬〉卦九三爻辭王《注》：

56　《周易注疏》，卷2，頁4a。

57　同前注，頁16b。

58　同前注，頁3a。

59　同前注，卷1，頁25a。

60　同前注，卷3，頁6b。

夫剛長，則君子道興；陰盛，則小人道長。然則處陰長而助陽則善，處剛
長而助柔則凶矣。[61]

由此可知，「吉」與君子之道常隨剛長而興，「凶」與小人之道常隨陰長而
盛。王弼又推論陰陽之間，陽為主帥，陰則不能為主帥。〈師〉卦六五爻
辭「長子帥師，弟子輿尸，貞凶」句下王弼《注》說：

柔非軍帥，陰非剛武，故不躬行，必以授也。授不得主，則眾不從，故
「長子帥師」可也；弟子之凶，固其宜也。[62]

另方面，他又以為陰陽之間，陽可以制陰，陰不得制陽。如〈小畜〉上九
爻辭「既雨既處，尚德載。婦貞，厲。月幾望，君子征凶」，王弼《注》
云：

體巽處上，剛不敢犯，「尚德」者也；為陰之長，能畜剛健，「德積載」者
也；婦制其夫，臣制其君，雖貞近危，故曰「婦貞厲」也。陰之盈盛，莫
盛於此，故曰「月幾望」也。[63]

據孔穎達所稱「上九制九三，是婦制其夫、臣制其君」，上爻為宜為陰，
始能與九三相應；今雖為上九而非上六，但仍以「陰」之「位」壓制九三
之陽，故有「婦制其夫，臣制其君」之象，而得「雖貞近危」的占斷。這
樣看，王弼顯然認為以夫制婦、以君制臣、以陽制陰才是合宜的。

　　以上分析王弼觀念中的陰陽關係，總是以陽為主、為尊貴，以陰為
輔、為卑賤。故〈訟〉卦初六王弼《注》說：

凡陽唱而陰和，陰非先唱者也。[64]

唱者在先，和者在後。陽唱陰和，則是陽為主，陰為從。〈革〉卦六二王
弼《注》亦說：

陰之為物，不能先唱，順從者也；不能自革，革己乃能從之。[65]

61　同前注，卷5，頁2b。
62　同前注，卷2，頁10a。
63　同前注，頁16b-17a。
64　同前注，頁5a。
65　同前注，卷5，頁19a。

如果說王弼接受「《易》道主陽」、「《易》道主剛」的理念，應該是完全合理的判斷。

（三）張載《正蒙》的詮釋

上文分析漢魏儒者對「《易》道主剛」一義的發揮，均係以象數《易》理為基本概念，加以衍釋的結果。直至北宋理學家，特別朝向創造性的詮釋，以發揮新義理為本旨。北宋五子均對《周易》有精深的研究，其中張載以「氣本論」的思想，對於《易》道以剛健為主的思想，有所演繹，值得注意。張載早年著《易說》，對於《易》理有所論述。晚年則融和早年的理論而著《正蒙》。這也是一部完全以詮釋、發揮《易》理的著名哲學鉅著。

《正蒙》首先提出「太和」此一概念：

> 太和所謂道，中涵浮沉、升降、動靜、相感之性，是生絪縕、相盪、勝負、屈伸之始。其來也幾微易簡，其究也廣大堅固，起知於易者乾乎！效法於簡者坤乎！散殊而可象為氣，清通而不可象為神，不如野馬絪縕，不足謂之太和。語道者知此，謂之知道；學《易》者見此，謂之見《易》。不如是，雖周公才美，其智不足稱也已。[66]

「和」就是調和，「太和」（supreme harmony）是最高調和，但張載所說「中涵浮沉、升降、動靜、相感之性，是生絪縕、相盪、勝負、屈伸之始」，講的都是衝突，換言之，只有最激烈的衝突，才能達致最終極的調和。這真是掌握《易》哲學的霹靂手段，自《繫辭傳》「一陰一陽之謂道」一句話以後，再也沒有比他說得精警扼要了。要注意，「太和」是「道」，內容就都是「氣」的衝突，「和」又是二儀矛盾衝突的描述，那麼，《周易》哲學所宣示的終極真理，不是「氣」之外有層次更高的別有一「理」，而是「浮沉、升降、動靜、相感之性」本身。正因這緣故，一講到「太和」，就

---

66 〔宋〕張載，《正蒙·太和篇》，收入〔宋〕張載著，章錫琛點校，《張載集》（北京：中華書局「理學叢書」本，1978），頁7。

只能描述「氣」作為一種動態存有的恆常變化。

　　張載透過詮釋《周易》，吸收了《易》道主剛的要旨，用「有」來統一「有」與「無」這兩個觀念，用「動」來統一「動」與「靜」兩個概念。他利用此一方法釐清「有」與「無」、「動」與「靜」兩組概念，同時也界定了儒家思想與佛教、道教思想的不同。[67]

　　《正蒙》建構的氣化的宇宙論，既是有形世界的展現，也是超越性的所寄託，所以，它是感官與經驗知解的「存有」，是哲學家推究概念的創獲。[68]正因為氣化宇宙是既存有又超越感官與經驗知解，所以它解釋了存有世界諸形實存，也回應了涵括佛教最高概念「空」的屬性。張載的方法，是用描述「空」概念的術語，來刻畫他思想中的氣本體，稱之為「太虛」：

> 太虛無形，氣之本體。其聚其散，變化之客形爾。至靜無感，性之淵源，有識有知，物交之客感爾。客感客形與無感無形，惟盡性者一之。[69]

「太虛無形」，即具有超越感官與經驗知解的屬性；但它為「客形」、能「變化」那就是「有」而非「無」。這裡張載強調「至靜無感」是「性之淵源」，也許會引起誤會他是「性」、「氣」二元論。[70]其實張載對「本體」、「淵源」

67　儒、釋、道三教對於宇宙根源的理解：儒家主「有」，佛教主「空」，道教主「無」。對於儒者而言，「空」、「無」都是與「有」相對的觀念，這是宋明以降儒者常以釋老並稱的緣故。北宋幾位開山的理學家都很清楚，單單講存有之宇宙，不足以回應佛、老的「空」、「無」思想（也可以說宋儒受了釋、老「空」、「無」思想影響，已不走漢儒直接講「存有」之氣化宇宙的路子）；但過度向「空」、「無」一邊傾斜，又好像向釋、老思想投降，失去儒家的立場。倘如用存有論的方式描述一個「空」、「無」（或近乎「空」、「無」）的概念，那又變成《淮南子》類型的宇宙形成論，立論者非要一層層講出「無」如何生「有」的過程不可。

68　張載認為萬物是實體的存在，《正蒙‧太和篇》說：「若謂萬象為太虛中所見之物，則物與虛不相資，形自形，性自性，形性、天人不相待而有，陷於浮屠以山河大地為見病之說。」詳《正蒙‧太和篇》，頁8。

69　同前注，頁7。

70　張岱年曾指出有些學者認為張載的思想是二元論，而張載有一些話也「比較難懂，更易引起誤解」，因此張岱年認為張載的唯物論思想「是不徹底的」。參張岱年，〈關於張載的思想和著作〉，收入《張載集》，頁2-5。

的描述，僅僅是強調宇宙本體的大公中正；落實到人的道德心而論，也是大公中正。換言之，客觀的世界本源和主觀的人性本源一樣，本身是客觀地、本然地存在在那裡，沒有方所、沒有意態。[71]「客感客形」講的是「有」，「無感無形」講的是「無」，總之宇宙的本然狀態只是一個整體，不得已才分為兩方面來講。將「有」和「無」統一起來，即張載所謂「有無混一之常」，[72]就是一種最高的調和之存有，這是「太和」之名的由來。正如前述，「太和」既無形無垠、又為客形客感，是一種廣漠的、統一的狀態。所以一講到「太和」是什麼，那就只能描述「氣」的變化。由是說明了它和道、佛的「無」、「空」都截然不同。他說：

> 知虛空即氣，則有無、隱顯、神化、性命通一無二。顧聚散、出入、形不
> 形、能推本所從來，則深於《易》者也。[73]

將有無、隱顯、神化、性命、聚散、出入、形不形全部統一起來，與《易》有何關係呢？原來張載觀念的氣化宇宙，雖為有無統一、動靜統一，但究其終極意義，則始終是存有的、動態的，而不是虛空的、靜態的。試看「太虛無形，氣之本體」一段文字以下的描述：

> 天地之氣，雖聚散、攻取百塗，然其為理也，順而不妄。氣之為物，散入
> 無形，適得吾體。聚為有象，不失吾常。太虛不能無氣，氣不能不聚而為
> 萬物，萬物不能不散而為太虛。循是出入，是皆不得已而然也。然則聖人
> 盡道其間，兼體而不累者，存神其至矣。彼語寂滅者往而不反，徇生執有
> 者物而不化，二者雖有間矣，以言乎失道則均焉。聚亦吾體，散亦吾體，
> 知死之不亡者，可與言性矣。[74]

宇宙間充滿著「氣」。「氣」既是自然的元素也是先驗地具有至善的德性。

---

71 因此他所講的「靜」，並不是老莊所講的虛靜，而是含有儒家德性意義、不雜人欲、「無意必固我之鑿」（《正蒙·中正篇》語，《張載集》，頁28）的情狀。

72 張載《正蒙·太和篇》：「若謂虛能生氣，則虛無窮，氣有限，體用殊絕，入老氏『有生於無』自然之論，不識所謂有無混一之常。」《張載集》，頁8。

73 同前注。

74 同前注，頁7。

就是說「氣」本身有一種「順而不妄」的「理」。「太虛」既是「無感無形」、「客感客形」的統一體，又「不能無氣」。換言之，在「無感無形」之時，「氣」畢竟還是存在的。同時「氣」具有「理」地聚散攻取百塗，本身即是「太虛」的變化，體與用統一，有與無統一，此所謂「聚亦吾體，散亦吾體」。這個「體」不是人的形體生命，而是將人的形體生命擴大來看去體察宇宙的生命，由「天命之謂性」知道人的軀體生命也得自於自然天地。「散入無形，適得吾體」，反過來說，吾體有限的生命階段結束，也將散入無形而為太虛。「體」未嘗變化，只不過是一個永恆的「動→靜→動→靜」過程的一個階段。這個過程雖然是一動一靜，但通體卻是動態而不是靜態。張載稱這兩種狀態是一個動態、統一的整體。《橫渠易說‧說卦》說：

> 兩不立則一不可見，一不可見則兩之用息。兩體者，虛實也，動靜也，聚散，清濁也，其究一而已。有兩則有一，是太極也。若一則有兩，有兩亦一在，無兩亦一在。然無兩則安用一？[75]

朱熹曾用「不離不雜」四字說明「體、用」的關係，這裡的體用也是「不離不雜」的。「用」就是「兩」，「體」就是「一」。「兩不立則一不可見」（沒有兩就沒有一），那就是用中見體，是體用的「不離」；「一不可見則兩之用息」（沒有一則亦沒有兩的作用），那就是體在用之上，是體用的「不雜」。這個動態的過程，用《易》的語言來講就是一陰一陽。《正蒙》說：

> 不悟一陰一陽範圍天地，通乎晝夜、三極、大中之矩，遂使儒、佛、老莊混然一途。語天道性命者，不罔於恍惚夢幻，則定以「有生於無」為窮高極微之論，入德之途。不知擇術而求，多見其蔽於諛而陷於淫矣。[76]

「一陰一陽」既是「理」，也是「氣」，理氣一體，晝夜、三極、大中之矩都是「氣」中的順然不妄的規律和準則。又說：

> 氣聚，則離明得施而有形；氣不聚，則離明不得施而無形。方其聚也，安

75　張載，《橫渠易說‧說卦》，《張載集》，頁 233。

76　張載，《正蒙‧太和篇》，頁 8。

得不謂之「客」？方其散也，安得遽謂之無？故聖人仰觀俯察，但云「知
幽明之故」，不云「知有無之故」。[77]

一切都是「氣」的聚散，無論有形、無形均然，都屬存有境界上的變幻，
根本不存在「有無」的問題，而且「聚」時為「客／有」，[78]「散」時非
「無」，那就是永恆的存有。他也由此推斷，宇宙大生命只有「幽明」的問
題而無所謂「有無」的問題，這是因為宇宙永恆為「有」之故。進一步說，
不但是永恆之有，也是永恆之動。《正蒙・參兩篇》說：

> 地所以兩，分剛柔男女而效之，法也。天所以參，一太極兩儀而象之，性
> 也。一物兩體，氣也。一故神，兩故化，此天之所以參也。[79]

> 陰陽之精互藏其宅，則各得其所安，故日月之形，萬古不變。若陰陽之
> 氣，則循環迭至，聚散相盪，升降相求，絪縕相揉，蓋相兼相制，欲一之
> 而不能，此其所以屈伸無方，運行不息，莫或使之。不曰性命之理，謂之
> 何哉？[80]

這段話形容「陰陽之氣」各種聚散、升降、相揉、相兼、相制，「欲一之
而不能」，換言之「太虛」之體落實為氣化的世界，運動就是恆常的狀態。
〈動物篇〉又說：

> 物無孤立之理，非同異、屈伸、終始以發明之，則雖物非物也。事有始卒
> 乃成，非同異、有無相感，則不見其成。不見其成，則雖物非物。故曰
> 「屈伸相感而利生焉」。[81]

天地萬物本身是一陰一陽的永恆存在，這就是「物無孤立之理」。同與異、
有與無的互相感應，則是一陰一陽的動態存在。上述的觀念，在張載早年
的著作《易說・復卦》中已有所演繹：

> 靜之動也无休息之期，故地雷為卦，言反又言復，終則有始，循環無

77　同前注。
78　雄按：「客」字，《周易繫辭精義》作「有」。參《張載集》，頁 8 注。
79　張載，《正蒙・參兩篇》，頁 10。
80　同前注，頁 12。
81　張載，《正蒙・動物篇》，頁 19。

窮。……剝之與復，不可容線；須臾不復，則乾坤之道息也。故適盡即生，更無先後之次也。此義最大。[82]

「復其見天地之心」句下注說：

《象》曰：「終則有始，天行也。」天行何嘗有息？正以靜，有何期程？此動是靜中之動。靜中之動，動而不窮，又有甚首尾起滅？自有天地以來以迄于今，蓋為靜而動。天則無心無為，無所主宰，恆然如此，有何休歇？[83]

這幾段話真是再明白不過了。一動一靜，無休息之時，等於說天地恆動，動靜循環，無窮無盡。即使「靜」之時，亦是在「一靜一動」的狀態中，此即所謂「自有天地以來以迄於今，蓋為靜而動」。張載說「此義最大」，那麼「動」就是他所體認到宇宙最終極的概念。

回到本文一再提出的觀念，《易》理〈乾〉、〈坤〉二卦，一陽一陰、一剛一柔、一動一靜，但畢竟陰陽、剛柔、動靜的統一，是統一於剛健的動態變化之中。正因為張張載如此理解《易》理，才描繪出一個恆常動態的氣化宇宙。這也可見張載對於《易》理終極的體會，《易》道是以剛健為主，而不以柔順為主的。

（四）朱熹《周易本義》的詮釋

朱熹與傳統《易》家均以〈乾〉為晝、為陽、為剛、為動，以〈坤〉為夜、為陰、為柔、為靜。此無異辭。[84]又稱陽爻為大、為大人；陰爻為小、為小人。大小之間，亦有主從、尊卑、貴賤之義，如〈困〉卦卦辭「亨，貞，大人吉，无咎，有言不信」，朱子《周易本義》（以下簡稱《本義》）說：

82　張載，《橫渠易說・上經・復》，頁112-113。

83　同前注，頁113。

84　《繫辭上傳》「六爻之動，三極之道也」句《本義》：「柔變而趨於剛者，退極而進也；剛化而趨於柔者，進極而退也。既變而剛，則晝而陽矣；既化而柔，則夜而陰矣。」朱熹，《周易本義》，卷3，頁236。又「易不可見，則乾坤或幾乎息矣」句下《本義》：「凡陽皆乾，凡陰皆坤。」同前，頁251。

> 困者，窮而不能自振之義。坎剛為兌柔所揜，九二為二陰所揜，四、五為
> 上六所揜，所以為「困」。坎險、兌說，處險而說，是身雖困而道則亨也。
> 二、五剛中，又有大人之象。占者處困能亨，則得其正矣，非大人其孰能
> 之？故曰「貞」，又曰「大人」者，明不正之小人不能當也。[85]

據朱子的解釋，〈困〉卦之窮而不能自振，主要反映在九二與九五兩個陽
爻被初六、六三和上六三個陰爻所困，其喻象則是大人為小人所困，則陰
陽貴賤、吉凶、尊卑之義，就很清楚了。

如果說朱子關於陰陽的貴賤尊卑的解釋，只是隨順舊義，並不代表他
對於「《易》道主剛」的觀念有任何新的詮解，那可就未必了。讓我們看
《繫辭上傳》「乾以易知，坤以簡能」句下《本義》說：

> 乾健而動，即其所知，便能始物而无所難，故為以易而知大始。坤順而
> 靜，凡其所能，皆從乎陽而不自作，故為以簡而能成物。[86]

朱子直言〈坤〉「皆從乎陽而不自作」，豈不就是「陽主」而「陰從」之意？
宋代理學家亟嚴「義利之辨」，而〈家人〉卦六四「富家，大吉」《本義》
釋曰：

> 陽主義，陰主利。以陰居陰而上在位，能富其家者也。[87]

在理學的概念範疇中，「義」屬天、公、理，「利」則屬人、私、欲。朱子
「陽主義，陰主利」的思想，在宋儒思想體統中，還與「君子小人之辨」
相為表裡，因此〈夬〉卦《彖傳》「剛長乃終」句下《本義》說：

> 以卦體言，謂以一小人加於眾君子之上，是其罪也。「剛長乃終」，謂一變
> 則為純乾也。[88]

又〈夬〉卦辭《本義》說：

> 以五陽去一陰，決之而已。然其決之也，必正名其罪，而盡誠以呼號其
> 眾，相與合力，然亦尚有危屬，不可安肆。又當先治其私，而不可專尚威

85　朱熹，《周易本義》，卷2，頁178。
86　同前注，卷3，頁234。
87　同前注，卷2，頁150。
88　同前注，頁167。

武，則利有所往也。[89]

朱子解釋〈夬〉卦眾陽為「眾君子」，而決去一陰之「小人」，尚要「正名
其罪，而盡誠以呼號其眾，相與合力」，這段話中，陽貴陰賤、陽尊陰卑
的思想就更為清晰了。故〈坤〉卦《象傳》「東北喪朋，乃終有慶」《本義》：

> 陽大陰小，陽得兼陰，陰不得兼陽。故坤之德，常減於乾之半也。[90]

此段話即具體說明《易》道以「陽、剛」為主，以「陰、柔」為輔。其意
義甚為明朗。〈乾〉《文言傳》「大哉乾乎！剛健中正，純粹精也」句下《本
義》說：

> 純者，不雜於陰柔；粹者，不雜於邪惡。蓋剛健中正之至極，而精者，又
> 純粹之至極也。或疑乾剛无柔，不得言中正者，不然也。天地之間，本一
> 氣之流行，而有動靜耳。以其流行之統體而言，則但謂之乾，而无所不包
> 矣。以其動靜分之，然後有陰陽剛柔之別也。[91]

「或疑」以下一段文字，朱子申論之意再明白不過了：〈乾〉无所不包，而
〈乾〉之下區分動靜以後，始再有陰陽剛柔之分。如前所述，朱子思想
中，〈乾〉屬剛、動、健、陽，〈坤〉屬柔、靜、順、陰，當無問題。但這
與「乾无所不包」並不衝突，朱熹之意，實即上文分析張載的部分相同的
意思：宇宙之間的動態過程固然是一動一靜、一陰一陽、一剛一柔，但統
體而觀察之，這種二元相對、相摩相盪的關係，本身即一個終極的剛健、

89　同前注，頁 166。

90　同前注，卷 1，頁 40。

91　同前注，卷 1，頁 37。Joseph A. Adler 的譯本對於這段文字（p. 65）譯得不錯，頗能掌握語
義，可以商榷的是對於「柔」譯為"yielding"是否信達，「中」譯為"central"也可以再考慮。
朱熹旨在提醒讀者勿誤將現象界的「動、靜」（亦即 Adler 譯為"activity"和"stillness"）和
「乾、坤」和「剛、柔」混淆了，因為「乾」是「一氣之流行」（亦即 Adler 譯為"flowing out
of the unitary"），本身即是「剛、柔」的統一，有動有靜又是「動、靜」的統一（這正是我
認為 Adler 譯「柔」為"yielding"可以商榷的原因）。就這一點來說足以稱為「中正」。然而這
樣一來，「坤」的意義就被限縮到只有「地」的喻象，「柔」、「靜」都被「乾」所統一了。
這和王弼用「動息則靜，靜非對動」以凸顯「靜」作為宇宙之本然狀態以解釋〈復〉卦，其
情形相同，但王弼重視陰柔，朱子重視陽剛，不無差異。

動態的活動。朱子所謂「无所不包」即指此而言,所謂「流行之統體」亦即指此而言。然則朱子觀念中,「《易》道主剛」的意義和張載是頗為近似的。

六 《易》哲學的不對稱二元論

《周易》是周王朝的政治典冊,是周民族消滅殷商後宣示意識型態的寶典。殷《歸藏》一名《坤乾》,立〈坤〉為首卦,宣示了尚陰柔、土地的政治理念,故殷商作為共主,容許萬邦的並存。《周易》是周民族尚陽、尚剛、尚中、主變精神的宣示,也是周人封建、宗法、服術制度背後的理論基礎,因尚陽,故周禮男尊女卑,而典禮主剛不主柔(說詳本書〈《易》象新議〉章);因主變,故強調「天命靡常」。而卦爻辭中「初、終」的觀念透露了重要訊息:一切事物都有生命的長度,隨著時間流動,呈現節奏性的盛衰變幻,因此大凡人事皆應慎始,發展不多久就要反覆叮嚀,隨時檢討,到了將近結束時又要勇於更革。更革之後如何開始,又要重新審慎安排。如此周而復始。以上是從政治背景上申論。

從哲學理念上說,過去一世紀無數中國《易》學家指《周易》哲學為「辯證法」(dialectic)理論,如朱伯崑指出:

> 還有一說,認為陰陽爻來于龜卜的龜紋和兆紋,其紋一道者為「▬▬」,兩道相稱或相連者為「▬ ▬」的可能。又張政烺依據考古提供的資料,提出數字卦說。……但今傳本《周易》則以九六二數表示陰陽爻象,一為何變為九,尚未提出有力的論證。總之,關於八卦的起源,是一個懸而未決的問題。[92]

高亨認為「《周易》之原為八卦」,而八卦之象徵天、地、火、水、風、雷、山、澤八物:

---

92 朱伯崑,《易學哲學史》,第 1 卷,頁 13。

起於何時，當時有何用途，亦莫能明也。[93]

對於「陰陽」觀念，則認為：

> 陽爻與陰爻乃矛盾對立之兩種符號。陽性與陰性乃矛盾對立之兩種事物。天下矛盾對立之兩種事物不盡是一為陰性，一為陽性。然《易傳》作者運用不科學之觀點與方法，將天下事物分為陰陽兩種，從而認為陰陽兩性事物矛盾對立是事物之普遍規律。[94]

則是用辯證法論陰陽。此一見解甚為膚淺。當然，嚴格而言，辯證法是「矛盾統一」而非「矛盾對立」，因「對立」只是正→反→合過程中的一環，最終必因鬥爭衝突而統一。中國大陸的《易》學家觀念與高亨先生近似者頗多，而認為蓍、卦、爻、辭等具體成分是《易》的要素。[95]至於陰陽、剛柔均為後起的思想觀念，是《易傳》作者所宣揚發揮的。也有學者如徐志銳認為「▅▅」、「▅ ▅」是世界生成模式的符號，「其基本規律就是一陰一陽的對立統一」。[96]

經本章論證，《易》道既然主剛，則剛與柔、陰與陽均不平衡。既不平衡，則所謂「矛盾」，實即一主一從，一輕一重，與辯證法的所謂「矛盾」，截然而異，並非同類。即使有「統一」，亦非辯證法之「統一」。質而言之，《周易》強調的陰陽調和，是以尊尚陽剛的核心精神為基礎的。故嚴格而言，《周易》哲理實為「不對稱二元論」。

《周易》哲理二元論的不對稱性，尚有兩項輔證。

第一，除了可以從本文所論證的「尚陽」、「主剛」可見外，也可以透過道家文獻「尚陰」的哲學解讀中對照出來。所謂透過道家文獻「尚陰」哲學解讀，詳見拙著〈《太一生水》釋讀研究〉一文[97]所分析郭店楚簡〈太

93　高亨，〈周易瑣語〉，《周易古經通說》，《周易古經今注（重訂本）》，卷首，頁6-7。

94　高亨，《周易大傳今注》，頁31。

95　如朱伯崑主編，《周易通釋》（北京：崑崙出版社，2004），頁5。

96　徐志銳，〈論《周易》的形象思維〉，《國際易學研究》，第2輯（北京：華夏出版社，1996），頁89。

97　拙著，〈《太一生水》釋讀研究〉，刊《中國典籍與文化論叢》，第14輯（北京：北京大學出

一生水〉篇所闡發的「尚陰」的哲學，主要認為：先秦哲學可溯源於殷周二代政治意識型態，在殷商則以《歸藏》為代表，其書與龜卜分流，旨在藉由浪漫之神話、傳說，以闡發殷商政治理念，其中六十四卦序列以〈坤〉為首卦，尊尚土地，以坤為「陰」的象徵。戰國諸子中，黃老思想、莊子哲學對於「陰」的尊尚，均可溯源於殷商政治理念，並將殷商遺民避禍保生的思想，轉化為養生長生的哲理，而〈太一生水〉即其代表，其文曰：

> 大一生水，水反輔大一，是以成天。天反輔大一，是以成地。天地【復相輔】1也，是以成神明；神明復相輔也，是以成会昜；会昜復相輔也，是以成四時；四時 2 復【相】輔[98]也，是以成寒熱[99]；寒熱復相輔也，是以成濕燥；濕燥復相輔也，成歲 3 而止。故歲者，濕燥之所生也；濕燥者，寒熱之所生也；寒熱者，四時[100]4【之所生也；四時】者，会昜之所生[101]；会昜者，神明之所生也；神明者，天地之所生也。天地 5 者，大一之所生也。是故大一藏於水，行於時，周而又[102]【始】，□□□[103]6 萬物母。一缺一盈，以己為萬物經。此天之所不能殺，地之所 7 不能釐[104]，会昜之所不能成。

相對於《周易》以太陽為宇宙論（cosmology）中心的哲理，〈太一生水〉提倡一種以「水」為中心的宇宙生成論（cosmogony），揭示抽象的「太一」，

版社，2012），頁 145-166。

98 原簡作「復輔」，學者多依文句結構補一「相」字，作「復相輔」，可從。

99 「寒熱」原簡作「倉然」，整理者釋為「滄熱」，其後學者均直接讀為「寒熱」，諸家無異議。

100 第 4 簡至此止，依簡的長度應無漏字，但李零於第 4 簡補入「四時之所生也」一句，將原第 4 簡末「四時」二字歸入第 5 簡，似是無心的疏漏。陳偉仍維持第 4 簡末「四時」二字，後補入「之所生也，四時」於第 5 簡之前，用意與李零相同，但添加的位置以陳偉較勝。雖然第 4、5 簡之間並未缺簡，但依此補入，語義文義均較一致且顯豁，故今從其說。

101 原簡「会昜之所生」下無「也」字，依前後文應有，故李零加一「也」字。可從。

102 原簡作「或」，裘錫圭稱「『或』可讀為『又』」。荊門市博物館編，《郭店楚墓竹簡》（北京：文物出版社，1998），頁 126，注 12。

103 第 6 簡下缺四字，首字裘錫圭、陳偉、李零均補「始」字，第 2-4 字，李零補「以己為」。

104 「釐」，裘錫圭引《後漢書·梁統傳》「豈一朝所釐」《注》：「猶改也。」（《郭店楚墓竹簡》，頁 126 注 14）李零、陳偉讀「釐」為「埋」。

244　《周易》鄭解

是具象的「水」在天地間循環的無形力量根源。太一促成了「水」養育萬物，驅動世界。故所謂「太一生水」的「生」，並非有形的降生，而是無形的化生。「水」之「反輔太一」，即謂「水」在天地間的循環運動，反證「太一」力量之偉大。「天反輔太一，是以成地」，即指「天」降雨水潤澤萬物，促成了草木繁茂、生意盎然的大地。此下敘述「水」在天地間的循環──地面之水上蒸而成雲，天上之雲下降而成雨，進而促成了神明、陰陽、四時、寒熱、濕燥，終而成歲。由此可見，天地萬物之運動、消息、繁育、轉化，其根本元素取決於「水」。這種論述，實特意在西周肇興初期所宣示之《周易》尚陽主剛的哲學之外，標立新義，以尚陰、主柔的哲學回應。追源溯本，尚陽主剛，實屬周民族的政治信仰；尚陰主柔，則源於殷商王朝的政治信仰。

　　要知道政治意識型態，治民設教，重在施用，固然不能不有所側重：或尚柔，或尚剛；或主實，或主虛。剛柔虛實雖有所兼，方針則必須明確，人民始能有所依循。而設教者為奠立其絕對權威，達到政治上的「尚同」（借用墨子語彙），必將其政治原理推究於自然，而建立一自然界之「名」，標舉特殊自然哲學，絕對權威才能在政治教化上行之久遠。這就是〈太一生水〉作者所謂「以道從事者必託其名」。所「託」之「名」，無論其為殷周帝王所稱之「天」，抑或戰國諸子所宣之「道」，必然為獨尊不貳的「絕對」之名（如「太一」），不能採「相對」之名（如「天地」），才能達到「事成而身長」[105]的效用。既採絕對之名，則不能不有所採擇。故不論殷商尚陰柔而抑陽剛，或周人尚陽剛而抑陰柔，均從二元概念之中，採擇其一，加以凸顯；既有所凸顯，則必不對稱。故《易》理二元論的不對稱性，實先秦政治哲理發展之必然結果。

　　第二，《周易》哲理二元論的不對稱性，《易傳》對「陰陽」關係的解讀是第二項輔證。詳見個人於 2007 年武漢大學簡帛研究論壇所發表的論文〈從《太一生水》試論《乾‧彖》所記兩種宇宙論〉。《彖傳》演釋《周易》

---

105 「長」讀如「首長」之長，義為「大」；非「長短」之長。

〈乾〉卦內容云：

> 大哉乾元，萬物資始，乃統天。雲行雨施，品物流形。大明終始，六位時
> 成，時乘六龍以御天。乾道變化，各正性命。保合大和，乃利貞。首出庶
> 物，萬國咸寧。[106]

這段話綰合了「太陽」和「水」為中心的宇宙論，是《彖傳》的作者既吸
收《周易》尚陽主剛之理，又吸收〈太一生水〉尚陰主柔之理，消融二者
之後，加以重整，再提出的一套嶄新的宇宙論。這套宇宙論承接了《周易》
〈乾〉卦思想，並且擷取了「元亨利貞」的卦辭中的首字「元」，利用「元」
所蘊涵「天」、「大」、「首」等義訓的本質，[107]創為一嶄新名詞——「乾
元」，取代了「太一」，而成為宇宙論的核心，也就是「統天」的主宰——
要注意「乾元」並不等於「天」，而是作為「統天」的抽象概念，居於更
高一層。它的位階近似「太一」，是居於「天、地」之上的絕對之「名」。
它一方面強調，「天」固然陽光普照，輝耀萬物，即所謂「大明終始，六
位時成」。「大明」即指太陽；[108]它同時也能「雲行雨施」，讓萬物獲得滋
潤，而賦流形。「太陽」的一顯一隱、一弱一強，雨水與太陽的交錯互施，
即構成了年復一年的循環，所謂「終始」，意即指此。

　　由此可見《彖傳》作者調和兩種宇宙論，消融偏於「剛」或偏於「柔」
的努力，將原屬於「不對稱」的陰陽二元轉趨於「對稱」。《彖傳》作者並
非治世之人，故所闡發的亦非政治意識型態，而是將殷、周二代之政治意
識型態，轉化為人文哲理意義的自然哲學。「雲行雨施，品物流形」二語，
等於〈太一生水〉所謂「天反輔太一，是以成地」；「品物流形」指的是大

---

106 《周易注疏》，卷 1，頁 6a-7b。

107 關於「乾」、「元」等字的字義，詳參本書上編〈壹、從卦爻辭字義的演繹論《易傳》對《易
　　經》的詮釋〉。

108 《郭店楚簡・唐虞之道》：「《虞詩》曰：『大明不出，萬物皆暗；聖者不在上，天下必壞。』」
　　（《郭店楚墓竹簡》，頁 158）即指「太陽」。又〈晉〉卦《彖傳》：「明出地上，順而麗乎大
　　明。」（《周易注疏》，卷 4，頁 11a）〈晉〉與〈明夷〉相對。〈明夷〉為「明入地中」，指日
　　暮；〈晉〉則指日出。

地飛潛動植的萬物各得其形體，各遂其生命。我們將《彖傳》闡釋〈乾〉、〈坤〉之義的內容，與《周易》文本以及〈太一生水〉三者互相參證，可知彼此的意義，而益能明瞭《周易》宇宙論原為不對稱，故絕不能比附為「辯證法」。這是論《周易》哲學的學者不可不注意的。

《易》道主剛的觀念，直接涉及《易》哲學的重探與重建。因茲事體大，多年來厚積而未發。2022 年因我受香港中文大學新亞書院之邀，擔任第 8 屆新亞儒學講座，遂下決心將個人《周易》哲學的新見解──《易》之「五性」──整理出來，質正於當世高明。「五性」亦即五大法則：

1. 不對稱性（asymmetry）→第一法則
2. 相互關聯性（interconnectivity）→第二法則
3. 動態永續性（dynamical continuity）→第三法則
4. 創生性（creativity）→第四法則
5. 不可預測性（unpredictability）→第五法則

以上五大法則以第一法則為核心，開展出其他四個法則。第一法則所謂「對稱」，蓋指陰陽關係而言，陰陽相推已預示了第二法則相互關聯亦即「感應」──陰陽感應實為萬物感應之源；陰陽相感又以第三法則恆常動態永續之質性，始有第四法則的創生性可言，遂演而為森羅萬象、繼善成性的宇宙。最後則由於諸法則呈現之規律本質上為不對稱，致事物恍似循環卻永遠無法回到原點，而形成宇宙萬物規律不可預測。關於《易》哲學的五大法則，我將另文申論，在此先借《易》道主剛一章的最後，做一個預告。

七　結語

「《易》道主剛」是《周易》哲理的基本概念，也是歷代《易》詮釋的基本方針。這個方針在易理形成之時，已透過太陽對地球的運動、黃赤交角、日照南北運移等幾方面確立起來。站立在地球表面觀察日月星辰在天

球的運動，先民因此早已深深感受到日照是整個自然世界運動的一個主導力量，並積極將此一自然哲理轉化為政治哲學，加以實施，成為周朝禮制的基礎（說詳本書下篇〈伍、《易》儒道同源分流論〉）。「《易》道主剛」原理上實奠立於自然哲學。此種自然哲學，自始即和政治哲學相結合。因周民族滅殷，所宣示的意識型態三大準則：尚陽、崇德、主變，其中「尚陽」亦即「主剛」一端，實針對殷商王朝尚陰柔、穩定而設，以提出自然法則（日照長短強弱的變化）動態的解釋，作為政治權威轉換（由殷商而周朝）的依據。要知道陰陽觀念，其起源甚早。不論殷商尚陰柔而抑陽剛，或周人尚陽剛而抑陰柔，均是先民從二元概念之中，採擇其一，加以凸顯，以用於治民設教，俾人民有所依循。既有所凸顯，則必不對稱。故《周易》哲理可確定屬不對稱二元論，不能和辯證法的「矛盾統一」混為一談。這種不對稱性，主導了先秦政治哲學的發展，也直接促成了儒、道的分野，成為戰國時期百家爭鳴的主題。

後世的詮《易》者透過解釋卦爻辭，確立了陽大陰小、陽吉陰凶的觀念後，《易傳》、董仲舒、荀爽、王弼、張載、朱熹等哲學家加以分析、演繹，對「《易》道主剛」概念作不同的發揮，包括陽貴陰賤、陽尊陰卑、陽主陰從、陽義陰利等觀念，以及陽可包陰、陰不可包陽的思想。思想史研究者每謂漢儒「陽尊陰卑」的倫理思想，是為古代封建專制、父權政治立言，又稱王弼推翻漢儒象數，似皆未能注意到「《易》道主剛」的原理，是歷來《易》家普遍接受，並且有所承繼和發揮的事實。宋儒以創造性的詮釋，對於《易》理有新的突破性解釋，將之接引到心性論的建構，張載、朱熹二君子則承繼「《易》道主剛」基調，將此一思想加以發揮而建構其宇宙論。看來研治《易》學和思想史的學者，都不得不重新評估「《易》道主剛」此一概念的影響力了。

貳、《易》象新議——試以禮說《易》 *

一 前言

　　古今治《易》者都知道「象」是《易》理中的要義。[1]學者據此多論述《易》為「象」的思維或意象思維。[2]十九世紀以前，學者視《周易》經傳為一體，論《易》象多引申《象傳》、《繫辭傳》、《說卦傳》學說發揮。二十世紀初古史辨思潮肇興，學者切割經傳，批評《繫辭傳》「觀象制器」之說為不合理，視《易》象為占筮問卜、迷信附會的手段。同時傳統重視象數的民俗學者仍然視「象」為《周易》神祕學說的基礎，用以比附人事占問。

　　近世學說既對《易》「象」多負面譏評，「象」的源流、意義與價值即普遍被忽略。至於《周易》作者立〈乾〉、〈坤〉為門戶，繼而以〈屯〉、〈蒙〉、〈需〉、〈訟〉、〈師〉、〈比〉一一居次，以天道為基礎，從人類源起進而宣揚群體生命積極奮鬥的精神，漸次論及君臣父子群體倫理之義，

* 原刊《人文中國學報》，第 22 期（2016 年 5 月），頁 171-202。

1　《繫辭傳》、《說卦傳》論「象」最詳，即《繫辭》所謂「象其物宜，故謂之象」。「象」有具象，有抽象。或稱實象、假象。《象傳》「天行健」，孔穎達《正義》：「或有實象，或有假象。實象者，若『地上有水，比』也，『地中生木，升』也，皆非虛言，故言實也。假象者，若『天在山中』，『風自火出』，如此之類，實无此象，假而為義，故謂之假也。」《周易注疏》，卷 1，頁 19a。

2　徐志銳從認知科學的角度考察，認為《易》完全是形象思維。詳徐志銳，〈論《周易》形象思維〉，頁 87-98。劉長林則認為《易》的邏輯規律是「意象思維」，參劉長林，〈《周易》意象思維的基本邏輯規律〉，《國際易學研究》，第 8 輯（北京：華夏出版社，2005），頁 273-287。

以及君子困蹇窮通之道。氣魄極恢宏，反映的是一種開國建侯的氣象。卦象的政治含義顯而易見，學者竟多視而不見，殊為可惜。

本文主旨有三：

一、考論《左傳》所記韓宣子聘魯所見之「易象」，應指禮制中的陰陽之義，並非杜預所指「上下經之象辭」；

二、溯源經典，勾稽史實，指出先秦《易》象之說的原義，可遠溯殷周之際，這是它與「禮」密不可分的原因。今《禮記》諸篇所見「禮」中陰陽之義，即其遺跡。此可以反證上文韓宣子所見「易象」之意涵；

三、舉《左傳》所記筮例，指出東周以降，王者之迹息。《易》象施用，雖仍本於前代，用於政治，但終於因禮教大義衰微，竟流而為筮人問卦以附會人事的工具。

孔子治《六經》而鮮言《周易》，孔子弟子中傳《易》者亦少。究其淵源，乃懲於春秋筮人用《易》不正之風氣。因此先秦時期，孔門儒者對於承傳《周易》一事，部分甚為積極，部分甚為消極，此實歷史背景有以致之。降至戰國，《易》家著《易傳》，遠溯前代，兼綜義理象數以論「象」，闡發政治、義理、筮數等眾多方面，實出於消弭矛盾、包容和會之意圖，造成了《繫辭傳》雜揉儒、道等戰國思想的現象。由此益可見中國經典傳統，實在是一注解傳統。在此一傳統之中，前後經說常因歷史、學派、理論的衝突與折衷，互相消融，回顧之中有開創，新義之中涵舊義，讓後人容易墮入迷霧。後世學者必須秉持歷史的眼光加以釐析，才能窺其奧祕。

二 韓宣子所見之「易象」

先秦經典史冊所記載的中國古代文明，常不離政治活動，即使戰國以降，道、墨、名、法諸子典籍，亦不例外。《周易》作為一部政治典冊，本質上亦不離政治。因此「象」的體系，亦常與政治相為表裡。過去我曾

區分「象」為「一爻之象」、「爻位之象」、「八卦之物象」、「六子卦象」、「卦情之象」、「卦體之象」、「錯綜之象」、「卦體之象」、「互卦之象」、「方位之象」、「卦義之象」等十種。[3]「象」的出現，實在卦爻辭之先，因「陰陽」是為最大之象，以兩符號表示，則為「象」的顯現之始。其次則必須從卦爻之「體」與卦爻之「辭」去探討。誠如《繫辭傳》說：

> 易者，象也；象也者，像也。

「象」大量運用在六十四卦之中，後人認為《說卦傳》說「象」特詳，那是戰國學者的綜合。王弼《周易略例》「明象」一節，針對批評的對象，更不是卦爻之「體」和「辭」中之「象」了，而是漢代《易》家演說的「象」。

〈乾〉卦「龍」之象，古代詮釋或象帝王之德，或象君子之德。無論是帝王或君子，都是統治階級。毋怪乎《繫辭傳》、《說卦傳》論〈乾〉為君、父、天、日之象，「帝出乎震」之語，引申尊卑貴賤的評斷，[4]都與政治、治術有關。這是我們檢討「易象」問題時不得不注意的要點。

「易象」一詞出現最早應該是《左傳》昭公二年所記韓宣子聘魯，見《易》象與魯《春秋》，曰「周禮盡在魯矣」一節。這一段文字，後世言人人殊，讓人無法理解何以韓宣子睹「《易》象」，足以讓他有周禮之「盡在魯」之喟歎，並讓他興起「知周公之德與周之所以王」的贊詞：

> 二年，春，晉侯使韓宣子來聘，且告為政，而來見禮也，觀書於大史氏，見《易》象與魯《春秋》，曰：「周禮盡在魯矣。吾乃今知周公之德，與周之所以王也。」

杜預《注》：

> 《易》象，上下經之象辭。魯《春秋》，史記之策書。《春秋》遵周公之典以序事，故曰「周禮盡在魯矣」。……《易》象、《春秋》，文王周公之制，

3　說詳拙著，〈論象數詮《易》的效用與限制〉，《中國文哲研究集刊》，第 29 期（2006 年 9月），頁 205-236。並參拙著，《周易階梯》，第 10 章，頁 178-183。

4　《繫辭上傳》：「天尊地卑，乾坤定矣。卑高以陳，貴賤位矣。」《周易注疏》，卷 7，頁 1b-2a。

當此時，儒道廢，諸國多闕，唯魯備，故宣子適魯而說之。

似乎很清楚，但只說是文王、周公的「制作」，「易象」是什麼仍沒有說清楚。孔穎達《疏》亦順從杜預《注》文，指孔子作《彖》、《象》實皆說「象」，又說：

《易》象，文王所作；《春秋》，周公垂法。故杜雙舉之。[5]

孔穎達認為杜預點出文王與周公，強調「法」、「制」，正好和下文「周禮盡在魯矣」呼應。這樣的解釋，看來也是理所當然。韓宣子的歎美，固然是在「觀書」之後，遂使後世學者，紛紛將《易》象視為某一種書冊、文獻，甚至有學者認為在《周易》卦爻辭之外，本別有另一典冊，題為《易象》。[6]然而，又因後世未流傳任何命名為《易象》之書，遂又不得不採信杜預對「《易》象」為「上下經之象辭」的解釋。今探究此一釋義，明顯存在兩大疑點：

一、《周易》之名屢見於《左傳》，為時人所稱述，計九次之多，均指上下經卦爻辭而言。[7]除韓宣子外，全書未嘗有一人以「《易》象」之名指涉上下經卦爻辭。今杜預將此單獨出現的「《易》象」一詞作如此解

5　《春秋左傳注疏》，卷42，頁1a-2a。

6　周錫韍認為「《周易》有古、今本之別。古本《周易》即『文王周公之《易》』，就是成於西周初年的《易象》。」（周錫韍，〈《周易》考古的驚世發現〉，《國學新視野》，2016年12月冬季號，頁62。）又說：「我意認為，周初原有一本《周易》，乃參照夏之《連山》、商之《歸藏》等同類典籍編纂而成，故卦名、用語、述事或有部分相似之處。（原注：見宋人李過《西溪易說·原序》，《文淵閣四庫全書》本，頁6-7。）」見周錫韍，《周易》，頁21-22。「周初有古本《周易》，乃參照商之《歸藏》編纂而成。到西周末，因變得艱澀難讀，不便實占的應用，遂由史巫以新興之韻文形式增損改寫，而成為今傳本《易經》。」周先生認為韓宣子所見《易象》即係此古本《周易》。詳周錫韍，〈《易經》的語言形式與著作年代——兼論西周禮樂文化對中國韻文藝術發展的影響〉及〈從辭、象關係看《周易》的成書〉二文，收入周錫韍，《易經新論》（香港：中華書局，2013），頁23-70。

7　莊公二十二年「周史有以《周易》見陳侯者」、宣公六年「其在《周易》豐之離，弗過之矣」、宣公十二年「此師殆哉！《周易》有之，在師之臨」、襄公九年穆姜言「是於《周易》曰隨元亨利貞，无咎」、襄公二十八年子大叔言「《周易》有之，在復之頤」、昭公元年醫和曰「在《周易》，女惑男，風落山謂之蠱」、昭公五年「莊叔以《周易》筮之，遇明夷之謙」、昭公七年「孔成子以《周易》筮之」、哀公九年「陽虎以《周易》筮之」。

釋，其不可信，顯而易見。

二、如謂周文王制作《周易》「上下經之象辭」，足以引起韓宣子對魯國盡
　　存周禮的讚美，那麼《左傳》所載引《易》問筮之資料，多至十九條，
　　涉及的人物甚多，有周史（莊公二十二年）、辛廖（閔公元年）、卜徒父
　　（僖公十五年）等等，發生的地域甚廣，及於陳、晉、秦、齊等地，[8]何
　　以亦從未見有人喟歎其足以反映「周禮」之盡在彼等邦國呢？韓宣子
　　見《易》象而謂「周禮盡在魯」，這是何等嚴肅之辭？謂「知周公之
　　德與周之所以王」，所論是何等重大之事？如今《周易》在春秋諸國，
　　僅見其為士大夫徵引傅會，廣泛用於卜筮，以預知戰爭人事之吉凶，
　　則「《易》象」又何以能在政治的領域上，讓韓宣子一見即贊許其能
　　反映如斯重大的精神與意義呢？

上述兩大疑點，顯示杜預《注》不可靠，故在南宋葉適已對之表達不滿，
說：

> 韓宣子所見《易》象、《魯春秋》，今亦不能灼知其旨安在。蓋若止是《易》
> 象及策書大事，則非韓起倉卒所能究其義；若並見講解凡例，則其說不
> 傳，杜預遂謂「即周之舊典禮經」，何可懸斷！故余以為略用舊說，傅之新
> 義，非其實也。[9]

至清代，惠棟曾一度引王應麟之說，認為「象」為卦爻的統名；[10]後來再
進行考訂，轉以「象」為書名，《易例》「象五帝時書名」條說：

> 象者，五帝時書名也。〈堯典〉「歷象日月星辰」，此歷書也。象以典刑，〈皋

8　《左傳》所記之筮例，部分或僅引《易》辭以引申教訓或昭示未來，部分所引並非《周易》
　　卦爻辭。

9　〔宋〕葉適，《習學記言序目》（北京：中華書局「學術筆記叢刊」本，1977），卷11「《左傳》
　　二」，頁154。

10　惠棟說：「易者，象也。王伯厚曰：『昔韓宣子適魯，見易象。是古人以卦爻統名之曰「象」。
　　故曰：「易者，象也。」其意深矣。』」惠棟，《九經古義》，卷2，頁4b。按：惠棟謂引自
　　王應麟之說，未留意到王氏《漢藝文志考證》標明此為晁說之說。參〔宋〕晁說之，〈題古
　　周易後〉，《嵩山文集》（台北：臺灣商務印書館《四部叢刊續編》影印舊抄本，1976），卷
　　18，頁2a-b。「易者，象也」，晁氏原作「易之象也」。

陶謨〉曰：「方施象刑惟明。」此刑書也。「予欲觀古人之象」，此《易》書也。《易》曰：「在天成象，法象莫大乎天地。」聖人因天，故治天下之書皆名象。《周禮》六官稱「六象懸于象魏」，故《春秋傳》「命藏象魏」，曰「舊章不可忘也」。韓宣子聘魯見《易象》，猶沿五帝之名，則「象」為書名無疑。[11]

「易」條說：

八卦，由納甲而生，故《繫辭》曰：「在天成象。」「易者，象也；象也者，象也。」古只名象。〈皋陶謨〉「帝曰：『……觀古人之象』」是也。至周，始有「三易」之名，猶《春秋傳》曰：「見易象。」則象之名猶未亡也。[12]

問題其實還不只在「《易》象」一詞，連「魯《春秋》」三字也存在討論的空間，因為宣子聘魯，在春秋魯昭公二年，其時魯《春秋》必然還在編寫之中，昭公部分必然尚未撰寫，遑論以下的定公、哀公？其已寫的部分見諸簡冊簿書也許沒問題，未寫的部分也證明了此一《魯春秋》並非定本的書籍。所以，宣子所睹，顯然並非固定文本的《春秋》。

由此可見，宣子之所以興起如斯重大的感歎，恐怕不是目睹某一兩種文獻，而是從文獻中目睹魯國保存了周代的禮制，不禁興起「周禮盡在魯」之歎唱。換言之，讀者其實應該因「周禮」一詞而思考何以「易象」會與「禮」發生關係，而非一意將「易象」認定一種文獻或書冊。正如孟子說：

王者之迹熄而《詩》亡，《詩》亡然後《春秋》作。[13]

《詩》一般理解為《詩經》，但孟子之意，絕不是說《詩經》這部書亡佚了，故孔子著《春秋》，而是說「采詩」一事——采詩官至各國民間採集詩篇的制度——隨著「王者之迹」的停止，采詩觀風的政策施行不下去

11　〔清〕惠棟，《易例》，《文淵閣四庫全書》，第 52 冊，卷上，頁 12b-13a。

12　同前注，頁 4a。陳居淵教授在惠棟說法的基礎之上，提出新說，認為春秋時期別有《易象》之書，是《周易》早期名稱，但基本內容與今本《周易》不同。又引劉師培之說，認為《象傳》之外，別有《象經》。參陳居淵，〈「易象」新說——兼論《周易》原有《象經》問題〉，《周易研究》，2012 年第 1 期，頁 43-49。

13　《孟子‧離婁下》。《孟子注疏》，卷 8 上，頁 12a。

了。它強調的是周天子勢力的式微。「《詩》亡而後《春秋》作」所提及的《春秋》當然也是書，但孟子的語意，也不是說《春秋》這部書取代了《詩經》，而是說《春秋》史筆承接了《詩經》展現「王者之迹」的效用，重建了政治秩序。孟子認為孔子因魯史而作《春秋》，批判了各國混亂的政治秩序，宣示了「新王」的禮法。正如章學誠說：

> 《六經》皆史也。古人不著書，古人未嘗離事而言理。《六經》皆先王之政典也。[14]

學誠提醒我們，後世學者讀先秦之書，心裡面不應該老存著一種「著書」的觀念，而忽略了經典的本質是在政治，在於經世濟民之效，而非如後代學者藉「著述」以將一己的學說流傳後世。《六經》既是「先王之政典」，《詩經》和《春秋》一樣，都是政治秩序的延伸，前者證明了王者之迹，後者則接續了前者。

參照孟子的記文，韓宣子觀書所興起的歎喟，主要不在書籍而在於政制。他見魯《春秋》而興歎，重點不在「書」，而是在於魯國老老實實依循周公的建制，編年紀事，保留王者之迹，承繼了周朝禮制而以直筆記事。他見「《易》象」而興歎，也不是看到一部《周易》上下經，而是看見魯國所施行的禮制處處涵攝了「易象」，而興起感歎。否則，《周易》上下經流傳於各國，《魯春秋》也還在不斷編寫，韓宣子見之，豈足以興起如斯深遠的喟歎呢？

接下來的問題就是，何以「《易》象」和「周禮」會有如此密切的關係呢？

---

14 〔清〕章學誠，《文史通義・易教上》，收入〔清〕章學誠撰，葉瑛校注，《文史通義校注》（北京：中華書局，1985），卷1，頁1。

三 周代禮制中的陰陽之義

如《繫辭傳》所言：「在天成象。」那麼《易》象最大者，實無過於天之象——「陰」、「陽」。過去學者論《易》，每謂「陰」、「陽」兩觀念晚出，謂爻辭僅「鶴鳴在陰」出現一次「陰」字，不悟卦爻辭沒有「陰陽」字，並不代表其沒有「陰陽」的哲理。事實上「陰、陽」爻的出現，正是抽象的「陰、陽」觀念形成的結果。否則，〈乾〉為純陽為首卦，〈坤〉為純陰為次卦，陽爻與陰爻共同組成六十四卦，陽爻稱大，陰爻稱小，體例在《周易》經文中至為統一，又將何以解釋？「陰」、「陽」二字，金文書體為「会」、「昜」，即指「見雲不見日」，與「雲開而見日」之義，[15]那就是日光的顯隱、強弱而言。[16]這種自然界的「象」落實到人文界，即產生「人類為陰陽二氣交會」一類的思想。這在《周易》經傳記載秩序井然，即使儒家《禮》經記載亦歷然明白。《禮記·禮運》：

> 故人者，其天地之德，陰陽之交，鬼神之會，五行之秀氣也。[17]

人之一身蘊涵陰陽，擴而大之，至於天地萬物，都是陰陽的賦形；禮制於天地萬物無不包括，故亦處處均可區分陰陽。《禮記·喪服四制》云：

> 凡禮之大體，體天地，法四時，則陰陽，順人情，故謂之禮。[18]

「則陰陽」三字，意即以「陰陽」為法則。周公制禮作樂，「禮」、「樂」本身，即分屬「陰」、「陽」，截然不同。《禮記·郊特牲》：

15　朱駿聲《說文通訓定聲》壯部弟十八「陽」字云：「開也，從日、一、勿，一曰飛揚，一曰長也，一曰彊者眾皃。按：此即古『昜』，為易字。会者，見雲不見日也；昜者，雲開而見日也。從日，『一』者，雲也，蔽翳之象；『勿』者，旗也，展開之象。會意兼指事。或曰『從旦』，亦通。經傳皆以山南水北之『陽』為之。」（頁1a）說詳本書上編〈叁〉。

16　「陰陽」在《詩經》、《尚書》中用為地理方位南北之指稱，是字義發展的第二期；第三期即為《左傳》昭公元年所記「陰陽」為六氣中之二；第四期（戰國時期）「陰陽」擴大成宇宙的兩股最根本的力量。

17　《禮記注疏》，卷22，頁5a。

18　同前注，卷63，頁11b。

樂由陽來者也，禮由陰作者也，陰陽和而萬物得。[19]

正如後儒的解釋，《白虎通義》亦以「陰陽」區分「禮樂」：

樂言作，禮言制何？樂者，陽也，動作倡始，故言作。禮者，陰也，繫制
於陽，故言制。樂象陽也，禮法陰也。[20]

「禮」以象陰，「樂」以象陽。禮器也有陰陽之象。天子藏珠玉，「珠」為
陰之陽，「玉」為陽之陰。《大戴禮記》：

珠者，陰之陽也，故勝火；玉者，陽之陰也，故勝水：其化如神。故天子
藏珠玉，諸侯藏金石，大夫畜犬馬，百姓藏布帛。[21]

就禮中之飲食祭祀而言，亦可區別「陰」、「陽」：「食」屬陰，「飲」屬陽；
「無樂」屬陰，「有聲」屬陽。《禮記‧王制》「凡養老，有虞氏以燕禮，夏
后氏以饗禮，殷人以食禮，周人脩而兼用之」，鄭《注》：

兼用之，備陰陽也。凡飲養陽氣，凡食養陰氣。陽用春夏，陰用秋冬。[22]

孔穎達《疏》：

「兼用之，備陰陽」者，以燕之與饗是飲酒之禮，是陽，陽而無陰。食是
飯，飯是陰，陰而無陽。周兼用之，故云「備陰陽也」。云「凡飲養陽氣，
凡食養陰氣」者，〈郊特牲〉文。所以飲養陽者，飲是清虛陽氣之象，食是
形質陰體之義。[23]

這段文字實與〈郊特牲〉互見。或以為「飯」為五穀自土地種植而來，故
本乎地，屬陰；「飲」為流質，本乎「水」，亦是五穀所釀製，更應屬陰而
非陽。其實飲酒之禮之所以屬「陽」，或取其酒氣揮發空中之義，附屬於
大氣而不歸入土地，故屬陽而非陰。按〈郊特牲〉：

19　《禮記注疏》，卷 25，頁 10a。

20　〔清〕陳立撰，吳則虞點校，《白虎通疏證》（北京：中華書局「新編諸子集成」本，
　　1994），卷 3，頁 98-99。

21　《大戴禮記‧勸學》，收入〔清〕王聘珍撰，王文錦點校，《大戴禮記解詁》（北京：中華書
　　局「十三經清人注疏」本，1998），卷 7，頁 134。

22　《禮記注疏》，卷 13，頁 15b。

23　同前注，頁 17b。

饗禘有樂，而食嘗無樂，陰陽之義也。凡飲，養陽氣也；凡食，養陰氣也。故春禘而秋嘗，春饗孤子，秋食耆老，其義一也，而食嘗無樂。飲養陽氣也，故有樂；食養陰氣也，故無聲。凡聲，陽也。[24]

「樂」「有聲」為「陽」，「禮」「無樂」屬「陰」。秋為少陰，故「食嘗無樂」；春為少陽，故「饗禘有樂」。就禮之祭器而言，數目的奇偶，也源出於「陰」、「陽」的抽象義。「籩豆」屬陰，「鼎俎」屬陽，主要在於器數奇偶之不同：

鼎俎奇而籩豆偶，陰陽之義也。

不但祭器分陰陽，祭品也一樣。鄭玄《注》此句謂：

牲，陽也；庶物，陰也。[25]

孔穎達《疏》解釋說：

(《儀禮》)〈聘禮〉陳醴醢，醢在碑東，醴在碑西，鄭云「醴穀，陽也；醢肉，陰也」，與此不同者，醴是穀物所為，其體清輕，故為陽也；醢是肉物所為，肉有形質，故為陰也。[26]

不但祭器、祭品，即使屬於「陽」的音樂之中也有陰陽。《禮記·樂記》論先王制樂，即陳陰陽之義：

是故先王本之情性，稽之度數，制之禮義。合生氣之和，道五常之行，使之陽而不散，陰而不密，剛氣不怒，柔氣不懾，四暢交於中而發作於外，皆安其位而不相奪也；然後立之學等，廣其節奏，省其文采，以繩德厚。[27]

「陽」屬天而與陽光有關，故稱「散」，「陰」屬地而與水土有關，故稱「密」。「陽而不散，陰而不密」語義即謂「陽」而不至於「散」，「陰」而

---

24 同前注，卷 25，頁 8a-b。孔穎達《疏》：「『陰陽之義也』者，無樂為陰，有樂為陽，故云『陰陽之義』也。……『凡飲，養陽氣也；凡食，養陰氣也』者，此覆釋上文饗有樂而食無樂之義，以飲是清虛養陽氣，故有樂；而食是體質養陰氣，故無樂。」(同前，頁 8b)

25 同前注，卷 26，頁 12b。

26 同前注，頁 14b。《儀禮》鄭《注》在「醴在東」句下。又按：孔《疏》「陳醴醢」依文義似應作「陳醴醢」，此處仍本阮刻《十三經注疏》作「陳醴醢」。

27 同前注，卷 38，頁 6b-7a。

不至於「密」。所謂「道五常之行」，即依「金木水火土」之「性」而立的「仁義禮智聖」之「行」。〈樂記〉倘依李善《文選注》載沈約所說「取公孫尼子」，則「道五常之行」以及「陽而不散，陰而不密」的陰陽五行之論，非獨子思、孟子傳述，公孫尼子亦張皇其說。原因正在於，陰陽之象、五行之義，原本就是儒家所承繼的西周禮樂的內在精神。王應麟《困學紀聞》卷三引陶淵明《羣輔錄》論陰陽調和最終目的是「移風易俗」之效：

> 〈定之方中〉傳引仲梁子曰：「初立楚宮也。」《鄭志》：「張逸問：『仲梁子何時人？』答曰：『仲梁子，先師魯人。當六國時，在毛公前。』」《韓非子》「八儒」有仲良氏之儒。陶淵明《羣輔錄》：「仲梁氏傳樂為道，以和陰陽，為移風易俗之儒。」[28]

就周禮而言，禮亦分陰禮陽禮。如軍禮屬陽，[29]昏禮屬陰。[30]昏禮之中，亦重陰陽，尤其天子與后妃的結合，涉及天道於人間的施行，更不可不慎。《禮記・昏義》：

> 是故男教不脩陽事，不得適見於天，日為之食；婦順不脩陰事，不得適見於天，月為之食。是故日食，則天子素服而脩六宮之職，蕩天下之陽事。月食，則后素服而脩六宮之職，蕩天下之陰事。故天子之與后，猶日之與月，陰之與陽，相須而后成者也。天子脩男教，父道也；后脩女順，母道也。[31]

昏義所強調之陰陽調和之事，具體反映於男女所脩所服，亦即禮制之反

28　王應麟著，翁元圻等注，《困學紀聞》，卷 3「詩」，頁 338。

29　《禮記・郊特牲》：「季春出火，為焚也。然後簡其車賦，而歷其卒伍，而君親誓社，以習軍旅。」季春為少陽壯盛之時，合於軍旅之事。此可見軍禮為陽禮。《禮記注疏》，卷 25，頁 24a。

30　《禮記・昏義》陸德明《經典釋文》：「鄭云：『昏義者，以其記娶妻之義，內教之所由成。』」《經典釋文・禮記音義之四》，卷 14，頁 20a。孔穎達《疏》：「案：鄭《昏禮目錄》云：『娶妻之禮，以昏為期，因名焉。必以「昏」者，取其陰來陽往之義。日入後二刻半為「昏」。』」《禮記注疏》，卷 61，頁 4a。雄按：「陰來陽往」即「陽消陰息」，故以「陰」為主，故取日入後二刻半為「昏」，取陽氣潛藏之時，故為陰禮。「昏」義以陰為主，鄭玄所謂「內教」，即男女兩性相處之道。因此〈昏義〉皆論陰陽和順的道理。

31　《禮記注疏》，卷 61，頁 11a-b。

映，甚至與天象（日食、月食）變幻相呼應。周禮封建宗法，以男性為主體，故「男教」為「陽」自不待言；而「昏義」涉及陰陽和順，故又必待於「陰」之與「陽」相和，故「婦順」為「陰」亦須講求。除陰陽以外，禮又分「剛」、「柔」，剛柔亦係陰陽之「象」的延伸。《禮記‧曲禮上》：

> 外事以剛日，內事以柔日。凡卜筮日，旬之外曰「遠某日」，旬之內曰「近某日」。喪事先遠日，吉事先近日。曰：「為日，假爾泰龜有常，假爾泰筮有常。」卜筮不過三，卜筮不相襲。

鄭玄《注》：

> 順其出為陽也。出郊為外事。《春秋傳》曰：「甲午祠兵。」順其居內為陰。旬，十日也。孝子之心。喪事，葬與練、祥也。吉事，祭祀、冠、取之屬也。命龜筮辭。龜筮於吉凶有常，大事卜，小事筮。求吉不過三。魯四卜郊，《春秋》譏之。卜不吉則又筮，筮不吉則又卜，是瀆龜筮也。晉獻公卜取驪姬不吉，公曰「筮之」是也。[32]

孔穎達《疏》特就剛日、陰日的問題提出解釋：

> 「『外事』至『相襲』」：《正義》曰：此一節明卜筮及用日之法，各依文解之。「外事以剛日」者，外事，郊外之事也。剛，奇日也，十日有五奇、五偶，甲、丙、戊、庚、壬五奇為剛也。外事剛義，故用剛日也。
>
> 注「順其」至「祠兵」：《正義》曰：以出在郊外，故順用剛日也。《公羊》莊公八年：「正月，師次於郎，以俟陳人、蔡人。甲午祠兵。」《傳》云：「祠兵者何？出曰祠兵。」何休云：「禮，兵不徒使，故將出兵，必祠於近郊。」此鄭所引，直取甲午證用剛日事耳。其「祠兵」之文，鄭所不用。故《異義》「《公羊》說以為甲午祠兵，《左氏》說甲午治兵」，鄭駁之云：《公羊》字誤也，以治為祠，因為作說，引《周禮》四時田獵、治兵振旅之法，是從《左氏》之說，不用《公羊》也。
>
> 「內事以柔日」者，內事，郊內之事也。乙、丁、己、辛、癸五偶為柔也。然則郊天是國外之事，應用剛日，而〈郊特牲〉云「郊之用辛」，非剛

也。又社稷是郊內，應用柔日，而〈郊特牲〉云祀社「日用甲」，非柔也。所以然者，郊社尊，不敢同外內之義故也。此言外剛內柔，自謂郊社之外，他禮則皆隨外內而用之。崔靈恩云：「外事指用兵之事，內事指宗廟之祭者，以郊用辛，社用甲，非順其居外內剛柔故也。祭社用甲，所以〈召誥〉用戊者，〈召誥〉是告祭，非常禮也。郊之用辛者，唯夏正郊天及雩大享明堂耳。若圜丘自用冬至日，五時迎氣，各用其初朔之日，不皆用辛。」[33]

孔穎達的解釋，有幾點值得我們注意：

一、剛、柔與奇、偶數有關，筮法亦以奇、偶數標示陰、陽，顯示剛日、柔日之禮，與筮數同出一源；

二、十天干之中，奇為剛，偶為柔，故甲、丙、戊、庚、壬為剛日，乙、丁、己、辛、癸為柔日，為外事、內事的區分；

三、郊社不用剛柔內外之義，他禮隨內外而用之，故外事（如對外用兵）為「剛」，內事（宗廟祭祀）為「柔」。

又《周禮・地官・大司徒》：

（大司徒之職）因此五物者民之常，而施十有二教焉：一曰以祀禮教敬，則民不苟。二曰以陽禮教讓，則民不爭。三曰以陰禮教親，則民不怨。四曰以樂禮教和，則民不乖。……[34]

《周禮》所謂「陽禮教讓」，關乎尊卑而以剛為主，尊卑建立則民不相爭；「陰禮教親」，關乎憐愛而以柔為主，因為施予憐愛則民不懷怨。此二語與《禮記・表記》所謂「父尊而不親」、「母親而不尊」（詳下文）之論點，實為一致。

《禮記》諸篇廣泛記載周朝禮樂制度所隱含的陰陽、剛柔之義，絕不是偶然的現象。也許只重視出土文獻、不相信傳本文獻的學者會認為：《禮記》這一類記文，是戰國晚期至漢代陰陽五行思想大盛之後的產物，本身

33　同前注，卷3，頁15a-b。

34　《周禮注疏》，卷10，頁5b。

即不可靠。這樣的懷疑本身就很有問題，因為從各種文獻考察，陰陽思想與五行思想各有其相當早的來源，說陰陽五行思想是戰國甚至戰國晚期的產物，本身就是一種目的論的解釋，與史實並不符合。[35]據《禮記》諸篇所記，陰陽兩個相反的觀念滲透在周代禮制的節目，鉅細靡遺，清楚而具體，實在很難讓人想像它們全部出於陰陽五行思想影響下的虛構。

周代禮制中，陰陽之象其實非常清楚。只是過去研究《禮》的學者並未聯想到《周易》的陰陽觀念，而研究《易》的學者亦不甚注意《禮》經記文而已。

《周易》標舉最大之象——天地之象——所喻示的「陰」、「陽」之義，是隨時施用於現實政治，是衡定政治秩序實踐準則——禮——的基礎之一。我的合理懷疑是：韓宣子見「《易》象」，係見魯國典冊所記禮制中，陰陽之象歷然有序，知為周代王統之所遺留（《易》為文王所作），因而興起感歎。這才能有充分理由解釋韓宣子歎美「周禮盡在魯」、「周之所以王」。否則，單單觀一兩種書籍，實難以解釋其何以有如此崇高的歎美。竊意以為，從此一角度解釋韓宣子見《易》象與魯《春秋》而歎周禮之盡在魯，較傳統將「《易》象」視為「上下經之象辭」的牽強解釋，合理得多。

四 《歸藏》的啟示與禮制中的陰陽之象的遺留

上文考論周朝禮制中的陰陽之象。再向上追溯，陰、陽之義實與殷、周二代有關。就禮制而言，殷禮尚陰，周禮尚陽。我們知道，殷商的《歸藏》又名《坤乾》，《禮記·禮運》記孔子說：

> 我欲觀夏道，是故之杞，而不足徵也；吾得《夏時》焉。我欲觀殷道，是

---

35 「陰陽」、「五行」的觀念來源甚早，在先秦發展，淵源歷然清晰可論。關於「陰陽」學說之發展，可參拙著，〈《太一生水》釋讀研究〉，頁 145-166。關於「五行」學說之發展，說詳鄭吉雄、楊秀芳、朱歧祥、劉承慧合著，〈先秦經典「行」字字義的原始與變遷——兼論「五行」〉，頁 89-127。

故之宋，而不足徵也；吾得《坤乾》焉。《坤乾》之義，《夏時》之等，吾
以是觀之。[36]

《坤乾》之得名，是因首卦為〈坤〉，次卦為〈乾〉，與《周易》首二卦相反，表達了尚陰的思想，與《周易》立〈乾〉為首而尚陽，遙遙相對。如上所論，這與殷周二代之禮，一為陰，一為陽，亦恰好一致。此一現象實非偶然。

我將「易象」與周禮連繫在一起，給予新解，主要是從 2008 年發表〈《易》儒道同源分流論〉[37]一文以後產生的想法。早在 2006 年我發表〈論《易》道主剛〉一文，已暗示《周易》哲學之所以以剛健為主，與西周立國尚武、主陽和尚「變」之精神，有密切關係，於是產生了《周易》與儒道同源分流的想法，也產生了殷商《歸藏》之立〈坤〉為首，隱然與西周立國精神相悖的想法。這樣講，就必然觸及殷商的《歸藏》立〈坤〉為首的問題，以及《歸藏》與《周易》反映殷周二代一尚陰一尚陽的治道之殊的歷史事實。

近一世紀以來，更早明確宣示過此一論點的是金景芳以及他的學生呂紹綱和廖名春。金景芳向主《周易》有一套辯證哲學，1955 年他發表〈易論〉，推論《坤乾》首〈坤〉次〈乾〉、《周易》首〈乾〉次〈坤〉之異，正代表了由殷道親親重母統，轉向周道尊尊重父統。[38]1998 年他再撰〈論《周易》的實質及產生的時代與原因〉，認為《歸藏》是殷商政權的指導思想，文王將其改造為《周易》，便是要以此推翻殷商政權，並重新肯定文王作《易》的舊說。[39]

金景芳的理論，部分奠基於二十世紀初以來歷史學家和社會學家相信

36　《禮記注疏》，卷 21，頁 8a。

37　說詳本書下編〈伍、《易》儒道同源分流論〉。

38　金景芳，〈易論〉，原刊《東北人民大學人文科學學報》，1955 年第 2 期、1956 年第 1 期，後收入《學易四種》（長春：吉林文史出版社，1987），頁 166。

39　金景芳，《金景芳晚年自選集》（長春：吉林大學出版社，2000），頁 19-22。按：據篇首所言「我學《易》70 多年，今天已經 96 歲」，則此文應撰於 1998 年。

中國上古社會制度為母系氏族的想法。中國上古社會是否曾真正存在過「母系氏族社會」是一個無法確定的問題。加上 1955 年王家臺秦簡尚未出土，《歸藏》僅有前儒輯佚本流傳，而且遲至 2006 年我才發表《易》道主剛的概念，《周易》哲學為「尚陽」之哲學的論點尚未有人提出過。金景芳〈易論〉的論點既沒有出土文獻作為傍證，也沒有相關的理論支援，只是依傍傳統文獻的一種推論。在唯物史觀浪潮澎湃的時代，金的聲音極其微弱，受到啟示的學者自然不多，也難以深入討論尚陽哲學與周朝封建及宗法制度之間的關係。這是金景芳論點不為人所注意的原因。

從方法論上講，研究者或認為《歸藏》久佚，即使有王家臺秦簡以為證，後者亦僅為戰國簡策，不足以證實真正的殷商有《歸藏》此書，更不能認定王家臺《歸藏》即殷商之《歸藏》。賴貴三教授正持此論，強調「王家臺秦簡歸藏」並非殷《易》，亦不宜將之定為《歸藏・鄭母經》，該書與薛貞注本及汲冢《易繇陰陽卦》也沒有關係。[40]賴教授的態度是嚴謹的，他的個別論點我泰半同意。王家臺秦簡《歸藏》書寫於戰國時期，當然不可能是七、八百年前殷商的《歸藏》的複製，此不待賴教授考證即皎然可知，像簡文「師曰昔者穆天子卜出師而枚占」、「節曰昔者武王卜伐殷」的內容，追述殷商滅亡之後，西周鼎盛之時，就絕不可能直接承繼殷商《歸藏》的內容。然而，若說王家臺秦簡《歸藏》和殷商《歸藏》全無關係，也有問題。關鍵在於：除非我們認為古文獻文明全無價值，否則上古渺邈，本來就是書缺有間，後人只能藉由殘篇斷簡以窺視全貌。在這種情況下，任何出土文獻，對於古代文明的重建，其實都有彌足珍貴的價值。古代文明的研究，所可依靠的，不過紙上遺文以及出土文獻二者而已。自二十世紀疑古運動以來，傳世文獻的價值被嚴重壓抑，出土文獻又多皆殘篇斷簡，並不具有體系性。將沒有體系性的出土文獻，與不被信任的傳世文獻置於一起，加之以「沒有直接證據即不加採信」的研究態度，古代文明

---

40 賴貴三，〈《歸藏易》研究之回顧與評議〉，《中國學研究》（*The Journal of Chinese Studies*），第 58 期（2011 年 12 月），頁 641-676。

的重建或者重探，等於是永不可能的事，學者也不需要再從事於此了。賴教授將王家臺秦簡《歸藏》與真正的殷《歸藏》一刀切割，然後劃上句號，其問題正在於此。百分之百不相信出土文獻，其實和百分之百完全相信出土文獻，都是偏激的見解。

清儒嚴可均、洪頤煊、馬國翰等所輯之《歸藏》，多從中古文獻中蒐輯所得，並非憑空虛構，清儒也沒有見過王家臺秦簡《歸藏》。如今王家臺秦簡所出，學者自 1996 年起不斷發表研究成果，證明其內容可以和清儒的輯佚本《歸藏》相印證。試想，王家臺秦簡作者未見過清儒輯本，清儒輯佚時亦未嘗見王家臺秦簡，而二者竟不約而同而若合符節。透過對照，王家臺簡甚至補充了前者錯亂的內容，[41]這豈不恰好印證了王國維「二重證據法」所宣示的地下文物與紙上遺文互相釋證之例？

王家臺秦簡本《歸藏》固然不是殷商的《歸藏》，卻不代表它與殷《歸藏》絕無關係。王家臺本與輯本《歸藏》內容多相同，有兩個主要特徵值得說明：

一、輯本《歸藏》列「坤」為首，簡本《歸藏》首卦亦為「坤」。[42]這與《坤乾》書名，立意相同。這樣以「坤」卦為首的特色，顯然存在一種「尚陰」的思想。

二、《歸藏》內容多記后羿、嫦娥、黃帝、炎帝等神話傳說人物（例如有一簡記「豐曰昔者上帝卜處□□」），與甲骨文所記殷商卜辭內容與形式大異，不但顯示「易」（《歸藏》為「三《易》」之一）之與「卜」早已分流，也顯示了充滿浪漫意象鋪寫的《歸藏》，在《周易》以前「三易」傳統的發展過程中，已脫離了卜骨史料「記實」的層次。無怪乎《文心雕龍·諸子》說：「《歸藏》之經，大明迂怪，乃稱羿斃十日，嫦娥奔月。」[43]

---

41 關於王家臺秦簡《歸藏》相關問題的研究論文甚多，詳本書下編〈叁、《歸藏》平議〉。

42 簡本「坤」作「𡿨」，似為「順」字，「坤」、「順」上古音均屬「文」部，依王引之《經義述聞》之說，「順」即與「坤」字互訓。王引之，《經義述聞》，卷 1，頁 5a-b。

43 劉勰著，范文瀾注，《文心雕龍注》，卷 4，頁 17b。

相對於《歸藏》，《周易》立〈乾〉為首，思想上為尚陽、主剛，與《歸藏》
大異其趣，說明了金景芳的推論，實為合理。關於《周易》尚陽主剛的精
神，我已有不少論文及專著陳述過，詳參本書中編〈壹〉。

殷《歸藏》或《坤乾》與周代《周易》，各有陰陽之象的側重；殷、
周在禮法儀軌上，對於陰陽之象也各有系統。簡而言之，《坤乾》立〈坤〉
為首，《周易》尚陽主剛，已透露殷周之時，陰陽思想已成為王者立國的
綱領。王國維〈殷周制度論〉即指出殷商「兄終弟及」之制與周人「嫡庶
之制」大異其趣：

> 特如商之繼統法，以「弟及」為主，而以「子繼」輔之，無弟然後傳子。
> 自成湯至於帝辛，三十帝中，以弟繼兄者凡十四帝（原注：外丙、中壬、大
> 庚、雍己、大戊、外壬、河亶甲、沃甲、南庚、盤庚、大辛、小乙、祖甲、庚丁）。
> 其以子繼父者，亦非兄之子，而多為弟之子（原注：小甲、中丁、祖辛、武丁、
> 祖庚、廩辛、武乙）。惟沃甲崩，祖辛之子祖丁立。祖丁崩，沃甲之子南庚
> 立。南庚崩，祖丁之子陽甲立。此三事獨與商人繼統法不合。此蓋《史
> 記・殷本紀》所謂中丁以後，九世之亂。其間當有爭立之事，而不可考
> 矣。故商人祀其先先王，兄弟同禮。即先王兄弟之未立者，其禮亦同。是
> 未嘗有嫡庶之別也。[44]

這種存在於西元前一千多年的古老政治傳統，在一千多年以後的漢代竟然
仍有遺跡。《史記・梁孝王世家》褚少孫記竇太后欲立梁孝王為帝太子事，
景帝問於袁盎，袁盎即以殷代兄終弟及、周代立嫡長子之道統之異，回答
景帝：

> 殷道親親者，立弟；周道尊尊者，立子。殷道質，質者法天，親其所親，
> 故立弟。周道文，文者法地，尊者敬也，敬其本始，故立長子。周道，太
> 子死，立適孫；殷道，太子死，立其弟。

景帝接著問袁盎「於公何如」，袁盎等人齊聲回答說：

> 方今漢家法周，周道不得立弟，當立子。故《春秋》所以非宋宣公。宋宣

---

44 王國維，〈殷周制度論〉，《觀堂集林》，收入《王國維遺書》，第 2 冊，卷 10，頁 2-3。

公，不立子而與弟。弟受國死，復反之與兄之子。弟之子爭之，以為我當代父後，即刺殺兄子，以故國亂，禍不絕。故《春秋》曰：「君子大居正，宋之禍，宣公為之。」臣請見太后白之。[45]

雄按：袁盎以「親」、「尊」論「殷道」、「周道」之異同，似非傅會，因竇太后崇尚黃老道家，以之作為治國方針，故有兄終弟及的想法，欲立梁王為帝太子。此一想法，可能與尊尚母統及尊尚父統的差異有關。尊尚母統，故重兄弟關係，因對兄弟而言為，家長是「母」而非「父」；如尊尚父統，則當重父子關係，而演為嫡庶之別，進而反映於服術之制。竇太后有此一想，與自身政治利益也有關。

西漢初年上距殷周之際已歷千年，殷商尊尚母統，並及於黃老道家政治哲學的密切關係，竟仍被當時士大夫所引述，不免讓人驚訝。因為回顧歷史，周公制禮作樂至漢代亦已千年，儒家自孔子卒後至漢已歷六百年。袁盎所述殷朝與周朝「親親尊尊」、「文統質統」之歧義，在儒家禮制理論及政治實踐中，應該沒有多少痕跡。故戰國秦漢儒書所論，「親」、「尊」分屬父統母統之異的記載，並不很多。「親」、「尊」之別，在儒家學說體系中，或為「父」、「君」之異，《禮記·文王世子》：

君之於世子也，親則父也，尊則君也。有父之親，有君之尊，然後兼天下而有之。[46]

或在於「上」、「下」之異。《禮記·大傳》：

上治祖禰，尊尊也；下治子孫，親親也；旁治昆弟，合族以食，序以昭繆，別之以禮義，人道竭矣。……其不可得變革者則有矣：親親也，尊尊也，長長也，男女有別，此其不可得與民變革者也。[47]

或謂「尊」之義在於崇敬祖禰，「親」之義在於管治子孫。又《禮記·喪服小記》：

---

45 司馬遷，《史記》，卷58，頁2091。
46 《禮記注疏》，卷20，頁15b。
47 同前注，卷34，頁3a-4a。

親親，尊尊，長長，男女之有別，人道之大者也。[48]

又記：

親親，以三為五，以五為九。上殺，下殺，旁殺，而親畢矣。[49]

《禮記》諸篇中，唯有〈表記〉尚留存一段文字，以「父」、「母」分繫「尊」、「親」，父為「尊」，母為「親」，似與《史記》所載袁盎之論「殷道親親，周道尊尊」所隱喻母統、父統之論，遙相呼應：

使民有父之尊，有母之親，如此而后可以為民父母矣，非至德其孰能如此乎？今父之親子也，親賢而下無能；母之親子也，賢則親之，無能則憐之。母，親而不尊；父，尊而不親。水之於民也，親而不尊；火，尊而不親。土之於民也，親而不尊；天，尊而不親。命之於民也，親而不尊；鬼，尊而不親。[50]

在上述的記文中，「親」、「尊」之別，各有其義，或為君父、父母、上下、長幼、親疏，唯獨未提及殷商與周朝治統的異同。由此看《史記・梁孝王世家》「殷道親親，周道尊尊」的記載，看似甚為孤立。

上述所引《禮》的資料所提及「親」、「尊」之異，意義是模糊的，似乎無法支持《史記》袁盎的講法。但若因此以為殷周二代禮制中的「陰」、「陽」各殊的記載已全部消失，那就大錯特錯了。我們看《禮記・檀弓下》：

殷既封而弔，周反哭而弔。……殷練而祔，周卒哭而祔。孔子善殷。[51]

又記：

重，主道也，殷主綴重焉，周主重徹焉。[52]

48 同前注，卷32，頁11a。
49 同前注，頁5b-6a。
50 同前注，卷54，頁14b-15b。
51 《禮記・檀弓下》：「殷既封而弔，周反哭而弔。孔子曰：『殷已愨，吾從周。』」鄭玄《注》：「愨者，得哀之始，未見其甚。」《禮記注疏》，卷9，頁16a。「殷練而祔，周卒哭而祔。孔子善殷。」同前，頁18b。
52 《禮記注疏》，卷9，頁12a-b。

「重」即「緟」，孔《疏》稱「與祔相近」，[53]是喪禮中亡者新死時懸於神主旁的輓帳，在殷人則安葬死者後，綴「重」而懸掛在新死者所殯之廟，在周人則在安葬死者後，將「重」徹去而埋之。[54]此一記文，頗為具體，不似出於虛構。〈檀弓下〉又記：

> 喪之朝也，順死者之孝心也。其哀，離其室也，故至於祖考之廟而后行。
> 殷朝而殯於祖，周朝而遂葬。[55]

凡此種喪葬程序先後的差別，皆反映殷人與周人喪禮習慣之異。喪禮如此，祭社之禮又如何呢？《詩‧大雅‧文王》「祼將于京」，《毛傳》：

> 祼，灌鬯也。周人尚臭。[56]

《禮記‧郊特牲》記載了殷周祭社典禮的不同：

> 有虞氏之祭也，尚用氣。血、腥、爓祭，用氣也。殷人尚聲，臭味未成，滌蕩其聲，樂三闋，然後出迎牲。聲音之號，所以詔告於天地之間也。周人尚臭，灌用鬯臭，鬱合鬯，臭陰達於淵泉。灌以圭璋，用玉氣也。既灌，然後迎牲，致陰氣也。蕭合黍、稷，臭陽達於牆屋，故既奠，然後焫蕭合羶薌。凡祭，慎諸此。魂氣歸于天，形魄歸于地，故祭求諸陰陽之義也。殷人先求諸陽，周人先求諸陰。[57]

53　同前注，頁 13a。

54　鄭玄《注》：「綴，猶聯也。殷人作主，而聯其重，縣諸廟也。去顯考，乃埋之。」孔穎達《疏》云：「『殷主綴重焉』者，謂殷人始殯，置重于廟庭，作虞主訖，則綴重縣於新死者所殯之廟也。『周主重徹焉』者，謂周人虞而作主，而重則徹去而埋之，故云『周主重徹焉』。但殷人綴而不即埋，周人即埋、不縣於廟，為異也。」《禮記注疏》，卷 9，頁 12a-b。鄭玄《注》「重，主道也」云：「始死，未作主，以重主其神也。重既虞而埋之，乃後作主。」同前，頁 12a。雄按：「虞」，據劉熙《釋名‧釋喪制》「虞謂虞樂安神」（卷 8，頁 6b），有「安」（安定）之意。《儀禮‧既夕禮》「三虞」鄭玄《注》：「虞，喪祭名。虞，安也。骨肉歸於土，精氣無所不之，孝子為其彷徨三祭以安之。」《儀禮注疏》，卷 40，頁 5a。

55　《禮記注疏》，卷 9，頁 19b。鄭《注》：「朝，謂遷柩於廟。」孔《疏》：「殷人尚質，敬鬼神而遠之。死則為神，故云『朝而殯於祖廟』。周則尚文，親雖亡歿，故猶若存在，不忍便以神事之，故殯於路寢，及祖廟遂葬。」同前，頁 19b-20a。

56　《毛詩注疏》，卷 16 之 1，頁 11a。

57　《禮記注疏》，卷 26，頁 21a-22a。「羶薌」即馨香。鄭玄《注》：「羶當為『馨』，聲之誤也。」

殷人與周人的祭祀無論從理念上（祭義）或程序上都南轅北轍，大異其趣。
從宏觀看，「殷人先求諸陽，周人先求諸陰」，適為相反。從微觀看，尚陽
的周人「先求諸陰」並非只有陰，而是先陰而後陽：「灌」禮屬陰，以使
氣味（臭）「達於淵泉」；「薦」（奠）禮屬陽，以使氣味「達於牆屋」；尚陰
的殷人「先求諸陽」並非只有陽，而是先陽而後陰，故「尚聲」即求陽（如
上文所論，「樂」屬「陽」而「禮」屬「陰」），樂音奏出三闋「然後出迎牲」，
如孔穎達所指出，「牲」是「肉物所為，肉有形質，故為陰也」，表示進入
用陰的階段。《禮記‧禮器》也記錄了周人的祭祀：

> 郊血，大饗腥，三獻爓，一獻孰。

鄭玄《注》：

> 郊，祭天也。大饗，祫祭先王也。三獻，祭社稷五祀。一獻，祭羣小祀
> 也。爓，沉肉於湯也。血腥爓孰遠近備古今也。尊者先遠，差降而下，至
> 小祀孰而已。[58]

「孰」當作「𦎚」，篆體作「𦎝」，從「𩰫」從「丮」，《說文解字》釋為「食
飪也」，段玉裁《注》：

> 飪，大孰也。可食之物大孰，則丮持食之。[59]

可見「陰」的特色是要沉重氣味的食物，加上以鬯酒灑於地滲入土中，為
灌禮。殷周二代的喪葬和祭社之禮，顯然均有「陰、陽」之象的施用，但
二代在先後次序輕重上，常為相反。同樣視人類生命為具有「形、神」、
「魂、魄」兩重成分，而分屬陰陽，將〈坤〉列為《歸藏》首卦而尚「陰」
的殷人，祭祀時是「先求諸陽」；將〈乾〉列為《周易》首卦而尚「陽」
的周人，祭祀時則「先求諸陰」，這正好反映了周禮之中的陰陽之「象」，
以及這種「象」遠有淵源卻與殷商大異的歷史事實。另一條記文也支持著
這樣的重大消息，〈郊特牲〉說：

同前，頁21b。

58　同前注，卷24，頁2a。

59　許慎著，段玉裁注，《說文解字注》，3篇下，頁14a。

君之南鄉，荅陽之義也。臣之北面，荅君也。[60]

「荅」是「對」的意思。周人尚陽，故以太陽喻君主，[61]君主南鄉為與作為「天」之「象」的「陽」相對，而對於土地呢？〈郊特牲〉說：

社祭土而主陰氣也。君南鄉於北墉下，荅陰之義也。日用甲，用日之始也。天子大社，必受霜露風雨，以達天地之氣也。[62]

除了「荅陽」還要「荅陰」。「日用甲，用日之始」，用干支記日，不始於周而始於殷商。土地屬於「陰」，故祭土地主陰氣，君主要「南鄉於北墉下」。在這個儀式中，不但君主要同時荅「陽」與「陰」，場地也不能有遮蔽，好讓上天（陽）的霜露風雨向下滋潤土地（陰），達到調和陰陽之效，故作者最後強調君主要「達天地之氣」。[63]〈郊特牲〉又說：

社，所以神地之道也。地載萬物，天垂象。取財於地，取法於天，是以尊天而親地也。故教民美報焉。家主中霤而國主社，示本也。[64]

在這裡出現了「親尊」，「親」屬「地」、「尊」屬「天」。「中霤」就是「土神」，是天子社祭在一般家庭中的縮小版。天子祭社，家庭祭中霤，都以土地種植出來的「粢盛」來供奉，傳達的是回報「土地」的精神。這是所謂「報本反始」。更有趣的是，作者再次比較了殷商與周朝在體制上的不同：

是故喪國之社屋之，不受天陽也。薄社北牖，使陰明也。

鄭玄《注》：

60　《禮記注疏》，卷25，頁18a。

61　儒家承繼此一傳統，故郭店楚簡〈唐虞之道〉：「〈虞詩〉曰：『大明不出，萬物皆暗；聖者不在上，天下必壞。』」李零，《郭店楚簡校讀記（增訂本）》，頁124。「大明」就是「太陽」。

62　《禮記注疏》，卷25，頁20a-b。故孔穎達《疏》：「土是陰氣之主，故云『而主陰氣也』。……社既主陰，陰宜在北，故祭社時，以社在南，設主壇上北面，而君來在北牆下，而南鄉祭之，是對陰之義也。」同前，頁21a。

63　同前注，頁20b。孔穎達《疏》：「『天子大社，必受霜露風雨，以達天地之氣也』者，是解社不屋義也。達，通也。風雨至則萬物生，霜露降則萬物成，故不為屋，以受霜露風雨。霜露風雨至，是天地氣通也。」同前，頁21a。

64　同前注，頁20b。

絕其陽，通其陰而已。薄社，殷之社，殷始都薄。[65]

孔穎達《疏》：

> 喪國社者，謂周立殷社也，立以為戒。不生成，天是生法，其無生義，故
> 屋隔之，令不受天之陽也。《白虎通》云：「王者諸侯必有誡社者何？示有
> 存亡也。明為善者得之，為惡者失之。」「薄社北牖，使陰明也」者，即喪
> 國社也。殷始都薄，故呼其社為薄社也。周立殷社為戒而屋之，塞其三
> 面，唯開北牖，示絕陽而通陰，陰明則物死也。[66]

周滅殷商後，存殷祀，立殷之社；但殷社與周社不同，主要在於周社重
「陰陽之交」，而殷社則「絕陽通陰」。這是因為「陽」重在「生」（《易》
道尚陽而主剛，故《繫辭上傳》謂「生生之謂易」）。周天子祭社，重在讓天（陽）
的菁華「霜露風雨」滋潤土地（陰），「以達天地之氣」，讓陰陽相交。殷人
是亡國之後，故祭社不再標示生生不息的「生」的意義（孔穎達所謂「其無
『生』義」），故在祭禮之中要「屋之」，阻絕陽光雨露。而且，因為北方是
「陰」的方位，這間特殊的「屋」除北面有「牖」外，其餘三面皆無窗，
以使其純純粹粹地通於「陰」。這種對於「喪國之社」以特殊規格「屋之」
的辦法，最終目的竟然是要「絕陽」而「通陰」，不但讓我們更了解到陰
陽之義與殷周二代之間王朝禮制的重大關係，也讓我們聯想《周易》
〈乾〉、〈坤〉二卦，一純陽一純陰為前後相對的隱含之義，與殷、周二代
之間可能存在的關係。《易》道以陽剛為主，標誌周朝，我已多方申述。
〈坤〉卦六爻皆陰為純陰之卦，卦辭所示「利牝馬之貞」，爻辭所示「履霜
堅冰至」的「地」之象等等，均有「陰」的喻象，其實正是隱喻殷商。拙
著〈從遺民到隱逸：先秦道家溯源——兼論孔子的身分認同〉一文所論證
〈坤〉卦卦爻辭與《尚書・多士》相同，均為周人遷殷頑民於雒邑時的警
告文誥。周人順應《歸藏》立〈坤〉為首的意旨，一意以「陰」作為殷人
的象徵，並且將它放置在〈乾〉卦之後，在這裡的喻意相當清楚。

---

65 同前注。陸德明《經典釋文・禮記音義之二》：「薄，本又作亳。」（卷 12，頁 11a）
66 同前注，頁 21a。

觀覽〈郊特牲〉的記載，則殷商祭禮的陰陽之義，已皎然可見。總括而言，雙方對「陰、陽」都有一種次序的要求，彼此相反；但推至最高原理，則殷人尚陰而周人尚陽，各不相同。上文所列舉之文獻，在周禮而言，亦不過一鱗半爪而已，已足以反映《易》陰陽之象，在禮制中無所不在的影響力。我認為，後人不宜再低估《周易》陰陽之象在禮教傳統中的重大意義，應該跳脫純哲學的思維，不要單單視陰陽為抽象的符號，而應該回到歷史與文獻，細究其與禮教之間的關係。如欲討論《易》象與周禮的關係，或可參考清儒「以經釋經」的精神與方法，深入研究周代禮制的精神，尤其其中的陰陽之義亦即《易》的法象，以與《周易》的義理比較分析，才能有突破前賢的見解。

五 春秋時期《易》象施用與《易》道盛衰

　　如本書下編〈肆、論《易經》非占筮紀錄〉指出，《歸藏》與《周易》原本都不是占筮的工具或紀錄，而是一種政治意識型態的宣示。《周易》以「象」為教，本屬政治之用；承殷商以《歸藏》寄託王朝理想的傳統，《周易》之「象」本以施用於「禮」而顯示為禮中的陰陽之義。然而隨著周室東遷，平王依附鄭、虢二國的扶持，始能從戰禍侵尋中重新奠基，等於也失去了貫徹封建宗法的力量。王道衰微，周禮無法貫徹於諸國，寄託於禮制之中的陰陽之象，自然也失去了依託的處所。譬諸事物有「形」而後有「影」，「形」既消亡，「影」亦難以存在。《左傳》記春秋時期筮例共十九條，多衍伸《易》象以為說，對於我們理解春秋時期《易》象的施用，有很大幫助。可惜後人多引此以考論《周易》遠源，而誤以為《易》本於占卜，沒有細究時代背景的因素。以下讓我們擺脫古史辨學者對「觀象制器」說的負面批評，直接分析文本。

　　《左傳》所記之《易》例十九則，大多利用占筮結果與事情最終發展結果的一致，以說明人事之徵驗，實與《易》象所昭示的跡象相呼應。這

是《左傳》作者引述筮例的主要動機，也是儒家經典中頗常見的現象，的確具有迷信的成分。不過就其所引的《易》例而言，其中也可能有經典（卦爻辭）的本義存在。譬如莊公二十二年《左傳》記陳侯使周史以《周易》筮遇〈觀〉之〈否〉一條，周史稱「坤，土也；巽，風也。風為天於土上，山也」，是《左傳》第一條以「互體」觀念釋卦的筮例，[67]也是「互體」之說的最早證據，受到學者的注目。近世如顧炎武《日知錄》討論「互體」，語多保留。近代如尚秉和、劉大鈞肯定「互體」的價值，[68]高亨、楊伯峻則未置可否。[69]從卦爻辭的結構看，「互體」在部分卦爻辭文本是講得通的。例如〈既濟〉卦六四爻辭「繻有衣袽」。王引之《經義述聞》卷一說：

> 《易通卦驗》曰：「坎主冬至。」四在兩坎之間（原注：二四互坎），固陰沍寒，不可無羅衣以禦之。六四體坤為布（原注：《說卦傳》「坤為布」），故稱「繻」。處互體離之中畫（原注：三五互離），離火見克於坎水，有敗壞之象，

---

67 莊公二十二年《左傳》：「陳厲公，蔡出也，故蔡人殺五父而立之。生敬仲。其少也，周史有以《周易》見陳侯者。陳侯使筮之，遇觀之否，曰：『是謂「觀國之光，利用賓于王。」此其代陳有國乎？不在此，其在異國；非此其身，在其子孫。光，遠而自他有耀者也。坤，土也；巽，風也；乾，天也。風為天於土上，山也。有山之材，而照之以天光，於是乎居土上，故曰「觀國之光，利用賓于王」。庭實旅百，奉之以玉帛，天地之美具焉，故曰「利用賓于王」。猶有觀焉，故曰其在後乎！風行而著於土，故曰其在異國乎！若在異國，必姜姓也。姜，大嶽之後也。山嶽則配天。物莫能兩大。陳衰，此其昌乎！』及陳之初亡也，陳桓子始大於齊；其後亡也，成子得政。」《春秋左傳注疏》，卷9，頁24a-27b。

68 尚秉和說：「後之人昌言易理，而憚于觀象，于是詫此筮為神異者有之，謂左氏事後造作此筮者有之。豈知周史所談，皆卦象所明示，彼不過觀象深，用象熟，故有此徹悟耳。豈有他技巧哉！……按，此筮為言互卦之祖。……又為五字互之祖。……後儒謂一卦互八卦，觀此其例亦創于左氏也。」尚秉和，〈左傳國語易象釋〉，收入《焦氏易詁》附卷2，《尚秉和易學全書》，第3冊，頁581。劉大鈞〈左傳國語筮例〉：「此卦向我們提供了一條重要線索：遠在春秋時代，人們在運用卦象分析問題時，已經使用互卦之法。可知互卦法由來久矣！」見劉大鈞，《周易概論》（濟南：齊魯書社，2004），頁73。

69 高亨：「這是講卦的互體，《左傳》、《國語》再無此例，未知是否。」高亨，〈左傳、國語的周易說通解〉，收入《周易雜論》，高亨著，董治安編，《高亨著作集林》（北京：清華大學出版社，2004），第1冊，頁513。楊伯峻說：「占筮者以土、風、天三者連繫，以為風起於天，行於地上，乃云『風為天於土上』，此難以今日之事理了解。」楊伯峻，《春秋左傳注》，頁223。

故稱「衵」。四在外卦之內，有箸於外而近於內之象，故稱「衣」（原注：於氣切）。「衣衵」，謂箸敗壞之襦也。禦寒者，固當衣襦矣；乃或不衣完好之襦，而衣其敗壞者，則不足以禦寒，譬之人事，患至而無其備，則可危也。[70]

雄按：〈既濟〉上坎下離，二三四爻結合又為一「坎」卦，與上體「坎」共為「兩坎」；三四五爻結合又為一「離」卦。這是所謂「二四互坎」、「三五互離」。六四為互卦「離」的中爻，恰好又是外卦「坎」的初爻，互卦「坎」的上爻，故受到兩個「坎」的克制，此即王引之所謂「四在外卦之內，有箸於外而近於內之象」，同時「離火見克於坎水」，即完全符合敗壞的象徵。引申到人事，警示備患如禦寒，必須及早防備。從此一例子考察，「互體」之說，幾與卦體結構密合無間，後人實在不好說「互體」這個義例，必然與經典原文無關，是後世無中生有之說。[71]然而，即使謂「互體」之說符合經典原義，這一條也充分反映《易》象施用的問題，因為周史衍釋卦象，一一與人事對應，「象」原本施用於禮制的崇高作用，一變而為問卜問筮、趨吉避凶的工具。這焉得不為後世人所譏？

「互體」也許在某方面符合《周易》經文的原義，但無論如何改變不了周史所說「坤，土也；巽，風也」；「風為天於土上，山也」為衍《易》象以求人事徵驗的事實。除此一例外，《左傳》顯示筮人衍釋卦象以比附人事的例子還有不少。如《春秋》閔元年《左傳》記畢萬筮仕于晉，遇〈屯〉之〈比〉。辛廖占之，而釋：

震為土，車從馬，足居之，兄長之，母覆之，眾歸之，六體不易，合而能固，安而能殺，公侯之卦也。公侯之子孫，必復其始。[72]

---

70 王引之，《經義述聞》，卷 1，頁 61a-b。《易通卦驗》「坎主冬至」，見〔漢〕鄭玄撰，〔清〕黃奭輯，《易通卦驗鄭氏注》（台北：藝文印書館《叢書集成三編》影印《黃氏逸書考》本，1972），頁 21b。

71 按《周易》〈觀〉卦六四：「觀國之光，利用賓于王。」《說卦傳》：「乾，天也」，「坤，地也」，「乾為天，……為玉」，「坤為地，……為布，為眾」，「巽為木，為風」，「艮為山」。

72 《春秋左傳注疏》，卷 11，頁 4b-5a。

這一條《左傳》作者並未言是用《周易》筮，但所謂「遇屯之比」，則是用的《易》卦占筮，不言可喻。然而辛廖的占辭，並未引述《周易》卦爻辭內容以為訓誨，[73]而是純粹衍申《易》卦之象，[74]作出引申，以占人事。也有一些例子有引《周易》卦爻辭，如宣公六年：

> 鄭公子曼滿與王子伯廖語，欲為卿。伯廖告人曰：「無德而貪，其在《周易》豐之離，弗過之矣。」間一歲，鄭人殺之。[75]

這一條也沒有占筮行為，僅引《易》辭以證明鄭公子曼滿無德而被殺的例子。[76]也有如宣公十二年知莊子引《周易》「師之臨」，曰：「師出以律，否臧，凶」（〈師〉卦初六爻辭）說明師出不以律，必遭敗績。又如《左傳》昭公三十二年史墨答趙簡子之問：

> 物生有兩、有三、有五、有陪貳。故天有三辰，地有五行，體有左右，各有妃耦。王有公，諸侯有卿，皆有貳也。……在《易》卦，雷乘乾曰大壯，天之道也。[77]

這一節純講卦象的自然之義，並無特殊引申。又如昭公二十九年衍論「龍」象亦然：

---

73 高亨說：「辛廖是根據兩卦的卦名和卦象論斷吉凶。……震為車，坤為馬（原注：《說卦》『乾為馬，坤為牛』，與《左傳》不同）。……辛廖的解釋沒有引用兩卦的卦辭和〈屯〉卦初九的爻辭。」高亨，〈左傳、國語的周易說通解〉，頁 500。

74 楊伯峻《春秋左傳注》：「〈震〉為土者，〈震〉卦變為〈坤〉卦（原注：土）也。〈震〉為車，〈坤〉為馬。凡卦，變而之他曰從，此〈震〉變為〈坤〉，故曰車從馬。〈震〉為足。長，上聲，〈震〉為長男。〈坤〉為母。〈晉語四〉云：『〈坎〉，眾也。』以上解釋卦象。六體指土、車、馬、足、母、眾等六象，不易謂不可移易。杜《注》不了。」楊伯峻，《春秋左傳注》，頁 260。

75 《春秋左傳注疏》，卷 22，頁 3b-4a。

76 《周易》〈豐〉卦上六：「豐其屋，蔀其家，闚其戶，闃其无人，三歲不覿，凶。」楊伯峻《春秋左傳注》引劉文淇《春秋左氏傳舊注疏證》：「《傳》言占筮，多援引《易》文或繇詞。此口語，非占、筮比。然第舉『豐之離』，下『弗過』、『間一歲』之文無所承，疑有軼脫。」楊氏又引《漢書・五行志中之上》顏師古《注》：「間一歲者，中間隔一歲之謂。」楊伯峻，《春秋左傳注》，頁 689-690。

77 《春秋左傳注疏》，卷 53，頁 26a-27a。

（魏獻子問於蔡墨）對曰：「龍，水物也，水官弃矣，故龍不生得。不然，《周易》有之：在乾之姤，曰『潛龍勿用』；其同人曰『見龍在田』；其大有曰『飛龍在天』；其夬曰『亢龍有悔』；其坤曰『見群龍无首，吉』；坤之剝曰『龍戰于野』。若不朝夕見，誰能物之？」[78]

「龍」何以為「水物」，今本《周易》經傳均未言及。蔡墨在這裡講的是變卦，「乾之姤」是〈乾〉之初爻，〈乾〉之〈同人〉是〈乾〉之二爻，如此類推，至「其坤曰『見群龍无首』」，那就是〈乾〉卦「用九」六爻皆變之例了。這在《左傳》《易》例中僅一見，而且將〈乾〉卦六爻講遍了，都是圍繞「龍」之象以為說。

上述五個例子，都與政治活動的人事有關。引述者或直取《周易》卦象，或直引卦爻辭，都是借用經典文本，衍述其義，進而施用於時事徵驗的例子。

其餘的筮例之中，有的是引《周易》卦爻辭而自為解說以比附人事，除上引莊公二十二年條外，尚有：

1. 僖公二十五年「遇大有之睽，曰吉。遇『公用享于天子』之卦」條，引的是〈大有〉卦九三「公用享于天子，小人弗克」。

2. 襄公二十五年「武子筮之，遇困之大過」條，引的是〈困〉卦六三「困于石，據于蒺藜，入于其宮，不見其妻，凶」。

3. 襄公二十八年「子大叔歸復命，告子展曰楚子將死」條，引的是「《周易》有之，在復之頤，曰：『迷復，凶』，其楚子之謂乎！欲復其願，而棄其本，復歸無所，是謂『迷復』，能無凶乎？」[79]

---

78 同前注，頁 7a-9a。

79 《周易》〈復〉卦上六：「迷復，凶，有災眚。用行師，終有大敗。以其國，君凶，至于十年不克征。」楊伯峻《春秋左傳注》：「復即復言之復，實踐也。……杜《注》：『不修德。』高亨〈左傳國語的周易說通解〉云：……以忘掉原路解棄其本，亦通。幾，近也，〈復〉上六爻辭又云：『至于十年不克征。』子大叔謂楚不近十年未能恤諸侯，蓋本此。未能恤諸侯，即未能爭霸，此當時習慣語。恤，憂也。」楊伯峻，《春秋左傳注》，頁 1144。

4. 昭公五年「莊叔以《周易》筮之，遇明夷之謙」條，引的是〈明夷〉卦初九「明夷于飛，垂其翼。君子于行，三日不食。有攸往，主人有言」。

5. 昭公七年「武成子以《周易》筮之」條，引的是〈屯〉卦卦辭「元亨，利貞。勿用有攸往，利建侯」及初九爻辭「磐桓，利居貞，利建侯」。

6. 昭公十二年「南蒯枚筮之，遇坤之比」條，引的是〈坤〉卦六五爻辭「黃裳，元吉」。

7. 哀公九年「陽虎以《周易》筮之，遇泰之需」條，引的是〈泰〉卦六五爻辭「帝乙歸妹，以祉，元吉」。

以上七例，顯示《周易》廣泛為各國筮人用為筮事的工具，但其中發揮卦象、卦辭之義，未免有扞格不通而筮人勉強通之的弊病。如僖公二十五年條，卜偃卜之得「吉。遇黃帝戰于阪泉之兆」在先，晉侯亦知「吾不堪也」，卜偃卻比附說「今之王，古之帝也」；其後又筮遇〈大有〉之〈睽〉，曰「公用享于天子」，卜偃再將「公用享于天子」引申為「天子降心以逆公」，勉強附會的痕跡也很明顯。最後謂「大有去睽而復，亦其所也」，竟認為本卦〈大有〉變為之卦〈睽〉以後，終將回復為〈大有〉，[80]這真是聞所未聞的變卦之說，不就一種無中生有嗎？再以襄公二十五年「武子筮之，遇困之大過」條為例，正如高亨〈左傳、國語的周易說通解〉指出：

> 因為〈困〉卦是上兌下坎，依《說卦》「兌為少女，坎為中男」，少女是妻，中男是夫，有夫妻相配之象（原注：「史皆曰吉」，正是根據此象）。但是變為〈大過〉，則是上兌下巽。〈困〉卦的坎變為巽，是夫變為風。上兌下巽的〈大過〉是風吹掉其妻。所以陳文子說：「夫從風，風隕妻，不可娶也。」這是根據卦象來論斷吉凶。其次，陳文子又引六三爻辭，而加以解

---

80 高亨〈左傳、國語的周易說通解〉：「他又根據兩卦卦名來講，天子有天下，是大有。天子離開了王朝，是睽。本卦轉為之卦，終要回到本卦；〈大有〉轉為〈睽〉，終要回到〈大有〉；天子離開王朝，終要回到王朝。所以說：『〈大有〉去〈睽〉而復，亦其所也。』」總之，卜偃講《周易》是講卦名，又根據卦象來講爻辭。」（頁507）

釋。……總之，陳文子講《周易》，講卦象，又講爻辭。[81]

就內外卦卦象而言，〈困〉卦變為〈大過〉後，上「兌」仍取「少女」之象屬六子卦象，下「巽」取「風」之象則是取物象而不用六子卦象，上下體取象理論系統不對稱，很明顯是為了遷就陳文子「夫從風，風隕妻」的引喻。這也可以說是演說《易》象，不惜破壞義例的一致性的卑陋之處的證據。

也有雖未明說用《易》，但因言及《周易》卦名，卻未用《周易》卦爻辭占斷的例子：

1. 閔公二年「桓公使卜楚丘之父卜之」條，稱「又筮之，遇大有之乾，曰：『同復于父，敬如君所。』及生，有文在其手曰『友』，遂以命之。」

2. 僖公十五年「秦伯伐晉，卜徒父筮之」條，「其卦遇蠱，曰：『千乘三去，三去之餘，獲其雄狐。』」

3. 成公十六年「其卦遇復」條，原文為：「公筮之。史曰：『吉。其卦遇復，曰：「南國蹙，射其元王，中厥目。」』」

4. 昭公元年「晉侯求醫於秦，秦伯使醫和視之」條，原文是「曰：『疾不可為也，是謂近女室，疾如蠱。非鬼非食，惑以喪志。良臣將死，天命不佑。』公曰：『女不可近乎？』對曰：『節之。……女，陽物而晦時，淫則生內熱惑蠱之疾。今君不節、不時，能無及此乎？』出，告趙孟。……趙孟曰：『何謂蠱？』對曰：『淫溺惑亂之所生也。於文，皿蟲為蠱。穀之飛亦為蠱。在《周易》，女惑男、風落山謂之蠱。皆同物也。』趙孟曰：『良醫也。』厚其禮而歸之。」

以上四例，顯示筮人演卦取象，或自有其說，未必援據《周易》本經。閔公二年條引「同復于父，敬如君所」二語不見於今本《周易》卦爻辭。僖公十五年條所引〈蠱〉卦，今本《周易》卦爻辭並無「千乘三去」三句話。證諸《周易》，〈解〉卦九二爻辭「田獲三狐」、〈未濟〉卦卦辭「小狐汔

---

81 同前注，頁520-521。

濟」，二卦內卦均為「坎」，故《九家易解》有「坎為狐」的說法。[82]但〈蠱〉卦內外卦甚至兩互卦均無「坎」象，何以為「獲其雄狐」，頗令人費解？高亨以為「當是出於與《周易》同類的筮書如《連山》、《歸藏》等」，[83]恐屬臆測。成公十六年引「南國蹙，射其元王，中厥目」三句話，也不見於今本《周易》〈復〉卦。劉大鈞〈左傳國語筮例〉以此為六爻不變之例，[84]高亨認為「當是用與《周易》同類的別種筮書來占」，[85]霍斐然〈《左傳》占例破譯〉提出「位象成卦」法來解，[86]凡此諸說，恐怕都是想當然的推測而已，並無文獻確據。最後昭公元年醫和釋〈蠱〉引《周易》為說之例，不惟「女惑男、風落山」之說不見於今本《周易》，[87]他進一步引申「女，陽物而晦時，淫則生內熱惑蠱之疾」之說，這樣的說法前無所承，也不免有附會之嫌。

　　《左傳》、《國語》所記筮例，其義例頗有無法解決之處，不但近現代《易》家紛紛有異同之見，即清儒擅象數之學者，亦未能一一歸之圓融。如依朱熹《易學啟蒙》就《左傳》所載占例而歸納的原則論，凡一爻變，則以本卦變爻的爻辭占。依此準則，占筮若本卦得〈蠱〉，而六爻不變，這時候用本卦卦辭占，而得「先甲後甲」。倘若本卦得〈巽〉卦，九五為老陽，當變為陰成六五，而得之卦〈蠱〉。這時候就用本卦（巽）的變爻占，而用「先庚後庚」。反之，如果本卦〈蠱〉六五一爻變而得之卦〈巽〉，

82　〔漢〕荀爽撰，〔清〕王謨輯，《九家易解》（台北：藝文印書館《叢書集成續編》影印《漢魏遺書鈔》本，1970），頁29b。

83　高亨，〈左傳、國語的周易說通解〉，頁511。

84　劉大鈞，〈左傳國語筮例〉，頁82-83。

85　高亨，〈左傳、國語的周易說通解〉，頁514。

86　所謂「位象成卦」，霍斐然解釋為「所謂『位象』，就是本卦的隱象。六十四卦只有三十二對，互為位象成卦。……《易》中常有『得位』、『失位』之說。……得位，則于其爻旁另畫一陽爻『—』；失位，則於其爻旁另畫一陰爻『--』。六爻如此畫完，則別成一個六爻卦體，謂之『位象成卦』。」霍斐然，〈《左傳》占例破譯〉，《周易研究》，1988年第2期，頁30。

87　雄按：〈蠱〉卦上艮下巽，「艮」於六子卦為少男，「巽」為長女，故持象數之說者或謂為長女誘惑少男之象。

不應該用〈巽〉九五爻辭占，〈巽〉九五「先庚後庚」即無所施用。換言之，王引之《經義述聞》對於〈蠱〉「先甲後甲」和〈巽〉「先庚後庚」的解釋，提出的「〈蠱〉六五變九五，則成〈巽〉。不變則用『先甲後甲』，變則用『先庚後庚』」的情況，是不應出現的。但為何引之會如此論斷，是否為王氏父子的別解？抑或表示西周初年的占法原本是遇一爻變時則「以之卦變爻占」？而此一占法發展至春秋時期才改變為「以本卦變爻占」？

　　另方面，《左》、《國》筮例對於卦象所作的推衍解釋，如「震為土，車從馬，足居之，兄長之，母覆之」之類，部分見於較晚出的《說卦傳》。[88]再從《說卦傳》之象到漢儒象數，事實上也有許多理念是從《周易》本經歸納來的。如《說卦傳》稱「兌」為口舌，與議獄有關。〈履〉卦內卦為「兌」，九二爻辭「幽人貞吉」，則有幽囚之象；〈隨〉卦外卦為「兌」，上六爻辭「拘係之，乃從維之」，則有拘係之象。[89]又如孟喜對於「坎」的形象，有「穴也。狐穴居」的說法。屈萬里說：

　　未濟下體為坎，故以穴為說，而牽合居穴之狐。語雖穿鑿難通，然用象數
　　以推易辭之所由來，則自此始矣。[90]

但孟喜的說法真的是「穿鑿」嗎？試看〈未濟〉卦辭：

　　亨，小狐汔濟，濡其尾，无攸利。

該卦初六爻辭：

　　濡其尾，吝。

《說卦傳》：

88　《左傳》閔公元年記畢萬筮仕於晉，辛廖占之。雄按：辛廖占得的結果是「屯之比」，〈屯〉卦外坎內震，〈比〉卦外坎內坤。「屯之比」就是本卦為〈屯〉，之卦為〈比〉，一爻變（〈屯〉初九變〈比〉初六），以本卦變爻辭占。「震為土」，指〈屯〉卦內卦「震」變為〈比〉卦外卦「坤」。「車」從「馬」，「震」卦又有「車」的象徵，「坤」卦有「馬」的象徵。又據《說卦傳》，「震」又有「足」的象徵。另外，據六子卦的說法，乾坤為父母，震是長男。因此《左傳》說「兄長之，母覆之」。

89　此處用的是王引之的說法。參王引之，《經義述聞》，卷1，頁23a。

90　屈萬里，《先秦漢魏易例述評》，卷下「以象數解易之始」條，頁77。

坎為水，為溝瀆，為隱伏，為矯輮，為弓輪；其於人也，為加憂，為心病，為耳痛，為血卦，為赤；其於馬也，為美脊，為亟心，為下首，為薄蹄，為曳；其於輿也，為多眚，為通，為月，為盜；其於木也，為堅多心。[91]

然而《九家易解》亦有一段近似《說卦傳》的文字稱：

坎為宮，為律，為可，為棟，為叢棘，為狐，為蒺藜，為桎梏。[92]

《九家易解》稱「坎為狐」。而證諸《易》，〈未濟〉卦下體「坎」稱「濡其尾」；而與本卦卦辭參看，即可證明其所「濡」的是「狐」之「尾」。又〈解〉卦內卦為「坎」，九二（即「坎」之中爻）爻辭稱：

田獲三狐，得黃矢，貞吉。

可見「坎」與「狐」有關，在〈解〉卦亦一明證。此均可以證明孟喜以及《九家易解》指經卦「坎」為「狐」的象徵，絕不是因為從「坎」「穴」的形象，而牽合至於「居穴之狐」，而是以卦爻辭為依據。《九家易解》對於「坎」的說法，除「為可」一說之外，其餘各說都可以在卦爻辭中找到文獻的來源，臚列如下：

《九家易解》	卦爻辭
坎為<u>宮</u>、為<u>蒺藜</u>	〈困〉卦內卦為「坎」，六三爻辭：「困于石，據于<u>蒺藜</u>，入于其<u>宮</u>，不見其妻，凶。」
坎為<u>律</u>	〈師〉卦內卦為「坎」，初六爻辭：「師出以<u>律</u>。否臧，凶。」
坎為<u>叢棘</u>	〈習坎〉卦上六爻辭：「係用徽纆，寘于<u>叢棘</u>，三歲不得，凶。」
坎為<u>狐</u>	〈解〉卦內卦為「坎」，九二爻辭：「田獲三<u>狐</u>，得黃矢，貞吉。」
坎為<u>桎梏</u>	〈蒙〉卦內卦為「坎」，初六爻辭：「發蒙，利用刑人，用說<u>桎梏</u>。以往，吝。」

如果我們將所有《說卦傳》至漢儒所講的「象」內容一一仔細與《易經》核對，將不難發現這些引申物象的說解，至少有相當多的部分是從《易經》中歸納得來的，不能簡單地用「迷信牽合」之類的話籠統形容。當然我們

91　《周易注疏》，卷9，頁9a-b。

92　參荀爽，《九家易解》，頁29b。

在卦爻辭中找到《九家易解》說「象」的來源，並藉此了解漢《易》象數的依據，還是不足夠的。真正值得進一步去做的工作，是全面考察《易經》中物象分類的原因，從而探求《易經》中的以「象」設「教」的精神。

《易》象脫離了弘大深微的禮制，而轉為比附個別政治人物的身分行止，衍釋出各式各樣分歧的意義，成為流行於春秋各國的風尚，也成為《易》象學說被引導為解釋人事吉凶的必然趨勢。這種解釋的分歧，最有意思的是襄公九年穆姜筮遇「艮之八」的例子：

> 穆姜薨於東宮。始往而筮之，遇艮之八。史曰：「是謂艮之隨。隨，其出也。君必速出！」姜曰：「亡！是於《周易》曰：『隨，元、亨、利、貞，无咎。』」元，體之長也；亨，嘉之會也；利，義之和也；貞，事之幹也。體仁足以長人，嘉德足以合禮，利物足以和義，貞固足以幹事。然，故不可誣也，是以雖隨无咎。今我婦人，而與於亂。固在下位，而有不仁，不可謂元。不靖國家，不可謂亨。作而害身，不可謂利。棄位而姣，不可謂貞。有四德者，『隨』而『无咎』。我皆無之，豈『隨』也哉？我則取惡，能『无咎』乎？必死於此，弗得出矣。」[93]

這一段文字，歷來學者已注意到它與〈乾〉卦《文言傳》的相似性，其故事以穆姜終死而不得出作為終結，當然順應了前述《左傳》引《易》多坐實《易》象信而有徵，必有驗證的筆法。有趣的是，穆姜對於筮的結果的解釋，竟然與史官的解釋大相逕庭，這當然也充分說明了「象」的意義無法自我表述，永遠有待於解人。若不得解人，空有「象」亦無從知道其意旨。但無論如何，這種對於《易》象的衍說以及對人事的附會，與作為周

93　《春秋左傳注疏》，卷30，頁25a-27a。雄按：穆姜為成公之母。成公十六年《左傳》記「宣伯通於穆姜」（同前，卷28，頁14b），又襄公九年《左傳》「穆姜薨於東宮」句下杜預《注》：「太子宮也。穆姜淫僑如，欲廢成公，故徙居東宮。事在成公十六年。」（同前，卷30，頁25a）孔《疏》：「今我婦人也，而與於僑如之亂，婦人卑於男子，固在下位，而有不仁之行，不可謂之元也。不安靖國家，欲除去季、孟，不可謂之亨也。作為亂事，而自害其身，使放於東宮，不可謂之利也。棄夫人之德位，而與僑如淫姣，不可謂之貞也。」（同前，頁27a）。

禮核心精神的陰陽之象的理論相比較，其高低崇卑，實不可同日而語。

　　總括而言，《易》象原本寄託於禮制，自有其崇高的意義。一旦因天子迹熄，禮樂崩壞，「象」失去了依託的本體，其意義也不免降而漸卑。以上諸例，史官筮人將《易》象作多方面的衍申，衍釋卦象以論時政，或短淺地比附人事，似已忘卻政治教化的遠大宏圖。《左傳》、《國語》所記占例眾多，泰半屬於這一類短淺比附之流。《易》象之說在春秋，看似興盛，實則衰微，總是因為修德明義之道沒有獲得彰顯的緣故。這種崩壞源於周室力量的消亡，也象徵了《周易》人文精神的浸衰。毋怪乎孔、孟、荀稱述《詩》、《書》而鮮少及於《易》了。孟子說「王者之迹熄而《詩》亡，《詩》亡而後《春秋》作」，《周易》和《詩經》的歷史際遇，實無二致。

六 結語

　　據本文之分析，韓宣子聘魯所見之《易》象，並非「上下經之象辭」，而是目睹《易》象在魯國典冊所記之禮制中，條理分明，陰陽之象歷歷著明，而記錄於書冊之中。陰陽之象著明，則禮制、禮器、禘嘗、祭義、郊社，無不條分縷析，井井有條，故而有「知周公之德與周之所以王」之歎。指「《易》象」為「上下經之象辭」或某一種書寫文獻，在《左傳》一書中，實頗扞格難通，似未如釋之為周代禮樂制度的陰陽之象，來得怡然而理順。究其源流，《周易》陰陽之象可遠溯殷周之際禮樂文化發生重大變遷的歷史背景，其後則隨著周公制禮作樂，《周易》之象，陰陽剛柔之義，進一步寄託到禮樂政制之中。復至平王東遷，天子勢力衰微，王者之迹熄，終至春秋各國士大夫筮人史官演說《易》象，用以比附政事和人事，《易》象原具的崇高理想消失了，眾多筮例竟成為後世象數之說的源頭。《周易》教化精神衰亡之後，才有戰國《易傳》之作，《周易》的傳承者以《十翼》寄託經文的理想，實是不幸中之大幸。而後世學者，不能認

清西周、東周、春秋時期的歷史變遷的本質，竟然倒果為因，用《左傳》、《國語》占筮來反證《周易》為占筮書，那又不得不說是上古經典的不幸了。

叁、《易》學與天文星曆

一 發生於北半球的《易》哲學

《易》理是典型出現在北半球的哲學。它的原理，是以太陽的運動為觀察主軸。首先是地球自轉，面向太陽時為「日」，背向太陽為「夜」。就此區分出「陽」與「陰」。由此一「陰、陽」界定，確立《易》哲學中剛、進、正等為「陽」，柔、退、反等為「陰」的意義演繹。地軸大約以 23.5 度傾斜，23.5 度即天文學通稱「黃赤交角」度數。「黃」就是天球黃道，亦即太陽在天球上的視路徑；「赤」就是天球赤道，亦即與天極垂直軸線成直角在天球上劃出的最大圓弧。地軸相對於軌道平面的傾角（obliquity）就是「黃赤交角」。這個斜角，加上地球自轉和圍繞太陽的公轉，造成日照在地球上的垂直照射點，永恆在南北回歸線之間往返。

荀子說：

> 列星隨旋，日月遞炤，四時代御，陰陽大化，風雨博施，萬物各得其和以生，各得其養以成，不見其事，而見其功，夫是之謂神。[1]

因為地球穩定的自轉，而有了固定的日、夜變化；有了地球圍繞太陽穩定的公轉，加上「黃赤交角」的固定位置，而有了固定的四季寒暑變化。日照在南北半球往返移動，加上地球自轉，形成了季風、貿易風等大氣流動，將水氣帶到荒漠，將雲霧吹進峰巒，促進了熱帶、亞熱帶、溫帶之間物種的交流。這正是荀子論「天」的意旨。

讀者設想：倘若黃赤交角為 0 度，陽光永恆照射在赤道，南北半球沒

1　《荀子·天論》。王先謙，《荀子集解》，卷 11，頁 308-309。

有寒來暑往，熱帶、亞熱帶和溫帶之間沒有季風，氣候沒有像現在的變化，那麼地球可能根本不會有那麼豐富而多樣的物種出現，文明就更不可能了。

也許有人會問：佛教「四大」有「地、水、火、風」。「風」在佛教思想中也許很重要，但在中國，「五行」學說「金、木、水、火、土」中卻沒有「風」。「風」有那麼重要嗎？其實這個問題的答案，就在最早記錄「五行」學說的文獻——《尚書・洪範》中所記的「雨、暘、燠、寒、風」所謂「庶徵」之中：

> 八、庶徵：曰雨，曰暘，曰燠，曰寒，曰風。曰時。五者來備，各以其敘，庶草蕃廡。一極備，凶；一極無，凶。[2]

「風」對應了「五行」的「土」，占據了中央最重要的位置。在地球大氣環境中，「風」扮演了調和氣候的角色，是萬物生存的重要基礎。[3]

大自然的「變」是萬物生命得以孕育的原因，而這種「變」的穩定性——不變——也不可或缺。試想像，如果地球的自轉不穩定，時快時慢，今天 26 小時，明天 21 小時；如果地球繞日公轉不穩定，時快時慢，今年 330 日，明年 295 日，不要說人類根本歸納不出「日」、「月」、「年」這樣的計時單位，沒有了穩定的生理時鐘，生物恐怕也無法演化。生命和文明，都成為不可能。[4]

2　《尚書注疏》，卷 12，頁 20b。

3　關於「五行」思想以及《尚書・洪範》「五行」之義，詳見鄭吉雄、楊秀芳、朱歧祥、劉承慧合著，〈先秦經典「行」字字義的原始與變遷——兼論「五行」〉及鄭吉雄，〈海外漢學發展論衡——以歐美為範疇〉。

4　地球運動沒有一般人想像的精準，只是細微到人類未能察覺。由於受到月球引力以及其他未知的力量牽引，地球自轉顫動，形成歲差（precession），也令地球上的「回歸年」（tropical year）365 天 5 小時 48 分 46 秒，比「太陽年」（solar year, 或稱「恆星年」sidereal year）365 天 6 小時 9 分 10 秒，略短 20 分 24 秒。亦即日照朝南北回歸線往返一趟（歲實），地球卻不能實質返回軌道上的原點（從地面看，就是太陽在天球上尚差 20 分 24 秒才能回到原來背景恆星的相同位置上。「恆星年」即以此得名）。因此，說地球自轉公轉穩定，其實亦非絕對，除了遠古時候地球自轉較快、月球距離地球距離較近外，還有其他很多差異。但地球上物種文明肇興至今，時間相對於宇宙太短，難以細察這些微小而緩慢的差異。

除了研究地球科學的學者以外，一般人，包括研究《周易》的學者，都低估了地球這種「變」與「不變」對於生態和物種的決定性影響。從反面思考，也就說明了生態、物種與文明的脆弱。相對於大自然的力量，人類發展的「科學」，對於太陽、月亮、地球穩定地恆常運轉的機制，根本無力干預；倘若一旦發生根本變化，人類也無力抵禦。

　　在眾多天體之中，「日」（太陽）的輻射與「月」（太陰）的引力，對地球和生活其中的萬物影響最深、最廣。日夜轉換，寒暑交替，生死代謝，不斷在地球上演，主宰了天地萬物，人類生活其中，自少至老，生老病死，悲歡離合，未嘗有一息停止。《繫辭傳》說：

> 天尊地卑，乾坤定矣。……日往則月來，月往則日來，日月相推而明生焉。寒往則暑來，暑往則寒來，寒暑相推而歲成焉。[5]

就是講的這個以日月為主的「變化」的道理。

　　正因為人類是在自然中演化而成，我們無法脫離自然律：日夜交替，我們的生理時鐘也順應著，於是我們日出而作，日入而息。這是「陰、陽」在生理上的作用。生命朝向光明，我們因之而愉悅；生命邁向幽冥，我們因之而悲傷。這是「陰、陽」投射在心理上產生的作用。

　　人類與萬物在上述「變」中「不變」的定律和環境裡演化生存，也被這種定律牢牢地綑縛著。世上每個人都託生在某一方風土，也許是寒帶，也許是熱帶；也許是高原，也許是海邊。無論是乾燥潮濕、風雷雨雪，每個人都要適應，都無法選擇——就像無法選擇我們的父母。所以，對於小孩子來說，父母就是天地；對人類而言，天地就是父母。《說卦傳》將「乾、坤」比喻為父母，張載《正蒙‧乾稱》說「乾稱父，坤稱母」，都是這個意思。

　　因為天地賜予力量，萬物得以欣欣向榮，人類得以建立幸福的國度。日夜季節更迭相代的原理，讓生理時鐘深深埋藏在萬物的生命中，默默主宰著萬物的誕生、成長與死亡。生命繁衍，需要雌雄相配、生理時鐘規定

5　《周易注疏》，卷 7，頁 1b。

要作息有度，有成長就有衰老，有繼往才能開來，有順境就有逆境。古人未必有先進的天體運行及大氣變化的科學知識，但根據生活和生命的體驗，深刻感知到促成萬物榮衰循環的力量，根本在於「易」。所以《易緯》說「易一名而含三義」：「易簡」是因為這個大規律明白可循，「變易」是陰陽替換的作用，「不易」則強調了這種變化恆常穩定。

二 南半球如何用《易》

多年前我到澳洲墨爾本（Melbourne）演講，講到《周易》，到了提問時間，赫然發現聽眾中有不少以占卜星相為生的命理師。他們紛紛問我，究竟《周易》的理論，能不能適用於南半球。我們知道南半球不但節候和北半球相反，連浴缸排水時，漩渦轉動的方向也相反。明白這一點，就能理解他們提問的原因。

《周易》是產生於北半球的哲學，而且它的學說建立時，主要根據「蓋天說」天圓地方的思想。「蓋天說」所謂「天圓地方」四個字源出於《周髀算經》所傳說伏犧傳至殷商的觀天之法，認為「天似蓋笠」（《晉書‧天文志》引），像一個鍋蓋一樣。所以所謂「天圓」，其實只是半圓；「地方」亦即「地平」（flat earth），只有「平」才有「方」可言。要知道「渾天說」遲至東漢才出現，為時甚晚。[6]因此，傳統《易》學理論所衍生的自然秩序觀

6　《晉書‧天文志》說：「古言天者有三家，一曰蓋天，二曰宣夜，三曰渾天。」〔唐〕房玄齡等撰，《晉書》（北京：中華書局，1995），卷 11，頁 278。三說之中，再細分又有「渾蓋合一」之說。「渾蓋合一」說出於對渾天、蓋天的缺失而欲結合其優點而試圖調和二派，如明末李之藻節選歐洲天文學家、也是地球中心說（geocentric model）的持論者 Christopher Clauvius 著作 Astrolabium（星盤），翻譯為《渾蓋通憲圖說》二卷，而欲結合歐洲天算之學並調和二說。「蓋天說」據悉也有三種說法。《太平御覽》引《天文錄》云：「蓋天之說，又有三體：一云天如車蓋，遊乎八極之中；一云天形如笠，中央高而四邊下；一云天如欹車蓋，南高北下。」〔宋〕李昉等撰，《太平御覽》（北京：中華書局，1960），卷 2，頁 8b。後梅文鼎撰〈論蓋天與渾天同異〉，說：「蓋天即渾天也。其云兩者，傳聞誤耳。天

念，概以「北半球」為準，並沒有「南半球」的考慮。要將廣義的《易》學相關的自然秩序套用在南半球，必須先將相關的方位調校過來，才有可能大致適用。嚴格地說，由於南半球在天文星象上和地理面貌上，與北半球差異太大，影響氣候亦與北半球大不相同。即使調校之後，恐怕套用時也存在很多限制。當然，如果只是單純想了解《周易》，身處南半球或北半球都無所謂；但如果運用歷代《易》學理論內容來套用解釋南半球現象，則必不合。

就天文星象而言，古代經典中的「太一」，多數指「北極星」(Polaris)。[7] 北極星位於北半球「天極」（天球北極，即地軸正北端之點，對北半球而言是蒼穹轉動的中心點）的準繩。在緯度愈低的地方，北極星較低，愈往高緯度地區移動，北極星在天空的位置就愈高。隨著地軸搖擺造成歲差（axial precession），並沒有一顆固定的星作為永恆不變的北極星，只有一段長時間內占據於「天極」位置的某一顆星（不同的恆星會在歲差一週 2 萬 5 千多年內輪流占據天極的位置），成為當時的北極星。因為「現任」北極星小熊座「勾陳一」(α Ursae Minoris) 亮度很高，成為千百年來北半球旅人觀測方位的座標。相對於北極星，南天極並沒有一顆亮度相等的星。最接近的一顆是南

體渾圓，故惟渾天儀為能為肖。然欲詳求其測算之事，必寫記於平面，是為蓋天。故渾天如塑像，蓋天如繪像，總一天也，總一周天之度也，豈得有二法哉？」〔清〕梅文鼎，《曆學答問》，收入梅文鼎著，韓琦整理，《梅文鼎全集》（合肥：黃山書社，2020），第 1 冊，卷 1，頁 111。並參陳遵媯著，崔振華校訂，《中國天文學史》（上海：上海人民出版社，1980），第九編第三章「漢代論天三家」，頁 1827-1843。李之藻《渾蓋通憲圖說・自序》所稱「全圓為渾，割圓為蓋」，最足說明「渾天說」與「蓋天說」的分別，大致認為可見的是蓋天，而實測則以渾天為依歸，二者並不衝突。所謂「以渾詮蓋，蓋乃始明；以蓋佐渾，渾乃始備」。〔明〕李之藻編，黃曙點校，《天學初函・器編》（上海：上海交通大學出版社，2013），頁 105-106。讀者亦可參拙著，〈海外漢學發展論衡──以歐美為範疇〉，頁 17-18。

7 艾蘭（Sarah Allan），〈太一・水・郭店《老子》〉，《郭店楚簡國際學術研討會論文集》（武漢：湖北人民出版社，2000），頁 525-537。李學勤，〈太一生水的數術解釋〉，《道家文化研究》，第 17 輯（北京：三聯書店，1999），頁 297-300；馮時，〈「太一生水」思想的數術基礎〉，《新出簡帛研究》，頁 251-254。以上三位學者都認為「太一」指「北極星」。說詳鄭吉雄，〈《太一生水》釋讀研究〉，頁 145-166。

極座 σ 星（σ Octantis），但甚為黯淡。單以這個角度從實用上考慮，經歷三千年與北半球天文秩序融合的《周易》哲學，能否適用於南半球就很有保留餘地。

至於方位問題，「蓋天說」令中國人觀測陰陽寒暑的循環時，用了平面的觀念解釋立體的球形轉動（地球自轉及繞日公轉），所以和《周易》相關的文獻描述陽氣的流動，都是依照四季、自東北順時針方向繞行；陰氣則自正北方逆時針方向繞行。這就是董仲舒《春秋繁露・陰陽位》所說的：

> 陽氣始出東北而南行，就其位也；西轉而北入，藏其休也。陰氣始出東南而北行，亦就其位也；西轉而南入，屏其伏也。是故陽以南方為位，以北方為休；陰以北方為位，以南方為伏。陽至其位而大暑熱。陰至其位而大寒凍。陽至其休而入化於地，陰至其伏而避德於下。是故夏出長於上、冬入化於下者，陽也；夏入守虛地於下，冬出守虛位於上者，陰也。[8]

更生動則有漢儒所說太陽「南遊」的說法，用以描述在北半球觀察日照南移的現象。《考靈耀》：「萬世不失九道謀。」鄭《注》引緯書《河圖帝覽嬉》說：

> 日春東從青道，夏南從赤道，秋西從白道，冬北從黑道。立春，星辰西遊，日則東遊。春分，星辰西遊之極，日東遊之極，日與星辰相去三萬里。夏則星辰北遊，日則南遊。夏至，星辰北遊之極，日南遊之極，日與星辰相去三萬里。[9]

「日」當然不可能依季節循東、南、西、北四方遊走至「極」，但古人有此想像，即表示其注意到每日日出日落的軌跡向南移動了。至於東西的方位，古代中國習慣坐北朝南，所以叫東邊作「左」，西邊稱「右」——譬如「江東」稱為「江左」，「江西」稱為「江右」。繪製地圖時，本於「君人南面」的觀念，也是北方朝下，南方朝上，左東、右西。抽象的觀念中，北方也被中國人視為「天」位，故「太一」或稱「天一」，北方的匈

8　蘇輿撰，《春秋繁露義證》，卷 11，頁 337-338。
9　《禮記・月令》孔穎達《正義》引，《禮記注疏》，卷 14，頁 3a。

奴被稱為「天驕」。[10]

　　如果將這套觀念套用到南半球，恰好變成相反。南半球的居民，觀看世界地圖，始終是北極在上而南極在下。如果習慣背向南極而面向赤道，則東邊轉而在右，而西邊轉而在左。這就與北半球的觀念相反了。所以讀者閱讀傳統和《周易》相關的各種圖象時，會注意到北方在下而南方在上，和傳統地圖相反，這是體現君人南面的思想而設計的。倘若套用在南半球，也會出現扞格不通的困難。

　　至於地理面貌，海洋和陸地對氣候影響非常深遠，南北半球的陸地海洋比例結構截然不同。北半球陸地占的面積遠較南半球為大，受到海洋溫度變化影響，南半球最大的大陸澳洲，氣候與北半球的大陸差異頗大。

三　《易》學是天文學嗎？

　　古代中國社會很多人相信《易》學就是天文學，因為《繫辭傳》說「《易》與天地準」，漢代帝王及士大夫普遍都相信《易》和天文曆法吻合。

　　《周易》的原理，有很多和天文現象有關，也有些反映了周朝的曆法和天文知識，也有從自然界觀察到的規律與現象。但受限於上古先民天文知識尚有不足，過度地相信《周易》可以和天文曆法各種原理吻合無間，是完全不必要的。

　　《周易》有許多神祕的數字，包括大家熟悉的「天地之數」（天一、地二、天三、地四、天五、地六、天七、地八、天九、地十，共五十五）、「大衍之數」（五十）等，而戰國的《易傳》以後，第二批解《易》的學者——漢代的《易》學家——廣泛地用天文、曆法、象數等說解《周易》，朝廷上的天文官也喜用《周易》的數字原理講解「天行」（包括日、月、星辰）度數，

10　杜甫〈諸將・其二〉：「韓公本意築三城，擬絕天驕拔漢旌。」杜甫著，仇兆鰲注，《杜詩詳注》，卷16，頁1365。

進而調校曆法。參與設計「太初曆」的司馬遷，在《史記・太史公自序》裡就記述父親司馬談「學天官於唐都，受《易》於楊何」，這是因為《易》學和天文學有密切關係的緣故。東漢時，賈逵曾針對西漢初訂立的太初曆的差謬原因與調整辦法，與《易》家和天文官在朝廷公開辯論過。漢、魏以後，至唐代一行禪師精通天文而解說《易》理，影響及於五代之後。術數派在邵雍開創「先天學」以後，用《易》數推演天地人事變化之運，蔚為風潮。清代的《易》學名家如黃宗羲、焦循揭露了不少一行《卦議》和象數說《易》的差誤。後來的人很少注意黃、焦的研究，導致今天好多學《易》的人因不知「天」，而迷醉於種種術數學說中，歧路亡羊而不稍察覺，十分可惜。

《易》數和天文學發生關係，最早可能始於殷商時期或更早期的觀星術，[11]包括《尚書・堯典》所記「四仲中星」：「日中星鳥」、「日永星火」、「宵中星虛」、「日短星昴」，以及「干支」記載日期的習慣。天干（heavenly stems）和地支（earthly branches）的系統，原為記日。這在《周易》的前身——無論是《連山》或《歸藏》——無疑已經出現，但後人苦無證據。根據清代學者輯佚的《歸藏》和湖北王家臺出土的秦簡本《歸藏》，都只有卦辭而無爻辭。我們看《周易》六十四卦，每卦六爻，共三百八十四爻，每爻都有爻辭。歷代至為複雜的「卦變」學說，基礎就是取決於「爻」的變化。由此可知，是「爻變」決定了「卦變」，再體現了整部《周易》「變」的哲學。從此而往，《易》家對於「數」的計較，從「8」與「64」進而發展到「爻」的「384」之數。

傳統《易》家注意到，太陰曆一年十二個月共 354 日，加閏月 30 日合計 384 日，數字恰好與《周易》384 爻吻合。再將「變」的因素一併考慮，64 卦 384 爻的變化就隱然給予《易》家一種與曆法冥相符合的感覺。事實上，這只是很簡單的數學演算。《繫辭傳》說：

11　包括觀察北斗七宿（斗）、大火星（心）、蒼龍七宿等。說詳薄樹人主編，《中國天文學史》，第一章「天文學的萌芽期」，由馮時主筆，頁 8-20。

乾之策，二百一十有六；坤之策，百四十有四，凡三百有六十，當期之日。

孔穎達《疏》解釋說：

三百六十日，舉其大略，不數五日四分日之一也。[12]

朱熹《周易本義》也說：

期，周一歲也，凡三百六十五日四分日之一。此特舉成數而槩言之耳。[13]

「當期」就是一年。根據鄭玄指出，「一年」是太陰曆十二個月的稱呼，「一歲」則是陽曆回歸年（365¼ 日）的專有名詞。孔穎達和朱熹顯然都相信這裡的「當期」是計算陽曆。李守力《周易詮釋》提出了一個假說，認為太陰曆一年十二月 354 日與太陽曆一年 366 日，二者相加除以二（即取其平均數），剛好為 360。至於太陽曆不取孔穎達和朱熹所說的 365¼ 日，而取 366 日的理由，是因為《尚書·堯典》有「朞三百有六旬有六日，以閏月定四時，成歲」的記載。[14]這個假說看起來的確能自圓其說，但問題在於，它沒有足夠理據證明所講的就是《周易》作者原本想表達的道理。

用 360 日解釋《繫辭傳》「當期之日」，也有《易》家認為是取黃道（太陽在天球上視路徑的軌跡）周天度數 360 度而言。這也是說得通的，只是問題仍在：缺乏直接證據支持。李守力除了解釋「當期之日」外，還有其他的論點，論證《易》卦和天文曆法有關，包括：

1. 認為〈節〉卦䷻是第 60 卦，合一甲子之數，所以《彖傳》說「天地節而四時成」。

2. 認為〈革〉卦䷰是第 49 卦、〈鼎〉卦䷱是 50 卦，除了應「大衍之數五十」及「其用四十有九」之外，又認為陰曆一個月為 29.54 日，用王國維對殷商曆法「一月四分之術」的理論解釋，月亮圓缺變化一個循環（一個月），可分為「初吉」、「既生霸」、「既望」、「既死霸」四個階段，

12 《周易注疏》，卷 7，頁 22b。

13 朱熹，《周易本義》，卷 3，頁 245。

14 李守力，《周易詮釋》（蘭州：蘭州大學出版社，2016），頁 597。

則每個階段為 29.54 日÷4=7.38 日，李稱之為「象限點」。一年十二個月已有 48 個象限點；再補入置閏的日子就有 49 個象限點，於是得到 7.38 日×49=362 日（若 50 個象限點則為 369 日，超過了回歸年〔即太陽年〕的 365¼ 日，所以李認為必須在 49 點時觀測回歸年）。這是《周易》第 49 卦〈革〉卦《象傳》說「君子以治曆明時」的理由。

以上的講法仍然存在問題。首先，〈節〉卦列第 60 卦固然恰好符合甲子之數，但《象傳》說「天地節而四時成」，「四時」是一年，與甲子之數——六十一無論是記日抑或記年，都對應不上。此其一。

「一月四分之術」是王國維的發明，但並不是古代曆法的定論。董作賓就特別撰寫了〈「四分一月」說辨正〉反駁王說，[15] 提出了修正的理論，認為定一月四分為「初吉、既生霸、既望、既死霸」的四階段，並不可靠，因為「初吉」、「既望」是定點日，「既生霸、哉生霸」則是「月相」（月亮的樣貌），兩類並不在同一層次，不能混為一談。此其二。

如果第 49 卦〈革〉卦暗喻第 49 個象限點觀測回歸年，第 50 卦〈鼎〉卦難道暗喻第 50 個象限點？那麼 362 日再加一個象限點 7.38 日得出 369.38 日，〈鼎〉卦又將譬喻什麼呢？可見單單推論〈革〉卦列於第 49 卦，是孤立的論證，難以周延說明六十四卦全局。此其三。

以上情形，反映了研究《周易》的困難，因為古典距離今天實在太遙遠，要做種種新的推論，證據常苦不足。但如不顧證據不足夠仍一意坐實一些未夠周延的推斷，往往只能流於猜想。

專門研究天文學的盧央寫過一部《易學與天文學》，[16]較側重於從天文學原理探討漢儒卦氣象數之說。讀者可參。關於和天文學相關的「卦氣」問題，在本書後文有討論。我在《周易階梯》中也有約略討論到《周易》和天文、曆法的關係。讀者可以參考。

---

15 董作賓，〈「四分一月」說辨正〉，原載華西大學中國文化研究所輯刊（1943），收入《董作賓先生全集甲編》，頁 1-20。

16 盧央，《易學與天文學》（北京：中國書店，2003）。

四 卦氣與曆法

「卦氣」，指的是利用「卦」和「爻」來偵測「氣」在一年之中的運行規律，達到好幾個目的：

第一、建立更精準的曆法。漢代朝廷就有《易》學家提出用《周易》的數字來校正曆法，不過最後證實了不準確。原因很多，主要則在古人尚未能明瞭恆星（十二宮、二十八宿）、行星（歲星）、太陽、月亮的運行，並不在一個體系上。將日、月、星辰視為一個穩定的系統，本身就存在問題。

第二、為了說明節氣的變化。「二十四氣」原是古人用「圭」、「表」（「日晷」的前身）觀察日影角度而計算出來的，和卦爻都沒有關係。在西周初年太約西元前一千年左右，《尚書·堯典》：

> 日中，星鳥，以殷仲春。厥民析，鳥獸孳尾。申命羲叔，宅南交。平秩南訛，敬致。日永，星火，以正仲夏。厥民因，鳥獸希革。分命和仲，宅西，曰昧谷。寅餞納日，平秩西成。宵中，星虛，以殷仲秋。厥民夷，鳥獸毛毨。申命和叔，宅朔方，曰幽都。平在朔易。日短，星昴，以正仲冬。厥民隩，鳥獸氄毛。[17]

其中「日中」、「日永」、「宵中」、「日短」，就是後來「二分二至」——春分、夏至、秋分、冬至——的初名。其後至《淮南子·天文》出現了完整的二十四氣的名稱。[18]（但根據出土文物顯示，二十四氣的出現應該遠早於戰國。

17　《尚書注疏》，卷 1，頁 9b-10b。

18　《逸周書·周月》臚列十二中氣之名為「驚蟄、春分、清明，小滿、夏至、大暑，處暑、秋分、霜降，小雪、冬至、大寒」，則周代二十四氣次序為「立春、驚蟄、雨水、春分、穀雨、清明、立夏、小滿、芒種、夏至、小暑、大暑、立秋、處暑、白露、秋分、寒露、霜降、立冬、小雪、大雪、冬至、小寒、大寒」。據《淮南子·天文》「日行一度，十五日為一節，以生二十四時之變」以下，臚列二十四氣之名以下內容，則二十四氣次序為「冬至、小寒、大寒、立春、雨水、驚蟄、春分、清明、穀雨、立夏、小滿、芒種、夏至、小暑、大暑、立秋、處暑、白露、秋分、寒露、霜降、立冬、小雪、大雪」。參何寧撰，《淮南子集釋》，卷 3，頁 213-216。由此可以看出周代與漢代的二十四氣之名中，「驚蟄、雨水、穀雨、清明」的歸屬與次序有異。

而且殷商曾以沒有「中氣」的月分置閏月，後人所謂「無中置閏」，也顯示當時可能已有二十四節氣。）漢代太初曆將二十四氣分為「中氣」（起「冬至」）和「節氣」（起「小寒」），所以現在一般總稱「二十四節氣」，其實應該稱為「二十四氣」，方法上是觀察太陽在黃經上移動的幅度，在二分二至之間，每一段再加上五個「氣」。方法有二：一是用「恆氣」（或稱為「平氣」），就是將二十四「氣」平均分配三百六十五又四分之一日，每「氣」長度為十五日多。另一用「定氣」，因為北半球冬天日照較短，「氣」的長度短至十四日多；夏天日照較長，「氣」的長度長至十六日多。

以上「氣」的計算，其實和卦爻沒有關係；《易》家用卦爻來相配，只是利用它來說明六十四卦具有系統性，和自然界寒暑變化的規律相合。事實上這種所謂「相合」是目的論的，也就是先預設了卦爻系統和大自然規律是相合的，然後再設法把它們湊合起來。這樣做，純屬附會，沒有意義。

第三、利用卦氣配合講述「災異」的現象，發揮漢儒「天人感應」的理論，目的在於警示帝王，推行自己的思想。

「卦氣」包括了三種理論。

第一是「十二消息卦」。「消」指消滅，「息」指生長。在《易》學中，「消」專指陰氣消減了陽氣；反過來，「息」專指陽氣壯盛，故而陰氣衰減。「消息卦」的理論源自《象傳》，根據陰陽、老少象徵四季的觀念，將十二消息卦的觀念落實代表一年十二個月（太陰曆）。我們要特別注意〈復〉卦位於十一月。每年「冬至」都在陽曆十二月二十一或二十二日，約相當於陰曆十一月。「冬至」就是太陽直射地球從南回歸線北上，也就是北半球在日照最短的當日開始轉暖的契機。[19]用「一陽來復」的〈復〉卦䷗來代表陰曆十一月，反映了十二消息卦理論符合自然原理，借以諷喻世間萬物以及人間事理，在衰退至極點的時候，應該就是否極泰來的轉捩點。

19　冬至日照雖為最短，北半球最寒冷卻多於大寒以後。近年因全球轉趨極端氣候，又與傳統不同。

陽息卦		陰消卦	
十一月	復䷗	十月	坤䷁
十二月	臨䷒	九月	剝䷖
正月	泰䷊	八月	觀䷓
二月	大壯䷡	七月	否䷋
三月	夬䷪	六月	遯䷠
四月	乾䷀	五月	姤䷫

　　第二是「辟卦及七十二候」說，內容用封建社會政治名位比附卦爻。今天我們不談災異了，也就暫時不必理會它。

　　第三是「卦氣值日」說，這在我的《周易階梯》中有討論過。就是所謂「六日七分」的說法。這個學說認為一歲（回歸年）365¼日的陰陽循環，恰好是六十四卦循環的反映，於是漢儒創立了六十四卦「值日」的說法，各卦就像「值日生」一樣，輪流在一年之中的某幾天在地球「當值」。其中「四正卦」是否值日，有不同的說法，或認為只是代表「二分二至」（春分、夏至、秋分、冬至），或認為「四正卦」每卦六爻共二十四爻分當二十四節氣。總之，「四正卦」以外的六十卦，分值十二個月，等於每五卦（共三十爻）負責一個月，一爻當值一日。但這樣計，減去「四正卦」以後的六十卦只能當值三百六十日，剩下的5¼日怎麼辦呢？於是他們將每日再分拆為「80分」，5¼日共計420分，六十卦輪流當值，每卦又得多分擔「7分」，就變成「六日七分」。根據《魏書・律曆志》中所記的《正光術》，六十卦的值班表如下：

十一月	未濟、蹇、頤、中孚、復
十二月	屯、謙、睽、升、臨
正月	小過、蒙、益、漸、泰
二月	需、隨、晉、解、大壯
三月	豫、訟、蠱、革、夬
四月	旅、師、比、小畜、乾
五月	大有、家人、井、咸、姤

六月	鼎、豐、渙、履、遯
七月	恆、節、同人、損、否
八月	巽、萃、大畜、賁、觀
九月	歸妹、无妄、明夷、困、剝
十月	艮、既濟、噬嗑、大過、坤

這種排列仍不能避免地遇到困難，例如〈復〉卦䷗卦辭說「七日來復」，但前一卦〈中孚〉䷽只有「六日七分」，和「七日」之間仍差了 73 分，這樣一來，就和〈復〉卦卦辭不合了。唯一的辦法，是將更前一卦〈頤〉卦䷚的 73 分割給〈中孚〉，讓〈中孚〉滿「七日」之數，而完美解釋「七日來復」。但這樣一來，又變成〈頤〉卦又只剩下「五日十四分」，卦一陽之氣的興起，也變成起於〈頤〉卦，而不是像《易緯》所說的「起於中孚」，於是《易》家只好把 73 分改為割讓給「四正卦」中負責冬至的〈坎〉卦䷜，又因此而不得不對其如三個「正卦」及它們的前一卦——〈震〉䷲和之前的〈晉〉䷢，〈離〉䷝和之前的〈井〉䷯，〈兌〉䷹和之前的〈大畜〉䷙——總共六個卦，做同樣的處理（割前一卦 73 分給予「正卦」）。這種任意調撥的說法，人為的痕跡太明顯了，反而證明了卦氣「值日說」不是源出自然界的規律，因為哪一卦值日的長或短，如果是出於自然安排，自不需要後人費盡心思去做安排並且補充說解。[20]這一點，清代《易》家焦循在《易圖略》卷八已做了很好的說明。他說：

> 易自為易，秝自為秝。其義可通，其用不可合。就所舉孟氏之義，以五卦共三十爻為一月，一爻主一日，雖云六日七分，而此七分未嘗以當一日。京氏傅會於七日來復，苦七分不可以為一日，乃割〈頤〉之七十三分，益於〈中孚〉之六日七分，每日法八十分，以七十三分加入七分，合成一日，為七日。若是卦不起〈中孚〉，而起於〈頤〉，不合於法，故以此七十

---

20 王應麟《困學紀聞》卷一亦論：「〈復〉所謂『七日』，其說有三：一謂卦氣起〈中孚〉，六日七分之後為〈復〉；一謂過〈坤〉六位，至〈復〉為七日；一謂自五月〈姤〉一陰生，至十一月一陽生。」王應麟著，翁元圻等注，《困學紀聞》，卷 1，頁 67-68。此說較為平情近實。

三分歸諸〈坎〉，而〈頤〉之六日七分，乃僅有五日十四分，於是亦割〈晉〉
以歸〈震〉，割〈井〉以歸〈離〉，割〈大畜〉以歸〈兌〉，錯亂不經，誠
如一行所誚，不知京氏固非，孟亦未是。[21]

焦循坦然指出將《周易》的數字系統硬是和曆法牽扯在一起，是沒有道理
的。[22]

卦氣的學說將六十四卦和一年之中運行在天地之間的「氣」的變化相
配合，企圖提出一套具有系統性的學說。要注意「卦氣」不只是以二十四
氣為對象，而是針對宇宙論的陰、陽二氣消長，所以必不能不同時顧及太
陽與月亮、陰曆與陽曆。然而，六十四卦建立的年代，早至殷商。即使是
西周初年《周易》重構六十四卦的次序，再寫新的卦辭和爻辭，當時的天
文曆法知識仍然有限，卦爻無法完全和自然界的規律吻合，是事實。所以
今天我們就把卦氣視為古代文化遺產，知道它是古人以系統性觀念看待世
界的一種方法，就夠了。

五 陰、陽在歷史文化中的展現

在悠遠的中國文化傳統中，「陰、陽」代表了「天、地」，法象就是
「乾、坤」，認為人與萬物追源溯本都是「陰、陽」所代表的「天、地」演
化而成，於是將「陰、陽」的思想滲透到生活各個層面，解釋各種現象，
並在人與自然密切關係的前提下，說明生活、生命的意義與價值。

---

21 「秝」即「曆」。焦循，《易圖略》，《無求備齋易經集成》〔第 146 冊影印清道光九年（1829）
　　刊《皇清經解》本〕，卷 8「論納甲第六」，頁 8b。此段文字批評不同《易》家解釋「六日七
　　分」之說的歧異。

22 其實清初梅文鼎《曆學答問》已批評說：「《大衍》本為名曆，測算諸法，至此大備，後世
　　不能出其範圍。特以《易》數言曆，反多牽附，其失與《太初》之起數鐘律同也。」見梅文
　　鼎，《曆學答問·答嘉興高念祖先生》，《梅文鼎全集》，第 1 冊，頁 178。又詳屈萬里《先秦
　　漢魏易例述評》關於「卦氣」的討論（頁 82-98）。

古人將生活各層面的總成，歸結為一個「禮」字。生活處處都有陰陽的痕跡，禮教的生活更是如此。就像朱熹所說：

> 纔開眼，不是陰，便是陽，密拶拶在這裡，都不著得別物事。不是仁，便是義；不是剛，便是柔。只自家要做向前，便是陽；纔收退，便是陰意思。[23]

曆法中有陰陽，中國的曆法既觀察月亮的運動，也注意太陽的運動，就是「陰陽合曆」。月亮圓缺一循環稱為一個「月」，甲骨文「月」字字形就是月亮的象形，也可以寫成「夕」字。因此「夕」和「月」字原來就是同一個字，表達夜晚。月亮圓缺一次，時間長短雖然與地球一樣受到彼此引力的牽引，並不是每個月都一樣，而是有點時快時慢。但一年的平均，一個太陰月總是大約 29.53 日，為了方便計算，古人以 29 日為小月，30 日為大月，這是陰曆的基礎。

鄭玄說：

> 中數曰歲，朔數曰年。[24]

用「一年」指稱陰曆 354 日、以「一歲」指稱陽曆 365¼ 日的區分，後來就消失了。

曆法訂定同時又看「黃道」亦即太陽的運動（所謂太陽運動，是人類站在地面目視天球上太陽的軌跡），包括日出日落一天的變化，以至於寒來暑往一年的變化，依照地面觀察太陽運動的方位，訂定二十四節氣，並用來調節陰曆，計算出「閏」的節奏。依照實測，十九年中置七個閏，最為符合自然之理。

禮教生活上的陰陽，反映在很多方面，包括凡奇數均屬「陽」，凡偶數皆屬「陰」。所以《繫辭傳》說：

> 天一、地二、天三、地四、天五、地六、天七、地八、天九、地十。天數五，地數五，五位相得而各有合，天數二十有五，地數三十。凡天地之數

---

23 黎靖德編，《朱子語類》，卷 65「易一」，頁 1606。
24 《周禮・春官・宗伯》鄭玄《注》，《周禮注疏》，卷 26，頁 12b。

五十有五，此所以成變化而行鬼神也。[25]

這也是古老的遺留。周朝人將十天干日分為「剛日」（奇數日）——甲、丙、
戊、庚、壬，以及「柔日」（偶數日）——乙、丁、己、辛、癸。奇數日屬
「陽」故稱「剛」，適合從事積極的、進取的工作；偶數日屬「陰」故稱
「柔」，適合從事消極的、靜態的工作。祭祀的儀式中，「音樂」飄散於空
中，屬於輕清的「陽」；「酒食」或奠於土地或飲食而入身體，屬於重濁的
「陰」。甚至音樂本身，細分亦有陰陽的成分，都是陰陽觀念在傳統禮制的
體現。詳參本書中編〈貳、《易》象新議〉。

　　「陰、陽」是抽象的，既是太陽和月亮（太陰）的喻象，也表述了宇宙
間二元運動的力量，所以它們不受事物有形結構所限制（近一世紀粒子理論
所講的量子糾纏等等，都與陰陽二元運動的理論冥相符合）。朱熹說「陰、陽全是
氣」，這句話很重要也很有道理，提醒我們不要盼望「陰」與「陽」能被
我們看見，而是說，我們應該去領會整個自然環境和社會環境中「陰、陽」
作為一種無形力量的滲透。

　　陰、陽落實在人生，可以有種種譬喻引申。例如處事態度的正向、負
向，性別上的男、女，雄、雌。儘管舊社會強調兩性的倫理角色，免不了
有許多刻板印象的理論，和二十一世紀今天強調的性別平等意識不同了，
但無論如何，男女生理上以至於文化教育上的差異，確實造就了男性和女
性不同的心理特質。這是值得做父母的和從事教育工作的人特別注意。

　　男女以外，「陰、陽」又可以引申到譬喻君子、小人。古代社會，君
子、小人，原本只是反映貴族與平民的階級之分。平民生活，最重要是照
顧好自己和家人；君子生活，涉及倫理、政治的管理，要顧及禮教、文
化、群體價值等等，所以區分君子、小人，原意不在於抬高君子而貶低小
人，而是提醒君子對自己應該較一般人有更高尚的要求、更遠大的目標。

　　「陰、陽」引申到人事上，就是積極的和消極的兩種態度，用在處事
態度上就叫做「進、退」。「陰陽」表現為「進退」，提醒我們「進」的背

25　朱熹，《周易本義》，卷3，頁243。

後隱伏著「退」，反過來也是，因此「進」的時候不要自滿，「退」的時候也切勿自卑。

六 結語

　　《易》學與天文星曆的關係，原可從兩層次述說：其一以文獻結合自然科學觀點考察，另一從民俗學觀點衍釋文本。本文集中討論前一層次。要討論後一層次，反而較難說明，不但因為神祕主義之說，更因為涉及主觀感知，不易依託文字解釋。凡人類生存於世，認知除憑藉視覺、聽覺、觸覺等感官外，尤其依賴思辨。依託於前者的思維，屬「感性思維」；依託於後者的思維，屬「理性思維」，二者性質不同，卻無高下之分，因推至極致，感性、理性所馳騁的皆是一個「理」世界。

　　世界之人，無論賢愚，無分感性理性，均十分受限。人所能知者，多屬感官淺層意識的作用，深層部分則存乎其人，而難以說明。因具有感知能力的人，所感所知，自身了然於胸，卻難以向不具感知能力的人解釋，所謂「如人飲水，冷暖自知」，即此一道理。因此，有悟於《易》理宰制存有界一切準則，知者即知，不知者即不知，難以言詮，只能「寓諸無竟」。

肆、《易》數與早期中國數字觀念[*]

一 數字觀念的文化初源

歷來論中國數術之學的學者，大多說本《周易》，而認定《周易》有神祕主義的成分。研究思想史的學者據此將中國文明與巫術傳統或薩滿教（Shamanism）連繫起來，加以批判；[1]研究民俗宗教的則不厭其繁，繳繞探索，力求揭其隱祕，並圖施用於現實生活。

先民宗教信仰是否迷信？是否心理依賴？其實均可暫置不論。要知道以今日人類對宇宙的認識，尚未能以最新科學知識解釋宗教信仰的核心問題，只能信者恆信，不信者恆不信。而信不信之間，又未必代表其人是否曾經嚴密科學訓練，是否具有豐富的科學知識。以今者之視昔，無異於以來者之視今。今日我們卑視古人迷信，焉知不會被來者輕鄙？來者之輕鄙固然未必公允，猶如今日我輩對古人的卑視亦未必有當。職是之故，為免

---

* 本章是在已發表的兩篇論文——〈論象數詮《易》的效用與限制〉及〈中國古代形上學中數字觀念的發展〉——的基礎上重新寫定的作品。〈論象數詮《易》的效用與限制〉發表於2004 年耶魯大學主辦 "International Conference: Poetic Thought and Hermeneutics in Traditional China--A Cross-Cultural Perspective" (Council on East Asian Studies, Yale University, April 24-25, 2004)，後刊《中國文哲研究集刊》，第 29 期（2006 年 9 月），頁 205-236。其中討論「象」的部分，因本書〈《易》象新議〉已有充分討論，拙著《周易階梯》及《周易答問》亦已有詳論，因此我僅將其中「數」的討論獨立出來，並採擷論文〈中國古代形上學中數字觀念的發展〉（刊《臺灣東亞文明研究學刊》，第 2 卷第 2 期〔2005 年 12 月〕，頁 137-174）部分論點，並先發表於《饒宗頤國學院刊》10（香港：中華書局，2023），頁 49-108。

1 拙文〈海外漢學發展論衡——以歐美為範疇〉於此有所申論，認為確立「迷信」作為中國古代文明的起點，似乎早已成為東西方漢學界進入中國古代思想文明研究堂奧的必經門檻，甚至是一種洗禮。

主觀好惡作祟，與其肆意批判古人，不如先從歷史角度考慮，客觀著眼於人類文化發展的自然歷程，仔細分析其中內容，觀察古代文化中的自然哲理思想。

「數」固然有神祕的成分，近代亦有不少關於古代「神祕數字」的研究。[2]如《史記》十二本紀、十表、八書、三十世家、七十列傳的數字，均有神祕意義：以「八卦」比附「八書」，取天干之數定為「十表」，以地支之數定為「十二本紀」，以一世之數定「三十世家」，以黃道配於五行之數定「七十列傳」等。若暫撤除神祕的成分而著眼於文化源起與發展，則數字的出現，應始於「六書」中的記事，即許慎《說文解字‧序》所謂「視而可識，察而見意」，[3]也就是考古文物常見用作計量的筆劃數字，諸如一、二、三、四等。這些用在最普通日常生活的符號之「數」，必然早於具有抽象意義的《易》卦之數。要知道《易》卦之數含有豐富抽象觀念成分，代表的是一種高度概括性且普施於天地之間的「數」，和施用於日常生活中的應用性數字不可同日而語。世傳「河圖」、「洛書」之數，前者以一至十之數合計五十五作五方排列，後者即九宮圖所呈一至九之數，《易》家或認為是伏羲畫卦的依據。然而，將此高度抽象的卦爻之數的理論根源解釋遠古伏羲畫卦之事，並不符合文明發展的自然歷程。

最早出現於早期中國文明的「數」，除上述「六書」中記事之數之外，還有天文曆數。這是源於先民生活各種需要而有的知識。要知道決定人類物質文明發展的，一在於飲食，一在於婚配，前者支援了個人生命存續，後者支援了群體生命（血緣）存續，都是人類賴以生存的要件。農業耕作，依賴的是季節轉變。季節之變是規律性的。唯有掌握規律性轉變，才能春耕、夏耨、秋收、冬藏。這就有賴於地球自轉與圍繞太陽公轉規律的穩定

2　可參楊希牧，〈中國古代的神祕數字論稿〉，《民族學研究所集刊》，第 33 期（1972 年 3 月），頁 89-118；黃沛榮，〈《史記》神祕數字探微〉，《孔孟月刊》，第 21 卷第 3 期（1982 年 11 月），頁 41-46。

3　許慎著，段玉裁注，《說文解字注》，15 卷上，頁 4a。段玉裁《注》說：「指事亦得稱象形。……一、二、三、四，皆指事也，而四解曰象形。」（同前，頁 4b）

性。試想，倘若地球的自轉不穩定，時快時慢，今天 26 小時，明天 21 小時；如果地球繞日公轉不穩定，時快時慢，今年 330 日，明年 295 日，不要說人類根本歸納不出「日」、「月」、「年」這樣的計時單位，沒有了穩定的生理時鐘，生物恐怕也無法演化。生命和文明，都成為不可能（這是《易》理三大法則中「不易」的意義）。而透過數字掌握四季、節候、方位、地理，就成為先民在大自然凜凜牢籠下必須具備的能力。

隨著文化文明的演進，數字觀念也依循人類好奇心與抽象思維能力的提升，而獲得發展。數字運用，不再限於樸素的生活範疇，而漸漸有了更多玄思成分。早期《易》學流派主要有「義理」、「象數」之別，數字觀念都充滿了玄思的色彩，各有不同論述。[4]

《周易》之前，已有《歸藏》、數字卦甚或更早的傳統。《周易》著作，卦爻辭中有許多數字（詳下文）。戰國時期，《易傳》著成，專用以解卦爻辭，是為天壤之間第一批解《易》理兼解《易》數的專著。第二批解《易》的是漢代《易》學家。他們更廣泛地用天文、曆法、象數等說《易》，朝廷的天文官也喜用《周易》的數字原理講解「天行」（包括日、月、星辰）度數，進而調校曆法。參與設計「太初曆」的司馬遷，在《史記・太史公自

4　「象數」一般以漢儒學說為主，「義理」則以王弼及宋儒學說為主。正如余敦康說：「漢代以後，在二千多年的歷史長河中，易學的演變分化為象數與義理兩大流派。」參余敦康，《易學今昔》，頁 169。唐君毅說：「漢代易學，一般稱之為重象數之易學，以與王弼之易學之言忘象重玄理、宋代易學之重人事之義理者異流。……唯漢代之為易學者，首重此象數，則以漢代之易學，代表象數之易學，更以後之重此象數之易學，為漢代易學之流亦可。」參唐君毅，《中國哲學原論（原道篇卷二）》第二篇第六章「漢代易學中之易道及其得失與流變」，收入《唐君毅全集》（台北：台灣學生書局，1986），卷 15，頁 301。張善文說：「《周易》象徵哲學的本質內涵固是包括『象數』和『義理』兩大要素，但這兩者又是密相聯繫而不可截然分割的。……《周易》『象數』的設立，在於表述『義理』；而『義理』的蘊蓄，乃是含藏於『象數』之中。」參張善文，《象數與義理》（瀋陽：遼寧教育出版社，1995），頁 38-39。象數和義理都很重要，當然是一個事實。但這個解釋並不能調和象數與義理之爭，因為象數派和義理派所設定的前提，並不是認為另一派理論完全可以捨棄，而是在於認為自身所信奉的詮釋方法才是較為重要。當然他們也都各有其理由。

序》裡記述父親司馬談「學天官於唐都，受《易》於楊何」，[5]這是因為《易》學和天文學有密切關係的緣故，其法亦頗涉及「數」，故《史記·曆書》稱「黃帝考定星曆，建立五行」，有大餘、小餘[6]之數，〈天官書〉則稱天運之數（詳下文）。[7]東漢賈逵曾針對西漢初訂立的太初曆的差謬原因與調整辦法，與《易》家和天文官在朝廷公開辯論。[8]漢魏以後，至唐代一行禪師精通天文而解說《易》理，影響後世甚廣。自北宋周敦頤、邵雍、劉牧奠立《易》圖新風氣，象數之學轉為以「圖書」的形式開展，吸收《易》數，利用「河圖」、「洛書」、「卦變圖」等新方法，推演天地人事變化之運，象數結合圖書展現，蔚為風潮。清代的《易》學名家如黃宗羲《易學象數論》、焦循《易學三書》揭露了不少先儒象數、圖書《易》說的差誤，為《易》數之學作出貢獻。縱觀中國《易》學史，「數」的重視未嘗衰微，至今不替。

本章旨在析論《易》數與古代中國數字觀念，以見「數」的傳統中有各種範疇與表現形式，有的符合自然之理，有的旨在闡說玄理，因而也有不同的價值。有些到了今天科學昌明的時代，已成歷史糟粕，不值得再提倡；但也有的在整個文化研究中仍深具意義。究竟數字如何在《易》學涉透到整個古代文化，推動著思想的演變？其實仍是值得探討的。

二 《周易》的四種「數」

主流《易》家常據《易》數推論《易》理初源經天緯地，試圖解釋六十四卦、三百八十四爻之理，推知伏羲作易畫卦的本意，甚至嘗試解開一

5　司馬遷，《史記》，卷 130，頁 3288。
6　同前注，卷 26，頁 1256。《史記·曆書》：「大餘者，日也；小餘者，月也。」同書，頁 1287。
7　同前注，卷 27，頁 1344。
8　詳司馬彪，《後漢書·律曆中》，志第二，頁 3025-3030。

切幽贊神明的原理。這是《易》數迷人之處。

《周易》成書於殷周之際,而為西周王朝的典冊。但若推論其理論淵源,必須追溯至上古,而不能僅僅停留在《周易》或殷《歸藏》的文本。《繫辭傳》論卦爻初興,必追溯至伏羲,仰觀俯察,近取諸身,遠取諸物,以作八卦,意旨正在於此。但無論如何,《周易》既非《歸藏》,《歸藏》亦非《連山》。三代損益,提醒我們三《易》彼此的差異。傳本《周易》縱使有部分卦名承自《歸藏》,全書屬於周民族新創,並非夏、殷的舊規模。單就《歸藏》與《周易》而言,雖同樣具備六十四卦,已有三大歧異,足以讓兩書體系截然不同:

一、《歸藏》卦序以〈坤〉為首,次〈乾〉;《周易》以〈乾〉為首,次〈坤〉。

二、《歸藏》爻題用七、八,《周易》爻題則用六、九。

三、《歸藏》無爻辭,而《周易》三百八十四爻爻辭皆備。

《周易》「變」的哲學,皆寄託於爻題、爻辭和爻位以展現(爻題用六、九即可說明其主變)。確立了「變」的主旨,才能發展出種種「數」的計算(「數」的原理,皆在於體現「變」的精神)。因此,今日據《周易》卦爻、卦序、卦位、爻位等所論的「數」的原理,必不能脫離《周易》文本,亦必不能據以上推殷商以前伏羲畫卦之理。一旦脫離《周易》文本,「變」的精神和「數」的原理,即失去依託。由此而作種種推論,均為虛妄。然而過去研究《易》數的學者,囿於《繫辭傳》常將《易》理上溯伏羲畫卦之事,就不再區別西周以前與西周以後,肆意據《周易》文本的卦、爻、數、位,追溯遠古相傳伏羲畫卦以來的「易」原理,甚至參用《周髀算經》之法,闡論「河圖」、「洛書」之數,論證二者是《易》卦的原理初源。此一論證方法,明顯是以後出的事物,論證遠古的事理。這樣倒果為因,皆因缺乏歷史觀念、不諳文化源流所致。

寫定於西周初中葉的《周易》卦爻辭,其中就有很多數,有的具有確實意義——三就是三,五就是五;有的則取抽象意義——「九死一生」的

「九」未必是「九」,《史記》管仲「吾嘗三戰三走」[9]的「三」亦未必是「三」
(「虛實之數」詳下文)。卦爻辭的數字:〈訟〉上九「終朝三褫之」、〈師〉
九二「王三錫命」、〈比〉九五「王用三驅」、〈蠱〉及〈巽〉卦辭「三日」、
〈明夷〉初九「三日不食」的「三」,皆喻指眾多,是虛義而非實義。〈屯〉
六二「十年乃字」、〈復〉上六「十年不克征」、〈頤〉六三「十年勿用」的
「十年」亦虛義,喻指一段漫長時間。相對上,〈臨〉卦辭「至於八月有
凶」[10]則取實義而非虛義。至於〈復〉卦辭「七日來復」、[11]〈損〉六三「三
人行,則損一人;一人行,則得其友」,則兼取虛、實兩義。[12]像〈訟〉九
二何以為「人三百戶」?〈損〉六五何以為「十朋之龜」(〈益〉六二爻辭
同)?〈震〉六二何以為「九陵、七日」?[13]〈旅〉六五何以為「一矢」?
取義是虛是實,則尚難以確定。

除了卦爻辭「三年」、「七日」等具體數字外,隨著整個經文內容開展
的「數」約分四類:

(一) 占筮之數

本章所說的「占筮之數」是成卦過程中數字的變化。《繫辭傳》:

> 天一,地二,天三,地四,天五,地六,天七,地八,天九,地十。

9　司馬遷,《史記·管晏列傳》,卷 62,頁 2132。

10　〈臨〉為十二月之卦,其覆卦〈觀〉則為八月之卦,王弼《注》所謂:「陽衰而陰長,小人
　　道長,君子道消也。」《周易注疏》,卷 3,頁 6b。

11　〈復〉卦剛長,六爻自下而上,復歸初爻,則為七日。朱熹《本義》認為:「自五月〈姤〉
　　卦一陰始生,至此七爻,而一陽來復,乃天運之自然,故其占又為『反復其道』,至於七
　　日,當得來復。……『七日』者,所占來復之期也。」朱熹,《周易本義》,卷 1,頁 109。
　　〈既濟〉六二「勿逐,七日得」亦取天運自然,循還來復之義。

12　《易》卦本於陰陽,強調互動協調,故以二為主,用以喻指萬物,即《繫辭傳》「一寒一
　　暑」、「一陰一陽」,以及子曰「二人同心,其利斷金」(釋〈同人〉卦)之意。則如《文心
　　雕龍·麗辭》所謂「造化賦形,支體必雙」(范文瀾,《文心雕龍注》,卷 7,頁 33a),故三
　　人同行,則必損一人,而一人行則得其友,以譬喻「損而反益」之意。

13　朱熹《周易本義》:「『九陵』、『七日』之象,則未詳耳。」(卷 2,頁 192)但參考〈既濟〉
　　六二「勿逐,七日得」,似亦為「所占來復之期」之意。

天數五，地數五，五位相得而各有合。天數二十有五，地數三十，凡天地之數，五十有五，此所以成變化而行鬼神也。

大衍之數五十，其用四十有九。分而為二以象兩，掛一以象三，揲之以四以象四時，歸奇於扐以象閏。五歲再閏，故再扐而後掛。

乾之策，二百一十有六；坤之策，百四十有四，凡三百有六十，當期之日。二篇之策，萬有一千五百二十，當萬物之數也。是故四營而成易，十有八變而成卦。八卦而小成，引而伸之，觸類而長之，天下之能事畢矣。[14]

本章實可分為三段，第三段又分為「大衍之數五十」、「乾之策」兩節。

第一段「天一、地二……」論天地之數一節，「天數、地數」實即奇數、偶數，施用於禮制，即《禮記》所論剛日、柔日，其數即「剛數、柔數」（說詳本書中編〈貳、《易》象新議〉）。

第二段「天地之數」特別強調「五位相得」，後世即以四方加上中央，合為五位，而以天地之數充實之：生數一居北方，二居南方，三居東方，四居西方，土數五居中央；成數六居北方，七居南方，八居東方，九居西方，土數之成十居中央。邵雍、朱熹即以「河圖」說之。朱熹說：

二十有五者，五奇之積也；三十者，五耦之積也。變化，謂一變生水，而六化成之（雄按：即一、六居北方）；二化生火，而七變成之（雄按：即二、七居南方）；三變生木，而八化成之（雄按：即三、八居東方）；四化生金，而九變成之（雄按：即四、九居西方）；五變生土，而十化成之（雄按：即五、十居中央）。鬼神，謂凡奇耦生成之屈伸往來者。[15]

以上第一、二段是「占筮之數」的原理，歷來學者視之為伏羲畫卦的依據，而認為是《易》數的根源。

第三段即揲蓍演卦之法計算的結果。「乾之策，二百一十有六」者，

---

14 程頤、朱熹於《繫辭傳》此章序列與《五經正義》王弼《注》本不同，更為合理，故從之。朱熹《周易本義》：「此簡本在第十章之首。程子曰宜在此，今從之。此言天地之數，陽奇陰耦，即所謂《河圖》者也。」（卷3，頁243）

15 朱熹，《周易本義》，卷3，頁244。

即三變而餘策三十六，乘以〈乾〉「六爻之策數」[16]得二百一十六，以四揲之得「九」為老陽；「坤之策，百四十有四」者，即三變而餘策二十四，乘以〈坤〉「六爻之策數」得一百四十四，以四揲之得「六」為老陰。至於《繫辭傳》稱「二篇之策，萬有一千五百二十，當萬物之數也」，孔穎達《周易正義》的解釋是：六十四卦三百八十四爻，陰陽各當其半，即各得一百九十二。陽爻爻別三十六（九乘以四營之數）乘以一百九十二，得六千九百一十二；陰爻爻別二十四（六乘以四營之數）乘以一百九十二，得四千六百零八。二者相加為一萬一千五百二十。

「凡三百六十，當期之日」所謂「當期」，即指回歸年（日照於北回歸線及南回歸線往返一周）之長度，為365¼日，或稱之為「中數」，古稱「歲」；相對則陰曆十二個月的天數354日，或稱之為「朔數」，古稱「年」。[17]朱熹認為360日是「此特舉成數而概言之耳」，「概言之」是「大概來說」之意，亦即將365¼日講成360日。這分明是一種勉強的彌縫之說（說詳本書中編〈叁、《易》學與天文星曆〉）。

「河圖」以外，八卦也有數，佈為方位，而成「洛書」：[18]

16　據朱熹《周易本義》的解釋，同前注，頁245。

17　《周禮・春官・大史》掌「正歲年以序事」，鄭《注》云：「中數曰歲，朔數曰年。」《周禮注疏》，卷26，頁12b。古代「歲」與「年」不同，用以區別陽曆與陰曆。「朔數」354日即六個大月（30日）加六個小月（29日）而成之數。《禮記注疏》孔穎達《正義》：「中數者，謂十二月中氣一周，揔三百六十五日四分之一，謂之一歲。朔數者，朔，十二月之朔，一周謂三百五十四日，謂之為年。此是歲年相對，故有朔數、中數之別。若散而言之，歲亦年也。故《爾雅・釋天》云『唐虞曰載，夏曰歲，商曰祀，周曰年』是也。」《禮記注疏》，卷14，頁18a。

18　雄按：朱熹《周易本義》卷首列邵雍的「河圖」，劉牧《易數鉤隱圖》指為「洛書」；邵雍之「洛書」，劉牧則指為「河圖」。這是說邵雍是「圖十書九」，而劉牧則是「圖九書十」。故《周易本義》引蔡元定曰：「圖書之象，自漢孔安國、劉歆、魏關朗子明、有宋康節先生邵雍堯夫，皆謂如此。至劉牧始兩易其名，而諸家因之。故今復之，悉從其舊。」（頁16）

巽四	離九	坤二
震三	中五	兌七
艮八	坎一	乾六

林忠軍據此即論「數」出於筮法,說:

> 所謂數,得之於筮法,是指用來確定卦爻象和表徵卦爻象的數字。它包括
> 著數(原注:天地之數、大衍之數、老少陰陽之數、策數等)、五行之數、九宮之
> 數及河洛之數。[19]

「筮數」除了我和林忠軍所說的揲著之數外,學界或用來指稱出土數字
卦。李學勤《周易溯源》第四章第三節「出土筮數與三易研究」說:

> 這裡所講的「筮數」,即很多學者近年討論的「數字卦」,指在甲骨、青銅
> 器、陶器、石器等文物上面看到的占筮所得數字。[20]

關於出土卜骨與《易》卦的關係,除了李著外,李零《中國方術考》第四
章「早期卜筮的新發現」也有詳述。[21]《周易》成書以前,學者早已發現,
甲骨、青銅器中有不少與易卦、占卜相關的符號和文字。北宋徽宗重和元
年(1118)湖北孝感出土的安州六器中一件方鼎的銘文,其中有兩組數字元
號「七八六六六六,八七六六六六」。近代學者如郭沫若《兩周金文辭大
系圖錄攷釋》、[22]唐蘭〈在甲骨金文中所見的一種已經遺失的中國古代文

19　林忠軍,《象數易學發展史(第一卷)》(濟南:齊魯書社,1994),頁 1。

20　李學勤,《周易溯源》(成都:巴蜀書社,2006),頁 273。

21　李零,《中國方術考》,頁 232-298。

22　郭沫若,《兩周金文辭大系圖錄攷釋》(北京:科學出版社,1957)。

字〉、[23]均有所考釋，認為這些「奇字」實即數字。李學勤、邢文、李宗焜等均曾討論數字卦。1978 年 12 月張政烺在中國古文字研究會第一屆年會上發表〈古代筮法與文王演《周易》〉的演講，將出土的數字元號與《繫辭傳》中的揲蓍之法互證，兩年後又發表了〈試釋周初青銅器銘文中的易卦〉。[24]數字卦的發現，多了不尋常的例子，例如張政烺從《續殷文存》卷上頁 7 找到的一件鼎銘上的四個數目字的「卦」：[25]

六、八在《周易》筮法中為老陰、少陰之數，但這樣四個數字的結合，代表了什麼？讓人費解。張政烺試引揚雄《太玄》乃至漢以後的筮法解釋，恐亦徒勞。因為就《周易》而言，六十四卦絕對是由三爻卦相重為六爻

23　唐蘭，〈在甲骨金文中所見的一種已經遺失的中國古代文字〉，《考古學報》，1957 年第 2 期，頁 33-36。

24　張政烺，〈試釋周初青銅器銘文中的易卦〉，《考古學報》，1980 年第 4 期，頁 403-415。張政烺的發現，對於近四十年《易》學產生相當大的衝擊，其研究成果詳見李零等整理，《張政烺論易叢稿》（北京：中華書局，2015）。關於數字卦與《易》占的關係，並參李宗焜，〈數字卦與陰陽爻〉，《中央研究院歷史語言研究所集刊》，第 77 本第 2 分（2006 年 6 月），頁 279-318；邢文，〈數字卦與《周易》形成的若干問題〉，《臺大中文學報》，第 27 期（2007 年 12 月），頁 1-32。

25　引自張政烺，〈殷墟甲骨文中所見的一種筮卦〉，《張政烺論易叢稿》，頁 64-76。下圖引自該書頁 68。

卦，沒有其他組成的可能。如果用晚於《周易》的後世筮法，去解釋《周易》以前的甲骨鼎銘上的數字卦，必然錯置時空，徒增混淆。數字卦的出現，的確讓學術界重新考慮了占卜的源流以及《易》卦的種類等相關問題，但很難將之增添入《易》的占筮之數討論。

《繫辭傳》中「大衍之數五十，其用四十有九」一段文字，就是講用五十根蓍草揲蓍成卦之法。筮儀三揲以後得出的數目是「九、八、七、六」四種可能，分別為「老陽、少陰、少陽、老陰」。六爻得出以後，依照陰陽的分布，得出「本卦」；再依照老少的分布，遇「老」皆變（陰變為陽，陽變為陰），遇「少」皆不變，於是得出「之卦」。再依變爻的多少、位置，而決定以「本卦」抑或「之卦」的某一爻爻辭為占辭。占筮之數是六十四卦的基本原理，實際的占例在《左傳》、《國語》中俯拾皆是（也有一些筮例存在爭議）。缺乏了占筮之數，任何的占斷都無法獲得。占斷所衍生出來、涉及人生意義的說解也難以自圓其說。

又，過去明義士（James M. Menzies）、屈萬里、饒宗頤等專論「筮數」源於「龜數」（饒先生並引「生數」、「成數」解釋「龜數」、「筮數」），可能只著眼於爻題六、九之數（說詳本書中編〈陸、論《易傳》對《易經》哲理的詮釋〉），而未及全面討論卦爻辭中所有數字。

（二）爻位之數

爻位之數講的是各卦各爻的位置。隨著錯、綜、旁通等卦與卦之間的關係，爻位之數與各爻的吉凶悔吝密切聯繫，影響了各爻的占斷結果。傳統學者將一陰五陽、二陰四陽、三陰三陽等各種卦作出歸納，[26]都是企圖透過分類方式，窺探爻位元之數所可能昭顯的《易》理奧祕。部分講爻位元之數的理論，符合《周易》的原理，《繫辭傳》：

---

26 這一類的工作最常見於南宋以降的許多「卦變圖」，讀者可參拙著〈論儒道《易》圖的類型與變異〉討論卦變圖的一節，尤其引錄的第 64 圖「六十四卦六爻皆變占對卦圖」、第 66 圖「古卦變圖」，見《易圖象與易詮釋》，頁 214、216。

二與四，同功而異位。二多譽，四多懼，近也。……三與五，同功而異
位。三多凶，五多功，貴賤之等也。[27]

都是基於《易》主變的原理，發展出來爻位之數的屬性，像「二多譽」、「五
多功」，因二爻處內卦之中，五爻處外卦之中，顯然與《周易》尚中的思
想有關；「三多凶」、「四多懼」，因「三」居於內卦之上，事理發展變化之
極，諸事不宜，[28]故有「凶」象；「四」居於外卦之初，事理已變而尚未穩
固，故有「懼」象。凡此，皆屬爻位之數，而不離《易》主變的精神的表
現。也有部分爻位元之數是後儒從《易》理中推論出來的，雖於《易》理
或有符契，但畢竟屬後世一家之言，如漢儒所述「陽升陰降」、「半象」等
卦變爻變理論。[29]近世《易》家專論象數的不勝枚舉。自明代來知德《易
經集注》以後，清代《易》家如惠棟《易漢學》、焦循《易學三書》均有
體系性的說解。本文不及一一細論。筆者所說「爻位之數」即高亨所稱「爻
數」。高亨提出「象」、「數」各有兩種，是就本經（卦爻辭）考察所得的結
論，並未將後世《易》家之說納入。[30]

（三）卦氣之數

卦氣之數主要是講《易》卦和節氣之間的對應關係，因其牽涉頗廣，
故內容規模較大而較繁複，包括消息卦、納音、納甲、飛伏、八宮世應、

---

27 《周易注疏》，卷8，頁21b。

28 《易》理本於天道，必然主變，但人生則追求穩定，安土重遷。故〈乾〉卦列首位，必以
〈坤〉卦次之，始合乎自然人文的至理。故凡一卦初吉，往往終凶，反之亦然。因事理發展
極致，有物極必反之象的緣故。

29 屈萬里先生《先秦漢魏易例述評》論之最詳。拙著《易圖象與易詮釋》亦頗有論說。

30 高亨《周易大傳通說》的區分與本文所分十種「象」和三種「數」不同。本文所講的「占筮
之數」和「爻位之數」，包括了高氏所講的兩種數，但內容略有不同。高亨說：「簡言之，
象有兩種：一曰卦象，包括卦位，即八卦與六十四卦所象之事物及其位置關係。二曰爻象，
即陰陽兩爻所象之事物。數有兩種：一曰陰陽數，如奇數為陽數，偶數為陰數等是。二曰爻
數，即爻位，以爻之位次表明事物之位置關係。此是象數之主要內容。」收入高亨，《周易
大傳今注》，卷首，頁14。我和高亨的看法不同，主要是彼此對象數的定義不一樣。

七十二候等等及其引申。[31]卦氣學說，大行於戰國以迄東漢，其理論基礎在於天人合一思想，認為《易》卦爻結構與天地規律一致，反過來說，天道的運行原理也可以藉《易》卦爻的內容偵知。因此，研究者可以將《易》卦爻與季節、氣候等外緣環境附會。卦氣涉及天文星曆，關於卦氣之數，本書中編〈叁、《易》學與天文星曆〉已有詳述，讀者可參。

（四）哲理之數

　　占筮、爻位、卦氣等三種「數」之間，各有其範疇，但究其遠源，彼此之間頗有密切交涉，所以亦不宜過度區分。《易傳》中尚有闡發抽象觀念的哲理之「數」，有時與以上三種數有關係，有時則屬新創，情形較繁複，《繫辭》、《說卦》二傳尤其如此（緊貼著解釋卦爻辭的《彖傳》、《象傳》較少體系性新創的數字觀念，暫置不論）。二傳之中，《繫辭傳》涉及筮數，又特別繁複。這些闡發抽象觀念的數字，既與占筮有關，也關乎《易》陰陽哲學之理，有些前有所承，有的則屬新創。

　　《繫辭傳》中的抽象數字，當以「一」為首，即所謂「天下之動，貞夫一者也」。《老子》「侯王得一以為天下貞」的理念亦出於此。這個「一」就是「太極」：

　　　是故易有太極，是生兩儀，兩儀生四象，四象生八卦。[32]

筮法「大衍之數五十，其用四十有九」表示了有一爻象徵「太極」不用。數之「一」也派生出「元」的觀念。說詳下文。「一」之後就是「三」。《繫辭傳》：

31　如將消息卦引申到人事。《周易乾鑿度》：「消息卦，純者為帝，不純者為王。」（卷下，頁8a）。「純者」指〈乾〉、〈坤〉二卦，「不純者」指〈復〉、〈臨〉等十卦。《漢書·京房傳》：「然少陰倍力而乘消息。」孟康《注》：「房以消息卦為辟。辟，君也。」（卷75，頁3164）據《魏書·律曆志》所載《正光術》的記載，十二個消息卦，又稱十二辟卦，各領四卦分值十二月，共六十卦。分別匹配方伯、三公、天子、諸侯、大夫、九卿。〔北齊〕魏收撰，《魏書》（北京：中華書局，1995），卷107，頁2679。

32　《周易注疏》，卷7，頁28b。

六爻之動，三極之道。[33]

韓康伯釋為「三材之道」，其說固然原本傳文「有天道焉，有人道焉，有地道焉，兼三才而兩之，故六」。《文言傳》對〈乾〉卦的解釋亦本於此：

> 九三，重剛而不中，上不在天，下不在田。……九四，重剛而不中，上不在天，下不在田，中不在人。[34]

雄按：九四「中不在人」指九三而言。根據這段文字，可作圖示如下：

爻位	象徵
上	天
五	
四	人
三	
二	地
初	

初、二兩爻象徵「地」，三、四兩爻象徵「人」，五、上兩爻象徵「天」。「三才之道」的分布如此。

《繫辭傳》又討論到「四」的觀念：「《易》有聖人之道四焉」，分別為：

> 以言者尚其辭，以動者尚其變，以制器者尚其象，以卜筮者尚其占。[35]

何以聖人之道要區分為「四」而不是其他的數？相信這主要是基於筮法「揲之以四以象四時」，而四時又象四方、四象[36]的緣故。

《繫辭傳》也說「參伍以變，錯綜其數」。其中「參伍」二字，可讀為「參互」，亦或釋為「三、五」。[37]《史記‧天官書》以數字統紀歷代興衰，

33　同前注，頁7a。

34　同前注，卷1，頁19b-20a。

35　同前注，卷7，頁23b。

36　木居東、金居西、火屬南、水屬北。四象即傳文所說「兩儀生四象」及「《易》有四象」，指陰陽於一年間為少陽象春，老陽象夏，少陰象秋，老陰象冬。

37　孔穎達《周易正義》：「參，三也；伍，五也。或三或五，以相參合，以相改變。」《周易注疏》，卷7，頁24b。《周禮‧天官‧冢宰》：「以參互攷日成。」《周禮注疏》，卷6，頁

並強調「為國者必貴三、五」，這「三、五」是實數：

> 夫天運，三十歲一小變，百年中變，五百載大變；三大變一紀，三紀而大備：此其大數也。為國者必貴三、五，上下各千歲，然后天人之際續備。[38]

「三、五」為關鍵性的數字：由三十而百、由百而五百，由五百而一千五百，既是國運，也是天運。[39]《天官書》的理論型態，論上下各千歲，雖然比不上《皇極經世書》所講的十二萬九千六百年，但其模式已開劉歆《三統曆》、邵雍《皇極經世書》之先。三十年為一世，亦是漢儒的講法。按《論語・子路》：

> 子曰：如有王者，必世而後仁。

邢昺《疏》說：

> 三十年曰世。[40]

《說文解字》「世」字在「卅」字之後，許慎說：

> 卅，三十并也。古文省。凡卅之屬皆从卅。
>
> 世，三十年為一世，从卅而曳長之，亦取其聲。[41]

「三十」為一「世」的講法，除了許慎宣稱的字形字音的近同以外，和《史記・天官書》「天運三十歲一小變」之說也有關係。

三 數字世界的虛與實：政教秩序的寄託

從上文「參伍以變，錯綜其數」可知古代中國文獻中的數字，有時可以實解，有時則必須虛解。實數不含抽象意義，一就是一，二就是二。虛

　　22b。

38　司馬遷，《史記》，卷 27，頁 1344。

39　《史記・天官書》亦記：「為天數者，必通三、五，終始古今，深觀時變，察其精粗，則天官備矣。」同前注，頁 1351。

40　《論語注疏》，卷 13，頁 5a。

41　許慎著，段玉裁注，《說文解字注》，3 篇上，頁 7a。

數則抽象喻指繁多，或者別有喻意。就《周易》卦爻辭而言，虛數較多。唯〈復〉卦辭「七日來復」如上文指出，則兼有實義。〈震〉六二及〈既濟〉六二的「勿逐，七日得」，亦承〈復〉卦「七日來復」的含義，取天道反復，失而復得的意思，屬於虛中有實，虛實兼有的例子。

　　數字中的「虛」、「實」兩義，汪中〈釋三九〉已有詳論。先秦時期「三」和「九」這兩個數字都是「虛數」，有時「不必限以三」，有時「不可知其為三」，有些「不其果為三」，也有些「不必限以九」，有些「不可以言九」（以上引文均為〈釋三九〉的內容）。[42]汪中所講的「虛數」，指的是這些數字表達和實質數量無關的抽象意思。這些數字的運用，部分應該視為修辭技巧，[43]並非全屬哲理觀念，因為就具體含義而言，它們並不「虛」。先秦以降，儒者已不斷將這些所謂「虛」的觀念，變成實質意義。以「九」字為例，「雖九死其猶未悔」、「九折肱以成醫」的「九」當然不可能視為實質數字，但如「九州」之名，春秋中期已有；[44]《尚書‧禹貢》之中更

42　汪中〈釋三九（上）〉說：「實數可稽也，虛數不可執也。何以知其然也？《易》：『近利市三倍。』《詩》：『如賈三倍。』《論語》：『焉往而不三黜。』《春秋傳》：『三折肱為良醫。』（原注：《楚辭》作『九折肱』。）此不必限以三也。《論語》：『季文子三思而後行』、『雌雉三嗅而作』。《孟子》書：『陳仲子食李三咽。』此不可知其為三也。《論語》子文『三仕三已』；《史記》管仲『三仕三見逐於君』，『三戰三走』；田忌『三戰三勝』；范蠡『三致千金』，此不其果為三也。故知三者，虛數也。《楚辭》『雖九死其猶未悔』，此不能有九也。《詩》：『九十其儀。』《史記》：『若九牛之亡一毛。』又：『腸一日而九迴。』此不必限以九也。《孫子》：『善守者藏於九地之下，善攻者動於九天之上。』此不可以言九也。故知九者，虛數也。推之十百千萬，固亦如此。故學古者通其語言，則不膠其文字矣。」收入〔清〕汪中著，王清信、葉純芳點校，《汪中集》（台北：中央研究院中國文哲研究所，2000），文集卷二，頁73-74。

43　如《詩‧豳風‧九罭》：「九罭之魚，鱒魴。」《毛傳》云：「九罭，緵罟小魚之網也。」孔《疏》云：「〈釋器〉云：『緵罟謂之九罭。……』郭朴云：『緵，今之百囊網也。』……然則百囊之網非小網，而言得小魚之罟者，以其緵促，網目能得小魚，不謂網身小也。」（《毛詩注疏》，卷8之3，頁6a-b）又《詩‧豳風‧東山》：「親結其縭，九十其儀。」《毛傳》云：「九十其儀，言多儀也。」孔《疏》云：「數從一而至於十，則數之小成。舉九與十，言其多威儀也。」（同前，卷8之2，頁10b-11b）

44　如撰著於春秋魯僖公年間的《詩‧商頌‧玄鳥》：「方命厥后，奄有九有。」《毛傳》：「九有，九州也。」鄭《箋》：「湯有是德，故覆有九州，為之王也。」（《毛詩注疏》，卷20之3，頁

清清楚楚地標出了每一州的名稱，[45]那就很難稱之為「虛」。春秋時期的數字觀念，在闡述天人合一的思想之餘，常含有濃厚的政教訓示的意味。如《左傳》昭公五年莊叔關於日數、天干紀日所涉及的卦氣之數的討論：

> 初，穆子之生也，莊叔以《周易》筮之，遇明夷之謙，以示卜楚丘。曰：
> 「是將行，而歸為子祀。以讒人入，其名曰牛，卒以餒死。明夷，日也。日
> 之數十，故有十時，亦當十位。自王已下，其二為公、其三為卿。日上其
> 中，食日為二，旦日為三。明夷之謙，明而未融，其當旦乎，故曰『為子
> 祀』。日之謙，當鳥，故曰『明夷于飛』。明之未融，故曰『垂其翼』。象
> 日之動，故曰『君子于行』。當三在旦，故曰『三日不食』。離，火也；
> 艮，山也。離為火，火焚山，山敗。於人為言。敗言為讒，故曰『有攸
> 往。主人有言』。言必讒也。純離為牛，世亂讒勝，勝將適離，故曰『其名
> 曰牛』。謙不足，飛不翔，垂不峻，翼不廣。故曰『其為子後乎』。吾子，
> 亞卿也，抑少不終。」[46]

其中「日之數十，故有十時，亦當十位。自王已下，其二為公、其三為卿。日上其中，食日為二，旦日為三」一段，全屬「數」的開展，又有「象」的講究。〈明夷〉內「離」外「坤」，「離」有「火」、「日」之象，而〈明夷〉則是地中有火之象，因此楚丘推斷其應當處於旦日。高亨〈左傳、國語的周易說通解〉：

> 古代紀日法，十日為一旬，用甲、乙、丙、丁、戊、己、庚、辛、壬、癸
> 來標記，所以說：「日之數十。」古代又把一日分為十時，所以說：「故有
> 十時。」……先秦時代，人們分成十個等級。……卜楚丘把人的十等和日
> 的十時配起來，所以說十時「亦當十位」。[47]

15a）又襄公四年《左傳》記魏絳云：「昔周辛甲之為大史也，命百官，官箴王闕。於〈虞人之箴〉曰：『芒芒禹迹，畫為九州，經啟九道，民有寢廟……』」《春秋左傳注疏》，卷29，頁24b-25a。

45　依次分別為冀、兗、青、徐、揚、荊、豫、梁、雍。

46　《春秋左傳注疏》，卷43，頁4a-6b。

47　高亨，〈左傳、國語的周易說通解〉，頁518。

「日之數十」，即指天干之數的終始，杜預《注》：

> 甲至癸。

「故有十時，亦當十位」，杜預《注》：

> 日中當王，食時當公，平旦為卿，雞鳴為士，夜半為皁，人定為輿，黃昏
> 為隸，日入為僚，晡時為僕，日昳為臺。[48]

《注》、《疏》解釋偏於卦象，未及卦數。「日數」、「天干」屬於卦氣的範疇，也就是將卦爻與天文、節候作規律性的比附和安排（說詳中編〈叁、《易》學與天文星曆〉）。以「十時」（日中、食時、平旦、雞鳴、夜半、人定、黃昏、日入、晡時、日昳）當「十位」（王、公、卿、士、皁、輿、隸、僚、僕、臺），實為《魏書》正光術及《新唐書・曆志》所記西漢孟喜卦氣圖以公、辟、侯、大夫、卿五位分當六十卦的初源。

《春秋》昭公二十五年《左傳》記子大叔見趙簡子所申論天地之數，亦是同類理念的產物：

> 天地之經，而民實則之。則天之明，因地之性，生其六氣，用其五行，氣
> 為五味，發為五色，章為五聲。淫則昏亂，民失其性。是故為禮以奉之：
> 為六畜、五牲、三犧，以奉五味；為九文、六采、五章，以奉五色；為九
> 歌、八風、七音、六律，以奉五聲。[49]

子大叔認為五行、五味、五色、五聲都是彰發於天地的，乃循天地之性而有，而人亦秉天地之性而法則之，故與此五行五色等同生並存，不可相失。這五種事物，又係該類事物中之最美好者。如六畜、五牲、三犧，其味有千百種，而處治牲犧之事，目的在於凸顯出五味（而非六味、七味）之所在。亦即說，人民對五味有認識，進而將之視為法則，使不致昏亂而失其性，必須通過治理六畜、五牲、三犧之事，始可達成。[50]「五色」、「五

48　《春秋左傳注疏》，卷 43，頁 6b。

49　同前注，卷 51，頁 8a-12b。

50　沈玉成《左傳譯文》譯此段文字為「制定了六畜、五牲、三犧，以使五味有所遵循」，意義含混，似未把握到這段文字的意思。沈玉成，《左傳譯文》（北京：中華書局，1981），頁487。

聲」的情況亦相同。子大叔的意思，是勸趙簡子勿只著眼於「儀」（如九文、九歌、六畜、五牲等節目）之上，而應注意這些小節目背後要尊奉的人類秉賦自上天的美好本性（即五色、五聲）。可以說：五味統一了六畜、五牲、三犧之味；五色統一了九文、六采、五章之色；五聲統一了九歌、八風、七音、六律之聲。從子大叔的話，我們更可注意其中政化教訓的意味。[51]昭公元年《左傳》亦有相類似的記載：

> 天有六氣，降生五味，發為五色，徵為五聲，淫生六疾。六氣曰陰、陽、風、雨、晦、明也。分為四時，序為五節，過則為菑：陰淫寒疾，陽淫熱疾，風淫末疾，雨淫腹疾，晦淫惑疾，明淫心疾。[52]

先秦時期這一類以數字觀念建立教化的思考，五味、五色、五聲之類表達的是正面的價值。相對上，刑罰也有五刑、[53]九刑[54]之分。五刑為「墨、劓、荆、宮、大辟」，大抵無甚爭論。「九刑」之名卻困惑了古今的學者。[55]但無論如何，春秋時期已發展出以「五」或「九」等數字觀念來凸顯物類

51　前引昭公二十五年《左傳》文字，緊接著下文為：「為君臣上下，以則地義；為夫婦外內，以經二物；為父子兄弟姑姊甥舅昏媾姻亞，以象天明。為政事，庸力行務，以從四時；為刑罰威獄，使民畏忌，以類其震曜殺戮；為溫慈惠和，以效天之生殖長育。民有好惡喜怒哀樂，生于六氣，是故審則宜類，以制六志。哀有哭泣，樂有歌舞，喜有施舍，怒有戰鬥；喜生於好，怒生於惡。是故審行信令，行禍賞罰，以制死生。生，好物也；死，惡物也。好物，樂也；惡物，哀也。哀樂不失，乃能協于天地之性，是以長久。」（《春秋左傳注疏》，卷 51，頁 12b-14b）可見上述自然物類的分類，所謂九文、六采、五章之類，與倫理事物如君臣夫婦之類，個人心性之物如好惡、喜怒之類，都是一體相連的，最終的目的是要「協天地之性」，使政教能長久。這是本文歸結這段內容到「政化教訓」的意思。

52　《春秋左傳注疏》，卷 41，頁 26b-27b。

53　《尚書・舜典》云：「象以典刑，流宥五刑。」（《尚書注疏》，卷 3，頁 14a）又：「汝作士，五刑有服。」（同前，頁 22b-23a）

54　《左傳》文公十八年：「為大凶德，有常無赦，在九刑不忘。」（《春秋左傳注疏》，卷 20，頁 13b）

55　賈逵、服虔說之為「正刑一、議刑八」（《春秋左傳注疏》，卷 20，頁 14a）《漢書・刑法志》韋昭《注》釋九刑為五刑加以流、贖、鞭、扑四刑（《漢書》，卷 23，頁 1093）。這種爭論是沒有結果的，因為古代的刑法恐不止九種，而一旦我們發現有第十種存在，前說便不得不重加檢討。而且〈刑法志〉和鄭玄的時代尚晚於賈、服，並皆距古已遠，賈、服既非，鄭、班未必便是。

之多，或物類之中最美好的幾種，來達到政治教化的目的；而這種方法顯然得到士大夫的全盤認同。孔子和孟子就時常用「三」來分類事物，以求整齊劃一。[56]這些以「三」、「五」、「九」的觀念區分物類的思想，受到老子和莊子的強烈質疑。《老子》第十二章：

> 五色令人目盲，五音令人耳聾，五味令人口爽，馳騁田獵，令人心發狂，難得之貨，令人行妨。

《莊子·天地》云：

> 且夫失性有五：一曰五色亂目，使目不明；二曰五聲亂耳，使耳不聰；三曰五臭薰鼻，困惾中顙；四曰五味濁口，使口厲爽；五曰趣舍滑心，使性飛揚。此五者，皆生之害也。[57]

道家最反對人為的標準，尤其這些標準可能扼殺自然天性之處。當然，問題並不在於儒家不重視自然，而是儒家對自然的態度和觀點與道家不同。故此五色、五音、五味在儒家亦為「則天因地」之物，在老子則視之為令人目盲、耳聾、口爽的禍害，而原因正在於五類標準的訂定與劃一，否定了其他色、聲、味的自然存在與價值。〈天地〉篇作者更以滑稽的文筆說之，以「趣舍滑心，使性飛揚」加諸前四者之後，湊足「五」之數。「此五者，皆生之害也」一語，無疑是以反諷的方式，對於利用「五」這個數字化約物類的思維方式，作直接的否定。老子列舉「五色、五音、五味、馳騁田獵、難得之貨」五者，亦似有諷喻之意。

儒家運用數字觀念建構其世界秩序，無論是五色、五音之類，都強調一種不容懷疑的絕對性。這種絕對性本身的限制，固然被道家以一種自然的觀點全盤推翻；但就數字觀念建構世界秩序的理論本身而言，也存在弱點，主要是容易陷於矛盾甚至混亂，如《左傳》文公七年晉郤缺言於趙宣子：

56　如《論語·季氏》「益者三友，損者三友」、「益者三樂，損者三樂」、「君子有三戒」等，即曾子也有「君子所貴乎道者三」云云，《論語》的編者也有「南容三復白圭」（〈先進〉）之言。《孟子》記孟子之言，也有「所就三，所去三」（〈告子下〉）、「君子有三樂」（〈盡心上〉）。

57　郭慶藩撰，《莊子集釋》，卷5上，頁453。

水、火、金、木、土、穀，謂之六府；正德、利用、厚生，謂之三事。[58]

水火金木土穀為「六府」。倘將「穀」一項去掉，則成了戰國中期以後極為流行的「五行」。此可見這一類數字思想的不確定性。換言之，立論者既要以數字量化、整齊化的方式建構世界秩序，並強調此一立論碻不可移的絕對性，但此一類立說的游移而不確定的本質，又隨時能將其必需的絕對性破壞無遺。於是儒典之中所載的各種涉及數字的觀念，也就成為經典訓釋的爭議點。像「九夷」就是一個很好的例子。[59]《楚辭》即有〈九章〉、〈九歌〉，「九」的數字觀念出現更多。其中〈九歌〉共有十一篇，歷來注家提出各種解釋，不論哪一種說法能成立，都反映了古代哲人執著用數字說明世界物類範疇的用心。

　　先秦時期數字觀念除了區分物類以外，又多以空間的描述為主。如卦

58　《春秋左傳注疏》，卷 19 上，頁 17a。

59　《論語·子罕》云：「子欲居九夷。」馬融：「東方之夷有九種。」邢昺《疏》：「案〈東夷傳〉云：『夷有九種：曰畎夷、于夷、方夷、黃夷、白夷、赤夷、玄夷、風夷、陽夷。』又：一曰玄菟、二曰樂浪、三曰高麗、四曰滿飾、五曰鳧臾、六曰索家、七曰東屠、八曰倭人、九曰天鄙。」（《論語注疏》，卷 9，頁 6b）依照邢昺的講法，「九夷」本身已有二義。「九夷」以外，又有「四夷」之名。《莊子·天下》說：「決江河而通四夷九州也。」（《莊子集釋》，卷 10 下，頁 1077）一般人所熟知的「四夷」為「夷蠻戎狄」的總稱，「夷」則為東方外族的名稱，故又與蠻戎狄並列。然而《周禮·夏官·職方氏》云：「辨其邦國都鄙，四夷、八蠻、七閩、九貉、五戎、六狄之人民與其財用。」鄭玄《注》云：「鄭司農云：『東方曰夷，南方曰蠻，西方曰戎，北方曰貉、狄。』玄謂：閩，蠻之別也。」（《周禮注疏》，卷 33，頁 9a）鄭眾以「四夷」為專屬東方的「夷」的數目之名。鄭玄亦云：「四八七九五六，周之所服國數也。」（同前）亦以四夷為專指東方的夷族。惟賈公彥《疏》云：「先鄭（雄按：謂鄭眾）云『東方曰夷』者，以經云四夷即東夷也。然夷之數皆言九，於此獨言四，不得即以為始。此不先言九夷者，以其已有四夷之名為目，不可重言九夷，故先從南數之也。」（同前引，頁 9b）雄按：賈氏以「四夷」為「夷蠻戎狄」的總稱。然而夷蠻戎狄為四方外族的專名，此處於一一列舉蠻、戎、狄之際，忽然用上「夷」的通名一義，是十分奇怪的。顯然賈氏扭於「九夷」的觀念無法擺脫，故認為「夷之數皆言九」；不知即「九夷」本身就有不同的義解。再者，說者儘可舉出九夷的名目，其說法可以各各不同，卻不能說東方外族非有九類不可。所謂九夷為畎夷于夷云云，不過擷其大者九種以代表全數，並強調其數之多而已。故《尚書·旅獒》云：「遂通道于九夷八蠻。」偽《孔傳》云：「九、八，言非一。」（《尚書注疏》，卷 13，頁 1a）可見九夷強調的是眾多的夷，而非有確定的九夷之數。

爻辭已有初步的方位觀念，但至戰國晚期出現的《說卦傳》，其方位觀念更趨成熟。《說卦傳》「帝出乎震，齊乎巽，相見乎離，致役乎坤，說言乎兌，戰乎乾，勞乎坎，成言乎艮」[60]以下的一段文字，明確標示震居東方，巽居東南，離居南方，坤居西南，兌居西方，乾居西北，坎居北方，艮居東北的八卦方位，並且為八卦的喻象賦予意義，如〈離〉卦，該《傳》稱：

> 離也者，明也。萬物皆相見，南方之卦也。聖人南面而聽天下，嚮明而治，蓋取諸此也。[61]

《說卦傳》明確建立了卦的方位，講了喻象，卻沒有對於各卦喻象的屬性作詳細的引申。「八卦」和「五行」兩觀念在先秦各有其來源，[62]但在戰國時期，「離」之「火」、「坎」之為「水」，「巽」之為「木」，「八卦」、「五行」也出現了某種偶然的關係。[63]從《說卦傳》的方位觀念再進一步，就出現籠括方位、數字、季節、五行等觀念，統整一歲之中節候轉變的規律的思想。《呂氏春秋》以「木」配春居東方、其數八、其色青。《呂氏春秋・孟春紀第一》說：

> 一曰：孟春之月，日在營室，昏參中，旦尾中。其日甲乙，其帝太皥，其神句芒，其蟲鱗，其音角，律中太蔟，其數八，其味酸，其臭羶，其祀戶，祭先脾，東風解凍，蟄蟲始振，魚上冰，獺祭魚，候鴈北。天子居青陽左个，乘鸞輅，駕蒼龍，載青旂，衣青衣，服青玉，食麥與羊，其器疏以達。[64]

又以「火」配夏居南方、其數七、其色赤。《呂氏春秋・孟夏紀第四》說：

> 一曰：孟夏之月，日在畢，昏翼中，旦婺女中。其日丙丁，其帝炎帝，其

60　《周易注疏》，卷9，頁4b。

61　同前注，頁5a。

62　前者自西周初年卦爻辭編成即已有；後者參《左傳》「六府三事」之說，可以定為春秋時期，雖與《易》的系統無關，卻仍屬為萬物分類的思維。

63　我之所以用「偶然」二字是有理由的。「兌」與「金」同居西方，但《說卦傳》記八卦中「乾為金」，則「兌」與「金」並沒有關聯。至於漢儒認為「兌」、「肺」、「金」、「義」俱居西方，是後起的思想。

64　許維遹撰，《呂氏春秋集釋》，卷1，頁5-7。

神祝融，其蟲羽，其音徵，律中仲呂，其數七，其性禮，其事視，其味苦，其臭焦，其祀竈，祭先肺，螻蟈鳴，丘蚓出，王菩生，苦菜秀，天子居明堂左个，乘朱輅，駕赤駵，載赤旂，衣赤衣，服赤玉，食菽與雞，其器高以觕。[65]

又以「土」配季夏居中央、其數五、其色黃。《呂氏春秋·季夏紀第六》說：

中央土，其日戊己，其帝黃帝，其神后土，其蟲倮，其音宮，律中黃鐘之宮，其數五，其味甘，其臭香，其祀中霤，祭先心，天子居太廟太室，乘大輅，駕黃駵，載黃旂，衣黃衣，服黃玉食稷與牛，其器圜以揜。[66]

又以「金」配秋居西方、其數九、其色白。《呂氏春秋·孟秋紀第七》說：

一曰：孟秋之月，日在翼，昏斗中，旦畢中。其日庚辛，其帝少皞，其神蓐收，其蟲毛，其音商，律中夷則，其數九，其味辛，其臭腥，其祀門，祭先肝，涼風至，白露降，寒蟬鳴，鷹乃祭鳥，始用刑戮，天子居總章左个，乘戎路，駕白駱，載白旂，衣白衣，服白玉，食麻與犬，其器廉以深。[67]

又以「水」配冬居北方、其數六、其色玄。《呂氏春秋·孟冬紀第十》說：

一曰：孟冬之月，日在尾，昏危中，旦七星中。其日壬癸，其帝顓頊，其神玄冥，其蟲介，其音羽，律中應鐘，其數六，其味鹹，其臭朽，其祀行，祭先腎，水始冰，地始凍，雉入大水為蜃，虹藏不見，天子居玄堂左个，乘玄輅，駕鐵驪，載玄旂，衣黑衣，服玄玉，食黍與彘，其器宏以弇。[68]

這樣的安排呈現出時間與空間的結構。[69]《禮記·月令》和《逸周書·月

---

65 同前注，卷4，頁83-85。

66 同前注，卷6，頁133-134。

67 同前注，卷7，頁154-155。

68 同前注，卷10，頁215-216。

69 李貴生討論貫串在《呂氏春秋》中的「貴生」思想，並說：「〈十二紀〉的材料絕不是簡單的堆疊，但也不能說是完全的融合。不是簡單物理的堆疊，原因是散見於各篇的觀念和關鍵詞不時互相補充，發揮甚或滲透，上述〈貴生〉與〈季冬紀〉的互補就是明顯的例子。」詳李貴生，〈《呂氏春秋》貴生思想的意涵與詮釋效度：兼論〈十二紀〉的「焊接」結構〉，《臺大中文學報》，第71期（2020年12月），頁44。筆者很同意李博士的分析。錢穆先生《中國思想史》「秦漢時代」：「戰國思想已極紛歧雜反，國家走上統一，思想界亦要求調和

令解》亦記載了幾乎相同的內容。這樣的思想，結合數字、方位、季節、五行屬性，為數字形上學開拓了新境。漢代《易》學的「卦氣」學說，可以說也是這種發展的結果。其以六十四卦分值一年 365¼ 日，而得出種種卦爻值日的順序，其說更為繁複。

關於第二部分以數字區分天地而有「分野」之說。《史記·天官書》已有「二十八舍主十二州」之說，其淵源甚古。張守節《正義》引《星經》：

> 角、亢，鄭之分野，兗州；氐、房、心，宋之分野，豫州；尾、箕，燕之分野，幽州；南斗、牽牛，吳越之分野，揚州；須女、虛，齊之分野，青州；危、室、壁，衛之分野，并州；奎、婁，魯之分野，徐州；胃、昴，趙之分野，冀州；畢、觜、參，魏之分野，益州；東井、輿鬼，秦之分野，雍州；柳、星、張，周之分野，三河；翼、軫，楚之分野，荊州也。[70]

「二十八舍」即「二十八宿」，「十二州」分別為鄭、宋、燕、吳越、齊、衛、魯、趙、魏、秦、周、楚。《漢書》卷二十六為〈天文志〉，卷二十七〈五行志〉，卷二十八〈地理志〉，三者彼此相關，均以五行之數為主要架構（以〈五行志〉的內容最多）。〈天文志〉論「五星」最多，與「五行」思想有關；〈五行志〉說本《尚書·洪範》而暢論五事、庶徵；〈地理志〉則本《尚書·禹貢》九州之說，[71]而參用五行之言，[72]故有「民函五常之性」、

融通，匯歸一致。荀子老子韓非，深淺不同，但都有此期望。以後還繼續此期望。《呂氏春秋》與《淮南王書》都在此期望上努力。」《中國思想史》（台北：台灣學生書局，1995），頁 85。李貴生稱：「《呂氏春秋》所載諸家學說，既不是物理學式的『堆疊』，也不是化學式的『融合』，而是接近工程學上的『焊接』。」（頁 2）我認為，《呂氏春秋》實缺乏中心信仰，是它無法將諸家思想進行化學式融合的主因；但為了包容諸家義理，又不得不就不同的觀念進行工程學上的「焊接」。

70 司馬遷，《史記》，卷 27，頁 1346。

71 《尚書·禹貢》原本即多數字觀念，故有所謂「九州攸同，四隩既宅；九山刊旅，九川滌源，九澤既陂。四海會同，六府孔修；庶土交正，厎慎財賦，咸則三壤，成賦中邦」云云。《尚書注疏》，卷 6，頁 28b。

72 秦漢時期此一思想已趨成熟。《史記·天官書》：「太史公曰……天則有日月，地則有陰陽；天有五星，地有五行；天則有列宿，地則有州域。」（卷 27，頁 1342）

「是故五方雜厝」等等。[73]而所謂分野之說，如自井十度至柳三度，謂之鶉首之次，秦之分，為東井、輿鬼之分野；自柳三度至張十二度，謂之鶉火之次，周之分，柳、七星、張之分野，如此類推，均本天地相應的思想，用天文疆域的劃分對應土地的疆界。

以數字區分天地萬物，著眼的是物類的統分。此則董仲舒《春秋繁露》說之最詳。該書〈官制象天〉全篇歷述三、四、九、十二、二十七、八十一、百二十等各種數字觀念，不勝枚舉：

> 吾聞聖王所取儀，金天之大經，三起而成，四轉而終。……天有四時，時三月；王有四選，選三臣。……何謂天之大經？三起而成日，三日而成規，三旬而成月，三月而成時，三時而成功。寒暑與和，三而成物；日月與星，三而成光；天地與人，三而成德。由此觀之，三而一成，天之大經也，以此為天制。……三公為一選，三卿為一選，三大夫為一選，三士為一選，凡四選。……其以三為選，取諸天之經；其以四為制，取諸天之時。[74]

除了「三」、「四」兩個數字為「天經」、「天時」之數外，《繁露》接著又申論「十」與「十二」：

> 天有十端，十端而止已。天為一端，地為一端，陰為一端，陽為一端，火為一端，金為一端，木為一端，水為一端，土為一端，人為一端，凡十端而畢，天之數也。……十者天之數也，十二者歲之度也。用歲之度，條天之數，十二而天數畢。是故終十歲而用百二十月，條十端亦用百二十臣，以率被之，皆合於天。……求天數之微，莫若於人。人之身有四肢，每肢有三節，三四十二，十二節相持而形體立矣。天有四時，每一時有三月，三四十二，十二月相受而歲數終矣。[75]

董仲舒意在說明人事與天道之間的絕對關係，而人事的分類，與身體的結構、天運的度數，都有一致的關係。他的思想多著重講天人之間關係的現

---

73 班固，《漢書》，卷 28 下，頁 1640、1642，

74 蘇輿撰，《春秋繁露義證》，卷 7，頁 214-216。

75 同前注，頁 216-218。

象，強調這些現象的絕對性。馮友蘭《中國哲學史新編》批評董仲舒，認為他的天人思想是一種「唯心主義的擬人觀的理論」，[76]「唯心主義」一詞在近代已被濫用到成為一種羅織的罪名。事實上，天人合一、天人相感的思想可遠溯於先秦，以「人」為中心點而開展出宇宙秩序，並非董仲舒的新創。董仲舒不過是特別針對數字形上觀念加以發揮而已。

西漢初年數字觀念到了無處不在，俯拾皆是的地步。汪中〈釋三九〉論述先秦時期數字「九」並不是具體的「九」之數，而是形容事物之多。這可能和《周易》爻題以「九」示「陽」而主「變」有關。[77]漢代的《周易乾鑿度》「九者，氣變之究也」（詳下）也說明了這個原理。汪中「九者虛數」一語，已經說明得很清楚。西漢初的辭賦家原本上承《楚辭》的傳統。辭賦家除了用「九」來標示篇名（如王褒〈九懷〉、劉向〈九歎〉、王逸〈九思〉）外，又轉而用數字「七」取代「九」成為一種修辭的習慣，於是有東方朔〈七諫〉、枚乘〈七發〉。綜觀兩漢作品，尚有傅毅〈七激〉、張衡〈七辯〉、崔駰〈七依〉；至於魏晉則有曹植〈七啟〉、張協〈七命〉。《昭明文選》就將「七」和「詩」、「賦」、「序」、「啟」等三十餘種文體並列。在中國文學史，「七」這種文體只存活了很短的時期。[78]

四 數字世界的虛與實：「元」與「一」

「一」為數之始，與抽象觀念「元」的關係至為密切。從漢字藝術去理

---

76 馮友蘭，《中國哲學史新編》，第二十七章第八節，第 3 冊，頁 67。

77 過去《易》學者或以為爻題晚出，但上博簡《周易》殘簡刊布後，證明戰國時期已有如今本的爻題。濮茅左稱：「楚竹書《周易》爻位，有陰陽，以六表示陰爻，以九表示陽爻，每卦有六爻，自下而上為序。……陰陽爻位的稱法，自竹書至今本，一脈相承。楚竹書《周易》證明了『九六』之稱，在先秦確已存在。」參馬承源主編，《上海博物館藏戰國楚竹書（三）》，頁 134。

78 蕭統編《昭明文選》卷三十四、三十五收錄以「七」為題的作品共三篇。

解，這個「一」字並不必然是數字。它其實也是一個形象符號，六書裡面的「指事」，用一筆來代表至高無上之理，或代表全體。正如《繫辭傳》說：

天下之動，貞夫一者也。[79]

這個「一」就是至高無上的原理。所以只從數字觀念去理解「一」是不正確、不足夠的。

「元」字在《說文解字》排列第二，緊接在「一」字之後，說明了許慎觀念中這兩個字的緊密關係。《說文》「一」字說：

惟初大極，道立於一。造分天地，化成萬物。凡一之屬皆從一。[80]

「元」字則說：

始也。從一、兀聲。[81]

「從一」，就是採擷「一」字之形；「兀聲」，就是以「兀」為聲。[82]不過所謂「從一」，其實不止於採用「一」這個字形，實亦兼採其意義。我們知道，依《說文》編排，同部的字，排列的次序取決於意義的遠近。依照許慎的理解，「元」字就與「惟初太極，道立於一」的「一」字有直接的、意義相承的關係。按「元」字甲骨文作：

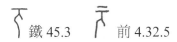 鐵 45.3　　前 4.32.5

金文作：

 師虎簋

79　《周易注疏》，卷8，頁3a。

80　許慎著，段玉裁注，《說文解字注》，1篇上，頁1a。

81　同前注，頁1b。

82　段玉裁《注》：「古音元、兀相為平入也。凡言從某、某聲者，謂於六書為形聲也。凡文字有義、有形、有音。《爾雅》已下，義書也；《聲類》已下，音書也；《說文》，形書也。凡篆一字，先訓其義，若始也、顛也是；次釋其形，若從某、某聲是；次釋其音，若某聲及讀若某是。合三者以完一篆，故曰形書也。」同前注。

甲骨文字形上一橫，仍似部分「天」字上作一橫之形，本義未必是數字的「一」字（雄按：「一」於造字之法為「指事」），也許蘊含許慎所說的「惟初太極，道立於一」，或者象人的顛頂的位置；參考下半為人形，與甲骨文其他「人」字多作 ⺅ 之形狀相近。尤其是〈乾〉卦《文言傳》「元，善之長也」一節，《左傳》襄公九年穆姜所言與《文言傳》內容相若是人所共知的。穆姜說：

> 元，體之長也。

《文言傳》這句話「體之長」作「善之長」。「長」讀為「長官」之長而非「長短」之長，義訓為「大」，[83]「體」之「大」指的正是「頭顱」，不但因為其重量，也因為是人體活動的中樞所在。這也正是穆姜所說「元」字的本誼。故綜合研判，「天」、「元」二字，在上古造字之時，意義上關係相當密切，反映在《說文》，「一」之後是「元」，「元」之後就是「天」，三字緊接排列，義相連貫，共同以「天」與「人首」之間的密切關係為基礎，展現出自然（天）與人文（人首、事理之始）的一體關係。

周代經典中的「元」字多用「大」義。如《詩・小雅・六月》：

> 元戎十乘，以先啟行。[84]

〈魯頌・泮水〉：

> 元龜象齒，大賂南金。[85]

兩處字義，皆訓為「大」。《周易》「元亨」，「元吉」，義亦訓「大」。而「大」字古文字形，如顧立雅（Herrlee G. Creel）〈釋天〉一文[86]所指出，亦作人形，專指大人而言，與指涉一般「人」作 ⺅ 的形體有所區別。《說文》「大」字並不與「一」、「元」、「天」並列，而是單獨為一部，但與三字一樣，都是「象人形」：

83　如《呂氏春秋・任數》「今亂而無責，則亂愈長矣」句，高誘《注》釋「長」為「大」。許維遹撰，《呂氏春秋集釋》，卷 17，頁 443。

84　《毛詩注疏》，卷 10 之 2，頁 5a。

85　同前注，卷 20 之 1，頁 20b。

86　顧立雅，〈釋天〉，《燕京學報》，第 18 期（1935 年 12 月），頁 59-71。

天大，地大，人亦大焉。象人形。……凡大之屬皆从大。[87]

很有道理，也完全符合甲骨文的字形結體。「天」、「大」、「元」三字的密切關係，除了古文字形外，經典中的運用也相當一致。其義或為「首」，如紀年的第一年稱「元祀」、「元年」；或為「大」，或直接取代「大」字，如《尚書‧多士》：

厥惟廢元命，降致罰。[88]

及〈呂刑〉：

惟克天德，自作元命，配享在下。[89]

《五經》之中，將「元」字字義引申最廣的，莫過於《周易》、《春秋》二書。《周易》〈乾〉卦卦辭「元亨利貞」，闡釋「元」字之豐富，以《十翼》為最早，且扣緊此「元」字，衍發新義。如《彖傳》：

大哉乾元，萬物資始，乃統天。雲行雨施，品物流形。大明終始，六位時成，時乘六龍以禦天。乾道變化，各正性命。保合大和，乃利貞。首出庶物，萬國咸寧。[90]

《彖傳》首稱「乾元」，說明《周易》經文，一開始已有卦名與卦辭相連繫，故《彖傳》作者將卦名「乾」結合卦辭首字「元」，而造為「乾元」一詞，以統稱天道的偉大。自「元」字而引申出「開始」之義，故稱「萬物資始」；又引申出「天」之義，故稱「乃統天」；又引申出「大」之義，故稱「大明」、「大和」；又引申出「首」義，故稱「首出庶物」。此種字義演繹的例子，原發生於經文亦即卦爻辭之中，一卦六爻，往往引申出兩、三種不同意義，足證《周易》經與傳之間密切的關係。而《文言傳》稱：

元者，善之長也。……君子體仁足以長人。[91]

「長」字亦是「元」字的引申義，於本段前後兩「長」字分別有二義，前

87　許慎著，段玉裁注，《說文解字注》，10篇下，頁4b-5a。

88　《尚書注疏》，卷16，頁3a。

89　同前注，卷19，頁23a。

90　《周易注疏》，卷1，頁6a-7b。

91　同前注，頁10a。

者義為「大」，是從「元」字字義引申而來；後一「長人」之「長」字，義即管理。《文言傳》作者採《左傳》穆姜所說「體之長」的名詞「體」字，轉化為及物動詞「體仁」的實踐義。「元亨利貞」下孔穎達《正義》釋「體」為「行」，以「長」為「治」：

> 言聖人亦當法此卦而行善道，以長萬物，物得生存，而為「元」也。[92]

「元者善之長」下引莊氏：

> 第一節「元者善之長」者，謂天之體性，生養萬物。善之大者，莫善施生。元為施生之宗，故言「元者善之長」也。[93]

《周易》〈乾〉卦開宗明義標舉「元」字，是否為作《易》者原本意圖，已不得而知。所可知者，《易》學家扣緊「元」字與「天」字意義的聯繫，加以引申。這種聯繫，實由於「一」、「元」、「天」、「大」均有訓詁上的關聯。它在《周易》經文中具有特殊地位，讓《彖傳》的作者創造出「乾元」一詞來加以演繹。這並不是一個孤立的例子，前文提及《文言傳》所釋「四德」，似承襲自《左傳》襄公九年穆姜論〈隨〉卦之語，但實質上《左傳》昭公十二年惠伯解釋南蒯枚筮「遇坤之比」得「黃裳元吉」亦說：

> 黃，中之色也；裳，下之飾也；元，善之長也。[94]

惠伯定義「元」為「善之長」，與《文言傳》作者相同。「元」有長大之義，而無論其為「體之長」的頭顱義，抑或「善之長」的懿德義，都是春秋時人所共同接受的字的通誼。故《春秋》家每標舉「元」之義。《春秋公羊傳》說：

> 元年，春，王正月。

徐彥《疏》：

> 若《左氏》之義，不問天子諸侯，皆得稱元年。若《公羊》之義，唯天子乃得稱元年，諸侯不得稱元年。此魯隱公，諸侯也，而得稱元年者，《春

92　同前注，頁 1b。

93　同前注，頁 10b。

94　《春秋左傳注疏》，卷 45，頁 32b。

秋》託王於魯，以隱公為受命之王，故得稱元年矣。[95]

就此段文字內容看來言之成理，但綜合我們對殷商以降稱「元祀」、「元年」的例子看，實又不然。如果「託王於魯」之說可以成立，則魯國有一段長時間用殷正，又將何以解釋呢？《大戴禮記・保傳》說：

> 君子慎始也。《春秋》之元，《詩》之〈關雎〉，《禮》之〈冠〉、〈婚〉，《易》之〈乾〉、〈巛〉，皆慎始敬終云爾。[96]

而董仲舒《春秋繁露・玉英》、〈王道〉篇對「元」更有「大」、「始」、「正」等豐富的解釋。〈重政〉說：

> 《春秋》變一謂之元，元猶原也，其義以隨天地終始也。故人惟有終始也而生，不必應四時之變，故元者為萬物之本，而人之元在焉。……故春正月者，承天地之所為也，繼天之所為而終之也，其道相與共功持業，安容言乃天地之元。天地之元奚為於此，惡施於人，大其貫承意之理矣。[97]

〈深察名號〉：

> 君者元也，君者原也，君者權也，君者溫也，君者羣也。[98]

「原」、「元」二字均為疑母元部，古音相同，故《繁露》遂演繹為「君者元也，君者原也」。《繁露》釋「元」有「大」、「始」義，引申有「本」、「正」等義，其中充滿君主的至高無上威權的含義，也就和西周初年「天命」觀念取得一致。[99]倘若上溯殷周，我們可以發現「天」的意義是多重的：殷商用干支命名帝王、用循環觀念理解「天」。發展至殷末周初，因革命的需要，「天命」被廣泛討論，不但用來說明朝代更替，也用來說明夏、殷、周政權轉易是一種自然規律，足以解釋革命和治權的合法性。所謂治權，指的是「溥天之下，莫非王土」的觀念，對周人而言，「天」是

95　《春秋公羊傳注疏》，卷 1，頁 5a。

96　王聘珍撰，《大戴禮記解詁》，卷 3，頁 58-59。

97　蘇輿撰，《春秋繁露義證》，卷 5，頁 147。

98　同前注，卷 10，頁 290。

99　參拙著，〈從遺民到隱逸：道家思想溯源──兼論孔子的身分認同〉，並參 S. J. Marshall, *The Mandate of Heaven: Hidden History in the Book of Changes* (Surrey: Curzon, 2001).

至高無上的。[100]故《詩‧大雅‧板》稱「敬天之怒，無敢戲豫；敬天之渝，無敢馳驅」，[101]〈周頌‧我將〉稱「畏天之威」，[102]均可謂充分顯示周人對「天」的敬畏之情，與殷商天子以天時命名、升天等神話顯示之人神溝通的情況有所不同。

《漢書‧董仲舒傳》：

> 臣謹案：《春秋》謂一元之意，一者，萬物之所從始也；元者，辭之所謂大也。謂一為元者，視大始而欲正本也。[103]

《春秋繁露‧玉英》：

> 是以《春秋》變一謂之元。元，猶原也，其義以隨天地終始也。……故元者為萬物之本，而人之元在焉。安在乎？乃在乎天地之前。故人雖生天氣及奉天氣者，不得與天元本、天元命而共違其所為也。[104]

「元，猶原也」是一種聲訓的策略，亦即用主觀地用「元」的同音字「原」來演繹「元」的意義，將它的意義規範在「溯源」、「原本」之義上。「元，猶原也」就是說「元」是宇宙的本源。《周易乾鑿度》有「卦當歲」、「爻當月」、「析當日」的卦爻紀年月日的方法。[105]其單位由小至大，依次分別

---

100 《詩‧小雅‧北山》：「溥天之下，莫非王土。率土之濱，莫非王臣。」《毛詩注疏》，卷 13 之 1，頁 19b。《左傳》昭公七年記芊尹無宇論「古之制也，封畧之內，何非君土？」亦曾引此詩。杜預《注》：「濱，涯也。」《春秋左傳注疏》，卷 44，頁 3b。

101 《毛詩注疏》，卷 17 之 4，頁 21a。

102 同前注，卷 19 之 3，頁 5a。

103 班固，《漢書》，卷 56，頁 2502。

104 蘇輿撰，《春秋繁露義證》，卷 3，頁 68-69。

105 《周易乾鑿度》，卷下，頁 4b。

為「日」、[106]「月」、[107]「歲」、[108]「大周」、[109]「紀」、[110]「世軌」、[111]「部首」、[112]「元」。[113]其中「元」是最大的單位。《乾鑿度》又說：

> 易一元以為元紀。

鄭《注》：

> 天地之元，萬物所紀。[114]

《春秋公羊傳》何休《解詁》：

> 變一為元。元者氣也，無形以起，有形以分，造起天地，天地之始也。[115]

徐彥《疏》：

> 《春秋說》云：「元者，端也。泉。」注云：「元為氣之始，如水之有泉，泉流之原，無形以起，有形以分，窺之不見，聽之不聞。」宋氏云：「無形以起，在天成象；有形以分，在地成形也。」[116]

又《漢書‧律曆志》說：

> 太極元氣，函三為一。極，中也；元，始也。[117]

邵雍固然不是元氣論者，但他尊「元」的態度實受到漢儒以降儒典詮釋的

---

106 《乾鑿度》有「一歲積日法」，每月的日數為「二十九日與八十一分日四十二」，即約 29.531 日，與西漢太初曆計算相符（卷下，頁 6b）。

107 參前注「一歲積日法」：每歲的月數為「月十二與十九分月之七」，即約 12.368 月（卷下，頁 6b）。

108 此處之「歲」，當為太陽曆 365¼ 日，與太陰曆 354 日稱「年」不同。詳本書中編〈叁、《易》學與天文星曆〉。

109 雄按：兩卦（計十二爻）當一歲，《易》六十四卦周一遍即三十二歲為一「大周」。

110 《周易乾鑿度》：「七十六為一紀。」（卷下，頁 6b）則每紀七十六歲。

111 《周易乾鑿度》：「孔子軌以七百六十為世軌。」（卷下，頁 10b-11a）雄按：即以十天干各一紀計算，一世軌為 760 歲。

112 《周易乾鑿度》：「二十紀為一部首。」（卷下，頁 6b）則一部首有 1,520 年。

113 《周易乾鑿度》鄭玄《注》：「此法三部首而一元，一元而太歲復於甲寅。」（卷下，頁 7a）則一「元」4,560 年為最大之單位。

114 《周易乾鑿度》，卷上，頁 1b。

115 《春秋公羊傳注疏》，卷 1，頁 5b。

116 同前注，卷 1，頁 6a。

117 班固，《漢書》，卷 21 上，頁 964。

影響，是毫無疑問的。[118]再擴大一點看，邵雍以由小至大、循序漸進的單位描述宇宙時程，最大的「一元」為十二萬九千六百年，這與漢儒思想亦近似。如《乾鑿度》稱：

> 以七十六乘之，得積月九百四十，積日二萬七千七百五十九，此一紀也。以二十乘之，得積歲千五百二十，積月萬八千八百，積日五十五萬五千一百八十，此一部首。更置一紀，以六十四乘之，得積日百七十七萬六千五百七十六。又以六十乘之，得積部首百九十二，得積紀三千八百四十紀，得積歲二十九萬一千八百四十。以三十二除之，得九千一百二十周。[119]

這種由小至大，推衍至於千萬年的思想，《漢書·律曆志》引劉歆亦有提及：

> 《易》曰：「參天兩地而倚數」，天之數始於一，終於二十有五。其義紀之以三，故置一得三，又二十五分之六，凡二十五置，終天之數，得八十一，以天地五位之合終於十者乘之，為八百一十分，應曆一統千五百三十九歲之章數，黃鐘之實也。

孟康《注》：

> 十九歲為一章，一統凡八十一章。[120]

「天之數始於一，終於二十有五」，指「一」為開始，一、三、五、七、九相加，得二十五。「八十一章」是以九九究極之數自乘。八十一乘以十九，得一千五百三十九歲。《漢書·律曆志》又引劉歆《三統曆》說：

> 太極元氣，函三為一。極，中也。元，始也。行於十二辰，始動於子。參之於丑，得三。又參之於寅，得九。又參之於卯，得二十七。又參之於辰，得八十一。又參之於巳，得二百四十三。又參之於午，得七百二十九。又參之於未，得二千一百八十七。又參之於申，得六千五百六十一。

---

118 「元」字原為《易經》〈乾〉卦卦辭首字，歷代儒者深受此一觀念影響。如朱熹亦極重視「元」，〈仁說〉：「蓋天地之心，其德有四，曰元亨利貞，而元無不統。」見朱熹著，徐德明、王鐵校點，《晦庵先生朱文公文集（四）》，卷67，《朱子全書》，第23冊，頁3279。

119 《周易乾鑿度》，卷下，頁7a。

120 班固，《漢書》，卷21上，頁963。

又參之於酉，得萬九千六百八十三。又參之於戌，得五萬九千四十九。又參之於亥，得十七萬七千一百四十七。此陰陽合德，氣鐘於子，化生萬物者也。[121]

《乾鑿度》以日、月、歲、周、紀、世軌、部首、元等推衍，可得二十九萬一千八百四十年。劉歆《三統曆》「十二辰」自「始動於子」，至「參之於亥」，以「三」的倍數增加十一次，推衍可得十七萬七千一百四十七；《皇極經世書》則以十二、三十、十二、三十總共四個數字相乘，推衍可得十二萬九千六百年。這三個演算的過程不同，得出的數字亦相異，但其實所運用的原理，卻是完全相同的，都是從「卦氣說」的理論模式轉變而成。就邵雍的系統而言，「十二」和「三十」也是《史記》的神祕數字。十二為地支之數、一年之月數，《春秋》十二公的數目，也是消息卦的總數；「三十歲一小變」之說，是否與「世」的形音有關，已不可實證；不過「三十」與「十二」均為漢代的神祕數字，是毫無疑問的。

下迄東漢，《易》家仍然如《周易乾鑿度》用數字觀念描述空間，啟發了新詮釋。[122]「易變而為一」句鄭玄《注》云：

> 一主北方，氣漸生之始。[123]

《乾鑿度》又稱：

> 孔子曰：陽三陰四，位之正也。

鄭玄《注》：

> 三者，東方之數；東方，日之出也。又圓者徑一而周三。四者，西方之數；西方，日所入也。又方者徑一而匝四也。[124]

一居北方，三居東方，二居南方，四居西方。一二三四作為《易》家尊稱的「生數」，已有方位上的分布。《乾鑿度》卷下「濁重下為地」鄭玄

---

121 同前注，頁 964。

122 不過，無可諱言《易緯》文獻真偽狀況至為複雜。漢代以後因散佚之故，偽作竄入亦多。至清代始輯佚稍備，因此此處分析其義理，筆者尚有保留。

123 《周易乾鑿度》，卷上，頁 5a。

124 同前注，頁 6a。

《注》：

> 七在南方象火，九在西方象金，六在北方象水，八在東方象木。[125]

坤為老陰，於數為六；坎為少陽，於數為七；離為少陰，於數為八；乾為老陽，於數為九。六、七、八、九的方位與一、二、三、四相同，因為前者為「成數」，後者為「生數」，「成數」即係「生數」加「土數」「五」（「五」居中，故屬土）而成。其實數字方位的思想，晚周時期已經大行，並且成為思想界的通義。《呂氏春秋》提出而沒有解釋，鄭玄則進一步解說：

> 天地之氣各有五，五行之次，一曰水，天數也；二曰火，地數也；三曰木，天數也；四曰金，地數也；五曰土，天數也。此五者，陰無匹，陽無耦，故又合之。地六為天一匹也，天七為地二耦也，地八為天三匹也，天九為地四耦也；地十為天五匹也。二五陰陽各有合，然後氣相得，施化行也。[126]

依此規律，則「一」為北方之數，「二」為南方之數，「三」為東方之數，「四」為西方之數，各依其陰陽奇偶，與六、七、八、九之數耦合對應。《周易乾鑿度》卷上「皆合於十五」鄭玄《注》：

> 太一者，北辰之神名也，居其所曰太一，常行於八卦日辰之間。曰天一，或曰大一，出入所遊，息於紫宮之內外，其星因以為名焉。[127]

「太一」居北方象「水」，明顯地是先秦五行說的舊義，郭店楚簡〈太一生水〉篇即反映此一觀念。[128]但數字分居四方，而有生數、成數之分，甚至以仁義禮智信、心肝脾肺腎分配五方，都是出自漢儒的創造。[129]更重要的

---

125 同前注，卷下，頁 2b。

126 《左傳》昭公九年《正義》引鄭玄。《春秋左傳注疏》，卷 45，頁 7b。

127 《周易乾鑿度》，卷下，頁 3b。

128 關於〈太一生水〉與《易》理之間的關係，詳參拙著，〈從《太一生水》試論《乾‧彖》所記兩種宇宙論〉。

129 以仁義禮智信配五方，漢儒的說法亦不一。《乾鑿度》記孔子曰「東方為仁」、「南方為禮」、「西方為義」、「北方為信」，「四方之義皆統於中央」，「中央，所以繩四方行也，智之決也，故中央為智」（《周易乾鑿度》，卷上，頁 4a）。但《春秋繁露‧五行之義》：「木居左，金居右，火居前，水居後，土居中央。」（《春秋繁露義證》，卷 11，頁 321）即指水居北方，木

是，數字方位的觀念，成為宋代《易》圖之學最重要的元素。劉牧《易數鈎隱圖》的數字方位，就是奠基於《乾鑿度》和鄭玄的理論（說詳後）。《乾鑿度》說：

> 故太一取其數以行九宮，四正四維皆合於十五。

鄭玄《注》云：

> 天一下行，猶天子出巡狩，省方岳之事，每率則復。太一下行八卦之宮，每四乃還於中央。中央者，北神之所居。故因謂之九宮。天數大分，以陽出，以陰入；陽起於子，陰起於午。是乙太一下九宮，從坎宮始。坎，中男，始亦言無適也。自此而從於坤宮，坤，母也。又自此而從震宮，震，長男也。又自此而從巽宮，巽，長女也，所行半矣，還息於中央之宮。既

居東方，火居南方，金居西方，土居中央。同書〈五行相生〉：「東方者木，農之本。司農尚仁」、「南方者火也，本朝。司馬尚智」、「中央者土，君官也。司營尚信」、「西方者金，大理司徒也。司徒尚義」、「北方者水，執法司寇也。司寇尚禮」（同前，卷13，頁362-365）。以「信」居中央，以「禮」居北方，以「智」居南方，與《乾鑿度》不同。《白虎通義・性情》稱「五藏：肝仁，肺義，心禮，腎智，脾信也。……仁者好生，東方者，陽也。……肺者所以義何？肺者，金之精；義者斷決，西方亦金，殺成萬物也。……心，火之精也，南方尊陽在上，卑陰在下，禮有尊卑，故心象火。……腎所以智何？腎者水之精，……北方水，故腎色黑。……脾所以信何？脾者，土之精也。……」（《白虎通疏證》，卷8，頁383-385）以肝屬木、肺屬金、心屬火、腎屬水、脾屬土而言，則東方為仁，西方為義，南方為禮，均與《乾鑿度》相同，與《繁露》不盡同；北方為智，中央為信，則與《乾鑿度》相反。章太炎曾指出古代五行與五臟相配之說，不止一種。太炎《膏蘭室箚記》第三〇八條「五藏所屬同異」云：「五藏之配五行，舊有兩說。《異義》曰：《今文尚書》歐陽說：肝，木也；心，火也；脾，土也；肺，金也；腎，水也。《古文尚書》說：脾，木也；肺，火也；心，土也；肝，金也；腎，水也。是也。及讀《管子・水地》篇，又自有一說曰：三月如咀，咀者何？曰五味。五味者何？曰五藏：酸主脾，鹹主肺，辛主腎，苦主肝，甘主心。是則脾，木也；肺，水也；腎，金也；肝，火也；心，土也。又與今、古文二說異矣。按：肝膽同居，而膽汁味苦，則謂『苦主肝』者，說誠優矣。又案：王氏《經義述聞》謂〈月令〉之文，惟《古文尚書》說可以解之，此亦不必然。古人于聲色臭味之用，每有參差不合者，如《管子・幼官》篇〈中方圖〉云：聽宮聲。〈東方圖〉云：聽角聲。〈南方圖〉云：聽羽聲。〈西方圖〉云：聽商聲。〈北方圖〉云：聽徵聲。三方之聲皆合，而南方羽、北方徵獨不合，豈得云羽當屬火，徵當屬水耶？」（《章太炎全集》，第1冊，頁148-149）又參《膏蘭室箚記》第四七二條「五行傅孝說」，論五行與「孝」的關係，文長不錄（同前，頁262-263）。

又自此而從乾宮，乾，父也。自此而從兌宮，兌，少女也。又自此從於艮宮，艮，少男也。又自此從於离宮，离，中女也，行則周矣。[130]

鄭玄的解釋，只提到太一周行九宮的次序，並沒有提到方位，但朱伯崑據此繪成「九宮圖」，[131]其中「太一」居中宮，數為五。其餘八卦方位分布，則依《說卦傳》之說。不過朱說當然也有依據，因為《乾鑿度》本身即承襲《說卦傳》的卦位說；鄭玄注《乾鑿度》，照道理不會違悖。

無論如何，鄭玄的解釋，描述了一個宇宙活動的過程。這個過程以「太一」為主體，進行八卦九宮的周遊，可以說是數字觀念的一種發展。它至少可以追溯到西漢早期。上古「尚中」思想投射於天文的結果，認為近於天極中心位置的北極星代表了帝位，故上古北極星又稱「帝星」。《史記·天官書》說：

> 杓攜龍角，衡殷南斗，魁枕參首。用昏建者杓；杓，自華以西南。夜半建者衡；衡，殷中州河、濟之閒。平旦建者魁；魁，海岱以東北也。斗為帝車，運于中央，臨制四鄉。分陰陽，建四時，均五行，移節度，定諸紀，皆繫於斗。[132]

這是以北斗七星與地理相對應的思想。「斗為帝車，運于中央，臨制四鄉」正足以反映「尚中」意識，與戰國文獻所記五帝分居五方，黃帝居於中土之說，與「太一居中宮」之說，冥相符合。

回溯數字觀念的發展過程，思想家最初以數字觀念描述空間，漸漸發展到描述時間，尤其用以描述宇宙的發生的過程。《漢書·律曆志》引劉歆《三統曆》：

> 三統者，天施、地化、人事之紀也。十一月，乾之初九，陽氣伏於地下，始著為一，萬物萌動，鐘於太陰，故黃鐘為天統，律長九寸。九者，所以究極中和，為萬物元也。[133]

---

130 《周易乾鑿度》，卷下，頁 3b。
131 朱伯崑，《易學哲學史》，第 1 卷，頁 172。
132 司馬遷，《史記》，卷 27，頁 1291。
133 班固，《漢書》，卷 21 上，頁 961。

《周易乾鑿度》：

> 易無形埒也。易變而為一，一變而為七，七變而為九。九者，氣變之究
> 也，乃復變而為一。一者，形變之始。清輕上為天，濁重下為地。

鄭玄《注》：

> 「易」，「太易」也。太易變而為一，謂變為「太初」也；一變而為七，謂
> 變為「太始」也；七變而為九，謂變為「太素」也，「乃復變為一」。「一
> 變」，誤耳，當為二。二變而為六，六變而為八，則與上七、九意相協。不
> 言如是者，謂足相推明耳。[134]

這是以一、二、三、四與六、七、八、九分析太易衍生變化的數字理論。
鄭玄對於這個理論最重要的發揮，是用「無」來解釋「太易」。他用的是
宇宙生成論（cosmogony）的四階段論「太易→太初→太始→太素」來解釋
《易緯》。[135]他把「九」稱為「太素」，「七」稱為「太始」，「一」稱為「太
初」。最後就是「太易」。「太初」是「一」，但又不是宇宙的初源，那麼它
的來源——「太易」（也就是「易無形埒也」的「易」字）——不就是「零」了
嗎？鄭玄的意思，再清楚不過了。

　　先秦以迄漢初的宇宙論，對於宇宙的源起與生成，多用正面的方式描
述。即使思想家強調「無」，也將「無」視為一種類似實體的事物。[136]前述
《老子》「有生於無」之說即如此。又如《淮南子‧天文》說：

> 天墬未形，馮馮翼翼，洞洞灟灟，故曰太昭。太始生虛霩，虛霩生宇宙，
> 宇宙生元氣，元氣有涯垠。清陽者薄靡而為天，重濁凝滯而為地。清陽之
> 合專易，濁之凝竭難，故天先成而地後定。[137]

134　《周易乾鑿度》，卷下，頁 2a-b。

135　雄按：以邏輯推論宇宙原始的理論，是為「宇宙論」；將宇宙論落實，推想逐一階段的化生
　　過程，是為「宇宙生成論」。

136　此在先秦時期，《老子》即頗有將「無」描述成實體的痕跡。《老子》第四十章：「天下萬物
　　生於有，有生於無。」第四十二章又說：「道生一，一生二，二生三，三生萬物。」

137　何寧撰，《淮南子集釋》，卷 3，頁 165-166。「太始生虛霩」原作「道始於虛霩」；「宇宙生
　　元氣，元氣有涯垠」原作「宇宙生氣，氣有涯垠」，均據《讀書雜志》考證而改。《讀書雜
　　志‧淮南內篇弟三》「太昭、道始於虛霩」條，王引之指出「太昭」當作「太始」，形近而

既云「未形」，卻可以正面描述；既可以正面描述，就很難成為徹徹底底
的「無」。唯至《周易乾鑿度》卷上「故易始於一」，鄭玄《注》說：

> 易本无體，氣變而為一，故氣從下生也。[138]

「易无形畔」鄭玄《注》說：

> 此明太易无形之時，虛豁寂寞，不可以視聽尋。《繫》曰：「易无體」，此
> 之謂也。[139]

對於「太易者，未見氣也」，鄭玄如此解釋：

> 以其寂然无物，故名之為太易。

「易變而為一」句下鄭玄說：

> 一主北方，氣漸生之始。此則太初，氣之所生也。

「一變而為七」句下鄭玄說：

> 七主南方，陽氣壯盛之始也，萬物皆形見焉。此則太始，氣之所生者也。

「七變而為九」句下鄭玄說：

> 西方陽氣所終究之始也。此則太素，氣之所生也。

「九者，氣變之究也。乃復變而為一」句下鄭《注》說：

> 此一則元氣形見而未分者。夫陽氣內動，周流終始，然后化生，一之形氣
> 也。

「太初者，氣之始也。」鄭《注》說：

誤。《雜志》又說：「『道始於虛霩』，當作『太始生虛霩』。……後人以老子言『道先天地
生』，故改『太始生虛霩』為『道始於虛霩』，而不知與『故曰太始』句，文不相承也。《御
覽》引此，作『道始生虛霩』，『太』字已誤作『道』，而『生』字尚不誤。」〔清〕王念孫，
《讀書雜志》（南京：江蘇古籍出版社「高郵王氏四種」本，2000），頁 1a-b。雄按：王說
是。馮友蘭說：「道從『虛霩』這種狀態開始（原注：『道始於虛霩』）。由『虛霩』生出『宇
宙』。這以後才有元氣。這是一種『有生於無』的思想的發揮。」（馮友蘭，《中國哲學史新
編》，第二十九章第三節，第 3 冊，頁 141）似未見《讀書雜志》的考證，以致不知「道生
於虛霩」為「太始生虛霩」之誤；但這一段文字確如馮氏所說，是「有生於無」思想的發
揮。不過《淮南子》所講述的「太始」、「虛霩」等「無」觀念，是一個實體的「無」，並非
抽象概念的「無」。

138 《周易乾鑿度》，卷上，頁 8b。

139 以下引文均見同前注，頁 4b-5a。

元氣之所本始。太易既自寂然无物矣，焉能生此太初哉？則太初者，亦忽
然而自生。

鄭玄所說的「虛豁寂寞，不可以視聽尋」，就是說「太易」是超越於人類
感官認知的層次的「無」的狀態。這樣的描述，和《淮南子》對「太昭」
的描述相比較，更貼近一個絕對而超越經驗界的「無」。「有理未形」四
字，也更貼切地講出一個超越於形質世界的「理」。當然這句話太簡單。
「理」的本質是什麼？是不是一個絕對抽象而普遍的本源，抑或只是沒有
形體的實質存有，其實還是不清楚的。然而，從「太易」演變到「太初」，
可以確定是從「無」演生為「一」（氣漸生之始，鄭玄形容為「太初者，亦忽然
而自生」）；從「太初」演變到「太始」（陽氣壯盛、自北方始、居坎位、天象形
見之所本始），是由「一」演生為「七」；從「太始」演變到「太素」（陽氣
終究於西方、居兌位、地質之所本始），是由「七」演生為「九」。這樣的解釋
有兩方面值得我們注意：

其一、「太易」近乎「零」的觀念，而「零」的觀念在古代中國文明
是不存在的。中國思想史上的數字觀念一大特點，是預設一個存有的世
界，亦即形質的世界。如果借用理學家理無形跡，氣有形跡的講法，數字
觀念有效地說明了宇宙和世界氣化流行的過程和原理，但對於「無形跡」
之「理」，卻無法加以說明。主要原因之一，是中國思想史上的數字觀念
思想只有一、二、三、四以迄千百萬，卻一直沒有「零」。而今鄭玄提出
「有理未形」、「虛豁寂寞」、「不可以視聽尋」，雖然算不上顯豁的「零」
的觀念，已經隱約指出了一個超越於形質，甚至超越於「氣」的絕對的概
念的「無」──近乎「零」。如果說荀子用「虛壹而靜」（〈解蔽〉）來描述
「心」是明顯受到老子的啟發，鄭玄用「虛豁寂寞」描述「太易」的「寂
然無物」也近似接受了《老子》「有生於無」之說。其二，數字觀念不再
只是處理「空間」（亦即方位）的問題，也處理了「時間」的問題，亦即宇
宙萬物生命原始的過程。從「虛豁寂寞」的「太易」，到一、七、九。[140]

---

140 或說鄭玄不過發揮《乾鑿度》的思想而已，實則不然。《周易乾鑿度》稱：「故易始於一，分

五 劉牧《易數鉤隱圖》的數字世界

　　北宋《易》家鮮少純粹用「數」論《易》。朱伯崑《易學哲學史》以為邵雍是數學派，實則邵雍「元、會、運、世、年」（三十年為一世，十二世為一運，三十運為一會，十二會為一元）的理論體系，多承自先秦，[141]更多是參考劉歆《三統曆》而有所改造。相比之下，劉牧《易數鉤隱圖》異於眾論，認為「數」是一切形象事理的根本，才是徹底的數學派。〈易數鉤隱圖序〉說：

> 夫卦者，聖人設之，觀於象也。象者，形上之應。原其本，則形由象生，象由數設。捨其數，則無以見四象所由之宗矣。是故仲尼贊《易》也，必舉天地之極數，以明成變化而行鬼神之道，則知《易》之為書，必極數以知其本也。[142]

劉牧所講的「形」，指一切具體的、有形之物；「象」指剛柔、往來的抽象之事；「數」即指數字。這是說，「數」是根本，有數始有象，有象始有形。故劉牧不承認「五行」中的金木水火為四象的說法，他說：

> 孔氏《疏》謂：「金木水火，稟天地而有，故云兩儀生四象，土則分王四季，又地中之別，惟云四象也。」且金木水火有形之物，安得為象哉？孔氏失之遠矣。[143]

有形的「金木水火」不得為「象」，可見劉牧觀念中「象」就是抽象。數字是抽象的，所以唯有「數」才能顯豁地指出形上世界的演化過程。天一地二天三地四是所謂「生數」，《繫辭傳》所記天地之數，即係記天地演化過程的數字紀錄。他說：

於二，通於三，口於四，盛於五，終於上。」此依《易》卦六爻自下而上而言，與其注「易始於一」說「易本无體，氣變而為一，故氣從下生也」一致（卷上，頁 8b-9a）。

141　如十二會之說，可上溯《左傳》。《左傳》昭公七年記晉侯問伯瑕「何謂辰」，伯瑕對曰「日月之會是謂辰」。杜預《注》：「一歲日月十二會，所會謂之辰。」《春秋左傳注疏》，卷44，頁 18a。

142　〔宋〕劉牧，《易數鉤隱圖》，《無求備齋易經集成》〔第 143 冊影印清康熙十九年（1680）通志堂原刊本〕，頁 1a。

143　同前注，卷上，頁 6b。

《易》曰：「形而上者謂之道，形而下者謂之器。」則地六而上謂之道也，
地六而下謂之器也。謂天一地二天三地四，止有四象，未著乎形體，故曰
「形而上者謂之道」也。[144]

至於「五」，即《繫辭傳》及劉牧所謂「天五」（雄按：即漢唐儒者所謂「土
數」），上不在生數之中，下不入成數之列，是使「生數」轉化成為「成數」
的關鍵之數。他說：

天五運乎變化，上駕天一，下生地六，水之數也；下駕地二，上生天七，
火之數也；右駕天三，左生地八，木之數也；左駕地四，右生天九，金之
數也。地十應五而居中，土之數也。此則已著乎形數，故曰「形而下者謂
之器」。[145]

由一至十相加，而得五十五，即劉牧所謂「天地五十有五之數」。試看「天
地之數圖」：

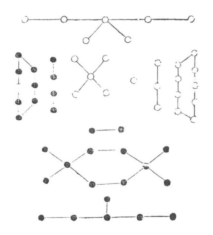

《易數鉤隱圖》說：

內十五，天地之用，九六之數也。兼五行之數四十，合而為五十有五，備

---

144 同前注，卷中，頁 11b-12a。
145 同前注，頁 12a。

天地之數也。[146]

雄按：「太極」為天地之之體；生數「一」、「二」、「三」、「四」及土數「五」相加，得「十五」，是「天地之用」，亦係用九用六、九六相加的結果。「五行之數四十」，即成數「六」、「七」、「八」、「九」及五行之成數「十」相加而成。「五十五」之數，是劉牧理論的代表性之所在。[147]

劉牧論「四象」，亦依「數」與「象」，加以區分。即認為有二義：

> 且夫「四象」者，其義有二：一者謂兩儀所生之四象，二者謂「易有四象所以示」之四象。[148]

一種是「兩儀所生之四象」（或稱生八卦之四象），亦即以「數」為本的「象」：

> 象之與辭，相對之物。辭既爻卦之下辭，象謂爻卦之象也。[149]

> 上兩儀生四象，七八九六之謂也。

> 夫七八九六，乃少陰少陽老陰老陽之位，生八卦之四象，非《易》所以示四象也。

> 若天一地二天三地四，所以兼天五之變化，上下交易，四象備其成數，而後能生八卦矣。於是乎坎離震兌，居四象之正位。[150]

第二種是「所以示之四象」：

> 所謂「易有四象所以示」者，若《繫辭》云「吉凶者，失得之象」，一也；「悔吝者，憂虞之象」，二也；「變化者，進退之象」，三也；「剛柔者，畫

---

146 同前注，卷上，頁 11a。

147 朱震〈漢上易傳表〉：「陳摶以『先天圖』傳種放，放傳穆修，修傳李之才，之才傳邵雍。放以《河圖》、《洛書》傳李溉，溉傳許堅，堅傳范諤昌，諤昌傳劉牧。……牧陳天地五十有五之數。」朱震：《漢上易傳》，表頁 1a-b。雷思齊《易圖通變》謂龍圖：「流傳未遠，知者亦鮮。而至劉牧長民乃增至五十五圖，名以『鉤隱』。師友自相推許，更為唱述。」〔宋〕雷思齊，《易圖通變》，《無求備齋易經集成》〔第 143 冊影印清同治十二年（1873）粵東書局刊本〕，卷 5，頁 3b。

148 劉牧，《易數鉤隱圖》，卷上，7a-b。

149 同前注，頁 7b-8a。

150 同前注，頁 7a-b。

夜之象」，四也。[151]

綜合起來看，劉牧的數字理論的基本概念，雖亦頗有本於漢儒舊說，但漢儒只提出數字的方法，或混合聲訓的方法（如「九之為言究也」之類）提出簡單的宇宙演變。劉牧則有全新的創造，就是以一至於十的數字來建立其形上學理論。首先，他以陰陽二氣交感為「太極」：

《易數鉤隱圖》：

> 太極無數與象。今以二儀之氣混而為一以畫之，蓋欲明二儀所從而生也。[152]

如前所述，數字觀念系統的限制之一，是適合講述形質的世界，而不適合講述超越形質層次的理念，這是中國數字觀念沒有「零」的主因。劉牧亦不例外地受到這種限制的規範。因此，依劉牧所論，「太極無數與象」，那「太極」就不是「一」，不是「一」，依理說就是「零」；但既然劉牧又「以二儀之氣混而為一以畫之」，既可以混而為一以畫，則又不應該是

---

151 同前注，頁 7b。
152 同前注，頁 1a。

「零」。[153]事實上劉牧又說：

> 太極者，元炁混而為一之時也。其炁已兆，非无之謂。……今質以聖人之辭，且「易有太極，是生兩儀」，《易》既言有，則非无之謂也。不其然乎？[154]

劉牧明確地強調，「太極」是「其炁已兆」，因此不是「无」。「太極」既不是「无」，那就必然是「一」，豈能用「無數與象」來描述呢？此可見劉牧尚有未能自圓融之處。又論「太極生兩儀」：

> 太極者，一氣也。天地未分之前，元氣混而為一，一氣所判，是曰兩儀。……若二氣交則天一下而生水，地二上而生火。此則形之始也。五行既備，而生動植焉，所謂「在天成象，在地成形」也。則知兩儀乃天地之象，天地乃兩儀之體爾。今畫天左旋者，取天一天三之位也；畫地右動者，取地二地四之位也。分而各其處者，蓋明上下未交之象也。[155]

153 如劉牧在《易數鈎隱圖・遺論九事》中說：「聖人无中得象，象外生意。於是乎布畫而成卦，營策以重爻。」（頁 3a）「无中得象」，又顯示他頗有貴「無」的傾向。

154 劉牧，《易數鈎隱圖》，卷上，頁 14b。

155 同前注，頁 1b-2a。

「天左旋」、「地右動」講的是自然現象。假設我們晚上站立於北半球地面，面朝北方，望見整個星空圍繞軸心（北極星）由東（右方）升起，向西（左方）降下，如時鐘轉動，太陽和月亮也是東升西落。這是所謂「天左旋」。相對於「天」，「地」彷彿由西（左方）升起，向東（右方）旋轉沒入，這是所謂「地右動」（注意：除了金星以外，地球和所有太陽系內行星相同，都是以逆時針自轉）。不過《周髀》認為「日月右行，隨天左轉」，意思是：日月其實是自西向東行的，只不過速度遠較「天」為慢，所以「天」向西轉了，日月行速趕不上，看起來就變成向西邊隱沒。這是所謂「蟻行磨石之上，磨疾而蟻遲」。這種理解不符自然之理，但反映了古人觀測天文時的想像。[156]

劉牧布列數字，認為天一居北、天三居東、地二居南、地四居西，反映了天地的「上下未交之象」。他的思想不能落實於自然觀測，只能說是一種哲理性的解釋。

劉牧受漢儒數字觀念的啟示，進一步以數字觀念建立形上理論。其中最值得注意的還是「太極」究竟是「理」抑或為「氣」的問題。而根據上述的分析，劉牧雖然說「太極無數與象」，但他既說「其炁已兆」，又以「二儀混而為一」來畫「太極」，那就明確地顯示劉牧所持的是一種氣化宇宙論。

簡而言之，劉牧認為「數」的成長，既反映了宇宙演化的過程，也是萬物源始化生的過程。掌握了「數」，就掌握了形上之「理」氣化流行，化生萬物的規律。這就是他觀念中《易》的奧義。

六 結語

早期中國的數字觀念，源出於先民樸素的世界觀，而後成為中國古代

---

156 可參陳遵媯，《中國天文學史》，第九編第三章「漢代論天三家」，頁 1828-1829 注 5。

思想的重要元素。《周易》因由卦爻組成，而不得不論爻位之數；又因占筮之需，而不得不論數變之理；又因卦氣理論，而不得不牽及星曆的計算。但發展至《易傳》所論，數字觀念已發展出各種哲學的新理念，不受限於卦爻辭文本的規範。數字觀念滲透到儒家、道家、陰陽家的思想，《老子》「一生二，二生三，三生萬物」、《莊子》「一與言為二，二與一為三」、陰陽家五行及「大九州」之說等，皆沿著這一條舊思路，而有新創。漢代劉歆《三統曆》、班固《漢書・天文》、〈地理〉、〈五行〉諸志，鄭玄對經書緯書的解釋，乃至唐代一行禪師所論，北宋邵雍、劉牧的新創，都離不開數字觀念。後代學者凡論上古中國思想變遷，若不能對數字形上理論的原理，有宏觀的盱衡和微觀的細察，恐難進入古代思想哲理的脈絡。

先民在對於天地萬物結構懵然無知之時，依照生活所需和好奇心的驅使，嘗試用分類觀念（categorization）將物類區隔（compartmentalize）成為容易了解掌握的結構。這是可以理解的。倘能將這種思維方法，謹慎地透過對自然萬物的實測，逐步演進改善，則能發展為科學思維，有裨於文明進步。比較可惜的是，古代學者急於將此類思想，朝向政治教化倫理效用的方向套用，發展出含有德性宇宙觀的種種解釋，導致產生脫離事實基礎的附會。

過去講思想史的學者，常致力區分漢宋。實則自漢到宋是一個過程，整個思想史也是一個過程。沒有先秦文明發展出數字觀念的建構，沒有漢代思想家的闡釋發揚，宋代《易》家恐怕也難以建構出數字觀念的理論。沒有道家思想、佛教思想的刺激，儒者也不會那麼認真地從數字觀念思考到有、無的問題。研究思想史的學者倘能明瞭於此，也許就不會過度在漢代思想與宋代思想之間，作出貶抑與褒揚了。

伍、論《易》中的飲食與婚配之道

一 問題的提出

《禮記‧禮運》說：

> 飲食男女，人之大欲存焉；死亡貧苦，人之大惡存焉。故欲、惡者，心之
> 大端也。[1]

飲食與婚配，是人類生存所必需。然而儒家傳統有一種倡議「寡欲」的思
想，[2]這可能與顏淵簞食瓢飲，糟糠不厭，不改其樂有關，也與孟子「從其
大體為大人，從其小體為小人」[3]的教誨有關。後世儒家對於身體欲望，或
認其有礙於道德的自覺，或認其影響精神的鍛鍊，因此刻意抑制。

　　從史實考察，儒家作為禮樂的倡議者、維護者及實行者，竟發展出
「寡欲」的論述，實頗不尋常。因為禮樂最終要建立一種有高品味的生
活。凡禮樂實踐，包括禮器的選擇、祭品的烹調、樂音的飛沉、深衣明堂
的講究等等，實缺一不可。《孟子》所謂：

1　《禮記注疏》，卷 22，頁 4a。
2　《孟子‧告子上》，〔漢〕趙岐注，〔宋〕孫奭疏，《孟子注疏》（台北：藝文印書館影印阮元
　　校刻《十三經注疏附校勘記》本，1979），卷 11 下，頁 9a。此一派思想或從知識論與治術
　　的角度出發，如《老子》第三章：「不見可欲，使民心不亂。」《莊子‧馬蹄》：「同乎无知，
　　其德不離；同乎无欲，是謂素樸。素樸而民性得矣。」郭慶藩撰，《莊子集釋》，卷 4 中，頁
　　336。或從形神修養之論出發，如《淮南子‧精神》：「夫血氣能專於五藏而不外越，則胸腹
　　充而嗜欲省矣。胸腹充而嗜欲省，則耳目清，聽視達矣。」何寧撰，《淮南子集釋》，卷 7，
　　頁 510。後世教內丹修煉之法，有「斷欲」、「棄欲」之說，多本於《淮南子》所記之思
　　想，而此種思想實源出於戰國稷下黃老「精氣」的理論。
3　雄按：大體為「心」，小體為耳目口鼻之類。

犧牲不成，粢盛不潔，衣服不備，不敢以祭。[4]

由此可見，實踐禮樂，耗費靡貨，實無可避免，而實踐者需身體感官的熟習：在目則能辨顏色的朱紫，在耳則能聆樂音的正變，在鼻舌則能辨氣味的芳臭，在肌體則能辨物理的精粗，凡斯種種，皆「君子」養成所必不可少的。故近世儒學研究者一味高揚寡欲循理的思想，而卑視禮教飲食生活的品味，從傳統儒學價值考察，實為偏頗的見解。早在儒家出現以前的春秋時代，士大夫已屢申言。昭公二十五年《左傳》記子大叔見趙簡子的申論意旨：

> 天地之經，而民實則之。則天之明，因地之性，生其六氣，用其五行，氣為五味，發為五色，章為五聲。淫則昏亂，民失其性。是故為禮以奉之：為六畜、五牲、三犧，以奉五味；為九文、六采、五章，以奉五色；為九歌、八風、七音、六律，以奉五聲。[5]

由此可知五味、五色、五聲的掌握不但關乎禮的尊奉，也進而明白天地之經。至於夫婦之道，情欲動而繁育，終究不能等同於動物交配，不但有禮儀的講究，情感的隱微更是儒書所罕言。我們知道，「天理人欲」之辨大備於宋明理學時期，禁欲、寡欲的思想，顯然和六百年宋明理學的興盛脫不了關係。[6]當然，委責於宋明理學，可能過於武斷，因為在理學的思想世界，「欲」亦可區分為兩類：一是出於人類維生基本需要的欲望，如食欲、性欲等皆是；另一種涉及道德準則的公、私之辨的「欲」，故常與「理」相對，認為「理」為公共，「欲」則多出於「私」。理學範疇這種區分也許難不倒理學家，但對不研究理學的人而言，界線其實可以非常模糊。譬如

4　《孟子‧滕文公下》。《孟子注疏》，卷 6 上，頁 5b。孫奭《疏》曰：「如犧牲不成肥腯，稷稻無以致絜，衣服又無以致備，則不敢以祭社稷宗廟。」同前，頁 7a。

5　《春秋左傳注疏》，卷 51，頁 8a-12b。

6　周敦頤《太極圖說》：「聖人定之以中正仁義，而主靜。」原注：「無欲故靜。」〔宋〕周敦頤著，陳克明點校，《周敦頤集》（北京：中華書局「理學叢書」本，1990），頁 6。又張載《經學理窟‧學大原上》：「仁之難成久矣，人人失其所好。蓋人有利欲之心，與學正相背馳。故學者要寡欲。孔子曰：『根也慾，焉得剛！』」《張載集》，頁 281-282。

在生理學而言，食、性一類的欲望，即使將機能異常或因病而縱欲的個案排除掉，顯然就一般正常人而言，需求多少始終是因人而異。近現代醫學對於心理與精神狀態的研究，發現人的形質欲望需求，關乎當事人精神健康狀態。即使我們將意義非常嚴格的「禁欲」按下不表，就「寡欲」而言，何謂「寡」？要「寡」到哪一個準則才不流於「縱」？

本文討論《周易》卦爻辭的思想。我們若回溯卦爻辭，不難看到其中關於「飲食」及其教化引申，以及婚配所引喻的陰陽交泰思想，有相當有趣的記載，足以反映《周易》的作者非常重視「飲食男女」之事，並且特別重視此二種涉及「身體欲望」的行為所引導出「生生之謂易」的正面意義，因此借由本文的分析，以略見《易》哲理中，宇宙與人類一體性思想的一斑。

二 飲食之道及其教化引申

《周易》卦爻之中，有頗多與飲食有關的內容，或自飲食的活動加以引申推衍，以至於德性自修、文化建構等諸種議題。例如：

1. 〈需〉九五：需于酒食。
2. 〈泰〉九三：艱貞无咎，勿恤其孚，于食有福。
3. 〈習坎〉六四：樽酒，簋貳，用缶，納約自牖，終无咎。
4. 〈家人〉六二：无攸遂，在中饋。
5. 〈困〉九二：困于酒食，朱紱方來，利用享祀。
6. 〈漸〉六二：鴻漸于磐，飲食衎衎，吉。
7. 〈中孚〉九二：我有好爵，吾與爾靡之。
8. 〈未濟〉上九：有孚于飲酒，无咎。

以上有飲食活動的卦爻辭，占驗均趨於无咎或吉，意義多屬正面。故《易傳》亦多朝向正面解釋，如〈需〉卦《象傳》：

雲上於天，需，君子以飲食宴樂。[7]

《序卦傳》：

需者，飲食之道也。[8]

《說卦傳》取象，或以「乾為馬、坤為牛」一節，[9]多以家畜為象徵，亦與飲食有關。

此顯示《易》中的「飲食」，既重視具體維生的效用，亦有抽象文化意義的推衍。關鍵在於《易》卦有身體喻象，凡涉及身體與外在物質世界的互動，都在此一哲理闡述範疇之中。《易》理虛實互用之效，可見一斑。以下謹舉數例略加說明。

如〈需〉卦之「需」字或作䜆，就字的本義而言，《說文解字》稱：

䜆也，遇雨不進止䜆也。从雨而。[10]

「䜆」字《說文》釋為「立而待也」，有等待之義。[11]《象傳》「雲上於天」，有準備下雨、有所等待的象徵。故〈需〉卦各爻，如九二「需于沙」、九三「需于泥」，或釋「等待」，即用其字的本義；或取外卦「坎」象而讀為「濡」，為濡濕之義，是「需」字多義性[12]的引申運用。〈需〉在六十四卦中與〈訟〉為相對，就卦名系統而言又有「需求」之義。此外，「需」又有需養之義，而為飲食之道，故《經典釋文》釋《周易》〈需〉卦：

音須。字從「雨」，重「而」者非，飲食之道也，訓「養」。鄭讀為「秀」，

7　《周易注疏》，卷2，頁1b。

8　同前注，卷9，頁11a。

9　同前注，頁7a。

10　許慎著，段玉裁注，《說文解字注》，11篇下，頁15b。

11　何琳儀引金文及戰國字形，釋該字「會雨天不宜出行而有所待之意」（《戰國古文字典：戰國文字聲系》，侯部，頁390）。這是將「需」字拆為上「雨」下「天」，符合《象傳》「雲上於天，需」的講法。

12　關於語言的多義性，說詳本書上編〈壹、從卦爻辭字義的演繹論《易傳》對《易經》的詮釋〉、〈貳、《易》學與校勘學〉。又參拙著，〈論先秦思想史中的語言方法——義理與訓詁一體性新議〉，收入《文史哲》，2018年第5期，頁38-67。

解云：「陽氣秀而不直前者，畏上坎也。」[13]

鄭玄讀此卦「需」字為「秀」，有榮茂之意，著眼於內卦「乾」陽氣榮茂，畏於外卦「坎」而受阻不前。學者或以為《釋文》「飲食之道」的解釋，是根據《象傳》「君子以飲食燕樂」為說，唯九五爻辭稱：

　　需于酒食，貞吉。

此「需」字應讀為「醹」字，即酒食豐厚之意；[14]但卦爻辭採取的是一種多義性的語言策略，故一卦之名，在該卦之中，數義並存，如九五「需于酒食」以「醹」字之義為主，因農業耕作，春耕夏耨以至於秋收，必須等待。即使準備酒食餐飲，亦需時間，因此九五爻辭釋為「醹」的同時，亦兼有「需求」、「等待」之義。這一類例子在《易經》甚多。〈需〉與〈訟〉本為相對之兩卦，前此的〈屯〉卦為艱難，〈蒙〉卦為蒙昧；則〈需〉卦當指人類生存之所需，而〈訟〉卦即指人與人之間因生存所需的資源作競爭、爭奪，而有訟事。就卦義而言，在等待之際，或有需求之時，竟能獲得豐厚的酒食，那是等待而有準備，或有所需求而得意外之喜，可見飲食之道對於人類的重要性。

　　卦爻辭之重視飲食，又不僅止於講生存之事。舉〈困〉卦為例，據《說文解字》，「困」義為「故廬」、「止而不過」，引申之則為極盡，[15]而有困

13　陸德明，《經典釋文・周易音義》，卷2，頁4a。阮元〈周易釋文校勘記〉：「盧本『雨』改『雨』。」（頁2a）雄按：「需」為「飲食之道」。蓋雲上於天，天降甘霖，普施萬物，牲畜五穀繁育，則飲食之道大明。

14　屈萬里《周易集釋初稿》：「《序卦傳》：『需者，飲食之道也。』按：需差雙聲，故有飲食義。又：需、茹、畜，聲皆可通。《九經古義》：『棟案《歸藏易》需卦之需作湏（惠氏原注：《說文》犬部獳从犬，需聲，讀若槈，如豆切，是需有槈音）。《禮記・儒行》曰：『飲食不湏。』鄭氏《注》云：『恣滋味為湏，湏之言欲也。』故象飲食宴樂。」（頁56）黃沛榮師〈易經卦義系統之研究〉：「唯是九五『需于酒食』，則不可謂待於酒食之中。細覈辭義，疑『需』讀為『醹』。《說文》：『醹，厚酒也。』然則謂『需于酒食』者，謂厚於酒食也。」（頁92）。又詳本書上編〈壹、從卦爻辭字義的演繹論《易傳》對《易經》的詮釋〉。

15　《說文解字》：「困，故廬也。」段玉裁《注》：「廬者，二畞半，一家之居，居必有木，樹牆下以桑是也。故字從口木。謂之困者，疏廣所謂『自有舊田廬，令子孫勤力其中』也。困之本義，為止而不過，引申之為極盡。《論語》『四海困窮』，謂君德充塞宇宙，與橫被四表

窮、困頓之義。〈困〉卦《彖傳》以「剛揜」釋「困」義，王引之《經義述聞》卷二：

> 家大人曰：揜，即困迫之名。剛揜者，陽氣在下，困迫而不能升也。〈表記〉：「君子慎以辟禍，篤以不揜，恭以遠恥。」鄭注曰：「揜，猶困迫也。」是其義。[16]

又〈困〉卦內坎外兌，坎有陷阱、牢獄之象，[17]故初六爻辭：

> 臀困于株木，入于幽谷，三歲不覿。

六三爻辭：

> 困于石，據于蒺藜，入于其宮，不見其妻，凶。

〈困〉剛為柔所掩抑而不能上升，引申至於人事，又有牢獄之象，則困難可知。然而，〈困〉卦所述，雖身陷困厄之中，獲得飲食，亦能成為「无咎」或「吉」的象徵。如〈困〉卦九二爻辭：

> 困于酒食，朱紱方來，利用享祀。征凶，无咎。

九二以「剛」居內卦柔順之中位，有謙德，故雖困而有豐美的事物資助，甚至能招徠異方之物或異方之人，[18]此即以飲食象徵「困」而能无咎甚至

之義略同。」許慎著，段玉裁注：《說文解字注》，6篇下，頁13a。《周易》孔穎達《正義》：「困者，窮厄委頓之名，道窮力竭，不能自濟，故名為困。」《周易注疏》，卷5，頁11a。

16　王引之，《經義述聞》，卷2，頁11a。

17　雄按：「兌」本有口舌之象，或引申為訟獄之事。《說卦傳》：「兌為口。」孔穎達《正義》：「兌，西方之卦，主言語，故為口也。」《周易注疏》，卷9，頁7b。雄按：朱駿聲《說文通訓定聲・泰部弟十三》「兌」條：「說也，从人，𠮛聲。按：𠮛非聲。當從人、口、會意；八，象氣之舒散。」（頁3b）同部「兌」後緊接著為「說」條：「說，釋也。一曰談說也。從言兌，會意。按：兌亦聲。《墨子・經上》：『說，所以明也。』《廣雅・釋詁二》：『說，論也。』」（頁4a）據朱氏的考釋，「兌」字與口舌言語有關。又王引之《經義述聞》：「中孚上巽下兌，其《象傳》曰：『君子以議獄緩死。』則兌有議獄之象。兌為口舌，故議獄，謂拘囚之而議其罪也。隨卦下震上兌，其上六，兌之三爻也，曰『拘係之，乃從維之』，則兌之三爻有拘係之象。九二居兌之中，而為六三所拘係，有幽於獄中待議之象，故曰『幽人』。歸妹之卦亦下兌，故九二曰『利幽人之貞』。『幽人』者兌象，非坎象也。」《經義述聞》，卷1，頁22b-23a。

18　詳參王弼《注》：「以陽居陰，尚謙者也。居困之時，處得其中，體夫剛質，而用中履謙，應不在一，心无所私，盛莫先焉。夫謙以待物，物之所歸；剛以處險，難之所濟。履中則不失

吉慶。

　　與〈困〉卦情形相同者還有〈坎〉卦，〈坎〉六四爻辭：

　　　樽酒，簋貳，用缶。納約自牖。終无咎。

從「納約自牖」一句可知其人身陷坎窞之中。然而六四得九五之助（六四
《象傳》稱「剛柔際」），故雖身陷坎窞，而仍然可以獲得酒食，而能无咎（雄
按：身在牢獄，不能有樽簋之器，唯有用缶以取代。故曰「用缶」）。可見飲食之
為物，在《易經》之中，往往含有正面、喜慶、消厄的象徵。試看〈家人〉
卦六二爻辭：

　　　无攸遂，在中饋，貞吉。

〈家人〉九五爻辭「王假有家」，六二以陰爻居內卦之中，雖「无攸遂」，
但柔居中得正，有家中婦女主於中饋之象，表示家中飲食之道充盈，則能
貞吉。再試看〈大有〉卦名「大有」，義為豐收。《春秋》桓公三年「有
年」，《穀梁傳》：

　　　五穀皆熟，為有年也。[19]

宣公十六年「大有年」，《穀梁傳》：

　　　五穀大熟為大有年。[20]

則〈大有〉有豐收之義。豐收之物就是糧食，在農業的社會重要性不言而
喻。

　　飲食在《易》中的喻象，不但僅在於豐收，或等待、困厄之中獲得飲
食，因而有吉慶、消厄的象徵，更可以引申至更崇高、神聖之義。試看

　　其宜，无應則心无私恃。以斯處困，物莫不至，不勝豐衍，故曰『困于酒食』，美之至矣。
　　坎，北方之卦也；『朱紱』，南方之物也。處困以斯，能招異方者也，故曰『朱紱方來』也。
　　豐衍盈盛，故『利用享祀』。盈而又進，傾之道也。以此而往，凶誰咎乎？故曰『征凶，无
　　咎』。」《周易注疏》，卷3，頁12b。

19　《春秋穀梁傳注疏》，卷3，頁8b。

20　同前注，卷12，頁17a。

〈鼎〉䷱為「鼎」之形，[21]「鼎」為象形字，引申「烹飪」之義。[22]《說文解字》：

> 鼎，三足兩耳，和五味之寶器也。象析木以炊，貞省聲。昔禹收九牧之金，鑄鼎荊山之下。[23]

夏禹治水後鑄鼎於荊山下，是著名的古史傳說。如酈道元《水經注》亦著錄。[24]「鼎」為禮器，既在祭祀時用以烹煮牛羊等為獻饗；故又引申以奠定政權的象徵。宣公三年《左傳》記周定王使王孫滿勞楚子：

> 楚子問鼎之大小輕重焉，對曰，在德不在鼎。……天祚明德，有所底止。成王定鼎于郟鄏，卜世三十，卜年七百，天所命也。周德雖衰，天命未改，鼎之輕重未可問也。[25]

楚王之所以問鼎，是因為歷來有「武王克商，遷九鼎于雒邑」（《春秋》桓公二年《左傳》）的傳說，[26]而且桓公二年還發生魯桓公取一件「賂器」——郜大鼎——於宋而納於太廟、被臧哀伯勸諫的事件，可證「鼎」象徵政權的確立，源流一貫。

〈鼎〉與〈革〉為相對：〈革〉喻變革、革新之道，〈鼎〉則喻奠立、穩定之義。[27]〈鼎〉之最大義是奠立一個新政權，〈革〉的極致則為改易朝代，亦即〈革〉九四爻辭所謂「改命，吉」。據《左傳》所記，早在夏商二代，即以「鼎」象徵政權的奠立，故〈鼎〉卦辭「元吉，亨」，六爻之

---

21 《彖傳》：「鼎，象也。」《周易注疏》，卷5，頁20b。朱熹《周易本義》：「鼎，亨飪之器。為卦下陰為足，二、三、四陽為腹，五陰為耳，上陽為鉉，有鼎之象。」卷2，頁187。

22 說詳黃沛榮，〈易經卦義系統之研究〉，頁110。

23 許慎著，段玉裁注，《說文解字注》，7篇上，頁35a-b。

24 段玉裁《說文解字注》引酈道元《水經注》：「懷德縣故城在渭水之北，沙苑之南。」同前注，頁35b。

25 《春秋左傳注疏》，卷21，頁15b-16b。

26 同前注，卷5，頁15b。

27 參王弼《注》：「革去故而鼎取新，取新而當其人，易故而法制齊明，吉然後乃亨，故先『元吉』而後亨也。鼎者，成變之卦也。革既變矣，則制器立法以成之焉。」《周易注疏》，卷5，頁20a-b。

中，只有四爻為「凶」，爻辭說：

> 鼎折足，覆公餗，其形渥，凶。

《繫辭下傳》釋曰：

> 子曰：「德薄而位尊，知小而謀大，力小而任重，鮮不及矣。《易》曰：『鼎折足，覆公餗，其形渥，凶。』言不勝其任也。」[28]

以「德」的厚薄論「鼎」折足之「凶」象，與《左傳》所記「在德不在鼎」、「鼎之輕重未可問」的舊義，完全一致。「天」是國家祭祀的對象，而食物則是祭祀的主體，承載食物的器具——鼎——則演化出標示政權穩定性的象徵。在《易經》尚德的思想貫徹下，「鼎」之是否折足，反映了「德」的厚薄。主政者德薄位尊，政權也難以維持。餗覆而渥形，是形象化的描述。

我們留意《易經》思想之中「食物」與「鼎」之間的關係，其實飲食給予人健康、給予人幸福感，連繫著人與人的感情，貫徹著群體人類精神生活與形體生活的各個層面。從其中喻象運用的方法觀察，《易經》作者並沒有鼓吹美食，或歌頌身體欲望的滿足，而是掌握飲食能「維繫生命」的功能，以引喻人生順逆安危的關鍵。從基本的生活需要，到最崇敬的祭祀活動，包括個人的順逆、吉凶、飲食，都是息息相關的。《禮記‧禮運》：

> 夫禮之初，始諸飲食。其燔黍捭豚，汙尊而抔飲，蕢桴而土鼓，猶若可以致其敬於鬼神。

鄭玄《注》：

> 言其物雖質，畧有齊敬之心，則可以薦羞於鬼神。鬼神饗德不饗味也。中古未有釜甑。釋米捭肉，加於燒石之上而食之耳。……汙尊，鑿地為尊也；抔飲，手掬之也；蕢……謂摶土為桴也；土鼓，築土為鼓也。[29]

---

28 《周易注疏》，卷 8，頁 12b。

29 《禮記注疏》，卷 21，頁 9a-b。孔穎達《疏》：「以水洮釋黍米，加於燒石之上以燔之，故云燔黍。或捭析豚肉，加於燒石之上而熟之，故云捭豚。」同前，頁 10a。

依照鄭玄的解釋，「禮」自始即從「飲食」活動中體現。先民即使食器簡陋，亦必利用食器盛載食物，以致饗鬼神，表達敬意。即使鑿地為樽，以手掬水，簡陋如此，亦必致敬於鬼神。由此可見飲食的意義何等神聖！

《易經》是一部義理與結構極為複雜的書，對飲食之道、食物之義的闡發，已不待言。其中存在一套以人的身體為宇宙中心的思想，認為自然規律與人文規律有著高度一致性。[30]在這套思想的主導下，「飲食」是口舌功能的一種，而口舌之另一主要功能，則是「言語」。如〈頤〉卦卦辭：

> 觀頤，自求口實。

《象傳》：

> 山下有雷，頤。君子以慎言語，節飲食。

王弼《注》：

> 言語、飲食，猶慎而節之，而況其餘乎？[31]

卦辭「口實」二字，依《象傳》解釋，即兼指「語言」與「食物」而言；[32]引申其義，則二者皆為養身、修身的關鍵。[33]因為進食可以養生健神，亦易因而致病；言語可以興邦，亦可以喪邦。二者都是君子所當注意謹慎的。又本卦六四爻辭：

> 顛頤，吉。虎視眈眈，其欲逐逐，无咎。

六四有「養賢」的含義，[34]六四得初九相應，故為吉。「顛頤」本即指填

---

30 譬如〈晉〉卦有「明出地上」之象，這是自然界的「晉」；卦辭「康侯用錫馬蕃庶，晝日三接」中，康侯的晝日三接是人文界的「晉」。其中「晝日」之象，與〈晉〉卦上離下坤尤相呼應。孔穎達《疏》：「晉之為義，進長之名。此卦明臣之昇進，故謂之晉。」《周易注疏》，卷4，頁11a。

31 《周易注疏》，卷3，頁27b。

32 黃沛榮師〈易經卦義系統之研究〉：「頤，頤口之象，有『進食』及『言語』二義。」頁102。

33 朱熹《周易本義》即以「養身」為說：「頤，口旁也。口食物以自養，故為養義。為卦上下二陽，內含四陰，外實內虛，上止下動，為頤之象，養之義也。……『觀頤』，謂觀其所養之道；『自求口實』，謂觀其所以養身之術；皆得正則吉也。」（頁118）

34 《象傳》：「天地養萬物，聖人養賢以及萬民，頤之時大矣哉！」（《周易注疏》，卷3，頁27a）則〈頤〉卦本已有「養賢」之義。六四爻辭王弼《注》：「體屬上體，居得其位而應

頤，[35]頤中有食物之象，亦喻「飲食」。引申則喻指賢人，為頤中之食物。
六四喻賢者，初九則喻養賢的大人。二者的關係，正如國君養卿大夫士。
大人獲得賢者，有獲得飲食、身心養正之象；賢人得養賢者所養，而專一
欲求，以得位行道為目標，成為求口實、求顛頤之象。二者相得，故為无
咎。[36]又〈頤〉卦六二：

> 顛頤，拂經，于丘頤，征凶。[37]

《象》曰：

> 六二「征凶」，行失類也。[38]

屈萬里《周易批注》：

於初，以上養下，得頤之義，故曰顛頤，吉也。下交不可以瀆，故『虎視眈眈』。威而不
猛，不惡而嚴，養德施賢，何可有利？故『其欲逐逐』，尚敦實也。修此二者，然後乃得全
其吉而『无咎』。觀其自養則履正，察其所養則養陽，頤爻之貴，斯為盛矣。」（同前，頁
28b-29a）《象傳》：「顛頤之吉，上施光也。」孔《疏》：「上謂四也。下養於初，是上施也。」
（同前，頁29a）又朱子《周易本義》：「『虎視眈眈』，下而專也；『其欲逐逐』，求而繼也。
又能如是，則无咎矣。」（卷1，頁120）。雄按：虎視向下而專注，有所欲求而繼續不斷，
持續顛頤，則可以无咎。可知諸家均以「養賢」（亦即以「初」養「四」）為說。

35　「頤」不能「顛」，「顛」為端母真部。屈萬里《周易集釋初稿》：「顛填古蓋通用。《禮·
玉藻》：『盛氣顛實揚休。』《注》：『顛讀為闐。』《疏》：『顛，塞也。』又《廣韻》云：
『顛與填同。』填亦填義也。焦里堂《易通釋》卷七：『顛填闐古字通。』」（頁177）雄按：
故「顛頤」即指食物填滿嘴巴。

36　《彖傳》：「『頤，貞吉』，養正則吉也。『觀頤』，觀其所養也。『自求口實』，觀其自養也。」
（《周易注疏》，卷3，頁27a）黃沛榮〈易經卦義系統之研究〉：「《彖傳》以『養』字釋
『頤』，乃就『進食以養體』為說。」（頁102）雄按：「所養」、「自養」，均以自身為主體，
初不涉及他人。人以飲食自養，引而申之，天地萬物、聖賢百姓相養，亦須謹慎，因此《彖
傳》特強調「時義」。

37　此處斷句從朱熹《周易本義》。「拂經」亦見六五爻辭，王弼釋為「違義」，朱熹《周易本
義》釋為「違於常理」；「于丘頤」，《本義》釋為「丘，土之高者，上之象也」。（卷1，頁
119）外卦「艮」，有山丘之象。此從朱子之說。王弼斷句：「六二：顛頤，拂經于丘。頤，
征凶。」《注》曰：「養下曰顛。拂，違也。經，猶義也。丘，所履之常也。處下體之中，
无應於上，反而養初。居下不奉上而反養下，故曰『顛頤，拂經于丘』也。以此而養，未見
其福也；以此而行，未見有與，故曰『頤，征凶』。」（《周易注疏》，卷3，頁28a）

38　《周易注疏》，卷3，頁28b。

于丘頤，言丘園中頤養也。[39]

「顛頤」如釋為口頤中有食物塞滿，「拂經」即不指違背常理而是取義「沉默」。[40]有飲食於口頤以自養，而不以言語犯險（即避免禍從口出）。此爻爻義：安居於丘園中有所頤養則吉，征行則凶。

《周易》諸卦爻論及「飲食」者雖不甚多，但綜而觀之，亦均可以與上文所舉的例子互喻，如〈井〉卦「井泥不食」、「井渫不食」、「井洌，寒泉食」等例均是。

三 婚配之道及陰陽交泰思想

男女兩性交合，先儒譬喻為天地陰陽相交之象；但「性」的活動倘若不予約束，就會至於亂，所以《禮記・曲禮》言：

> 鸚鵡能言，不離飛鳥；猩猩能言，不離禽獸。今人而無禮，雖能言，不亦禽獸之心乎？夫唯禽獸無禮，故父子聚麀。是故聖人作，為禮以教人，使人以有禮，知自別於禽獸。[41]

「麀」原指母鹿，「聚麀」即兩雄性與同一雌性交合。《禮記》以極端不倫的「父子聚麀」來形容禽獸之行，而反襯出「人以有禮，知自別於禽獸」。因此，從正面講，「禮」除源出於飲食以外，亦始於男女婚配，是為人倫之義、禮教之始。故《詩經》國風以〈關雎〉為首，《詩序》所謂：

> 〈關雎〉，后妃之德也，風之始也，所以風天下而正夫婦也。故用之鄉人焉，用之邦國焉。風，風也，教也，風以動之，教以化之。……是以〈關雎〉樂得淑女以配君子，憂在進賢，不淫其色，哀窈窕，思賢才，而無傷

39　屈萬里，《周易批注》，頁 710。

40　雄按：「拂」義為違背，「經」讀為「徑」。屈萬里《周易集釋初稿》讀「徑」為「吭」，義為呻吟發聲：「毛西河謂『經』本讀作『徑』，去聲，謂吭也。即《莊子》所謂緣督為經、《淮南子》所謂熊經鳥呻者。」（頁 178）

41　《禮記注疏》，卷 1，頁 11a。

善之心焉。是〈關雎〉之義也。[42]

所謂用之鄉人，用之邦國，即以后妃之德、夫婦之義教育國民的意思。其原本精神起源於最單純的男子愛慕女子的心情，即所謂「窈窕淑女，君子好逑」、「求之不得，寤寐思服」，故引而申之，男女兩性的愛戀，最終必歸結於「樂得淑女，以配君子」，得到圓滿的舒解。我們要注意：用「樂得淑女，以配君子」的方法取代了「父子聚麀」，並不是滅欲，而是將「欲」以禮樂教化加以調節、文飾（「樂得淑女」也是源出於「欲」；沒有形體上的媾合，君子淑女也無「婚配」可言）。在〈關雎〉之義，我們可以說「欲」得到了「理」的調和，「理」、「欲」同體而顯現。婚配之義，恰好與前述「父子聚麀」云云，遙相對映。

　　生命創造的源始，始於兩性交合，而家族繁盛，社會弘大，皆需要人口繁衍。而男女生育，涉及血緣、優生等各種考慮，必須要有婚配之儀用以制約。因此「婚禮」的莊嚴隆重，並不限於任何一民族、一國家，而是跨文化、跨種族的現象。試想兩個原本毫無糾葛的一男一女，忽然間變成無可取代的親密一體的關係，這當然是一件非常神聖的事，從古至今、自中至外、從宗教到民俗，都沒有例外地受到重視。有了婚配，沒有血緣關係的男女成了夫婦、進而孕育子女，父母與子女共同組合而建立家庭關係，自此即難以分割；血緣的關係，也從此產生。這也是天地間至為重大之事。故父母、子女之關係，可匹配天地之誼。《易》以〈乾〉、〈坤〉二卦為首。〈乾〉為純陽，〈坤〉為純陰。傳統的說法，二卦為六十四卦的門戶。[43]單從六十四卦首二卦之卦爻辭看，《易》早已蘊涵「天地交泰」的思

42　《毛詩注疏》，卷 1 之 1，頁 3b-4b、18b。

43　《繫辭傳》：「是故闔戶謂之坤，闢戶謂之乾，一闔一闢謂之變，往來不窮謂之通，見乃謂之象，形乃謂之器，制而用之謂之法，利用出入、民咸用之謂之神。」（《周易注疏》，卷 7，頁 28a-b）又「乾坤，其易之門邪？乾，陽物也；坤，陰物也。陰陽合德，而剛柔有體，以體天地之撰，以通神明之德。」（同前，卷 8，頁 15a-b）〈乾〉卦《文言傳》孔《疏》：「《文言》者，是夫子第七翼也。以『乾坤，其易之門戶邪』，其餘諸卦及爻，皆從乾坤而出，義理深奧，故特作《文言》以開釋之。」（同前，卷 1，頁 10a）

想，強調〈乾〉、〈坤〉之間無可迴避、互相支持的一體性。故〈乾〉卦《彖傳》亦闡發此義：

> 大哉乾元，萬物資始，乃統天。雲行雨施，品物流形。大明終始，六位時成，時乘六龍以御天。乾道變化，各正性命。[44]

〈乾〉的力量在於提供陽光（大明終始）與雨水（雲行雨施），給予萬物生命之所必需。〈坤〉卦《彖傳》則說：

> 至哉坤元，萬物資生，乃順承天。坤厚載物，德合无疆，含弘光大，品物咸亨。[45]

有了陽光、雨水，也需要土地，萬物才可生育，「坤元」之能「順承天」，就是承受陽光雨水而孕育萬物；此所謂「坤厚載物」、「萬物資生」也。六十四卦中，代表〈乾〉、〈坤〉互動有無的兩卦，分別是〈泰〉、〈否〉。〈否〉卦內「坤」外「乾」，「大往小來」，象徵「天、地」之間沒有交流，故為「不利君子貞」。《彖傳》說：

> 天地不交，而萬物不通也；上下不交，而天下无邦也。[46]

反觀〈泰〉內「乾」外「坤」，「小往大來」，象徵「天」的力量下降於「地」，「地」的力量上升於「天」，故占斷為「吉，亨」，而《彖傳》說：

> 天地交而萬物通也，上下交而其志同也。[47]

〈乾〉、〈坤〉象徵天地交通，陰陽交融。《易》的道理，天道與人事，不雜不離。以陰陽、乾坤相交通之理引申至於人事，則男為陽，女為陰。男女婚配，實即陰陽交合、乾坤相配之象。新的生命因婚配而誕生，不但在人類，所有物種皆同，就是《彖傳》所謂「品物流形」、「萬物資生」。《繫辭傳》「生生之謂易」，人類創造新生命，其意義可比擬於天地創生萬物。故《周易》陰陽交泰、男女婚配之義理，和「飲食」一樣，亦不是以滿足身體欲望為目的，而是從族類繁衍、人倫建構的理念出發，將人類婚配所必

44　《周易注疏》，卷1，頁6a。
45　同前注，卷1，頁22a。
46　同前注，卷2，頁23b-24a。
47　同前注，卷2，頁20b。

需的人文性，包括各種影響男女雙方幸福與否的各種微妙之情感與形體因素，一併考慮。故《易》下經以〈咸〉為首。〈咸〉外「兌」內「艮」，以六子卦理論解釋，則為少男居少女之下，卦辭：

> 亨，利貞，取女吉。

從卦辭「取女吉」則知卦義有婚配之喻。荀子釋〈咸〉卦卦義：

> 《易》之咸，見夫婦。夫婦之道，不可不正也，君臣父子之本也。咸，感也。以高下下，以男下女，柔上而剛下。[48]

《彖傳》「天地感而萬物化生」句下王弼《注》：

> 二氣相與，乃化生也。

孔穎達《正義》：

> 天地二氣，若不感應相與，則萬物无由得應化而生。[49]

故〈咸〉、〈恆〉二卦喻夫婦之道，如《序卦傳》即說：

> 有天地，然後有萬物；有萬物，然後有男女；有男女，然後有夫婦；有夫婦，然後有父子，然後有君臣；有君臣，然後有上下；有上下，然後禮義有所錯。[50]

傳文內容即是將男女夫婦之道，視為天地相交之道的自然延伸與成長。不過《序卦傳》韓康伯《注》僅於〈咸〉卦下釋夫婦之道：

> 咸柔上而剛下，感應以相與，夫婦之象，莫美乎斯，人倫之道，莫大乎夫婦。故夫子殷勤深述其義，以崇人倫之始，而不係之於離也。先儒以乾至

48　《荀子・大略》。王先謙：《荀子集解》，卷 17，頁 495。按：〈咸〉卦卦名之義，就「咸」字而言，其甲骨文字形為「𣧑」（乙 1988），从戌从口，象斧鉞之形；《說文》釋為「皆也，悉也」（《說文解字注》，2 篇上，頁 21a），應該是假借義。但卦爻辭的運用，則通義為「感」。惟王引之《經義述聞》：「《雜卦傳》：『咸，速也。』……下文『恆，久也』，訓恆為久也。此云『咸，速也』，訓咸為速也。蓋卦名為『咸』，即有急速之義。『咸』者，感忽之謂也。……咸與感聲義正同。虞、韓二家訓『咸』為感應之速，而不知『咸』字本有『速』義，故未得古人之指。」（王引之，《經義述聞》，卷 2，頁 50a-b）詳本書上編〈壹、從卦爻辭字義的演繹論《易傳》對《易經》的詮釋〉。

49　《周易注疏》，卷 4，頁 1b-2a。

50　同前注，卷 9，頁 12b-13a。

離為上經，天道也；咸至未濟為下經，人事也。夫《易》六畫成卦，三材
必備，錯綜天人，以效變化。豈有天道人事，偏於上下哉！[51]

韓《注》於〈恆〉卦則沒有申論夫婦之道。此引起了「天地各卦，夫婦共
卦」之論，意指〈咸〉夫婦之道共於〈咸〉卦中論之，〈恆〉卦則別為一
義。〈咸〉卦卦辭下孔穎達《正義》論及於此，說：

> 《繫辭》云「二篇之策」，則是六十四卦，舊分上下：乾坤象天地，咸恆明
> 夫婦；乾坤乃造化之本，夫婦實人倫之原。因而擬之，何為不可？「天地
> 各卦，夫婦共卦」者，周氏云：「尊天地之道，略於人事。猶如三才，天地
> 為二，人止為一也。」此必不然。竊謂乾坤明天地初闢，至屯乃剛柔始
> 交。故以純陽象天，純陰象地，則咸以明人事。人物既生，共相感應；若
> 二氣不交，則不成於相感。自然「天地各一，夫婦共卦」，此不言可悉，豈
> 宜妄為異端？「咸，亨，利貞，取女吉」者，咸，感也，此卦明人倫之
> 始。夫婦之義，必須男女共相感應，方成夫婦。既相感應，乃得亨通。若
> 以邪道相通，則凶害斯及，故利在貞正。既感通以正，即是婚媾之善。故
> 云「咸，亨，利貞，取女吉」也。[52]

「天地各卦，夫婦共卦」與「天地各一，夫婦共卦」都是孔穎達的話，義
亦無別，都是認為「天」與「地」分別取象於〈乾〉、〈坤〉，故稱「各卦」；
「夫、婦」則強調交感，必男女相感，才成夫婦，故單一〈咸〉卦「既相
感應，乃得亨通」，已足以讓夫婦之道完備。這樣的解釋，明顯與《序卦
傳》不合，[53]與鄭玄說解亦不合，卻為後儒所接受。[54]〈咸〉為人倫之始，

---

51 同前注，卷 3，頁 13a。「不係之於離」，「離」原作「雜」，此從阮元校改，見〈周易注疏卷
    九校勘記〉，頁 5b。

52 同前注，卷 4，頁 1a-b。

53 《序卦傳》「有上下然後禮義有所錯」，接著說「夫婦之道，不可以不久也，故受之以恆」
    （《周易注疏》，卷 9，頁 13a），很明顯指出「恆久之義」是「夫婦之道」的必要條件。如此
    將〈咸〉、〈恆〉分論，指夫婦之道已備於〈咸〉，與〈恆〉無關，亦求疵太過。

54 〈恆〉卦下孔穎達《疏》並沒有特別闡發夫婦之道的意義。朱熹《周易本義》承其說，相
    同。唯鄭玄注〈恆〉卦，則說：「恆，久也。巽為風，震為雷。雷風相須而養物，猶長女承
    長男，夫婦同心而成家，久長之道也。夫婦以嘉會禮通，故无咎，其能和順幹事，所行而善

主要因為其中闡發的是男女相感之道。朱熹《周易本義》說：

> 咸，交感也。兌柔在上，艮剛在下，而交感相應。又艮止則感之專，兌說則應之至。又艮以少男下於兌之少女，男先於女，得男女之正，婚姻之時，故其卦為咸。[55]

由此可見，諸家詮釋〈咸〉卦，均以二氣相感、男女相應以為說，而又與上經〈乾〉、〈坤〉的義理相附合。

其實《周易》諸卦，或謂「女歸，吉」（〈漸〉卦卦辭），或謂「取女，吉」（〈咸〉卦卦辭），持「《易》為卜筮之書」觀點者或誤以為是占卜的結果，實則據《繫辭傳》「生生之謂易」解釋，婚配必有吉利的象徵。卦爻辭又或謂「匪寇婚媾」（〈屯〉六二、〈賁〉六四、〈睽〉上九均有此辭），以婚媾與寇盜對言，即以「困吝」而對映出「亨通」之道。尤其〈屯〉六二爻辭：

> 屯如邅如，乘馬班如。匪寇婚媾。女子貞不字，十年乃字。

又以女子懷孕與否，作為困難與否的象徵。[56]均可見二氣相感，男女相應，以孕育後代，繁衍倫類，是《周易》作者思想主線。[57]

諸卦除重視「男女相感」以外，亦重視男女年齡的相配。如〈歸妹〉卦，虞翻《注》云：

> 歸，嫁也，兌為妹。……陰陽之義配日月，則天地交而萬物通也。故以嫁娶也。[58]

「天地交」即陰陽交泰，「萬物通」即指生命繁衍，均為男女婚配之象，故稱「以嫁娶」。王弼《注》：

> 妹者，少女之稱也。兌為少陰，震為長陽；少陰而乘長陽，說以動，嫁妹

　　矣。」李鼎祚輯，《周易集解》，卷7，頁162。

55　朱熹，《周易本義》，卷2，頁131。

56　王引之《經義述聞》：「『女子貞不字』者，『女子貞』為一句。六二居中得正，故曰『女子貞』，家人象辭曰『利女貞』是也。『不字』為一句，猶言婦三歲不孕也。『不字』者，屯邅之象，非以不字為貞也。」（卷1，頁11b）

57　唯〈姤〉卦卦辭「女壯，勿用取女」，主要是〈姤〉以一陰居初，上有五陽，故為陽消之象。《易經》尚陽尚剛（說詳本書中編〈壹、論《易》道主剛〉），故稱「女壯，勿用取女」。

58　李鼎祚輯，《周易集解》，卷11，頁263。

之象也。

孔穎達《正義》：

> 歸妹者，卦名也。婦人謂嫁曰「歸」，「歸妹」猶言嫁妹也。然《易》論歸
> 妹，得名不同。泰卦六五云「帝乙歸妹」，彼據兄嫁妹，謂之歸妹；此卦名
> 「歸妹」，以妹從娣而嫁，謂之歸妹。故初九爻辭云「歸妹以娣」是也。上
> 咸卦明二少相感，恆卦明二長相承。今此卦以少承長，非是匹敵，明是妹
> 從娣嫁，故謂之歸妹焉。……「征凶，无攸利」者，歸妹之戒也。「征」，
> 謂進有所往也。妹從娣嫁，本非正匹，唯須自守，卑退以事元妃；若妄進
> 求寵，則有並后凶咎之敗，故曰「征凶，无攸利」。[59]

據孔穎達的解釋，「歸妹」釋為「嫁妹」，是依據古代貴族婚禮陪嫁的習
俗，出嫁的年少者或婢僕，在家稱妹，出嫁稱娣。[60]其占斷之所以為「征
凶，无攸利」，關鍵在於年齡，即所謂「以少承長，非是匹敵」。因此，如
果此所「歸」之「妹」能「自守卑退」則無妨（不過如何做到「自守卑退」，
孔穎達語焉不詳），但如進而與元妃爭寵，則干犯而致敗。孔穎達的解釋，
似乎來自《象傳》。《象傳》解釋初九爻辭曰：

> 歸妹以娣，以恆也。[61]

屈萬里《周易集釋初稿》：

> 恆，常（原注：常道）。言嫁女者以其娣隨嫁，乃常道也。[62]

《彖傳》引申〈歸妹〉嫁妹之義，而說：

> 天地不交，而萬物不興。歸妹，人之終始也。[63]

---

59 《周易注疏》，卷 5，頁 31b-32a。

60 此即上文「卑退以事元妃」之意。《詩‧大雅‧韓奕》：「諸娣從之，祁祁如雲。」（《毛詩注
    疏》，卷 18 之 4，頁 8b）《說文解字》：「娣，同夫之女弟也。」段玉裁《注》：「女子謂女
    兄弟曰姒妹，與男子同；而惟媵己之妹則謂之娣，蓋別於在母家之偁，以明同心事一君之義
    也。」（《說文解字注》，12 篇下，頁 8a）又《國語‧晉語一》：「其娣生卓子。」韋昭《注》：
    「女子同生，謂後生為娣，於男則言妹也。」（《國語》，卷 7，頁 261-262）

61 《周易注疏》，卷 5，頁 33a。

62 屈萬里，《周易集釋初稿》，頁 331。

63 《周易注疏》，卷 5，頁 32a。

朱熹《周易本義》特別解釋「人之終始」句：

> 歸者，女之終；生育者，人之始。[64]

這是非常有見地的解釋。《本義》又說：

> 妹，少女也。兌以少女而從震之長男，而其情又為以說而動，皆非正也，
> 故卦為歸妹。[65]

朱熹捨棄了孔穎達「以妹從娣而嫁」的解釋，而特別拈出「少女從長男」
為「非正」，似亦較符合經文以及《易傳》以來相當一致的解釋。[66]

　　《周易》所論男女婚配，孕育生命，屬於人事範疇；人事無不來自天
道，故夫婦之道，又可以匹配天地之誼，與陰陽相合、乾坤相攝的道理，
彼此一致。此義又具見於郭店楚簡〈太一生水〉，[67]系統性地以「天」、「地」
為基礎，建構宇宙二元的思想，將一切宇宙萬物之運行，都歸結於神明、
陰陽、四時、寒熱、濕燥等等互相輔助扶持的結果。其立論亦是源出於
《易》的天地陰陽相配，萬物則雌雄媾合，生命亦藉此而孕育的思想。[68]但
從〈咸〉、〈恆〉、〈歸妹〉諸卦結合考察，《易》所反映的思想，似已脫離
一般人理解的所謂原始素樸之社會，而已重在建立一個禮樂初興、倫理觀
念架構有一定成熟程度的社會基礎。

四　結語

　　本文討論《周易》中的飲食之道及其教化引申，以及「婚配」之義及

64　朱熹，《周易本義》，卷2，頁200。

65　同前注。

66　黃慶萱說：「歸妹是和親政策下的政治婚姻，缺乏愛情的基礎，所以『征凶无攸利』。」黃慶
　　萱，〈周易數象與義理〉，收入《周易縱橫談（增訂二版）》（台北：東大圖書公司，2008），
　　頁68。

67　拙著，〈《太一生水》釋讀研究〉，頁145-166。

68　說詳拙著，〈從《太一生水》試論《乾・彖》所記兩種宇宙論〉，頁139-150。

陰陽交泰的思想，旨在說明卦爻辭雖撰著於西周時期，年代久遠，研究者卻不宜視之為原始社會，解釋古人的行為與思想。以「飲食」與「男女」為例，《周易》之所以重視，絕非僅僅將之視為動物性的行為和本能性的作用，而是將二者奠立在一套相當廣泛而深入的自然與人文合一的教化思想之上。《周易》以飲食之道象徵身心的舒緩、象徵危困中的安全、象徵家庭的安穩、象徵群眾人民的豐收、甚至象徵一個政權的安危與否。今天人類的社會通常的習俗，無論酬神、迎賓、待客、慶典、送別、喪葬等等，無一不將「飲食」作為活動的主體。衡諸《周易》，其原理至為簡單：飲食之道，既在於維持生命的存續，也可促進個人和群體之生活和生命的平安穩定。先秦禮義思想的原始，就和身體飲食之道，有深切的關係。

至於《易》婚配的思想，從自然之理觀察，男女身體結合與動物牝牡交合，均屬生命繁衍的根源，亦均源出〈乾〉、〈坤〉交泰、陰陽二氣相感的原理；但就其相異處而言，人倫以禮為基礎，年齡、喜悅、得正、感通、適時等等，都是必須納入考慮的必要因素，其在人生社群，是涉及吉凶、順逆之關鍵。因此男女婚配之誼，又和飲食之道一樣，絕非僅止於身體欲望的滿足，而是以文明教化之提升與調和為最終目的。

陸、論《易傳》對《易經》哲理的詮釋——
辭例、易數、終始觀念

■ 前言

　　二十世紀《易》學界主流的看法，普遍認為《易經》和《易傳》必須嚴加區別，不可以傳釋經，亦不可以經解傳。筆者不以為然，常以父母與子女譬喻經傳關係，「經」（卦爻辭）就是「傳」的父母，「傳」則是「經」的子女，彼此有血緣基因承襲關係，無法泯除。然而，子女也是獨立生命體，必然有其獨特性，正如《易傳》內容雖然出自《易經》卦爻辭，但不可能與卦爻辭全同。唯有釐清經文所載歷史、倫理、道德、語言等各方面，才能明白《易傳》與經文的同與異，然後知其新創價值何在。大體而言，《十翼》均有汲取自卦爻辭的內容，進而加以詮釋，或扣緊經文本義，以釋經為主，或演繹經文義理，將經義作多向性發揮。本文分別從「辭例」、「易數」、「終始觀念」三節論證「傳」傳承自「經」的痕跡，並考察其義理新創。

■ 辭例：《象傳》本義引申義之分判

　　卦爻辭並非原始之占筮紀錄。從語文學的角度考察，各卦各爻，往往依卦名的義訓，引申至不同之語義，而非用該卦卦名的「字」之本義，其引申則釐然有清晰的系統，即可知《易經》是創作而非纂輯。故凡持「求

本義」的角度考察卦名，必然無法窺見卦義的全貌。至《易傳》之解釋，則往往依附各卦的本義，予以引申。此在《彖傳》而言，處處扣緊「經」的文字本誼，又處處推衍新義，尤可以為明證。如〈乾〉卦《彖傳》：

> 大哉乾元！萬物資始，乃統天。雲行雨施，品物流形。大明終始，六位時成，時乘六龍以御天。乾道變化，各正性命。保合大和，乃利貞。首出庶物，萬國咸寧。[1]

扣緊卦辭「元亨利貞」四字，先結合卦名「乾」與彖辭（即卦辭）首字「元」字，創為「乾元」此一新概念，然後加以演繹「乾元」作為「統天」之主宰，是一自然宇宙論之主體。繼而扣緊「亨」字訓「通」的本誼，而強調雲雨（雲行雨施）及陽光（大明終始）於天地間的貫通，為生命之源始。又繼而以「正」字釋「貞」字，以有利於萬物性命之正，而衍為「各正性命」之說，呼應「利貞」一詞。最後以「首」字字義與「元」字相通，而以「首出庶物，萬國咸寧」八字收結。

〈乾〉卦《彖傳》最精彩、最為後世《易》家注意的引申義，可能在於標舉「雲雨」及「大明」為大自然最大之衝突，又標舉「大和」指此種最大衝突為最大之調和，[2]復引申乾道御天的最高精神，喻指君主統御萬國，亦應在衝突當中求取最大之安寧（「萬國咸寧」）。以上的詮釋，包括了自然哲學和政治哲學，而訓釋之法，則必符合「字義演繹」的原理。《周易》本為政治典冊，《易》理宣示自然宇宙論，自有其神道設教的政治理想，而最終目的，則在於引申自治治人之理，以訓誨治國的貴族士大夫。這是《彖傳》追溯天道，而歸本人事的用意。

《彖傳》的釋經，是步步為營的取向，扣緊卦辭文句的每一個字，加以闡釋，〈乾〉、〈坤〉二卦別有寄託，文字較豐厚，其餘六十二卦，若干傾向於保守。以〈訟〉為例，《彖傳》曰：

1　《周易注疏》，卷1，頁6a-7b。

2　歷代《易》家以張載《正蒙》「太和」之論，最能發揮〈乾〉卦《彖傳》此義。《正蒙·太和篇》說：「太和所謂道，中涵浮沉、升降、動靜、相感之性，是生絪縕、相盪、勝負、屈伸之始。其來也幾微易簡。其究也廣大堅固，起知於《易》者乾乎！」《張載集》，頁7。

訟，上剛下險，險而健，訟。「訟，有孚，窒惕，中吉」，剛來而得中也。「終凶」，訟不可成也。「利見大人」，尚中正也。「不利涉大川」，入于淵也。[3]

此章關鍵在於「終凶」，而以「訟不可成」釋之，並以「入于淵」點出危險。考察初六「不永所事」，即訟事不可長久，必無善終之意；上九「或錫之鞶帶，終朝三褫之」，亦為「終凶」之判語。故就〈訟〉《彖傳》而言，經、傳意義的層次不易區別。[4]

《彖傳》的詮釋，雖有不少像〈訟〉卦那樣偏向保守，但也有不少卦例，引申幅度較大，從本義一躍而引出新義。下表將各卦《彖傳》辭例，分為三部分，左欄為各卦名及卦辭，中欄為《彖傳》對卦辭本義的解釋，右欄為《彖傳》新義理的引申：

各卦卦名及卦辭	《彖傳》對卦辭本義的解釋	《彖傳》新義理的引申
蒙：亨。匪我求童蒙，童蒙求我。初筮，告；再三，瀆，瀆則不告。利貞。	蒙，山下有險，險而止。「蒙，亨」，以亨行，時中也。「匪我求童蒙，童蒙求我」，志應也。「初筮，告」，以剛中也。「再三，瀆，瀆則不告」，瀆蒙也。	蒙以養正，聖功也。[5]
履虎尾，不咥人，亨。	履，柔履剛也。說而應乎乾，是以「履虎尾，不咥人，亨。」	剛中正，履帝位而不疚，光明也。[6]

3　《周易注疏》，卷2，頁4a。

4　或謂〈訟〉《彖傳》「得中」、「尚中正」等為新義理，亦非全然如此。因《易經》初終反復的哲理系統，本身即隱含崇尚中道穩定的思想。《易經》隱含的「中」的觀念，當然是強調時間變化之中一個穩定的階段，而《彖傳》則以此闡釋爻位，爻位亦與時間發展有關。

5　雄按：「聖功」的觀念晚出，用以演繹〈蒙〉卦卦義。

6　「履」與「禮」有關，「禮」與「體」有關，即身體力行。《禮記・禮器》：「禮也者，猶體也。體不備，君子謂之不成人。」鄭玄《注》：「若人身體。」《禮記注疏》，卷23，頁21b。帛書《周易》作「豊」，「不疚」、「光明」皆屬引申義。

各卦卦名及卦辭	《彖傳》對卦辭本義的解釋	《彖傳》新義理的引申
同人：同人于野，亨。利涉大川，利君子貞。	同人，柔得位，得中，而應乎乾，曰同人。同人于野，亨。利涉大川，乾行也。文明以健，中正而應，「君子」正也。[7]	唯君子為能通天下之志。[8]
豫：利建侯、行師。	豫，剛應而志行，順以動，豫。豫順以動，故天地如之，而況「建侯、行師」乎？	天地以順動，故日月不過，而四時不忒；聖人以順動，則刑罰清而民服。豫之時義大矣哉！
隨：元亨，利貞，无咎。	隨，剛來而下柔，動而說，隨。大亨，貞，「无咎」，而天下隨時。	隨時之義大矣哉！[9]
觀：盥而不薦，有孚顒若。	大觀在上，順而巽，中正以觀天下。「觀，盥而不薦，有孚顒若」，下觀而化也。	觀天之神道，而四時不忒。聖人以神道設教，而天下服矣。
賁：亨，小利有攸往。	賁，[10] 柔來而文剛，故亨。分剛上而文柔，故「小利有攸往」，天文也。文明以止，人文也。	觀乎天文以察時變，觀乎人文以化成天下。
復：亨。出入无疾，朋來无咎。反復其道，七日來復，利有攸往。	「復，亨」，剛反，動而以順行，是以「出入无疾，朋來无咎」。「反復其道，七日來復」，天行也。「利有攸往」，剛長也。	復，其見天地之心乎？[11]
頤：貞吉。觀頤，自求口實。	「頤，貞吉」，養正則吉也。「觀頤」，觀其所養也。「自求口實」，觀其自養也。	天地養萬物，聖人養賢以及萬民，頤之時大矣哉！

7　今本《周易》「曰同人」之後即為「同人曰同人于野，亨，利涉大川」，其中「曰同人」三字涉上文而衍，應刪去，作「同人于野，亨，利涉大川」。

8　〈同人〉卦本喻軍隊同僚，義即「同仁」，《彖傳》引申至於通天下之心志，以確立「君子」同人的觀念。

9　「時」是《易》的核心觀念，作者特將「隨」與「時」相聯繫而突出「隨時」之義。

10　今本《周易》作「賁，亨，柔來而文剛，故亨」，前一「亨」字衍。今刪去。

11　「天地之心」極具哲學意味，作者尤著眼於一陽來復「剛長」之義為「天地之心」。

各卦卦名及卦辭	《彖傳》對卦辭本義的解釋	《彖傳》新義理的引申
習坎：有孚，維心亨，行有尚。	習坎，重險也。水流而不盈，行險而不失其信。「維心亨」，乃以剛中也。「行有尚」，往有功也。	天險，不可升也。地險，山川丘陵也。王公設險，以守其國。險之時用大矣哉！
咸：亨，利貞。取女，吉。	咸，感也。柔上而剛下，二氣感應以相與，止而說，男下女，是以「亨，利貞。取女，吉」也。	天地感而萬物化生，聖人感人心而天下和平。觀其所感，而天地萬物之情可見矣。
恆：亨，无咎，利貞。利有攸往。	恆，久也。剛上而柔下，雷風相與，巽而動，剛柔皆應，恆。「恆，亨，无咎，利貞」，久於其道也。天地之道，恆久而不已也。「利有攸往」，終則有始也。	日月得天而能久照，四時變化而能久成。聖人久於其道，而天下化成。觀其所恆，而天地萬物之情可見矣！
家人：利女貞。	家人，女正位乎內，男正位乎外，男女正，天地之大義也。	家人有嚴君焉，父母之謂也。父父，子子，兄兄，弟弟，夫夫，婦婦，而家道正；正家而天下定矣。
睽：小事吉。	睽，火動而上，澤動而下，二女同居，其志不同行。說而麗乎明，柔進而上行，得中而應乎剛，是以「小事吉」。	天地睽而其事同也，男女睽而其志通也，萬物睽而其事類也。睽之時用大矣哉！
解：利西南。无所往，其來復，吉。有攸往，夙吉。	解，險以動，動而免乎險，解。「解，利西南」，往得眾也。「其來復，吉」，乃得中也。「有攸往，夙吉」，往有功也。	天地解，而雷雨作；雷雨作，而百果草木皆甲坼。解之時大矣哉！
益：利有攸往，利涉大川。	益，損上益下，民說无疆。自上下下，其道大光。「利有攸往」，中正有慶。「利涉大川」，木道乃行。	益動而巽，日進无疆。天施地生，其益无方。凡益之道，與時偕行。
姤：女壯，勿用取女。	姤，遇也，柔遇剛也。「勿用取女」，不可與長也。	天地相遇，品物咸章也。剛遇中正，天下大行也。姤之時義大矣哉！

各卦卦名及卦辭	《彖傳》對卦辭本義的解釋	《彖傳》新義理的引申
萃：亨。王假有廟，利見大人，亨，利貞。用大牲，吉。利有攸往	萃，聚也。順以說，剛中而應，故聚也。「王假有廟」，致孝享也。「利見大人，亨」，聚以正也。「用大牲，吉，利有攸往」，順天命也。	觀其所聚，而天地萬物之情可見矣。
革：己日乃孚，元亨，利貞，悔亡。	革，水火相息，二女同居，其志不相得，曰革。「己日乃孚」，革而信之。文明以說，大「亨」以正。革而當，其「悔」乃「亡」。	天地革而四時成。湯、武革命，順乎天而應乎人。革之時大矣哉！
豐：亨，王假之。勿憂，宜日中。	豐，大也。明以動，故豐。「王假之」，尚大也。「勿憂，宜日中」，宜照天下也。	日中則昃，月盈則食，天地盈虛，與時消息，而況於人乎？況於鬼神乎？
旅：小亨，旅貞吉。	「旅，小亨」，柔得中乎外而順乎剛，止而麗乎明，是以「小亨，旅貞吉」也。	旅之時義大矣哉！
節：亨，苦節，不可貞。	「節，亨」，剛柔分而剛得中。「苦節不可貞」，其道窮也。說以行險，當位以節，中正以通。	天地節而四時成，節以制度，不傷財，不害民。

以上二十二例，辭例相當一致，本義→引申義釐然清晰。卦爻辭義理本奠基於自然哲學，應用則在於政治人事。《彖傳》作者掌握此一準則，常將卦義朝自然、人文兩方面解釋。例如〈睽〉卦從天地相睽、男女相睽引申到萬物相睽。以下再舉七卦說明：

1. 〈豫〉卦《彖傳》「天地以順動，故日月不過，而四時不忒」屬於自然層面，「聖人以順動，則刑罰清而民服」則屬於政治層面。

2. 〈觀〉卦《彖傳》「觀天之神道，而四時不忒」屬於自然，「聖人以神道設教，而天下服矣」則屬政治人文。

3. 〈賁〉卦義為文飾，《彖傳》謂「觀乎天文以察時變」屬於自然，「觀乎人文以化成天下」則屬政治人文。

4. 〈頤〉卦義為口頤，《彖傳》謂「天地養萬物」屬自然之理，「聖人養賢以及萬民」則是政治教化之義。

5. 〈習坎〉卦《彖傳》「天險，不可升也。地險，山川丘陵也」屬於自然現象，「王公設險，以守其國」則屬政治人文之義。

6. 〈革〉卦《彖傳》「天地革而四時成」屬於自然之道，「湯武革命，順乎天而應乎人」則屬政治人文之義。

7. 〈節〉卦《彖傳》「天地節而四時成」屬於自然規律，「節以制度，不傷財，不害民」則屬治民方術。

凡此皆可見《彖傳》自然與人文一體的義理，既指向經文本義，又致力引申新義。就像子女性情容色常與父母相似，卻不妨礙具有獨立而有異於父母的思想言行。

　　《彖傳》有時也會倒過來，先據卦名卦德以衍釋其卦之義理，再解釋卦辭本義。如〈離〉卦辭「利貞，亨。畜牝牛，吉」，《彖傳》：

> 離，麗也。日月麗乎天，百穀草木麗乎土，重明以麗乎正，乃化成天下。柔麗乎中正，故「亨」，是以「畜牝牛，吉」也。[12]

則是先以「麗」之義解釋卦名「離」的字義，繼而演繹「麗」的無處不在：「日月麗乎天，百穀草木麗乎土，重明以麗乎正，乃化成天下。」說明〈離〉卦「利貞」之德，再而釋卦辭「亨，畜牝牛，吉」。

　　又若干卦《彖傳》的解釋，或將「引申新義理」的內容與「解釋卦辭本義」的內容互相結合，如〈否〉卦：

> 「否之匪人，不利君子貞，大往小來」，則是天地不交而萬物不通也，上下不交而天下无邦也。內陰而外陽，內柔而外剛，內小人而外君子，小人道長，君子道消也。[13]

《彖傳》以自然界的「天地不交而萬物不通」以解釋「大往小來」四字，以政治界的「上下不交而天下无邦」以解釋「不利君子貞」五字。再引申為陰陽、剛柔的消長之義，以說君子小人道長道消之義。此則述說本義抑或演繹新義，不容易區別（〈泰〉卦《彖傳》相同）。又如〈謙〉卦《彖傳》：

12　《周易注疏》，卷3，頁36b。

13　同前注，卷2，頁23b-24a。

「謙，亨」。天道下濟而光明，地道卑而上行。天道虧盈而益謙，地道變盈而流謙，鬼神害盈而福謙，人道惡盈而好謙。謙尊而光，卑而不可踰，「君子」之終也。[14]

「天道下濟而光明，……人道惡盈而好謙」一段，不但解釋卦辭「謙，亨」，亦在於演繹「謙」的精神，推至天道、地道、鬼神、人道四端，引申出「謙」而不「盈」的自然與人文價值。最後則以「謙尊而光，卑而不可踰」二語，推論「君子」之「終」，以說明卦辭「君子有終」四字。

三 《易》數：龜數、筮數與天地之數

《繫辭傳》記揲蓍之數，是為後世論《易》筮之本。又記天地之數及大衍之數，中編〈肆〉已有介紹。追源溯本，後世《易》數學多本於《易傳》，《易傳》之數本於《易經》，經數則初源於龜卜，或部分源於數字卦。[15]龜卜之前，雖已難有更古老的實物紀錄，但先民久已養成藉由數字以逆測自然神祕力量的習慣，似無可疑。數字觀念與方法的發展，前後相承，代有演變。因此由遠古龜卜至於《易經》，復至《易傳》，再而被後世《易》注《易》說繼承，層層推衍的痕跡，甚為清楚。故《易傳》中「易數」的記載與衍釋，前有所承可以確定，但承繼的來源與演變的情形則至為複雜，不易一言而定。

殷人龜卜傳統與《周易》之關係，近代學界提出《易》起源於殷商甲骨卜辭之論，其說最早可能是明義士（James M. Menzies），其所著《柏根氏舊藏甲骨文字考釋》說謂：

甲骨卜辭，……其文或旁行左讀，或旁行右讀，亦不一律。惟各段先後之

14　同前注，卷2，頁31b-32a。

15　因數字卦的出土散布區域較廣，年代跨度亦較大，推測亦源遠流長，但因成卦之法不明，難以坐實與《易》占具有前後相承的關係，只能被視為可能的來源之一。

次，率自下而上為序，幾為通例；而於卜旬契辭，尤為明顯。蓋一週六旬，其卜皆以癸日，自下而上，與《周易》每卦之六爻初二三四五上之次，自下而起者同。而《周易》爻辭，亦為六段，與六旬之數尤合。疑《周易》為商代卜辭所衍變，非必始於周也。

屈萬里自張秉權處得睹明義士之說，頗贊同其說，但認為易卦應該是源於龜卜，而著成於周武王時，與明義士稍異。屈先生評論明義士說：

> 明義士此書，成於二十餘年前，已知《周易》為商代卜辭所衍變，可謂獨具隻眼。惟謂《周易》非必始於周，則與予說有間耳。又，勞貞一先生亦以為：《易》筮之術，雖完成於周初，而由龜卜演變為《易》筮，當需一長時間之演變，非一人、一時、一地之事。其說與明義士之說暗合。[16]

明義士與屈萬里以外，饒宗頤又據殷墟出土大龜考察，發現殷人龜卜中自有其一套數字觀念。其論文〈由卜兆記數推究殷人對於數的觀念——龜卜象數論〉[17]有好幾個重要的推論，其中與本論題相關的，主要在於提出「筮數」出於「龜數」。這包括三個重要的觀念：

1. 「龜數」是「筮數」的來源。
2. 「龜數」記數雖由一至十反復循環，但「卜用多龜之例，僅到五數而止」，故一二三四五為「龜數」，與七八九六為筮數不同；故龜數為「本數、生數」，筮數為「末數、成數」。[18]

---

16 詳屈萬里，〈易卦源於龜卜考〉，頁 69。本書下編〈壹、《周易》全球化〉亦有介紹。

17 饒宗頤，〈由卜兆記數推究殷人對於數的觀念——龜卜象數論〉，收入《選堂集林·史林》（香港：中華書局香港分局，1982），上冊，頁 18-82。

18 饒宗頤說：「我認為筮法出於龜數。七八九六是易所以成爻的，而一二三四則七八九六所從出，又是易所以生爻的。所以一種是本數生數，另一種是末數成數。」（〈由卜兆記數推究殷人對於數的觀念——龜卜象數論〉，頁 51）雄按：「龜數」為一二三四五，「筮數」為七八九六，其說始賈公彥。《周禮·春官·占人》賈公彥《疏》：「龜長者，以其龜知一二三四五天地之生數，知本；《易》知七八九六之成數，知末。是以僖十五年《傳》韓簡云『龜，象也；筮，數也。物生而後有象，象而後有滋，滋而後有數。』故象長。」《周禮注疏》，卷 23，頁 22a。

3. 「龜數」為順數，《易》筮則為逆數。[19]

《周易》與龜卜的關係，屈萬里亦已闡發於〈易卦源於龜卜考〉，[20]「龜數」
與「筮數」有源流從屬的關係，從《周易》爻題「九六」，以變爻占，與
世傳殷易《坤乾》爻題「七八」，以不變之爻占，已可見其相互之關聯。
後世且相傳為「龜長筮短」之說，以別其異同。[21]筮法以七、八（少）九、
六（老）之數揲蓍得卦，其間並未有所謂「天數、地數」、「生數、成數」
名義之區分，至《繫辭傳》則稱：

> 天一、地二、天三、地四、天五、地六、天七、地八、天九、地十。天數
> 五，地數五，五位相得而各有合，天數二十有五，地數三十。凡天地之數
> 五十有五，此所以成變化而行鬼神也。[22]

不但創為「天、地」的觀念以統轄「奇、耦」之數，而且強調天地相參，

---

19 饒氏引馬其昶《周易費氏學》「順逆」的理論，說：「筮法是從多來求少，其勢逆，故稱『逆
　數』。我們看龜甲上的記數，自一以下至十，都依照著數序，絕無例外，可知龜所用的，是
　『順數』，和易所用的『逆數』，恰恰相反。筮數係象數加以推衍，故後人稱龜數為生數，筮
　數為成數。」（〈由卜兆記數推究殷人對於數的觀念——龜卜象數論〉，頁 52）

20 屈萬里，〈易卦源於龜卜考〉，《書傭論學集》，頁 48-69。

21 僖公四年《左傳》記：「晉獻公欲以驪姬為夫人，卜之不吉，筮之吉。公曰『從筮』，卜人
　曰：『筮短龜長，不如從長。』」（《春秋左傳注疏》，卷 12，頁 14a-b）僖公十五年《左傳》
　記韓簡說：「龜，象也；筮，數也。物生而後有象，象而後有滋，滋而後有數。」（同前，卷
　14，頁 11a-b）學者多引此以為「龜長筮短」之說，而又並及於數字觀念。「龜長筮短」之
　說，後世學者多據《左傳》、《周禮》而信之，唯《禮記‧曲禮》「假爾泰龜有常，假爾泰筮
　有常」，鄭玄《注》：「命龜筮辭，龜筮於吉凶有常，大事卜，小事筮。」（《禮記注疏》，卷 3，
　頁 14b）而孔穎達《疏》則提出異議，稱：「卜筮必用龜蓍者，案劉向云：蓍之言耆，龜之
　言久，龜千歲而靈，蓍百年而神，以其長久，故能辯吉凶也。《說文》云：『蓍，蒿屬。生千
　歲三百莖，《易》以為數。天子九尺，諸侯七尺，大夫五尺，士三尺。』陸機〈草木疏〉云：
　『似藾蕭，青色，科生。』《洪範五行傳》曰『蓍生百年』，一本『生百莖』。《論衡》云：『七十
　年生一莖，七百年十莖。神靈之物，故生遲也。』《史記》曰：『滿百莖者，其下必有神龜守
　之，其上常有雲氣覆之。』《淮南子》云：『上有叢蓍，下有伏龜。』卜筮實問於神龜，筮能
　傳神命，以告人。」孔穎達又引《繫辭》「定天下之吉凶，成天下之亹亹者，莫大乎蓍龜」、
　「蓍之德圓而神，卦之德方以知。神以知來，知以藏往」、《說卦》「昔者聖人幽贊於神明而
　生蓍」等內容，推論「蓍龜知靈相似，無長短也」。（同前，頁 15b-16a）

22 朱熹，《周易本義》，卷 3，頁 243。

一至十相加為「天地之數五十有五」，此數為能「成變化而行鬼神」，等於開啟了一扇詮釋的門戶，讓數字體系得以再推擴至「策數」，[23]可「當萬物之數」，演出天地創生變化的原理。《周禮・春官・占人》賈公彥《疏》指「龜知一二三四五天地之生數」，而《易》「筮」「用七八九六之成數」，以證明「龜長筮短」之說，恐怕是用了戰國以後的數字觀念解釋，益可見學者以「生數」、「成數」解釋龜筮之別，既可遠溯殷周以上遠古之淵源，也混雜了「生」、「成」等後世層累而出現的數字觀念。又依饒先生所說，無論龜數、筮數或生數、成數，原本均無「方位」之觀念。數字方位觀念，實見於前引《繫辭傳》「五位相得而各有合」一語。數字能「成變化而行鬼神」，應是肇始於龜卜之數背後的神道設教的信仰；唯「五位相得」云云，必非指《易》六爻之「爻位」，[24]而是指具體的空間方位，此則並非卦爻辭中所有的概念，而是由「龜數」、「筮數」演為「天地之數」後，再添加空間方位的思想，成為新的解釋。漢代以後，《易》家始演為「河圖」的圖式，即以「生數」一、二、三、四分居北、南、東、西四方，以「土數」五、十居中央，再以一、二、三、四加上「土數」五而為「成數」六、七、八、九。[25]再進而在此基礎上，以十天干分配《易》卦方位思想。[26]

23　《繫辭上傳》：「乾之策二百一十有六，坤之策百四十有四，凡三百有六十，當期之日。二篇之策，萬有一千五百二十，當萬物之數也。」《周易注疏》，卷 7，頁 22a-b。雄按：策數之法，詳孔穎達《疏》。六十四卦三百八十四爻，陰陽各當其半，即各得一百九十二。陽爻爻別三十六（九乘以四營之數）乘以一百九十二，得六千九百一十二；陰爻爻別二十四（六乘以四營之數）乘以一百九十二，得四千六百零八。合計一萬一千五百二十。（同前）朱熹《周易本義》亦用此說（卷 3，頁 244-245）。

24　雄按：凡《易》所重，重在「時」、「位」，「位」即從爻位而言。卦位之說，在卦爻辭中無徵

25　李鼎祚《周易集解》引虞翻曰：「或以一六合水，二七合火，三八合木，四九合金，五十合土也。」（卷 14，頁 337）

26　李鼎祚《周易集解》引虞翻曰：「五位，謂五行之位：甲乾、乙坤，相得合木，謂『天地定位』也。丙艮、丁兌，相得合火，『山澤通氣』也。戊坎、己離，相得合土，『水火相逮』也。庚震、辛巽，相得合金，『雷風相薄』也。天壬、地癸，相得合水，言陰陽相薄而戰於乾。故『五位相得，而各有合』。」（卷 14，頁 337）雄按：此段解釋，係以天干配東南西北

四 終始觀念：初終、終始、死生

《易傳》提出的生死觀，部分見於《彖傳》（如〈乾〉、〈坤〉二卦《彖傳》「品物流形」、「品物咸亨」皆指萬物繁育的欣欣向榮），但所闡發者並不甚多。《易傳》從宇宙論的層面論死生，主要見於《繫辭傳》：

> 《易》與天地準，故能彌綸天地之道。仰以觀於天文，俯以察於地理，是故知幽明之故。原始反終，故知死生之說。精氣為物，遊魂為變，是故知鬼神之情狀。[27]

作者從《易》理的「終始」之道，以審視人類的「生死」現象，藉此超越一己之私，以推擴至天地自然之公。讀者或以為，「死生」是人間尋常之事，有誰不知？何以《繫辭傳》作者特別提出「故知死生之說」呢？事實上，尋常人只是從生活經驗法則中知道作為現象的「死生」，卻不能從宇宙根本法則中，知悉「死生」的原理與意義。「死生」僅就個人而言，是個別的觀念；而「終始」是就天地萬物而言，則是普遍的觀念。治《易》者一旦領悟天地精氣隨著「終始」的規律而旋聚旋散的深微道理，那就能「知死生」，亦即明瞭「幽明之故」（所謂「幽明之故」亦自死生而言）。倘能明終始之義，知幽明之故，則內心可以無「生死」，也就不會陷入「生死」的恐懼。這是《繫辭傳》「故知死生之說」的寄意！「幽明之故」，並不在於宗教所謂天堂或地獄的區分，而是由「天地之道」分判出「生之境」與「死之境」。此兩境為相對，卻互推互動，依循著終始變換的規律，一氣流通，非截然二分。「幽」即源出於「陰」，而與「地理」有關；「明」即源

中五位而言，蓋《易緯》之思想，認為甲乙居東屬木、青色；丙丁居南方屬火、赤色；戊己居中央屬土、黃色；庚辛居西方屬金、白色；壬癸居北方屬水、黑色。《易通卦驗》：「甲日見者青，乙日見者青白；丙日見者赤，丁日見者赤黑；戊日見者黃，己日見者青黃；庚日見者白，辛日見者赤白；壬日見者黑，癸日見者黃黑。各以其氣候之。」《易通卦驗鄭氏注》，頁31b-32a。

27　朱熹，《周易本義》，卷3，頁237。

出於「陽」，而與「天文」有關。[28]考察眾生的生死，人世間舊生命的死亡與新生命的誕生，均時時刻刻在地球上同時上演。明瞭此種「終始」的原理，則知「始」（生）是「原」，「終」（死）為反，則能明白生死的真義（知死生之說）。故大凡深於《易》理的學者，均能超脫生死的憂懼。

上文所論「原始反終」之論，本即出自戰國流行的「氣」宇宙論，因「天文」、「地理」（以及天地間的生命）為有形之物，「終始」、「生死」則屬無形之理；無形之理主宰有形之物，且可藉由仰觀俯察而知其故，則唯有「氣」的聚散可以解釋。故《繫辭傳》接著說「精氣為物，遊魂為變」，即指「氣」的聚散：「精氣為物」即是精氣之聚而萬物生，「遊魂為變」即是精氣之散而萬物死（「遊魂」即指生命死後存在之型態而言）。「遊魂為變」亦即精氣消散以後，終將再聚，而又再有新生命誕生，故又復反成為「精氣為物」的狀態。因此這兩句話，即自「原始反終」的觀念而來。戰國時期的「氣」觀念，本包括物質、準物質以及物質自身的力量而言。「精氣為物」，或指人類身體之物質，如《莊子・德充符》所謂「外乎子之神，勞

---

28 誠如戴震所說：「飲食之化為營衛，為肌髓，形可并而一也。形可益形，氣可益氣，精氣附益，神明自倍。散之還天地，萃之成人物。與天地通者生，與天地隔者死。以植物言，葉受風日雨露以通天氣，根接土壤肥沃以通地氣。以動物言，呼吸通天氣，飲食通地氣。人物於天地，猶然合如一體也。體有貴賤，有小大，無非限於所分也。」戴震，〈答彭進士允初書〉，《東原文集》，卷8，頁358。戴震說明了生存於天地之間的一切動植物，無時無刻不與天地相通，都分別從天與地汲取養分，及至死亡，則曾擁有的又都歸還天地。其說解至為碻確。荷蘭漢學家高延（J. J. M. de Groot）在其名著 The Religious System of China 中亦注意到中國古代「陰」、「陽」對應於「天」、「地」而構成了兩重靈魂的思想觀念。他說，"The Yang and the Yin being deemed to produce, by the power of their co-operation, *all* that exists, so Man, too, was judged by the ancient Chinese to be a product of the union of those powers. And, likewise as a matter of course, they considered him to be shaped out of the same material and immaterial substances which they believed to constitute the Universe or, in other words, Heaven and Earth, containing the five Elements." *The Religious System of China,* Volume IV (Leiden: Brill, 1901), p. 3. 又說，"Considering that the Chinese allot masculine attributes to Heaven, as this is the fructifying power of the Universe, while they ascribe a feminine character to Earth, which receives Heaven's fructification, we may call the shen (按：神) the male soul or the *animus*, and the kwei (按：鬼) the female soul or *anima*." (p.4)其說可參。

乎子之精」之「精」，[29]即指生理的菁華而言；《管子·水地》「人，水也。男女精氣合而水流形」[30]即同時指男女生殖的物質以及性欲的動力而言。「精氣」的聚合，造就了生命的開始；[31]「遊魂」的變化，則標示了生命的結束。但如上所言，此結束亦不是「死」，而是「反終」；「反終」以後，將復反「原始」，而終始循環，生生不息。故從「氣」的聚散變幻而觀，「生」者固然為「生」，但「死」者亦可謂未嘗「死」，因「精氣」未嘗消息，俟其再度「為物」以後，又創造出另一生命。此豈非正所謂「故知死生之說」？《繫辭傳》「生生之謂易」，亦當作如是解。正如《管子·內業》所說：

> 摶氣如神，萬物備存。能摶乎？能一乎？能無卜筮而知吉凶乎？能止乎？能已乎？能勿求諸人而得之己乎？思之思之，又重思之。思之而不通，鬼神將通之，非鬼神之力也，精氣之極也。四體既正，血氣既靜，一意摶心，耳目不淫，雖遠若近。[32]

「摶氣如神」能達致「萬物備存」，故即指「氣」之聚。《韓非子·解老》亦說：

> 死生，氣稟焉。[33]

可見此種精氣聚散、生命終始的循環觀念，不但見於《易傳》，亦是先秦諸子常用的語言觀念。

近一世紀學者爭辯《易傳》思想來自儒家思想或道家思想，皆誤。追本溯源，經文（卦爻辭）才是《易傳》思想的來源。《易》的陰陽哲學所發展出「初、終」的觀念，是《易傳》「終、始」觀念的來源。

29　郭慶藩，《莊子集釋》，卷 2 下，頁 222。「外乎子之神」的「神」為 spiritual，與「精」的 physical 為相對。

30　黎翔鳳撰，《管子校注》，卷 14，頁 815。

31　如《管子·侈靡》：「地之變氣，應其所出。水之變氣，應之以精，受之以豫。天之變氣，應之以正。且夫天地精氣有五，不必為沮。」黎翔鳳撰，《管子校注》，卷 12，頁 742。

32　同前註，卷 16，頁 946。

33　〔清〕王先慎撰，鍾哲點校，《韓非子集解》（北京：中華書局「新編諸子集成」本，1998），卷 6，頁 147。

《易經》的基本支柱是「陰陽」，最核心之觀念即往復相推，循環不已。就「陰陽」關係而言，陽實陰虛，陽大陰小，陽息陰消，終始無窮，故陰陽就是往復循環。就經文而論，六十四卦每兩卦為一組，關係非覆即對。「對、覆」的關係就是「往來」，如〈泰〉內乾外坤，卦辭「小往大來」；〈否〉內坤外乾，卦辭「大往小來」，往來即指陰陽的內外消長。[34]故「對、覆」即無窮的往復循環。[35]就全書而論，《易經》以〈乾〉為始，以〈未濟〉為終，體現無窮盡之義，故六十四卦本身亦是往復循環，[36]揭示了時間的流動，永無止息，成為萬物變遷規律的終極基礎。經文三次提及「初、終」二字，即透露了這樣的思想，分別見於〈睽〉、〈巽〉、〈既濟〉三卦。〈睽〉六三：

> 見輿曳，其牛　，其人天且劓，无初有終。

〈巽〉九五：

> 貞吉悔亡，无不利。无初有終，先庚三日，後庚三日，吉。

〈既濟〉卦辭：

> 亨小，利貞。初吉，終亂。

此三條「初、終」之義皆相對，「初」指事理發展前之原初狀態，「終」指事理依此發展而最終導致之結果。就〈睽〉而言，與〈家人〉卦為一組。〈家人〉喻指一家之內，陰陽相合，有主有從，有男有女，有外有內，故卦體以九五及六二為主。[37]〈睽〉卦則主男女性別相睽，因睽而合，因異

34　又如〈蹇〉卦與〈解〉卦為一組，故〈蹇〉初六「往蹇來譽」、九三「往蹇來反」、六四「往蹇來連」、上六「往蹇來碩」，即因〈解〉而有往來之義。

35　《易》六十四卦非覆即變。覆卦上下相覆（如〈剝〉覆而為〈復〉，反之亦然），雖為相反的兩種類別，實分享同一卦體。變卦陰陽相反，兩卦兩體，但亦彼此呼應，如〈乾〉、〈坤〉二卦，〈乾〉初爻「潛」、二爻「田」均有「坤」之象，〈坤〉上爻「龍戰于野」則有〈乾〉之象，亦隱含往復循環的精神。

36　《序卦傳》說：「物不可窮也，故受之以『未濟』終焉。」《周易注疏》，卷9，頁14b。「物不可窮」意即沒有終結，「受之以『未濟』終焉」意即以「沒有終結」作為終結。

37　朱熹《周易本義》：「卦之九五、六二，外內各得其正，故為『家人』。『利女貞』者，欲先正乎內也，內正則外无不正矣。」（卷2，頁149）

而同，睽異合同而成家人，其喻意在於：事物之理，表面觀察，似屬相違悖，實則相合。以之為卦，卦義之初為「睽」，終而「不睽」，正如初九爻辭「悔亡，喪馬勿逐，自復。見惡人，无咎」，上九爻辭「睽孤：見豕負塗，載鬼一車；先張之弧，後說之弧；匪寇，婚媾」，[38]即指事理之初，似為不善，但發展至終，則並無不善。

〈既濟〉卦本義為已經濟渡，故為「初吉」；但〈既濟〉之相對為〈未濟〉，與「初」相反，故為「終亂」（《彖傳》「終止則亂，其道窮也」）。[39]

〈巽〉卦之分析詳下文。

經文既然有「初」、「終」的觀念，《易傳》詮釋經文，自必接受此種觀念。如〈夬〉卦上六「无號，終有凶」，即指一小人為五君子所決，故有「終凶」之象。[40]而〈夬〉下五陽以決上六一陰，故《彖傳》稱「利有攸往，剛長乃終也」，[41]即指最後一陰為五陽所變決，則能以剛終。又如〈否〉卦上九「傾否，先否後喜」，《象傳》「否終則傾，何可長也」[42]即指〈否〉發展至於終結，則轉而不否，故爻辭稱「先否後喜」。

「初、終」的觀念，或發展為「終、始」，見於《象傳》與《文言傳》。如〈乾〉《彖傳》「大明終始，六位時成」，[43]「大明」即太陽，「終始」即指日出日落，意謂「陽」的力量，終始循環而不窮，其哲理初源顯然來自「初、終」，卻各有理趣和意味。〈乾〉《文言傳》且言「知終終之，可與存

---

38 「載鬼一車」，「鬼」疑即指「鬼方」，原為殷商時期北方部族，引申為非善類的異族人，深夜在路上遇見，以為異族寇盜，將對己不利，故「先張之弧」欲以弓矢防備；知其為婚媾迎娶之隊伍，則「後說之弧」（「弧」為「壺」借字）轉而以壺漿與對方相取悅。

39 《周易注疏》，卷6，頁21b。〈既濟〉與〈未濟〉屬一組卦，亦為一體之兩面。因世事無結束之一日，每一階段之完成，亦即另一階段之開始。故〈既濟〉之「亨」，其初爻為「无咎」，發展至上爻，則有「濡首」之危險。

40 朱熹《周易本義》：「陰柔小人，居窮極之時，黨類已盡，无所呼號，終必有凶也。占者有君子之德，則其敵當之，不然反是。」（卷2，頁169）

41 《周易注疏》，卷5，頁2a。

42 同前注，卷2，頁25b。

43 同前注，卷1，頁6a。

義也」[44]用以解釋九三「君子終日乾乾」，亦隱含「終始」的思想。

「初、終」的觀念，又或發展為「原始反終」。《繫辭上傳》說：

> 一陰一陽之謂道，繼之者善也，成之者性也。仁者見之謂之仁，知者見之
> 謂之知，百姓日用而不知，故君子之道鮮矣。[45]

作者借用孟子「性善」說，加入陰陽哲學，賦予新意義。「繼善成性」，指天地之道、一陰一陽的生生不息，才是天地之間至高無上的善性。此一「善性」之義，與孟子歸本人類道德根源的「惻隱之心」不同，而是結合宇宙萬物生生流行永恆無休止的自然哲理，透露出超越一己範疇的天地之心。將「初、終」思想發展為「原始反終」思想，進而暢論天地之善性、人類之仁心的永恆不息。《繫辭傳》作者可謂匠心獨運了。

「初、終」的觀念，又或發展為「終則有始」。〈蠱〉卦卦辭闡釋「先甲後甲」：

> 元亨，利涉大川。先甲三日，後甲三日。

前述〈巽〉卦九五爻辭則有「先庚後庚」：

> 貞吉悔亡，无不利。无初有終，先庚三日，後庚三日，吉。

「先甲後甲」、「先庚後庚」、「无初有終」、「終則有始」相互一致，義理一貫。「先庚、後庚」、「先甲、後甲」，歷代《易》家有不同的解釋。〈蠱〉《彖傳》：

> 蠱，剛上而柔下，巽而止，蠱。「蠱，元亨」，而天下治也。「利涉大川」，
> 往有事也。「先甲三日，後甲三日」，終則有始，天行也。[46]

〈蠱〉卦辭「先甲三日，後甲三日」及〈巽〉九五爻辭「先庚三日，後庚三日」，據鄭玄解釋，原本講的是國家新制度的奠立。《周易正義》引鄭玄說：

> 甲者，造作新令之日。甲前三日，取改過自新，故用辛也；甲後三日，取

44　同前注，頁 13a。

45　同前注，卷 7，頁 11a-12a。

46　同前注，卷 3，頁 4a-b。

丁寧之義，故用丁也。[47]

鄭玄的解釋，其實已被王弼《周易注》吸收，朱熹《周易本義》亦承繼，是現存最古老的解釋。但何以於〈蠱〉卦則用「先甲後甲」，而於〈巽〉卦則用「先庚後庚」？王引之《經義述聞》之說解最詳細明確：

> 「先甲後甲」必繫之蠱、「先庚後庚」必繫之巽者，蠱之互體有震（原注：三至五互成震）。震主甲乙，故言行事之日，而以近於甲者言之。巽之互體有兌（原注：二至四互成兌），兌主庚辛，故言行事之日，而以近於庚者言之也。……蠱之互體亦有兌（原注：二至四互成兌），而不言先庚後庚者，蠱之義：「終則有始」。甲者，日之始也；癸者，日之終也。若用「先庚三日，後庚三日」，則由庚下推而至癸，上推至丁，而不至甲，非「終則有始」之義矣。故不言「先庚三日，後庚三日」也。巽之互體又有離（原注：三至五互成離）。離主丙丁。而不言「先丙後丙」者，巽之九五「无初有終」。甲者，日之初也；癸者，日之終也。若用「先丙三日，後丙三日」，則上推由乙而甲而癸，乙癸之間已有甲，非「无初」之義矣。下推至己，而不至癸，非「有終」之義矣。故不言「先丙三日，後丙三日」也。[48]

據王氏父子的解釋，〈巽〉卦九五「先庚三日，後庚三日」，與前句「无初有終」是相關的（正因為其為「有終」，故必用「庚日」），〈蠱〉卦辭定為「甲」日，故《彖傳》稱「終則有始」，則是與經文「先甲三日，後甲三日」一致。[49]又〈恆〉卦《彖傳》亦出現「終則有始」一語：

> 恆，久也。剛上而柔下，雷風相與，巽而動，剛柔皆應，恆。「恆，亨，无咎，利貞」，久於其道也。天地之道，恆久而不已也。「利有攸往」，終則有始也。日月得天而能久照，四時變化而能久成，聖人久於其道，而天下

47　同前注，頁 4a。

48　王引之，《經義述聞》，卷 1，頁 30b-31a。關於「震主甲乙」、「兌主庚辛」的以十天干配顏色以分居不同方位之說，詳本章注 26 引《易通卦驗》之說明。

49　此一思想實周民族滅殷後實施的新政策、新意識型態。詳參拙著，〈釋「天」〉，頁 63-99。當然，假設王氏父子之說可以成立，即表示西周初年卦爻辭撰作之時，已有卦氣思想存在於《易經》之中。

化成。觀其所恆，而天地萬物之情可見矣。[50]

〈恆〉與〈咸〉卦為一組，喻夫婦之道。[51]〈咸〉為少男少女，〈恆〉為長男長女；在於兩性婚配，則〈咸〉為男女相感，〈恆〉為長久之夫婦關係。代代相傳，人道綿延，端賴於男女婚配，故「利有攸往」四字，在爻辭中常見，但在於〈恆〉卦，《彖傳》作者則特別強調其為「終則有始」之義，以說明人類社會世代交替之變化中，〈咸〉之相感、〈恆〉之長久，實為人倫之道永恆不變的道理。正如〈歸妹〉卦《彖傳》說：

歸妹，天地之大義也。天地不交，而萬物不興。歸妹，人之終始也。[52]

對出嫁之女子而言，是其生命在娘家階段的結束，而在夫家階段的開始。所謂「人之終始」，此與〈恆〉卦《彖傳》「終則有始」取義相同。

《易傳》「終始」、「終則又始」、「原始反終」的觀念，均源自《易經》「初終」觀念，而發揮於宇宙論（氣論）、生死觀（大明終始、原始反終）、天道觀（「天行」即天道）、[53]國家制度（先甲後甲、先庚後庚）、人倫婚配（人之終始）等各方面。究其旨歸，均歸本於陰陽往復循環所促進大地萬物生死迴環不止、繼起不息的道理。治《易》一旦有此種對天道人事超越時空的觀照，即能超脫人類生死的局限，將一切事物之終始循環，視為氣的聚散作用。

五 結語

《易經》陰陽觀念與太陽為中心之宇宙論有關，卦爻辭多重士大夫自

---

50 《周易注疏》，卷4，頁4b-5b。

51 《荀子·大略》：「《易》之咸，見夫婦。夫婦之道，不可不正也，君臣父子之本也。咸，感也，以高下下，以男下女，柔上而剛下。」王先謙撰，《荀子集解》，卷19，頁495。

52 《周易注疏》，卷5，頁32a。

53 〈乾〉卦《象傳》，〈蠱〉、〈剝〉、〈復〉卦《彖傳》所謂「天行」，義為「天道」，王引之《經義述聞》亦有論述。見王引之，《經義述聞》，卷2，頁6a-b。

治治民的訓誨，辭采運用多用抽象抒寫；《易傳》則重新演繹字義，並暢發義理。《易經》的訓誨內容，在天壤之間，沒有比《易傳》作者更了解。

本文從辭例、筮數、初終觀念三者，論證《易傳》對《易經》哲理的詮釋，旨在說明《易傳》主要思想均源自《易經》。「經」的內容，受限於時代，用語結構均較素樸，至《易傳》才發揚光大，開創了戰國以後《易》學新境。至秦漢以降《易》學家又代有新創，遠源於卦爻辭，而又承繼《十翼》理論。一部中國思想史，從西漢災異思想、魏晉清談、宋明理學，無不存在《周易》的影子。故論中國經典詮釋，無論是範疇、理論、方法，都不能迴避《周易》經傳。熊十力說：

> 孔子之道，內聖外王。其說具在《易》、《春秋》二經。餘經皆此二經之羽翼。《易經》備明內聖之道，而外王賅焉。《春秋》備明外王之道，而內聖賅焉。[54]

熊氏治《易》自有其個人獨特之觀點，但其注意及《周易》「備明內聖之道，外王賅焉」，無異點出《周易》政書的本質。後人研究《周易》，如能捨棄《易》為占筮紀錄、經傳分離等錯誤觀念，必能領悟到經傳辭例、象數與觀念彼此相承的關係。

---

54 熊十力，《讀經示要》，卷3，收入《熊十力全集》（武漢：湖北教育出版社，2001），第3卷，頁1015。

柒、從乾坤之德論「一致而百慮」

一 前言

《易》六十四卦首列〈乾〉、〈坤〉二卦。如果說《易》以〈乾〉、〈坤〉為道體之本，宇宙萬物均源於乾坤二體，而乾坤之上並無一具超越性的唯一之理，那麼《易經》形上學就是二元論而非一元論。但如果像王弼所說，「無」才是根源，又或者如程頤所說，陰陽之上尚有一個「所以然」，那麼《易經》的哲學就是一元論而不是二元論。這二者之間的分歧，是一個千餘年來爭論不休的大問題。

又《繫辭下傳》有「天下同歸而殊塗，一致而百慮」[1]一語。既云「同歸」、「一致」，是否表示《繫辭傳》作者認為宇宙是根源於一個唯一而無對的真理或本體？這一觀念又是否自《易經》哲學發展出來的呢？《易傳》所建構的形上理論，又是一元還是二元的呢？《易傳》在這一概念的演繹上，與《易經》究竟是一致還是不一致呢？這些問題，都是討論《易》哲學時所不可迴避的，也是本文要研討的對象。

我認為《易傳》雖為晚出，受到許多諸如《老子》、陰陽家等晚周諸子思想的影響，但歸根究柢，其中許多思想觀念均源自《易經》，殆無疑問。《易傳》「一致而百慮」一語之含義，歷來許多注經者都沒有說清楚，而推究其原本，實與《易經》〈乾〉、〈坤〉之間的內在關係，以及二卦之上是否尚有一超越的「所以然」之體等兩個重大問題懸而未決，有密切的關係。由於千餘年來〈乾〉、〈坤〉關係一直是《易》學家所注重的，因此

1　《周易注疏》，卷8，頁9b。

本文除前言及結論外，擬於第一部分先分述歷來學者對二卦特殊關係的三種不同的理解。第二部分說明二卦的內在關係，並進一步論證《易》道主剛的思想。第三部分討論則以文義結構分析《繫辭傳》「一致而百慮」一語的含義，以說明《易經》以〈乾〉、〈坤〉二元為本的宇宙論。

二 對〈乾〉、〈坤〉二卦特殊性的三種理解

首先，六十四卦中，〈乾〉、〈坤〉二卦具有特殊性質，與其餘六十二卦頗不相同。諸卦中唯獨〈乾〉、〈坤〉二卦有《文言傳》，正好反映此一事實。[2]按《繫辭傳》多論〈乾〉〈坤〉之義的重要性，如：

1. 天尊地卑，乾坤定矣。
2. 乾以易知，坤以簡能。……易簡而天下之理得。
3. 夫乾，其靜也專，其動也直，是以大生焉。坤，其靜也翕，其動也闢，是以廣生焉。
4. 乾坤，其易之蘊邪？乾坤成列，而易立乎其中矣。乾坤毀，則無以見易。
5. 是故闔戶謂之坤，闢戶謂之乾，一闔一闢謂之變，往來不窮謂之通，見乃謂之象，形乃謂之器，制而用之謂之法，利用出入、民咸用之謂之神。
6. 乾坤，其易之門邪？乾，陽物也；坤，陰物也。陰陽合德，而剛柔有體，以體天地之撰，以通神明之德。

尤其第 5、6 條稱乾坤為「門」、「戶」，傳統學者多引申此義，以說明《易》六十四卦以〈乾〉、〈坤〉為首，以及唯二卦有《文言傳》的原因。如孔穎

---

2 《文言傳》是戰國時期（或更晚）的作品。作者是誰，姑置勿論，但絕不會是周文王。尚秉和《周易尚氏學》稱：「制此乾坤之卦爻辭者，文王也，故曰文言，繹文王所言耳。」（頁39）尚氏之說，證據並不充足。但《文言傳》雖晚，其內容卻是依據〈乾〉、〈坤〉二卦之義，發揮而成，不可因該《傳》晚出，遂認為經傳彼此無關。

達《周易正義》即說：

> 《文言》者，是夫子第七翼也。以「乾坤，其易之門戶」邪，其餘諸卦及
> 爻，皆從乾坤而出，義理深奧，故特作《文言》以開釋之。[3]

由此可見，《易》何以以〈乾〉、〈坤〉二卦居首，和何以唯獨二卦有《文
言傳》，其實是同一個問題。傳統的學者，對於這個問題有不同的解釋，
說解之多，不可勝數。但大致區分，則不出三個方向，其一是以二卦的形
象提出解釋，其二是以六十四卦的體例提出解釋，其三是以陰陽剛柔的性
質提出解釋。

（一）以二卦的形象提出解釋

關於這方面，研究者多著眼於〈乾〉、〈坤〉的實物意義。如以〈乾〉、
〈坤〉為夫婦之義。焦循說：

> 父子君臣上下禮義，必始於夫婦，則伏羲之定人道，不已切乎！……有父
> 子而長少乃可序，吾知伏羲之卦必首乾而次坤。……乾坤生六子，六子共
> 一父母，不可為夫婦，則必相錯焉，此六十四卦所以重也。猶是巽之配震
> 也，坎之配離也，兌之配艮也。在三畫則同一父母之所生，在六畫則已為
> 陰陽之相錯。相錯者，以此之長女配彼之長男，以彼之中男、少男配此之
> 中女、少女，一相錯而婚姻之禮行，嫁娶之制備，八卦成列，因而重之。
> 吾於此知伏羲必重卦為六十四。……卦之旁通，自伏羲已然，非旁通無以
> 示人道之有定，而夫婦之有別也。情性之大，莫若男女（原注：見《白虎
> 通》）。人之性孰不欲男女之有別也。方人道未定，不能自覺，聖人以先覺
> 覺之，故不煩言，而民已悟焉。[4]

這個說解的理由其實包含三方面：《易》本陰陽，陰陽非抽象之理，而必
體現於具體事物之上，則男女夫婦之道，恰可說明陰陽之理體現於人倫事
物的事實，此其一。又「情性之大，莫若男女」，沒有男女性情之別，就

3　《周易注疏》，卷1，頁10a。
4　焦循，《易圖略》，卷6「原卦第一」，頁1b-2b。

沒有一切倫理關係，焦氏以為聖人凸顯〈乾〉、〈坤〉二卦的理由在此，此其二。又男女婚配而生兒女，兩個家庭之兒女相配而復生兒女，婚姻嫁娶的禮制即由此而生，這又與〈乾〉、〈坤〉二卦生六子卦，相錯相重而為六十四卦的結構相合，此其三。焦循的說解，充分說明了清儒重視歷史文化、氣化流行的思想傾向。近世學者又或以〈乾〉為鎖鑰，以〈坤〉為河川。如鄧球柏《帛書周易校釋》：

> 鍵：卦名。……列於六十四卦之首，蓋以此卦為六十四卦之門戶（原注：即關鍵）。鍵，引申為門鎖、關鍵、關閉、封鎖、囚禁等義；假借為建立、剛健、剛強等義。[5]

又說：

> 川：卦名。……蓋「川」與「水」古代本為一字，爾後析為二字。「川」兼「川」、「水」二義，因而引申為地，地上唯有通流者為川。通流則順，「順」字從川本於通流者也。卦名以「川」義取通流，與卦名以鍵義取固塞（原注：鎖須以固關、無鍵則無關矣）相反相成。《周易》六十四卦，全陰全陽之卦僅《鍵》與《川》。《鍵》固塞關閉統帥三十一卦，《川》通流暢行率領三十一卦。反映了先民的鮮明的對稱思維方式。[6]

其實關於「川」卦的說解，過去王引之《經義述聞》詳列證據，指出「乾坤字正當作『坤』。其作『巛』者，乃是借用『川』字」，又說「『川』為『坤』之假借，而非『坤』之本字」，[7]對於「坤」、「川」二字的關係，已有清楚的說明。可惜鄧氏似未參考（唯王引之之說實亦有考慮空間，詳本書上編〈叁、試從詮釋觀點論易、陰、陽、乾、坤字義〉。）。

學者又或認為〈乾〉、〈坤〉為天地之義。如陳鼓應、趙建偉《周易注譯與研究》釋「易」為「日出」，又認為〈乾〉之義亦出自「易」，其義為「天」，[8]〈坤〉則為地。其論《文言傳》名義一節，說：

5　鄧球柏，《帛書周易校釋（增訂本）》，頁 68-69。

6　同前注，頁 216-217。

7　王引之，《經義述聞》，卷 1，頁 4b-5a。

8　該書〈前言〉說：「近人黃振華撰有〈論日出為易〉一文，認為『易』字的本義為『日出』，

《繫上》一章「天尊地卑，乾坤定矣」，此當為《文言》所本。六十四卦只〈乾〉、〈坤〉有《文言傳》，可知「文」字源出《繫上》「天地之文」，《左傳・昭公二十八年》、《周書・諡法》等也說「經天緯地曰文」。「言」，釋說。對〈乾〉、〈坤〉兩卦（原注：天、地）予以釋說，所以稱《文言傳》。[9]

傳統學者或釋〈乾〉、〈坤〉為「天地之道」，[10]而此處直接以「天地」釋〈乾〉、〈坤〉。此一解釋中含有頗為濃厚的唯物論的意味。不過此一說解對於先儒針對乾坤實義背後的虛義所作的分析，多未考慮。宋儒趙善譽《易說》即曾針對「乾、坤」為「天地」之義，提出反駁，說：

> 卦之始畫也，奇耦而已。一與一為二，故有奇則有耦；二與一為三，故三畫而成卦。……純乎陽則偏乎陽，純乎陰則偏乎陰，其純也固其所以為偏也，況重乾為乾，重坤為坤，六位皆純而健順之至。聖人作《易》得不為之慮乎。……胡不以未有十翼之前觀之乎？乾坤卦下之辭與六爻之辭，及用九用六之辭，凡二百十七字，自「飛龍在天」一字之外，皆未嘗以天地為言。至孔子作《彖》、《象》、《文言》，乃始詳陳天地之理，特舉其得乾坤健順之大者以明之耳，豈可直謂之天地而不深玩其辭哉。[11]

趙氏稱〈乾〉、〈坤〉二卦的內容「皆未嘗以天地為言」，固然有過於執著的弊端（如〈坤〉初六「履霜堅冰至」即顯然有土地的喻象），但他從卦畫的原始（奇耦），論及「重乾為乾」、「重坤為坤」，二卦「六位皆純」，考慮到卦畫的形成及其意義的發展，顯然是較為周到的。

象徵陰陽變化〔原注：《哲學年刊》第五輯一九六八年，台灣商務印書館〕。這種說法很有道理。日之上出，運行移易，周而復始，六十四卦變易周環，亦不外此理，故題其名為《易》。」陳鼓應、趙建偉，《周易注譯與研究》（台北：臺灣商務印書館，1999），頁 3。

9　同前注，頁 17。

10　如梁寅《周易參義》稱：「夫子之意，蓋以乾坤二卦盡天地之道，故尊異其辭，而因以明造化之大，固非他卦之可同也。」參〔元〕梁寅，《周易參義》，《文淵閣四庫全書》，第 27 冊，卷 1，頁 1a-b。

11　〔宋〕趙善譽，《易說》，《無求備齋易經集成》〔第 110 冊影印清道光二十四年（1844）守山閣叢書本〕，卷 1，頁 1a-b。

（二）從六十四卦的體例提出解釋

此類觀點所強調的是〈乾〉、〈坤〉在六十四卦整體結構中的特殊位置。如認為〈乾〉、〈坤〉為純卦之首。清儒宋書升《周易要義》：

> 乾、坤為陰陽之大父母，卦屬純體。泰、否即乾、坤之變，咸、恒、損、益為陰陽長少正對之體。故以泰、否入上篇，以咸、恒、損、益入下篇，此以類從也。[12]

如清末武運隆《易說求源》則提出〈乾〉卦具發凡起例的性質，他說：

> 乾卦，《大象傳》、《小象傳》及《彖傳》，與他卦一例，渾而未分。至《文言傳》則詳為分之。首節復釋六爻之義，以德言。……二節以位言，三節以時言，皆釋其象辭。四節又釋其占辭。……使讀《易》者，知六十四卦之爻辭，取義不一，有從爻德上取者，有從爻位上取者，有從爻時上取者。乾為六十四卦之首，故為之發凡起例。[13]

又或有學者以「體」、「用」說明〈乾〉、〈坤〉與其餘六十二卦的關係。王夫之稱：

> 《周易》之書，乾坤竝建以為首，《易》之體也。六十二卦錯綜乎三十四象，而交列焉，《易》之用也。[14]

金景芳基本上釋〈乾〉、〈坤〉為天地，但他也從矛盾發展的觀念出發，觀察〈乾〉、〈坤〉在六十四卦中之所以重要的原因：

> 64卦作為一個發展過程來看，可以看到，開始時，乾純陽，坤純陰，最不平衡。當發展到既濟，則六爻「剛柔正而位當」即已達到平衡。乾坤之變化發展，本來由於陰陽不平衡。一旦達到平衡，這就等於乾坤毀了。「乾坤毀則无以見《易》」，意思是說矛盾既已解決，就再也看不到變化發展了。……「《易》不可見，則乾坤或幾乎息矣」，這個「幾乎息」三字大可

---

12 〔清〕宋書升著，張雪庵校點，劉方復校，《周易要義》（濟南：齊魯書社，1989），頁389。

13 〔清〕武運隆，《易說求源》，《無求備齋易經集成》〔第 99 冊影印民國七年（1918）排印本〕，上經一，頁 8a-b。

14 王夫之，《周易內傳》，卷 1 上，頁 1a。

玩味。「幾乎息」實際上是說沒有息，只是象息罷了。幾乎息是指既濟，沒有息是指未濟。[15]

〈乾〉、〈坤〉之所以居六十四卦之首，是因為此二卦為矛盾不平衡之極致。有此一極致，則自〈屯〉、〈蒙〉以下有一連串的發展。到最後則以〈既濟〉之平衡告終，又繼之以〈未濟〉以昭示矛盾並沒有歇息。依金氏之說，〈未濟〉之所以未歇息者，實是因為〈乾〉、〈坤〉之作用尚未終結的緣故。這就可以證明〈乾〉、〈坤〉二卦的重要性了。

（三）從陰陽剛柔的性質提出解釋

前述兩類的解釋中，第一類中舉出焦循的論點，可視為一種歷史文化的解釋，而焦氏又考慮到男女性情之別在人倫社會中的重要位置，其立說實較周延。但此種對〈乾〉、〈坤〉卦義的理解，必須奠基於《易經》為上古聖人所作的前提之上，認為聖人特別標舉「夫婦之道」以開示倫理教化。從今天的觀點衡視，其證據似亦未為足夠。第二類的解釋從六十四卦的關係立論，其實亦必然涉及純陰純陽、剛柔消長之義，則與本節提出的解釋大同而小異。

除前述兩種解釋外，尚有第三類解釋，主要認為〈乾〉為陽為剛、〈坤〉為陰為柔，《易》以〈乾〉、〈坤〉為首即顯示陰陽合德而剛柔有體。我認為這一種解釋最為合理。李鼎祚《周易集解》引姚信的說法：

乾坤為門戶，文說乾坤，六十二卦皆放焉。[16]

孔穎達承此論點，說：

乾坤者，陰陽之本始，萬物之祖宗。故為上篇之始而尊之也。[17]

「陰陽之本始」是從乾坤的性質上說，「萬物之祖宗」則從氣化流行的源頭上說。孔氏又指出「其餘諸卦及爻皆從乾坤而出，義理深奧，故特作《文

15　金景芳、呂紹綱，《周易全解‧序》，序頁 4-5。

16　李鼎祚輯，《周易集解》，卷 1，頁 7。

17　孔穎達，〈周易正義序‧第五論分上下二篇〉，《周易注疏》，易序，頁 11a。

言》以開釋之」，[18]說明了唯獨二卦有《文言傳》的原因。其後北宋諸儒多發揮此一義。如張載《橫渠易說‧繫辭下》稱：

> 先立乾坤以為《易》之門戶，既定剛柔之體，極其變動以盡其時，至於六十四，此《易》之所以教人也。[19]

又司馬光《溫公易說》卷六「繫辭下」第五章：

> 「易之門」，易由此出。乾坤合德，而剛柔有體，交錯而成眾卦。[20]

剛柔本身不可見，但可以具體地從〈乾〉、〈坤〉中見。北宋以降的儒者，多承此說。如朱震《漢上易傳》卷八「繫辭下傳」說：

> 八卦本乾坤者也，夫乾陽至剛，確然不易，示人為君、為父、為夫之道，不亦易乎！夫坤陰至柔，隤然而順，示人為子、為臣、為婦之道，不亦簡乎！乾剛坤柔，以立本者也。[21]

又說：

> 陰陽相盪，剛柔相推，自乾坤而變八卦，自八卦而變六十四卦、三百八十四爻。[22]

六十四卦都是陰陽剛柔相錯相合而成，而「乾陽至剛」、「坤陰至柔」，那就表示〈乾〉、〈坤〉二卦位階與其他六十二卦絕不相同，昭示的是純陰純陽之理。又李衡《周易義海撮要》卷七「繫辭上」：

> 二氣相推，陰陽之爻交變分為六十四卦有三百八十四爻。[23]

又如郭雍《郭氏傳家易傳》卷八「繫辭下」：

> 蓋言先得乾坤陰陽之道，而後見于象者，剛柔之體具焉。剛柔之體具，則

18　《周易注疏》，卷 1，頁 10a。

19　張載，《橫渠先生易說‧繫辭下》，《張載集》，頁 225。

20　〔宋〕司馬光，《溫公易說》，《無求備齋易經集成》〔第 14 冊影印清乾隆四十六年（1781）武英殿聚珍叢書本〕，卷 6，頁 11b。

21　〔宋〕朱震，《漢上易傳》，《文淵閣四庫全書》，第 11 冊，卷 8，頁 3b。

22　同前注，頁 20b。

23　〔宋〕李衡，《周易義海撮要》，《無求備齋易經集成》〔第 23 冊影印清同治十二年（1873）粵東書局刊本〕，卷 7，頁 6a。

六十四卦由之而生。[24]

至近世學者相類似的解釋，即沿自此一脈的觀念，如馬振彪《周易學說》稱：

> 六十四卦蕃變不可端倪，一靜一動互為其根，要不越乎陰陽消長之理。陰陽之數極於九六，而其象始著於乾坤。乾元為陽之精，坤元為陰之精。乾元以用九交坤，坤元以用六交乾。凡六子之卦，其兩畫相同者皆乾坤之本體，其一畫獨異者乃乾坤之二用，所謂元也。六十四卦皆元氣所生。乾元坤元相易，而三百八十四爻之位，遂成於乾坤之中，可以盡天下事物之理。[25]

從上述材料可見，古今學者多以為〈乾〉、〈坤〉展示了陰陽之理；而〈乾〉、〈坤〉之對立，實即昭示純陽、純陰的反對。《易》卦自〈屯〉下迄〈未濟〉，六十二卦都是陰陽爻相錯而成，獨〈乾〉卦六爻皆陽、〈坤〉卦六爻皆陰，與諸卦不同。[26]前引武運隆「發凡起例」說，以及王夫之「體用」說，其實亦係此一意思，都是認為〈乾〉、〈坤〉發揮純陽、純陰的特性，而陰陽消長又係六十四卦交錯變化的根本原理。因此，六十二卦的變化作用，其實都以〈乾〉、〈坤〉為本體。朱熹亦以此一觀念解釋《文言傳》，說：

> 此篇申《彖傳》、《象傳》之意，以盡乾、坤二卦之蘊，而餘卦之說，因可以例推云。[27]

「以例推」即「發凡起例」之意。傅隸樸說：

> 乾坤為易之門戶，六十二卦都是由乾坤二卦演繹而成的，乾坤二卦之

24　〔宋〕郭雍，《郭氏傳家易傳》，《無求備齋易經集成》〔第 25 冊影印清乾隆三十九年（1744）武英殿聚珍叢書本〕，卷 8，頁 19b-20a。

25　馬振彪，《周易學說》（廣州：花城出版社，2002），頁 32。該書係馬氏遺著，由張善文整理。

26　當然，讀者請暫勿用「陰陽為戰國晚期思想」的論點相質疑，因為我的重點是構成六十四卦的奇偶二爻。《易》陽爻為奇，陰爻為偶，正如戴震所說：「一奇以儀陽，一偶以儀陰。」讀者亦不妨視陰陽為奇偶。參〔清〕戴震，《緒言》，卷上，《戴震全書》，第 6 冊，頁 85。

27　朱熹，《周易本義》，卷 1，頁 32。

德——元、亨、利、貞——分散在六十二卦中，已繹乾坤中所言，便無須
再繹餘卦的卦德了。[28]

亦是此一意思。因此我嘗稱〈乾〉、〈坤〉二卦在六十四卦中，發揮的是「概
念卦」的作用。這是二卦最突出的地方。「陰」、「陽」之名，固然是屬於
戰國時期的觀念。但若暫時借用以表述〈乾〉、〈坤〉之德，其實也並無不
可。換言之，什麼是「陽」（或剛、健）？這是不易了解的，於是《易經》
的作者就立了〈乾〉卦，用純粹的「奇」告訴人們，「陽」的力量發揮到
極致，是一種什麼樣的狀態。什麼是「陰」（或柔、順）？也是不易了解的，
於是《易經》的作者就立了〈坤〉卦，用純粹的「偶」告訴人們，「陰」
的力量發揮到極致，是一種什麼樣的狀態。明瞭了這兩種力量發揮至極致
的具體情況，二者各種交雜相錯的情形就容易了解了。

三 論〈乾〉、〈坤〉二卦的內在關係

因為《易》六十四卦以〈乾〉、〈坤〉居首，歷來註《易》研《易》者，
關於二卦相反相成的關係，幾乎必定有觸及。但關於二卦的內在關係，竊
以為尚有未發之蘊，擬細加討論如下。

〈乾〉卦具有「天」的喻象，含有純粹剛健的性質；〈坤〉卦具有「地」
的喻象，含有純綷柔順的性質。乾坤之德，是《易》道所兼蓄，諸卦之總
成。這是眾所周知的道理。但如果細加考察，則不難發現，〈乾〉雖為純
陽至剛，但其中實已含〈坤〉之理；相對地，〈坤〉雖為純陰至柔，但其
中又含〈乾〉之理。因此，雖說〈乾〉為純粹剛健，但其中已蘊含有柔順
之德；雖說〈坤〉為純粹柔順，但其中亦已蘊含剛健之德。簡而言之，
〈乾〉中有〈坤〉，〈坤〉中亦有〈乾〉。當然，這個觀點不可以僅止於泛
論。按：〈乾〉卦初九「潛龍勿用」，九二「見龍在田」。「田」本義為農田，

28　傅隸樸，《周易理解》（台北：臺灣商務印書館，1989），頁25。

《詩・小雅・甫田》有「倬彼甫田，歲取十千」，[29]〈小雅・大田〉有「大田多稼，既種既戒」，[30]「田」皆指耕種的農地。故《說文》稱：

> 田，陳也，樹穀曰田，象形。[31]

「見龍在田」之「田」既指農田，則「潛龍勿用」者，是指龍潛形於農田之下。[32]〈坤〉為地，農田亦地之屬，因此，〈乾〉卦發展之始，初、二兩爻，均有〈坤〉之象。又〈坤〉卦上六，陰的力量發展至極致，爻辭稱「龍戰於野，其血玄黃」，王弼《注》解釋說：

> 陰之為道，卑順不盈，乃全其美盛而不已，固陽之地，陽所不堪，故戰于野。[33]

孔穎達《正義》對於王《注》有較仔細的發揮，說：

> 陰去則陽來，陰乃盛而不去，占固此陽所生之地，故陽氣之龍與之交戰。[34]

這段話雖然未必完全符合王弼的意思，但基本上〈坤〉上六標示了純粹的「陰」至於極點必遇於陽，這是可以確定的。因此，〈乾〉和〈坤〉雖然相反，卻又緊密地相依存，彼此之間，是一種不能區分切割的關係。〈乾〉卦《文言傳》說：

> 剛健中正，純粹精也。[35]

「純粹」二字，就說明了〈乾〉卦六爻皆奇、皆陽的情況。如依「發凡起例」的原則解釋，則〈乾〉卦立例在前，後面的〈坤〉卦就不必複述了。

29　《毛詩注疏》，卷 14 之 1，頁 1a。

30　同前注，頁 13b。

31　許慎著，段玉裁注，《說文解字注》，13 篇下，頁 41b。

32　高亨〈周易筮辭分類表〉說：「余疑《周易》先有圖象，後有文辭，⋯⋯以〈乾卦〉言，初九云『潛龍勿用』，初本繪一龍伏水中，後乃題其圖曰『潛龍』。」（收入《周易古經通說》，《周易古經今注（重訂本）》，頁 51）高氏釋「潛龍勿用」為龍潛形於水中，亦可，因〈坤〉卦兼有水、地之象。正如《禮記・中庸》：「上律天時，下襲水土。」（《禮記注疏》，卷 53，頁 12b）亦暗中以〈乾〉、〈坤〉之象分論，「天」喻〈乾〉，「水、土」喻〈坤〉。

33　《周易注疏》，卷 1，頁 25b。

34　同前注。

35　同前注，頁 18b。

陰陽奇偶，其實就是構成六十四卦的最基本的要素。而三百八十四爻，則可視為這兩個要素在各種不同的構成狀態下，所顯示的各種不同的結果。勉強借用「一本萬殊」一語來形容，《易經》〈乾〉、〈坤〉相依、奇偶相合，標示了「一本」；而三百八十四爻所呈現的各種吉凶悔吝的情況，則標示了「萬殊」。

乾坤二卦的內在關係，先儒早已偵知。〈乾〉用九：

> 見群龍无首，吉。

〈坤〉卦辭：

> 元亨，利牝馬之貞。君子有攸往，先迷後得主，利西南得朋，東北喪朋。
> 安貞，吉。

〈坤〉用六：

> 利永貞。

〈乾〉《文言》：

> 「乾元」者，始而亨者也。「利貞」者，性情也。乾始能以美利利天下，不言所利，大矣哉！[36]

朱熹說：

> 「群龍无首」，即〈坤〉之「牝馬先迷」也。〈坤〉之「利永貞」，即〈乾〉之「不言所利」也。[37]

按：《易》以變占，老變少不變，故《易》爻題通稱九、六而不稱八、七。依朱熹的解釋：〈乾〉卦用九為六爻皆變，其占辭「群龍无首」四字，實與〈坤〉卦卦辭的「牝馬先迷」意義相同，等於〈乾〉變至極，則復返成〈坤〉。同樣地，〈坤〉卦用六亦為六爻皆變，其占辭「利永貞」三字，實與〈乾〉卦卦辭的「利貞」相同，其義均為「不言所利」，等於〈坤〉變至極，則復返成〈乾〉。然則〈乾〉、〈坤〉的密切關係，亦甚明顯無疑了。朱子指出〈乾〉、〈坤〉二卦的關係，提醒我們一個重要的道理：〈乾〉、

---

36 同前注，頁 17b-18b。
37 朱熹，《易學啟蒙》，卷 4，頁 259。

〈坤〉二卦雖然一為純陽純剛、另一為純陰純柔，其義相反，但實相反亦相成，其剛柔往復循環之義恆存，「二用」充分闡發〈乾〉、〈坤〉相依存之義，而二卦在六十四卦中的特殊性，亦顯露無遺。〈乾〉、〈坤〉二卦的關係如此密切，接下來我們還要更進一步探討二卦的輕重主從關係。

《易經》〈乾〉之剛健、〈坤〉之柔順，雖為一種互相依存，彼此相涵的關係，但究其極致，《易經》整體精神，主剛健而不主柔順。換言之，如果說〈乾〉代表主動、積極，〈坤〉代表被動、消極，那麼《易》道雖然是〈乾〉、〈坤〉兼攝，但〈乾〉、〈坤〉是一種動態而非靜態的關係。在動態變動之中，《易經》所昭示的統一的原則與精神，是積極、主動的，而非消極、被動的。而在此動態變動之中，聖人賢人君子因應的態度，也是積極、主動的，而非消極、被動的。故《易》道雖兼攝剛柔，而究其終極意義，則係主剛不主柔。

六十四卦每二卦為一組，關係有「錯」有「綜」。不論其為「錯」抑或「綜」，其發展都是自下而上，往復循環。這種發展本身，就是一種動態。以〈乾〉卦而言，初九「潛龍勿用」，龍雖潛但不會永遠潛伏，故其發展至九二而見於田，至九三則「終日乾乾」，延續剛健之勢，九四「或躍在淵」，所「躍」者向天上非向地下，故有九五「飛龍在天」，至上九高亢之極而至於「有悔」。

〈乾〉卦為純粹的剛健，主積極主動；〈坤〉卦為純粹柔順，主含蓄被動，這是一般治《易》者不難明白的。但再進一步講，在〈乾〉、〈坤〉互相依存的關係中，仍然是以〈乾〉之剛健為主，而不以〈坤〉之柔順為主。換言之，〈乾〉可以包含〈坤〉，〈坤〉卻不能包含〈乾〉。讓我們看純粹柔順的〈坤〉卦。〈坤〉雖有「含章」、「括囊」等傾向於被動、含蓄的語彙，但如以最重要的六二來看（雄按：六二以陰爻處二位，是〈坤〉卦之主），其爻辭稱：

直方，大，不習，无不利。

「直方,大」三字中,既有〈坤〉之德,也包含了〈乾〉之德。[38]凡《易經》的語言,陽爻稱「大」,陰爻稱「小」,故〈否〉卦卦辭「大往小來」,〈泰〉卦卦辭「小往大來」,「大」、「小」均指陽爻、陰爻。又九二與九五相遇為〈大過〉,六二與六五相遇則為〈小過〉。「陽」、「大」為〈乾〉象,而非〈坤〉象。又《繫辭傳》稱:

> 夫乾,其靜也專,其動也直。[39]

金景芳據此,指出「直」是乾之德而非坤之德,而「直方大」三字則指向「點、線、面」之義,金氏說:

> 「直方大」三字,方是講坤的。乾為圓則坤為方,方是坤之德。坤之方與乾之圓相對應。乾體圓,坤效之以方,故坤至靜而德方。至於直與大二字《繫辭傳》說乾「其動也直」,《象傳》說「大哉乾元」,說明直與大是乾之德,不是坤之德。不是坤之德,為什麼坤之主爻六二把直方大連起來說呢?這是因為坤以乾之德為己德,或者說,坤是效法乾的。乾體圓,坤則效之以來方。乾性直,坤亦未嘗不直。乾無疆,則坤德合無疆,與乾並其大。[40]

關於〈坤〉之「方」與〈乾〉之「直」與「大」聯繫起來的原因,金氏有一傾向唯物論的解釋,[41]他又釋「不習无不利」說:

> 「不習」,謂坤之道因任自然,莫之為而為,一切順從乾德而行,其間並無

---

38 屈萬里先生《周易集釋初稿》據惠棟《九經古義》引熊氏《經說》,懷疑「直方大」的「大」字為衍文(頁 29)。按:帛書《周易》本有「大」字,則未有直接證據前,仍不應刪去「大」字。

39 《周易注疏》,卷 7,頁 14b。

40 金景芳、呂紹綱,《周易全解》,頁 45-46。

41 《周易全解》說:「坤之方怎麼能與乾之直、乾之大連繫起來呢?就事理上說,大凡方的東西必首先要直,不直何以成方!而其趨勢總以大為極。猶如幾何學上所謂線面體的關係,沒有直線不可成面,沒有面不能成體,沒有體何以言大!」(頁 46)金景芳先生受二十世紀初以來古史辨學者強調科學實證的影響,故有此一解釋。我認為這個解釋本身是合理的,但似尚不夠充分。

自己的增加造設。這樣做，對於坤來說，沒有任何不利。[42]

「不習」，朱子解釋為「不待學習」，[43]金氏解釋為「莫之為而為」，意義是頗為一致的，都是講的自然而行的狀態。〈坤〉卦主柔順而被動，六二亦蘊含〈乾〉的剛健性質，故雖柔順被動而能「无不利」。再舉〈損〉卦為例，〈損〉與〈益〉相反。〈益〉是「增足之名」，意義是正面的；〈損〉是「減損之名」，意義是負面的。但在〈損〉卦之中，剛健之德亦可不受影響。〈損〉上九卦辭「弗損，益之，无咎，貞吉，利有攸往，得臣无家」，卦體之終，不但不損，反而有益，原因正在於上爻為陽而非陰。王弼解釋說：

　　　處損之終，上无所奉。損終反益，剛德不損，乃反益之，而不憂於咎，用正而吉，不制於柔，剛德遂長，故曰「弗損，益之，无咎」。[44]

王弼所謂「損終反益，剛德不損」、「不制於柔，剛德遂長」，正說明了剛健之德可以不受柔順之德影響的事實。王弼的理解，基本上是合符《易經》的道理的。

　　　上述論證《易經》以剛而不以柔為主的思想。接著讓我們舉《象傳》、《文言傳》、《彖傳》、《繫辭傳》例證各一，說明《易傳》發揮《易經》思想，故亦主剛而不主柔。前文論及《易經》〈坤〉中有〈乾〉，此一思想脈絡，《易傳》十分忠實地加以發揮，如《象傳》於〈坤〉卦用六「利永貞」下，解釋說：

　　　用六永貞，以大終也。[45]

前文述及《易經》語言，凡陽爻稱「大」，陰爻稱「小」。《易傳》亦承《易經》的用語，《象傳》「以大終」，即指〈坤〉卦純陰，發展至終極而遇陽。乾陽坤陰，則〈坤〉卦發展之終，又有〈乾〉之象。這也是上文討論〈坤〉中有〈乾〉的佐證之一。此為《象傳》之例。

42　金景芳、呂紹綱，《周易全解》，頁 46。
43　朱熹，《周易本義》，卷 1，頁 42。
44　《周易注疏》，卷 4，頁 29a-b。
45　同前注，卷 1，頁 25b。

〈坤〉卦《文言傳》：

> 坤，至柔而動也剛，至靜而德方。後得主而有常，含萬物而化光。坤道其順乎，承天而時行。[46]

〈坤〉雖為「至柔」，但「動也剛」，顯然就是〈乾〉的力量使然。至於「承天」，亦即「承乾」之意。然則在《文言傳》作者的理解中，〈坤〉卦的性質為柔順、為含蓄，但其中必然蘊含〈乾〉剛健的性質，才能運動。這是至為明白的。以上是《文言傳》之證。

《易經》首列〈乾〉、〈坤〉二卦而主剛，《彖傳》之主旨，在解釋六十四卦之卦德、卦象和卦義，故其思想亦主剛。如〈剝〉卦一陽爻居上位而五陰爻居下位，是「柔變剛」之象；其釋「不利有攸往」，亦稱「小人長也」。其全體所表述的，是小人道長，君子道消之象。但《彖傳》最後則說：

> 君子尚消息盈虛，天行也。[47]

消息盈虛，雖然是互相推移，但正如孔穎達《正義》所說的「道消之時，行消道也；道息之時，行盈道也」，[48]實際上「道」不應因「道息」而「息」，君子仍然是要「行道」，這是「天行」的精神。當然，這也就是〈乾〉道的精神。〈乾〉卦《象傳》說：

> 天行健，君子以自強不息。[49]

《象傳》作者最後以「君子」、「天行」並舉，顯然是引申至〈乾〉卦「剛健」、「自強不息」的卦義。則〈剝〉雖處於「柔變剛」、「小人道長」之時，君子亦應依循〈乾〉卦剛健的原則與精神，以應付消息盈虛之變化。由此看來，該傳作者主剛不主柔，亦至為明白。以上是《象傳》之證。

至於《繫辭傳》中，有對卦體的描述，有對道體的描述，有對聖人君子的描述。這些描述都是主剛健而不主柔順。就其對卦體的描述而言，《繫

46　同前注，卷 1，頁 25b-26a。

47　同前注，卷 3，頁 16b。

48　同前注。

49　同前注，卷 1，頁 8a。

辭傳》說：

> 六爻之動，三極之道也。[50]

六爻之變動，自下而上發展，卦爻繫以吉凶悔吝，卦爻辭示以變化進退的原則，卦與卦之間蘊含往來、終始的規律。六十四卦整體結構，是一個積極、剛健、動態的過程。就其對道體的描述而言，《繫辭傳》說：

> 一陰一陽之謂道。繼之者善，成之者性。[51]

道體「一陰一陽」本身是一種向前的、積極的動態過程。唯其是向前、積極、動態，才有「繼善」、「成性」可言。「繼善」、「成性」二語，後儒據以推論萬物化生、人性弘揚的問題，也多依循向前、積極的精神。這方面，不但宋儒有很多精采的解釋，清儒王夫之亦有深入的發揮，於此暫不討論。《繫辭傳》又說：

> 一闔一闢謂之變，往來不窮謂之通，見乃謂之象，形乃謂之器，制而用之謂之法，利用出入、民咸用之謂之神。[52]

從道的闔闢、往來、見象、形器、制法，一直到「民咸用之」，整個過程也是向前、積極、動態的。就其對聖人君子的描述而言，《繫辭傳》說：

> 是故君子居則觀其象而玩其辭，動則觀其變而玩其占。[53]

君子無論是觀象玩辭、觀變玩占，都是屬於有為、積極的態度。又說：

> 是故形而上者謂之道，形而下者謂之器，化而裁之謂之變，推而行之謂之通，舉而錯之天下之民謂之事業。[54]

這一段文字講聖人如何化裁道器，通變、推行，最後則「舉而錯之天下之民」。這亦是強調有為、積極的態度。其餘《繫辭傳》特別強調「動」字，如「繫辭焉而命之，動在其中」、「吉凶悔吝者，生乎動者也」、「道有變動，故曰爻」，這一類的話語在《繫辭傳》中不勝枚舉，多少都反映了《繫

---

50 同前注，卷7，頁7a。
51 同前注，頁11a-12a。
52 同前注，頁28a-b。
53 同前注，頁7a。
54 同前注，頁31b-32a。

辭傳》主剛健的精神。因此，雖然我們知道《易》道兼攝乾坤剛柔，但就《易經》與《易傳》的具體內容來觀察，則《易》的整體精神是傾向剛健而非傾向柔順的。

四 論「一致而百慮」

上文對於「乾坤之德」已有所討論，主要認為乾中有坤、坤中有乾；乾坤互依互動，其主要的精神是主剛健不主柔順。接著我想藉由討論《繫辭傳》「一致而百慮」一語，分析該傳作者所認知的宇宙本體是一元抑或二元的問題。正如我們所知，《繫辭傳》有「一陰一陽之謂道」一語，歷來有兩個不同的解釋：其一是認為「陰陽」本身就是「一本」，其二則認為「陰陽」之上還有一個「所以然」。《易經》在這一點上似乎沒有直接說明。《繫辭傳》提出「天地之道」、「天下之理」，這個「道」或「理」，究竟是一個先於萬物而存在的先驗之本體，抑或是天地之間森然萬殊的萬物所透顯出來的後驗之條理呢？

《繫辭傳》說：

> 《易》曰：「憧憧往來，朋從爾思。」子曰：「天下何思何慮？天下同歸而殊塗，一致而百慮。天下何思何慮？」[55]

「憧憧往來，朋從爾思」二語，出自〈咸〉卦九四爻辭。《繫辭傳》二語下韓康伯《注》云：

> 天下之動，必歸乎一。思以求朋，未能一也。一以感物，不思而至。[56]

「須」是「等待」的意思，韓氏的意思是，「思以求朋」，有彼我之分，就不能遵循於「一」，必須依循「一」的準則以「感物」，則物自能不思而

55　同前注，卷8，頁9b。
56　同前注。

至。[57]那麼「一」是什麼呢？《繫辭傳》「天下何思何慮」下韓《注》云：

> 夫少則得，多則惑，塗雖殊，其歸則同。慮雖百，其致不二。苟識其要，不在博求，一以貫之，不慮而盡矣。[58]

依文意解釋「少則得」，應該含有「愈少則愈易得」的意思，故後文云「其歸則同」，既云「同歸」，則起點和目標都只有一個。然而「一貫」之意，韓氏亦未明言。孔穎達《正義》解釋說：

> 「子曰：天下何思何慮」者，言得一之道，心既寂靜，何假思慮也。「天下同歸而殊塗」者，言天下萬事，終則同歸於一，但初時殊異其塗路也。「一致而百慮」者，所致雖一，慮必有百，言慮雖百種，必歸於一致也。塗雖殊異，亦同歸於至真也。言多則不如少，動則不如寂，則天下之事，何須思也，何須慮也！[59]

孔氏在這段話中反反覆覆說「一」說「殊」，又用「一之道」來解釋「一貫」，但並未直接說明「一之道」、「一致」是什麼。不過我們從這段話中「言多則不如少，動則不如寂」二語，與《正義》卷首十論中的第一論「道即无也」[60]的說法互證，則孔氏觀念中的「一」，應該是王弼所強調的「无」。朱熹《周易本義》說：

> 言理本无二，而殊塗百慮，莫非自然，何以思慮為哉！[61]

這裡朱子顯然是用「理」來釋「一」。然而，若脫離了理氣論，則「一」是什麼還是不清楚的。根據我的考察，近世注《易》的學者，唯有高亨《周易大傳今注》對於「同歸而殊塗，一致而百慮」二語解釋得最清楚。但高氏釋「同歸」為「同歸於一地」，釋「一致」為「同至於一處」，[62]則與韓、

---

57 雄按：「朋從爾思」的「思」字本為語詞，無實義。這裡韓康伯的解釋是引申的用法。

58 《周易注疏》，卷8，頁9b。

59 同前注。

60 孔穎達，〈周易正義序·第一論易之三名〉，《周易注疏》，易序，頁5b。

61 朱熹，《周易本義》，頁258。

62 高亨《周易大傳今注》：「天下人同歸於一地，而所走之路多異；同至於一處，而所抱之想法有百種。如儒墨道法各家同在追求社會治安，而其主張各異。然則天下人何思何慮，何去何從哉？」（頁570）高亨先生將「同歸」釋為「同歸於一地」，與「殊途」二字恰好契合，都

孔「道一」，程、朱「理一」的解釋南轅北轍，變成與《易》的形上之理
邈不相涉。其實，若以《繫辭傳》緊接著的一段文字看，傳文說：

> 日往則月來，月往則日來，日月相推而明生焉。寒往則暑來，暑往則寒
> 來，寒暑相推而歲成焉。往者屈也，來者信也，屈信相感而利生焉。[63]

就是針對「天下何思何慮」一問語的回答。如果我們用「本證法」以《繫
辭傳》前後文互證，則「同歸」與「一致」，不應像高氏所說，指具體的
「地」，而應該是講一種抽象的循環往復之理，就是「日月」、「寒暑」的
「往來」、「屈信」的規律。這樣看來，《繫辭傳》的作者仍然是圍繞著《易
經》經文〈乾〉、〈坤〉二卦「健、順」的含義來發揮。

　　如今暫且回到《繫辭傳》，《傳》文就提及「一陰一陽之謂道」。「一陰
一陽」四字，黃沛榮師曾就先秦語法比較的基礎上作出解釋，指出其意是
「時而為陰，時而為陽」之意，而不是「一個陰加一個陽」之意。我們看
《易經》原文，除奇偶二畫所顯示的「陰」與「陽」外，實亦找不到其他
比陰陽位階更高的概念。唯程頤說：

> 「一陰一陽之謂道」，此理固深，說則無可說。所以陰陽者道，既曰氣，則
> 便是二。言開闔已是感，既二，則便有感。所以開闔者道，開闔便是陰
> 陽。[64]

程氏用的是理氣觀念的「理」，來說明陰陽之上還有一個所以然，給了「一
陰一陽之謂道」一語一個新解。自程頤以後，治《易》析為二派，一派主
張一陰一陽本身即是「道」，這一派應歸屬於「氣論」；另一派則主張一陰
一陽之上還有一個「所以然」，這一派應歸屬於「理論」。我在這裡不想持
「求本義」的心態去批評二派的得失對錯，但平心而論，後一派不願用「陰

　　與〈坤〉、「地」的喻象有關。

63　《周易注疏》，卷8，頁9b-10a。

64　〔宋〕程顥、程頤，《河南程氏遺書》，卷15「伊川先生語一」，〔宋〕程顥、程頤著，王孝
　　魚點校，《二程集》（北京：中華書局「理學叢書」本，2004），頁160。程頤又說：「離了陰
　　陽更無道。所以陰陽者，是道也。陰陽，氣也。」（頁162）程顥說：「『一陰一陽之謂道』，
　　陰陽亦形而下者也。」（同前，卷11「明道先生語一」，頁118。）

陽」二概念來釋「一致」，自有其哲學上的立場與視界，然而要在原始文獻上證實「陰陽」之上還有一個「所以然」，證據仍然是不足的。熊十力可能也注意到這個問題，因此在其《乾坤衍》一書中特別提出「乾元」和「坤元」兩個概念，以「元」貫串、統轄「乾坤」，為這個問題提供了一個特別的思考方向。[65]不過「元」這個概念既是由《彖傳》的作者轉變〈乾〉卦卦辭「元亨利貞」之「元」而來，[66]那麼以此一概念統轄「乾坤」之旨，恐怕只能被視為熊十力的別解，不能說《易經》作者即表達此義。

　　總結來說，《易經》的哲學思想是以「乾坤」為核心。或者更精準地說，是以構成乾坤的兩種原素或力量——可以是健順、[67]陰陽、或奇偶、或正負——為基礎。在《易經》作者的觀念中，萬物的構成演化，都是這兩種原素的作用；而三百八十四爻則是以簡馭繁地標示了萬事萬物殊別的情況。《易傳》的多位撰著者掌握了這一個原則，而朝不同的方向發展了幾套哲學思想體系。

五　結語

　　本文探討了《易經》的乾坤之德、主剛不主柔的思想，並探索了《易傳》詮釋《易經》時對於此兩大課題的演繹。本文結論認為：

一、《易經》的宇宙論是乾坤互動、健順互推。從文本上考察，乾坤之上　　並沒有一個更超越的本體；

65　詳參拙著，〈從經典詮釋傳統論二十世紀《易》詮釋的分期與類型〉，頁 69-71。

66　按：「元亨」，「元」訓為「大」，歷來無異說；「亨」自漢儒即訓為「通」，至宋儒亦承此說，朱熹《周易本義》亦釋「元」為「大」，「亨」為「通」（卷 1，頁 28）。但依高亨《周易古經今注（重訂本）》之說，「元」本義為「大」，「亨」本義為「享」（頁 161），即享祭之義。

67　雄按：「乾」訓為「健」，《象傳》「天行健」云云，已主此說。帛書《周易》作「鍵」，即讀為「乾」或「健」。又依王引之《經義述聞》，「坤」訓為「順」，《象傳》「地勢坤」之「坤」字即「順」字，義為「地勢平順」。朱熹《中庸章句》釋「天命之謂性」，稱「因各得其所賦之理，以為健順五常之德」（《四書章句集注》，頁 23），「健順」義亦自「乾坤」而來。

二、《易經》的乾坤關係，乾中有坤，坤中亦有乾。但二卦的關係，〈乾〉
　　為主，〈坤〉為從，這在卦爻辭中可見可證；

三、《易經》所描述的「道」體，雖然是乾坤相盪、剛柔互推，但其整體
　　精神則是主剛健而不主柔順；

四、《易傳》承繼了《易經》乾坤互動及主剛健的原則。《繫辭傳》提出「一
　　致而百慮」，「一致」講的就是《傳》文所說的往來、屈伸之理。這種
　　往來、屈伸之理，與《易》乾坤互動及主剛健的原則是符合的。

下編：歷史源流

壹、《周易》全球化：回顧與前瞻[*]

一 傳教士與心理學家：歐洲《易》學基礎

　　自十七世紀以降，《周易》已不單只是中國經典，而是逐步傳播，成為全球的經典。單論研究論著，已是汗牛充棟，各種譯本多得不可勝數。翻譯是一切的根本。異邦學者不諳中文，沒有譯本的話根本不可能認識這部古老的經典，遑論研究？這部被列於儒家《五經》之首、道教《三玄》之首的聖典，其全球化的過程就始於翻譯。以下先談歐洲。翻譯的成果首推歐洲各國傳教士。有記載提及法國傳教士金尼閣（Nicolas Trigault）於1626 年將《五經》譯成拉丁文，題為 *Pentabiblion Sinense*，在杭州付梓，《周易》當在其中。[1]這部拉丁文《周易》譯本可能已不存在，據筆者聞見，*Pentabiblion Sinense* 也佚失了。金尼閣以外，大家自然而然想起的第一位

[*] 本章是作者以計畫成員身分參加由韓國慶北大學方仁教授擔任首席研究員（Principal Investigator）、由韓國政府 Global Research Network Program 資助的國際合作研究計畫"Tasan Cheong Yakyong's Thought of *Zhouyi* from the Perspective of the Study of Confucian Classics in East Asia"（NRF-Project number: NRF-2016S1A2A2912286）第一年研究成果。論文宣讀於 2017 年 5 月 25-28 日在首爾由計畫團隊舉辦、茶山文化基金會（Tasan Cultural Foundation）協辦的第一年度學術研討會。後刊登於山東大學《周易研究》2018 年第 1 期（頁 5-13）及 2018 年第 2 期（頁 5-12）。

[1] 參鄭錦懷、岳峰，〈金尼閣與中西文化交流新考〉（A New Survey of Nicolas Trigault's Contributions to Sino-Western Cultural Exchange），《東方論壇》，2011 年第 2 期，頁 38-43。劉正，《中國〈易〉學預測學》（北京：紅旗出版社，1991），增訂本改題《中國易學》（北京：中央編譯出版社，2015）。另參趙曉陽，〈傳教士與中國國學的翻譯──以《四書》、《五經》為中心〉，收入鞠曦主編，《恆道》，第 2 輯（長春：吉林文史出版社，2003），又轉載於《近代中國研究》http://jds.cass.cn/Item/433.aspx（2005 年 9 月 14 日）。

學者應該是衛禮賢（Richard Wilhelm）。衛氏在 1899 年赴中國傳教、後來成為法蘭克福大學首任漢學講座。據瑞士著名心理學家榮格（Carl G. Jung）為衛氏譯本所撰寫的〈前言〉，衛禮賢接受了一位榮格譽之為「可敬的聖人」（venerable sage）勞乃宣的教導。勞是清末進士，著名的等韻學家。衛禮賢追隨他研讀《周易》，並譯為德文，後由榮格的學生 Cary F. Baynes 譯為英文（以下簡稱此本為「Wilhelm-Baynes 本」），遂使《周易》流通於英語世界。Princeton University Press 的版本，還附有著名學者董作賓的題簽（見圖 A）。

衛禮賢的譯本雖早，但和後出的相比，毫不遜色。首先在義理上他依循了不只一個注本的系統，這可能因為得力於學問廣博的勞乃宣的緣故。李光地《周易折中》題稱「御製」，是滿清王朝認可的版本，被勞乃宣和衛禮賢吸納在內，不在話下。而《折中》承傳的正是程頤《易傳》和朱熹《周易本義》。讀者閱讀 Wilhelm-Baynes 本卷一（Book 1），就不難發現他兼取程、朱的義理系統，再輔以王弼《周易注》。不過在王《注》和程朱以外，他其實也參考過漢魏至唐代的象數學說。舉〈復〉卦為例，Wilhelm-Baynes 本卷三《易傳》的翻譯，參考了漢魏象數《易》學家荀爽「坤為眾」、虞翻「坤為至，為十年」以及唐代《易》學家李鼎祚「坤數十，十年之象也」等論點，[2] 只不過將「眾」字譯為 crowd 而不是 army，顯然譯

2　衛禮賢原文為 "The trigram Ch'en means a general, K'un means crowd, hence 'to set armies marching.' K'un means nation, Ch'en means ruler. Ten is the number belonging to the earth."（p. 509）李鼎祚生卒年不詳，活躍於盛唐至中唐，蒐集漢魏象數《易》學說，著為《周易集解》十七卷。荀爽、虞翻、李鼎祚之說，皆詳《周易集解》〈復〉卦上六「用行師，終有大敗，以其國君凶，至于十年不克征」引（卷 6，頁 132-133）。

錯了。[3]又該書卷三每卦均列出兩個互體[4]（nuclear trigram），[5]並且運用「互體」觀念解釋卦爻，例如〈復〉六四爻辭「中行獨復」，衛禮賢釋此爻為「上互的中爻、下互的上爻，也是外卦的初爻」。[6]「互體」是否有效的《易》例，傳統《易》家言人人殊，筆者於此暫不評論，但這卻是後來的《周易》翻譯者，尤其是對漢魏以前《易》例和《易》說不熟悉的譯家無能為力的。Wilhelm-Baynes 本有此內容，說明衛禮賢接受了王弼、朱熹等義理派所不重視的《易》例以釋爻義，這讓人感到意外，也顯示了他的翻譯的一些獨特之處。

附帶一提，榮格的〈前言〉也成為《易》學界的焦點話題，因為他以心理學家的身分，將心理學詮釋引入《易》學。這是前所未見的。榮格原本的關懷就不限於心理學，而是擴及文化與宗教研究。他的代表作 *Psychology and Religion*[7]是為一證。海峽兩岸學界介紹或評價榮格詮釋《周易》的論著，多推崇備至，我讀過不少。拙見所及，這些受榮格〈前言〉影響的《易》學研究者恐怕大多只是翻閱了中文譯本，並沒有仔細閱讀過

3　漢代以前經典史籍中的「眾」字常訓為軍隊，即所謂「兵眾」，並不是現代漢語的「群眾」，在《周易》中尤其清楚。〈師〉卦《彖傳》：「師，眾也。」（《周易注疏》，卷 2，頁 8a）就是兵眾的意思。

4　「互體」之義，請參本書中編〈貳、《易》象新議──試以禮說《易》〉第五節。按「互卦」首見於《左傳》莊公二十二年（前 672）記陳侯使周史以《周易》筮遇〈觀〉之〈否〉一條，周史稱「坤，土也；巽，風也。風為天於土上，山也」。雖然顧炎武《日知錄》「互體」條未嘗否定，但語多保留。其後學者如尚秉和、劉大鈞等舉證歷歷，引《左傳》以為據，認為在《周易》初撰時已有互體的觀念。反對「互體」之說的學者，則認為是漢儒的新創，為了增加卦爻的變化，用以附會他們的災異思想。筆者的立場和顧炎武一致，認為「互體」有其來源，未可否定，但用來釋卦則務須謹慎。

5　"Nuclear trigram"廣為學界接受，取其「核心」之意，實則「互體」未必是核心，容易讓學者誤解內外卦是「非核心」。筆者認為若取意譯，可譯為"hidden trigram"。Bent Nielsen, *A Companion to Yi Jing Numerology and Cosmology* 則譯為 "interlocking trigrams" (pp. 111-115 "Hu Ti")。

6　原文是"The fourth line is the middle of the upper nuclear trigram K'un; it is moreover the top line of the lower nuclear trigram K'un and the lowest line of the upper primary trigram K'un." (p. 508).

7　Carl G. Jung, *Psychology and Religion* (New Haven: Yale University Press, 1992).

原文。扼而言之，在這篇〈前言〉中，榮格藉由提出占筮的因果性（causality）和融和性（synchronicity），在占筮理論（榮格視《周易》六十四卦為占筮方法的呈現）中創造了一個空間，來置入他的心理學理論。他認為因果性建基於線性推理，融和性凸顯的是直觀（intuition）而涉及潛意識。而《易》則主要聯繫的是潛意識而非對於意識的理性態度（more closely connected with the unconscious than with the rational attitude of consciousness）。他甚至坦言這篇〈前言〉寫得並不愉悅，又稱《易》為古老的咒語（magic spell），不免給人語帶輕蔑之感。總之榮格所說，和《易》學主旨基本無關。限於篇幅，我不擬在此詳細評價他的論點。從歷史的角度考察，他在科學主義高漲的十九世紀末歐洲，注意到科學無法解釋的自然現象，諸如「集體潛意識」（collective unconscious），並以其心理學觀點提醒人們科學主義的限制，同時將這樣的觀念置入解釋他所認知的古老中國的占筮活動。這和當前在 University of Erlangen-Nuremberg 擔任漢學教授的朗宓榭（Michael Lackner）在科學主義同樣高漲的歐洲，提出研究命運、自由與預言（Fate, Freedom and Prognostication）（詳下），頗有異曲同工之趣。我認為他們自有高懸的理想和時代的意義。然而，研究《周易》傳注傳統（commentarial tradition）的亞洲學者熱衷於引入榮格心理學詮釋以解《易》，實在應該先了解他的動機和用意，並且保持高度警覺，避免生搬硬套，最好在意識上先將《易》的本義和榮格的理論區分開來再進行比較。畢竟榮格並未自認是《易》學家。他也有其自身的關懷，研究者若引用不當，《易》詮釋變成主觀的心理診斷，就很危險了。

在上文提及的幾個影響衛禮賢的傳統義理系統中，我最欣賞朱子《本義》一書。它是繼王弼《周易注》問世後最好的注本，對於《易》義的發揮，有很多地方比王弼更清楚而曉暢，甚至較程頤《易傳》更佳，[8]尤其適

8　朱熹雖對程頤敬重有加，對其《易傳》卻有微詞，認為忽略了筮法筮數及其所涉及先天後天的關係、天地之數、自然之理、陰陽之化等，而這些恰好是《易》所昭示的天人之理的深微處。這方面可參張忠宏，〈論朱熹對程頤易學的批評〉，《國立臺灣大學哲學論評》，第 49 期（2015 年 3 月），頁 107-149。

合初學者誦讀。衛禮賢譯本在勞乃宣的指引下奠基於程朱的系統，對於原本並不認識中國經典傳注傳統的衛禮賢來說，不能不說是一種幸運。衛禮賢的《易》學後來由他的兒子衛德明（Hellmut Wilhelm）承繼光大。衛德明代表作 *Change: Eight Lectures on the I-Ching*（德文書名 *Die Wandlung: Acht Vorträge zum I-Ging*）在 1944 年於他任教北京時出版，[9]與另一部代表作 *Heaven, Earth, and Man in the Book of Changes: Seven Eranos Lectures*[10]在在證明他繼承了父親的衣缽。衛德明 1948 年起受聘於西雅圖華盛頓大學為漢學教授，代表其家學傳播到美國，殊有意義。[11]

英語世界的另一個重要譯本，是由英國基督教公理會傳教士（Congregationalist）、香港英華書院第一任校長（1843-1867）、牛津大學首任中文及漢學講座教授（1876-1897）理雅各（James Legge）完成。他在王韜的協助下，完成了包括 1882 年出版的英譯《周易》在內多部經典的翻譯。理雅各遍譯群經為 *The Chinese Classics*，對中國經典傳播到英語世界的貢獻特別大。譬如「經卦」、「別卦」的英譯分別為 "trigram"、"hexagram" 廣為英語世界學者接受，就是他確定下來的。理雅各也認定《周易》是哲學書而非占筮書。雖然他的宗教信仰多少滲透到《易》義之中，但因為他認真參考了康熙御製《周易折中》和《日講易經解義》，[12]所以，儘管理雅各較衛

9　Heilmut Wilhelm, *Change: Eight Lectures on the 1-Ching* trans. Cary F. Baynes (New York: Pantheon Books, 1960).

10　Helimut Wilhelm, *Heaven, Earth, and Man in the Book of Changes: Seven Eranos Lectures* (Seattle, London: University of Washington Press, 1977).

11　筆者在華大訪學時的導師、著名漢學家康達維（David R. Knechtges）先生，就是衛德明的學生。2003 年筆者邀請康老師到臺灣大學東亞文明研究中心發表他平生第一篇《易》學主題演講 "The Perils and Pleasures of Translation: The Case of the Chinese Classics"，主題就是圍繞《周易》一書的翻譯問題談翻譯的苦與樂。該文收入鄭吉雄、張寶三合編，《東亞傳世漢籍文獻譯解方法初探》（台北：臺大出版中心「東亞文明研究叢刊」，2005），頁 1-51；又刊登於《清華學報》第 34 卷第 1 期（2004 年 6 月），頁 123-149（中譯篇名：〈從中國的經典論翻譯的危險與樂趣〉）。這篇重要而堅實的論文說明了《周易》的翻譯工作是多麼繁難的事，也從另一個角度指涉及《周易》研究由歐洲傳播至美國的情狀。

12　據 Richard Rutt, *The Book of Changes (Zhouyi): A Bronze Age Document Translated with*

禮賢有著更強烈發揚基督教精神的使命感，[13]亦不妨礙他的翻譯和衛禮賢的譯本一樣，和中國經典詮釋傳統淵源有著緊密聯繫。

　　衛禮賢和理雅各都是《周易》全球化的功臣，代表了上一個世紀歐洲傳教士從西方宗教文明視角虛心考察中國經典的成果。他們建立的典範，歐洲後繼者不絕如縷。近年所知，至少有兩位傑出的專家，能光大歐洲《易》學傳統。其一是在法國 Université Paris-Diderot 擔任教授、從事漢文獻翻譯工作的費颺（Stéphane Feuillas），他的漢文譯著相當多，領域甚廣，包括李清照詞、[14]陸賈《新語》、[15]宋代旅遊與文化[16]等，對宋《易》如張載《正蒙》、邵雍《皇極經世》、朱震《漢上易傳》等研究尤精。2016 年我們同時受邀參加韓國的茶山《易》學與東亞經典的研究計畫，2017 年在首爾第一輪研討會（詳下）中相識，親聆他發表論文"The Principle and Purpose of Zhu Zhen's 朱震 (1072-1138) Zhouyi Interpretation"分析朱震《漢上易傳》所述五代陳摶至北宋《易》學的傳授、卦變諸說以及與漢魏

Introduction and Notes (Richmond, Surrey: Curzon, 1996), Part I "Translations into European Languages" (p. 69)。不過 Rutt 誤記書名為「御製日講周易解義」，實則《解義》原題用「易經」。

13　參 James Legge, *Confucianism in Relation to Christianity: A Paper Read Before the Missionary Conference in Shanghai on May 11th, 1877*。(Shanghai: Kelly & Walsh; London: TrÜbner & Co 1877). 衛禮賢和理雅各對於《周易》的翻譯也有不少重大分歧，正如 Baynes 在 1949 年撰寫的 Translator's Note 表示，因為古代漢語充滿隱喻和象徵，造成翻譯的困難與歧異。逐段細讀比較，可以看出衛禮賢與理雅各對於中文句子的詮釋有多麼不同。"One need only compare passages in Wilhelm's version with the same passages as rendered by Legge in order to see how completely different two interpretations of the same Chinese sentence may be." See Richard Wilhelm translation, rendered into English by Cary F. Baynes, *I Ching* (Reissued in Penguin Books 2003), p. xliii.

14　Stéphane Feuillas, "The Burden of Female Talent: The Poet Li Qingzhao and Her History in China," *T'oung Pao* 102 (2016), Issue 1-3.

15　Stéphane Feuillas, *Lu Jia: Nouveaux Discours*（陸賈《新語》）, *Bibliothèque Chinoise* (Paris: Les Belles Lettres, 2012).

16　Stéphane Feuillas, "Transformative Journeys: Travel and Culture in Song China," *T'oung Pao* 97 (2011), Issue 4-5 .

《易》家之說的比較，討論十分深入，頗得法國漢學遺風。另一為目前在哥本哈根大學任教、撰著 *A Companion to Yi Jing Numerology and Cosmology*[17]的 Bent Nielsen，[18]路數差與前賢相近，都較重視和中國傳注傳統。Nielsen 留學中國。該書封面副標題為 *"Chinese Studies of Images and Numbers from Han* 漢*(202BCE-220 CE) to Song* 宋*(960-1279 CE)"* 開宗明義就是以漢宋象數之學為主要範疇。這部書刊布於 2002 年，當時拙著《易圖象與易詮釋》剛剛寫好，[19]還沒能引述，失之交臂。作者特意編纂此書作為提供英語世界讀者研讀《周易》的輔助性讀物。Introduction 中提及自清末王懿榮、羅振玉釋讀甲骨文以來出土文獻的價值，也提到他自己參考了夏含夷（Edward L. Shaughnessy）翻譯馬王堆帛書《周易》的專書（詳下文），難怪該書對帛書〈要〉、〈二三子問〉等篇都有詞條詳述。不過 "Gui Zang"（《歸藏》）條對於 1993 年湖北江陵王家臺出土秦簡中的《歸藏》簡隻字未提，讓我有點意外。[20]該書的體裁近似於辭典，詞條（entries）概分為兩類：《周易》專有名詞以及傳統中國《易》家的生平及貢獻。看來作者是參考了九〇年代中國《易》學界中壯輩學者的相關論著。譬如這部書的形式和論說，至少一部分和 1992 年出版由蕭元主編、廖名春副主編的《周易大辭典》[21]頗為近似。當然它以漢宋為範疇，以象數圖書為主題，取材不完全相同，亦自有見地。以英語世界《易》學論著而言，作者對於漢魏象數《易》例如「飛伏」、「升降」、「歸魂」、「游魂」等的闡釋，算是很通透，雖說多汲取時賢見解而為之，能將難以疏理的部分講清楚也殊屬不易。作者討論到《繫辭傳》時溯及歐陽修〈易童子問〉的疑經

17　Bent Nielsen, *A Companion to Yi Jing Numerology and Cosmology* (London: RoutledgeCurzon, 2003). Paperback edition 在 2015 年。

18　Associate Professor of Chinese Civilization and Culture, Department of Cross-Cultural and Regional Studies, University of Copenhagen.

19　拙著《易圖象與易詮釋》2002 年交喜瑪拉雅基金會出第一版，後收入 2004 年在臺大出版中心「東亞文明研究叢書」。

20　關於《歸藏》的問題，詳參本書下編〈叁、《歸藏》平議〉。

21　蕭元主編，廖名春副主編，《周易大辭典》（北京：中國工人出版社，1992）。

觀點，認為《繫辭傳》和孔子無關，[22]持論雖嫌浮淺，[23]基本上亦沒有錯。唯部分內容，仍有語焉不詳的缺點，像"Yi Lin"條即為一例。《易林》被稱為西漢焦贛所著，內容龐雜，作者和材料的真偽都是大問題。作者僅在第304 頁以一個詞條簡介其六十四卦自生自衍的結構，對於核心的爭議部分隻字不提，頗覺可惜。[24]

近年歐洲有專研宋代《易》的朗宓榭研究占卜《易》，聞名一時，頗有建立一個新典範的態勢，不過看不出與衛禮賢和理雅各的翻譯傳統有任何聯繫。朗宓榭提出以 "Fate, Freedom and Prognostication" 為主題的大型研究計畫，獲得政府資助，在校內設立 International Consortium for Research in the Humanities，網羅不少東西方菁英參與。這方面，韓子奇（Tze-ki Hon）參與了他的工作，有細緻的觀察，所知較我為詳，也正在撰寫相關的論著。2015 年，臺灣師範大學賴貴三亦發表了《東西博雅道殊同——國際漢學與易學專題研究》，[25]頗具參考價值。讀者倘想知道更多有關歐洲學界對《周易》的翻譯成果，建議參閱康達維師（David R. Knechtges）"The Perils and Pleasures of Translation: The Case of the Chinese Classics"[26]以及 Richard Rutt 的譯本 *The Book of Changes (Zhouyi): A Bronze Age Document Translated with Introduction and Notes*，第一部分（Part I）第 4 節 "European translations"。[27]康老師的論文主要談歐洲學者翻譯《周易》及其他經典的

---

22 原文為 "today very few scholars believe Kong Qiu had anything to do with the text."

23 歐美漢學家討論中國經典的傳承，常用嚴格標準看待「著作權」問題，實則在傳統中國未必合適。歐陽修論《繫辭傳》非孔子所撰，固然不錯；但如進一步說《繫辭傳》與孔子無關，則有問題，因為《繫辭傳》作者常稱子曰，依據先秦經義口耳相傳的傳統，再考慮其發揮的意義與《論語》所記孔子思想一致，就足以證明和孔子有關。尤其馬王堆帛書《易傳》諸篇出土後，《易傳》與孔子的關係已被研究者重新檢視。此方面論著甚多，詳參本書下編〈陸、《易傳》作者問題檢討〉。

24 讀者可參韓子奇（Tze-ki Hon）書評 "Review of Bent Nielsen, *A Companion to Yi Jing Numerology and Cosmology*," *China Review International* 11.2 (Fall 2004)：453-456。

25 賴貴三，《東西博雅道殊同——國際漢學與易學專題研究》（台北：里仁書局，2015）。

26 參本章注 11。

27 參本章注 12。

各種問題。至於 Rutt 筆下的"European translations"首先介紹了 Philippe Couplet, Claude de Visdelou 和 Jean Baptiste Régis 三位耶穌會士及早期傳教士的翻譯成績，接著介紹 Thomas McClatchie 完成的第一個英譯本，及後義大利教士 Angleo Zottoli 的拉丁文譯本、理雅各的譯本和幾種法國的譯本，甚至鮮為人知、在二戰時期死於史達林集中營的俄國漢學家 Yulian Konstantinovich Shchusky 的譯本，當然最後也少不了介紹 Wilhelm-Baynes 本。Rutt 列出許多種歐洲譯本，卻也承認衛禮賢和理雅各的翻譯影響最大。有趣的是，Rutt 指出 Wilhelm-Baynes 譯本在美語世界所以風行如斯，竟是因為六〇年代嬉皮思潮席捲北美，該譯本被視為神祕之書的緣故。就在此時，*I Ching* 廣泛地被誤讀為"Eye Ching"。[28]此外，美國萊斯大學（Rice University）司馬富（Richard J. Smith）名著 *Fathoming the Cosmos and Ordering the World: The Yijing (I Ching, or Classic of Changes) and Its Evolution in China*[29]中的"Appendix A" "A Note on Source"，也有兩個小節"Western Scholarship on the *Yijing*"和"Asian Scholarship on the *Changes*"，在該書第251頁，可參。

關於《易》學傳播歐洲，萊布尼茲（Gottfried Wilhelm Leibniz）最常被提及。1693 年他與白晉（Joachim Bouvet）聯繫，發現《周易》卦象組成的陰陽爻可代入二進制的（1）和（0），並於 1701 年將二進制表寄給白晉，不久收到白晉寄給他兩個圖：「伏羲六十四卦次序圖」（Segregation-table）及「伏羲六十四卦方位圖」（Square and Circular Arrangement）。六十四卦簡化成「乾 111111」、「坤 000000」、「屯 100010」、「蒙 100101」等型態。萊布尼茲和白晉的軼事在《易》學界久已傳為美談，[30]對《周易》在西方的印象影響

---

28 Rutt, "The Wilhelm-Baynes translation became a cult document for the hippy movement of the 1960s, leading to an explosion of popular interest in *Yijing* throughout the English-speaking world, so far removed from knowledge of China that the book was (and is) generally called 'Eye Ching'. The consequent literature is extensive and of varied value." (p. 79)

29 Richard J. Smith, *Fathoming the Cosmos and Ordering the World: The Yijing (I Ching, or Classic of Changes) and Its Evolution in China* (Charlottesville: University of Virginia Press, 2008).

30 See Franklin Perkins, *Leibniz and China: A Commerce of Light* (New York: Cambridge University

深遠，以數學切入探討《易》卦觀念很新穎，產生了一定的影響（詳下）。然而，他們對《周易》本經傳播的貢獻卻不大。[31]

二 日本：近代疑古思潮下的《周易》研究

《周易》全球化之在於亞洲，翻譯雖未可忽略，但十九世紀以前亞洲以漢字文化為主體，日本、朝鮮學人多能通讀漢文本《周易》，讓「翻譯」反成次要。據吳偉明指出，《周易》在六世紀以前已傳入日本，但遲至德川時代才成為顯學。[32]南宋朱熹《周易本義》在日本學術界影響尤大，反映朱子對東亞《易》學的深刻影響（朝鮮亦然）。例如中井履軒《周易雕題》，[33]就是在《本義》的基礎上發揮其見解。卷首先列《易》圖，次列「筮儀」，明顯是《本義》的架構。這是最廣為日本傳統注《易》者接受的一種結構。眾所周知，朱熹明確提出「《易》為卜筮之書」的觀點，和北宋歐陽修〈易童子問〉的懷疑《易傳》，同樣在《易》學史上起了典範性的影響。朱子主張《易》為卜筮之書，卻未嘗忽略「卜筮」背後的龐大、複雜而深邃的義理系統，不像後人執著朱子的話頭，就視《易》為單純的占筮工具。但反過來說，特別發揮《易》中占筮一義，竟也可以對文化發生

Press, 2004).

31 《周易》在中國被道教人仕列為「三玄」之一，荷蘭著名漢學研究基地 Leiden University 歷來漢學家多研究道教，如研究過中國天文志的 Gustave Sehlegel，六大冊 *The Religious System of China* 的作者 Jan Jacob Maria de Groot，1897 年出版第一部荷譯《老子》的作者 Henri Borel，將《道德經》譯為荷語、法語、英語的 Jan Julius Lodewijk Duyvendak，研究道教房中術和性愛與社會關係的高羅佩（Robert Hans van Gulik），研究佛教對道教影響的 Erie Zürcher，以及當代幾位仍健在的學者，如：在哈佛大學任教的荷裔漢學家 Wilt L. Idema，長期在海峽兩岸研究道教的施舟人（Kristofer Schipper），2013 年自萊頓大學轉任牛津大學的田海（Barend J. ter Haar）等等。雖然荷蘭漢學以道教為大宗，卻沒有學者專研《周易》。

32 吳偉明，《易學對德川日本的影響》（香港：中文大學出版社，2009），頁 3。

33 中井履軒，《周易雕題》（大阪大學懷德堂文庫復刻本）（東京：吉川弘文館，1997）。

不小的影響，如十九世紀末《高島易斷》的作者高島嘉右衛門就將占筮推闡至極，運用到解釋日本軍事、政治、治病等各方面。[34]也有更多從日本本土思想出發討論占術、陰陽道理論的研究，如研究日本宗教文化的鈴木一馨《陰陽道：呪術と鬼神の世界》，其中也有涉及《易》理。[35]至於學院派學者中，二十世紀初日本漢學界深受白鳥庫吉和津田左右吉的疑古思想以及中國古史辨運動的疑古思潮影響，廣泛認定《周易》經文是卜筮紀錄、《易傳》為晚出之哲學書、經傳分離的觀點。津田所撰《儒教の研究一》第二篇〈易の研究〉第一章就指出今本《周易》成書於戰國中期，至漢代始儒家經典化。[36]同時期小島祐馬著《中國思想史》[37]將《易》置於第四章「第二次の儒家思想」，武內義雄《中國思想史》[38]將《易》置於該書第十章「秦代の思想界」。另一書《易と中庸の研究》認為《易傳》成於戰國末至漢初，其儒家經典化在西元前 213 年始皇焚書之後。平岡武夫《經書の成立》則認為今本《周易》是在漢代才成為儒家經典。[39]金谷治《秦漢思想史研究》認為儒家將《周易》經典化，主要是將人類社會倫理賦予形式上的一統秩序，以因應大一統。[40]當代日本漢學家中，池田知久承繼東京大學疑古的傳統，對出土簡帛的年代普遍訂得較其他學者為晚，只願意承認儒典籍定型在戰國末年。另一位《易》學家本田濟《易學：成立と展開》第二節「易の發生基盤」「卜筮──巫──賣卜者集團──易之名」

---

34 高島嘉右衛門講述，《增補高島易斷》（東京：明法堂，1894）。

35 鈴木一馨，《陰陽道：呪術と鬼神の世界》（東京：講談社，2002）。

36 參津田左右吉，《津田左右吉全集》（東京：岩波書店，1965），第 16 卷《儒教の研究一》第二章〈易の研究〉第一章「周易」。

37 小島祐馬，《中國思想史》（東京：創文社，1968）。

38 武內義雄，《中國思想史》（東京：岩波書店，2005）。

39 平剛武夫，《經書の成立》（東京：全國書房，1946）第一序說篇〈經書と尚書〉第二章〈經書の始〉。

40 此據淺野裕一〈戰國楚簡と古代中國思想史の再檢討〉（《中國出土資料研究》第 6 號〔2002年 3 月〕，頁 9-17）及〈儒家對《易》的經典化〉（收入鄭吉雄、林永勝編，《易詮釋中的儒道互動》，頁 81-101）之說。淺野並指出，金谷治在《秦漢思想史研究》中承繼武內之說，認為《易》是在焚書之後亦即秦漢之際至漢代時成為儒家經典。

是在日本學術界較多被用作教材的本子。[41]在在可以看出，日本漢學家受疑古思潮的影響之深。追源溯本，古史辨學者將大量古代文獻年代往後推，埋下了二十世紀大量簡帛出土後中國學者大聲疾呼重寫學術史的伏線。但在疑古思潮席捲中國時，產生的影響已造成了大破壞，不但日本學術界深受其影響，歐美漢學家也多接受古史辨學者諸如顧頡剛、李鏡池關於《周易》諸說，像 Richard Alan Kunst 博士論文 *The Original "Yijing": A Text, Phonetic Transcription, Translation and Indexes, with Sample Glosses*[42]接受古史辨學者認定《周易》是反映古代農業社會歷史紀錄的觀點（例如將〈謙〉卦字譯為「鼲」）。或如汪德邁（Leon Vandermeersch）認為中國最早的書寫源於卜筮，也顯然是古史辨運動的餘波。[43]

日本《周易》研究會會長、已故北海道大學中國哲學講座伊東倫厚是日本主張疑古思潮的學者。2005 年 8 月他邀請我赴札幌出席日本《周易》研究會暨北海道中國哲學會第 35 回大會，並做主題演講，講題〈從卦爻辭字義的演繹論《易傳》對《易經》的詮釋〉，旨在說明「經、傳」不可分割，反駁古史辨運動疑古學者的觀點。會中討論熱烈，伊東教授作為主持，沒有一字評論。會後兩天他在溫泉旅館主持我的送別宴。晚飯後邀我和一眾師生到他房裡深談，才提出和我南轅北轍的看法，不同意我重建「經、傳」的關係，並且強調他是「較津田左右吉更激烈的疑古派」。作為主持人，伊東先生沒有當場批評我的論點，展示了風度與高度。然而，儘管我列舉內證，從卦爻辭字義演繹說明經傳的密切關係，他也未嘗受到絲毫動搖。其實伊東先生最推崇的是朱伯崑。他在 2007 年去世之前，已在北海道大學啟動將朱的代表作《易學哲學史》譯為日文，而人所皆知，朱伯

41 本田濟，《易學：成立と展開》（京都：平樂寺書店，1960）。本田濟另有《易經講座》上下並附錄（東京：斯文會，2006- 2007）。

42 Richard A. Kunst, *The Original "Yijing": A Text, Phonetic Transcription, Translatio, Translation and Indexes, with Sample Glosses* (PhD dissertation) (University of California, Berkeley, 1985).

43 Vandermeersch Leon, "De la tortue a l'achillée" in *Divination et rationalité* (J.P. Vernant ed.) (Paris: Éditions du Seuil, 1974), pp. 37-51. Also see Richard Rutt, *The Book of Changes (Zhouyi)*, p. 90.

崑終身持守古史辨學者提出的「經傳分離」之說，並衍為「經、傳、學」分離之說。伊東教授身後，翻譯的艱鉅計畫終於由其高弟近藤浩之完成並出版，其中就發揚了經傳學三分的觀點。近藤浩之可能是當代日本漢學界中研究《周易》最有成就的學者，和門弟子也同時從事出土簡帛、曆算、日書等課題的研究。而近藤也是池田知久的學生，兩方面的師承讓他深受疑古觀點影響，成為宿命。近藤的博士生大野裕司 2011 年獲得 JSPS Postdoctoral Fellowships 支持，到臺灣大學接受我的指導，研究東亞占筮歷史。至於與伊東先生約略同輩的研究者，以筑波大學教授今井宇三郎於九〇年代先後出版《易經》上中下（《易經》下與堀池信夫、間嶋潤一合著）最有代表性，[44]因他於 1958 年即著《宋代易學の研究》[45]獲得博士，掌握到宋儒兼攝義理、圖書的特長的緣故。此外，尚有大阪大學教授研究中國思想的加地伸行編著的《易の世界》、[46]專研隋代蕭吉《五行大義》的駒澤大學教授中村璋八著《周易本義》（與古藤友子合著）[47]等等，不一而足，但只能算是潮流中的作品，談不上有什麼典範性。較年輕的有大阪大學文學研究科的韓裔講師辛賢，著作以《周易》、漢代術數和宋代理學為主，著有〈「帛書周易」易之義篇における記述形式の問題〉、〈邵雍と宋代易學——『易經』の分經問題を中心に〉、[48]《漢易術數論研究：馬王堆から『太玄』まで》[49]等。近十年來原已招不到本土研究生而漸趨衰微的日本中國哲學界，在近幾年日本政府大學管理改革浪潮的沖擊下，更加氣息奄奄。《易》學在日本的前景如何，難以逆料。除了大環境之外，還要視乎當前中壯輩如近藤浩之、辛賢及年輕一輩如大野裕司等的努力了。

44　今井宇三郎，《易經》上中下（東京：明治書院「新釈漢文大系」，1987、1993、2008）。

45　今井宇三郎，《宋代易學の研究》（東京：明治圖書出版， 1958）。

46　加地伸行編，《易の世界》（東京：新人物往來社，1986）。

47　中村璋八、古藤友子合著，《周易本義》（東京：明德出版社，1992）。

48　分別為「富士ゼロックス小林節太郎記念基金」1997 及 2001 年度研究助成的成果。

49　辛賢，《漢易術數論研究：馬王堆から『太玄』まで》（東京：汲古書院，2002）。

三 朝鮮的《周易》研究：從心性到事功

　　朝鮮和日本一樣，《周易》研究在方法上深受宋儒的影響。二十世紀以前朝鮮學者對《周易》的接受與研究成果，多已收錄到成均館大學所編《韓國經學資料集成》之中，朝鮮大儒如李滉（退溪）、李珥（栗谷）、丁若鏞（茶山）對《易》都有精深的研究。宋儒擅長用圖表方法釋《易》，在義理、象數之外，別開「圖書」一途。[50]朝鮮儒者受其影響，將圖書之法推擴到整個儒學，退溪《聖學十圖》就是很著名的以圖說闡釋儒家心性之學的著作。[51]也有擴及其他儒家經典的，如朴世采《範學全編》衍釋《尚書‧洪範》，將「九疇」之說與天人合一之理結合畫圖（如圖 B）。[52]又如白鳳來《三經通義》亦以圖表之法衍釋商書〈咸有一德〉與道德性命等概念範疇的一體關係（如圖 C）。[53]這種廣泛使用圖表的詮釋方法，在《韓國經學研究集成》中俯拾皆是。近三十年來對韓國《易》學研究最傑出的諸如尹絲淳、琴章泰、李光虎、金永植等教授，都是老一輩的學者，研究範疇並不局限在儒學，也有涉及《周易》。我在臺灣大學參與主持東亞文明研究中心（2002-2006）時，就與琴、李、金三位有過不同程度的交流。其中尹絲淳《도설로 보는 한국 유학》[54]一書極重要，可謂彙集圖說闡釋韓國儒學和《易》學的大成。中壯輩精於《易》學的，則有慶北大學教授方仁。朝鮮《易》學和日本差近，受朱子影響尤深，原本以李滉、李珥、奇大升為

50　《易》所謂「圖書」之學，雖與「義理」、「象數」並立，實則主要奠基於象數理論。「圖書」狹義上指「河圖洛書」，而擴大則可涵括諸如太極圖、先天圖、兩儀圖等各種圖表。

51　可參琴章泰，《『聖學十圖』와 퇴계 철학 의 구조》（聖學十圖與退溪哲學的結構）（首爾：首爾大學出版部，2001）。

52　成均館大學主編，《韓國經學資料集成》（首爾：成均館大學出版部，1989），第 57 冊，頁 81。

53　成均館大學主編，《韓國經學資料集成》，第 58 冊，頁 517。

54　該書書名中譯為《從圖說看韓國儒學》，但原書為韓文，並無中文書題。尹絲淳，《도설로 보는 한국 유학》（首爾：예문서원，2008）。

首，開啟的著名儒學論辯「四七之辯」所討論四端、[55]七情[56]的本質與活動，及其關於「理、氣」的「已發、未發」的心性之學內部的問題，就和宋儒義理一路如朱熹、張栻「中和說」的辯論課題相呼應。將《周易》與其他儒典視為一體，原本就是東亞儒者共同接受的；將《易》與心性之學相連，幾乎也是必然的結果，而「四七之辨」的研究在海峽兩岸也曾掀起研究熱潮，不過這個辯論和《周易》研究的內在關係並不深。近二十年來，韓國茶山學會積極推動茶山學術思想兼及其《易》學，不但重新刊印《與猶堂全書》，也邀請了一些年輕的研究者參與，可謂別開生面，在性理之學的討論之外，為《易》學補充了傳統經學一派的進路。丁茶山的《易》學著作主要有《周易四箋》和《易學緒言》，論儒典強調經書文獻的內證，論制度則重視「禮」，論《易》首重事功，由事功思想而設想古代聖王視《易》為筮書，並非單純占筮紀錄，而是經世濟民、決疑知命的神聖媒介，故滲透到先王制度儀軌的不同層面與範疇。[57]若與中國學者比較，丁的取徑類同於漢儒，也與荻生徂徠、伊藤仁齋、伊藤東涯等日本古學派學者取徑相近，比較從「禮」的基礎上考察《易》的地位與影響，和退溪為主的「嶺南學派」和栗谷為主的「畿湖學派」多講心性之學均不相同。上一世紀 80 年代以前丁茶山的研究情況，可參韓㳓劤、金泳鎬、安秉直等1986 年出版《丁茶山研究의現況》，[58]其後期刊《茶山學》發行，成為研究茶山學術的園地。茶山《易》學研究在韓國，除了較老一輩的學者外，讀者可參金麟哲 2003 年的著作《茶山의『周易』解釋體系》。[59]該書除序論和結論之外共四章，分別討論茶山的學《易》過程、理論綱要、詞彙的解

55　《孟子・公孫丑》：「惻隱之心，仁之端也；羞惡之心，義之端也；辭讓之心，禮之端也；是非之心，智之端也。」《孟子注疏》，卷 3 下，頁 7a。

56　《禮記・禮運》：「喜怒哀懼愛惡欲七者，弗學而能。」《禮記注疏》，卷 22，頁 4a。

57　鄭吉雄，〈丁茶山《易》學與禮學關係初探〉，《茶山學》，第 26 期（2015 年 6 月），頁 51-70。

58　韓㳓劤、金泳鎬、安秉直等，《丁茶山研究의現況》（首爾：民音社，1986）。

59　金麟哲，《茶山의『周易』解釋體系》（首爾：景仁文化社，2003）。

釋與應用以及對《十翼》的創見等。至於博士論文則有首爾大學2000年李楠永指導金永友的博士論文《丁若鏞의易學思想研究》及延世大學2004年李光虎指導黃晰起的博士論文《茶山丁若鏞의易象學》，均可參考。後來出版的期刊《茶山學》也收錄了不少韓國學者相關研究論文。2016年茶山學會邀請了包括筆者在內的來自不同國家及地區的《易》學研究者合作，由方仁教授擔任計畫主持人，成功獲得韓國研究財團（National Research Foundation of Korea）的"Global Research Network"資助，提出主題為「從東亞儒家經典研究的視角考察丁茶山《易》學思想」（Tasan Cheong Yakyong's Thought of *Zhouyi* from the Perspective of the Study of Confucian Classics in East Asia）的三年研究計畫（2016年9月至2019年8月）。香港中文大學日本研究學系吳偉明《東亞易學史論：〈周易〉在日韓越琉的傳播與影響》[60]探討《周易》在日本、朝鮮、越南及琉球等地（約屬溝口雄三稱之為「漢字文化圈」的區域）如何被閱讀、應用及其文化傳播，並有專章討論朝鮮李朝《易》學。該書收入臺灣大學出版中心「中國思想史研究叢書」第21種，於2017年9月出版。吳偉明另一部專書《中國非漢族易學史論》也收入同一叢書，於2023年出版。

四 瑰麗多姿的北美《周易》研究

再從亞洲遙看北美。北美漢學界《周易》研究名家輩出，而且各有專精，在過去半個世紀，可以說有著前所未有、將來也可能未必再有的好機遇。從哲學角度研究的學者主要有夏威夷大學成中英（Chung-ying Cheng）、安樂哲（Roger T. Ames）和賓州州立大學伍安祖（On-cho Ng）。伍安祖是研究《周易折中》的作者李光地的專家，又專精中西史學及詮釋學，他縮合詮

60　吳偉明，《東亞易學史論：〈周易〉在日韓越琉的傳播與影響》（台北：臺大出版中心，2019）。

釋學、宗教和傳統經學的理論考察《易》哲學，不唯有新意，而且深具哲學與詮釋學深度，揭示了《周易》多層意義（layers of meaning）的真貌。[61]安樂哲深悉中國哲學有異於歐美哲學，故掌握中國哲學重視實踐的解釋進路，譬如中國哲學重視天人合一（即他所強調的自然運動與人類德性活動的協同〔synergistic〕效應）亦即宇宙萬物與「人」之一體性的觀察，安樂哲稱之為"holographic understanding"（全像式的理解）。[62]這個觀點和唐君毅以及牟宗三等近代新儒家學者對儒家本體宇宙論的解釋，頗為相應。成中英提出本體詮釋學（onto-hermeneutics）以解釋《周易》哲學，亦值得一提。清末以降揭示本體論衍釋《周易》哲學，以熊十力《乾坤衍》為最早，論之最詳。成先生雖未專研卦爻辭，對《易傳》提出了本體詮釋學的哲學視角，以此理論企圖將他個人的哲學觀點和《易》學融合為一，是繼熊十力之後，對《易》本體論有建樹的學者。據賴賢宗的講法，成中英受海德格爾（Martin Heidegger）影響甚深，同時也基於對分析哲學大師奎因（Willard Van Orman Quine）思想的批判反省。[63]然而，我個人觀察，成中英可能更多是受奎因的刺激，借《易》哲學以在奎因分析哲學觀點外別有樹立。認識論（epistemology）原本就是哲學的核心，因為它不單單是宣示追尋真理的方法，而且是檢驗追尋真理之方法的有效性，進而檢視人類思維活動的一種學問。分析哲學正是針對十九世紀興起的實證主義（positivism）哲學而興起，也正好切中實證主義哲學為了反玄學而引入科學方法所引起的盲點。中國哲學在認識論上原本就有異於歐陸哲學，重視透過經典詮釋傳統去開展經典的意義，所以中國歷史上最重要的思想家，絕大部分畢生都要注釋

61　See On-cho Ng, "Religious Hermeneutics: Text and Truth in Neo-Confucian Readings of the *Yijing*," *Journal of Chinese Philosophy* 34:1 (March 2007): 5-24.

62　見安樂哲（Roger T. Ames）著，吳傑夫（Geoffrey Voorhies）譯，〈《易大傳》與中國自然宇宙觀〉，收入鄭吉雄主編，《周易經傳文獻新詮》（台北：臺大出版中心，2010），頁 243-267。

63　參賴賢宗，〈成中英哲學思想發展與意義〉，《書目季刊》，第 38 卷第 1 期（2004 年 6 月），頁 55-69。又賴賢宗，〈成中英的本體詮釋學與易學體用論〉，《儒家詮釋學》（北京：北京大學出版社，2010），頁 1-24。

一部或幾部經典，將自己的思想寄託在經典傳統之中，單獨撰寫一部專門講理論的著作，似乎不是傳統哲學家熱衷去做的。扼而言之，分析哲學的路數原本就與重視「直觀」與「圓教」（借用牟宗三的語彙）的中國哲學傳統精神上大異其趣。成中英哲學路數，與其說是受到海德格爾的影響，毋寧說他真正想歸宿於中國經典傳統，因為他講《易》學本體詮釋其實並未深入涉及人類對現象的認識以及存在的狀態等課題，與海德格爾頗不相同。他特意樹立的本體詮釋學理論，與奎因理論上的截然不同。奎因發表"Two Dogmas of Empiricism"，其中針對的正是邏輯實證論（logical positivism）貼近科學主義、重視經驗知識的盲點，認為實證論此種進路所建立的分析性（analyticity）其實是循環論（circular）的。將此一爭端投射到二十世紀中國哲學研究，不難讓我們想起胡適在哥倫比亞大學的博士論文《中國古代哲學方法之進化史》的實證論的路數，以及稍後新儒家學者牟宗三等對胡適的激烈批判。成中英注意到《周易》三大法則「簡易，變易，不易」的活潑性，既強調本體「易」寂然不動感而遂通的超越性（transcendence），同時又「變動不居，周流六虛」的流動性（fluidity），正好宣示他立足於中國經典的獨特性，而對實證主義的批判又與奎因著重分析方法有所不同。

北美專研出土文獻《易》的則有達慕思大學（Dartmouth College）教授邢文。[64]邢文是李學勤的弟子，在赴美國發展前原在中國社會科學院任職，赴美後在任職達慕思前先於三立大學（Trinity University）工作。2021 年起轉任香港中文大學深圳分校人文社科學院講座教授。邢文早年的成名作是《帛書周易研究》，[65]其後一直活躍於出土簡帛界，已不限於《周易》，著作數量甚豐，後來也將研究興趣拓展到宗教和藝術，2016 年在《光明日報》發表了〈北大簡《老子》辨偽〉，[66]引起了學界的議論。他與長期合作的美

64　羅伯特 1932 暨芭芭拉・布萊克亞洲研究講席教授、亞洲與中東語言文學終身教授，達慕思中國書法與手稿文化研究所所長（Robert 1932 and Barbara Black Professor in Asian Studies, Director, The Dartmouth Institute for Calligraphy and Manuscript Culture in China）。

65　邢文，《帛書周易研究》（北京：人民出版社，1997）。

66　邢文，〈北大簡《老子》辨偽〉，《光明日報》，2016 年 8 月 8 日 16 版「國學」。

國資深學者、《古代中國》（*Early China*）雜誌主編艾蘭（Sarah Allan）教授合作推動過多次出土簡帛的學術活動，合編《新出簡帛研究》[67]頗有影響。此外又有芝加哥大學教授夏含夷。夏氏是歐美學界著名的漢學家，早年曾留學台灣，1976 年在台北始從愛新覺羅毓鋆的啟蒙而讀《易》，是奉元書院的門弟子，走的是明代來知德的路數。他後來在中國大陸習古文字及古文獻，曾親炙於裘錫圭，並自承受吉德煒（David N. Keightley）、魯惟一（Michael Loewe）及倪德衛（David Nivison）三位導師的指導。[68]他的中文和古文字根柢紮實，透過古文字和文獻研究，在出土《易》材料翻譯取得豐碩成果，在九〇年代已翻譯並出版了馬王堆帛書《周易》為 *I-Ching: The Classic of Changes* 一書，[69]受到學界的稱譽。約於同時期王家臺秦簡《歸藏》、阜陽雙古堆《周易》殘簡和上海博物館戰國楚竹書《易》簡陸續出土問世。夏含夷深入研究，在累積了多篇研究論文後，於 2014 年將這三種《易》文獻的英譯彙集為一書出版，題為 *Unearthing the Changes: Recent Discovered Manuscripts of the Yi Jing (I Ching) and Related Texts* 一書。以其漢學功底之深，在可見的未來，在出土《易》的英譯貢獻上，恐已無人能出其右。例如他研究《歸藏》，就兼及於《竹書紀年》及汲冢出土歷史背景的考證。[70]在 1997 年出版的 *Before Confucius: Studies in the Creation of the*

67　艾蘭、邢文編，《新出簡帛研究》（北京：文物出版社，2004）。

68　See "Acknowledgments," *Unearthing the Changes: Recent Discovered Manuscripts of the Yi Jing (I Ching) and Related Texts* (New York: Columbia University Press, 2014), xxi.

69　Edward L. Shaughnessy, *I-Ching: The ClassicgChanges* (New York: Ballantine Books, 1997).

70　參夏含夷，〈晉侯的世系及其對中國古代紀年的意義〉，《中國史研究》，2001 年第 1 期，頁 3-10。又夏含夷，〈《竹書紀年》的整理與整理本〉，發表於 2005 年 3 月 23 日臺大東亞文明研究中心第 28 次學術講論會，後收入葉國良、鄭吉雄、徐富昌合編，《出土文獻研究方法論文集・初集》，頁 339-441。大旨提出一種同情理解的觀點，認為今本《竹書紀年》不可能是偽造，可能和汲冢書出土時墓本經過解讀，但其中古文字未被完全通解，導致纂本的錯誤有關。而邵東方則認為今本《竹書紀年》不偽只是一種推測，尚欠足夠證據支持。相關的辯論，除可參上引夏含夷的論文和 *Unearthing the Changes*（pp. 145-148）以外，尚可參邵東方，《竹書紀年研究論稿》（*Studies on The Bamboo Annals: Debates, Methods, and Texts*）（台北：Airiti Press，2009），第一篇〈「今本」《竹書紀年》諸問題考辨——與陳力博士商榷〉

Chinese Classics 一書中，[71]他曾探討《周易》與「天」的關係，指〈乾〉卦六爻的「龍」象是星象的觀測。他的論證顯然是想從傳統學者（如熊十力）對「龍」象的哲理解釋之外，尋求其他的講法，參照天文學，其用意值得肯定，在文中的論據也翔實可靠。他認為「龍」在中國古代神話中已有很穩定的形象與特質，顯示地必然是取法自然界的現象。而中國古代天文學對星象自春而秋的季節位移，已有清楚的理解。[72]他也指出早在 1911 年研究中國天文學的瑞士漢學家 Leopold de Saussure 在其著作 *Les Origines de l'Astronomie Chinoise*[73]提及中國古代出現的龍星群（dragon constellation），在《周易》首章（即〈乾〉卦）即有所記載。[74] Saussure 的研究，亞洲學者所知並不多，如非夏含夷引述，我也忽略了。雖然近一世紀論〈乾〉卦「龍」象來自天文星象的學者中，最早的並不是夏含夷，而是聞一多，[75]但夏以

（頁 17-85）以及 David S. Nivison, *The Riddle of the Bamboo Annals*（竹書紀年解謎）（Taipei: Airiti Press Inc., 2009）。

71　Edward L. Shaughnessy, *Before Confucius: Studies in the Creation of the Chinese Classics* (Albany, N.Y.: SUNY, 1997).

72　原文為："Still, the attributes of the dragon were so firmly fixed in China's ancient mythology that it had to be based on some natural phenomenon. In fact, the Chinese have long seen the form of a dragon in a constellation of stars which becomes visible in the eastern quadrant of the sky in spring and finally passes out of sight beneath the western horizon in autumn." See Shaughnessy,1997, Chapter 7 "Qian and Kun Hexagrams," p. 200.

73　Leopold de Saussure, *Les Origines de l'Astronomie Chinoise* (Paris: Librairie Orientale et Américaine- Maisonneuve frères, 1930).

74　Shaughnessy, 1997: 214. 筆者承夏含夷來信提示：鑑於衛禮賢遲至 1912 年才從事《周易》研究，著作亦遲至 1923 年才出版，Saussure 在 1911 年的著作所參考的，不會是衛禮賢的譯本。謹此致謝。

75　聞一多說：「案古書言龍，多謂東宮蒼龍之星。〈乾卦〉六言龍（原注：內九四或躍在淵，雖未明言龍，而實亦指龍），亦皆謂龍星。《史記・天官書》索隱引石氏曰：『左角為天田』，〈封禪書〉正義引《漢舊儀》曰：『龍星左角為天田。』九二『見龍在田』，田即天田也。蒼龍之星即心宿三星，當春夏之交，昏後升於東南，秋冬之交，昏後降於西南。《後漢書・張衡傳》曰『夫玄龍迎夏則陵雲而奮鱗，樂時也，涉冬則涸泥而潛蟠，避害也』，玄龍即蒼龍之星，迎夏奮鱗，涉冬潛蟠，正合龍星見藏之候。《說文》曰：『龍……春分而登天，秋分而潛淵』，亦謂龍星。九五『飛龍在天』，春分之龍也；初九『潛龍』、九四『或躍在淵』，秋

其對歐洲漢學的熟稔，提醒了我們，歐美漢學注意到自然天象與《周易》之間密切關係不應該被忽略。北美漢學界在出土《易》方面，還有一人值得一提，就是 1895 年畢業於多倫多大學的傳教士明義士。[76]他對於《易》卦有獨到的看法——儘管他並非《易》學家。屈萬里闡述其「易卦源於龜卜」的偉論時，就提及明義士所著《柏根氏舊藏甲骨文字考釋》早已有此一說。明義士說：

> 甲骨卜辭，……其文或旁行左讀，或旁行右讀，亦不一律。惟各段先後之次，率自下而上為序，幾為通例；而於卜旬契辭，尤為明顯。蓋一週六旬，其卜皆以癸日，自下而上，與《周易》每卦之六爻初二三四五上之次，自下而起者同。而《周易》爻辭，亦為六段，與六旬之數尤合。疑《周易》為商代卜辭所衍變，非必始於周也。[77]

分之龍也。〈天官書〉曰『東宮蒼龍——房，心。心為明堂，大星天王，前後星子屬。不欲直，直則天王失計』，是龍欲曲，不欲直，曲則吉，直則凶也。上九『亢龍』，亢有直義，亢龍即直龍。用九『見群龍无首』，群讀為卷（原注：群从君聲，君卷聲近義通。……），群龍即卷龍（雄按：中略，論古王者衣飾有卷龍即袞衣）。蓋東方房心（原注：蒼龍）之為卷龍，亦猶中央樞（黃龍）之為卷龍也。卷龍如環无端，莫辨首尾，故曰『无首』，言不見首耳。龍欲卷曲，不欲亢直，故『亢龍』則『有悔』，『見卷龍无首』則『吉』也。」參聞一多，《周易義證類纂》，聞一多著，孫黨伯、袁謇正主編，《聞一多全集》（武漢：湖北人民出版社，1993），第 10 冊，頁 231-233。二十世紀著名天文學家薄樹人也注意到《周易》〈乾〉卦所記龍星的問題，他在〈經部文獻中的天文學史料（之一）〉中指出了聞一多的缺點在於龍位與季節的對應關係太過跳躍。同時亦討論了夏含夷和陳久金討論乾卦六龍的論點。薄樹人認為，把「用九」作為一個爻位，對應一個月分，前提是需要與每卦六爻的定義一致，也要顧及歷代《易》家對「用九」的理解。該文收入《薄樹人文集》（合肥：中國科學技術大學出版社，2003），頁 127-128。

76 明義士在獲土木工程學士學位後又畢業於諾克斯神學院（Knox Theological Seminary），並接受加拿大長老會海外傳教協會派往河南北部工作，因 1914 年赴安陽宣教偶訪殷墟，開始收藏甲骨至五萬片之多，並於 1917 年在上海出版自寫石印片《殷虛卜辭》（*Oracle Records From the Waste of Yin*）。《殷虛卜辭後編》在其生前未能出版，藝文印書館根據安大略博物館所藏拓本，由許進雄先生編輯，於 1972 年刊行。其生平可詳見《華人基督教史人物辭典》（http://www.bdcconline.net/zh-hant/stories/by-person/m/ming-yishi.php）。

77 屈萬里先生在〈易卦源於龜卜考〉一文則注意到龜的背甲常作九小片、腹甲常作六小片，背甲硬而腹甲軟，與《周易》以「九」表述「陽」，以「六」表述「陰」一致（頁 64-65）。加

「《周易》為商代卜辭所衍變，必非始於周」是可以確信的。早在宋代，南宋李過《西谿易說》和元朝王應麟都注意到「《周易》用商」的現象，就是說《周易》裡面充滿不少殷商的人名事典。其實《周易》六十四卦卦名有超過一半承自《歸藏》，兩部書具有如此密切的關係，就是有力佐證。近撰拙文〈《歸藏》平議〉[78]就申述了這一點，認為應該從歷史延續性（historical continuity）的視角去看待這兩部古老的經典，自然會發現殷商與西周文獻的傳承關係，不可輕忽。屈先生自史語所同仁張秉權處得睹明義士之說，頗贊同此一說法，但認為易卦應該是源於龜卜，而著成於周武王時，與明義士稍異。屈先生評論說：

> 明義士此書，成於二十餘年前，已知《周易》為商代卜辭所衍變，可謂獨具隻眼。惟謂《周易》非必始於周，則與予說有間耳。又，勞貞一先生亦以為：《易》筮之術，雖完成於周初，而由龜卜演變為《易》筮，當需一長時間之演變，非一人、一時、一地之事。其說與明義士之說暗合。[79]

由此可見，歐美學者研究中國上古典籍與古史，光明俊偉之論，所在多有，實未可以輕忽。

　　此外，值得介紹的是研究路向和筆者一致、專研《周易》及清代學術文化的萊斯大學資深教授司馬富。[80]他的《周易》研究以豐富的文獻考察為根柢，對於本經經文尤其卦爻之義的嫻熟，讓他對《易》文化傳播的探討，鞭辟透裡，殊非泛泛之論。我們看他在 *The I Ching: A Biography* Part One 的篇首由 What makes a classic?此一問題談起，歸結《周易》和歐洲的精神傳統來源諸如史詩《奧德賽》（*Odyssey*）或《聖經》（*Bible*）、《古蘭經》

上明義士的論點，所以頗認定《周易》和殷商的龜卜有直接的關係。

78　詳參本書下編〈叄、《歸藏》平議〉。並參邢文，〈秦簡《歸藏》與《周易》用商〉，《文物》，2000 年第 2 期，頁 58-63。

79　詳屈萬里，〈易卦源於龜卜考〉，頁 69。

80　司馬富早年研究清代學術文化的重要著作如 *China's Cultural Heritage: The Ch'ing Dynasty 1644-1912* (Boulder: Westview Press, 1983)，近年出版的則有 *The Qing Dynasty and traditional Chinese Culture* (Lanham: Rowman & Littlefield, 2015)。他屬於早輩漢學家，歷史取向，特別著眼於從紮實的文獻中勾勒出歷史文化的地貌與變遷。

（*Qur'an*）截然不同，並且一針見血地指出《周易》既沒有宗教預設在前，也沒有末世啟示於後。相對於《聖經》與《古蘭經》深信超越性的主宰是生命的終極答案，《易經》毋寧相信答案就在人類自身文化之中。[81]這樣透闢的見解，不時可見於其論著的字裡行間。他在 2008 年出版一部享譽學界的 *Fathoming the Cosmos and Ordering the World: The Yijing (I Ching, or Classic of Changes) and Its Evolution in China* 提供一個寬廣的歷史文化視角考察《周易》如何與中國歷史文化生命的變化發展相為表裡。[82]

北美學術界《周易》研究有成中英、夏含夷和司馬富開拓於前，理應有後繼者發揚光大，但對北美學界而言有點可惜的是，有兩位來自亞洲的中壯輩傑出學者，先後離開了美國，返回亞洲任教：上文提及的韓子奇研究《周易》尤其是宋儒的詮釋傳統，其論著 *The Yijing and Chinese Politics: Classical Commentary and Literati Activism in the Northern Song Period 960-1127* [83]是一部堅實的著作，以宋代為範圍，從政治與歷史的視角考察經典與詮釋之間的問題。他在 2016 年離開服務二十餘年的 SUNY Geneseo 分校返回出生地香港，任職於香港城市大學中文與歷史學系。還有研究日本德川《易》學擴及東亞《易》學則有吳偉明，畢業於普林斯頓大學（Princeton University）師承馬厄利爾・詹遜（Marius B. Jansen）。吳的 *The I Ching in Tokugawa Thought and Culture*[84]是一部英文世界相當著名且有代表性的著

---

81 "The *Changes* posits neither a purposeful beginning nor an apocalyptic end; and whereas classics such as the Bible and Qur'an insist that humans are answerable not to their own culture but to a being that transcends all culture, the *Yijing* takes essentially the opposite position." Richard J. Smith, *The I Ching: A Biography* (Princeton: Princeton University Press, 2012), p.18.

82 司馬富早年還有另一部書 *Fortune-Tellers and Philosophers: Divination in Traditional Chinese Society* (Boulder: Westview Press, 1991)，連同結論共有七章，是一部以清代為主要範疇的講述中國傳統社會占卜星象與其社會文化的書。

83 Tze-ki Hon, *The Yijing and Chinese Politics: Classical Commentary and Literati Activism in the Northern Song Period 960-1127* (Albany, N.Y.: SUNY Press, 2005).

84 Waiming Ng, *The I Ching in Tokugawa Thought and Culture* (Honolulu: Association for Asian Studies and University of Hawai'i Press, 2000).

作，2009 年他在香港中文大學出版社出版的《易學對德川日本的影響》，不單是中譯本，也是一個經過詳細補充修訂的增訂本。當然我們也不可忽略美國尚有幾部重要的《周易》英譯成果，如 Richard John Lynn, *The Classic of Changes: A New Translation of the I Ching as Interpreted by Wang Bi*，[85]主要依據王弼《注》。還有上文提及 Richard Rutt 的 *The Book of Changes (Zhouyi): A Bronze Age Document Translated with Introduction and Notes*。從 Rutt 對歐洲譯者和譯本的分析看來，他很了解衛禮賢、理雅各等翻譯的優點及其原因（和傳注傳統接軌），但顯然他著手翻譯時，卻沒有像這兩位前輩那樣精準。例如〈屯〉卦，Rutt 和衛禮賢一樣將讀音定為"zhun"而非"tun"，那就是讀為「屯難」而不是「屯積」。衛禮賢翻譯始終扣緊字義釋為"difficulty"，與讀音"zhun"一致；Rutt 卻不知何故將卦名譯為"massed"。[86]事實上，譯 massed 則應該讀為"tun"，[87]讀"zhun"則應該譯為difficulty。這是兩個不可混淆的選擇。Rutt 混用了二者，就造成讀音與字義的不一致，使得他儘管顧到讀音的節奏性美感（如〈屯〉六二「屯如邅如，乘馬班如」，Rutt 譯為"Massed together till delayed, cars and horses on parade"[88]），但意義掌握錯了，失去了本卦「困難」的核心意義，那就造成整個卦的義理系統錯亂。[89]「翻譯」並不能只譯出其字面意義（verbal meaning），背後還有一番複雜的研究工作支撐著。由此可見，歐美漢學家翻譯經典時，先具備紮實的漢語基礎和文獻工夫，有多麼重要。在這裡，我要特別澄清，雖然有

---

85 John Lynn trans., *The Classic of Changes: A New Translation of the I Ching as Interpreted by Wang Bi* (New York: Colombia University Press, 1994).

86 Rutt 說 "There is no clear thematic connection between these two hexagrams"（p. 296）亦不正確。《周易》傳注傳統對於六十四卦每兩卦或為「對」或為「覆」的關係已有詳細的闡述。《序卦傳》作者早就指出「屯者，物之始生也。物生必蒙，故受之以蒙」。（《周易注疏》，卷 9，頁 11a）如果 Rutt 拒絕接受《序卦傳》的講法，也應該提出理由。

87 Baxter 將讀為 t'un 的「屯」字釋為"accumulation"。可參 William L. Baxter and Laurent Sagart, *Old Chinese: A New Reconstruction* (New York: Oxford University Press, 2014), p. 294

88 Ibid.,p. 226.

89 關於〈屯〉卦音義的問題，詳參本書上編〈肆、周易《屯》卦音義辨正〉。

時會受到歐美同行的誤會，我並沒有一絲一毫輕視歐美漢學家的想法。作為非母語的研究者，歐美漢學家能超越其文化背景，如此虔敬地研究中國古典，並取得豐碩的成果，那絕對是太了不起了！他們以不同的研究視角和訓練，獲得的結論也一定是具有參考價值的。然而，限於文化隔閡，母語為非漢語的研究者注定要面臨更大的挑戰，要先克服文字障礙，縱使不能具有專業的古漢語知識，但至少可以像衛禮賢受學於勞乃宣那樣，虛心考慮中國傳注傳統和研究者的見解。反過來說，母語為漢語的中國學者解讀經典亦未必一定都正確，也要虛心欣賞和考慮歐美漢學家的觀點。這才是東西方學術交流最高價值之所在。總之實事求是，始終是正確的態度。

美國還有一位 Berkeley University 的電腦程式學者 Richard S. Cook，其成果較鮮為學界所知。他本於萊布尼茲的二進制觀念，並引入希臘數學家畢達哥拉斯（Pythagoras of Samos）的數學公式研究《周易》卦序，有獨到的見解。其實根據 Rutt 的考察，第一位將但丁（Dante Alighieri）《神曲》（*Divina Commedia / Divine Comedy*）譯為希伯來文的猶大學者 Immanuel Olsvanger 早在 1948 年在耶路撒冷出版 *Fu-Hsi, the Sage of Ancient China* 一書，就已根據萊布尼茲二進制的觀念提出過《周易》卦序是以魔方數序為基礎的論點。[90]Rutt 在 1966 年出版的譯本中 Part I (5) "The Contents of *Zhouyi*"中的一個小節"The Order of the Hexagrams"中並嘗試援用 Olsvanger 的理念檢視過傳統「卦序」。[91]Cook 並沒有跟我提起過 Olsvanger 或 Rutt，他也不懂漢語，對漢籍與中國學術也十分陌生，僅靠英譯本《周易》進行研究，於是 2006 年經由夏含夷的介紹，將他的書稿寄給我徵詢意見，並且千里迢迢飛

---

90 Rutt, "He Believed that the received order of the hexagrams was what he called a 'magic square' – more properly, a square of numbers arranged in symmetrical groups of equal numerical value. His 1948 pamphlet *Fu-Hsi, the Sage of Ancient China*, published in Jerusalem, adduces evidence that these symmetries can be seen if the binary values of the numbers implicit in each hexagram are computed according to the theory discussed by Bouvet and Leibniz（see page 191-3）."（Rutt, 1996: 108-109）

91 見 Diagram 8 (I) (II), pp. 106-107 以及正文 pp. 102-112。

到台北來見我。我沒有仔細比對過 Cook 的理論是否有得自 Olsvanger 和 Rutt 的發現,不過我給他的回覆是:歐洲《易》學者因為白晉將邵雍先天學介紹給萊布尼茲而讓歐洲漢學家印象中的《周易》是一部與二進制(binary system)若合符節的數學之書,但事實上,中國並沒有像歐洲專門數學家如萊布尼茲那樣進路的研究《周易》(萊布尼茲被稱為微積分〔calculus〕之父,在微積分理論的貢獻上與牛頓〔Isaac Newton〕同享盛譽),儘管傳統《易》家有數學一派,[92]《周易》並不是數學體系之書。即使劉牧《易數鉤隱圖》一書本於《繫辭傳》「天地之數」、「大衍之數」和「河洛之數」,用圖表的方式布置各種數字方位,對數字體系也只是借用來闡發哲學理趣,和現代源出於歐洲的數學理論,截然不同。至於運用 Pythagoras 的數學理念考察《周易》卦序的發展規律,即使出現有趣的相合現象,恐怕只能被視為偶然的「暗合」,因為傳本《周易》卦序原本就是一種意識型態(ideology)而非數學的展現。[93]Richard Cook 研究的是卦序,雖然本於傳本卦序,但當世尚有馬王堆帛書《周易》以八宮卦統轄六十四卦的形式構成的卦序。馬王堆卦序恐怕和漢代京房的理論同類,屬於漢儒藉以發揮其卦氣災異思想的獨見,而 Cook 的卦序,專從六十四卦陰陽消長中,排列出消長擺盪的節奏(其書卷首有一綜合說明其要旨的圖表,如圖 D)。Cook 的書 *Classical Chinese Combinatorics: Derivation of the Book of Changes*(中譯《周易卦序詮解》)在 2006 年刊行,並收入 Berkeley 的 "Sino-Tibetan Etymological Dictionary and Thesaurus Monograph series" 第 5 種。[94]由於缺乏從漢學傳統中汲取活水源頭,他的努力只能注定被定位為一種孤立式的研究。這樣說並沒有貶義,

---

92 朱伯崑《易學哲學史》引程顥之說,稱邵雍為數學派《易》學(見第 2 卷,頁 113),不過我認為中國《易》學詮釋史上真正的「數學」派是北宋劉牧《易數鉤隱圖》。

93 例如 Rutt 申論立〈乾〉、〈坤〉為首是後來《易傳》作者所為,用來申述他們對該二卦的想像,認為二卦並無什麼一致性(correspondence)可言。這一方面是因為 Rutt 仍深信《易》是純粹卜筮之書,另方面是他並沒有從《周易》尚陽哲學和《歸藏》立坤為首等問題了解〈乾〉、〈坤〉二卦的哲學含義。說詳本書相關篇章。

94 Richard Cook, *Classical Chinese Combinatorics: Derivation of the Book of Changes* (Berkeley: Sino-Tibetan Etymological Dictionary and Thesaurus Project, 2006).

畢竟他的取向是獨特的，用心是純粹的，只是沒有與歐洲、北美和亞洲的《易》學傳統發生關係。縱使這部書反映了作者沉潛用心的成果，估計它在未來在《易》學界不會產生大影響。本文之所以記述此事，主要是為他的虔誠努力以及我們短暫交流一段因緣，留下剪影，也希望藉此提醒年輕的漢學研究者，面對任何來自東西方的新理論，除了懷抱尊崇的心情，還應該冷靜客觀地審視對錯是非，避免見獵心喜，盲目追逐看似尖新的論點。隨著歲月推移，從整個趨勢看，未來成中英、司馬富、夏含夷退下來後，具有厚實基礎的北美《易》學研究勢將式微。

　　《周易》對歐美的影響並不限於學院，例如美國的資深醫師雷文德（Geoffrey Redmond）多年來醉心於《周易》，與韓子奇合作於 2014 年聯名出版了 *Teaching the I Ching (Book of Changes)*，[95]深入淺出，有利於一般讀者認識這部艱深的經典。最近也有兩位學者 Andrea Haberer 和 Michael O'Donnell 寫成一部關於《周易》的書稿，並來信先後徵信司馬富、吳偉明和我的意見。為尊重作者，恕我不便講出書稿的名稱；但他們給我和吳偉明的信，完全反映了《周易》絢麗的吸引力，尤其它與追求普世價值與自然律則的人文學者之間的高度共鳴。在文學方面的影響，最為人津津樂道的是美國著名作家 Philip K. Dick 於 1962 年發表小說 *The Man in the High Castle*，其中引入《周易》的占筮，視之為決策的參考。2020 年韓子奇和黎子鵬兩位因為參與「寰宇《易經》」計畫而合作，開始一項研究 *The Man in the High Castle* 計畫，將合寫一部研究專書，成果可期。最近現代英國詩人 Richard Berengarten 受到《周易》的啟發，在其新出版詩集 *Changing*[96]中將 450 首詩和《周易》六十四卦一一對應，卷首並附夏含夷的〈序〉。Richard 在 2017 年年初訪港旅程時，我有幸親自從他手上接到這部煌煌鉅著，很感驚喜。歐美文學界由 Dick 到 Berengarten，從小說影響到詩歌，

95　Geoffrey Redmond and Tze-ki Hon, *Teaching the I Ching (Book of Changes)* (New York: Oxford University Press, 2014).

96　Richard Berengarten, *Changing* (Bristol: Shearman Books , 2016).

充分見證了《周易》跨國界、跨文化、跨學科的生生不息的生命力。

五 《易》學前瞻：翻譯、宗教、歷史、文化

　　《周易》的全球化實有其特殊的機遇，和十七世紀以來耶穌會士來華帶回中國經典、移民歐美的中國學者的努力、二十世紀東西方漢學的興盛等等，都有關係。要說前瞻，實在頗不易言，因為未來機遇的發展基礎在哪裡，誰也說不上。但觀察過往的歷史經驗，《周易》的傳播域外，主要出於異邦的需要，而非中國學者的推銷。當歐洲學者從遙遠的視界眺望充滿神祕的遙遠東方時，從宗教角度審視《周易》這部玄奧的中國經典，深深為之著迷，於是從好奇而產生了一股翻譯與研究的動力。在二十一世紀全球資訊高度流通的今日，數百年前的這些文化地理的條件，幾已消失。隨著學習中文的歐美漢學家愈來愈多，通讀《周易》也不再像兩、三百年前那樣困難了。當然，撇開通俗性的《周易》譯本不談，學術性的翻譯，仍然不多，主要還是因為翻譯的工作，存在著重重障礙。

　　翻譯是所有經典全球化的必經途徑，亦因此，翻譯的成果必將決定某一語言世界讀者對該經典的接受。但「翻譯」涉及原典語義的掌握，又關係到翻譯語的運用，談何容易？嚴格來說，翻譯就是一種再詮釋（reinterpretation），所以如果"hermeneutics"的語源"Hermes"是希臘神話中傳遞信息的使者，「翻譯」恰恰講的是語義的傳遞，也就可看出翻譯也可以被理解為詮釋活動的一種。現代詮釋學的創始人之一 Friedrich Schleiermacher 早就注意到，理想的翻譯，譯者必須呈現原典語言背後的整個意義系統，以期反映支撐著該語言的特殊文化脈絡。[97]如果翻譯的是一部聖典，譬如《聖經》，譯者所懷抱的情感力量可能遠遠越一般性的翻譯

97　Susan Bernofsky trans., Friedrich Schleiermacher, "On the Different Methods of Translating," in Lawrence Venuti ed. *The Translation Studies Reader*, 3rd ed. (London: Routledge, 2012), pp. 59-60.

活動。其實理雅各翻譯《易經》，就是在十九世紀新教教士將《聖經》翻譯為東方語文的風潮之下[98]進行的工作。理雅各認定儒家經典具有神聖性，而且在一個哲學層次上與基督信仰相通，正好促成他懷抱宗教情懷去從事《易經》的翻譯。[99]我們切不可低估了驅使譯者進行翻譯工作背後的那股精神力量，這正是具有嚴謹哲理追求的學術翻譯，與追逐高銷售量的商業翻譯之間的差別所在。當然，這樣的差別，外行人未必看得出來，只有嚴謹的學者會廢寢忘餐地去斤斤計較、字斟句酌。

翻譯為的是追溯經典的原義。有沒有「原義」（original meaning）在詮釋學上是一個有爭議的問題。最激進的觀點，可能是 Roland Barthes 所謂 "The death of the author"。[100]討論到像《周易》這一部奇特之書，「原義」就更難說了，因為它的玄理可謂無中生有，遠溯全書義理，不過只是「陰」、「陽」兩觀念，[101]擴而大之，最後不但六十四卦、卦爻辭俱備，更有多種《易傳》，闡釋經文的意義，既是原典的擴充，也是後起的新哲理。話說回來，如果我們對卦爻辭多義性（multiplicity of meaning）有更準確的認識，而且相信《周易》在卦爻辭寫定後的確經過歷史因素而正典化

98　The British and Foreign Bible Society 於 1813 年出版 *The New Testament*，1822 年出版新舊約《聖經》，據說是《聖經》的首部中譯本。同時期從事《聖經》中譯工作的還有其他的傳教士，諸如在加爾各答（Calcutta）的 Joshua Marshman、蘇格蘭傳教士 Robert Morrison 等。如 Marshman 的翻譯工作還涵括將《聖經》譯為其他的印度語言。

99　See I-Hsin Chen, *Connecting Protestantism to Ruism: Religion, Dialogism and Intertextuality in James Legge's Translation of the Lunyu* (PhD Dissertation), School of Arts, Languages and Cultures, The University of Manchester, 2014.

100　尤其是 Barthes 說 "Once the author is gone, the claim to 'decipher' a text becomes quite useless." (in *Aspen* No. 5 & 6 [Fall-Winter 1967], later in Roland Barthes, *Image-Music-Text,* essays selected and translated by Stephen Heath [New York: Hill and Wang], 1977.)

101　自二十世紀初以來，治中國古代思想的學者如梁啟超、徐復觀等每以為「陰、陽」觀念為後起，甚至晚至戰國晚期至秦漢。這是當時疑古思想的一種副作用。先不談「陰、陽」二字在甲骨文和金文均已有其字，如果沒有抽象的陰陽觀念，試問建構六十四卦的陰陽爻又從何而來？《歸藏》以〈坤〉為首、《周易》以〈乾〉為首，一為純陰之卦，一為純陽之卦，道理又何在？說詳本書上編〈叄、試從詮釋觀點論易、陰、陽、乾、坤字義〉。

（canonized）的漫長歷程，那卦爻辭有「本義」，應該是無庸置疑的，只不過，後來能看出經文語詞句子多義性的學者，似乎不多，因為直至今天，大部分學者仍認為《周易》卦爻辭只是素樸的占筮紀錄，而不會從「經典」的角度去考察這部書。

翻譯以外，另一存在之問題在於《周易》本經的通解，因日本、歐洲、北美學界仍深受古史辨運動典範的影響，視卦爻辭為占筮紀錄，視《易傳》為哲學新創。由此而論《易》哲學，不免忽略了經典最核心意義的來源——卦爻辭在哲學上的重大意義。這方面，尚待當世《易》學家的努力。而哲學意義的抉發，又涉及宗教學的問題。《周易》因其占筮性質，常被視為中國主要宗教聖典之一。「宗教」正是當前全球文明衝突的主要場域，如未來《周易》哲學能在本體論與自然哲學的部分與世界其他宗教作出對話，或可為世界和平作些微的貢獻，則又是《易》學界同感光榮之事。

盱衡大勢，《易》學原本以中國為中心，在中古傳播至日本和朝鮮，在亞洲發揮大影響，核心人物是朱熹，理學詮釋（以主題而言）及圖象詮釋（以方法而言）成為兩大特色。當然日本和朝鮮學者本於其自身歷史文化思想而對《周易》思想哲理有種種新發揮、新創造，別具天地，早已不在中國學術文化樊籬之內。亞洲以外，十七世紀以降經由歐洲傳教士的傳播，《周易》傳至歐洲，又經榮格的貢獻，加入了心理學的元素，儼然在科學主義當行的歐洲，注入一股新流。復經衛德明、榮格和 Baynes 有意無意的努力，《周易》由歐洲傳至北美，又從學院影響及於民間，經由 Philip K. Dick 和 Richard Berengarten 等文學家的貢獻，由學術思想推擴到文學。於是書店上架的《周易》書，並不限於宗教哲學區域，小說詩歌區也有了它的蹤跡。北美《易》學也有深受古史辨時期《易》學家如顧頡剛、李鏡池影響的一面。這是當今研究《周易》的學者應該撇開種種預設的立場，公平客觀地予以探究的課題。《易》學全球的流轉，最初限於東亞包括日本、朝鮮、越南等地，[102]而因傳教士的傳播，輾轉推進至歐洲，後又由歐洲移

---

102 《周易》亦傳播到十九世紀以前接受中國的科舉制度和儒學思想的越南，有儒者黎文敔著

至北美，復由學院擴及民間，從宗教哲學研究擴及小說詩歌，由嚴肅的研究變成庶民可以分享的東方智慧。然而，當我們發現十九世紀末的歷史條件已不再存在於二十一世紀的今天，我們也要思考未來《周易》研究應該朝向哪一個方向，才能讓這部經典歷久而彌新。

　　以上不厭其煩地講述《周易》在全球的傳播，旨在說明《周易》不但是中國經典，更是亞洲經典、全球經典。由二十世紀到二十一世紀，中國社會文明演進依循全球的軌跡，由「相對靜態」發展變成「加速動態」，由以中國為中心發展為全球擴散。中國傳統文化的價值，數千年以來，一直是在變動和拓展中開創，不是任何一個群體可以主導的。就像《周易》之為書，最初不過本於「陰、陽」觀念，具象而成為陽爻和陰爻，重疊成八卦，相重為六十四卦，彖以卦辭，在殷商有《歸藏》，繫以爻辭，在周朝則有《周易》，至戰國有《十翼》諸傳，秦漢以後有歷代注疏，始而簡要，終而宏大，成為傳播全球，研究著作汗牛充棟的偉大經典。在海峽兩岸三地成長、受中國文化薰染的學者，考察《周易》的學說思想也好，考察中國傳統文化的體系也好，都應當作如是觀，不能一成不變地只看「中國文化」，只管自己的主觀意願，而要考慮全球的受容。《易》學由「中國經典」提升為「全球經典」，文化也不應固守一隅。文化的傳播，價值的建構，其走向往往出人意表，難以估計。朱子著《周易本義》時並未考慮到它後來對日本、朝鮮政治、文化、社會的影響；榮格可能也沒有預估到他的心理學詮釋引起了那麼多亞洲學者的興趣，為中國經學與現代心理學的關聯預示了可能性。今天我們能夠做的，除了老老實實地研讀這部經典，將重要的學問傳下去給下一代的年輕人之外，還應該放眼四海，游心全人類的福祉，切忌像鷦鷯、偃鼠那樣，自恃一枝之棲或滿腹之飲，就志得意滿，目無餘子。

《周易究原》。吳偉明，《東亞易學史論：〈周易〉在日韓越琉的傳播與影響》有專章申論。

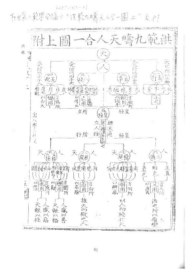

圖 C

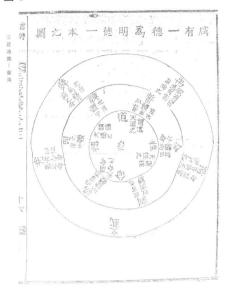

圖 D

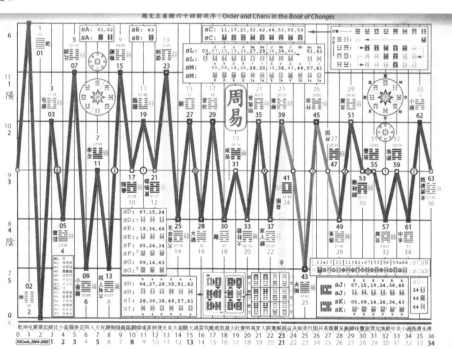

六 後記

2017 年韓子奇兄自紐約大學返港任教於香港城市大學中文與歷史學系，期間常相約論學談天，偶然提及彼此機遇，討論到將《易》學推展到全球的前景。為免遺忘，返家後即將當日思考所及，草成數千字，為本文的基礎。同年受韓國茶山學術財團李柱幸教授邀請，參與方仁教授的計畫，遂將草稿擴大為本文，貢獻給計畫第一年會議成果。2019 年香港中文大學日本研究學系吳偉明兄主辦《易經》研討會，會後約子奇兄、偉明兄及宗教文化研究系黎子鵬兄相聚，商討推展「寰宇《易經》」系列講座（Global *Yijing* lecture series），得香港中文大學商學院校友會（盧偉成會長代表）及香港教育大學文學與文化學系支持，在香港舉辦系列講座。講座從 2020 年起正式啟動：子奇教授主講了《易》學在美國和德國的形象與傳播、偉明教授主講了《易》學與亞洲宗教、子鵬教授主講了《易經》在美國文學轉生、我主講了二十世紀《易》學在中國。接著講座自韓國邀請了慶北大學方仁（Bang In）教授發表"Joachim Bouvet's Influence on *Zhouyi zhezhong*（周易折中）in relation to the Triangle of Pythagoras and Pascal"、京畿大學朴淵圭（Park Yeoun Gyu）教授發表"The Diagrammatolgy of the *Yijing*: The Peircean Semiotic Approach to the 'Zhen' [震] Hexagram"、韓國安養大學金寶廩（Kim Borum）教授發表"Explanation of the 'Diagram of the Supreme Ultimate'[太極圖說] and the 'Diagrams of the Heavenly Mandate' [天命圖]"，日本則邀請了日本大學舘野正美（Masami Tateno）發表"*Yijing* and Medicine: From the Viewpoint of the Philosophy of Medicine"，海峽兩岸則分別有山東大學張文智教授發表〈《易經》哲學與榮格分析心理學〉、國立臺灣大學陳威瑨教授發表〈元田永孚的《周易》進講〉。成果十分豐富，也標誌了《易經》全球足跡的最新研究趨勢。此外，2020 年黎子鵬教授刊布新書《清初耶穌會士白晉〈易經〉殘稿選注》；[103]吳偉明教授也在 2019 年研討

---

103 黎子鵬，《清初耶穌會士白晉〈易經〉殘稿選注》（台北：臺大出版中心，2020）。

會論文基礎上編成 *The Making of the Global Yijing in the Modern World: Cross Cultural Interpretations and Interactions*。[104]看來《周易》全球化的發展態勢正循〈晉〉卦「順而麗乎大明」的方向發展。本章以一篇短文，由微波而成瀾漪，是否能掀起浪濤，尚祈待於異日。特記於此，以識涯略。

---

104 Benjamin Waiming Ng ed., *The Making of the Global Yijing in the Modern World: Cross Cultural Interpretations and Interactions* (Singapore: Springer, 2021).

貳、論二十世紀初《周易》「經傳分離」 說的形成[*]

一 問題緣起與典範轉移

傳統中國《周易》研究者本於經典的神聖性，以及「《易》歷三聖」、「《易》歷四聖」等觀念，過於強調「傳統」，偏執於伏羲、文王、周公、孔子傳承的內容，而只看到「經、傳」的一致性。他們或者逕以《易傳》解卦爻辭，或逕以卦爻辭釋《易傳》，儼然將經與傳視為一體。期間也曾有學者提出懷疑（如歐陽修《易童子問》），終因違悖儒教的神聖性而歸於沉寂。直到二十世紀初「疑古」的風潮驟興，主流思潮為之一變。自此以後，研究者一意將經傳的關係切斷，同時也摧毀了《周易》經傳的神聖性。正如高亨說：

> 《易傳》解經與《易經》原意往往相去很遠，所以研究這兩部書，應當以經觀經，以傳觀傳。解經則從筮書的角度，考定經文的原意。⋯⋯解傳則從哲學書的角度，尋求傳文的本旨，探索傳對經的理解，⋯⋯這樣才能明確傳的義蘊。[1]

學者認為絕不能透過《易傳》來了解經文內容，也不能用經文來分析《易

---

* 本文初稿於 2002 年以原題目發表於「海峽兩岸易學暨中國哲學研討會」（山東大學易學研究中心主辦，2002 年 8 月），後收入劉大鈞主編，《大易集奧》（上海：上海古籍出版社，2004），頁 215-247。2020 年 5 月 26 日在復旦大學「亨講座」（001）為上海青年《易》學工作坊報告此題。修訂後刊《杭州師範大學學報（社會科學版）》，2020 年第 5 期，頁 1-18。

1　高亨，《周易大傳今注・自序》，頁 2。

傳》義理，因為經文是卜筮迷信的工具，《易傳》才是《易》義理之源。

　　1923 年顧頡剛〈與錢玄同先生論古史書〉中提出「層累地造成的中國古史」，也就是後來著名的「古史層累」說，成為二十世紀初疑古辨偽思潮的新典範（paradigm）。²這樣說，學術界大概沒有什麼異議。此一理論，主要認為歷史愈晚，而對於古史的描述愈詳細。本文嘗試提出一個論證：其實在學術思想發展的歷史進程中，新興的觀點無不是「層累」而成的：受到時代背景的影響，一個觀念發軔於某一位或幾位學者的思維世界，繼而出於時代集體心理的需要，逐漸發展，影響漸廣，始簡而終巨，最後竟成為百餘年無數學者群趨研究、接受，沒有絲毫懷疑的信念。「典範」就此誕生。顧頡剛用「層累」說解剝古史，而將《周易》經、傳視為截然無關的兩批「材料」，「經傳分離」從此成為治《易》的教條，經由研究的層疊與歲月的積累，逐漸層累成為牢不可破的金科玉律。二十世紀初《周易》「經傳分離」說，實是「典範」形成的鮮明個案。

　　本文所說的「典範」，主要借用孔恩 *The Structure of Scientific Revolutions*³一書提出的 "paradigm shift"（典範轉移），認為典範之形成，除了出於科學研究內部的需要，科學以外的各種因素等亦有以致之。⁴自然科

2　關於「古史層累說」，可參王汎森《古史辨運動的興起：一個思想史的分析》（台北：允晨文化實業公司，1987）。第一，「時代愈後，傳說的古史期愈長。」例如「禹」的傳說出現在周朝，至孔子時就有了堯舜，到戰國時又有黃帝、神農，到秦朝有「三皇」之稱，到漢以後有「五帝」、盤古。第二，「時代愈後，傳說中的中心人物愈放愈大。」例如舜在孔子時只是一個「無為而治」的聖君，到〈堯典〉就成為行為模範的聖賢，再到孟子時就成為一個孝子的模範。第三，如此，則要理解上古歷史，須在年代較晚的文獻尋覓；反過來將愈晚的傳說內容剝掉，愈能獲得古史的真貌。

3　Thomas Kuhn, *The Structure of Scientific Revolutions* (Chicago:University of Chicago Press, 1962).

4　孔恩主要是基於觀察哥白尼革命（Copernican Revolution），亦即以太陽為宇宙中心取代以地球為宇宙中心的托勒密體系（Ptolemaic system）而獲得的推論，認為新典範（此處指的是自然科學新典範）的追求主要出於研究者尋求更優化而扼要的研究方案，而並非因為哥白尼系統提供了更精確的天體實測。因此孔恩的 "paradigm shift" 旨在認為典範轉移是社會學、自然科學與研究熱情的混合物（mélange of sociology, enthusiasm and scientific promise），未必純粹是科學的進步。

學領域因涉及物質性的實測，主觀的好惡取向影響有限；人文學領域則因為直接涉及善惡價值、道德觀念、性情好惡、審美準則等等，以致典範轉移，更取決於主觀因素。中國自鴉片戰爭（1840）直至 1923 年古史辨運動興起，[5]八十多年間歷經戰敗、自強、再戰敗等等政治動盪，最後改朝換代，旋又帝制復辟，再有二次革命等等，國民對自身文化失去自信心。期間達爾文（Charles Darwin）於 1859 年發表"On the Origin of Species by Means of Natural Selection"，第六版發表於 1872 年，更名為 *The Origin of Species*（中譯《物種原始》）。[6]赫胥黎（Thomas H. Huxley）將他於 1893 年在"Romanes lecture"所做關於物種演化的系列演講內容，輯為 *Evolution and Ethics* 一書，嚴復將部分翻譯，加入己說，於 1898 年出版為《天演論》。梁啟超受「進化」思想薰染，發表〈史學之界說〉，提出「進化歷史觀」：

> 歷史者，敘述進化之現象也。現象者何？事物之變化也。宇宙間之現象有二種：一曰為循環之狀者，二曰為進化之狀者。何謂循環？其進化有一定之時期，及期則周而復始，如四時之變遷，天體之運行是也。何謂進化？其變化有一定之次序，生長焉，發達焉，如生物界及人間世之現象是也。循環者，去而復來者也，止而不進者也；凡學問之屬於此類者，謂之「天然學」。進化者，往而不返者也，進而無極者也；凡學問之屬於此類者，謂之「歷史學」。……吾中國所以數千年無良史者，以其於進化之現象，見之未明也。……歷史者，以過去之進化，導未來之進化者也。[7]

自此以後，進化史觀在中國植根，成為新史學運動的理論依據之一。[8]知識

5　1923 年 5 月 6 日顧頡剛在《讀書雜誌》發表〈與錢玄同先生論古史書〉，依據《說文解字》，提出「禹」是「九鼎上鑄的一種動物」，「大約是蜥蜴之類」的理論，掀起了古史辨運動的大波瀾。參《古史辨》，第 1 冊，頁 63。

6　中文譯本《物種起源》由馬君武於 1901 年開始翻譯，1919 年翻譯完畢，1920 年以《達爾文物種原始》之名由上海中華書局出版。

7　梁啟超，〈新史學‧史學之界說〉，原刊 1902 年《新民叢報》，收入吳松等點校，《飲冰室文集點校》（昆明：雲南教育出版社，2001），第 3 冊，頁 1631-1634。

8　關於二十世紀初進化論對中國思潮的影響，可參王中江，《進化主義在中國的興起：一個新的全能式世界觀（增補版）》（北京：中國人民大學出版社，2010）。

界既認為歷史是進化的軌跡，愈往古代愈原始。依照此一規律，則一國保留古舊傳統愈多，國家必然愈難進化。1923 年的疑古思潮就是在這樣的集體心理下掀起，而「古史層累」說則鼓勵研究者拆除古史的空中樓閣。再加上同年的「科玄論戰」，[9]破除玄學的風潮大盛。《周易》卦爻辭文辭古奧，又涉及宗教占筮活動，遭到古史辨學者解構批判，可想而知。這就是本文所說促成「典範轉移」的心理背景。

　　也許有人會問：「典範」既為一時代的人視為金科玉律，共同遵循，又怎麼會「轉移」呢？這種「轉移」又帶給我們什麼啟示呢？如前所述，任何眾人皆以為理所當然、無可置疑的主流思想所形塑的「典範」，都有其特殊的歷史因素，有以致之。這些歷史因素每緣於該時代人們共同的心理需求（例如反傳統、崇拜科學）。要知道心理的需求是可以強大到難以置信的地步，不論其中存在多少謬誤甚至荒誕，當事人往往亦不自覺。必須等到時移世易，歷史脈絡變遷，特殊心理需求消失殆盡（例如反傳統思潮發展至極，眾人普遍心理又轉而盼望發揚傳統文化），特殊的歷史因素不再存在，舊典範消失了，新典範才能在新的心理需求下形成。「典範轉移」的現象提醒了我們，無論身處何時何地，知識人都應該持續對一切普遍為學界接受的價值信念，不論其權威性如何，要保持開放的態度，勇於懷疑，勤於檢驗，讓心靈維持靈活流動的狀態，不株守成說，不追逐流行。這對於學術研究的進步而言，至為重要。本文的撰寫目的，也是要通過說明二十世紀初疑古思潮的形成和「古史層累」說的典範歷程，提醒大家重新思考《周易》「經傳分離」之說。

　　本文擬從清中葉的崔述懷疑《易傳》說起，切入分析二十世紀初的疑古思潮和經傳分離說的形成，並討論章太炎《易》學對古史辨學者的啟示，以說明二十世紀初「經傳分離」說的形成背景。

9　這個論戰的主角是代表科學的丁文江和代表玄學的張君勱，論戰的肇起是張在清華大學以「人生觀」為題作演講，批評「科學對人生觀無所作為」，丁在《努力週報》發表〈玄學與科學——評張君勱的《人生觀》〉，反擊張的論點。

二 《易傳》的懷疑及影響：由崔述到錢穆

「以傳解經」的傳統，形成於傳統儒家尊崇古代聖人的信仰，認定《易傳》的神聖性，所謂「《易》歷三聖」或「《易》歷四聖」的說法，是眾所周知的。[10]從「《易傳》可以解經」發展到「《易傳》不能解經」，中間必先經過「打破《易傳》神聖性」的階段。這項工作，由北宋歐陽修撰《易童子問》，疑《易傳》非孔子所作，作了序幕。但歐陽氏的觀點並未大行於世。下迄清代，崔述撰《考信錄》，詳細論證《易傳》非孔子所作，《易傳》的神聖性才能算被正式打破。[11]

崔述以前，中國「疑經」的傳統始於宋儒，而清代則始於清初，萬斯大有《學禮質疑》，提出「疑經」的問題；同時有姚際恆《古今偽書考》、《九經通論》，遍疑諸經；又有閻若璩《尚書古文疏證》的懷疑《尚書》古文諸篇。學者疑經，旨在清理「偽」材料以維護經典的神聖性。而當時也有反疑經的學者，出於相同的動機而認為「疑」得太過了反而傷害了經典的信仰。[12]毛奇齡著《古文尚書冤詞》反駁閻若璩，即是一顯例。[13]當時崔

10　「《易》歷三聖」為伏羲畫卦、文王重卦並作卦爻辭、孔子作《十翼》；「《易》歷四聖」說則以為爻辭為周公所作。總之，伏羲畫卦，古今大抵無異辭。司馬遷《史記・太史公自序》、《漢書・司馬遷傳》所載〈報任少卿書〉均有文王「演《周易》」之說。班固《漢書・藝文志》引《繫辭傳》宓戲氏始作八卦一節後，稱：「至於殷、周之際，紂在上位，逆天暴物，文王……重易六爻，作上下篇。」（《漢書》，卷 30，頁 1704）揚雄《法言・問神》稱：「《易》始八卦，而文王六十四，其益可知也。」（《法言義疏》，卷 7，頁 144）又王充《論衡・正說》曾提出疑義，說：「周人曰《周易》，其經卦皆六十四，文王、周公，因象十八章究六爻。……伏羲得八卦，非作之；文王得成六十四，非演之也。演作之言，生於俗傳。」（《論衡校釋》，卷 26，頁 1133-1134）。東漢以降，《易》家據爻辭提及文王死後之事，認為爻辭為周公所作，如馬融、陸績、朱熹、陳淳等均主此說。

11　說詳本書下編〈陸、《易傳》作者問題檢討〉。

12　說詳拙著，〈捌、乾嘉學者經典詮釋的歷史背景與觀念〉，《戴東原經典詮釋的思想史探索》（台北：臺大出版中心，2008），頁 229-273。

13　毛奇齡說：「予解經，並不敢於經文妄議一字，雖屢有論辨，辨傳，非辨經也。即或于經文有所同異，亦必以經正經。同者經，即異者亦經也。」又說：「夫儒者釋經，原欲衛經，今乃以誤釋之故，將并古經而廢之，所謂衛經者安在？」參〔清〕毛奇齡，《古文尚書冤詞》，

述《考信錄》遠承歐陽修《易童子問》，近承清初疑經的風氣。他與歐陽修最大的不同，在於《易童子問》提出綜合的懷疑，而《考信錄》則詳列了懷疑的理由，甚至對於懷疑的方法、懷疑的步驟和限制等，都有較詳細的說明。《考信錄》「釋例」開宗明義提出「聖人之道，在《六經》而已矣」。既然聖人之道在於《六經》，那麼除非是要毀經非聖，否則豈能懷疑經典？但崔述標舉這個大前提之後，隨即又提出一連串的命題，說明了懷疑的理由。這些命題包括：

1. 人之言不可信。

2. 凡人多所見則少所誤，少所見則多所誤。

3. 先儒相傳之說，往往有出於緯書者。

4. 秦漢之書其不可據以為實者多矣。

5. 惜乎三代編年之史不存於今，無從一一證其舛誤耳。然亦尚有千百之一二，經傳確有明文，顯然可徵者。

6. 戰國之時，邪說並作，寓言實多，漢儒誤信而誤載之，固也。亦有前人所言本係實事，而遞久以致誤者。

7. 傳記之文，有傳聞異詞而致誤者，有記憶失真而致誤者。一人之事，兩人分言之，有不能悉符者矣。一人之言，數人遞傳之，有失其本意者矣。

8. 強不知以為知，則必並其所知者而淆之。是故無所不知者，非真知也；有所不知者，知之大者也。

9. 乃世之學者，聞其為「經」，輒不敢復議，名之為「聖人之言」，遂不敢有所可否，即有一二疑之者，亦不過曲為之說而已。

10.偽撰經傳，則聖人之言行悉為所誣而不能白。

11.經傳之文亦往往有過其實者。

12.傳雖美，不可合於經；記雖美，不可齊於經。純雜之辨然也。[14]

《文淵閣四庫全書》，第 66 冊，卷 1，頁 5b。又頁 4b 又提到「毀經之機，至此已決」云云。

14 參〔清〕崔述，《考信錄提要‧釋例》，《考信錄》（台北：世界書局，1979），上冊，卷上，

上述這些命題，著眼的是獲得知識的方法（epistemology）。它們必須合在一起考慮，不能分拆。例如第一條「人言不可信」也要看情況，因為立言者的信譽人人不同。但即使信譽再好，有時也不能盡信。所以這裡講的是一種遇事存疑的態度。第二條涉及見聞廣博與否，也並不能視之為絕對。先儒之說出於「緯書」，當然是因為緯書有很多可怪之論。第四條「秦漢之書其不可據以為實者多矣」，今天歐美漢學家最喜言，總認為秦漢文獻傳聞失實失真的太多。但崔述的意思也沒有將秦漢之書全盤否定，像緊接著第五條就是說「經傳」有明文可據的，彌足珍貴。經傳部分內容就是寫定於秦漢時期。第七條提及「一人之事，兩人分言之，……一人之言，數人遞傳之」而出現失真，這是因為戰國諸子引述人事，多用作譬喻，達到言說目的即可，年分、地名等等或屬借用，有時甚至虛構，並非言說者所關心。所以先秦的軼事（anecdote），常有誤甲為乙、易丙為丁的現象。[15]第九條涉及尊經的態度，展現科學精神。將之置於清中葉考察，可見崔述能跳脫經學框框，從人文精神去思考普遍的認識論問題，也可見「懷疑」是崔述心目中最高的價值——即使要建立起儒家的信仰，也不妨先去疑經。總之，將上述十二條準則加以推廣，實可適用一切人生事理。我們對此有所了解，就不難明白何以崔述的思想對二十世紀中國日本的古史研究者影響會如此之大了。

　　崔述對「孔子作《易傳》」的懷疑，見《考信錄‧豐鎬考信錄》卷之二「存疑」條引〈明夷〉卦《象傳》「內文明而外柔順，以蒙大難，文王以之」：

> 《易傳》本非孔子所作，乃戰國時所撰，是以汲冢《周易》有《陰陽篇》而無《十翼》，其明驗也。而所云「大難」者，亦未言為何難。《大戴》「嫌於死」句，亦殊難解；然上云「不說諸侯之聽於周」，下云「伐崇許魏」，

頁 1-35。

15 錢穆《先秦諸子繫年》列舉的例證甚多可參。見錢穆，《先秦諸子繫年》（香港：香港大學出版社，1956）。

則文王之征伐，非紂之所賜矣；不云「臣事天子」，而云「客事天子」，則文王亦未嘗立紂之朝而為三公矣。《大戴記》乃秦漢間人所撰，此語不知何本。疑戰國以前道商周之事，其說有如此者，是以晉韓厥、司馬侯皆以之喻晉楚也。不知《易傳》所謂「大難」，亦如《大戴記》之所云云邪？抑作《傳》者即因見他傳記有羑里之事而為是言邪？既無明文，未便懸揣而臆斷之，姑列之於存疑；而《大戴記》雖不足徵信，然亦可以資考證，故并列之存參。[16]

此條考證專論「以蒙大難，文王以之」二語，而辨證涉及殷、周關係。崔述推測文王與紂王並非嚴格的君臣從屬關係。不過這段話的重點在於「《易傳》本非孔子所作」一語。這個觀點，崔述在《考信錄・洙泗考信錄》卷三論《論語》「子曰『加我數年，五十以學《易》，可以無大過矣！』」條有更重要而詳細的申論。他說：

《世家》云：「孔子晚而喜《易》，序《彖》、《繫》、《象》、《說卦》、《文言》。」由是班固以來諸儒之說《易》者皆謂《傳》為孔子所作。至於唐宋，咸承其說。[17]

以上起首一段文字下，有一大段按語。崔氏舉出七個證據，證明《易傳》非孔子作。分論如下：

第一證：《易傳》辭采繁多，和孔子自著的《春秋》甚至孔子門人所輯錄的《論語》都差太遠，反而近似《左傳》和《禮記》。崔述說：

余按，《春秋》，孔子之所自作，其文謹嚴簡質，與〈堯典〉、〈禹貢〉相上下；《論語》，後人所記，則其文稍降矣；若《易傳》果孔子所作，則當在《春秋》、《論語》之間；而今反繁而文，大類《左傳》、《戴記》，出《論語》下遠甚，何耶？

第二證：《易傳》中有「子曰」二字，顯見非孔子所撰。

《繫詞》、《文言》之文，或冠以「子曰」，或不冠以「子曰」：若《易傳》

16　崔述，《豐鎬考信錄》，《考信錄》，上冊，卷2，頁14。
17　《洙泗考信錄》，同前注，下冊，卷3，頁38-40。以下引文同。

果皆孔子所作，不應自冠以「子曰」字；即云後人所加，亦不應或加或不加也。……由此觀之，《易傳》必非孔子所作，而亦未必一人所為：蓋皆孔子之後通於《易》者為之，故其言繁而文；其冠以「子曰」者，蓋相傳以為孔子之說而不必皆當日之言；其不冠以「子曰」字者，則其所自為說也。

第三證：孟子不曾提到孔子傳《易》之事。

孟子之於《春秋》也，嘗屢言之，而無一言及於孔子傳《易》之事。孔孟相去甚近，孟子之表章孔子也不遺餘力，不應不知，亦不應知之而不言也。

第四證：魏文侯師子夏，但汲冢竹書《周易》並無《十翼》，足證《易傳》不出於孔子。崔氏說：

杜氏〈春秋傳後序〉云：「汲縣冢中，《周易》上下篇與今正同；別有《陰陽說》，而無《彖》、《象》、《文言》、《繫辭》。疑于時仲尼造之於魯，尚未播之於遠國也。」余按：汲冢《紀年篇》乃魏國之史。冢中書，魏人所藏也。魏文侯師子夏，子夏教授於魏久矣。孔子弟子能傳其書者莫如子夏；子夏不傳，魏人不知，則《易傳》不出於孔子而出於七十子以後之儒者無疑也。

第五證：《春秋》襄公九年《左傳》穆姜答史之言一段，與今本〈乾〉卦《文言傳》文字大致相同。而崔述認為《左傳》是原創，今本〈乾〉卦《文言傳》是複製品。崔氏說：

又按，《春秋》襄九年《傳》，穆姜答史之言與今《文言》篇首略同而詞小異。以文勢論，則於彼處為宜。以文義論，則「元」即「首」也，故謂為「體之長」，不得遂以為「善之長」。「會」者「合」也，故前云「嘉之會也」，後云「嘉德足以合禮」，若云「嘉會足以合禮」，則於文為複，而「嘉會」二字亦不可解。「足以長人、合禮、和義，而幹事，是以雖隨無咎」，今刪其下二句而冠「君子」字於四語之上，則與上下文義了不相蒙。然則是作《傳》者采之魯史而失其義耳，非孔子所為也。

第六證：引〈艮〉卦《象傳》「君子思不出其位」一語，稱《論語》載此語為曾子所說，而推論作傳者必非孔子。崔氏說：

《論語》云:「曾子曰:『君子思不出其位。』」今《象傳》亦載此文。果《傳》文在前與,記者固當見之,曾子雖嘗述之,不得遂以為曾子所自言;而《傳》之名言甚多,曾子亦未必獨節此語而述之。然則是作《傳》者往往旁采古人之言以足成之,但取有合卦義,不必皆自己出。既采曾子之語,必曾子以後之人之所為,非孔子所作也。

第七證:討論《史記・孔子世家》「孔子晚而喜《易》,序《彖》、《繫》、《象》、《說卦》、《文言》」,[18]依據《史記》文例,論證「序」為「序述」之義,非《序卦》之義。崔氏說:

且《世家》之文本不分明,或以「序」為《序卦》,而以前「序《書》傳」之文例之,又似序述之義,初無孔子作《傳》之文。蓋其說之晦有以啟後人之誤。故今皆不載。

以上七證,首二證依《易傳》本文推論,為最重要。第五、六證屬文獻比較之例(《易》與《左傳》、《易》與《論語》)。第三、四證以其他文獻的記載推論,屬於旁證。第七證則澄清《史記》所載,孔子未作《序卦傳》,「序」字只是序述之意。[19]

　　二十世紀初推崇崔述的學者,以胡適、傅斯年最為人知。不過日本學者推許崔述,較胡、傅更早約十餘年(詳下文)。同時期錢穆先生受崔述影響也很深,不過錢先生在 1930 年秋天才到燕京大學大學任教,在此之前沒有跡象顯示他對日本學術有所掌握。1928-1929 年間,錢先生發表了〈論十翼非孔子作〉。[20]該文提出十個證據,部分即直接承自崔述:

第一證:汲冢竹書無《十翼》。(此條與《考信錄》第四證同)

18　司馬遷,《史記》,卷 47,頁 1937。《史記・孔子世家》這段話的讀法有三種,說詳拙著,《周易階梯》,頁 58-60。

19　崔述以後,晚清學者續有討論,如康有為《新學偽經考》中論《易》卦爻辭作者為孔子而非文王,《易傳》則《彖》、《象》二傳亦成於孔子之手,其餘為後人偽託。說詳本書下編〈陸、《易傳》作者問題檢討〉。

20　按該文篇首載「(民國)十七年夏在蘇州青年會學術講演會所講《易經研究》之一部分;刊入《蘇中校刊》第十七,八合期;又載十八,六,五,《國立中山大學語言歷史學研究所週刊》第七集,第八十三,四合期」。參《古史辨》,第 3 冊,頁 89。

第二證：《左傳》穆姜論元亨利貞與《乾·文言》同，以文勢論，是《文言》抄了《左傳》。（此條與《考信錄》第五證同）

第三證：〈艮〉卦《象傳》「君子思不出其位」一語，《論語》記曾子語。若孔子作《十翼》，則《論語》編者不應如此記。（此條與《考信錄》第六證同）

第四證：《繫辭》屢稱「子曰」，顯非孔子所撰。（此條與《考信錄》第二證同）

第五證：《史記·太史公自序》引《繫辭》稱《易大傳》而不稱經，見太史公不以之為孔子之語。（此條《考信錄》未提及）

第六證：太史公尊崇孔子，多稱述孔子所稱述的遠古賢哲。今《繫辭》詳述伏羲、神農，但《史記》稱五帝託始黃帝，更不敘及伏、神二氏，可證史公時尚不以《繫辭》為孔子作品。（此條《考信錄》未提及）[21]

第七證：《論語》「加我數年五十以學易可以無大過矣」一條，《魯論》「易」作「亦」，本很明白；《古論》妄錯一字，遂生附會。（此條《考信錄》未提及）

第八證：《孟子》書中常稱述《詩》、《書》而不及《易》。《繫辭》有「繼之者善，成之者性」，孟子論性善亦不引及。又荀子亦不講《易》。（此條有一部分《考信錄》第三證提及）

第九證：秦火未波及《易經》，證明並無孔子所撰、蘊涵義理性的《易傳》附在《易經》之上。（此條《考信錄》未提及）

第十證：《論語》和《易》思想不同。此條錢先生討論了「道」、「天」、「鬼神」。末後並指出《繫辭》近老莊，其哲學是道家的自然哲學。（此條《考信錄》未提及）

21　雄按：錢先生「史公尊崇孔子，多稱述孔子所稱述的遠古賢哲」一語亦係一種預設。依錢先生之意推之，孔子亦未嘗言黃帝事，而《史記》「稱五帝託始黃帝」，已可見《史記》立論，未必悉依孔子言論以為標準。今《史記》不言伏羲神農，自亦不能推論太史公不以《繫辭傳》為孔子所撰著。此亦讀者不可不注意的。

以上十證中有一半承自《考信錄》，足見錢受崔影響之深。錢先生也坦承所提出的前六個證據，「前人多說過」，所謂「前人」應該就是指崔述。但錢文在崔述的基礎上，更進一步深入分析《史記》。第十證尤其詳盡地討論了《易傳》和《論語》思想觀念的歧異，用的是思想分析的方法，是崔述所未嘗論及。

由崔述到錢穆對《易傳》的懷疑，與其說最終目的是推翻整個古史文化傳統，不如說是對於「求真」更為執著與貫徹的精神。當然，再仔細觀察，二人又有毫釐之異。崔述積年累月研讀經典，從內心建立儒家信仰，反映在《考信錄》中是很清楚的。要知道思想觀念一旦發展為信仰，即不容易反省潛藏其中的問題和謬誤。而崔述很了不起的是：他以嚴謹的態度建立起對古代經典的信仰，又同時能將這種態度擴大，進一步去檢視文獻潛在的問題。至於錢先生則從小受儒家教育，在 1929 年撰〈論十翼非孔子作〉，實無受古史辨思潮影響。不過他短暫對經典提出懷疑，並未影響對中國文化終生信奉（「信、疑」的討論，詳本文結論）。

崔、錢二人辨《易傳》，一則涉及「經」的神聖性，二則涉及「傳」與「經」的緊密關連。他們致力論證孔子不但未嘗作《易傳》，甚至未嘗讀《易》和傳授《易》。而《易傳》晚出，甚至晚至秦火以後（亦即已至漢代），內容龐雜，和經文年代相距甚遠。他們的考證尚未發展到以分離「經傳」為目的，但畢竟《易傳》的神聖性消失，原本從屬於卦爻辭的關係也被否定，從此學界轉為探索《易傳》與戰國思想的關係，忙於爭論《易傳》思想究竟屬於儒家抑或道家，凡數十年之久。[22]經傳關係遭到撕裂是必然的結果。

---

22 近百年來主《易傳》屬儒家思想的學者甚多，堅持《周易》經傳都屬道家思想產物的則以持「道家主幹說」的陳鼓應為代表，而其代表作為《易傳與道家思想》、《道家易學建構》二書。這些論爭，可詳鄭吉雄、林永勝編，《易詮釋中的儒道互動》。

三 疑古思潮和「經傳分離」說

　　近代中國疑古思潮的興起，至為複雜，一般認為和康有為指控劉歆偽造經書有關。[23]從歷史考察，康有為對古史辨運動確有影響。顧頡剛草成〈古史辨自序〉，即提及其推翻古史的動機，乃受《孔子改制考》啟發。[24]錢玄同的著作也引述過《新學偽經考》中劉歆偽造古文的論點。[25]不過在中國真正掀起懷疑古史的風潮者是胡適。錢穆說：

> 古史之懷疑，最先始於胡氏（雄按：胡適）。其著《中國哲學史》，東周以上，即存而不論，以見不敢輕信之意。近數年來，其弟子顧頡剛始有系統見解之發表。[26]

錢先生只論中國，未論及東亞。其實學術界對於崔述的重視，甚至「疑古」的思潮，以及新史學的發軔，日本學界早於中國學界至少十年或以上。[27]蓋十九世紀末日本史學界開始受歐美史學方法影響，而出現新舊的對峙。[28]1902 年，那珂通世發表〈考信錄解題〉。1903 年，他從狩野直喜處獲得中國初版《崔東壁遺書》，而重新編校出版該書。1909 年狩野的學生

23　康有為著成《偽經考》於 1891 年。1897 年，康氏又撰成《孔子改制考》。若以此為基準點，則疑古運動自潛流而轉變為顯流，可能就是在十九世紀末二十世紀初。

24　顧頡剛，〈古史辨自序〉，《古史辨》，第 1 冊，自序頁 43。

25　錢穆，〈讀漢石經周易殘字而論及今文易的篇數問題〉，原刊《國立北京大學圖書部月刊》，第 1 卷第 2 期（1929 年 12 月），收入《古史辨》，第 3 冊，頁 74-84。

26　錢穆，《國學概論》（北京：商務印書館，1997），頁 330。

27　據大久保利謙《日本近代史學的成立》第二章「明治史學成立的過程」中「西洋諸學問的移植と新史觀の形成」一節指出：August Comte 的實證哲學和達爾文的進化論成為高等教育課程的指導思想。參大久保利謙，《大久保利謙歷史著作集》（東京：吉川弘文館，1988），第 7 冊，頁 62-68。他在第一章「日本歷史の歷史」中「近代史學形成の過程」一節已指出，明治中葉是現代日本史學的萌芽，而大正時期則是確立階段。十九世紀末，「經世」及其他屬於儒家思想等源自於封建史學的觀念廣泛地受到批判。明治十六年（1883）有賀長雄《社會學》出版，認為「社會學」亦可翻譯為「世態學」，而該書卷一的標題即是「社會進化論」。

28　例如推崇考證史學的重野安繹代表舊派，而積極引進歐洲史學的久米邦武與坪井九馬三則代表新派。

白鳥庫吉發表〈堯舜禹抹殺論〉，隨又發表〈《尚書》の高等批評（特に堯舜禹に就いて）〉。而在中國，則遲至 1919-1920 年才有學者將「疑」提倡為一種研究的態度與方法。1919 年傅斯年撰〈清梁玉繩著史記志疑〉說：

> 自我觀之，與其過而信之也，毋寧過而疑之。中國人之通病，在乎信所不當信，此書獨疑所不當疑。無論所疑諸端，條理畢張，即此敢於疑古之精神，已可以作範後昆矣。……可知學術之用，始於疑而終於信，不疑無以見信。[29]

這段話中傅氏針對「信」和「疑」兩個觀念，提出「疑古的精神」。這種精神最重要的旨趣，應該就是「寧過而疑，勿過而信」二語。1920 年 7 月胡適演講〈研究國故的方法〉說：

> 寧可疑而錯，不可信而錯。[30]

同年胡適請顧頡剛查索姚際恆的著作，顧 11 月 24 日回信，附呈民國三年（1914）春所撰〈古今偽書考跋〉，胡適評說：

> 我主張，寧可疑而過，不可信而過。[31]

1921 年 1 月，錢玄同亦向顧氏提「疑古」的觀念，並公開宣揚要敢於「疑古」[32]。1923 年春，胡適始作《崔述的年譜》，並發表〈科學的古史家崔述〉，上距那珂通世撰著〈考信錄解題〉已有二十年。

關於中國疑古思潮是否受日本疑古思潮啟發，學界有過爭辯。[33]但似

---

29 傅斯年，〈清梁玉繩著史記志疑〉，原刊《新潮》創刊號（1919 年 1 月），收入《傅斯年全集》（新北：聯經出版事業公司，1980），第 4 冊，頁 369。

30 胡頌平，《胡適之先生年譜長編初稿》，第 1 冊，頁 407。

31 見《古史辨》，第 1 冊，頁 12。關於胡適和顧頡剛的疑古，讀者亦可參杜正勝，〈錢賓四與二十世紀中國古代史學〉，《當代》，第 111 期（1995 年 7 月），頁 70-81；〈從疑古到重建——傅斯年的史學革命及其與胡適顧頡剛的關係〉，《當代》，第 116 期（1995 年 12 月），頁 10-29。

32 錢玄同，〈論近人辨偽見解書〉，《古史辨》，第 1 冊，頁 24-25。

33 近年關於中國疑古思潮是否得自日本學界的啟發的爭辯，先是胡秋原《一百三十年來中國思想史綱》提出日本疑古運動早於中國（胡秋原，《一百三十年來中國思想史綱》〔台北：學術出版社，1973〕，頁 83-84）但王汎森、劉起釪均表達異議，主要認為顧頡剛並不諳日文，亦無從接觸日本的學術研究成果。（詳王汎森，《古史辨運動的興起：一個思想史的分析》。

乎沒有人注意到兩項史實。第一、章太炎早在 1899 年東渡日本以後，[34]即對日本漢學有深入考察。1910 年他撰〈與羅振玉書〉，廣泛批評荻生徂徠、林泰輔、重野安繹、三島毅、星野恆、服部宇之吉、兒島獻吉郎、森大來的漢學程度，批評他們「大率隨時鈔疏，不能明大分，得倫類」，提醒羅振玉勿過度稱譽日本漢學。太炎甚至直指白鳥庫吉〈堯舜禹抹殺論〉「尤紕繆不中程度」，最後給了日本學者綜合評語：

> 頃世學者不諭其意，以東國彊梁，弛美於其學術，得懷藏小善，輒引之為馳聲譽。自孫仲容諸大儒，猶不脫是，況其稍負下者？[35]

太炎愀然慨嘆中國學界普遍震懾於日本的強大，稍窺見日本學者枝微末節的心得，即引述來提高自己的聲譽，連大儒孫詒讓亦不免，更不用說不如孫氏的泛泛之輩（負下者）了。太炎的批評，證實了日本漢學在 1910 年以前已對中國學術界產生影響。姑勿論這影響是大或小，說 1919 年以後胡適提倡崔述的疑古，和 1900 年前後的日本學界全無關係，是很難說得過去的。

第二，1900 年前後日本學者的疑古，主要關注的是《尚書》，除了上述白鳥庫吉〈《尚書》の高等批評〉外，如內藤湖南〈尚書稽疑〉[36]亦是顯

劉起釪，〈現代日本的《尚書》研究〉，收入《傳統文化與現代化》，1994 年第 2 期，頁 82-91）。其後廖名春撰〈試論古史辨運動興起的思想來源〉提出具體證據，論證顧頡剛曾在北京大學圖書館工作並接觸日本學術材料（原刊陳明主編，《原道》，第 4 輯〔上海：學林出版社，1998〕，後收入廖名春，《中國學術史新證》〔成都：四川大學出版社，2005〕，頁 155-177）。讀者亦可參考桑原武夫，〈歷史の思想序說〉，收入桑原武夫編，《歷史の思想》（東京：筑摩書房「現代日本思想大系」27，1965）。又錢婉約，〈「層累地造成說」與「加上原則」——中日近代史學上之古史辨偽理論〉，收入武漢大學中國文化研究院主辦，馮天瑜主編，《人文論叢》1999 年卷（武漢：武漢大學出版社，1999），頁 436-447；嚴紹璗，《日本的中國學》（南昌：江西人民出版社，1991）；盛邦和，〈上世紀初葉日本疑古史學敘論〉，《二十一世紀》，網路版第 36 期（2005 年 3 月 31 日）。

34 太炎一生赴日三次：1899 年、1901 年、1906 年。

35 章太炎，〈與羅振玉書〉，原刊《學林》，1910 年第 1 期，收入《太炎文錄初編》，《章太炎全集》，第 1 輯（上海：上海人民出版社，2014），第 4 冊，卷 2，頁 174。

36 內藤湖南，〈尚書稽疑〉，收入《研幾小錄》，《內藤湖南全集》（東京：筑摩書房，1996-

例。白鳥批判《尚書》，揭露關於堯、舜、禹的記載實奠基於神話傳說，甚至在〈《尚書》の高等批評〉討論中國二十八宿、十二支、五星等思想源自西方。[37]由批判中國，進而批判是日本天皇傳說的《日本書紀》和《古事紀》所載關於天照大神的太陽崇拜神話。白鳥站立在東西方比較的觀點，對中、日古史的綜合批判，最後被其弟子所繼承。橋本增吉的天文曆法研究即持近似的觀點，[38]津田左右吉發表《神代史の新しい研究》（1913）、《古事記及び日本書紀の新研究》（1919）、《日本上古代史研究》（1930）、《上代日本の社会及び思想》（1933）等，更直指涉及皇室的神聖性，招致日本右翼人士忌恨，自 1939 年起一度被禁止出版學術著作。相對上在中國，《尚書》的真偽問題，已有閻若璩著名的《尚書古文疏證》的辨偽在前，而一直被認為含有宗教迷信成分的《周易》則符合「科學玄學論戰」反玄學思潮的價值取向，於是《周易》在中國學界轉而成為被疑古派攻擊的對象。

　　1923 年 5 月 6 日顧頡剛在《讀書雜誌》發表〈與錢玄同先生論古史書〉，依據《說文解字》，提出「禹」是「九鼎上鑄的一種動物」，「大約是蜥蜴之類」的理論，[39]正式掀起了古史辨運動的大波瀾。在相同的時間（1923 年春），胡適始撰《崔述的年譜》，同年 4 月出版的《國學季刊》第 1 卷第 2 號上發表崔述 43 歲以前的部分，[40]等於正式表彰崔述為疑古精神的支柱：

　　　我深信中國新史學應該從崔述做起，用他的《考信錄》做我們的出發點，

1997），第 7 冊。

37 參白鳥庫吉，〈《尚書》の高等批評（特に堯舜禹に就いて）〉，收入桑原武夫編，《歷史の思想》。

38 橋本增吉著《支那古代曆法史研究》第一章「十干、十二支の起原」第三節「古代民族の古曆法」即討論羅馬、希臘、埃及以至阿拉伯、印度等地的古曆法，進行比較研究。橋本增吉，《支那古代曆法史研究》（東京：東洋書林、原書房，1982）。

39 顧頡剛，〈與錢玄同先生論古史書〉，原載《讀書雜誌》，第 9 期（1923 年 5 月），收入《古史辨》，第 1 冊，頁 63。

40 胡頌平，《胡適之先生年譜長編初稿》，第 2 冊，頁 530-531。

然後逐漸謀更向上的進步。[41]

1924 年 2 月 8 日胡適又有〈古史辨討論的讀後感〉一文，胡氏後來在 1930 年 12 月 17 日所作〈介紹我自己的思想——《胡適文選》自序〉一文中對〈讀後感〉有如下的說明：

> 〈古史討論〉一篇，在我的《文存》裡要算是最精采的方法論。這裡討論了兩個基本方法：一個是用歷史演變的眼光追求傳說的演變，一個是用嚴格的考據方法來評判史料。[42]

1925 年 4 月 22 日夜改定〈讀書〉一文，其中提出讀書的方法：「第一要精，第二要博」，又提出「讀書要會疑」。[43]此可以看出，「疑」這個字可以代表古史辨運動的主要精神。

顧頡剛等學者掀起古史辨運動，所提出最重要的一個見解是「古史層累」說，認為古史系統愈晚，則傳說的年代愈早，而系統則愈詳盡而完備。此即胡適所說「剝皮主義」。[44]關於這個學說的詳細內容，讀者可參《古史辨》第一冊顧頡剛所撰〈自序〉。《古史辨》第一冊問世後，1924 至 1926 年，傅斯年寫了長信給顧，稱讚顧提出「累層地造成的中國古史」是

41　胡適，〈科學的古史家崔述（1740-1816）〉，《胡適文集》，第 7 冊，頁 142。1931 年 7 月 7 日所撰〈後記〉：「民國十二年我開始作崔述的年譜，寫成了大半部分；因為我南下養病，這工作就擱下了。《國學季刊》第一卷第二號曾登出此文的第一章和第二章。十二年秋後我從南方回北京，我的興趣已變換了，崔述的年譜只寫到了嘉慶初年，其餘的部分只剩一些隨筆札記的卡片。……這篇開始在八年前的《崔述年譜》，現在靠了趙貞信先生的幫助，居然完功了。」同前，頁 229。

42　胡適，〈介紹我自己的思想——《胡適文選》自序〉，《胡適文存四集》，《胡適文集》，第 5 冊，頁 516。

43　胡適，〈讀書〉，《胡適文存三集》，《胡適文集》，第 4 冊，頁 123、126。

44　胡適〈古史討論的讀後感〉：「這三層意思都是治古史的重要工具。顧先生的這個見解，我想叫他做『剝皮主義』。譬如剝筍，剝進去方才有筍可吃。這個見解，起於崔述。……崔述剝古史的皮，僅剝到『經』為止，還不算澈底。顧先生還要進一步，不但剝的更深，並且還要研究那一層一層的皮是怎樣堆砌起來的。他說：『我們看史蹟的整理還輕，而看傳說的經歷卻重。凡是一件史事，應看他最先是怎樣，以後逐步逐步的變遷是怎樣。』這種見解重在每一種傳說的『經歷』與演進。這是用歷史演進的見解來觀察歷史上的傳說。」（《古史辨》，第 1 冊，頁 192）

「史學中央題目」,而顧氏「恰如牛頓之在力學,達爾文之在生物學」,「在史學上稱王了」。[45]1925 年,錢玄同廢錢姓而以「疑古玄同」為姓名。1926 年 4 月 20 日顧頡剛草成《古史辨自序》。

經過了 1919-1926 年的醞釀,疑古派學者終於可以在《周易》研究上邁開大步。自 1926-1930 年,他們在《周易》經傳的性質和關係上,展開了一連串申論,奠定了二十世紀《易》學研究的基調。誠如楊慶中指出,古史辨派《易》學探討了許多問題,「把這些問題歸結起來,可以集中概括為兩點:一是『經傳分觀』的問題;一是經傳性質的問題」。[46]如本文的分析,《周易》經傳關係既已被割斷,而《易經》的神聖性又被打破,那麼接下來,「經傳性質」就是必然要碰觸的問題。

古史辨學者對「經傳分離」的論述約可分為四項:卦爻辭多記商周古史,蘊涵的是史料價值;《易經》只是筮書,價值低於龜卜;《易傳》多附會不可靠;《易傳》哲理主要屬道家自然哲學而非儒學。茲分述如下。

(一) 卦爻辭多記商周古史史料

1926 年 12 月顧頡剛開始撰寫〈周易卦爻辭中的故事〉,1929 年 12 月發表在《燕京學報》第 6 期。[47]在他的語言中,「故」即「古」,「事」即「史」,「故事」就是「古史」。在這篇以「故事」為主題的文章中,顧氏試圖將過去如「築室沙上」、以「戰國秦漢間材料造起」的「三皇直到孔子的《易》學系統」推倒,更藉由考辨卦爻辭中的故事,定位卦爻辭年代,還原《周易》為筮書的本來面貌。歐陽修、崔述、錢穆打破「傳」的神聖

---

45 傅斯年,〈談兩件《努力週報》上的物事〉,原載《國立中山大學語言歷史學研究所週刊》,第 1 集第 10 期至第 2 集第 13 期(1928 年 1 月),後收入《古史辨》,第 2 冊,頁 297-298。據顧頡剛於此文後的案語,傅斯年此信「從民國十三年一月在德國寫起,直寫到十五年十月歸國,船到香港為止,還沒有完。」(頁 300)

46 楊慶中,《二十世紀中國周易學史》,頁 113。

47 顧頡剛,〈周易卦爻辭中的故事〉,原刊《燕京學報》,第 6 期(1929 年 12 月),翌年 11 月修改,收入《古史辨》,第 3 冊第一篇,頁 1-44。

性，如今顧頡剛則是要打破「經」的神聖性。在「經傳分離」說的發展歷程上，這篇文章的影響很大。胡適寫了一封信，對顧氏特加稱讚。[48]其後余永梁、李鏡池郭沫若等學者均受影響。[49]1942 年胡樸安《周易古史觀》[50]成書，即是由「故事」觀點發展出來的產物。

古史辨的學者對古史的興趣，多在於揭發傳說之偽並推論其作偽情形。他們自認挾著史料的優勢，[51]以及新的出土材料知識，[52]用以解析卦爻辭，而得出很多具新意的推論。然而，平情觀察，不難發現一旦涉及卦義的詮釋時，他們往往陷入淺碟化之弊。1927 年余永梁開始撰寫〈易卦爻辭的時代及其作者〉，[53]以歷史的角度，考辨「經」的年代及作者，論證卦爻辭非文王或周公所撰著。該文「四、從史實上證卦爻辭為周初作」中，他說：

> 《易》不是史書，然而無論那一種書，必不免帶有時代的背景，只有成分多
> 少的差別。把《易》卦爻辭作歷史的考查，不能算全無所得。[54]

這裡說《易》雖然不是一部史書，但總還算有一點點史料的價值。而所謂史料價值，更多是偏重於作為反映古代社會情狀的社會史料價值。就像郭沫若引用生殖器崇拜（phallicism）之說解釋「陰、陽」，將二爻解釋為男女生殖器的形象，[55]就是很典型的社會史的視角。這樣的研究取向對《周易》

---

48 胡適此信收入《古史辨》，第 3 冊，頁 84-88，題目是為〈論觀象制器的學說書〉。胡氏該信第一句卻說「頃讀你的〈周易卦爻辭中的故事〉」，這是因為顧氏寄給胡適的，是〈論易繫辭傳中觀象制器的故事〉和〈周易卦爻辭中的故事〉的合編本。胡氏該信所論的，其實還是以〈論易繫辭傳中觀象制器的故事〉的內容為主。

49 余永梁的文章發表於 1928 年，是余影響了顧抑或顧影響了梁，當亦可商榷。

50 胡樸安，《周易古史觀》（上海：上海古籍出版社，1986）。

51 此指晚清以來地下文獻如甲骨大量出土的特殊條件。這種條件不是每一個時代都會發生的。

52 余永梁除《周易》外，亦研究殷墟文字。又如顧頡剛撰〈《周易》卦爻辭中的故事〉，引用王國維甲骨文的研究成果，如王亥的故事即一例。

53 余永梁，〈易卦爻辭的時代及其作者〉，原刊《中央研究院歷史語言研究所集刊》，第 1 本第 1 分冊（1928 年 10 月），收入《古史辨》，第 3 冊，頁 143-170。

54 同前注，頁 157。

55 郭沫若，《中國古代社會研究》第一編第一章，郭沫若著作編輯出版委員會編，《郭沫若全

的貶抑是顯而易見。這導致研究者對上古經典失去敬意還在其次，更麻煩的是讓《易》的研究淺碟化，研究者常不理會是否合適，就生搬硬套各種理論，並淺嚐即止。這對古典研究而言，實是災難：經典優美的藝術性，被棄如敝屣。面對《周易》經傳熠燿變幻的辭采，他們恍若全無鑑賞能力，好比失去味覺和嗅覺的人，品嚐佳餚卻味同嚼蠟。例如余永梁論卦爻辭中的風俗制度時，引〈屯〉卦六二、六四、上六爻辭「乘馬班如，匪寇婚媾」、「泣血漣如」等內容，說：

> 古代婚姻掠奪之情畢現。……掠奪婚姻，在社會進化史上的篇幅，很明白的；就是中國西南民族如猺、獞、苗等都還有這種遺風。……《詩‧七月》「我心傷悲，殆及公子同歸」，也有這種掠婚的意味。[56]

將「匪寇婚媾」、「泣血漣如」解釋為「掠奪婚姻」，純粹是憑空想像。清人如李光地《周易折中》、王引之《經義述聞》對此卦都已有很清楚的解釋。《折中》「言彼乘馬者非寇，乃吾之婚媾也」[57]是通解——雖未必絕對正確。但余永梁似乎對傳統傳注不甚了了，只好單憑臆測。[58]至於上六雖與六二均有「乘馬班如」之辭，但「泣血漣如」，卻未必與六二「婚媾」有關。另外《詩經‧豳風‧七月》「女心傷悲，殆及公子同歸」與掠奪婚姻無關，近年更已經《詩經》的專家辨正。[59]今天站在二十一世紀初的立

集‧歷史編》（北京：人民出版社，1982），第 1 卷，頁 33。

56　余永梁，〈易卦爻辭的時代及其作者〉，頁 158。

57　〔清〕李光地等奉敕撰，《御纂周易折中》，《文淵閣四庫全書》，第 38 冊，卷 1，頁 24a。

58　黃慶萱參考李光地的解釋，並參考爻的「正應」以及「互體」之說：「易言『匪寇婚媾』者凡三：屯二、賁四、睽上。賁卦䷔六四云：『賁如皤如，白馬翰如，匪寇婚媾。』賁六四與初九相應，而其間二三四爻互體為坎為盜。睽卦䷥上九云：『先張之弧，後說之壺，匪寇婚媾。』睽上九與六三相應，而三四五爻互體為坎為盜。取象都與屯二相同。」其說可參。說詳黃慶萱，《周易讀本》，頁 77。

59　《詩‧豳風‧七月》「殆及公子同歸」一句，傳統解經者縱有異義，亦未嘗有「掠奪婚姻」之說。「掠奪婚姻」之解，最早似為章太炎提出（詳見本文有關章太炎的討論），但太炎亦不過謂古代婚禮「效劫略而為之」。大陸承古史辨學者之說，仍多視〈七月〉此句為掠奪婚姻或強搶民女（如袁梅《詩經譯注》〔濟南：齊魯書社，1983〕謂「女子被公子劫持同歸於其家，任其蹂躪。」〔頁 387〕），洪國樑教授引用清朝方玉潤《詩經原始》之說，對此詩有一

場，將這一類以社會進化史的觀點，置回二十世紀中西文化激烈碰撞的時期來觀察，可以見到當時學者研究人文學的一種隱情：他們研究問題的真正目的，宣之於口的理由是要透過科學研究找到客觀答案，但潛在的動機則是破壞舊說、推翻舊傳統，為宣揚新觀念、建立新學說而宣揚。最終目的，往往和社會改革運動有關。古史辨運動中的《易》學研究所引起的最大問題恐怕在此。

（二）《易經》只是筮書，價值低於龜卜

關於卦爻辭（經）性質的定位，古史辨派學者主流見解的形成，主要受三方面影響：一是殷墟甲骨的出土與研究，二是古史層累說，三是科學主義思潮。關於第一點，因為殷墟甲骨的出土與羅振玉、王國維等學者的研究，使古史辨學者得以借其材料與成果，來研究《易》卦爻辭。[60]「古史層累說」則是基於「寧可疑而錯」的心理預設，疑古者持懷疑眼光對《易傳》逐一檢視，不免對傳統舊說，一切不信任，只要稍涉可疑，即成批判對象。最後因為科學主義思潮的當行，而「經」又被考訂為卜筮之書；占卜迷信既是反科學的，卦爻辭的價值自然低了。

1928 年春夏間，容肇祖發表〈占卜的源流〉，開宗明義說：

> 近二十年來殷墟甲骨發現，而後談占卜的乃得實物的證明。……向來最糾紛的，最不易解決的《周易》的一個問題，到此當亦可以迎刃而解。蓋占術的《周易》，既不是古帝王的神奇；而哲學化的《周易》，也不過是多生的枝節。從古占卜的研究以明探他的起源，又從近今占卜的流變以尋他的支裔，就知道《周易》一書衹不過用古聖人的名號作了包皮，也都和別的占卜書屬於一類的呵！[61]

較接近歷史事實的深入考證，參洪國樑，〈《詩經・豳風・七月之「公子」及其相關問題〉，朱曉海主編：《新古典新義》（台北：台灣學生書局，2001），頁 165-194。

60 于省吾《雙劍誃易經新證》以甲骨文和金文的知識解釋卦爻辭，是這一研究方法頗具代表性的學者。

61 容肇祖，〈占卜的源流〉，原刊《中央研究院歷史語言研究所集刊》，第 1 本第 1 分冊（1928

容氏將《周易》與後世的《太玄》、《易緯》、《參同契》、《潛虛》、《靈棋經》、《火珠林》、籤詩、梅花數、牙牌數、金錢卦等混為一爐，那麼《周易》即使是王朝典冊，在歷史洪流中也只不過占術的一種。抹去了神聖性，連《易傳》之類的哲理性解釋都是「多生的枝節」。他也分析了周代的筮辭，包括《左傳》、《國語》的筮例，認為「《周易》祇是占筮家的參考書，彙集古占辭而成。但是在春秋時的占筮者多本於《周易》，可知《周易》的編集，當在春秋以前」。[62]

李鏡池 1930 年 12 月 12 日所作〈周易筮辭考〉，說：

> 我們相信《周易》是卜筮之書：其起源是在于卜筮；其施用亦在于卜筮。[63]

《周易》純粹只是卜筮之書。上文引余永梁說「《易》不是史書」，其意也是認為《易》為筮書。李鏡池又說：

> 我對于《周易》卦爻辭的成因有這樣的一個推測，就是，卦爻辭乃卜史的卜筮記錄。[64]

再細微地觀察，又可注意到當時學者區分「卜」、「筮」。容肇祖〈占卜的源流〉一文即作這種主要的區分。古史辨學者也有傾向重「龜卜」而輕「易筮」的判斷。1928 年余永梁發表〈易卦爻辭的時代及其作者〉，說：

> 《易》卦辭、爻辭是與商人的甲骨卜辭的文句相近，而筮法也是從卜法蛻變出來的。[65]

余氏又說：

> 筮法興後，雖然簡便，但沒有龜卜的慎重，所以只有小事筮，大事仍用龜。[66]

1930 年夏李鏡池所作〈左國中易筮之研究〉，指出《左傳》、《國語》中顯

年 10 月），收入《古史辨》，第 3 冊，頁 252。

62　同前注，頁 266。

63　李鏡池，〈周易筮辭考〉，收入《古史辨》，第 3 冊，頁 187。

64　同前注，頁 189。

65　余永梁，〈易卦爻辭的時代及其作者〉，頁 149。

66　同前注，頁 150。

示春秋時人重「龜卜」多於「易筮」。[67]容肇祖引《尚書‧洪範》證明「古人龜筮並用時，寧舍筮而從龜」。[68]另方面，容氏又論證認為「春秋時的占筮多本於《周易》」，但：

> 疑筮師相傳，其法到春秋時已小有變異，不盡沿用六爻的名稱。間有卜師不依據《周易》的成文，疑其源亦必有所受。這樣看來，則《周易》祇是占筮家的參考書，彙集古占辭而成。[69]

易筮晚於龜卜，春秋時的筮師並未全盤接受六爻的名稱，亦有卜師不依《周易》成文，最後則推論《周易》只是彙集古占辭的參考書。那麼《周易》不但晚出，而且非所有筮師都接受，更沒有獨立的學說體系，性質既是「彙集」，價值之低也就不言而喻。《周易》經文被貶抑到這種程度，除了可供古史研究參考之外，還有什麼價值呢？余永梁又說：

> 最初是用龜卜，後來用筮法，儒家用「機祥」「象數」「義理」去解釋《易》，離《易》的本義愈遠，所以《易》遂「不切於用」。在漢有《易林》，後來有籤法，都因為《易》不能切用了，纔應民間需要而發生了。[70]

蓍筮無法驗證，自是無稽之談。儒家引申發揮固是白費工夫，後世也捨而不用。龜卜是否早於蓍占，姑置不論，古史辨學者最後想說的，是證明「經」的一無是處。當然，龜卜具見於殷墟甲骨，是實物材料，符合實證的需要。相對上，《易》的蓍占演卦之法，年代既晚，《左》、《國》所記的變例又多，價值自然不高了。

（三）《易傳》多附會

1930 年 10 月顧氏發表〈論易繫辭傳中觀象制器的故事〉，[71]認為《易

---

67 李鏡池，〈左國中易筮之研究〉，《古史辨》，第 3 冊，頁 171-172。

68 容肇祖，〈占卜的源流〉，頁 258。

69 同前注，頁 263-264。

70 余永梁，〈易卦爻辭的時代及其作者〉，頁 168-169。

71 顧頡剛，〈論易繫辭傳中觀象制器的故事〉，原載《燕大月刊》，第 6 卷第 3 期（1930 年 10 月），收入《古史辨》，第 3 冊，頁 45-69。

傳》不合理者有三：《易傳》將一切文明皆發源於卦象，當伏羲畫卦之時已蘊藏了無數制器的原理，此不合理者一。「觀象制器」所觀之象應為「自然界的象」，《易傳》卻說成「卦爻的象」，此不合理者二。《繫辭下傳》第二章「古者包犧氏之王天下也」所講的觀象制器說，六十四卦之喻象彼此互換，亦無不可，[72]此不合理者三。[73]顧氏並推論《繫辭傳》所觀之象是建築於《說卦傳》之上，而《說卦傳》與漢代京房、孟喜《卦氣圖》相合。《繫辭傳》雖為司馬談提及，但卻經過竄亂，「《繫辭傳》中這一章是京房或是京房的後學們所作的，它的時代不能早于漢元帝」。[74]他進一步指出這個偽作的意義有三：

> 其一是要抬高《易》的地位，擴大《易》的效用；其二，是要拉攏神農、黃帝、堯、舜入《易》的範圍；其三，是要破壞舊五帝說而建立新五帝說。[75]

顧氏自言在發表〈周易卦爻辭中的故事〉一文後，「又發生了些新見解，因就編講義的方便，編入《中國上古研究講義》裡去」，而「適之、玄同兩先生見之，皆有函討論」。[76]胡適的信，前文已有提及；錢玄同的信寫於1930年2月2日，後題為〈論觀象制器的故事出京氏易書〉，[77]稱讚顧氏：

> 其功不在閻、惠闢《古文尚書》，康、崔闢劉歆偽經之下；蓋自王弼、韓康伯以來未解之謎，一旦被老兄揭破了，真痛快煞人也！[78]

顧氏新說的護法，除了錢玄同外還有李鏡池。1930年3月13日李鏡池有

---

72 如《繫辭傳》以「日中為市……蓋取諸噬嗑」，顧氏謂〈渙〉卦可引申為有「日中為市」之象（頁62）。

73 顧頡剛，〈論易繫辭傳中觀象制器的故事〉，頁60-62。

74 同前注，頁67。

75 同前注，頁68。

76 同前注，頁45。

77 錢玄同此信收入《古史辨》第3冊，題為〈論觀象制器的故事出京氏易書〉（頁70），附於顧氏文章之後，發表時署名為「疑古玄同」。

78 同前注。

〈論易傳著作時代書〉為致顧頡剛函，[79]進一步推測《繫辭傳》著成於西漢初至西漢末，並認為《文言傳》是《繫辭傳》的一部分。他宣稱這兩部《易傳》是「易家店中的雜貨攤上的東西」，後經某一顧客挑選裝潢：

於是乎「文言攤」「繫辭攤」等一起冒了孔家店的牌，公賣假貨。[80]

李氏信中對二《傳》，可謂極盡醜詆之能事。21 日顧氏覆信，即〈論易經的比較研究及彖傳與象傳的關係書〉。[81]之後李氏又有答書。這兩次書信，主要討論《彖》、《象》二傳的關係，顧頡剛推測《彖傳》原即是《象傳》，後有新《象傳》出現，於是舊《象傳》改「象」字為「彖」。大約受到顧氏的影響，李鏡池又於同年 11 月發表〈易傳探源〉，將七種《易傳》的年代的上限訂為秦漢之間，下限訂於西漢昭宣後。

關於上述的各個論點，從歷史證據判斷，經二十世紀《易》學者的研究，尤其是馬王堆出土的幾種帛書《易傳》的佐證，已可推翻「秦漢至西漢昭宣之間」的年代定位之說。[82]在顧、李之前，上自歐陽修，下迄錢穆，認為《說卦》出於孟喜、京房，《序卦》、《雜卦》出自劉歆作偽，[83]而《繫辭》思想近於道家哲學，也約略顯示諸《傳》之間思想存在差異性。如今顧、李二人站立在傳統學者論證基礎上，挖掘傳與傳之間的文辭思想的差異性，進一步強化了前賢批評《易傳》的努力。李氏〈易傳探源〉中說：

《文言傳》不是一個人底著作，痕迹很顯明，只要看釋〈乾〉一卦而有四說，就可以知道了。[84]

〈乾〉卦《文言》四說之中，部分參考自《左傳》並非問題，問題在於「一

79　此信在頁 131 信末所署日期為 3 月 31 日，非 3 月 13 日。俟考。

80　李鏡池，〈論易傳著作時代書〉，頁 134。

81　顧頡剛，〈論易經的比較研究及彖傳與象傳的關係書〉，《古史辨》，第 3 冊，頁 134-139。倘李鏡池〈時代書〉撰於 31 非 13 日，則 21 日顧氏信就非覆書。從內容來看，有可能李將標點《周易經傳》給了顧，故顧有此信，未必是對於〈時代書〉之回應。

82　詳參楊慶中，《二十世紀中國易學史》，頁 371。

83　顧頡剛〈論易繫辭傳中觀象制器的故事〉一文曾引述，參《古史辨》，第 3 冊，頁 46-50。

84　李鏡池，〈易傳探源〉，原載《史學年報》，第 2 期（1930 年 11 月），收入《古史辨》第 3 冊，頁 124。

卦有四說」是否足以論斷「不是一個人底著作」。其實任何人為經文作「傳」，都不能不參考前人的成說。正如孔穎達《周易正義》，一卦一爻之下，亦往往數說並存。即使今人作新注解，亦未必全書均只能採取一說。因此，一卦而有四說，其實並不能證明《文言》非出於一手。筆者指出這一點，不是想反駁李鏡池（事實上李氏晚年治《易》的觀點已有相當大的改變），而是要說明古史辨學者在十九世紀末西方達爾文主義以及科學主義的衝擊下，是如何以看似嚴格、實則輕率的態度，來撕裂經傳之間和各傳之間的內在關係。

（四）《易傳》哲理主要屬道家自然哲學而非儒學

李鏡池在〈左國中易筮之研究〉中說：

我想《周易》之在春秋時代，還只是占書的一種，比較著名的一種。後來因為：一則它用法簡便，二則頗為靈驗，三則它帶有哲理的辭語，所以牠的價值漸漸增高。[85]

要注意所謂「帶有哲理的辭語」並不是認真承認《周易》具有哲理。在鮮明的疑古思潮下，文獻偶爾透露的哲學思想實不足道。容肇祖更逕直地指出「哲學化的《周易》也不過是多生的枝節」。[86]在古史辨學者對《易》的討論中，胡適和錢穆先生是特別具有哲學理趣的。而他們的哲學理趣，特別偏重於《易》和先秦諸子百家的思想關係。要知道先秦諸子學研究，自清中葉已有復興的趨勢。復經十九世紀末多位大師如俞樾、孫詒讓、章太炎等人的提倡，益成顯學。二十世紀初學者考訂《易傳》年代為晚出，又非孔子所撰，則其中自包含孔子以後的思想，又可以與諸子典籍相比較。這是古史辨時期《易傳》與諸子學發生關係的背景。

錢穆〈論十翼非孔子作〉第十證論《易傳》思想與《論語》迥不相侔，反而與道家自然哲學相近。他討論第一個觀念是「道」。錢先生認為認為

85　李鏡池，〈左國中易筮之研究〉，頁 172。

86　容肇祖，〈占卜的源流〉，頁 252。

「《論語》上的『道』字是附屬於人類行為的一種價值的品詞」，而《繫辭》上說的「道」卻是「抽象的獨立之一物」，是「最先的、唯一的」，又「把道字的涵義廣為引申，及於凡天地間的各種異象，故說『乾道』、『坤道』、『天地之道』、『晝夜之道』、『變化之道』與『君子小人之道』等」。[87]第二個觀念是「天」，錢先生指出「《論語》上的『天』字是有意志有人格的」，而《繫辭》則「是把天地並舉為自然界的兩大法象」，又「把天象來推人事」，與《論語》「用人事來證天心」不同。[88]另一組觀念是「鬼神」，錢先生認為「《論語》上的鬼神也是有意志有人格的」，而《繫辭》上的鬼神是「神祕的、惟氣的，和《論語》上素樸的人格化的鬼神截然兩種」。[89]他特別強調：

> 《繫辭》說的「神者變化之道，不疾而速，不行而至，无思无為，寂然不動，感而遂通天下之故」等話，都只是形容自然的造化，像天地造葉一樣。後來宋儒不明得《繫辭》裡的神字本是《老》《莊》自然的化身，偏要用儒家的心來講，所以要求無思無為、寂然而通的心體，便不覺走入歧路。可見講學是應得細心分析的。我今天要明白指出《繫辭》非孔子所作，就為這些緣故。[90]

錢先生強調《繫辭》思想上大悖儒家人格道德學說，走入老莊自然神祕的場域，因此不得不辯明，這是論證《繫辭》和孔子無關的進一步強化，以引申至《易傳》與儒家的關係可以斷絕。最後錢先生則說：

> 所以《易繫》裡的哲學，是道家的自然哲學，他的宇宙論可以說是唯氣之一元論，或者說是法象的一元論。……至於詳細，應該讓講道家哲學和陰陽家哲學的時候去講。[91]

他將《繫辭傳》的思想淵源輕易地接上了道家和陰陽家，關鍵主要在忽略

---

87 錢穆，〈論十翼非孔子作〉，《古史辨》，第 3 冊，頁 91-92。
88 同前注，頁 92。
89 同前注，頁 92-93。
90 同前注，頁 93。
91 同前注，頁 94。

了「經」亦即六十四卦卦體、卦爻辭、卦序等具有整體性所展現的自然哲學本質。正因為認定了「經」只是乾枯的占筮紀錄,「傳」的基因自然不明不白,於是七種《易傳》的血統,也就輕易被轉移到戰國時期漸次成熟的諸子思想上。

錢文發表後不久,李鏡池於 1930 年 11 月發表的〈易傳探源〉,其中第二節「《易傳》非孔子作底內證」,也提出了和錢先生相近的論據,認為《彖》、《象》、《繫辭》的內容「有一種自然主義的哲學」。[92]

又胡適於 1930 年 2 月撰〈論觀象制器的學說書〉提出「《繫辭》此文出現甚早,至少楚漢之間人已知有此書,可以陸賈《新語·道基篇》為證。〈道基篇〉裡述古聖人因民人的需要,次第制作種種器物制度,頗似〈氾論訓〉,而文字多與《繫辭傳》接近」。[93]這些論述,都對二十世紀後期的學者大量研究《易傳》和先秦諸子百家思想的關係,產生了影響。

四 章太炎《易》學對古史辨學者的啟示

關於章太炎一節,在本文中原應置於崔述之後、錢穆之前作介紹。但因為章太炎對《易》以及其他經典的態度,與古史辨運動學者在「同」之中有較大的「異」,存在相當程度獨特性,因此改置於此,獨立討論。

康有為、崔述與古史辨運動的關係論者頗多,對章太炎的探討則相對較少。陳桐生〈二十世紀的周易古史研究〉一文指出太炎和沈竹礽率先將《周易》視為古史。[94]將沈竹礽歸類於古史學派,有待商榷;但稱太炎有開始之功,仍嫌籠統。楊慶中《二十世紀中國易學史》有專節討論太炎《易》

92 李鏡池,〈易傳探源〉,頁 100。按:此句乃李鏡池引馮友蘭〈孔子在中國歷史中的地位〉一文之語。

93 胡適,〈論觀象制器的學說書〉,頁 85。

94 陳桐生,〈20 世紀的周易古史研究〉,《周易研究》,1999 年第 1 期,頁 23-30。

學，[95]析理翔實，但仍有補充的空間。

古史辨學者以嚴厲的批判態度研究古史和《周易》，確受太炎影響不少。要知道胡適、錢玄同等學者，都是太炎的學生輩，和太炎關係非比尋常。錢玄同在太炎被袁世凱軟禁於北京時「時時來候」，[96]與太炎的師生關係尤深。錢穆先生受太炎影響亦深。[97]在在說明了古史辨運動與太炎的關係。

太炎一生的思想轉折變化頗多，具見於他的《菿漢微言・跋》關於平生志略與學術次第的自述。[98]他的《易》學既有歷史實證的方法，也有作為老派士大夫家國身世之感的投入，同時，他對經典的融匯貫通，又讓他能以藝術的眼光，直探經典中聖王經世濟民的心曲。這導致後人常摸不透太炎《易》學，讓他部分《易》學為古史辨學者所取，部分被遺棄。他雖自謙「不敢言《易》」，[99]但《易》理《易》義，一直與其生命俱進。如他自訂《年譜》，民國三年（1914）條有：

> 余感事既多，復取《訄書》增刪，更名《檢論》。處困而亨，漸知《易》矣。[100]

---

95 楊慶中，《二十世紀中國易學史》第一章第一節「章炳麟、劉師培的易學研究」，主要論章太炎，頁 3-14。

96 章太炎《自訂年譜》中華民國三年（1914）條：「是時共和黨猶以空名駐京，憲兵逼迫，余終日默坐室中。弟子獨錢季中及貴陽平剛少璠時來候。」錢季中即錢玄同。參見章太炎，《民國章太炎先生炳麟自訂年譜》（台北：臺灣商務印書館，1987），頁 24。

97 錢先生與太炎畢生只有一次對談，參錢穆，《師友雜憶》，《八十憶雙親、師友雜憶合刊（合刊）》（台北：東大圖書公司，1983），頁 159-160。關於錢先生對太炎的仰慕，從《師友雜憶》等多種著作可見端倪。

98 該文文辭古奧，對於未受古文訓練的一般讀者來說，十分艱澀。又據魯迅評述，太炎早歲是革命家出身，晚年則「用自己所手造的和別人所幫造的牆，和時代隔絕了」。魯迅所不滿的，主要是太炎晚年接受軍閥如孫傳芳之流的禮遇，做復興國學一類的工作。參魯迅，〈關於太炎先生二三事〉，收入章念馳編，《章太炎生平與學術》（北京：生活・讀書・新知三聯書店，1988），頁 8。

99 參章太炎，〈周易易解題辭〉，收入《太炎文錄續編》，《章太炎全集》，第 1 輯第 5 冊，卷 2下，頁 152-153。

100 章太炎，《民國章太炎先生炳麟自訂年譜》，頁 25。

太炎寫此條時，正被袁世凱囚於北京。而「處困而亨，漸知《易》矣」二語，信手拈來，自然流露，足見《周易》文辭義理，早已融入其思想。1916 年太炎為其著作《菿漢微言》撰〈跋〉，追述 1913、1914 年被囚之時的思想狀態，稱：

> 癸甲之際，厄於龍泉，始玩爻象，重籀《論語》，明作《易》之憂患，在於生生，生道濟生，而生終不可濟。飲食興訟，旋復無窮。故唯文王為知憂患，唯孔子為知文王。[101]

「生道濟生，而生終不可濟」二語，應該參考了《繫辭傳》「生生之謂易」並引申〈未濟〉卦的旨趣，意指作《易》者之憂患，在於為眾生謀生存、生活之道；但以謀生存的方法來謀取生存，創造一法制，必生一弊端，則又不得不再創一法制以挽救；如此法弊相生，輾轉往復，而眾生則最終亦歸於消亡。所謂「生不可濟」即指此。這是《易》六十四卦以〈未濟〉告終的意義。這些片段的言論，其用意都很深刻，展現了傳統讀書人沉浸古典的境界，亦說明太炎時時以《易》義與平生所遇、所思融貫。太炎論著中的論《易》文字，約有九種：

1. 1891、1892 年所撰《膏蘭室札記》[102]四百七十四條筆記中有五條論《易》。又《詁經精舍課藝》有一條。

2. 1909 年有〈八卦釋名〉一篇。[103]

3. 1914 年 5 至 6 月間有〈自述學術次第〉，其中有一段以歷史實證觀點論

---

101 章太炎，《菿漢微言》，頁 70。

102 沈延國《膏蘭室箚記點後記》引國學講習會印本《太炎先生著作目錄初稿・未刊之部》載：「《膏蘭室札記》四卷。謹按：此稿係辛卯、壬辰（原注：光緒十七、十八年，公元一八九一、一八九二年）左右所著，於《荀子》、《管子》、《韓非》、《呂覽》等書，逐條考證。」其時太炎二十四、五歲，肄業於杭州詁經精舍。參沈延國，〈膏蘭室札記點後記〉，《章太炎全集》，第 1 輯第 1 冊，頁 265。雄按：太炎於精舍受業於俞樾。其撰《膏蘭室札記》，實深受俞氏《諸子平議》影響。

103 該文刊於《國粹學報》51 期，時為宣統元年。參章太炎，《民國章太炎先生炳麟自訂年譜》，頁 80。

述《易》卦取義體系。[104]

4. 1910-1913 年修訂《訄書》為《檢論》，收入〈易論〉一篇；立說與〈自述學術次第〉相似，似為修正的說法。

5. 1915 年 5 月《檢論》定稿，中有〈易論〉一篇，後附〈易象義〉一篇。[105]

6. 1916 年成《菿漢微言》，其中有論《易》義。[106]

7. 《太炎文錄初編》收〈八卦釋名〉後附〈說象象〉一篇。[107]

8. 1931 年為沈竹礽《周易易解》撰〈題辭〉。

9. 1935 年《國學講演錄‧經學略說（上）》曾討論卦爻辭作者以及「易」的名義。[108]

上述九種材料，其中第三、四種和第八種特別值得注意。其餘尚有散見於演講及其他文字的。[109]

　　第三、四種以歷史的、唯物的眼光解釋六十四卦的排序。〈易論〉一篇，楊慶中訂立了「論《易經》中的社會進化思想」一節，稱這一篇為「比附的痕跡是很明顯的」，其中「至少表明了兩層意思：一是社會進化思想，即社會歷史的發展表現為一種進化過程；一是國家的確立，是爭訟的產物，而爭訟的產生乃是由于『農稼既興』，即生產發展的結果」。[110]至於〈自述學術次第〉一篇，楊慶中稱「其基本精神與上述（雄按：指〈易論〉）無

---

104 章太炎，〈自述學術次第〉，收入《太炎文錄補編（下）》，《章太炎全集》第 3 輯第 6 冊。其中「匪寇婚媾」，即為〈易論〉所本（頁 497）。

105 章太炎，〈易論〉附〈易象義〉，《檢論》，《章太炎全集》，第 1 輯第 3 冊，卷 2，頁 385-391。

106 章太炎，《菿漢微言》，頁 18-22。

107 章太炎，〈八卦釋名〉附〈說象象〉，《太炎文錄初編》，《章太炎全集》，第 1 輯第 4 冊，卷 1，頁 4-5。

108 由王乘六、諸祖耿記錄，原載《章氏國學講習會講演記錄》，第 3 期（1935 年 11 月），《演講集（下）》，《章太炎全集》，第 2 輯第 2 冊，頁 884-891。

109 如《太炎文錄補編》所收〈自述學術次第〉（1914 年 5-6 月間）論「余少讀惠定宇、張皋文諸家《易》義，雖以為漢說固然，而心不能愜也，亦謂《易》道冥昧，可以存而不論」以下，詳論多個卦的卦義解讀（頁 496-499）。

110 楊慶中，《二十世紀中國易學史》，頁 13。

別，文繁不述」。然而，楊慶中顯然未注意此二文內在觀點截然不同，在近世《易》學史上具有重大啟示。

　　首先討論〈自述學術次第〉和〈易論〉兩篇文章的撰著先後。我在上文之所以提出後者為前者的「修正」，主要是根據四個理由：

其一、〈自述學術次第〉全文約可分為三段，自「上經以乾坤列首」下迄「足知開物成務，其大體在茲矣」為第一段；自「屯稱利建侯」下迄「自主受者吉凶，不及法制」為第二段；自「易以開物成務」下迄「其曰窮理盡性，豈虛言哉」為第三段。[111]〈易論〉全文較為完整，引義較豐富，約分為五段。第一段論九卦之義；第二段論《易》所常言，婚姻刑法為多；第三段論作《易》者之憂患；第四段論《易》不為小人謀；最後一段則論《易》本衰世之意及聖哲之憂患。

其二、〈易論〉首列〈屯〉、〈蒙〉、〈需〉、〈訟〉、〈師〉、〈比〉、〈履〉、〈泰〉、〈否〉、〈同人〉共計十卦，逐一討論，而稱：「此九卦者，生民建國之常率，彰往察來，橫四海而不逾此。過此以往，未之或知也。」（雄按：「九卦」疑當為「十卦」之誤。）太炎認為這十卦所講的草蒙時期以至於生民建國的過程，古今中西四海皆然，所謂「橫四海而不逾此」。過此以往，則文化體系各不相同，各民族之發展各各相異；如何相異，則迥不可知。[112]反觀〈自述學術次第〉，第三段舉〈屯〉、〈蒙〉、〈需〉、〈訟〉、〈師〉、〈比〉、〈小畜〉、〈履〉、〈泰〉、〈否〉、〈隨〉、〈蠱〉、〈觀〉等十三卦，雖略識體系，卻似在上經中隨意選出。而「此九卦者，生民建國之常率」一類概括性的見解，尚未形成。

其三、〈易論〉稱「人文之盛，昏禮亦箸焉」，舉〈屯〉六二、〈賁〉六四、〈睽〉上九均有之爻辭「匪寇婚媾」為說，而稱「開物成務，聖人

111　章太炎，〈自述學術次第〉，頁 497-499。
112　章太炎，〈易論〉，頁 385-386。楊慶中《二十世紀中國易學史》認為「或許由於〈同人〉之後的卦於比附上困難較大，所以章氏說：『過此以往，未之或知也。』」（頁 13）這是誤解了太炎的意思。

之所以制禮，豈虛言哉」，[113]顯見其極推崇聖人的制禮。〈自述學術次第〉亦論及〈屯〉六二「匪寇婚媾」，稱「文明之世，婚禮大定。⋯⋯足知開物成務，其大體在茲矣」，但未言及「聖人制禮」。[114]

其四、〈易論〉第二段稱「《易》所常言，亦惟婚姻刑法為多」，[115]故全段皆論婚姻和刑法二者，意義完整。〈自述學術次第〉的第一段亦論〈噬嗑〉、〈賁〉二卦的刑獄，以及〈屯〉、〈賁〉二卦的婚禮，但未歸納到「《易》所常言，惟婚姻刑法為多」。

〈易論〉與〈自述學術次第〉論《易》雖繁簡有異，著作先後不同，但大致上代表了 1913-1915 年太炎的《易》學見解。其中〈易論〉解〈屯〉卦有兩說：

> 婚姻未定，以劫略為室家，故其爻曰「匪寇婚媾」。[116]

這一段話很簡單地將「匪寇婚媾」解釋為「以劫略為室家」。前文指出余永梁「掠奪婚姻，在社會進化史上的篇幅，很明白的」一說，其中既說「掠奪婚姻」，又提「社會進化」。余的用意顯然和太炎所說有關，但可惜余氏並沒有消化太炎的義理。〈易論〉說：

> 人文之盛，昏禮亦箸焉。斯與屯爻，何以異邪？親迎之禮，效劫略而為之，故等曰「匪寇婚媾」。惟其文實為異。「屯」曰：「屯如邅如，乘馬班如，匪寇婚媾。」言劫略者，當班如不進。「賁」曰：「賁如皤如，白馬翰如，匪寇婚媾。」言親迎則可翰飛而往也。及夫「睽」之上九，以文明之極，而觀至穢之物，亦曰「匪寇婚媾」。開物成務，聖人之所以制禮，豈虛言哉？[117]

這段話的主旨是，婚禮親迎的禮儀，是仿效劫略。它既已經發展為禮儀，

---

113 章太炎，〈易論〉，頁 387。
114 章太炎，〈自述學術次第〉，頁 497。
115 章太炎，〈易論〉，頁 387。
116 同前注，頁 385。
117 同前注，頁 387。

自然就不再是「劫略」了。這四個字在經典之中已成為「語典」──隱括在經典文辭中的文學用法，它就會隨著文脈（context）的變化，而有不同的表現。這就是太炎所謂「其文實為異」。同樣是親迎之禮，馬的「班如」，馬的「翰飛」，甚至「觀至穢之物」，都可以用來展現禮制莊嚴，歸結於聖人「婚媾」的制禮崇德。余永梁將這四個字分拆為「匪寇」、「婚媾」，然後解釋為「掠奪婚姻」，可謂焚琴煮鶴，大煞風景！這一段從「聖人制禮」的歷史角度，解釋「匪寇婚媾」一詞在《易》中反覆出現的背景，卻並不為余永梁所理解，一部分也由於太炎行文佶屈，文義隱晦，不易明瞭之故。

其次，〈易論〉和〈自述學術次第〉都以《周易》上經的卦序，對於古史提出兩類的解釋。第一類是解釋「庶虞始動」、「草昧部族」時期，逐漸進化到「宗盟之後，異姓其族，物細有知，諸夏親昵，戎狄豺狼者，而族物始廣矣」的聖人制禮作樂，推擴治道的過程。[118]第二類是解釋古代封國建侯的歷程，即〈比〉卦《象傳》「先王以建萬國親諸侯」，而「屯之侯，部落酋長，無所統屬者也」，逐漸演進，而至於「周秦漢之侯王，大分圭土」；而下經則以〈咸〉、〈恆〉夫婦之道為始，至於〈姤〉卦「以一陰承五陽」，比附「烏孫匈奴之妻後母」的風俗。[119]

古史辨學者視《易經》為史料，發展出胡樸安的「古史觀」，以古史釋《易》，雖與太炎不盡相同，但肯定是受太炎「以史釋《易》」的啟發。

太炎是嚴復的晚輩，二人相當熟稔。太炎受《天演論》的影響，接受了赫胥黎、達爾文的進化思想。進化論的特色之一，就在於唯物而不唯心，故太炎有〈無神論〉、〈徵信論〉的主張。進化論的特色之二，是以物質自然進展為人類文化文明演進的解釋基礎。這方面，除了〈易論〉和〈自述學術次第〉外，還要討論到上述第八種材料〈周易易解題辭〉以地理的眼光解釋八卦的方位。沈竹礽《周易易解》在 1931 年於杭州刊行。〈題辭〉

---

118 章太炎，〈易論〉，頁 386。
119 章太炎，〈自述學術次第〉，頁 497-498。

由太炎親撰。按太炎早先曾撰〈八卦釋名〉，順從訓詁的解釋，說明八卦卦名的義涵。但其釋「乾」為「天」，「坤」為「地」，「震」為「劈歷振物」為「雷」，「巽」為「納入遺縱」故為「風」，「坎」為「水」為「陷」，「離」為「火」為「隙中光」為「日」，「艮」為「垠」為「岸」為「止」，「兌」為「山間陷泥」為「澤」，[120]都是以字源、聲韻的方法、將八卦導向自然實物的解釋，屬於唯物的解釋。至〈周易易解題辭〉說：

> 顧余嘗取八卦方位觀之，知古之布卦者，以是略識中國疆理而已。中國于大地處東北，而北不暨寒帶，北極乃正直其西北，故以處乾。求地中者當赤道，下于馬來則稍西，乃正直中國西南，故以處坤。北限瀚海，故以處坎。南限日南，故以處離。當坤之衝為山脈所盡，而長白諸山猶屹然焉，故以東北處艮。東南濱海，不得大山以遮之，故多烈風，而颶風自臺灣海峽來，故以東南處巽。澤萬物者莫沛于江河之源，故以西方處兌。動萬物者莫烈于海中火山，故以東方處震。八卦成列，義如此其精也。為先天之圖者，離東坎西，猶有說，及以南處乾，以北處坤，則于方位大舛矣。彼徒以陰陽相配，不知庖犧之作八卦，嘗觀地之宜也。唐人作《疑龍》、《撼龍》諸經，以識形法，其人蓋嘗巡見山川者，然于江河嶺外猶相及，自蜀以西南，自燕薊以東北，則不能至焉。括囊大體，孰有如《易》之至者乎？[121]

太炎認為《說卦傳》所說的八卦方位，都有自然科學的根據。《易》的作者居於中國，以中國為中心，則「乾」居西北是因為中國北方未達北極，古人以「天不足西北」，「地不滿東南」，[122]故視西北為北極；「坤」居西南是遙指赤道；「艮」居東北是喻指長白山脈；「震」居東方是指東方沿海的火山（指海洋中的地殼板塊）；「坎」居北方是指瀚海；「離」居南方是指日南；「巽」居東南指東南沿海的颶風；「兌」居西方是指中國江河皆源出西藏高

---

120 章太炎，〈八卦釋名〉，頁 4-5。
121 章太炎，〈周易易解題辭〉，頁 152-153。
122 王冰編次，《素問·陰陽應象大論篇》，卷 2，頁 7。

原。這樣一講，八卦就突破了〈八卦釋名〉一文的訓詁實義，而代之以自然科學的根據。但其中微妙的地方在於：依此一說，則變成用地理科學知識講《說卦傳》，復以《說卦傳》講《易經》之八卦原義。此一卦位解說可謂石破天驚，但細思之又大謬不然，因為作《易》者無論是否文王，其地理知識竟已涵蓋今天北半球亞洲廣袤的地域，幾乎是絕無可能之事。太炎申論地理科學，又接受以傳釋經的立場。以之與古史辨學者的解《易》比較，可謂差之千里。尤其有趣的有兩點：其一、他竟以此一立足於自然科學事實之上的理論，批判邵雍的先天八卦方位「于方位大舛」；其二、他認為創立八卦之名的撰《易》者庖犧氏的智慧「括囊大體」，其於標識形法，竟達到連唐代人都做不到的限度。我們可以從這一段話中找到很多自然科學的成分，但偏偏又透露了極強烈的反科學成分。

從太炎相關著作中不難看出他在《易》學上的造詣，以其對經典文獻掌握的深廣和在小學訓詁運用的精熟，古史辨學者實難以跂及。他曾多次直言王弼《周易注》超越漢代孟、荀、鄭三家注，[123]也顯示他對於歷代《易》注都曾細心考察。然而，太炎《易》學實兼有極前衛和極保守的元素。他的《易》說雖發表於古史辨運動如火如荼之前，卻並未在當時甚至後來的《易》學史上掀起波瀾。古史辨學者充分汲取了他《易》學前衛的部分——以古史的眼光看待《周易》，但以科學方法闡釋《易傳》的部分

---

123 太炎〈易論〉論之較詳，譏漢儒象數派憑胸臆增竄象說，不及王弼閎廓深遠，灑落象數，處衰世而人事的正變，遠較高明：「京、鄭皆有爻辰，其取象或主榦支天官，與《周易》異倫。荀、虞自謂用《說卦》矣。仲翔所補，逸象尤多，當劉向校古文時未有，其為私意增竄，甚明。獨慈明為稍循紀。（雄按：以下批評焦、京、虞等象數派，論《易》象不能區分八卦三爻小成之象與六十四卦六爻的合成之象。）……大氐漢世博士，喜道五行陰陽祕書，學者從風化之，雖主費氏者勿能堅。……輔嗣先世與景升舊故，或得其傳。其說〈觀〉卦『盥而不薦』，引《論語》禘祭為徵，本之馬氏『龍喻陽氣』，不與《說卦》。物象自丁寬《子夏傳》已明之，推迹 輔嗣，灑落之功，蓋將上復丁、費故言，豈自任匈臆爾乎？觀其《略例》，閎郭深遠，躬處衰世，故觀人事變復益明。」章太炎，〈易論〉，頁 391-392。又〈漢學論下〉：「清人說《周易》多撰李鼎祚《集解》，推衍其例，則鄭、荀、虞之義大備。然其例既為王氏《略例》所破，縱如三家之說，有以愈於王氏乎？無有也。」章太炎，〈漢學論下〉，《太炎文錄續編》，卷 1，頁 3-4。

則被揚棄了。不過〈周易易解題辭〉篇首說：

> 余少嘗徧治諸經，獨不敢言《易》。嘗取乾、坤二卦以明心體，次乃觀治亂
> 之所由興，與憂患者共之而已。[124]

太炎始終以憂患意識為讀《易》的中心理念，將《易》理和個人身世以及民族命運比合而觀，透顯了他對《易》與個人民族生命的崇高敬意。這種敬意，在標榜科學實證的古史辨學者的身上，再也尋找不到一絲遺留。

五 結語

本文借說明二十世紀初疑古思潮中的典範——顧頡剛「古史層累」之說，說明《周易》「經傳分離」說也是「層累」出來的一種學說。它的形成，和歷史上很多典範轉移的案例相似，實源出於某一歷史階段集體心理之需要。具而言之，大凡一時代學人治學，每受到時代風氣與價值觀念的影響，接受了當時某種廣為人知的新觀念、新思想，遂自覺或不自覺地共同匯聚出某種視角及價值取向，最後形成一種他們視為理所當然、不肯也不會加以質疑的觀點，成為研治該領域學問的學者共同依循的基礎及框架。人文學的典範，往往循此以建立。在二十世紀一百年間被視為金科玉律的「經傳分離」說也不例外。

「經傳分離」看似是對「經」、「傳」兩批文獻年代與關係的科學鑑證。但借用胡適「剝皮主義」之法，將國民民族自信心低落、進化史觀的思潮、科學主義的強勢傳播等「剝」去，回歸古典研究本身而言，《周易》的疑古研究和經傳分離說的建構，實是一場野火燎原的災難：經典優美的藝術性被棄如敝屣。面對《周易》經傳熠耀變幻的辭采，他們恍若全無鑑賞能力，好比失去味覺和嗅覺的人，品嚐佳餚卻味同嚼蠟。

在此筆者也擬提出反思。反思之一：《易》原本只有「陰」、「陽」觀

---

124 章太炎，〈周易易解題辭〉，頁 152。

念，將抽象的「陰」、「陽」具象化而成為陰爻、陽爻，再結構化而成為三爻的八個「經卦」，再體系化而成為八卦相重而為六爻的六十四「別卦」。殷商民族以文字繫上各卦，而有了《歸藏》；周民族在《歸藏》基礎上再添加文字繫上各爻，而有了《周易》。如果認真去「分離」，每一個環節都可分之離之：陰、陽與「▬▬」「▬ ▬」沒有必然關係，卦名與卦體亦未必有關（因同一卦畫，《歸藏》、《周易》卦名不同），爻辭本與爻無關，卦辭與卦亦非一體，別卦不是經卦，經卦不與陰、陽同科，那麼說《易傳》和卦爻辭無關，又有何可怪呢？然而，文化自有生命、經典傳注傳統依循文化文明的遞進，有新創必然有承繼。我們一旦承認八經卦源於陰陽爻、六十四別卦源於八經卦、卦爻辭源出於卦爻，那麼要說《易傳》源出於經文，又何須懷疑呢？

反思之二：《荀子・非十二子》：

> 信信，信也；疑疑，亦信也。[125]

「信」和「疑」適為相反，動機卻很難說一定相反。因為信所當信，是「信」；疑所當疑，也有可能是「信」。所以單看行為或態度的表徵，實在很難認定信古者或疑古者究竟是真信或真疑。我們批判性地解讀荀子的話：不帶任何懷疑地信其所信，或至於盲從；不懷好意的疑其所疑，或流於非理性。所以淺層地認定對古史的考辨是出於「信」或「疑」，甚至這種「信」或「疑」是否具有哲理深度，都是有待商榷的。因此，我們不能輕率地因為胡適推崇崔述，就認定崔述是古史辨思潮的淵源，因為仔細區分，崔氏「考信」的動機近乎「疑疑，亦信也」，而古史辨學者則近乎「疑疑，疑也」。古史辨學者一心一意推倒傳統古史體系，勢必先推翻《周易》的神聖性，而認為卦爻辭只是卜筮的紀錄，與後世占卜工具同類；二則提倡「經傳分離」說，而切斷《易傳》與經文的關係；三則論證《易傳》義理源出儒、道、陰陽，只是諸子思想的附庸，而截斷《易》哲學的獨立性。由此而摧毀整個《周易》經傳的體統。於是《周易》僅存的，就只有

---

125 王先謙撰，《荀子集解》，卷3，頁97。

一點點史料的價值了。

反思之三，是殷《歸藏》與龜卜分流、卦爻辭非占卜紀錄等論點，在本書各章已有詳述。

反思之四：關於《易傳》的年代，古史辨學者論證諸《傳》在秦火之後，成於兩漢，年代甚晚。大家如綜考傳世與出土文獻，以及漢人學《易》師承譜系，已證明其說不可靠。[126]筆者認為，《彖》、《象》撰著時代約在戰國中葉約 300 年或稍早。假定《易經》卦爻辭寫定於西周初葉，則下距《易傳》撰著約 700 年；假定《易經》寫定於西周中、晚期，則下距《易傳》撰著約只有 500 年。《易傳》是世界上最早的一批解《易》的專著，值得後人重視。

反思之五：任何經典都有其政治、歷史、義理相糾纏的背景，經典詮釋傳統有其自身的生命歷程，而且經典的研究近乎藝術，不能完全訴諸實證、量化的方法，而需要運用文學心靈感受辭氣內容。

本文旨在說明古史辨學者如顧頡剛、李鏡池、余永梁、容肇祖等所持的「經傳分離」說，歷有淵源，可以追溯到乾嘉時期的崔述，甚至更早的歐陽修。近則受到日本學界疑古思潮的激發，也受到章太炎以歷史實證治《易》的影響。但古史辨學者的終極目標，畢竟與歐陽修、崔述不同，治《易》的心情也與太炎迥異。太炎思想中有濃厚的憂患意識，滲透到對《易》學的討論。這部分並未被古史辨學者所承繼。「經傳分離」說經古史層累說推波助瀾，成為 1923 年後《周易》研究的金科玉律。百年滄桑，倏忽已過，是時候還原經典真貌了。

---

126 詳參拙著，《周易階梯》第四章「《易傳》綜述」關於《易傳》作者和年代的討論，頁 57-84。

叁、《歸藏》平議*

一 問題的提出

　　相傳為殷代《易》的《歸藏》(下文論此書均稱《歸藏》，不稱殷《易》或《歸藏易》)[1]一書，歷代論說者甚多。清儒研究古典者凡於《易》學及上古卜筮之問題有所涉略者，亦幾乎必定提及。1993 年 3 月湖北省江陵縣荊州鎮郢北村（現荊州市郢城鎮郢北村）王家臺十五號秦墓出土一批竹簡，其中有日書、醫簡、占筮簡，最重要的是一有批和歷代相傳之《歸藏》(清儒馬國翰、嚴可均和洪頤煊都有輯佚本。[2]本文暫以討論馬國翰本為主）的內容可以互相印證的竹簡，學界多認為其即殷《歸藏》(以下稱為簡本《歸藏》)。[3]該批竹簡再度引起了學界對《歸藏》的熱烈討論。早在 1984 年，于豪亮遺著〈帛書《周易》〉從「咸」與「欽」等卦名的比較指出「《歸藏》不是偽書」，認

---

* 本文為香港政府 2013-2016 年 Research Grant Council 資助研究計畫 GRF-840813 研究成果之一。首發於耶魯－新加坡國大學院陳振傳基金漢學研究委員會暨復旦大學出土文獻與古文字研究中心合辦「出土文獻與中國古典學國際學術研討會」(2016 年 4 月 7-9 日)，期刊版發表於《文與哲》第 29 期 (2016 年 12 月)，頁 37-72。

1 「易」本於其特殊之字義，為《周易》專名（詳參本書上編〈叁、試從詮釋觀點論易、乾、坤、陰、陽字義〉)，不可用指殷《歸藏》。《周禮》「三《易》」之名，是周以後人因襲《周易》之名而延伸兼指《連山》、《歸藏》。

2 三種均收入嚴靈峰主編，《無求備齋易經集成》，第 185 冊。

3 據王明欽〈王家臺秦墓竹簡概述〉介紹，王家臺《歸藏》編號者 164 支，未編號的殘簡 230 支，共計 394 支，總字數約 4,000 餘字。其中共有 70 組卦畫，當中 16 組相同。除去相同數，不同的卦畫 54 種。卦名有 76 個，其中重複者 23 個，實際卦名 53 個。卦辭也有一部分重複。王明欽，〈王家臺秦墓竹簡概述〉，收入艾蘭、邢文編，《新出簡帛研究》(北京：文物出版社，2004)，頁 26-49。

為與「帛書《周易》有一定的關係」。[4]自王家臺簡出土後，九〇年代出現了不少研究論文。[5]2000 年以後雖漸少，但偶亦有學者發表專論。2011 年賴貴三發表〈《歸藏易》研究之回顧與評議〉一文，[6]除介紹其師高明教授關於《歸藏》的辨偽研究外，並對前人之說一一評騭，兼綜合評議，突出己見，頗有綜攬眾說，擊斷總結之意。而其結論則採保守態度，拒絕承認王家臺出土的簡本是《歸藏》，稱之為《王家臺秦簡易占》，視之為《歸藏》的一種摘鈔本——未必是殷《易》，貌似筮書，多涉神話，只能證明憑空出現於東漢的《歸藏》淵源有自，其他均應俟諸未來。言下之意，傳世《歸藏》與簡本《歸藏》彼此之間不能進一步建立任何關係，學者亦不應有更多推論，更不宜認為此一文獻於古史古《易》有任何發明之助。由於賴教授是臺灣《易》學界的資深專家，此說一出，意義非常。2014 年夏含夷發表了新書 Unearthing The Changes: Recently Discovered Manuscripts of the Yijing (I Ching) and Related Texts。[7]這部書將上博簡《周易》、王家臺簡本《歸藏》和阜陽漢簡《周易》等三種殘簡譯為英文，兼附上作者過去多年堅實的研究成果，以饗英語世界的讀者，是《易》學界的一件大事。作者

4　于豪亮，〈帛書《周易》〉，《文物》，1984 年第 3 期，頁 15。

5　關於王家臺出土秦簡所包括之《歸藏》，說詳王明欽，〈王家臺秦墓竹簡概述〉，頁 26-49。艾蘭、邢文編，《新出簡帛研究》一書也收錄包括邢文、柯鶴立（Constance A. Cook）等多篇論文。《周易研究》，亦收錄多篇論文，包括林忠軍，〈王家臺秦簡《歸藏》出土的易學價值〉，《周易研究》2001 年第 2 期，頁 3-12；及任俊華、梁敢雄，〈《歸藏》、《坤乾》源流考——兼論秦簡《歸藏》兩種摘抄本的由來與命名〉，《周易研究》，2002 第 6 期，頁 14-23 等。近世學者治《易》者，或不信《歸藏》為殷《易》，或以「多聞闕疑」為由而不接受王家臺秦簡可證殷《歸藏》之存在（如程二行、彭公璞，〈《歸藏》非殷人之易考〉，《中國哲學史》，2004 年第 2 期，頁 100-107），主要因為受到二十世紀初科學主義思潮影響，而未考慮中國古代歷史傳說固有其可靠之淵源所致。並參段長山主編，《歸藏易考》（香港：中國哲學文化出版社，2002）。

6　賴貴三，〈《歸藏易》研究之回顧與評議〉，《中國學研究》（The Journal of Chinese Studies），第 58 期（2011 年 12 月），頁 641-676。作者為臺灣師範大學國文系資深教授，著名《易》學家及文獻學家，該文發表時正值短期擔任韓國外國語大學校中國學部客座教授。

7　Edward L. Shaughnessy, Unearthing The Changes: Recently Discovered Manuscripts of the Yijing (I Ching) and Related Texts (New York: Columbia University Press, 2014).

對王家臺簡的研究，顯然較以介紹多篇大陸學者研究成果為主的賴文為堅實，對於古代典籍所引用的《歸藏》的內容和分析詳細得多。而有趣的是，相對於賴貴三堅稱《歸藏》是偽書不足信，夏含夷肯定了簡本《歸藏》的價值，也以正面態度分析了《歸藏》與古史的關係。[8]一中一西兩位《易》學家的不同見解，其實也不是孤立的案例。兩位中國古代典籍與文明研究權威、學界耆宿饒宗頤先生和李學勤先生，研究取向與態度也頗相異，似和賴、夏的態度的相暌，頗為一致。饒先生徵引卜骨和器物，又結合傳世文獻，論證殷代確有契數，兼據《歸藏》卦與馬王堆帛書《周易》，認為「宋人所傳《歸藏》卦名實有根據」。[9]饒先生甚至引《左傳》三條「用八」（「八」為少陰主不變）之例，推論「殷易不若周易之有卦爻辭，易於理解與運用」；[10]李先生則就簡本而論《歸藏》，強調《歸藏》「卜例繇辭文氣不能與《周易》相比，不會很古是肯定的」。[11]

相信和反對《歸藏》的學者意見差異如此之大，和過去一世紀以來的歷史背景有關。自鴉片戰爭（1840）以來至二十世紀初，中國屢戰屢敗，中國人面對國家積弱，反思自身文化傳統，遂產生了深切的厭棄情緒。於是在引進歐美社會學及自然科學諸學科知識的同時，也受日本史學界疑古的風氣的影響，[12]對於自身傳統文化進行激烈的批判。在此背景下，古史辨運動興起，對中國古代歷史、典籍、文明作全面的批判。就其時學者對

8　夏含夷尚有一篇更早的論文〈從出土文字資料看《周易》的編纂〉（收入鄭吉雄編，《周易經傳文獻新詮》，頁 33-49），亦利用簡本《歸藏》檢討了輯本《歸藏》的訛誤並與安徽雙古堆漢簡等材料比對。

9　饒宗頤，〈殷代易卦及有關占卜諸問題〉，《文史》，第 20 輯（北京：中華書局，1983），頁 5。

10　同前注，頁 9-10。

11　李學勤，《周易溯源》，第四章第六節「王家臺簡《歸藏》小記」，頁 296。

12　日本學界疑古思潮始於 1900 年前後那珂通世對崔述及《考信錄》的研究，不久東京大學白鳥庫吉及津田左右吉先後發表對《尚書》的批判以及堯舜禹抹殺論等疑古著作，間接批判日本的天皇制度及其所依託的神話古史觀。至於胡適、傅斯年等提倡崔述及疑古之說則是 1919 年以後的事。

《周易》一書的批判而言，實出於反傳統心理的需要，而產生對《周易》經與傳的種種很不健康的認知與理解，包括認為《周易》「經」、「傳」本質上完全無關，研究者不能引述《易傳》以解經文（即「經傳分離」說）、卦爻辭與後世筮書性質相同等等，[13]而不能冷靜地回歸歷史，摘下有色眼鏡，正視古代文化文明自身的情況。自此以後，「疑古」成為時尚，《古史辨》外，復有《古史續辨》。[14]雖然同時尚有錢穆、柳詒徵等著名學者持不同意見，又如部分屬南高史地學派的學者，像向達、陳訓慈等學者治史的進路就顯與古史辨派不同；然而由於反傳統思潮的無遠弗屆，掌領風騷者，畢竟還是疑古思潮。直至二十世紀七〇年代馬王堆漢墓帛書出土，之後出土簡帛文獻愈來愈多，於是有前沿的學者，如張政烺、于豪亮、李學勤等利用不斷出現的新考古材料，企圖重建古史系統，李學勤先生提倡「走出疑古」。學界一面倒的疑古風氣逐漸獲得改變。於是包括對於《周易》的文本等若干問題，學界也有了不同的看法。[15]

　　回來討論《歸藏》。過去學界有幾種不同的看法，據賴貴三的歸納，對《歸藏》持懷疑態度的學者（或疑《歸藏》為偽書，或疑簡本《歸藏》）的有高明、程二行、彭公璞、任俊華、梁敢雄等，[16]他自己也明確宣示了對包括傳世《歸藏》和簡本《歸藏》的不信任。比較正面看待簡本《歸藏》價值並以之與輯本印證而說《歸藏》不偽的，除了賴貴三論文沒有討論到的夏含夷外，尚有王明欽、廖名春、林忠軍等。[17]

13　說詳本書下編〈貳、二十世紀初《周易》經傳分離說的形成〉。

14　參劉起釪，《古史續辨》（北京：中國社會科學出版社，1991）。

15　例如關於《論語》「五十以學《易》，可以無大過矣」，《魯論》「易」作「亦」，錢穆先生〈論十翼非孔子作〉一文率先指出：「《論語》『加我數年五十以學易可以無大過矣』一條，《魯論》『易』作『亦』，本很明白；《古論》妄錯一字，遂生附會」。參顧頡剛等編，《古史辨》，第3冊，頁90。

16　高明，〈《連山》、《歸藏》考〉，收入《高明文輯》（台北：黎明文化事業公司，1978），頁117-140。程二行、彭公璞，〈《歸藏》非殷人之《易》考〉，頁100-107。任俊華、梁敢雄，〈《歸藏》、《坤乾》源流考——兼論《秦簡歸藏》兩種摘抄本的由來與命名〉，頁14-23。

17　王明欽為簡本《歸藏》整理者，任職荊州博物館，2000年前就已掌握簡本《歸藏》而正面

在科學精神高漲的今天，十九世紀以前那種盲目視《周易》經傳為一體的信古態度[18]已不能成立；然而，過度的疑古，其實也不可取。有些古典研究者自恃有出土文獻支持，動輒批評鄭玄、杜預或某某前賢所說不可靠，我要問問這些激烈的疑古派：如果說我們不應該相信鄭玄，那麼憑什麼我要相信你們呢？我這樣說，並不表示鄭玄或其他先賢所講的一定對，而是說，逝者已矣，古人早已埋骨黃泉之下，不能自辯。如果我們自認對某一問題有發言權，是不是也應該先承認古代大師鉅子也有發言權、並且應該被尊重呢？至於今天不少學者接受的「走出疑古」的命題，在今天中國大陸有不少真偽難辨的簡帛文獻出土的情況下，我暫採取保留態度。作為一位研究中國古典的中國學者，真正的「走出疑古」，我認為最重要的是修正自身對於中國文化的態度，尤其要擺脫二十世紀初以來對於中國文化或過度推崇或過度貶抑的心理。懷疑的態度固然是好的，對學術研究而言至為重要。然而，說到「疑古」，我們可能需要先檢查一下自己要抱什麼態度去「疑」？荀子說：

> 信信，信也；疑疑，亦信也。[19]

信所當信，是一種「信」；疑所當疑，也可以是另一類「信」。但將「信」和「疑」從實質行為中抽離而予以概念化（conceptualize），問題就不好說了。胡適所謂「寧可疑而錯，不可信而錯」，[20]無限擴張下去，會有可怕的

看待夏殷的古史，參王明欽，〈《歸藏》與夏啟的傳說——兼論臺與祭壇的關係及鈞臺的地望〉，《華學》，第 3 輯（北京：紫禁城出版社，1998），頁 212-226。他認為簡本《歸藏》證明了《歸藏》不是偽書」，詳見其所著〈王家臺秦墓竹簡概述〉、〈試論《歸藏》的幾個問題〉，收入古方、徐良富、唐際根編，《一劍集》（北京：中國婦女出版社，1996），頁 101-112。廖名春〈王家臺秦簡《歸藏》管窺〉直指秦簡《歸藏》「應當是《歸藏易》的《鄭母經》」，《周易研究》，2001 年第 2 期，頁 15。林忠軍〈王家臺秦簡《歸藏》出土的易學價值〉強調簡本「印證了傳本《歸藏》不偽，《歸藏》早於《周易》，文王演易不是重卦、《周易》原為卜筮之書等論斷」（頁 3）。邢文文章則見〈秦簡《歸藏》與《周易》用商〉，《文物》，2000 年第 2 期，頁 58-63。

18 包括視《十翼》為孔子所撰，視經傳為一體等。

19 《荀子·非十二子》。王先謙撰，《荀子集解》，卷 3，頁 97。

20 胡適，〈研究國故的方法〉，歐陽哲生編，《胡適文集》（北京：北京大學出版社，1998），第

結果。疑其當疑，充其至極，就變成非要有物質性的證據置於眼前才能相信。然而，即使有實物證據置於眼前，真的就解決了問題嗎？譬如說發現了一個古器物上有一古文字，而從字源學推知其意義，就能確認此字在經典中實質應用的意義嗎？考古學的常識是：即使是物質性的文物證據，本身也不能說話，亦有待於研究者予以解釋，意義才能有定向。[21]就以《歸藏》為例，簡本《歸藏》印證了清儒輯佚本《歸藏》，將簡本和輯佚本置於一起，也證明了東漢以來不同學者引述的《歸藏》並非嚮壁虛造。這看起來可以說基本符合了王國維「二重證據法」的準則，其理路並不複雜，何以至於有那麼多不同的觀點呢？我的考察，關鍵還是在於不同學者秉持不同的態度。我所說的「態度」，並不包括像賴貴三對其尊師研究的推崇與景仰之心──這無疑是讓人肅然起敬的精神。我真正指的是研究者對待古代文獻及古代文明的態度。

在討論文獻之前，研究者可能要先想想，在歷史洪流無情的沖刷下，即使有幸流傳至今的傳世文獻，亦歷經傳抄、漫漶、錯簡、佚失等種種災難，出土文獻有幸出土，也可能僅是當初埋進土裡的一小部分。相對於傳世文獻而言，更是殘缺的片段。此所以研究者需要接受文字、聲韻、訓詁、校勘等種種訓練，以求解讀古書古文獻，並想見古代文化文明思想的情狀。這是研究古代文明的學者無可迴避的一份責任、一個歷程。進一步講，對於與該文獻同屬一個文化系統的研究者而言，文獻的解讀，涉及其自身文化體認與身分的認同，和不屬於此一文化系統的其他國籍的研究者畢竟是不能相提並論的。猶太人之於希伯來經典、印度人之於梵文經典，

---

12 冊，頁 92。

21　晁福林〈應用古文字資料研究禮制──以《西周金文禮制研究》為例〉一文，肯定黃益飛《西周金文禮制研究》（北京：中國社會科學出版社，2019）的進路，指出「研究西周時期的禮樂制度，應以西周金文史料為主，輔以傳世文獻和考古資料」（https://mp.weixin.qq.com/s/WPMkNjEv77pcQ_5ZHUp4uw）。但據晁先生引述該書卷首馮時所撰〈序〉中說：「制度的通曉必須依靠對經學文獻的系統學習，而文字的正讀又需要小學知識的不斷積累。」似與晁說不同。

畢竟與其他民族的研究者不盡相同，存在特殊的感情是最自然不過的。中國人之於中國經典亦如此。有些學者（東西方都有）過度宣揚世界主義，挾「國際化」以為名，認為任何文化系統之人文學研究均應揚棄主觀情感，放棄本位，這其實是違背人心之自然，矯揉作態的成分恐怕還多些。究竟我們研究古書與古代文明，要先懷抱什麼樣的心情？要追求什麼目標？龍宇純師討論荀子著作時有一段很精闢的話：

> 荀子書中果真有偽作，誰也不應因為懷思古之幽情而曲予迴護。但古代載籍能傳流下來的極少，對古代的認識原至貧乏，凡見之於今者，雖片言隻字，皆彌足珍寶。因此對於讀古書而言，「無徵不信」的態度顯然值得商榷，正確的態度恐應該是「無證不疑」。用懷疑的眼光讀古書，興之所至，大禹可以為爬蟲，屈原可以化烏有，所謂學術貴乎求真的精神，便將成為民族歷史的洪水猛獸。[22]

龍師治學的嚴謹，海內外同行素所深知。但這段話對於「無徵不信」態度的批判，對於「無證不疑」的提倡，可謂發人深省。同樣研究古代歷史文獻，不同的學者關懷的焦點與範圍原本就不同。當然，龍師所說的意思，並不是說出於對民族歷史的熱愛，就可以盡棄懷疑的精神。這裡要分別而觀，認清古代歷史文獻無法完整的事實，從而對於古代歷史文化產生同情，從有限的材料玄思冥索，設想古代歷史文化的整體圖象，毫無疑問是一種最可取的態度——除非研究者僅僅將「研究」視為一個職業而非事業。然而這種態度和嚴格運用證據進行推論，彼此不但不相違背，甚至是目標一致。也唯有明辨證據、珍視有限的材料，才能讓彌足珍貴的材料發揮最大的功用，讓古代文明獲得發明，讓研究成果受到研究者尊重和信任。

《易》學是我的專業，對於《歸藏》，我的關注可能較一般的研究者要更多些。不研究《周易》的學者，輕易從《古史辨》第三冊中引一兩句話直指《周易》是毫無價值的迷信卜筮紀錄，就講完了。治《易》的學者聽

---

22 龍宇純，〈荀子真偽問題〉，收入《荀子論集》（台北：台灣學生書局，1987），頁29。

到，除了興嘆，也改變不了什麼。《歸藏》的情況其實也是如此。「《歸藏》是什麼？」這個問題，對於對《歸藏》無特殊興趣的人而言，看似無關宏旨，但事實上《歸藏》還涉及中國歷史文化遠源，是一個至為嚴肅的問題。此一重大問題，關乎下一代中國學人應該如何理解及定位出土文獻之意義，任何治《易》之人，均應該認真考慮。

本文擬檢討《歸藏》的相關問題，而分析進路有二：

1. 從方法與方法論考察《歸藏》的真偽
2. 從歷史文化考察《歸藏》與《周易》的斷裂與連續

二　《歸藏》的真偽問題

輯本《歸藏》是清儒從中古時期各種文獻蒐輯出來，企圖「還原」的作品，它經過許多工夫才還原為可能和原本相近（實則無法知曉）的狀態，而且馬國翰、嚴可均和洪頤煊還對於內容的歸類有不同的見解。對於前人愛惜古代文獻的精神與努力，我給予崇高的禮讚。但畢竟這些輯佚成果，只能作為約兩百年後才出土的簡本《歸藏》的一個考察座標──當然前提是簡本《歸藏》出土的狀況十分理想，而不會像阜陽雙古堆漢簡那樣破碎，才能符合鮑則嶽（William G. Boltz）所提出的那樣，在理解文獻的意義、作用、地位、文化背景之前，先將文物實體結構形式先了解得一清二楚的理想境界。[23]但這樣理想的狀況不但沒有出現在簡本《歸藏》，相反地，根據王明欽的〈概述〉，不幸墓室內棺內積水，淤泥較多，竹簡散亂，保存情況差。出土後被博物館保存起來，並無正式出版，我們只能透過〈概述〉一文了解其內容。連最重要的卦序亦無法得知，因為整理者表示「釋文大致按馬國翰《玉函山房輯佚書》之六十四卦的順序排列」。更讓學者困擾

23　See William G. Boltz, "The Composite Nature of Early Chinese Texts," in Chapter 2 of Martin Kern ed., *Text and Ritual in Early China* (Seattle: University of Washington Press, 2005), p. 50.

的是〈概述〉一文發表時用的是簡體字，讀者亦不知道原始字形如何，使得如夏含夷在將《歸藏》英譯時，[24]凡引述簡本，中文字都作簡體，與其他引述來源作繁體中文字不同。這就造成了研究者很大的困惑。

《歸藏》的傳述，最早是在《周禮・春官・大卜》：

> 掌三《易》之灋，一曰《連山》，二曰《歸藏》，三曰《周易》。其經卦皆八，其別皆六十有四。[25]

《周禮・春官・筮人》：

> 掌三《易》以辨九筮之名，一曰《連山》，二曰《歸藏》，三曰《周易》。[26]

鄭玄《注》：

> 易者，揲蓍變易之數可占者也。名曰「連山」，似山出內氣變也；「歸藏」者，萬物莫不歸而藏於其中。[27]

孔穎達〈周易正義序〉第三論「三代易名」：

> 杜子春云：「《連山》伏犧，《歸藏》黃帝。」鄭玄《易贊》及《易論》云：「夏曰《連山》，殷曰《歸藏》，周曰《周易》。」鄭玄又釋云：「《連山》者，象山之出雲，連連不絕；《歸藏》者，萬物莫不歸藏於其中；《周易》者，言易道周普，无所不備。」鄭玄雖有此釋，更无所據之文。先儒因此，遂為文質之義，皆煩而无用，今所不取。[28]

---

24 Edward L. Shaughnessy, *Unearthing The Changes: Recently Discovered Manuscripts of the Yijing and Related Texts*, Chapter IV.

25 《周禮注疏》，卷24，頁11b-12b。

26 同前注，頁23a。

27 同前注，頁11b-12a。

28 《周易注疏》，易序，頁8b-9a。學者或引杜子春「《連山》宓犧，《歸藏》黃帝」（《周禮》鄭玄《注》引，《周禮注疏》，卷24，頁12a），謂《歸藏》未必為殷《易》。雄按：夏、殷、周三代之說始於周人滅殷之後，見《尚書》西周書篇章。依《周禮》，《連山》、《歸藏》與《周易》並立，為三代文獻可知。杜子春的話語截頭去尾，未可為據。又孫詒讓《周禮正義》：「賈（公彥）引鄭（玄）《易贊》，謂夏曰《連山》，殷曰《歸藏》，與《周易》為三代之《易》，與杜（子春）義異，後人多從其說。《國語・魯語》韋（昭）《注》說《三易》，亦云一夏《連山》，二殷《歸藏》，三《周易》。」〔清〕孫詒讓撰，王文錦、陳玉霞點校，《周禮正義》（北京：中華書局「十三經清人注疏」本，2013），卷47，頁1930。

上述材料常為研究者所引用，人所共知。《連山》、《歸藏》既然各自有書名，《周禮》雖然將三部書合稱為「三《易》」，顯然只是借《周易》之名涵蓋前兩書，不能表示作者視《連山》、《歸藏》與《周易》三者可以合稱為「易」。杜子春說「《連山》伏犧，《歸藏》黃帝」，僅有八字，更無申論，其說無從稽考。漢代桓譚《新論・正經》稱「《連山》八萬言，《歸藏》四千三百言」，[29]其說亦不知何據，亦無從稽考桓譚是否親睹二書。即使親睹，亦無從知道是否為偽書。《禮記・禮運》則說：

> 孔子曰：「我欲觀夏道，是故之杞，而不足徵也；吾得《夏時》焉。我欲觀殷道，是故之宋，而不足徵也；吾得《坤乾》焉。《坤乾》之義，《夏時》之等，吾以是觀之。」[30]

《禮記》的價值，疑古派學者常認為其屬戰國末年至漢初的儒說，但其實《禮記》所存古代文明歷史文化制度相當多。學者相信《周禮》「大卜掌三《易》之灋」，卻不相信《禮記》，是很奇怪的事。《坤乾》之名，如無證據證明其虛構，研究者就應認真看待。鄭玄注「《坤乾》」說：

> 得殷陰陽之書也，其書存者有《歸藏》。[31]

《歸藏》一名《坤乾》，主要是因為它立坤為首。[32]羅泌《路史・發揮・論

---

29 〔漢〕桓譚撰，朱謙之校輯，《新輯本桓譚新論》（北京：中華書局「新編諸子集成續編」本，2009），卷9，頁38。夏含夷〈從出土文字資料看《周易》的編纂〉推論「汲冢《易繇陰陽卦》和王家臺出土的筮書儘管是同一篇文獻，可是也許不是桓譚所見的《歸藏》」，他懷疑的原因是據復原完整的〈師〉卦卦辭只有37字，「如果每一卦辭都差不多這樣長，那麼六十四卦只有二千三百六十八字（64x37=2,368），只有桓譚所說四千三百字的一半多一點。」（頁39注14）雄按：此一推論未為精確，參照《周易》諸卦卦辭，文字短的如〈鼎〉、〈兌〉等卦只有四字，最長的〈坤〉卦至三十字，其餘多在十個字左右。然則上古文獻並無定式，難以推算。唯桓譚稱《連山》八萬言，似無可能。王應麟《困學紀聞》卷一亦稱「夏《易》詳而商《易》簡，未詳所據」（卷1，頁39），質疑桓譚《新論》之說，亦確然有理。

30 《禮記正義》，卷21，頁8a。

31 同前注。

32 關於《歸藏》立坤為首，除了據《坤乾》一書之名外，歷代相傳亦如此。《周禮・春官・大卜》賈公彥《疏》：「此《歸藏易》以純坤為首。坤為地，故萬物莫不歸而藏於其中。」（《周禮注疏》，卷24，頁12a）又：「殷以十二月為正，地統，故以坤為首。」（同前，頁12b）

三易》：

> 初奭、初乾、初離、初犖、初兌、初艮、初釐、初爽，此《歸藏》之易
> 也。[33]

《路史·後紀五》「重坤以為首，所謂《歸藏易》也」，羅苹注：

> 《歸藏》初經，卦皆六位，初坤、初乾、初離、初坎、初兌、初艮、初
> 震、初巽也。其卦又有明夷、營惑、耆老、大明之類。[34]

王充《論衡·謝短》曾對《連山》、《歸藏》提出質疑：

> 問之曰：「《易》有三家。一曰《連山》，二曰《歸藏》，三曰《周易》。伏
> 羲所作，文王所造，《連山》乎？《歸藏》、《周易》也？秦燔五經，《易》
> 何以得脫？[35]

《論衡·正說》則說：

> 古者烈山氏之王得《河圖》，夏后因之曰《連山》；烈山氏之王得《河圖》，
> 殷人因之曰《歸藏》；伏羲氏之王得《河圖》，周人曰《周易》。[36]

王充所論僅止於質疑及論說，並未說明他是否曾目睹《歸藏》一書。《漢
書·藝文志》不見著錄《歸藏》，其實未必代表漢時《歸藏》已佚，[37]因為
張華於晉武帝在位（265-290）時撰成的《博物志》，卷九〈雜說上〉雜引古
書記事，其中錄及：

> 明夷曰昔夏后葝乘飛龍而登于天而牧占四華陶陶曰吉
>
> 昔夏啟葝徙九鼎啟果徙之
>
> 昔舜葝登天為神牧占有黃龍神曰不吉武王伐殷而牧占耆老耆老曰吉

《禮記·禮運》孔穎達《正義》引熊氏，「殷易以坤為首，故先坤後乾。」（《禮記注疏》，卷
21，頁9a）

33　〔宋〕羅泌，《路史》，《文淵閣四庫全書》（台北：臺灣商務印書館，1983），第383冊，卷
32，頁27b。雄按：「犖」即「坎」，「釐」即「震」，「爽」即「巽」。

34　同前注，卷14，頁10a。

35　黃暉撰，《論衡校釋》（北京：中華書局「新編諸子集成」本，1996），卷12，頁558-559。

36　同前注，卷28，頁1133。

37　賴貴三〈《歸藏易》研究之回顧與評議〉直指「據悉西漢時，《歸藏》已佚，故不見錄於《漢
書·藝文志》」（頁664），失之武斷。

桀葖伐唐而牧占熒惑曰不吉

昔鮌葖注洪水而牧占大明曰不吉有初無後[38]

以上的文字，不但形式和簡本《歸藏》相當一致，甚至內容也有重疊，譬如簡本《歸藏》第 44 簡正是「明夷曰共者夏后啟卜乘飛龍以登于天而支占□□」，與首條相同。張華知道《歸藏》這部書，《博物志》卻沒有注明這些內容是出於《歸藏》。「四華陶陶曰吉」六字其實是對「皐」字和重文符號的誤讀，原簡應作「曰皐陶，陶曰吉」。[39]這是代表張華根本對《歸藏》內容一無所知嗎？郭璞《山海經注》引《歸藏》則明注其書名，如注〈海外西經〉時直接引述：

《歸藏‧鄭母經》曰：夏后啟筮御飛龍登于天吉。[40]

我們無法確知郭璞所引述的是殷商時代的《歸藏》抑或戰國時代的《歸藏》，抑或和王家臺簡本《歸藏》是否同一個祖本，甚至是直接引述或間接引述亦無法確定。對於張華的引述所知當然更少。然而，這恰好說明了《歸藏》至少部分內容其實一直存在。雖然它沒有被《漢書‧藝文志》所著錄，卻不表示其已佚。張華的誤讀，郭璞的沒有誤讀而且徵引確實，二者竟然不約而同和今天獲得的簡本《歸藏》一致。這更說明了漢晉時期《歸藏》尚存的事實。職此之故，我就要反過來懷疑《隋書‧經籍志‧易類總論》所說的「《歸藏》漢初已亡」這句話！[41]也要懷疑輕易相信這句話的學者！如果用疑古派同樣的態度檢驗，究竟什麼理由讓我們相信《隋書》作

38　〔晉〕張華著，范寧校證，《博物志校證》（北京：中華書局，1980），卷 9，頁 105。《博物志》「桀葖伐唐而牧占熒惑曰不吉」之「葖」、「牧」二字，《太平御覽》引作「筮」、「枚」。李昉等撰，《太平御覽》，卷 912，頁 2a。

39　夏含夷〈從出土文字資料看《周易》的編纂〉認為原簡應作「皐陶皐陶」（頁 36），季旭昇曾與筆者討論，認為「四」字是「曰」字漫漶而致誤，後三字則為「皐陶」之重文。季說似更可從。

40　〔晉〕郭璞注，《山海經》（台北：臺灣商務印書館「四部叢刊」本，1983），卷下，頁 40a。《太平御覽》所錄文字相近而較詳細：「歸藏明夷曰昔夏后啟上乘龍飛以登于天睪皐陶占之曰吉」（卷 929，頁 1a）。

41　〔唐〕魏徵等著，《隋書》（北京：中華書局，1973），卷 32，頁 913。

者魏徵認定「《歸藏》漢初已亡」是可靠的呢？魏徵這樣說，又有什麼根據呢？但有趣的是，宣稱「《歸藏》漢初已亡」的《隋書‧經籍志》又著錄了「《歸藏》十三卷，晉太尉參軍薛貞注」，[42]而在「《歸藏》漢初已亡」下又云：

> 案：晉《中經》有之，唯載卜筮，不似聖人之旨。以本卦尚存，故取貫於《周易》之首，以備殷《易》之缺。[43]

我們無法得知張華、郭璞所引錄的《歸藏》是否即晉《中經》「唯載卜筮」的材料。不過適值張華和郭璞活動的年代，亦即西晉初約西元 280 年前後，有一位盜墓者不準在汲郡（今河南省衛輝市附近）的一座戰國魏國襄王或安釐王的墳墓中盜取了一批文物，其中包括了卜筮簡和著名的《竹書紀年》、《穆天子傳》等。《晉書‧束皙傳》記：

> 《易繇陰陽卦》二篇，與《周易》略同；繇辭則異。《卦下易經》一篇，似《說卦》而異。《公孫段》二篇，公孫段與邵陟論《易》。[44]

《易繇陰陽卦》是否就是《歸藏》？學者討論不少，至少目前並沒有足夠證據支持。[45]但討論《歸藏》似乎並不需要去深究這個問題。至於郭璞《山海經注》，夏含夷推論郭璞常常引用汲冢竹書，「所以恐怕他所引用的《歸藏》也是以汲冢竹書本為底本」。[46]此一推論我比較保留，因為除了《隋書》一句未必可靠的話外，並沒有證據證明晉時《歸藏》已經佚失，讓郭璞只有汲冢書一種可作依據。如我上文所指出，從種種記文看來，除了郭璞，當時的學者不是人人都熟知《歸藏》的真貌，即使見到其中的內容，也未

---

42 同前注，頁 909。

43 同前注，頁 913。

44 房玄齡等撰，《晉書‧束皙傳》，卷 51，頁 1432-1433。

45 賴貴三〈《歸藏易》研究之回顧與評議〉認為《易繇陰陽卦》僅二篇，而《隋書‧經籍志》則著錄十三卷，故二者不可能是同一種文獻（頁 665-666）。夏含夷〈從出土文字資料看《周易》的編纂〉則引用《藝文類聚》卷 40 所引東晉時期王隱所著《束皙傳》的一句話說「古書有易卦似連山歸藏」（頁 35），暗示汲冢出土與《連山》、《歸藏》相似。不過相似終究是相似而已。

46 夏含夷，〈從出土文字資料看《周易》的編纂〉，頁 37。

必真的認得。從《博物志》將這幾條置於「雜說」看來，張華就不知道（或至少不確定）這些就是《歸藏》的佚文。我們可以想見，對中古學者而言，疑似《周易》卻在形式和內容上相異的文獻，都存在了值得懷疑為《歸藏》的可能。這才是我們對這段歷史應有的理解。

唐代陸德明《經典釋文》曾記錄《歸藏》，[47]李善《文選注》也數次引《歸藏》。雖然漢代以後《歸藏》若隱若現地存續在文獻及學者傳述之中，但其實並不影響我們確認它的存在。《歸藏》之名見於《周禮》，《禮記·禮運》引孔子稱之為《坤乾》，鄭玄直指之為「殷陰陽之書，存者有《歸藏》」，桓譚、杜子春、王充、劉勰的描述，《山海經》的引用、《博物志》的記文，在在說明了這部書在歷史洪流裡載浮載沉的事實。我實在看不出有任何理由容許我們眼睜睜看著它被淹沒且宣判死刑。

從方法論上講，研究者或認為《歸藏》久佚，即使有王家臺秦簡以為證，後者亦僅為戰國簡策，不足以證實簡本《歸藏》即殷商之《歸藏》。研究者不難注意到，馬國翰輯本《歸藏·鄭母經》記「武王伐紂，枚占耆老，耆老曰吉」、〈本蓍篇〉記「穆王獵于弌之墅」三條，所記都是西周甚至晚至東周追記的史事。相同的內容也出現在簡本《歸藏》，顯示它們都不可能是殷商時期的《歸藏》，也不可能是七、八百年前殷商的《歸藏》的複製，而是後人（不論這裡的後人是殷人之後的宋國人，抑或其他人）依附在《歸藏》之上，襲取其形式所撰寫的內容。李學勤《周易溯源》將《歸藏》的討論置於第四章「戰國秦漢竹簡與《易》」一節，第六節「王家臺簡《歸藏》小記」末段下結論說：「但其卜例繇辭文氣不能與《周易》相比，不會很古是肯定的」。[48]其實單從內容就已知道它不是著成於殷商的作品，「繇辭文氣」反而未必可據。

但從另方面講，王家臺秦簡的作者（或抄寫人）不可能逆知中古學者會

---

47 陸德明《經典釋文·莊子音義上·大宗師》「禺強」：「《歸藏》曰：『昔穆王子筮卦於禺強。』」（卷26，頁21a）

48 李學勤，《周易溯源》，頁296。

如此傳述《歸藏》，更不可能逆見清儒輯本。而中古時期讀過甚至於引用過《歸藏》的鄭玄、杜預、張華、郭璞等，做夢都夢不到竟會有簡本《歸藏》在西元 1993 年王家臺出土，內容與他們所見過引過的泰半相同，這證明了中古時期學者並沒有作偽，其所傳述的《歸藏》遠有來歷。這種來歷，消極點看，也有比較的價值，可供學者重新考慮戰國至宋代（如李過《西谿易說》）《歸藏》流傳的實況；積極點看，則值得重新思考《歸藏》與《周易》的關係。不要忘記，清儒嚴可均、洪頤煊、馬國翰等所輯之《歸藏》，多從中古文獻中蒐輯所得，並非憑空虛構。清儒也沒有見過王家臺秦簡《歸藏》，而二者竟不約而同而若合符節。透過對照，王家臺簡甚至補充了前者錯亂的內容，這豈不恰好印證了王國維「二重證據法」所宣示地下文物與紙上遺文互相釋證之例？研究者既認定中古學者作偽或傳述偽書，同時又認定王家臺簡本和真正的《歸藏》無關，將何以解釋地下文物與紙上遺文異中有同、冥相符合的事實呢？從這兩方面分析，無論是認定簡本《歸藏》即是殷商之《歸藏》，或者一口咬定輯本及簡本《歸藏》均為偽書，都是不可取的態度，違背了學術研究應有的客觀原則。

中國古代文獻歷經傳述，由後人追記但卻根據更早更原始的材料寫定的例子很多，其中《尚書》就有大量這樣的篇章。〈夏書〉和〈商書〉不少篇章，已經過學者從稱謂、用詞、名物等各方面考論其為晚出追記的材料，並非夏朝和殷朝的信史。近幾十年來歐美學者特別著眼考察中國上古口述歷史傳統（oral tradition），不能說沒有道理。[49]然而，說口述的傳統、追記的歷史就代表全是假造，毫不可靠，恐怕也太輕率了。古史渺邈，文獻殘斷，在有限的條件下，研究者似應順著文獻的理路平情分析，不宜先戴有色眼鏡。賴貴三兄則認為：

> 此書（雄按：《歸藏》）之性質不似單純的筮書，其中不僅語涉夏啟、殷王、穆天子等歷史人物，甚至連后羿、姮娥這類神話人物，也以占筮主角的身

---

49 可　參 Martin Kern & Dirk Meyer ed., *Origins of Chinese Political Philosophy: Studies in the Composition and Thought of the Shangshu* (*Classic of Documents*) (Leiden: Brill, 2017).

分出現其中。更有甚者，上帝竟亦以占筮「人物」出現於《歸藏》；因此，六朝時梁人劉勰《文心雕龍・諸子》篇裡，謂：「按《歸藏》之經，大明迂怪，乃稱羿斃十日，常娥奔月。」而唐儒孔穎達直指《歸藏》乃「偽妄之書」，實不無原因。[50]

從這段話看來，貴三兄似乎早已在心目中預設了具有某種結構和內容的《歸藏》。我不禁要問：是根據什麼而有這種預設呢？《歸藏》何以見得不應該記述神話事蹟，作者筆下上帝與傳說人物何以見得不能以占筮主角出現？如果我們要對戰國竹簡所記錄與中古時期流傳於各書而為清儒所輯之《歸藏》高度一致的簡本《歸藏》內容，持如此大的懷疑態度，那麼我們又有什麼理由毫無保留地接受《周禮》將《歸藏》視為「大卜之法」的講法呢？

簡本《歸藏》固然不是殷商的《歸藏》，卻不代表它與殷《歸藏》絕無關係。簡本與輯本《歸藏》內容多相同，有兩個主要特徵值得說明：其一、《禮記》記《歸藏》別有《坤乾》之名，漢代以降學者亦未嘗有異說，這是輯本《歸藏》列〈坤〉為首的原因。簡本《歸藏》「坤」字體作「順」（說詳下）。這與王引之《經義述聞》論證《象傳》「天行健」即「天行乾」，「地勢坤」即「地勢順」，恰相符合，與《坤乾》書名，立意亦相同（說詳下）。其二、《歸藏》內容多記后羿、嫦娥、黃帝、炎帝等神話傳說人物（例如簡本第 19 簡記「豐曰昔者上帝卜處□□……」），無怪乎《文心雕龍・諸子》說：

《歸藏》之經，大明迂怪，乃稱羿斃十日，嫦娥奔月。[51]

與甲骨文所記殷商卜辭內容與形式截然不同。我們看《周易》諸卦卦爻辭有不少系統性的形式（如〈臨〉、〈剝〉、〈兌〉、〈漸〉等），亦與甲骨卜辭不同。由此顯示，《歸藏》與《周易》兩部被先秦以降學者視為代表王朝的典冊，和占卜的傳統，是明顯分流的。研究者理應正視此一現象，重新檢討《歸藏》是否單純為卜筮之書。充滿浪漫意象鋪寫的《歸藏》，在《周易》以

---

50 賴貴三，〈《歸藏易》研究之回顧與評議〉，頁 669。
51 范文瀾注，《文心雕龍注》，卷 4，頁 17b。

前「三《易》」傳統的發展過程中，究竟何時脫離了卜骨史料「記實」的層次？這是值得研究者追問的問題。

三 《歸藏》與《周易》的連續與斷裂

歷史的連續性（historical continuity）是東西方史學界廣泛認同的——儘管對這個概念有不同的闡釋。我在此提出此一概念，旨在說明由殷到周、由《歸藏》到《周易》，有很多文化文明（政治、文獻等都被包括在內）上的內容其實是有斷裂，也有連續。前賢常以《歸藏》屬殷商，《周易》屬西周，時代距離我們遠了，我們聽了，一般很容易聯想到這是兩個朝代兩部內容不同的經典，忽略了它們之間的連續性。事實上，《易傳》作者早已在釋《周易》時指出它記錄殷周之際或者根本源起自殷周之際的本質。〈明夷〉卦《彖傳》說：

> 明入地中，明夷。內文明而外柔順，以蒙大難，文王以之。「利艱貞」，晦其明也。內難而能正其志，箕子以之。[52]

看來在《易傳》作者所接受的殷周遞嬗歷史上，殷朝的箕子和文王一樣是偉大的人物。這與《尚書·洪範》的記文頗一致。又《繫辭下傳》：

> 《易》之興也，其於中古乎！作《易》者其有憂患乎！是故履，德之基也……
>
> 《易》之興也，其當殷之末世、周之盛德邪！當文王與紂之事邪！是故其辭危……[53]

這兩句話，在許多現代標點本中都作問號，[54]事實上從後文「是故……」的文義考察，應該是肯定的語氣，宜用驚歎號。「中古」就是作者所謂「殷

---

52 《周易注疏》，卷4，頁13b-14a。
53 同前注，卷8，頁17a、22b。
54 高亨就認為這是「未敢肯定」的語氣，詳《周易大傳今注》，卷5，頁582。

之末世、周之盛德」,「當文王與紂之事」,亦即《史記》所記文王為紂王所囚禁的時期,也和〈明夷〉卦《彖傳》所提箕子、文王之事,頗相一致。據史文,文王遭紂所囚時,對周民族而言確是憂患之時。

我無意去加入一些線性歷史（linear history）的觀點,去暗示殷周的改朝換代隱含某種必然的因果規律──儘管〈坤〉卦《文言傳》闡發「子弒其父,臣弒其君,其所由來者漸矣」的確宣示了某種治亂興衰有跡可尋的規律性。過去王國維發表〈殷周制度論〉,成功地說明了周滅殷所代表的不只是政權的轉移,而是倫理、政治、家族、制度的全面重整。王國維的研究固然說明了由殷到周之變異所造成的斷裂,然而斷裂之中,其實也有連續。譬如,《尚書》收錄了唐虞以降、西周以上的文獻,而非只有〈西周書〉而已。此已可見,超越自身民族、跨越朝代興衰的歷史意識,對於周人治天下有多麼重要。由於輯本及簡本《歸藏》都有六十四卦,和《周易》相同,卦名又與《周易》泰半相同（說詳下）,我們有理由假定周人從殷人手上獲得了《歸藏》,並以之為撰著《周易》的基礎,或至少是參考。這看來毫不奇怪。隨著從殷到周,朝代的遞嬗,典籍文獻也轉移了,尤其是史官的傳統。關於殷周時史官的情況,我們的了解有限,到今天還是只能憑藉有限的傳世文獻和出土文物的紀錄,但仍難以找到鐵證。王國維〈釋史〉稱上古官名多從「史」出,「史」持筆掌書筴、其職專以藏書讀書作書為事,又稱「作冊」,「尹氏」、「卿士」、「御史」、「御事」諸名均與之有關。[55]《史記・老子韓非列傳》稱老子為「周守藏室之史也」,[56]與周初的「史佚」,可能為同一類身分的掌管典籍的智者。這一類史官,掌管典冊,故或稱「作冊逸」,因為姓名佚失,故稱「逸」,也就是無名之人。道家「道恆無名」未知是否與此有關,但至少從不同的古史材料看,上古史官之無名者,好像真的特別熟知歷史的興亡,而為統治者所重視。楊伯峻

---

55 王氏認為「其長謂之『尹氏』,『尹』字从 又持丨,象筆形。」參王國維,〈釋史〉,《觀堂集林》,卷6,頁5a-b。

56 司馬遷,《史記》,卷63,頁2139。

《春秋左傳注》僖十五年注：

> 史佚即《尚書·洛誥》之「作冊逸」，逸、佚古通。〈晉語〉「文王訪於莘、
> 尹」，《注》謂尹即尹佚。《逸周書·世俘解》「武王降自東，乃俾史佚繇
> 書」。《淮南子·道應訓》云：「成王問政於尹佚。」則尹佚歷周文、武、
> 成三代。《左傳》引史佚之言者五次，成公四年《傳》又引《史佚之志》，
> 則史佚之言恐當時人均據《史佚之志》也。《漢書·藝文志》有《尹佚》，
> 《注》云：「周臣，在成、康時也。」此史佚為人名。[57]

《逸周書》、《左傳》、《漢書》所稱在成王、康王之時的「史佚」，就是屬
於龔自珍所稱殷商亡抱典籍以歸於周的史官。[58]從歷史連續性這個角度審
視，比對簡本《歸藏》、輯本《歸藏》和《周易》的卦名，不難發現其中
有意思的地方。簡本《歸藏》卦名與輯本的異同，學界轉引甚多，在此不

---

57 楊伯峻考證頗有道理，詳《春秋左傳注》，頁 359-360。又如《史記·周本紀》：「尹佚筴祝
曰：『殷之末孫季紂，殄廢先王明德，侮蔑神祇不祀，昏暴商邑百姓，其章顯聞于天皇上
帝。』」（卷 4，頁 126）。

58 〔清〕龔自珍著，王佩諍校，〈古史鉤沈論二〉，《龔自珍全集》（上海：上海古籍出版社，
1999），頁 21。又，馬國翰《玉函山房輯佚書》序「墨家」：「《史佚書》一卷，周太史尹佚
撰。按：《書·洛誥》『逸祝冊』，孔安國、蔡沈《傳》並云：『逸，史佚也。』陳師凱曰：『古
字通作逸。』《春秋左氏傳》僖十五年杜預注：『史佚，周武王時太史名佚。』襄十四年《正
義》：『〈晉語〉「文王訪于辛、尹」，賈逵以為辛甲、尹佚。』《漢書·藝文志·墨六家·尹
佚二篇》注云：『周臣，在成、康時也。』其書隋、唐皆不著錄，散亡已久。惟《左傳》、《國
語》引其言；又《淮南子》引成王問政一節，《說苑》亦引之；又《逸周書》、《史記》載佚
策祝，皆其佚文，並據輯錄。《大戴禮記·保傅》篇云：『承者，承天子之遺忘者也，常立於
後，是史佚也。』與周公為道，大公為充，召公為弼，同列而總謂之四聖，則史佚固聖人之
流亞也。其對成王問政云：『使之以時而敬順之，忠而愛之，布令信而不食言。』又云：『善
之，則畜也；不善，則讎也。』與《論語》道千乘之國章、《孟子》君之視臣章，意旨復合，
而《春秋》內外傳所引諸語，亦皆格言大訓，不知〈班志〉何以入其書於墨家之首，意或以
墨家者流出於清廟之守，佚為周太史，故探源而定之與？今仍依〈班志〉，觀者勿以墨翟兼
愛之流弊，並疑此書也。」馬國翰，《玉函山房輯佚書》，卷 72，頁 27a-b。

再重複。[59]除了部分尚需隸定的卦名如「象」是否為「順」字即「坤」外，[60]其餘的一致性相當高，計完全相同者三十五卦：

> 「乾」、「屯」、「蒙」、「訟」、「師」、「比」、「履」、「泰」、「否」、「同人」、「大有」、「觀」、「復」、「无妄」、「頤」、「大過」、「離」、「恆」、「大壯」、「晉」、「蹇」、「萃」、「困」、「井」、「革」、「鼎」、「漸」、「歸妹」、「豐」、「旅」、「巽」、「兌」、「節」、「小過」、「未濟」。

〈无妄〉，《歸藏》作「毋亡」，明顯屬於假借字，意義相同，不算異文。此外，名稱較《周易》卦名多一個字的共五卦：

> 〈隨〉卦在《歸藏》為「馬徒」[61]、〈臨〉為「林禍」、〈小畜〉、〈大畜〉為「小毒畜」、「大毒畜」；〈家人〉為「散家人」。

名稱相同，但字的構形不同的二十一卦：

> 〈坤〉作「𡊟」、〈需〉作「溽」、〈謙〉作「兼」、〈豫〉作「分」、〈蠱〉作「蜀」、[62]〈剝〉作「僕」、〈坎〉作「犖」、〈咸〉作「欽」、〈遯〉作「逐」、〈明夷〉作「明尸」、〈睽〉作「瞿」、〈解〉作「荔」、〈損〉作「員」、〈益〉作「諴」、〈夬〉作「規」、〈姤〉作「夜」、[63]〈升〉作「稱」、〈震〉

59　雄按：簡本《歸藏》無「乾」卦，王明欽隸定為「天目」之卦屬「乾」，廖名春〈王家臺秦簡《歸藏》管窺〉認為「目」字應為「曰」字，屬下讀，與其他 53 卦卦名之前均有「曰」字之例相同，故「天目」實即「天」卦（頁 18）。此說可從。李家浩認為「大明」、「營惑」、「耆老」等都是人名而非卦名，其說亦可參。李家浩，〈王家臺秦簡「易占」為《歸藏》考〉，《傳統文化與現代化》，1997 年第 1 期，頁 52。

60　雄按：此字上半部相重的兩「ㄥ」符號，似「川」字側寫；下半部似「頁」字之形。上下相合而為「順」字。王引之《經義述聞》論「坤」字與「巛」字無關，「巛」實為「川」字即「順」之借字。故《象傳》「地勢坤」實即言「地勢順」（卷 1，頁 4b 下-5b）。其說正可證明簡本《歸藏》「坤」字。

61　馬國翰輯本《歸藏》注「馬徒」：「朱太史曰：『以〈蠱〉為「蜀」，而「馬徒」次之。則「馬徒」為〈隨〉也。」（卷 1，頁 25b）

62　馬國翰輯本《歸藏》注「蜀」：「黃宗炎曰：『〈蠱〉為「蜀」。「蜀」亦蟲也。』」（卷 1，頁 25b）

63　「規」為〈夬〉、「夜」為〈姤〉，暫依馬國翰之說。馬國翰輯本《歸藏》：「朱太史曰：『規、夜二名不審當何卦。非〈夬〉、〈姤〉則〈噬嗑〉、〈賁〉也。』案：古者書契取諸〈夬〉，於『規』義近。『夜』有『姤遇取女』義。疑『規』當屬〈夬〉，『夜』當屬〈姤〉也。」（卷 1，

作「𧰟」、〈艮〉作「狠」、〈渙〉作「奐」、〈既濟〉作「岑𣏾」。

另「熒惑」、「大明」、「耆老」三卦,或說為〈噬嗑〉、〈賁〉、〈中孚〉。[64] 這樣一來,即使不計入增添一字的五個例子,單看卦名完全相同者,亦已有三十五卦,多於卦名相異的例子。這樣的情形,足以讓我們相信周人著《周易》,是上承殷商《歸藏》六十四卦,而加以改變。

《周易》與《歸藏》有相同的疊合,而就《周易》經文而言,傳統學者早就注意到其中記載了殷商之事。李過〈西谿易說原序〉:

> 今以《周易》質之《歸藏》,不特卦名用商,辭亦用商,如〈屯〉之「屯膏」、〈師〉之「帥師」、〈漸〉之「取女」、〈歸妹〉之「承筐」、〈明夷〉之「垂其翼」,皆因商《易》舊文。[65]

明確指出西周王朝經典《周易》記錄不少殷商之事。王應麟說:

> 阮逸云:「《易》著人事,皆舉商、周。『帝乙歸妹』、『高宗伐鬼方』、『箕子之明夷』,商事也;『密雲不雨,自我西郊』、『王用亨於岐山』,周事也。」朱子發云:「〈革〉存乎湯、武,〈明夷〉存乎文王、箕子,〈復〉存乎顏氏之子,故曰『存乎其人』。」朱文公謂:「疑皆帝乙、高宗、箕子占得此爻。」

> 〈明夷〉之《象》,曰「文王」、「箕子」者,《易》、〈洪範〉道統在焉。「用晦」,所以明道也。象、數相為經緯,皆演於商之季世。[66]

李過、王應麟指證歷歷,李學勤進一步明確支持了顧頡剛用王國維之說,推定《周易》卦爻辭「著作年代當在西周初葉」,並指出經文中諸如「王亥喪牛于易」、「高宗伐鬼方」、「帝乙歸妹」、「箕子之明夷」、「康侯用錫

頁24b)

64 三卦似可對應所闕。馬國翰論三卦時特提出〈噬嗑〉、〈賁〉、〈中孚〉:「西溪引『明□』即〈明夷〉,〈乾〉下應有『奐』卦,已据干寶、朱震所引初經補之,合『熒惑』、『大明』、『耆老』恰符六十四卦之數。依朱、黃二家所釋,惟闕〈噬嗑〉、〈賁〉、〈中孚〉,未知何屬,補附於此」(卷1,頁25b-26a)。雄按:〈大壯〉四陽在下,為陽息卦,亦有「耆老」之含義,姑記於此。

65 〔宋〕李過,《西谿易說》,《文淵閣四庫全書》,第17冊,原序,頁7a。

66 王應麟著,翁元圻等注,《困學紀聞(全校本)》,卷1,頁38-39。

馬蕃庶」等殷至周初的事迹的記載,「有些是後人不能追托,甚至難於索解的」。[67]除了古今學者所舉的例子,其實還有遺留了周革殷命的歷史痕跡。像〈革〉與〈鼎〉為對覆,〈革〉卦卦辭言「已日乃孚」、[68]六四言「改命」,《彖傳》發揮至:

> 天地革而四時成。湯武革命,順乎天而應乎人,革之時大矣哉。[69]

顯然意義相當一致,觸及殷周遞嬗、湯武革命之事。而「鼎」於殷周,本有政權奠立的象徵,《左傳》宣公三年記「楚子問鼎之大小輕重焉」[70]是人所皆知的。像桓公二年記臧哀伯諫魯桓公,因宋國滅郜國後自郜國取其大鼎,「以郜大鼎賂公」,桓公納之於魯太廟,等於是將賄賂的贓物公然放在大廟,其「非禮」程度可謂明目張膽,難怪臧哀伯說:

> 武王克商,遷九鼎于雒邑,義士猶或非之,而況將昭違亂之賂器於大廟,其若之何?[71]

春秋時期像郜國立大鼎、宋滅郜而取其鼎,魯獲鼎後又置於太廟,都可見「鼎」之於國家的象徵。這樣莊嚴神聖的政治概念,必然遠有所承。《周易》作為朝廷聖典,將〈鼎〉與〈革〉置於一組,為對覆關係,可以推知必然與此有關:一在定鼎,一在革命,其意義正遙遙相對。《周易》為政治的典冊,具有深遠的政治意義,非僅止於卜筮,由是可見一斑。關於《周易》中的政治論述,下文會進一步探討。

讓我們暫將視野轉到筮數傳統與《歸藏》、《周易》的關係。從最宏觀的角度看,自從周原發見契數卜甲,學者如屈萬里、張政烺等都認為與《易》卦有關。《殷墟文字外編》所記、出土陶器、卜甲、彝器等上面,都

---

67 李學勤《走出疑古時代》舉〈旅〉卦為例:「上九說:『鳥焚其巢,旅人先笑後號咷,喪牛于易,凶。』旅人指殷的先祖王亥。《山海經》說王亥兩手操鳥,方食其頭,甲骨文『王亥』的『亥』字常寫成从『鳥』。然而王亥的事迹與鳥到底有怎樣的聯繫,後人早已不能知道。」李學勤:《走出疑古時代》,頁75。

68 「已日乃孚」當作「己日乃孚」,說詳本書上編〈貳、《易》學與校勘學〉。

69 《周易注疏》,卷5,頁18a。

70 《春秋左傳注疏》,卷21,頁15b。

71 桓公二年《左傳》。同前注,卷5,頁15下-16上。

有殷商季世的契數資料。[72]《周易》之所以作,根據《周易》卦爻辭、先秦的傳述、《史記》的記載,乃是始於文王,而成為王朝的聖典之一。它承襲了一半以上《歸藏》的卦名,卻轉變了《歸藏》的形式,包括《歸藏》有卦辭而無爻辭,正與卦爻辭皆備的《周易》不同。《周易》以〈乾〉卦為首,與歷史相傳《歸藏》立〈坤〉為首卦已不只是一般的相異而已,竟可以說是顛覆了《歸藏》的意旨。諸如此類,都值得研究者注意。

　　佛教有云:「諸佛世尊唯以一大事因緣故出現於世。」[73]由龜卜、策筮,發展到編成系統性的六十四卦之書,復由《歸藏》而至於《周易》,這真是上古一大事因緣。《禮記·曲禮上》:

> 卜筮不過三,卜筮不相襲。龜為卜,筴為筮。卜筮者,先聖王之所以使民信時日,敬鬼神,畏法令也;所以使民決嫌疑,定猶與也。[74]

《史記·龜策列傳》:

> 略聞夏殷欲卜者,乃取蓍龜,已則弃去之,以為龜藏則不靈,蓍久則不神。至周室之卜官,常實藏蓍龜;又其大小先後,各有所尚,要其歸等耳。[75]

《禮記》記龜卜而不言三代,司馬遷則僅言「略聞夏殷……」,似亦不甚確定,但「龜藏則不靈,蓍久則不神」,則涉及宗教信仰,其說彌足珍貴。正如饒宗頤所指出,蓍草易朽而與糞土同盡,與堅硬的龜甲不同,故無遺物可考是可以理解的。今天可以考訂的,靠的都是器物上所記的筮卦。饒宗頤另有〈由卜兆記數推究殷人對於數的觀念——龜卜象數論〉[76]一文,透過比較推論,論證「龜數」為「筮數」的來源,[77]和屈萬里〈易卦源於

72　詳饒宗頤,〈殷代易卦及有關占卜諸問題〉,第一節「考古新資料證明殷代確有契數的卦象」,頁1-2。

73　〔姚秦〕鳩摩羅什譯,《妙法蓮華經·方便品》,《大正新修大藏經》(台北:新文豐出版公司,1983),第262冊,卷1,頁7a。

74　《禮記注疏》,卷3,頁14b-19a。

75　《史記》,卷128,頁3223-3224。

76　饒宗頤,〈由卜兆記數推究殷人對於數的觀念——龜卜象數論〉,頁18-82。

77　饒宗頤說:「我認為筮法出於龜數。七八九六是易所以成爻的,而一二三四則七八九六所

龜卜考〉[78]雖然重點不同，卻都強調殷商時期的龜卜上的契數和《易》卦的筮數之間具有密不可分的關係。[79]關於龜數與筮數的關係，《周禮》、《禮記》等經典均有備載，其說有據。殷商時期「龜」、「筮」雖已分流，卻同時發揮了重大的作用，其事見於《尚書・洪範》，而為周人繼承。直至春秋時期，各國仍沿此一傳統，並用龜筮於政事決疑。晉靈公娶驪姬，棄龜而從筮，招致大禍，是為人所共知的明證。〈洪範〉詳記其法如下：

> 七、稽疑：擇建立卜筮人，乃命卜筮。曰雨，曰霽，曰蒙，曰驛，曰克，曰貞，曰悔，凡七。卜五，占用二，衍忒。立時人作卜筮，三人占，則從二人之言。汝則有大疑，謀及乃心，謀及卿士，謀及庶人，謀及卜筮。汝則從，龜從，筮從，卿士從，庶民從，是之謂大同。身其康彊，子孫其逢，吉。汝則從，龜從，筮從，卿士逆，庶民逆，吉。卿士從，龜從，筮從，汝則逆，庶民逆，吉。庶民從，龜從，筮從，汝則逆，卿士逆，吉。汝則從，龜從，筮逆，卿士逆，庶民逆，作內吉，作外凶。龜筮共違于人，用靜吉，用作凶。[80]

這段精彩的文字，詳細道出殷人的政治決策（也有可能寄託了箕子的理想），實在很難想像是後人嚮壁虛造。過去〈洪範〉被學者懷疑為戰國晚期的作品，主要是因為其中有明確的五行思想，被視為鄒衍陰陽家之說盛行之後出現的產物，故自古史辨運動以來，中、日學界多將〈洪範〉及所有涉及「五行」的文獻的年代，向下調整。自簡帛文獻出土寖多，《郭店楚簡・五行》面世，學者始知「五行」思想在戰國中期已經極為成熟，而其「四加

從出，又是易所以生爻的。所以一種是本數生數，另一種是末數成數。」（〈由卜兆記數推究殷人對於數的觀念——龜卜象數論〉，頁51）雄按：「龜數」為一二三四五，「筮數」為七八九六，其說始賈公彥。《周禮・春官・占人》賈公彥《疏》：「龜長者，以其龜知一二三四五天地之生數，知本；《易》知七八九六之成數，知末。是以僖十五年《傳》韓簡云『龜，象也；筮，數也。物生而後有象，象而後有滋，滋而後有數。』故象長。」《周禮注疏》，卷24，頁22a。

78　屈萬里，〈易卦源於龜卜考〉，《書傭論學集》，頁48-69。
79　參上編〈陸、論《易》傳對《易經》哲理的詮釋——辭例、易數、終始觀念〉。
80　《尚書注疏》，卷12，頁16b-17b。

一」的結構，《尚書‧洪範》與《郭店楚簡‧五行》彼此相同。兩種不同來源與背景的思想（〈洪範〉五行推衍至人事歸結於「肅乂晢謀聖」，〈五行〉則歸結於「仁義禮智聖」），彼此高度一致，實代表了他們理念同出一源。[81]如參考研究者對龜卜與蓍筮關係的研究，〈洪範〉所提出的六種情況（大同、三種不同的「吉」、「作內吉、作外凶」、「用靜吉、用作凶」），可謂清楚地勾勒出箕子設法將殷商的政治理念傳遞與周人。我引述〈洪範〉，用意不在暗喻《歸藏》用為筮書。《歸藏》是否筮書？是否用為「筮」的依據？那是目前無法回答的問題。但由於它與甲骨卜辭形式有根本的差異，我認為《歸藏》與卜筮之間必然存在本質差別。《歸藏》以七、八不變為占，與《左傳》三個「遇八」的例子似有相近，考慮饒宗頤的考據，我們有理由相信《歸藏》尚不變，《周易》尚變，兩者截然不同。

　　占筮之數涉及《歸藏》以七、八占、《周易》以六、九占的問題。《歸藏》為殷商之書，記述古帝王神話枚占問吉凶之事；《周易》為西周政典，上記君子言行、時位所致吉凶悔吝的變化。歷代學者及文獻不但記錄了《歸藏》一書的書名及其內容，也記錄了《歸藏》以不變為占故用「七、八」，有別於《周易》以變為占故用「九、六」。從歷代經說看來，究竟《歸藏》是否真的以七、八不變為占？又何以周人滅殷承繼《歸藏》以作《周易》以後，將爻題改繫以「九、六」以強調事物的變動呢？這就是一個值得關注的問題。

　　撰著年代有爭議的《周易乾鑿度》可能是最早解釋「六、七、八、九」所謂老陰、少陽、少陰、老陽的文獻，其說有二：其一，是「以往六來

---

81 說詳鄭吉雄、楊秀芳、朱歧祥、劉承慧合著，〈先秦經典「行」字字義的原始與變遷——兼論「五行」〉，頁 89-127。雄按：「五行」思想在《尚書》中極為重要。〈皋陶謨〉「以五采彰施於五色」，王國維據魏三體石經、《尚書大傳》、今文《尚書》等，論證「五采」應作「五介」，意為「青、黃、黑、白、赤相間為說，五者相界，以發其色。參王國維，〈以五介彰施於五色說〉，《觀堂別集》，卷 1，《王國維遺書》，第 4 冊，頁 1a-b。《尚書大傳》：「山龍純青，華蟲純黃，作繪宗彝純黑，藻純白，火純赤。以此相間，而為五采」（伏勝撰，鄭玄注，陳壽祺輯校，《尚書大傳》（台北：臺灣商務印書館《四部叢刊初編》影印《左海文集》本，1965），卷 2，頁 3b。更透露了「五行」思想的遠源，甚至有可能追溯到殷周以上。

八，往九來七為世軌」，即以六八九七的往來消息之說，鋪陳傳說中文王所訂的歷史時程（世軌）。[82]其二，用「六、九、七、八」論述陽進陰退、陽息陰消的「變」及「不變」之理。[83]「世軌」之說是一種廣義的歷史觀，鄭玄《注》以成卦、世軌、方位之說衍釋六八九七，與《歸藏》並無直接關係，[84]可置不論。但以陰消陽息往來變化講六八七九，且言「陽以七，陰以八為象」，則是本於筮法，可視為將筮數與哲學相結合的新解，值得注意。《乾鑿度》「陽變七之九，陰變八之六」，鄭玄《注》說：

> 五，象天數奇也；十，象地之數偶也。合天地之數乃謂之道。陽動而進，變七之九，象其氣息也；陰動而退，變八之六，象其氣消也。九六爻之變動者，《繫》曰「爻効天下之動也」。然則《連山》、《歸藏》占象，本其質性也；《周易》占變者，効其流動也。象者，斷也。[85]

按照鄭玄的解釋，「象」（指卦或卦辭）本身的質性是不變的，[86]那就是說每卦均有其確定的基礎意義：陽就是陽，不變就是七；陰就是陰，不變就是八；但質性不變的同時，亦無礙於陰陽變化、往來消息的永不停息。氣動之際，陰陽就有進退往來，七變為九，八變之六，這就是氣的消息。質性的不變與氣的消息變化同時並存，並沒有衝突。《連山》、《歸藏》「占象」，歸本於「卦」而非「爻」，著眼於卦的質性；《周易》「占變」，注意的是流動之理。而孫詒讓《周禮正義》：

82　《周易乾鑿度》：「七往六來，八往九來，七為世軌者，文王推爻，四乃術數。」（卷下，頁11a）

83　《周易乾鑿度》：「初以四，二以五，三以上，此之謂應。陽動而進，陰動而退，故陽以七，陰以八為象。易一陰一陽，合而為十五之謂道，陽變七之九，陰變八之六，亦合於十五，則象變之數，若之一也。」（卷上，頁5b）

84　鄭玄《注》：「《易》有四象，文王用之焉。往布六於北方以象水，布八於東方以象木，布九於西方以象金，布七於南方以象火。如是備為一爻，而正謂四營而成，由是故生四八、四九、四七、四六之數。爻倍之，則每卦率得七百六十歲，言往來者，外陽內陰也。」（《周易乾鑿度》，卷下，頁11a）

85　《周易乾鑿度》，卷上，頁5b。

86　鄭玄《注》：「象者，爻之不變動者。」（卷上，頁5b）

金榜云：「《乾鑿度》謂七八為象，九六為變，故象占七八，爻占九六。公子重耳筮得貞〈屯〉悔〈豫〉，皆八，董因筮得〈泰〉之八，其占皆以《周易》象占七八也。穆姜筮遇〈艮〉之八，以《周易》占之，為〈艮〉之〈隨〉。是爻之遇八者，非《周易》法也。其兩爻以上雜變者，為其義無所主，占之卦象，與占變義同。」今案：依金說，則《周易》六爻不變，或兩爻以上雜變者，皆以象占亦占七八，不徒夏殷二《易》矣。[87]

金榜認為《左傳》「筮遇八」的三例之中，重耳、董因用的是《周易》之法，是六爻不變之例；穆姜遇〈艮〉之〈隨〉，是占得第二爻為「八」。前者仍屬《周易》之法，如孫詒讓所說，《周易》六爻不變，或兩爻以上雜變，亦以象占，亦占七八。[88]後者則遇〈艮〉之八為〈艮〉之〈隨〉，五爻皆變，唯六二不變，這是夏殷之法。其實，從表面上看，《歸藏》有卦辭而無爻辭，只能占「象」（即占卦不占爻，以觀察其不變的質性）；《周易》則卦辭爻辭兼備，兼占卦爻，故能占「變」（透過對比本卦和之卦之爻觀察其變化）。今依金榜之說，則夏、殷占法與周之占法，不是單純的「占象」與「占卦爻」之別，而是《歸藏》亦觀爻變，《周易》亦以象占。[89]《左傳》記穆姜特著「〈艮〉之八」，正好表示「爻之遇八者，非《周易》法也」。孫詒讓則進一步解釋金榜之意，認為《周易》六爻不變或兩爻以上雜變，皆以象占（觀卦辭）亦占七八，是夏、殷之法的遺留。就事論事，金榜與孫詒讓所論，恐怕僅止於推測，而不是定論，因缺乏理據之故。《周禮》賈公彥《疏》：

夏、殷《易》以七八不變為占，周《易》以九六變者為占。按：襄九年《左傳》云穆姜薨於東宮，始往而筮之，遇艮之八。《注》云：爻在初六、九三、六四、六五、上九，惟六二不變。[90]

87　孫詒讓撰，《周禮正義》，卷47，頁1929。

88　雄按：此說與朱子《周易本義》及《易學啟蒙》論筮法之說不同。

89　金榜、孫詒讓之說，似有道理，但尚須深究始能知其是非。本書中編〈貳、《易》象新議〉分析《左傳》所記筮例，發現春秋筮人解釋占筮結果時義例並不一致。

90　《周禮注疏》，卷24，頁12a。

《儀禮》賈公彥《疏》：

> 夏、殷以不變為占，《周易》以變者為占。[91]

隋代蕭吉《五行大義》：

> 七八為靜，九六為動；陽動而進，變七之九，象氣息也，明陽道之舒，以象君德，唱始不休，無所屈後，去極一等，而猶進之。故九，動也。陰動而退，變八之六，象氣消也，以明臣法，有所屈後，唱和而已，事理近君，則靖息以聽命，必須退讓，以明其義。故八，靜也。《易》曰：「分二以象兩，掛一以象三，揲之以四以象四時者」，餘手有四七，故名七也；有四八，故名八也。有此則靜爻之數，夏、殷尚質，以用靜爻占之。餘有四九，故名九也；有四六，故名六也。此則動爻之數，周備質文，故兼用動爻。[92]

以此看，夏殷以不變為占，《周易》以變為占，是一種由質向文、自簡而繁的文明演進現象，儘管不同的學者有不同解釋，自漢代即有此說。饒宗頤支持鄭玄的說法，正是洞見此說合理：

> 鄭說十分清楚，他指出夏、殷之易占象，周易占變。……占象、占變之分，正是夏、殷易與周易占法上的區別。[93]

他也引用 1979 年 9 月岐山南麓扶風縣齊家村出土的牛肩胛巨骨上面的五組刻數符號，[94]其中陽數為一、五、九，陰數為六、八，全不用七。饒先生稱「周人用九，這一片正是西周卦象的極重要資料」，[95]並列舉《左傳》、《國語》述占卦之八，共計三例，以說明《歸藏》占法的遺留，[96]與《周易》

91　《儀禮注疏》，卷1，頁8a。

92　〔隋〕蕭吉，《五行大義》（台北：藝文印書館《百部叢書集成》影印《知不足齋叢書》，1966），卷1，頁10a-b。

93　饒宗頤，〈殷代易卦及有關占卜諸問題〉，頁8。

94　據饒宗頤，〈殷代易卦及有關占卜諸問題〉重摹《文物》（1981年第9期，頁5）所刊圖版，見頁6。

95　同前注。

96　同前注，頁9。此三例即《左傳》襄公九年穆姜筮遇〈艮〉之八；《國語・晉語四》公子重耳親筮之曰「尚有晉國」，得貞〈屯〉悔〈豫〉皆八也；《國語・晉語四》董因迎公於河，曰

尚變截然相異。可惜饒先生沒有進一步探討《周易》與周人尚變尚陽的內在關係（說詳下）。饒先生又引惠棟《易例》，指出「七」是蓍數（雄按：謂七七四十九之數），「八」是卦數（雄按：謂八八六十四之數），蓍圓而神，卦方以知。占象尚不變，故言八不言七。[97]這一點，饒說的理據何在，並不明顯，我就無法評論了。

《歸藏》以七、八為占主不變，《周易》以九、六為占主變，其實不但涉及占法的問題，和政治意識型態也可能有關。過去我曾廣泛論證《周易》是政治典冊，宣示的是周人的政治意識型態，而非徒以蓍占為事。本書下編〈伍、《易》儒道同源分流論〉一章指出《周易》主變，實即體現周人的政治思想，與《詩》、《書》反覆宣揚的「天命靡常」的思想，實為一致。同時，宗法制度立嫡長子之制，以及周人倫理制度中男女地位的確立，恰好亦反映在《周易》哲理「尚陽」的特殊傾向。[98]陰陽之義，並非一種抽象的哲理，而是實質施用於禮制之中。[99]如果我們全盤考察周人「天命靡常」的訓誨（既說服殷人實係自滅於帝王失德，非小邦周敢滅天邑商，亦警告周室子弟修德以維天命的重要性）、實施封建、宗法制度的史實，那麼《周易》一書，顯然就不可能是一部單純的卜筮之書，而是寄託了周人治國的意識型態的典冊了。

從此一歷史背景考察，也許可以讓我們對《歸藏》與《周易》有和過去學界截然不同的理解。這兩部經典記錄不少上古史中帝王的事蹟，有些似為實錄，有些似為神話，都和政治有關。而兩部經典皆有六十四卦，卦名或同或異，這似暗中透露了滅殷之後，周人承繼殷人《歸藏》卻特意加以改寫的事實。過去也有不少研究者提出過周人改寫《歸藏》，將立〈坤〉為首改為立〈乾〉為首，大家對此並不陌生。然而，像〈坤〉卦卦辭的暗喻，看出來的學者就似乎不多：

「臣筮之，得泰之八」。

97　同前注，頁10。

98　說詳本書中編〈壹、論《易》道主剛〉。

99　說詳本書中編〈貳、《易》象新議〉。

坤，元亨，利牝馬之貞。君子有攸往，先迷後得主。利西南得朋；東北喪
朋。安貞，吉。

這條卦辭長至 30 字，遠較其他卦辭為多，[100]是《周易》六十四卦中卦辭字
數最多的。爻辭則云：

初六，履霜堅冰至。

六二，直方大，不習无不利。

六三，含章可貞，或從王事，无成有終。

六四，括囊，无咎无譽。

六五，黃裳，元吉。

上六，龍戰于野，其血玄黃。

歷代注《易》者無數，多隨順爻辭柔順之旨加以申論。這是因為《周易》
〈乾〉、〈坤〉二純卦，為陰陽二象的表徵，因經歷戰國《易傳》義理化的
解釋，陰陽具天地之象的哲理意涵充分推衍，故漢魏以後，釋《周易》卦
爻辭的傳注，凡釋至此二純卦，大多申論天地之象的自然之變，陰陽之
道，卻沒有引申二卦的政治含義，更未注意此卦與《尚書》、《詩‧大雅》
若干詩篇的關係。研究者如同時參考《尚書‧多士》，會發現其立言宗旨
與〈坤〉卦卦爻辭一致性異常高。《尚書‧多士》記周公東征以後，經營
「新邑洛」，「遷殷頑民」，「用告商王士」，轉達成王的命令說：

王若曰：「爾殷遺多士，弗弔，旻天大降喪于殷。我有周佑命，將天明威，
致王罰，勑殷命終于帝。肆爾多士，非我小國敢弋殷命，惟天不畀允罔固
亂，弼我；我其敢求位？惟帝不畀，惟我下民秉為，惟天明畏。」[101]

周公一再強調殷之喪亡，是天命予周致罰於殷的結果。又以極嚴厲的口吻
說：

王曰：「猷，告爾多士。予惟時其遷居西爾。非我一人奉德不康寧，時惟天

---

100 六十四卦中，卦辭最短僅有 4 字，其餘超過 20 字的，〈坤〉卦以外不過六卦：〈井〉及〈小
　　過〉均為 24 字、〈蒙〉23 字、〈復〉22 字、〈損〉及〈萃〉均 21 字。

101 《尚書正義》，卷 16，頁 1b-2a。

命。無違！朕不敢有後，無我怨。惟爾知惟殷先人有冊有典，殷革夏命。今爾又曰：『夏迪簡在王庭，有服在百僚。』予一人惟聽用德，肆予敢求爾于天邑商。予惟率肆矜爾。非予罪，時惟天命。」……王曰：「告爾殷多士！今予惟不爾殺，予惟時命有申。今朕作大邑于茲洛，予惟四方罔攸賓。亦惟爾多士攸服，奔走臣我，多遜。爾乃尚有爾土，爾乃尚寧幹止。爾克敬，天惟畀矜爾；爾不克敬，爾不啻不有爾土，予亦致天之罰于爾躬。今爾惟時宅爾邑，繼爾居，爾厥有幹有年于茲洛，爾小子，乃興從爾遷。」[102]

周公不但軟性地施予懷柔政策讓殷遺民獲得棲身之處，讓遺民「尚有爾土」，也硬性地直接警告暫時不予殺戮，但殷遺民必須「克敬」，否則「致天之罰于爾躬」。而所謂「致天之罰于爾躬」，就是以殺戮之刑儆戒遺民之意。倘若將〈坤〉卦卦爻辭與〈多士〉比較，卦辭「君子有攸往」，[103]即遷殷頑民於雒邑之事，也就是〈多士〉所稱「告爾多士，予惟時其遷居西爾」、「爾小子，乃興從爾遷」。卦辭「先迷後得主」，就是〈多士〉所稱「亦惟爾多士攸服，奔走臣我」，說的是殷遺民將隨著紂王之崩而結束迷失無首領的狀態，而有新的主人可供遵從。卦辭「利西南得朋，東北喪朋」所講述「西南」即指周人，「東北」即指殷人，[104]在於告誡「尚有爾土」的殷人，應「侯服于周」，親近周王朝，以周人為新主。初六爻辭「履霜堅冰至」，即《文言傳》「積善之家，必有餘慶；積不善之家，必有餘殃」所強調的受禍殃者「其所由來者漸矣」，認為殷商末代帝王失德已久，「非一朝一夕之故」。[105]這也是〈多士〉所稱「昊天大降喪於殷」的實際原因——殷天子的暴虐，終至於喪失天命。六三爻辭「含章可貞，或從王事，無成有終」，即〈多士〉所稱「亦惟爾多士攸服，奔走臣我，多遜」，威懾殷遺民

---

102 同前注，頁 5b-8a。

103 李鼎祚《周易集解》引盧氏曰：「坤，臣道也，妻道也，後而不先，先則迷失道矣。故曰先迷。」（卷 2，頁 25）

104 說詳屈萬里，〈說易散稿〉「利西南不利東北」條，《書傭論學集》，頁 32-36。

105 《周易正義》，卷 1，頁 26a。

必須遵從新王之命。六四爻辭「括囊，无咎无譽」，即〈多士〉所稱「爾克敬」的表現——保持緘默。[106]

以上對〈坤〉卦的認識，實本於《詩》、《書》所記周人滅殷之後的政策，絕非空穴來風。我認為可以作為輔證，讓人一窺《周易》撰著的時代背景。

四 結語

自王家臺秦簡《歸藏》出土，學界爭議甚多，或認為其已證明傳本《歸藏》非偽，或認為無法說明《歸藏》不是偽書。個人認為，這是緣於近一百年來由反傳統思潮主導學術思想界發展到走出疑古的新潮流，造成了兩種不同進路，有以致之。本文首先認為疑古與信古兩種態度均有可取，「無徵不信」不應過度，「無證不疑」亦屬可取，總之研究者不能一廂情願，先有預設心理橫於胸中。全文從兩條分析進路切入探討，進路之一是從方法與方法論考察《歸藏》真偽，認為《歸藏》一書難以偽造，王家臺秦簡作者不可能逆知中古學者會如此傳述《歸藏》，由中古到清代，千餘年來學者未嘗夢見簡本《歸藏》出土，內容竟與他們記錄蒐輯者冥相符合。此即證明了中古時期學者並未作偽，其所傳述的《歸藏》遠有來歷。這種來歷，消極點看，也有比較的價值，讓我們得以重新思考《歸藏》的流傳；積極點看，則應思考《歸藏》與《周易》同異以及上古歷史文化。進路之二是從歷史的連續性著眼，認為治《歸藏》者應先了解殷周歷史遞嬗，考察《歸藏》、《周易》均有六十四卦，卦名泰半近同，從龜筮的傳統、龜數筮數的演化，發展為以七、八不變為占及以六、九之變為占，與殷周政治

---

106 李鼎祚《周易集解》引盧氏曰：「慎言，則无咎也。」（卷 2，頁 31）陸德明《經典釋文・周易音義》：「括，古活反，結也。《方言》云：『閉也。』《廣雅》云：『塞也。』」（卷 2，頁 2 下）朱熹《周易本義》：「括囊，言結囊口而不出也。」（卷 1，頁 42）

意識型態的轉變，均有關係。總之，《歸藏》、《坤乾》之名見於《周禮》、《禮記》，鄭玄、桓譚、杜子春、王充、劉勰的描述，《山海經》的引用、《博物志》的紀文，《歸藏》一書若隱若現地存續在文獻之中，但其實並不影響它存在的真實性。簡本《歸藏》、輯本《歸藏》及傳世關於《歸藏》之說，均可互證，符合王國維二重證據法的標準。諸多的文獻，在在說明了這部書在歷史河流裡載浮載沉的事實，實在沒有理由眼睜睜看著它被淹沒而且宣判其死刑。

肆、論卦爻辭非占筮紀錄

一 問題的提出

自二十世紀初古史辨運動興起，學術界受科學主義思潮影響，視《周易》卦爻辭為先民占筮活動的紀錄，巫術迷信的產物。而歐美漢學界從人類文明角度考察，又多坐實中國遠古文明起源必經一個「巫」崇拜的階段。至於《易傳》，除少數學者仍深信其為孔子所撰著外，[1]學界多認為其屬戰國時期儒家、道家或陰陽家思想產物。[2]學者亟倡《周易》「經傳分離」，視「經」為卜筮紀錄，「傳」為哲理新創，「經、傳」必須分別而觀，不可以以「經」釋「傳」，亦不可以以「傳」釋「經」。這在本書下編〈貳、論二十世紀初《周易》經傳分離說的形成〉已有詳述。「經、傳」關係被切斷，《易傳》就被限縮到完全不能和「經」發生任何意義的聯繫。於是「經」沒有了血胤，真正成了故紙一堆；「傳」失去了血親，思想統緒混沌不明。《周易》經傳性質、傳承關係、學說淵源，一概隱而不見，成為嚴重的大問題。

1　關於孔子與《易傳》的關係，讀者可參徐威雄，〈先秦儒學與易關係之研究〉（新加坡國立大學中文研究所博士論文，2005）第四章「有關《易傳》問題的再觀察」。又，二十世紀《易》學研究的取向，楊慶中，《二十世紀中國易學史》（北京：人民出版社，2000）論之甚詳。讀者亦可參徐芹庭，〈民國以來象數與義理派之易學〉，《孔孟學報》，第 40 期（1980 年 9 月），頁 261-317；黃沛榮，〈近十餘年來海峽兩岸易學研究的比較〉，《漢學研究》，第7卷第2期（1989 年 12 月），頁 1-17；鄭吉雄，〈從經典詮釋傳統論二十世紀《易》詮釋的分期與類型〉，頁13-81。

2　說詳本書下編〈陸、《易傳》作者問題檢討〉。儒家《易》與道家《易》的爭論，並參鄭吉雄、林永勝合編，《易詮釋中的儒道互動》（台北：臺大出版中心，2012）。

十九世紀以前，學者深信「《易》歷四聖」，混同經傳，不予區別；二十世紀初學者則力主經傳分離，不得以經論傳，亦絕不以傳解經。這兩種極端態度，導致《易經》（卦爻辭）與《易傳》的思想內容，始終如迷山霧海。視卦爻辭為單純的占卜紀錄，其危險程度，實與傳統學者「經傳不分」的觀點不相上下。傳統學者也許囿限於「《易》歷四聖」的舊說，視經傳為一體之傳承，故將《周易》經傳異同的問題置之不問；但如果今人可以不理會一切證據，即斷言《易經》為沒有絲毫哲理的占卜迷信產物，又豈能說是科學的態度？

《周易》經傳關係未予釐清，則一切討論，皆屬費辭。如今《周易》「經傳分離」之說，流行一世紀之久，其矯正「經傳一體」舊說之效，固已著明，但其引起諸多弊端的副作用，亦隨而深入人心。筆者過去已在多篇論文中對經傳關係有所闡述，本文則透過九個論證，說明《易經》非單純之占卜紀錄。

二 九項證據

《周易》詮釋問題之關鍵，首在於說明《易經》與《易傳》的關係；而論證《周易》經傳關係，又首在於論證《周易》雖可用於占筮，但絕非單純的占筮紀錄，而是含有一套具有系統思想的政治典冊。本文略舉九證，一一說明如下。

《易經》於西周初年初撰之時，雖屬新創，卻並非無中生有，而是前有所承，亦即夏、商二代的《連山》、《歸藏》。再追溯更早，尚有不少考古文獻，例如一世紀以來數字卦。[3]2014 年浙江義烏橋頭遺址挖掘出土新石

3　如 2002 年 7 月在洛陽唐城花園西周晚期墓葬中發掘出土的仿銅陶簋，其內壁腹部成弧形刻畫了一圈筮數（共五組：一一八九一八、八一八一八六、六一八一八九、一八一八一一、一一一八八一）、字元和圖像。安亞偉：〈河南洛陽市唐城花園西周墓葬的清理〉，《考古》，2007 年第 2 期，頁 94-96、103；又晏昌貴，〈西周陶簋所見筮數、圖象考釋〉，《周易研

器時代早期聚落，屬於上山文化的組成，距今八千至九千年。其中有陶器上多次出現六杠白色條紋組成的《易》卦（如下圖）。這類圖形標誌在大汶口文化、崧澤文化、良渚文化等地都有發現，距今亦在四千年以上。[4]我們知道，《周易》六十四卦以六爻組成，建構在「內外重卦」、「非覆即變」兩大原則之上，研究者不能單看六爻符號，就認定它們必定屬於《周易》系統。陶器上的六爻卦也不例外。如果沒有證據證明這「卦」的構形是八經卦（三爻卦）重疊而成，則絕不能將之視為《周易》的卦。從嚴格的標準審視，儘管考古文物證明六爻卦早已出現於夏、商以前，《歸藏》六十四卦卦名已備，「文王重卦」之說仍沒有被推翻，因為《連山》、《歸藏》的六十四卦可能並非透過「重卦」而成，而是由其他方式產生，因而讓建構於「非覆即變」原則的《周易》六十四卦，存在無可替代的獨特性。

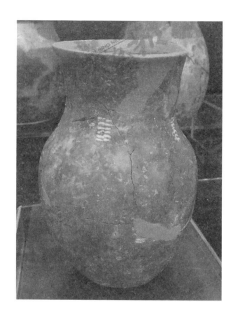

究》，2009 年第 2 期，頁 12-18。

4　詳見微信轉載《人類科技發展》2019 年 8 月 30 日報導，〈重大發現：中華文明再前推至9000 多年，以萬為單位為中華歷史正本清源〉一文。https://mp.weixin.qq.com/s/u8Zl8Yoekab-veRb6L62Dw。

昔人以夏《連山》、殷《歸藏》與《易經》(或《周易》)並稱「三易」。此說雖為後起，但《歸藏》為中古學者廣泛傳述，近有湖北王家臺出土秦簡《易》，學者已考證其為《歸藏》，與清儒自中古文獻中輯佚所得之《歸藏》不謀而合(說詳本書下編〈叁、《歸藏》平議〉)。當然亦有學者存在懷疑，但從各種跡象推論，《歸藏》之為殷《易》，當非嚮壁虛造的偽說。故從古史傳說以至文獻證據，均可證「三易」的流傳，與夏、商、周改朝換代有關，並非僅僅占法不同而已。《易經》之作，與上古歷史民族政治活動之轉移亦即朝代之興衰，有直接之關係，固非由周人纂輯的占筮紀錄。此第一證。

　　就占卜而言，殷人主要用龜卜，而《易》卦則以蓍占，[5]古人常說「龜長筮短」，其實龜、筮各有其源流。[6]即就龜卜而言，殷商卜法與周人卜法

5　學術界或以「卜筮」並稱，不甚區分，也許是由於古語「卜筮」有並稱的情形，如《詩・衛風・氓》即有「爾卜爾筮，體無咎言」云云(《毛詩注疏》，卷3之3，頁3a)。唯《禮記・曲禮上》：「卜筮不相襲。」(《禮記注疏》，卷3，頁15a)《周禮・春官・簭人》：「凡國之大事，先簭而後卜。」(《周禮注疏》，卷24，頁24a)《尚書・洪範》有「龜從，筮逆」之例(《尚書注疏》，卷12，頁17a)，明見卜、筮釐然為兩事。饒宗頤認為殷人既有龜卜亦有筮法。只不過蓍草易腐，不如龜甲可存數千年。饒宗頤，〈由卜兆記數推究殷人對於數的觀念〉，頁60-62。李學勤則認為：「《禮記・表記》甚至說：『天子無筮。』殷墟很少有殷人筮法的遺跡，也許就是由於當地是王都的緣故。」李學勤著，張耀南編，《李學勤講中國文明》(北京：東方出版社，2008)，頁131。

6　《春秋》僖公四年《左傳》記：「晉獻公欲以驪姬為夫人，卜之不吉，筮之吉。公曰『從筮』，卜人曰：『筮短龜長，不如從長。』」(《春秋左傳注疏》，卷12，頁14a-b)僖公十五年《左傳》記韓簡說：「龜，象也；筮，數也。物生而後有象，象而後有滋，滋而後有數。」(同前，卷14，頁11a-b)學者多引此以為「龜長筮短」之說，而又並及於數字觀念。「龜長筮短」之說，後世學者多據《左傳》、《周禮》而信之，唯《禮記・曲禮》「假爾泰龜有常，假爾泰筮有常卜筮不相襲」，鄭玄《注》說：「命龜筮辭，龜筮於吉凶有常，大事卜，小事筮。」(《禮記注疏》，卷3，頁14b)孔穎達《疏》則提出異議，稱：「卜筮必用龜蓍者，案劉向云：蓍之言耆，龜之言久，龜千歲而靈，蓍百年而神，以其長久，故能辯吉凶也。《說文》云：『蓍，蒿屬。生千歲三百莖，《易》以為數。天子九尺，諸侯七尺，大夫五尺，士三尺。』陸機〈草木疏〉云：『似藾蕭，青色，科生。』《洪範》『五行』《傳》曰：『蓍生百年』，一本『生百莖』。《論衡》云：『七十年生一莖，七百年十莖。神靈之物，故生遲也。』《史記》曰：『滿百莖者，其下必有神龜守之，其上常有雲氣覆之。』《淮南子》云：『上有

亦不盡相同，如甲骨的形制、卜辭的體例等。尤其重要者，清人所輯《歸藏》爻辭多記神話傳說，如「夏后啟筮乘飛龍登于天」、「羿善射彈十日」（《歸藏‧鄭母經》）之類，與出土甲骨卜辭絕不相類。毋怪乎劉勰《文心雕龍‧諸子》：

> 《歸藏》之經，大明迂怪，乃稱羿彈十日，嫦娥奔月。[7]

「大明」即為《歸藏》之卦名，可知劉勰所讀之《歸藏》，正與清儒所輯、王家臺秦簡所錄，適相符合。亦可推知殷商時代，「卜」與「易」已經分流。《周易》爻辭則多記人事，如「即鹿无虞」（〈屯〉六三）、「舊井无禽」（〈坎〉初六）、「王用亨于西山」（〈隨〉上六、〈升〉六四）等等，不但與《歸藏》不同，與甲骨卜辭辭例亦不相類。後世學者實難據卜辭與《歸藏》，即籠統指卦爻辭為占筮紀錄。殷《歸藏》立〈坤〉為首而主不變，與《周易》立〈乾〉為首而主變，互不相同。主變與主不變，與其立國精神有關，亦有更根本之宇宙論作為其背後之理論背景。此亦可見《周易》非單純之占筮紀錄。此第二證。

如本書上編〈叁〉所考論，《周易》「易」、「陰」、「陽」、「乾」、「坤」等字均與日光照射、陰晴晦明有關；[8]而卦爻辭又有「陽貴陰賤」、「尊剛卑柔」思想，可知其成書之初，即展現以太陽為中心之宇宙論。[9]由此即表示《周易》的政治哲學背後，隱然有環境哲學（environmental philosophy）作為底色，閃耀義理光芒，並非筮辭紀錄。故六十四卦論人事，往往用自然事物

蓍，下有伏龜。」卜筮實問於神龜，筮能傳神命，以告人。」孔穎達又引《繫辭》「定天下之吉凶，成天下之亹亹者，莫大乎蓍龜」、「蓍之德圓而神，卦之德方以知。神以知來，知以藏往」、《說卦》「昔者聖人幽贊於神明而生蓍」等內容，推論「蓍龜知靈相似，無長短也」。（同前，頁15b-16a）

7 劉勰撰，范文瀾注，《文心雕龍注》，卷4，頁17b。另可參《文選》卷13謝莊〈月賦〉「集素娥於後庭」句，李善注：「《歸藏》曰：昔常娥以不死之藥犇月。」蕭統編，李善注，《文選》，卷13，頁14a。

8 說詳本書上編〈叁、試從詮釋觀點論易、陰、陽、乾、坤字義〉。

9 詳參本書中編〈壹、論《易》道主剛〉。

下編　論卦爻辭非占筮紀錄　531

以為喻，[10]亦自此種環境哲學衍生而有。撰成於戰國時期的《易傳》，如「雲行雨施，品物流形」（〈乾〉卦《彖傳》）、「鼓之以雷霆，潤之以風雨」、「精氣為物，遊魂為變」（《繫辭傳》）等自然哲學的內容，其實在經文中早有基礎。此第三證。

《周易》卦爻辭除環境哲學以外，尚有「身體觀」蘊藏其間。具而言之，即以足部或屬於足部的事物（如「足」、[11]「履」、[12]「趾」[13]之類）繫於初爻，以頭部或屬於頭部的事物（如「耳」、[14]「首」[15]、「角」[16]之類）繫於上爻。至於〈頤〉、〈噬嗑〉、〈咸〉等卦更是身體的直喻（說詳本書〈序論〉及上編〈伍、《周易》身體、語言、義理的開展〉）。卦爻辭既有運用身體譬喻抽象的義理，則顯見其為創作而非占辭之纂輯。此第四證。

又《周易》卦爻辭屬於形象的語言（symbolic language），本書上編〈壹〉歷舉二十二例，說明一卦內的語義系統。卦爻辭語義既可多向演繹，表示其辭義多用抽象意義而非具體意義。此即可見《周易》屬哲理創作，而非歷史紀錄。六十四卦中，既配合爻位利用卦名演繹種種新義，自然而然即發展出一種相對穩定的爻辭辭例，就是常將卦名繫於各爻爻辭之前中後。其中卦名通置於爻辭之後的例子，計十四則：

卦名	爻辭
蒙	發蒙、包蒙、困蒙、童蒙、擊蒙
否	大人否、休否、傾否
謙	鳴謙（六二、上六）、勞謙、撝謙
豫	鳴豫、盱豫、由豫、冥豫

10　如言事業之成功與否則以「小狐汔濟」為喻，言畜積則以「密雲不雨」為喻。又如〈明夷〉上六言「初登于天，後入于地」、〈剝〉六五以「貫魚」為喻等等，例多不舉。

11　如〈剝〉卦初六「剝牀以足」。

12　如〈坤〉卦初六「履霜，堅冰至」，〈履〉卦初九「素履」。

13　如〈大壯〉卦初九「壯于趾」。

14　如〈噬嗑〉卦上九「何校滅耳」。

15　如〈比〉卦上六「比之无首」。

16　如〈大過〉卦上六「過涉滅頂」，〈晉〉卦上九「晉其角」。

蠱	幹父之蠱、幹母之蠱、裕父之蠱
臨	咸臨、甘臨、至臨、知臨、敦臨
復	休復、頻復、獨復、敦復、迷復
頤	顛頤、拂頤、由頤
遯	係遯、好遯、嘉遯、肥遯
家人	閑有家、家人嗃嗃、富家、王假有家
蹇	往蹇（初六、九三、六四、上六）、大蹇
升	允升、升虛邑、升階、冥升
兌	和兌、孚兌、來兌、商兌、引兌
節	安節、甘節、苦節

以上例子演繹卦名至於各種不同之情境與狀態，而均與爻位有關。如〈復〉卦可見天地之心，但發展至上爻，將變為〈剝〉之初六，故〈復〉上六繫以「迷復」，而產生凶兆；又如〈蒙〉卦以教化蒙昧為主，但發展至上爻則主以戰爭方式對待，故繫以「擊蒙」（《易》卦多論軍事，說詳下，尤以上爻為然，反映周人為一尚武力的民族）。此外，又或置卦名於各爻爻辭之前，此例計十六則：

需	需于郊、需于沙、需于泥、需于血、需于酒食
比	比之自內、比之匪人、比之无首
同人	同人于門、同人于宗、同人先號咷而後笑、同人于郊
噬嗑	噬膚、噬腊肉、噬乾胏、噬乾肉
剝	剝牀以足、剝牀以辨、剝之无咎、剝牀以膚
咸	咸其拇、咸其腓、咸其股、咸其脢、咸其輔頰舌
明夷	明夷于飛、夷于左股、明夷于南狩
困	臀困于株木、困于酒食、困于石、困于金車、困于赤紱、困于葛藟
井	井泥不食、井谷射鮒、井渫不食、井甃、井冽、井收勿幕
鼎	鼎顛趾、鼎有實、鼎耳革、鼎折足、鼎黃耳、鼎玉鉉
震	震來虩虩、震來厲、震蘇蘇、震遂泥、震往來厲、震索索
漸	鴻漸于干、鴻漸于磐、鴻漸于陸、鴻漸于木、鴻漸于陵
歸妹	歸妹以娣、歸妹以須、歸妹愆期

豐	豐其蔀、豐其沛、豐其屋
旅	旅瑣瑣、旅即次、旅焚其次、旅于處
渙	渙奔其机、渙其躬、渙其群、渙汗其大號、渙其血去逖出

以上一類例子，與第一類的型態不同，演繹方法卻相同，均反映一卦卦名意義，在不同情境中之展現，而亦與爻位有關，如〈比〉卦上六「比之无首」、〈咸〉卦「咸其輔頰舌」均明顯可見。〈鼎〉卦上九「鼎玉鉉」更與「鼎」之形象有關，均可見爻辭是作者配合每卦主旨、爻位、卦名而作，並非經某種占筮活動後，所留存的隨機式紀錄。其餘亦有卦名於爻辭或前或後，而無一定之例，計四則：

履	素履、夬履；履道、履虎尾；視履考祥
觀	童觀、闚觀；觀我生、觀其生、觀國之光
賁	賁其趾、賁其須、賁如濡如、賁如皤如、賁于丘園、白賁
艮	艮其趾、艮其腓、艮其限、艮其身、艮其輔、敦艮

六十四卦之中，扣緊卦名，在爻辭中演繹其意義的例子，總計三十四卦，已占半數以上。[17]此明顯可見，六十四卦卦爻辭，係具有通貫條例的創作。故凡爻辭所言，多不宜徵實考訂其故事，[18]而應視爻辭為解釋「某卦、某爻」的形象語言。故如〈履〉卦六三「履虎尾」，不必為實錄某人踐履虎尾而遭咥（否則九四「履虎尾」又何以反而能「貞吉」？）；〈謙〉卦初六「謙謙君子，用涉大川」，不必真有「大川」可涉，方能證明某人為「謙謙君子」；〈困〉卦初六「臀困于株木，入于幽谷，三歲不覿」，血肉之軀豈能真受困於幽谷株木三年而無恙？[19]〈革〉卦九五「大人虎變」、上六「君子豹變」，大人君子又豈能真變形為虎為豹？如此類推，故知〈屯〉卦六二「女子貞不字，十年乃字」，〈需〉卦上六「入于穴，有不速之客三人來」，〈師〉卦

17　上舉之例，均取極顯明的例子而言。如〈升〉卦六四「王用亨于岐山」亦隱含「升」之意義；　〈蠱〉卦上九「不事王侯，高尚其事」兩用「事」字隱括「蠱」的語義，亦應一併考慮。

18　考訂卦爻辭中之故事，可追溯至史事宗《易》一派，但近一世紀則自古史辨運動興起，顧頡剛首倡研究卦爻辭中的故事。「故事」二字，即暗射「古史」之意。

19　「三歲」亦非實錄，係泛指漫長之時間。

「長子帥師，弟子輿尸」，〈大過〉卦「老夫得其女妻」、「老婦得其士夫」等等，皆屬於抽象譬喻的文辭，旨在引喻某一爻之精神或意涵，而並非筮辭實錄，不宜像顧頡剛、胡樸安那樣以實證的方法，徵實考訂其故事。經文既不能實證，則必不能視之為「故事」，遑論指其為「古史」而忽略其中創造性的元素？此第五證。

上文從辭例說明《周易》卦爻辭為形象語言。本節則專論《易》卦爻之象。本書中編〈貳〉論《左傳》記韓宣子聘魯，見《易》象與魯《春秋》，曰：「周禮盡在魯矣。」所指為表現於西周禮制的陰陽之象。《繫辭傳》說「在天成象，在地成形，變化見矣」，即指《易》的天地自然之象在人事上的體現。古人「神道設教」，實包括自然環境、人文倫理、政治制度三者而言。故《易》凡言「象」，均包括此三大範疇內的事物而言。就「卦」而言，「卦」是「象」，《繫辭傳》就說「聖人設卦，觀象繫辭焉而明吉凶」。「象」因「辭」而顯豁，「辭」以「象」而圓足，「義」則兼寄存於「象」與「辭」。例如「離」於八卦為「火」之象，但睹純卦〈離〉九三爻辭「日昃之離」，則知其「象」衍生新義可以兼指落日；再睹下文「不鼓缶而歌，則大耋之嗟，凶」，則更知其「象」衍生新義可以兼指大耋之年。同一爻辭，「離」象就衍而為三，有自然之象，有人文之象，這不就是「象」、「辭」、「義」三者相合相生的明顯例證？就卦體而言，〈頤〉卦象口頤，而卦辭「觀頤，自求口實」，「口實」兼指食物與語言。故《象傳》：

山下有雷，頤。君子以慎言語，節飲食。[20]

食物可以養生，語言用以治民，故《彖傳》說：

天地養萬物，聖人養賢以及萬民。頤之時大矣哉！[21]

言語、飲食、養民三者，雖屬不同類別之事物，卻均屬「口頤」之象。再如〈鼎〉與〈革〉相對。〈革〉卦有「改命」之象，〈鼎〉卦則有「定鼎」

20　《周易注疏》，卷3，頁27b。

21　同前注，頁27a。

之象，皆隱含政治意涵。[22]就卦辭而言，〈噬嗑〉以頤口囓合象枷鎖，故卦辭稱「利用獄」，《象傳》稱「明罰敕法」即解釋卦象兼引申卦辭；〈咸〉卦以兌上艮下，象少男少女之相感，故卦辭稱「取女，吉」，而與〈恆〉卦合為男女夫婦之道。[23]以上都是卦的取象和義理的關係。《彖傳》和《大象傳》講述「象」不少，而《繫辭下傳》說：

> 是故《易》者，象也；象也者，像也。[24]

後人推崇王弼「擯落象數」，[25]其實，單就「象」而言，既屬《周易》之根本，又豈能有「擯落」之理？其實「卦」是象，「爻」也是「象」，故《彖傳》專釋彖辭，《象傳》則卦、爻並釋。〈剝〉卦下五爻皆陰而有宮女、魚之象（六五爻辭「貫魚以宮人寵」），至上爻一陽，而有「碩果」之象，引申於人事，則喻指「君子得輿」（上九爻辭「君子得輿，小人剝廬」）。〈遯〉內卦三爻或稱「疾」、「厲」而「莫之勝說」（六二爻辭「執之用黃牛之革，莫之勝說」[26]），而不能得遯；外三爻則為「好遯」、「嘉遯」、「肥遯」，有得遯之象。可見「爻」本身也因位置的上下，而有不同的喻象。又若干卦的爻辭，亦喻爻位之意，如〈比〉卦九五：「顯比，王用三驅，失前禽，邑人

---

22 傳統注家，皆以政治改革事詮釋〈革〉、〈鼎〉二卦。如王弼《注》：「革去故而鼎取新，取新而當其人，易故而法制齊明。」（《周易注疏》，卷5，頁20a）李鼎祚《周易集解》〈革〉卦引鄭玄：「革，改也。水火相息而更用事，猶王者受命，改正朔，易服色，故謂之『革』也。」（卷10，頁240）〈鼎〉卦引鄭玄：「鼎烹熟以養人，猶聖君興仁義之道，以教天下也。故謂之『鼎』矣。」（同前，頁245）說詳本書中編〈伍、論《易經》中的飲食與婚配之道〉。

23 孔穎達《周易正義》有「天地各卦，夫婦共卦」之說（《周易注疏》，卷4，頁1a），認為單一〈咸〉卦已足說明夫婦之道，不待〈恆〉卦而具足意義。此一討論，詳本書中編〈伍、論《易》中的飲食與婚配之道〉。

24 《周易注疏》，卷8，頁8b。

25 湯用彤語，謂「王弼注《易》擯落象數而專敷玄旨。其推陳出新，最可於其大衍義見之。」見湯用彤，《魏晉玄學論稿》，《湯用彤學術論文集》（北京：中華書局，1983），頁246。學界亦多稱王弼「掃除象數」。

26 「說」，陸德明《經典釋文·周易音義》錄王肅、徐爰的讀音，王肅讀如字，義為「解說」；徐爰音「吐活反，又始銳反」（卷2，頁13b）。朱子《周易本義》採「吐活反」（卷2，頁138）。雄按：欲遯而為黃牛之革所執，可知「說」宜讀為「脫」。

不誠，吉。」九五以陽居尊，故繫以「王」字；又〈比〉卦五爻皆陰，唯此爻獨陽。朱子《周易本義》解釋說：

> 一陽居尊，剛健中正，卦之羣陰皆來比己，顯其比而无私。天子不合圍，開一面之網，來者不拒，去者不追，故為「用三驅，失前禽」，而「邑人不誠」之象。蓋雖私屬，亦喻上意，不相警備以求必得也。[27]

天子田獵，豈有「失前禽」之事？即失前禽，「邑人」又豈有「不誠」之理？即使「邑人不誠」，又豈可以之為「吉」？凡此皆可知，九五屬〈比〉卦主爻，爻辭皆屬抽象譬喻，絕非有真實事件，因〈比〉九五而喻王者「親諸侯」（《象傳》語）而取「順從」（《彖傳》語）之義。《周易》卦爻，既然皆衍「象」以說明人文自然的義理，即可證《周易》並非單純之占筮紀錄。此第六證。

除哲理內容以外，《周易》一書亦多政治及軍事的論述。《繫辭下傳》：

> 《易》之興也，其於中古乎？作《易》者，其有憂患乎？

> 《易》之興也，其當殷之末世，周之盛德邪？當文王與紂之事邪？[28]

所謂「中古」、所謂文王與紂之「事」，雖有「古」、「事」二字，卻不能被解釋為顧頡剛等所稱的「故事」、「古史」，區別在於：古史辨學者所謂「古史」，都是徵實而言，是真實個別的歷史紀錄；而《繫辭傳》所言「當文王與紂之事」，是泛指朝代遞嬗的歷史背景。卦爻辭中所記載的人物（如帝乙、箕子）、用語（用享、不寧方）、器物（錫馬、鞶帶），經學者考證，其年代固然皆值西周初葉，[29]旁證《周易》與殷周革命之事有關，但歷史背景的呼應，畢竟有異於個別歷史事件的紀錄，二者之間似差之毫釐，解釋之則謬以千里。六十四卦中，原多「大人」、「君子」之稱，已可見其書為一政治書，所論皆屬貴族治國治民的理論，而涉及政治意涵的卦，取其明顯者計算，即有如下各例：

27　朱熹，《周易本義》，卷1，頁64。

28　《周易注疏》，卷8，頁17a、22b。

29　此說原由顧頡剛提出，後經屈萬里考訂，而為定論。說詳屈萬里，〈周易卦爻辭成於周武王時考〉、〈說易散稿〉、〈易卦源於龜卜考〉等三篇論文，參《書傭論學集》，頁7-69。

1. 〈乾〉卦九五「飛龍在天，利見大人」，即係明顯之政治宣誓。

2. 〈屯〉卦辭「利建侯」、〈豫〉卦辭「利建侯、行師」可比合而觀，而見政治不離軍事。

3. 〈訟〉卦九二「其邑人三百戶，无眚」喻指「不克訟」者為一受封之貴族；上九「或錫之鞶帶，終朝三褫之」，「鞶帶」為命服之飾，亦可知其人為貴族，其內容喻政治之事。

4. 〈比〉卦辭「不寧方來，後夫凶」之「不寧方」即邦國敵我的區別。

5. 〈噬嗑〉卦辭「利用獄」，與刑獄有關。

6. 〈晉〉卦辭「康侯用錫馬蕃庶，晝日三接」涉及天子給諸侯封賞。

7. 〈師〉卦之「師」，義為兵眾。

8. 〈比〉卦九五「王用三驅，失前禽，邑人不戒」，古代王者出狩射獵，所以示武，故亦涉及軍事之事。

9. 〈同人〉卦九三「伏戎于莽，升其高陵」、九四「乘其墉，弗克攻」，皆可證「同人」係專指軍隊袍澤而言。

10. 〈隨〉卦六二「係小子，失丈夫」、六三「係丈夫，失小子」、九四「隨有獲」、上六「拘係之，或從維之」，均明顯與戰爭有關。

11. 〈渙〉卦辭「王假有廟」、〈萃〉卦辭「王假有廟，利見大人」、〈豐〉卦辭「王假之」、〈夬〉卦辭「揚于王庭」、〈升〉卦辭「元亨」、六四「王用亨于岐山」等，皆涉及天子臨廟祭祀典禮之事。

12. 〈旅〉卦據《經典釋文》，王肅即以「師旅」之義釋「旅」。學者或以「旅」卦指人生之羈旅或行旅，唯上九「旅人先笑後號咷」，與〈同人〉九五「同人先號咷而後笑」為相對，均有軍事戰爭，吉凶難逆料之意。

13. 〈革〉卦九四「改命」、九五「大人虎變」、上六「君子豹變，小人革面」，皆論政治之語言。

其餘如〈臨〉、〈觀〉等卦直接宣示政治理念，更不在話下。如再看各卦上爻，涉及政治軍事者亦多，如：

1. 〈坤〉卦上六「龍戰于野，其血玄黃」。

2. 〈屯〉卦上九「擊蒙，不利為寇，利禦寇」。

3. 〈謙〉卦六五「利用侵伐」、上六「利用行師，征邑國」。

4. 〈泰〉卦上六「城復于隍，勿用師，自邑告命」。

5. 〈隨〉卦上六「拘係之，乃從維之，王用亨于西山」。

6. 〈復〉卦上六「迷復，凶，有災眚。用行師，終有大敗。以其國，君凶，至于十年不克征」。

7. 〈離〉卦上九「王用出征，有嘉折首，獲匪其醜，无咎」。

8. 〈晉〉卦上九「晉其角，維用伐邑」。

9. 〈解〉卦上六「公用射隼于高墉之上，獲之，无不利」。

10. 〈益〉卦上九「莫益之，或擊之」。

以上各例，其本卦未必直接涉及軍事，但至上爻則常以軍事人事引喻。再考慮在卦爻辭中出現共計二十次的「君子」一詞，其用例與「小人」相對，多指貴族統治階層而言。凡此，皆可證《周易》作者必係治國之人，故所論多治國之事，其書非單純的占筮紀錄。此第七證。

　　《周易》之為政治之書，又可從〈坤〉卦內容論證。〈坤〉在《歸藏》本列首卦，《周易》轉為立〈乾〉為首，而置〈坤〉為第二卦，並於卦辭說：

> 元亨，利牝馬之貞。君子有攸往，先迷後得主。利西南得朋；東北喪朋。
> 安貞，吉。

借用清儒「以經解經」的方法，取同屬西周初年的文獻《詩・大雅・文王》及《尚書・多士》、〈洛誥〉等與〈坤〉卦卦爻辭互證，所謂「君子有攸往」，指的就是遷殷民於雒邑之事，也就是〈多士〉所稱「告爾多士，予惟時其遷居西爾」。[30]所謂「先迷後得主」，就是〈大雅・文王〉所稱「殷士膚敏，祼將于京。……王之藎臣，無念爾祖」。[31]至於「利西南得朋，東北喪朋」所講述「西南」即指周人，「東北」即指殷人，[32]告誡「尚有爾土」

30　《尚書注疏》，卷16，頁5b。

31　《毛詩注疏》，卷16之1，頁11a-b。

32　說詳屈萬里，〈說易散稿〉「利西南不利東北」條，頁32-36。

的殷人，應「侯服于周」，親近周王朝，以周人為新主人。〈坤〉卦除卦辭外，各爻爻辭亦多告誡殷遺民的語言，如初六「履霜堅冰至」，無異提醒殷遺民應明瞭殷商喪亡，自有各種自身種下的歷史因素。六三爻辭「含章可貞」即〈大雅・文王〉之「聿脩厥德」；[33]「或從王事，无成有終」即〈多士〉之「爾乃尚有爾土，爾乃尚寧幹止。爾克敬，天惟畀矜爾」，[34]皆在於警告殷遺民成為服從於周朝的順民。六四「括囊，无咎，无譽」，亦是警告殷遺民勿作「不克敬」[35]之言論。論者或懷疑，此說論據何在？請讀《文言傳》。《文言傳》於六十四卦中，僅釋〈乾〉、〈坤〉二卦。〈乾〉卦《文言》除「貴而无位，高而无民」[36]的政治解釋外，尚有「閑邪存其誠」、[37]「脩辭立其誠」[38]等修德之思想，至於「聖人作而萬物覩，本乎天者親上，本乎地者親下，則各從其類也」，[39]則屬於自然人文互相調和的內容。唯〈坤〉卦《文言》則幾乎完全集中在政治的解釋，既與〈乾〉卦《文言》殊為不類，與其他《易傳》亦不相同。〈坤〉初六「履霜堅冰至」《文言傳》：

> 積善之家，必有餘慶；積不善之家，必有餘殃。臣弒其君，子弒其父，非一朝一夕之故，其所由來者漸矣，由辯之不早辯也。《易》曰「履霜堅冰至」，蓋言順也。[40]

「積善之家」四句，豈不恰好道出周人以天命觀提出「旻天大降喪于殷」，[41]以解釋殷商亡國的原因？此亦即〈大雅・文王〉「殷之未喪師，克配上帝，宜鑒于殷，駿命不易」之意，故謂「臣弒其君，子弒其父，非一朝一夕之故」，正與《史記・伯夷列傳》記伯夷所謂「以臣弒君，可謂仁乎」，以君

---

33 《毛詩注疏》，卷 16 之 1，頁 13a。

34 《尚書注疏》，卷 16，頁 7b。

35 同前注。

36 《周易注疏》，卷 1，頁 15b。

37 同前注，頁 12b。

38 同前注，頁 13a。

39 同前注，頁 15a。

40 同前注，頁 26a。

41 《尚書・多士》。《尚書注疏》，卷 16，頁 1b。

臣關係指涉紂王與武王之關係，語義一致。《文言傳》又釋六三：

> 陰雖有美，含之；以從「王事」，弗敢成也。地道也，妻道也，臣道也。地
> 道「無成」，而代「有終」也。[42]

《文言》詮釋六三爻辭，至於明言「以從王事弗敢成」、「地道也，妻道也，
臣道也」，本於釋經的立場，複述了《易經》作者呼籲殷遺民順從王事、
卑作臣民之意，其涵義實甚顯豁。益可信《周易》之為書，實是政治典
冊，而非單純的占筮紀錄。此第八證。

又《周易》隨具體的人生、政治、倫理事件而鋪陳義理，往往明顯成
為戰國儒家思想的來源。如〈家人〉卦六二「无攸遂，在中饋，貞吉」，
強調家中有負烹飪之責的婦女，則可貞吉；〈夬〉卦初九「壯于前趾」、〈大
壯〉卦初九「壯于趾」，都隱含君子居位治事之初，勿趾高氣揚的警示；[43]
〈革〉卦上六「君子豹變，小人革面」標示革道完成、君子隨時而變其威
嚴，小人則順從於君子的義理；〈鼎〉卦有政治去故取新之義，九四爻辭
「鼎折足，覆公餗，其形渥，凶」訓誡「德薄而位尊，知小而謀大，力小
而任重」（《繫辭下傳》「子曰」語）[44]之危；〈歸妹〉卦九二「眇能視，利幽人
之貞」警告幽囚之人當明察而自省；〈節〉卦九五「甘節」為「吉」、上六
「苦節」為「凶」，顯示必須在〈渙〉、〈節〉之間取得平衡，過度之節制反
致凶事；〈既濟〉卦「襦有衣袽，終日戒」，提示人生憂患隨時來臨，君子
必須深戒而不能無準備。[45]以上只是從三百八十四爻的爻辭中隨處可見的

42　《周易注疏》，卷 1，頁 27a。

43　桓公十三年《左傳》：「十三年春，楚屈瑕伐羅鬭。伯比送之，還謂其御曰：『莫敖必敗。舉
　　趾高，心不固矣。』……羅與盧戎兩軍之，大敗之。莫敖縊于荒谷。」《春秋左傳注疏》，卷
　　7，頁 14b-15b。足見先民相人之法，亦恰可以從史實的角度解釋「壯于趾」的辭義。又，
　　〈夬〉卦下五陽而一陰在上，〈大壯〉卦下四陽而二陰居上，均有陽氣壯盛之象。故〈夬〉卦
　　《彖傳》稱「剛決柔」。

44　《周易注疏》，卷 8，頁 12b。

45　王引之《經義述聞》：「四在兩坎之間（原注：二四互坎），固陰沍寒，不可無罿衣以禦之。
　　六四體坤為布（原注：《說卦傳》『坤為布』），故稱『襦』；處互體離之中畫（原注：三五互
　　離），離火見克於坎水，有敗壞之象，故稱『袽』；四在外卦之內，有箸於外而近於內之象，

內容，略加闡述，限於篇幅，無法全面分析比較。故《論語·顏淵》記孔子曰：

　　聽訟，吾猶人也，必也使無訟乎！[46]

按《周易》〈訟〉卦卦辭「中吉，終凶」，初六爻辭「不永所事」，《象傳》「訟不可成」，以此內容與孔子言論互證，即知孔子所謂「必也使無訟」之論，實即發揮《周易》〈訟〉卦「不永所事」的意旨。上文所引的例證，已足以說明筆者所強調的處處隱藏於卦爻辭中的生活的智慧（也是生命的智慧），也就是儒家「仁義天命性情內外」等義理的重要來源。《周易》內容既多記人生、政治、倫理之義理，即顯見其並非單純之占筮紀錄。此第九證。

三 結語

　　上文列舉九證，一一說明卦爻辭絕非單純之占筮紀錄。筆者用意，並非說《周易》和占筮無絲毫關係。事實上，如饒宗頤考論，《周易》自有其有別於《歸藏》的占法，[47]而《左傳》所記，春秋時期史官、筮人用《易》為占的例子甚多。然而，一部經典可作某方面之施用，並不代表該經典之本質即完全等於其所施設之用途。此二者之間，相去懸絕。譬如斲斷樹木，加以修治，可成傢俱；但吾人斷斷不能說樹木之生，是專供人類製成

故稱『衣』（原注：於氣切）。『衣袽』，謂箸敗壞之襦也。禦寒者，固當衣襦矣；乃或不衣完好之襦，而衣其敗壞者，則不足以禦寒，譬之人事，患至而無其備，則可危也。」（卷1，頁61a-b）

46　《論語注疏》，卷12，頁7b。

47　饒宗頤據《周易乾鑿度》及《乾鑿度》鄭玄《注》、《繫辭傳》等文獻所記關於「陽」、「九」主變之論，說：「鄭說十分清楚，他指出夏、殷之易占象，周易占變，象是爻之不變動者。陽數進而而陰數退，故七進而為九，八退而為六，這是表示氣的長和消。占象、占變之分，正是夏、殷易與周易占法上的區別。饒宗頤，〈由卜兆記數推究殷人對於數的觀念〉，頁8。按此占法的區分，與《歸藏》以「坤」為首，尚陰、尚地；《周易》以「乾」為首，尚陽、尚天有關。

傢俱而長成。同樣地,《易》可施用於占筮,邏輯上亦不表示《易》卦爻辭即為占筮紀錄。唯如上文所分析,二十世紀初學者囿於科學主義思潮,急欲推倒中國封建迷信文化傳統,故對《周易》經文之價值,盡力摧毀,不遺餘力。後人不察,遂襲前人成說。近年關乎《易》卦的出土文獻寖多,如數字卦、日書之類,學者又不假思索就立即將此等文獻與《易》卦相聯繫,坐實它們都屬於占筮的遺留,於是一意從占筮討論出土《易》材料,不再視《周易》為一部先民創作的典冊,不再細心閱讀卦爻辭,對於卦爻辭所載之歷史、政治、倫理、修德、自然觀、身體觀、語言方法等,幾乎皆視而不見。今天研究者若能悟及《易經》自有其政治、歷史、義理相糾纏的背景,而審視其內容,則當可明瞭《易傳》義理精義,多承繼自《易經》,經傳關係,有如父母子女,父母之個性習氣,常因遺傳而影響子女。「經」之基因為「傳」所承繼,「傳」之血緣則傳承自「經」;則「傳」必然含有「經」之基因,不在話下。研究者固然不應視經傳為一體,但亦不宜認經傳為絕無關係之兩種文獻;正如不應視子女為父母一體之分身,但亦不宜認父母子女為絕無關係之陌路人也。

伍、《易》儒道同源分流論

一 緒論

本文追溯殷商、西周到春秋戰國近一千年的古史變遷，透過述說儒家的代表人物孔子和道家的代表人物老子的身分認同與文化認同的衝突，指出孔子禮樂思想和老子無為思想，與《歸藏》和《周易》的淵源關係，揭露孔、老二人與遙遠的殷商王朝的連繫，以及殷末周初至春秋末年數百年間一段被隱沒已久、令人盪氣迴腸的故事。

在閱讀本文以前，建議讀者先讀我已發表的兩篇論文：〈從遺民到隱逸：道家思想溯源──兼論孔子的身分認同〉及〈隱士逸民與出處進退──清儒論「隱」〉。二文均收入拙著《漢學論衡初集》。[1]

《五經》的撰著年代，前後不一，眾說紛紜。因為其書編定，已遲至漢代，又有偽篇摻雜，加上歷代戰亂，傳承困難。從歷史文化以及文明進程考察，《五經》中應以《易》、《詩》、《書》為最早，皆成於西周初葉，屬於朝廷典冊。魯國保存禮樂典籍最備，其餘各國則難言。春秋以後，禮樂隳毀，王官學星散，而逐漸流為百家言。諸經各章，乃至於釋經之「傳」，輾轉傳抄，在戰國時期已有不同的版本。近年出土簡帛，有不少篇章，內容或與傳本諸《經》近同，或不同但可與諸《經》互相補充。這是由於文獻常常隨著人類活動而變動、遷徙、傳抄、增補，孳乳衍生，內容寖多。其相同的部分，保存了不因時空變遷而改變的核心價值；其相異的部分，則反映了不同時期人類思想價值的差別。由此可知，《五經》經傳

1　分見拙著，《漢學論衡初集》，頁 191-232、233-280。

的發展、演化，實與中國古代「思想史」共同成長，互相支持。經典內容的發展變化，不但說明了文化、文明的演進，也反映了思想、觀念的發展軌跡。反過來說，思想、觀念的歷史變化，也常常在經典內容中留痕。故研究經典，不能不注意思想史；反之亦然。一部中國思想史，其實就是一部中國經典詮釋的歷史。因此，無論是研究古代經典、思想發展、古歷史文明，綜合（integration）是研究所不可或缺的能力。

從方法上講，「哲學」常站立在高於政治教化的層次思考普遍性的課題，相對上「思想」則未必，因此「哲學」的研討常可以孤立於「歷史」之外，「思想」則不然。古代中國，「思想」的展現從來沒有脫離現實歷史政治。反過來說，歷史政治的走向，思想觀念常引領在前，而「經典」則是歷史政治與思想觀念得以流傳至今的最重要載體。這是筆者堅持思想、歷史、經典必須結合研究的原因。古代思想史的勾稽，不但需要文獻考證，也需要哲學思辨，更重要的是想像力，將看似無關的材料，以及未見諸文字的抽象理念，一一連繫。縱向，則刻畫思想發展的源流；橫向，則統整史事、哲理、經典等各方面。最終目的，是將過去偏差的研究觀點擺正。

本文試將殷周之際政治意識型態的大轉變，指出《周易》的特色所在，進而論儒家、道家思想的源流，說明儒家實繼承西周政治理念而符合《易》道尚剛的思想，道家則遠承殷商政治理念，而將尚剛的《易》道轉而強調其柔弱的政治藝術的效用。這也是過去學界未曾有人提出過的新觀點。

過去研究中國哲學史及中國思想史的學者，多將孔子置於第一章，用意在於高揚理性主義與人文精神，而墨家、法家、道家等則漸次介紹。獨有錢穆先生以「儒、墨」二家總領戰國思潮的興起，明顯與其他學者不同。錢先生的觀點，實受二十世紀初新史學思潮影響，著眼於社會學為史學基礎，故特指儒家、墨家為社會的兩大行業從業者的集體觀點。[2]筆者看

2　錢穆《先秦諸子繫年》卷 2 第 32 條：「蓋儒之與墨，皆當時人物流品之一目，人生行業之一

法與錢先生不同，認為回歸歷史源流，先秦思想，實以「儒」、「道」為大宗，而其源流又可上溯於殷、周兩代迥然相異的政治意識型態。3

就儒家而言，將「孔子」定為中國思想史的起始點，鎂光燈照射點就在孔子，孔子以前的一段歷史，就自然而然地被排除在「思想史」的範疇以外。研究者既忽略了孔子以前，對於西元前六世紀孔子的理念與西元前十世紀周公制禮作樂意向之間的關係，自然更不會注意。孔子畢生企望振興的禮樂，就是西周政治理念、意識型態的寄託，而西周初年的政治理念，又與殷商政治理念截然不相同，其關鍵正在於殷、周二民族地域文化歧異所引致的制度上的差別。

本文論證《歸藏》與《周易》為儒家及道家思想的遠源，並不是用簡單的二分法，認為《歸藏》引起了道家思想，《周易》則引起了儒家思想。這樣觀察思想史，是輕率而粗疏的。我們要注意到，《歸藏》只是一個背景，它的許多內容已被吸納到《周易》之中；另方面，我們今天看到的《歸藏》，儘管保留了殷商時代一部分內容原貌，畢竟並不全然是原本。《歸藏》固然以〈坤〉為首卦，〈乾〉為次，而有尚陰之義；《周易》固然以〈乾〉為首卦，〈坤〉次之，而有尚陽之義，但是，《周易》〈乾〉中有〈坤〉，〈坤〉中有〈乾〉，卦爻辭實已透露了陰陽互相依存的消息。這就提醒我們，《歸藏》的尚陰與《周易》的尚陽，不能截然二分。

我們掌握《歸藏》的材料有限，只能從片段的材料中捕捉到它的基本原理。後周文王撰《周易》，將《歸藏》一部分內容融入，並加以改寫。

端耳。儒者初未自認其為儒，而墨者則直承其為墨，曰：人呼吾墨，吾則以為大聖夏禹之道也。故曰：非夏禹之道，不足為墨。人以墨致譏，而彼轉以墨自誇焉。……故當所謂儒墨，易言之，則士與民之分也，君子與刑徒之等也。謂余不信，請熟繙之於先秦諸子之古籍。凡所記儒者之衣服飲食起居動作言論，豈不儼然一所謂士君子者之衣服飲食起居動作言論乎？至於墨則不然。其衣服，奴隸之衣服也，飲食，奴隸之飲食也，起居動作言論，奴隸之起居動作言論也。要之一派為模儗上層之貴族，一派為代表下層之庶民。彼自為士君子，人亦從而士君子之。彼自為刑徒奴民，人亦從而刑徒奴民之。儒墨之稱，由此生也。」錢穆，《先秦諸子繫年》，卷2，頁93。

3　說詳拙著，〈從遺民到隱逸：道家思想溯源——兼論孔子的身分認同〉。

這就是我在本書〈《歸藏》平議〉中提出「歷史連續性」的視角。《周易》〈坤〉卦率皆周王朝訓飭遺民語言，其語調與《尚書·多士》一樣，重在警告殷遺民安分守己。其中採「馬」為喻，又有「履霜」、「直方大」、「龍戰于野」等語，均自〈坤〉的土地喻象的引申。《易傳》在這個基礎之上，多取「土地」之象，引出柔順、自我約束、敬謹等精神。如《彖傳》云「牝馬地類，行地无疆」、「先迷失道，後順得常」。《象傳》云「地勢坤」、「慎不害」。《文言傳》云「坤道其順乎，承天而時行」、「括囊、无咎无譽，蓋言謹也」。凡此內容，都是《周易》經傳作者，汲取了《歸藏》以〈坤〉卦列為首卦的精神。〈坤〉卦取「土地」為象徵，闡述自我約束、柔順的精神，並由《易傳》衍伸厚德載物的思想，而與〈乾〉卦匹配。正因為《周易》中已包含了部分《歸藏》的思想元素，《周易》成為儒、道二家思想共源之說，才能夠持之有故，言之成理。

《周易》本身尚陽、主變，文義貫徹於經文（卦爻辭）及《易傳》之中，其論已詳見本書〈論《易》道主剛〉一章。

以下先論殷、周歷史與制度的異同，釐清歷史場景，以說明殷、周的制度之異，實引起數百年後戰國政治理念中「復興禮教」與「反對禮教」兩種政治態度的對立，而衍生出儒家（復興禮教）、道（批判禮教）兩派之思想。平王東遷，封建失序，雖有霸業興起以「尊王」為號召，畢竟王命不行，諸侯不臣，「王者之迹熄」，是不可抗逆的歷史潮流。《春秋》止於獲麟，禮崩樂壞，周室衰微。歷史出路，儒、道各有所主。

春秋末葉，孔子有意復興禮樂，為禮樂賦予新的精神與意義，但最終扭轉不了禮崩樂壞的歷史大勢。游、夏之徒，乃至子思，承繼孔子奔走衛、魯的做法，一面遊走諸國，開處士橫議風氣；一面以文字闡述禮樂，而有經師、儒生的分流。[4]這是在春秋末禮樂崩壞、王化不行的時期，儒家

4　章太炎〈論諸子學〉：「雖然，有商訂歷史之孔子，則刪定六經是也；有從事教育之孔子，則《論語》、《孝經》是也。由前之道，其流為經師；由後之道，其流為儒家。」（收入《演講集（上）》，頁51）按：太炎後裒輯《章氏叢書》，刊落此文，並在〈與柳詒徵〉中自悔〈論諸子學〉有「詆孔」的言論，嘆「前聲已放，駟不及舌」（《書信集（下）》，《章太炎全

應對的策略。儒家學說與「禮樂」的關係至為緊密，但儒家與《易》的關係則討論者甚少。

道家以老子為代表則不同，「居周久之，見周之衰，迺遂去」而歸隱，為關令尹喜「著書上下篇，言道德之意五千餘言而去」。[5]《史記》儘管指出老子離開的原因是「見周之衰」，卻沒有說出動機。倘若從《老子》書中找尋線索，則老子強力批判禮樂道德價值，指出帶有進取性的文化、文明終將衰敗。儘管天地之間，盛衰往復，治亂循環，無可避免，老子仍深信用「無為」的精神來經營個人，能有助於調養身心；用「無為」的精神來管治國家，更能免除戰爭引起的不幸。

《周易》陰陽哲學尚陽主剛的精神，成為孔子及儒家的思想資源；而老子則同時汲取《歸藏》尚陰的思想以及《周易》變化循環的哲學，為禮崩樂壞的春秋末葉以及走上衰敗的周室指出一條未來的道路。

孔子是殷人之後，人所共知，他對《周易》的嫻熟，已至於將《易》的語言化為日常用語，而原已深植周朝禮樂的陰陽哲學，也繼續深入滲透到儒家禮教學說中。老子生平似謎，與殷商是否有血緣雖未能知悉，但在思想上，殷民族重母統的傳統反映於《歸藏》立純陰的〈坤〉為首，這一點靈根，明顯成為老子思想的活水源頭。老子也將《周易》尚陽的陰陽哲學，轉化為尚陰的陰陽哲學，建構宏大的政治教化的方略。原來先秦兩大思想家都可溯源於殷商，和《歸藏》、《周易》都脫離不了關係！

集》，第 3 輯第 3 冊，頁 972）。〈論諸子學〉原載《國學講習會略說》，又載《國粹學報》，第 8、9 號（1906 年 9 月 8 日、10 月 7 日），可參《講演集（上）》，頁 48-67。〈與柳詒徵〉撰於 1922 年，原載《史地學報》，第 1 卷第 4 期，收入《書信集（下）》，頁 971-972。讀者亦可參嚴壽澂，〈章太炎國學觀略論〉，刊《饒宗頤國學院院刊》，第 5 期（2018 年 5 月），頁 373-402。雄按：章太炎自悔詆孔，固然是事實，但他並沒有否定〈論諸子學〉的論據，說明了他自悔的只是態度，未必自承持論謬誤。而且就孔子「刪定六經」而流為經師，「從事教育」而流為儒家的論點而言，實屬不刊之論，從《史記》、《漢書》考察孔子以後儒門的分流，〈儒林傳〉、〈六藝略〉的傳經之儒，與〈諸子略〉的說理論政之儒，確然二途。

5　據《史記‧老子韓非列傳》，卷 63，頁 2141。

二 殷周遞嬗：文化與理念的巨變

　　《易》的撰著，可以溯至夏代，故《周禮》有「三《易》」傳承之說，證明夏商周三代，朝代更迭，《易》理亦每有變革。夏代距今甚遠，夏民族活動地域，一般認為在河南西北與山西南部一帶為主，[6]具體區域至今雖有爭議，但至少確定河南二里頭文化為夏文化，二里崗文化則是商文化，是考古學家共同承認的。[7]據王國維〈殷周制度論〉考證，夏、殷二民族活動之地域，上承黃帝唐虞，俱在東土，頗為相近。[8]據李濟的研究，殷商文明是綜合了東夷、西夏和原商三種文化傳統。他說：

> 夏開青銅器及青銅鑄造的先河。……第二個文化地區位於東部沿海一帶，以黑陶民族為代表，亦即歷史上的東夷，早期的文獻中稱之為「蹲居的蠻族」（Squatting Barbarians）。……但是無論是歷史方法或是考古學的方法，都不能證實商朝的祖先具有上述的兩種傳統。商朝的創始者可能很早就採用了跪坐的習慣。……商朝的祖先首先征服了東夷，吸取了他們的某些藝術傳統，也教給他們一些戰爭新技術，則為相當確定的史實，當然他們只能在商人的領導下作戰。商人挾此新練之兵，西指克夏，又吸收了一部分他們認為有價值的夏文化。所以商朝的文明，綜合了東夷、西夏和原商三種文化傳統。[9]

參以《論語》所記孔子「三代損益」之說，此說或可證明殷商文明部分承

6　鄒衡即指二里頭（今河南省偃師縣）文化為夏文化遺址。說詳鄒衡，〈試論夏文化〉，收入《夏商周考古學論文集》（北京：文物出版社，1980），頁103-104。考古學家略無異辭。

7　參張國碩，〈商文化階段劃分探索〉，收入中國社會科學院考古研究所編，《殷墟與商文化：殷墟科學發掘80周年紀念文集》（北京：科學出版社，2011），頁214-215。

8　王國維：「夏自太康以後，以迄后桀，其都邑及他地名之見於經典者，率在東土，與商人錯處河濟間，蓋數百歲。」詳王國維，〈殷周制度論〉，《觀堂集林》，卷10，頁1a-b。

9　李濟，〈商朝裝飾藝術的諸種背景〉（"Diverse Background of the Decorative Art of the Shang Dynasty"），引自《中國文明的開始》，收入李濟，《安陽》附錄（石家莊：河北教育出版社，2000），頁480-481。

繼夏朝文明的史實。[10]殷商立國，既吸收夏文化並及於東夷文化，從安陽小屯出土文化及相關經典載籍記載，殷人精於鑄造青銅器為武器及禮器，愛好大規模的狩獵活動，其文化武功之力量及於長江南岸。[11]殷商經濟文化高度發展，而王室衰敗，與沉涵於酒色逸樂有關。[12]關於殷商之制度，王國維〈殷周制度論〉論之最詳，且有創闢之功。簡而言之，周民族自西而來，與夏、殷大異。[13]如夏、殷二朝為一文化系統，周人崛起於西方，則屬另一系統。[14]故〈殷周制度論〉說：

---

10 錢穆說：「古史已難詳論，然夏商兩代就文化大體言之似是一系相承，並無甚顯著之不同，則夏商殆我漢民族之兩支，而非兩民族也。」參錢穆，《國史大綱》修訂本（香港：商務印書館復刻八十年紀念版，2020），第一編第一章「中原華夏文化之發祥」，頁12。但錢先生旋亦據漢人「夏尚忠，商尚鬼，周尚文」論夏周民族皆是尚力行的民族，而商人尚鬼，則近於宗教玄想，與夏周兩族之崇重實際者迥異（頁19）。

11 從安陽出土之龜甲來自南方可知。參李濟，《中國文明的開始》，頁495。

12 《尚書・微子》：「我祖厎遂陳於上；我用沈酗於酒，用亂敗厥德於下。」（《尚書注疏》，卷10，頁14b）又：「父師若曰：『王子！天毒降災荒殷邦，方興沉酗於酒。』」（同前，頁16b）

13 王國維〈殷周制度論〉：「商有天下，不常厥邑，而前後五遷，不出邦畿千里之內。故自五帝以來，政治文物所自出之都邑，皆在東方。惟周獨崛起西土。武王克紂之後，立武庚，置三監而去，未能撫有東土也。」（頁1b）

14 據古史史料，殷人姓「子」。《史記・三代世表》引《詩傳》：「湯之先為契。……契生而賢，堯立為司徒，姓之曰子氏。子者茲；茲，益大也。」（卷13，頁505）周人姓「姬」，《史記・周本紀》：「帝舜曰：『□，黎民始飢，爾后稷播時百穀。』封□於邰，號曰后稷，別姓姬氏。」（卷4，頁112）「姬」姓與黃帝有關聯，《國語・晉語四》：「昔少典娶于有蟜氏，生黃帝、炎帝。黃帝以姬水成，炎帝以姜水成。成而異德，故黃帝為姬，炎帝為姜，二帝用師以相濟也，異德之故也。」（卷10，頁356）張光直則不完全贊成王國維的觀點，說：「從物質遺跡上看來，三代的文化是相近的：縱然不是同一民族，至少是同一類的民族。再從本文所討論的都制來看，三代的政府形式和統治力量的來源也是相似的。全世界古代許多地方有青銅時代，但只有中國三代的青銅器在溝通天地上，在支持政治力量上有這種獨特的形式。全世界古代文明中，政治、宗教和美術都是分不開的，但只有在中國三代的文明中這三者的結合是透過了青銅器與動物紋樣美術的力量的。從這個角度來看，三代都是有獨特性的中國古代文明的組成部分，其間的差異，在文化、民族的區分上的重要性是次要的。」氏著，〈夏商周三代都制與三代文化異同〉，《中國青銅時代（第二集）》（新北：聯經出版事業公司，1994），頁40。

以地理言之，則虞、夏、商皆居東土，周獨崛起於西方，故夏、商二代文化畧同。〈洪範〉九疇，帝之所以錫禹者，而箕子傳之矣。夏之季世，若胤甲、若孔甲，若履癸，始以日為名，而殷人承之矣。文化既爾，政治亦然。

又說：

周之克殷，滅國五十，又其遺民或遷之雒邑，或分之魯、衛諸國。而殷人所伐，不過韋顧、昆吾，且豕韋之後，仍為商伯。昆吾雖亡，而己姓之國仍存於商周之世。《書・多士》曰「夏迪簡在王庭，有服在百僚」，當屬事實。故夏、殷間政治與文物之變革，不似殷、周間之劇烈矣。殷、周間之大變革，自其表言之，不過一姓一家之興亡，與都邑之移轉；自其裏言之，則舊制度廢而新制度興，舊文化廢而新文化興。又自其表言之，則古聖人之所以取天下及所以守之者，若無以異於後世之王；而自其裏言之，則其制度文物與其立制之本意，乃出於萬世治安之大計。其心術與規摹，迥非後世帝王所能夢見也。[15]

其實武王滅紂，亦坦然承認自身是西方小國，遽爾取代東方大國為中原共主，所謂「天休于寧王，興我小邦周」，[16]「皇天上帝改厥元子茲大國殷之命」，[17]皆反映周人心理上仍在調適。王氏追溯周民族與夏、殷二朝地理與歷史上的差異，而深探周人治天下的宏圖，並且將關注點放在制度之上：

欲觀周之所以定天下，必自其制度始矣。周人制度之大異於商者，一曰立子立嫡之制，由是而生宗法及喪服之制，并由是而有封建子弟之制、君天子臣諸侯之制。二曰廟數之制。三曰同姓不婚之制。此數者，皆周之所以綱紀天下，其旨則在納上下於道德，而合天子、諸侯、卿大夫、士、庶民，以成一道德之團體。周公制作之本意，實在於此。此非穿鑿附會之言

15　王國維，〈殷周制度論〉，頁 1b-2a。

16　《尚書・大誥》。《尚書注疏》，卷 13，頁 20b。

17　《尚書・召誥》。同前注，卷 15，頁 6a。〈大誥〉稱「小邦周」，〈召誥〉稱「大邦殷」，均反映周民族自視為小邦，視殷商為大邦。

也。茲篇所論，皆有事實為之根據。[18]

這裡有三點值得注意：

其一，殷、周二代制度之所以截然相異，既有其地理活動背景之異，亦存在文化上巨大差別。考察周人奄有中土、開邦建制的立國宏圖，必不能忽視殷、周二朝政治與制度的差異性，而必須用一種鏡像式的視角，對照殷、周二朝，捕捉周人立國設計與殷商不同之處。

其二，如王國維所說，周人禮樂制度，實存在深遠的宏圖，立制之本意，乃出於萬世治安之大計，因此具有特殊的心術與規模。其實，周人所謂「天命靡常」[19]所倡議的變動的天命觀，是屬於政治意識型態的轉型正義，試圖以此一新意識型態灌輸治下的臣民，使其接受新王朝的統治。而此種強調變動的精神，恰與《周易》主變哲學一致。

其三，殷周二朝對待諸侯國政策截然不同。相對於周人系統性的封建子弟之制，殷商對諸侯國即有征伐亦不滅國，周人則「懯國九十有九」，[20]而「滅國五十」。[21]從文獻考察，殷商民族已有「天」的意識，如《尚書‧湯誓》「有夏多罪，天命殛之」，[22]〈仲虺之誥〉「奉若天命」、「永保天命」，[23]〈盤庚上〉「恪謹天命」等等，[24]與周民族相似，但殷商則始有祭「帝」的禮制。而在細節上，如周人以「日」稱「月」——稱周正之「一月」為「一之日」、「二月」為「二之日」、「三月」為「三之日」等等，[25]不從殷商甲

18 王國維，〈殷周制度論〉，頁 2a-b。

19 《詩‧大雅‧文王》。《毛詩注疏》，卷 16 之 1，頁 11a。

20 據《逸周書‧世俘》：「懯國九十有九，馘魔億有十萬七千七百七十有九，俘人三億萬有二百三十，凡服國六百五十有二。」「懯」義為怨、惡。「懯國」，翟灝釋為「不順服之國」；顧頡剛釋為「討伐所惡之國」。黃懷信、張懋鎔、田旭東，《逸周書彙校集注（修訂本）》，卷 4，頁 435。

21 《孟子‧萬章下》趙歧注語，《孟子注疏》，卷 10 下，頁 2b。

22 《尚書注疏》，卷 8，頁 2a。

23 同前注，頁 7a、9b。

24 同前注，卷 9，頁 3a。

25 《詩‧豳風‧七月》。《毛詩注疏》，卷 8 之 1，頁 9a。

骨「☽」字兼有「月」之形象與曆法意義的引申（「☽」的圓缺一週期為 29.53
日，為陰曆月之長度），反映了周人尚陽思想。[26]

　　其四、相對於周人，殷民族更重視女性的地位。除了眾所周知武丁之
妻、統兵出征的「婦好」[27]可以為證外，從殷商「兄終弟及」的制度，亦
可窺見跡象。王國維〈殷周制度論〉指出周人「嫡庶之制」出於「傳子之
制」，而「傳子之制」是為救「兄終弟及」之制而生。「兄終弟及」即《左
傳》襄公三十一年所說：

> 太子死，有母弟則立之，無則立長，年鈞擇賢，義鈞則卜。[28]

王氏又說：

> 兄弟之親，本不如父子；而兄之尊，又不如父。故兄弟間常不免有爭位之
> 事，特如傳弟既盡之後，則嗣立者當為兄之子歟？弟之子歟？以理論言
> 之，自當立兄之子；以事實言之，則所立者往往為弟之子。此商人所以有
> 中丁以後九世之亂，而周人傳子之制，正為救此弊而設也。[29]

王氏注意到周人用「傳子」革去「弟及」目的在於「救弊」，卻沒有解釋
這樣存在明顯弊端的制度，何以被殷商採用，綿延數百年而不替。誠如王

26　說詳拙著，〈釋「天」〉。又吉德煒（David N. Keightley, "The Late Shang State: When, Where
　　and What?" in his *The Origins of Chinese Civilization*, Berkeley: University of California Press,
　　1983）認為商人沒有直接祭「帝」，周人則直接祭「天」。而江雨德〈國之大事：商代晚期
　　中的禮制改良〉（中國社會科學院考古研究所編，《殷墟與商文化：殷墟科學發掘 80 周年紀
　　念文集》，頁 272）則認為殷墟晚期銘文「四祀邲其卣銘文拓本」暗示了帝乙帝辛時期商王
　　已經直接祭「帝」。雄按：此可證尊天、祭天是周民族有異於殷商之處。

27　婦好墓即殷墟五號墓。婦好生前屢主祭天及祭先祖，領兵征伐，卜辭有大量記載，如「辛巳
　　卜貞登婦好三千登旅萬呼伐方」（合 39902）、「貞王勿乎婦好往伐土方」（《庫方》237），尊
　　貴可見一斑。自婦好墓出土後，關於其事蹟研究甚多，可參朱歧祥，〈花東婦好傳〉，《東海
　　中文學報》，第 19 期（2007 年 7 月），頁 1-12。

28　《春秋左傳注疏》，卷 40，頁 14b。

29　王國維，〈殷周制度論〉，頁 3b-4a。李濟指出，在〈殷周制度論〉中，王國維「提出的理論
　　是周朝的建立者在兩方面完成了偉大的政治革命與社會革命。其一是長子繼位制的確立和兄
　　終弟及制的廢除，這消除了家族糾紛的根源之一。……其二是嬰兒隨母親的身分不同，即為
　　第一個妻子所生還是妾所生，社會地位也不同。這種社會分層導致家庭結構進一步變化。」
　　李濟，《安陽》，頁 240。

氏所說：

> 自成湯至於帝辛，三十帝中，以弟繼兄者凡十四帝。其以子繼父者，亦非
> 兄之子，而多為弟之子。[30]

關鍵可能就在王氏所說「兄弟之親，本不如父親」云云，是一種父系社會
的思維，並不能解釋母系社會。要知道母系社會形成，原不複雜。因男女
交媾受孕，懷胎的是女性而非男性，一旦婚姻不穩，或男性因狩獵、戰爭
而亡，嬰兒必然追隨母親成長。與其說「母系社會」是一種人為的社會制
度，倒不如說它是人類社會自然發展的產物（現代東西方社會單親家庭，母親
獨力撫養兒女事例常較多，亦近於此一現象）。而在這種情形下，父子之親，不
如兄弟，恐怕反而是社會常態。正如呂思勉說：

> 女系社會，恆兄弟相及。蓋兄弟為一家人，父子非一家人也。[31]

這也許解釋了「兄終弟及」制度的形成，同時也透露了殷商社會中女性地
位重要的背景。這種背景，單從殷周社會習俗考察，固然不難找到蛛絲馬
跡，例如《尚書‧牧誓》記武王伐紂作誓，歷數紂王罪名，第一條即揭櫫
性別議題：

> 古人有言曰：「牝雞無晨；牝雞之晨，惟家之索。」今商王受惟婦言是

30　同前注，頁 2b-3a。雄按：錢穆《國史大綱》批評王國維之說，亦不同意「謂商代方在一
　　母系中心的氏族社會」的說法：「此據商代帝王兄終弟及之制度推論，然此最多可謂此種
　　制度淵源於此種社會，不能便謂仍是此種社會也。且商代三十一帝十七世，直按傳子者亦
　　十二三，幾佔半數。春秋時吳通上國，其王位繼承亦仍是兄終弟及，豈得謂其亦為母系中心
　　時代。」（第一編第二章「黃河下游之新王朝」，頁20）錢先生是據《史記》與王國維〈殷卜
　　辭中所見先公先王考〉注意到「兄終弟及」制並非殷商十七世的普遍現象。陳寅恪亦注意到
　　這一點，認為殷商後期已開始實行長子繼位的制度。李濟進一步指出，康丁為商朝第二十六
　　位王，之後的四任繼位者武乙、太丁、帝乙、帝辛，都是父子繼承制。（陳寅恪的口述意見
　　為李濟追述。俱詳李濟，《安陽》，頁 241。）但若從民族演進的通常現象看，從「兄終弟及」
　　到「父子繼承」雖未必因殷周鼎革而發生跳躍式變革，但自母系社會而產生兄終弟及之制
　　度，再經由逐步發展，而演變至父子繼承之制，自有各種人為因素，有以致之。

31　呂思勉，《呂思勉讀史箚記（增訂本）》（上海：上海古籍出版社，2005），「殷兄弟相及」條，
　　頁 116。

用……。[32]

武王出征作誓，旨在向上天歷數商朝天子的罪名，而第一條罪名竟然是以「牝雞無晨」的理由指責「商王受惟婦言是用」，可謂出人意表。但如果考慮殷商民族風俗上與母系社會的密切關係，以及《歸藏》尚陰的角度觀察，又完全是怡然理順。下逮戰國，綜觀諸子百家之中，唯獨《老子》思想尚陰：

> 谷神不死，是謂玄牝。玄牝之門，是謂天地根。[33]

「牝」原專指雌性動物[34]（與「牡」字為相對，或合為一詞「牡牝」[35]），甲骨文或从 牛作「𤘝」[36]、或从 羊作「𥸤」[37]。《老子》第五十五章亦言「牝牡」，指雌雄兩性交合；[38]但與「玄」字結合為一新詞「玄牝」，顯然已脫離具體生物事象，轉變為哲理性的抽象概念，意即抽繹「牝」字普遍性之意義，包括天地間一切屬於雌性之事物，即第六十一章所謂「天下之牝」：

> 大國者下流。天下之交，天下之牝。牝常以靜勝牡，以靜為下。[39]

---

32 《尚書注疏》，卷 11，頁 16b。

33 本篇引《老子》之分章及字句，主要依據《老子王弼注》，不另出注。引帛書、郭店竹簡再作標注。

34 雄按：古今學者解「玄牝」都十分迂迴，避免直言生殖器。故王弼《老子注》稱之為「無形無影」的「至物」，《朱子語類》稱為「牝只是木孔受枘能受的物事。元牝者，至妙之牝，不是那一樣的牝。」俞正燮說：「牝者，古人以為谿谷，所謂虛牝者，如今言空洞。」以上皆見《列子・天瑞》楊伯峻《集釋》引（頁 4）。高明：「『牝』為母性之生殖器官，『玄牝』是用以形容道生天地萬物而無形無迹，故謂其微妙幽深也。蘇轍云：『謂之「谷神」，言其德也；謂之「玄牝」，言其功也。牝生萬物而謂之「玄」焉，言其生之，而不見其所以生也。「玄牝之門」，言萬物自是出也；「天地根」，言天地自是生也。』其說似也貼切。」高明，《帛書老子校注》（北京：中華書局「新編諸子集成」本，1998），頁 249。

35 如「……卜，貞：……生于高妣……牡牝。」（戩 23.10）

36 戩 23.10，合 34079。

37 前 5.43.6，合 11198。

38 第五十五章「未知牝牡之合而全作，精之至也」，帛書本作「未知牝牡之合而朘怒，精之至也」，郭店甲本作「未智牝戊之合而𦡸怒，精之至也」。廖名春、劉釗等均釋「怒」為雄性生殖器的勃起，認為此句指男嬰未知牝牡交合，生殖器有時亦勃起，是精氣充盈極致的表徵。彭裕商、吳毅強，《郭店楚簡老子集釋》（成都：巴蜀書社，2011），頁 337。

39 河上公《注》「謙德第六十一」云：「牝者，陰類也。……女所以能屈男，陰勝陽，以安靜

這樣凸顯「雌性」意義的宣示，在尚陽的周朝禮樂時代（儘管春秋已降，禮已漸崩，樂已漸壞，禮樂倫常仍為價值系統主流），不但異常特殊，且更顯出其與殷商尊尚母系的關係。要知道母親哺育兒女，原有承載、養育的精神，而常與土地連結。從比較文化的角度看，希臘神話中的大地之母蓋婭（Gaia，即羅馬神話中的 Tellus）或掌管農作收成的德彌達（Demeter）均屬這類意象。這是因為大地接受陽光雨露滋潤，得以繁育萬物，與女性受孕而養育兒女，其事相同。殷人尚母統，《歸藏》立〈坤〉為首卦，精神意向，即在於此。因此殷商民族統理萬國的方略，較諸周人行封建制度，更具有厚德載物的包容性。

　　首先，殷商有諸侯，亦有封國之制，[40]自中央由內至外，[41]諸侯與天子之間，尚有迎入、將幣、助祭、賜命、饗宴、等朝覲禮儀，[42]天子可賜弓矢斧鉞以命諸侯，[43]亦有賜土地的做法，[44]關鍵在於，殷商尚未有周民族武裝殖民式的封建制度，而封建制度，在於收天下歸於一姓。[45]換言之，殷

不先求之也。陰道以安靜為謙下。」《老子河上公注》，收入《老子四種》，頁 76。

40　董作賓，〈五等爵在殷商〉，原刊《中央研究院歷史語言研究所集刊》，第 6 本（1936 年 8 月），收入《董作賓先生全集甲編》，頁 885-902。並參胡厚宣，〈殷代封建制度考〉，收入《甲骨學商史論叢初集》（成都：齊魯大學國學研究所，1944）；李雪山，《商代分封制度研究》（北京：中國社會科學出版社，2004）。

41　徐義華：「在商人初建的國家內，基本可以分為四種地區，一是商人傳統勢力區，居住的是商人的本部族人員和已同化部族；二是與商人聯盟區，居住的是較早與商人建立友好關係的部族；三是歸服商人的地區，迫於商人壓力歸順的部族；四是商人的征服區，主要是夏人統治的中心地區。」徐義華，〈商代分封制的產生與發展〉，《殷墟與商文化：殷墟科學發掘 80 周年紀念文集》，頁 261。

42　郭旭東，〈甲骨文中所見的商代朝覲禮儀〉，《殷墟與商文化：殷墟科學發掘80周年紀念文集》，頁 444-452。

43　《史記・殷本紀》記「紂乃赦西伯。……賜弓矢斧鉞，使得征伐，為西伯。」（卷 3，頁 106）

44　《太平御覽・皇王部》引《竹書紀年》：「武乙即位，居殷。三十四年，周王季歷來朝，武乙賜地三十里，玉十瑴，馬八疋。」見李昉等撰，《太平御覽》，卷 83，10b。

45　雖然《詩・商頌・殷武》稱高宗武丁「命于下國，封建厥福」，但此處之「封建」是普通用語。《毛傳》：「封，大也。」鄭《箋》：「大立其福。」《毛詩注疏》，卷 20 之 4，頁 12a。

商仍然是處於一種共主的狀態,亦即由各諸侯國尊奉殷商以為天子,並不以血統為專利,分封子姓於各地,像周王朝那樣分封姬姓子弟於各地而形成輻湊式護衛王畿的框架。換言之,殷商效法的是大地繁育萬物,讓生物欣欣向榮的精神,正如《詩‧商頌‧玄鳥》:

> 邦畿千里,維民所止,肇域彼四海。四海來假,來假祁祁,景員維河。殷受命咸宜,百祿是何。[46]

及至文王始著《周易》,吸取《歸藏》內容,將原本充滿浪漫神話的色彩,變而為尚德、主變的政治教誨。關鍵可能是錢穆先生指出殷、周民族性一浪漫一務實的不同:

> 漢人傳說夏尚忠,商尚鬼,周尚文,此論三代文化特點,雖屬想像之說,然以古人言古史,畢竟有幾分依據。大抵尚忠尚文,全是就政治社會實際事務方面言之,所謂忠信為質而文之以禮樂,周人之文,只就夏人之忠上加上一些禮樂文飾。……其實西方兩民族皆是一種尚力行的民族,其風格精神頗相近似。商人尚鬼,則近於宗教玄思,與夏周兩族之崇重實際者迥異。故〈虞書〉言禹為司空治水,棄后稷司稼穡,而契為司徒主教化。禹稷皆象徵一種刻苦篤實力行的人物,而商人之祖先獨務於教育者,仍見其為東方平原一個文化優美耽於理想的民族之事業也。[47]

錢先生觀察入微,不但解釋了《歸藏》浪漫迥異於《周易》的特色,也說明了孔子作為殷人的苗裔推行宗教儀軌教育的文化淵源。就主體精神而言,《周易》立〈乾〉為首,以「九、六」為爻題而主變,與殷易《歸藏》大相逕庭,符合周民族的立國精神。就修養觀點而言,《周易》〈革〉、〈乾〉、〈觀〉、〈謙〉等卦的爻辭內容,說明自我革新的精神。[48]《周易》也是周王朝教育士大夫的教材,從自然與人文結合之原理,論士君子自治治人之道;論卜筮之理,必以修德為本,其後影響了儒家思想。[49]歷來學

---

46 《毛詩注疏》,卷 20 之 3,頁 15a-b。

47 錢穆,《國史大綱》,第一編第二章「黃河下游之新王朝」,頁 19。

48 詳參本書上編〈伍、《易經》身體、語言、義理的開展〉。

49 關於《周易》卜筮、義理一體之論,過去朱熹曾說:「《易》所以難讀者,蓋《易》本是卜

者以《周易》重卦、卦辭繫於文王。《易》雖未有明文證據證明為文王所親撰，但《繫辭傳》說：

> 《易》之興也，其於中古乎？作《易》者其有憂患乎？

> 《易》之興也，其當殷之末世、周之盛德邪？當文王與紂之事邪？[50]

司馬遷說：

> 西伯蓋即位五十年。其囚羑里，蓋益《易》之八卦為六十四卦。

> 昔西伯拘羑里，演《周易》。

> 蓋西伯拘而演《周易》。[51]

均將作《周易》卦爻辭之人繫於文王，不但有明文確據，[52]亦可反映其於殷、周鼎革時期的憂患思想。《周易》主變之思想，既與周民族主革新之思想相符合（所謂「周雖舊邦，其命維新」[53]），故具有以下兩種特徵：

其一、強調天人合一之理：即認為自然規律與人生行為相對應，故占筮之中即有義理，義理架構不離占筮，宗教精神與人文精神疊合；

其二、寄託周室政治精神：作《易》者立〈乾〉、〈坤〉為門戶後，即以〈屯〉、〈蒙〉、〈需〉、〈訟〉、〈師〉、〈比〉一一居次，從人類群體生命源起，宣揚生命積極奮鬥之精神，漸次論及君臣父子群體倫理之義，以及君子困蹇窮通之道。氣魄極恢宏，反映一種開國建侯的氣象。這是我們讀《易》所不可不體會的精神。體現於政治方略，從地域上講，周人第一次

筮之書，今卻要就卜筮中推出講學之道，故成兩節工夫。」（黎靖德編，《朱子語類》，卷66「易二」，頁1626）黃沛榮認為，「《周易》之占筮性質固可斷言，然卦爻結構中亦蘊含豐富義理。換言之，此二種性質原即並存，不需有先後之演化關係。」詳黃沛榮，〈《易經》形式結構中所蘊涵之義理〉，《漢學研究》，第19卷第1期（2001年6月），頁1-22，該文主要從卦序結構所反映的天道觀、社會觀與人生觀立論。

50　《周易注疏》，卷8，頁17a、22b。

51　分見司馬遷《史記‧周本紀》（卷4，頁119）、《史記‧太史公自序》（卷130，頁3300）、班固《漢書‧司馬遷傳》所載〈報任少卿書〉（卷62，頁2735）。

52　論者或不信《繫辭》、《史記》、《漢書》等，實則依考據的方法，除非有出土文獻提出反證，否則後世學者沒有理由不去相信經史文獻的證據。

53　《毛詩注疏》，卷16之1，頁6b。

封建，勢力尚未及於太行山以東；自周公東征，定三監之亂後，實施第二次封建，伯禽封於魯，太公望之子丁公封於齊，地域已越殷商而東達海濱；康叔封於衛（太行山以東河北一帶，約當盤庚「將治亳殷」[54]的殷地），唐叔封於夏墟立晉國。封建制度將尚陽、主剛的精神轉化為侵略性，受封者主要為三類身分。第一是遠古聖王後裔：

> 武王……乃罷兵西歸。行狩，記政事，作〈武成〉。封諸侯，班賜宗彝。……乃褒封神農之後於焦，黃帝之後於祝，帝堯之後於薊，帝舜之後於陳，大禹之後於杞。

其次是功臣謀士：

> 於是封功臣謀士，而師尚父為首封。封尚父於營丘，曰齊。

第三是同姓子弟：

> 封弟周公旦於曲阜，曰魯。封召公奭於燕。封弟叔鮮於管，弟叔度於蔡。餘各以次受封。[55]

第一批受封者有政治宣示作用，目的在於安撫不同部族；封功臣謀士則是報酬；封同姓子弟最多，實是本於天下為一姓的觀念，分封同一血緣至親，進行錢穆先生所稱的「武裝殖民」：

> 西周的封建，乃是一種侵略性的武裝移民，與軍事佔領。與後世統一政府只以封建制為一種政區與政權之分割者絕然不同。因此在封建制度的後面，需要一種不斷的武力貫徹。[56]

輔之以禮樂教化，以「納上下於道德，而合天子、諸侯、卿大夫、士、庶民，以成一道德之團體」（王國維語）。封建的武裝殖民既具有高度侵略性，可謂徹底改變了殷商對於萬國即征伐亦不消滅的方針，符合大地養育萬物的精神。我們更應該注意，周民族崇尚勤勞、積極、有為的生活態度，與《易》主剛、尚陽、主變精神頗一致。回歸《詩》、《書》，天命轉移、天命

54　《尚書・盤庚上》：「盤庚五遷，將治亳殷。」《正義》引《汲塚古文》：「盤庚自奄遷于殷」，「奄」即魯，「殷」即河南安陽殷墟。《尚書注疏》，卷9，頁1a-b。

55　司馬遷，《史記・周本紀》，卷4，頁126-127。

56　錢穆，《國史大綱》，第一編第三章「封建帝國之創興」，頁28。

無常，或天命維新的觀念處處可見，如強調「新命」、[57]「作新民」，[58]《詩・大雅・文王》有「文王在上，于昭於天。周雖舊邦，其命維新」、[59]「侯服于周，天命靡常」、[60]「殷之未喪師，克配上帝。宜鑒于殷，駿命不易」[61]等語，《毛傳》、鄭《箋》均將此「天命」專指文王受命於天，而天命不易的準則。同時，經典亦諄諄強調德行，深信上天將懲罰淫佚的君主而將天命賦予勤勞的有德者，如〈多士〉「有夏不適逸，則惟帝降格，……凡四方小大邦喪，罔非有辭于罰」一段，[62]以及〈無逸〉「嗚呼！我聞曰昔在殷王中宗，……肆祖甲之享國，三十有三年」一段，[63]尤再三致意於夏、殷二代興衰之故，取決於帝王的勤勞抑或懶惰。至於主變，如上文所述，是強調天命靡常，常於有德者。在殷、周之際的歷史背景中，小而強悍之周民族以武功建立嶄新的秩序，正賴其強調天命無常的精神，以及「不敢荒寧」[64]（《尚書・無逸》）的自省自礪精神。

三 老子其人其書綜述

關於老子其人與《老子》其書的討論，近一世紀以來爭論不休，而迄無定論。據《史記》，老子姓李，名耳，或名聃，楚國苦縣（今鹿邑縣）人，

57　《尚書・金縢》：「予小子新命于三王。」《尚書注疏》，卷 13，頁 10a。

58　《尚書・康誥》：「亦惟助王宅天命，作新民。」同前注，卷 14，頁 5b。

59　《毛詩注疏》，卷 16 之 1，頁 6a-b。《毛傳》：「乃新在文王也。」鄭《箋》：「至文王而受命。言新者，美之也。」

60　同前注，頁 11a。《毛傳》：「則見天命之無常也。」鄭《箋》：「無常者，善則就之，惡則去之。」

61　同前注，頁 13a。毛《傳》：「駿，大也。」鄭《箋》：「宜以殷王賢愚為鏡。天之大命，不可改易。」

62　《尚書注疏》，卷 16，頁 3a-4b。

63　同前注，頁 10a-11b。

64　同前注，頁 10a。

周王室史官，孔子曾向他問禮。其後見周衰，西行而莫知其所終。老子是道家思想的創始者，著《道德經》。《史記・老子韓非列傳》：

> 老子者，楚苦縣厲鄉曲仁里人也，姓李氏，名耳，字聃，周守藏室之史也。……或曰：老萊子亦楚人也，著書十五篇，言道家之用，與孔子同時云。蓋老子百有六十餘歲，或言二百餘歲，以其脩道而養壽也。自孔子死之後百二十九年，[65]而史記周太史儋見秦獻公，曰：「始秦與周合，合五百歲而離，離七十歲而霸王者出焉。」或曰儋即老子，或曰非也，世莫知其然否。老子，隱君子也。……世之學老子者則絀儒學，儒學亦絀老子。「道不同不相為謀」，豈謂是邪？李耳無為自化，清靜自正。[66]

周太史儋見秦獻公事，並見〈周本紀〉，在周烈王二年（前 374 年）。[67]歷史上關於老子傳述，雖有異辭，但已足以說明其為道家學說之代表性人物，又兼為隱士逸民──當然也標誌了「道家」與「隱逸」兩類人物特殊密切的關係。老子年代最難確定。《論語・述而》「子曰：述而不作，信而好古，竊比我於老彭」，如據何晏《集解》及邢昺《疏》所述，「老彭」或為「殷賢大夫」，或即莊子所謂「彭祖」，或為殷商守藏史籛鏗，在周為柱下史。王弼則釋為「老聃，彭祖」，而聃為周守藏室之史。[68]《史記・老子韓非列傳》記「孔子適周，將問禮於老子」，《禮記》亦有類似的記載[69]。如

65　雄按：即周顯王十八年（前 351）。
66　司馬遷，《史記》，卷 63，頁 2139-2143。
67　同前注，卷 4，頁 159。
68　參《論語注疏》，卷 7，頁 1a。《莊子・逍遙遊》：「而彭祖乃今以久特聞。」（《莊子集釋》，卷 1 上，頁 11）葛洪《神仙傳》：「彭祖者，姓籛諱鏗，帝顓頊之玄孫也，殷末已七百六十七歲。」（〔晉〕葛洪撰，《神仙傳》〔北京：中華書局《叢書集成初編》排印本，1991〕，卷 1，頁 5）又《史記・楚世家》：「彭祖氏，殷之時嘗為侯伯，殷之末世滅彭祖氏。」（卷 40，頁 1690）
69　《禮記・曾子問》：「孔子曰：『……吾聞諸老聃曰：天子崩，國君薨，則祝取羣廟之主而藏諸祖廟，禮也。』」（《禮記注疏》，卷 18，頁 20a-b）又：「孔子曰：『昔者吾從老聃助葬於巷黨，及堩，日有食之。』」（卷 19，頁 18b）又：「孔子曰：『吾聞諸老聃：昔者史佚有子而死，下殤也。墓遠，召公謂之曰：「何以不棺斂於宮中？」史佚曰：「吾敢乎哉？」召公言於周公，周公曰：「豈不可？」史佚行之。下殤用棺衣棺，自史佚始也。』」（卷 19，頁

能成立，則老子與孔子年代相若而略早。《史記》所記周太史儋見秦獻公事，據〈周本紀〉在周烈王二年（前 374 年），上距孔子逝世（周敬王四十一年，前 479 年）已百餘年，似不甚可能。故司馬遷稱「或曰儋即老子，或曰非也」，亦屬存疑之意。[70]

　　《史記》所考的三位老子，唯一有較確實史蹟可考的是周太史儋。儋見秦獻公事，如據〈周本紀〉在周烈王二年。汪中〈老子考異〉提出五證，認為太史儋即係《老子》書的作者，[71]錢穆先生《先秦諸子繫年》力主汪中之說，並有所補充論辨。[72]司馬遷稱「或曰儋即老子，或曰非也」，係存疑之意。但汪中所辨，僅辨太史儋年世，又考儋即係西行出關、離開中原之老子，但始終未能確證《老子》一書即出自儋之手。先秦諸子書籍，多出後人纂輯；即使其人親撰，亦多經弟子整理。倘太史儋即係著《道德經》五千言的老子，則《老子》必晚至戰國末年始成書。事實上先秦典籍既記孔子問學或問禮於老子，錢先生雖未採信，亦未能否認二人相見之事，[73]則按種種材料推斷，孔子往見問禮的老子，應如唐蘭、李零考證，[74]確有其人。老子的年代，仍應訂與孔子時代相同而略早，且二子確有相見之

<hr>

20a-b）諸子書中，如《莊子‧天地》、〈天道〉、〈天運〉等篇皆記孔子見老子事。《呂氏春秋‧當染》有「孔子學於老聃」之語（卷 2，頁 52）。

70　並參唐蘭，〈老聃的姓名和時代考〉，收入羅根澤編著，《古史辨》，第 4 冊，頁 344-345。又素癡，〈《老子》的年代問題〉，同前，頁 415。李學勤，〈申論《老子》的年代〉，《道家文化研究》，第 6 輯（上海：上海古籍出版社，1995），頁 72-79。

71　參汪中，〈老子考異〉，《汪中集》，文集卷 4，頁 147。

72　說詳錢穆，《先秦諸子繫年》「老子雜辨」條，卷 2，頁 202-226。

73　即錢先生亦認為孔、老曾相遇，採《莊子‧山木》「孔子圍於陳蔡之間，七日不火食。太公任往弔之，為言不死之道」一節，而考論「任」即「儋」或「儋」，太公任即「儋」，認為「蓋孔子所見之老子，其始為南方一隱君子，漸變而為北方之王官，一也。孔子之見老聃，其先為草野之偶值，漸變而為請於國君，以車馬赴夫天子之朝，而北面正弟子之禮，以執經而問道，二也。」說詳錢穆，《先秦諸子繫年》「老子雜辨」條，卷 2，頁 206、209。

74　唐蘭〈老聃的姓名和時代考〉文中有四點總結，「甲」點為「老聃比孔子長，孔子曾學於老聃⋯⋯可以相信為真確的事實了。」（頁 344-345）李零引《大戴禮記‧衛將軍文子》、《孟子‧萬章》等文獻，認為「老萊子不但是楚人，不但是孔子問教的對象，而且其舌齒之譬也正合老聃貴柔之說。」參李零，《郭店楚簡校讀記（增訂本）》，頁 256-258。

事。事實上孔子生前，老子思想已有所傳播。《老子》第六十三章：

　　大小多少，報怨以德。[75]

《論語・憲問》：

　　或曰：「以德報怨，何如？」子曰：「何以報德？以直報怨，以德報德。」[76]

蕭公權據以為孔子之語近於老子守辱不爭之旨，並進而推論道家思想與儒家思想的相互影響的問題。[77]陳鼓應、李學勤都認為《論語》所記孔子的話是在反駁老子。李學勤進一步檢討了孔子及其後儒家文獻中批評《老子》「報怨以德」的話。[78]孔子在世時，《老子》書應尚未行世（說詳下）。如本文推論「老子」所代表之隱逸思想源出殷商遺民之說能夠成立，則是否「報怨」、或如何「報怨」，有可能是改朝換代之際，遺民對於征服者（即新政權）的複雜態度之一，其事可上溯至於殷末周初。事實上，拒絕接受武王伐紂一事的伯夷、叔齊，孔子亦曾兩度評論過二人是否有「怨」，[79]則老子與遺民之間，亦有關係。前引何晏《集解》及邢昺《疏》所述老子是殷賢大夫「老彭」，可能正因隱逸之老子，思想上與殷遺民存在某種關係，而被視為同一人。這樣看，老子部分學說的確可以上溯至殷周之際、刀鋸之

75　高明，《帛書老子校注》，頁 131。

76　《論語注疏》，卷 14，頁 13b。

77　蕭公權，《中國政治思想史》（台北：中國文化大學出版部，1980），第一編第一章「先秦政治思想之流派」，頁 37。又說：「而〈中庸〉記孔子對子路問強，有『寬柔以教，不報無道，南方之強』與『衽金革，死而不厭，北方之強』相對舉。似當時南方風氣，固已與老學相合。」（同前）

78　詳參李學勤，〈申論《老子》的年代〉，頁 78。

79　伯夷、叔齊反對武王革命，不仕新朝，不食周粟，餓於首陽山。《論語・述而》記冉有問子貢孔子是否會「為衛君」，子貢往問孔子之事：「曰：『伯夷、叔齊何人也？』曰：『古之賢人也。』曰：『怨乎？』曰：『求仁而得仁，又何怨？』出，曰：『夫子不為也。』」（《論語注疏》，卷 7，頁 5a）雄按：孔子評伯夷、叔齊不仕新朝為「求仁得仁」故無怨，以此意告訴子貢，子貢據此而推知孔子之志節。由此可逆知孔子及其弟子的觀念中，「怨」之與否，與政治的得失，深有關係。又《論語・公冶長》記孔子評論伯夷叔齊：「伯夷叔齊，不念舊惡，怨是用希。」（《論語注疏》，卷 5，頁 10b）亦用有「怨」與否，來形容不接受新政權者的心情。《莊子・天運》：「怨、恩、取、與、諫、教、生、殺，八者，正之器也，唯循大變无所湮者，為能用之。」（《莊子集釋》，卷 5 下，頁 521）可參。

餘的遺民隱士的思想，其學說久已流傳。〈憲問〉篇「或曰」的問者，所用「以德報怨」四字，雖未必直接引自《老子》一書，但應該也是和《老子》語典，同出老子所傳述。從《論語》所記孔子論伯夷、叔齊是否有「怨」來看，「報怨以德」或「以德報怨」也許是廣泛地在遺民的內心中掙扎的問題。

關於老子的身分，不但和隱逸有關，也和史官有關。從史料上看，老子除了「古之隱君子」的隱逸身分外，還有「史官」的身分。《史記・老子韓非列傳》稱老子為「周守藏室之史」。《索隱》稱：「藏室史，周藏書室之史也。又〈張倉傳〉『老子為柱下史，』蓋即藏室之柱下，因以為官名。」[80]又記老子可能為見秦獻公的周太史儋，則老子為「太史」。班固《漢書・藝文志》認為道家是「出於史官」，[81]其說法的依據即在於此。王國維〈釋史〉稱上古官名多從「史」出，「史」持筆掌書筴、其職專以藏書讀書作書為事，又稱「作冊」，「尹氏」、「卿士」、「御史」、「御事」諸名均與之有關，[82]則老子與周初的「史佚」，可能為同一類身分的掌管典籍的智者。楊伯峻《春秋左傳注》僖十五年注：

> 史佚即《尚書・洛誥》之「作冊逸」，逸、佚古通。〈晉語〉「文王訪於莘、尹」，《注》謂尹即尹佚。《逸周書・世俘解》：「武王降自東，乃俾史佚繇書」。《淮南子・道應訓》云：「成王問政於尹佚。」則尹佚歷周文、武、成三代。《左傳》引史佚之言者五次，成公四年《傳》又引《史佚之志》，則史佚之言恐當時人均據《史佚之志》也。《漢書・藝文志》有《尹佚》，《注》云：「周臣，在成、康時也。」此史佚為人名。[83]

80　司馬遷，《史記》，卷 63，頁 2139。

81　班固，《漢書》，卷 30，頁 1732。

82　王氏認為「其長謂之『尹氏』，『尹』字從 又持丨，象筆形。」參王國維，〈釋史〉，《觀堂集林》，卷 6，頁 5a-b。

83　楊伯峻考證頗有道理，詳《春秋左傳注》，頁 359-360。又如《史記・周本紀》：「尹佚筴祝曰：『殷之末孫季紂，殄廢先王明德，侮蔑神祇不祀，昏暴商邑百姓，其章顯聞于天皇上帝。』」（卷 4，頁 126）

春秋時期士大夫廣泛稱引史佚的格言。這些格言的性質和《老子》頗為類似，只不過前者多具體的人事經驗，而後者多抽象的天道理論。

唯先秦被名為「老子」的隱逸之流，可以肯定，絕非只有孔子問禮的那一位，由「老萊子」、「老聃」、「太史儋」等數人都被稱為「老子」，可見「老子」在先秦時期，早已成為標示某一種思想、具有某一種形象的士大夫的代稱。如將此等士大夫視為士階層的一種流品，那麼屬於這一個流品的士大夫，又具有一共同特點，即與殷周以來源遠流長的史官有關，其潛隱稱「老子」而不顯姓名，與史官之流的「尹佚」之名「佚」，「作冊逸」之名「逸」，其事相同。此一輩史官職掌可上溯至於殷商時代，職務是作書、藏書、讀書，主持祝禱祭祀，而皆在輔助天子，不以功自表見。甚至在周武王滅紂後筴祝祭祀時稱「殷之末孫季紂，殄廢先王明德……」[84]的「尹佚」，亦未審是殷商遺臣抑或西周史官。這一輩可上溯至殷商時期，掌管史冊的大夫，雖有「老子」之稱，實則等同於無名，故被稱為「佚」、「逸」，竟也成為另一種無名的隱逸。班固《漢書・諸子略》稱「道家者流，蓋出於史官」，其文字背後的含義，值得注意。隱逸如老子，反對推崇禮樂制度的儒家，立場非常鮮明。又墨家亦屬先秦反儒極為激烈的學派，《漢書・藝文志》將《史佚書》列在「墨家」，[85]未悉是否與此有關。

84　《史記・周本紀》記武王伐紂後「脩社及商紂宮。……尹佚筴祝曰：『殷之末孫季紂，殄廢先王明德，侮蔑神祇不祀，昏暴商邑百姓，其章顯聞于天皇上帝。』」（卷 4，頁 125-126）推估尹佚在殷朝有相當地位，故受武王之命，讀筴書祝文祭社。

85　馬國翰《玉函山房輯佚書》序「墨家」：「《史佚書》一卷，周太史尹佚撰。按：《書・洛誥》『逸祝冊』，孔安國、蔡沈《傳》並云：『逸，史佚也。』陳師凱曰：『古字通作逸。』《春秋左氏傳》僖十五年杜預注：『史佚，周武王時太史名佚。』襄十四年《正義》：『〈晉語〉：「文王訪于辛、尹」，賈逵以為辛甲、尹佚。』《漢書・藝文志・墨六家・尹佚二篇》注云：『周臣，在成、康時也。』其書隋、唐皆不著錄，散亡已久。惟《左傳》、《國語》引其言；又《淮南子》引成王問政一節，《說苑》亦引之；又《逸周書》、《史記》載佚策祝，皆其佚文，並據輯錄。《大戴禮記・保傅》篇云：『承者，承天子之遺忘者也，常立於後，是史佚也。』與周公為道，大公為充，召公為弼，同列而總謂之四聖，則史佚固聖人之流亞也。其對成王問政云：『使之以時而敬順之，忠而愛之，布令信而不食言。』又云：『善之，則畜也；不善，則讎也。』與《論語》道千乘之國章、《孟子》君之視臣章，意旨復合，而《春秋》內」

從《老子》看其思想，與殷商淵源頗深（詳下文），親睹殷商滅亡、周人定鼎的劇變，於是傳述殷人思想，同時檢討周人施政方略。從西元前十一世紀至西元前五世紀大約六百年間，史佚、老子一派的思想已成為思想界主流之一，[86]至於戰國初期，由某一位傳述這一主流思想的代表人物寫定《老子》五千言。換言之，無論說《老子》成書於一人之手，抑或說其成書於眾手，都有其可以成立的理由。總之，綜合考察這一批飽看朝代遞嬗，盛衰興亡的隱士逸民的歷史智慧，在思想上與儒家大相逕庭，在政治立場上，與儒家所推崇的周朝禮樂大異其趣，幾乎是理所當然的。

　　《老子》思想源流，也與老子其人一樣悠遠。戰國中期重要思想家孟子未提及過老子，但孟子也沒有提及過莊周。因此孟子與老莊的關係，並沒有什麼值得討論之處。我們看《莊子》書中頗有申論孔子，而不及子思、孟子，可見老子、莊子之隱，確曾讓「好辯」的孟子也忽略了他們。法家申不害、慎到、商鞅三位代表性人物中，申不害年代最早，《史記‧老子韓非列傳》記：「申子之學本於黃老而主刑名，著書二篇，號曰《申子》。」又記韓非「喜刑名法術之學」，《集解》引《新序》：

> 申子之書言人主當執術無刑，因循以督責臣下，其責深刻，故號曰「術」。[87]

申不害活躍於西元前 400 年後，當子思逝世以後，而主張「執術無刑」，故〈老子韓非列傳〉「太史公曰」稱申子韓非等學者「皆原道德之意，而老子深遠矣」。[88]如《北堂書鈔》卷一百四十九錄《申子》佚文：

外傳所引諸語，亦皆格言大訓，不知〈班志〉何以入其書於墨家之首，意或以墨家者流出於清廟之守，佚為周太史，故探源而定之與？今仍依〈班志〉，觀者勿以墨翟兼愛之流弊，並疑此書也。」（卷 72，頁 27a-b）

86　今本《老子》一書，有政治的思想，及養生的思想，如《老子》「弱其志，強其骨」和《素問‧上古天真論》「今時之人不然也，以酒為漿，以妄為常，醉以入房，以欲竭其精，以耗散其真」（卷 1，頁 3）所論相表裡。

87　司馬遷，《史記》，卷 63，頁 2146。

88　同前注，頁 2156。

天道無私，是以恆正。天道常正，是以清明。[89]

同書卷一五七錄《申子》佚文：

地道不作，是以常靜。常靜是以正方。舉事為之，乃有恆常之靜者，符信
受令必行也。[90]

《羣書治要》所錄另一篇佚文又說：

竄端匿疏，示天下無為。[91]

是《申子》論天道地道，有「清明」、「常靜」、「示天下無為」等等學說，
與《老子》主旨完全符合。論者或以為，申子屬法家，法家學說，在諸子
中最重視政治功利實效，其立論竟推本「天道」、「地道」、「無為」，為難
以置信。事實上，先秦思想家無不重視現實政治，亦無不推本宇宙天道，
儒、法、道、陰陽等幾無一例外。韓非〈解老〉、〈喻老〉，即屬此意。文
王居羑里演《周易》，為翦商、興周的大工程，先奠定宇宙天道的理論基
礎，亦為一明顯例子。[92]

　　關於《老子》成書的年代晚於老子其人的年代，自不待言。其書的編
定，與其人的傳說，當可分別而觀。《老子》在戰國中期顯然已有穩定的
文本。《郭店楚簡》所屬墓葬年代約在西元前 300 年，莊子、荀子均曾論
及老子學說（假定〈天下〉篇為莊子自著）；[93]《史記》稱齊人田駢與慎到、環

89　〔唐〕虞世南撰，《北堂書鈔》，《續修四庫全書》〔第 1213 冊影印南海孔氏三十有三萬卷堂
　　校注重刊本〕，卷 149，頁 2b。

90　同前注，卷 157，頁 2a。

91　〔唐〕魏徵撰，《羣書治要》（台北：臺灣商務印書館《四部叢刊初編》本，1965），卷 36，
　　頁 26b。《東塾讀書記》引此句，下注曰：「《日本佚存叢書》評云：『疏，疑跡』。」參〔清〕
　　陳澧著，鍾旭元、魏達純校點，《東塾讀書記》（上海：上海古籍出版社，2012），卷 12，頁
　　234。

92　文王翦商之事業，始於古公亶父（周太王）。詳後文。

93　此事亦涉及荀子生年的爭議。按：《史記》稱荀子「年五十，始來游學於齊」（卷 74，頁
　　2348），劉向《孫卿書錄》「孫卿有秀才，年十五，始來游學」，應劭《風俗通義・窮通》謂：
　　齊威、宣王之時，「孫卿有秀才，年十五，始來遊學」（〔漢〕應劭撰，王利器校注，《風俗
　　通義校注》〔北京：中華書局，1981〕，卷 7，頁 322）。清儒如全祖望《鮚埼亭集》、孫志祖
　　《讀書脞錄》，近代學者如胡元儀〈郇卿別傳〉、江瑔《讀子巵言》、錢穆《先秦諸子繫年》、

淵「皆學黃老道德之術」。[94]《老子》簡抄寫的年代，裘錫圭稱「不會晚於公元前 300 年左右」。[95]王博所言「也許在此之前已經出現了一個幾乎是五千餘字的《老子》傳本。郭店《老子》的甲組與乙組、丙組只是依照不同主題或需要，從中選輯的結果」[96]的推論很大膽，但「幾乎」一詞含糊得很，不能確知其意指。但可以設想的是，郭店楚簡隨葬之時，老子學說已相當風行——儘管尚未有完全穩定的文本。《論語》編纂，成書於孔子弟子的弟子，其中「罕言性與天道」，抽象觀念運用顯然較少。儒家自孔伋（子思）始提出充滿抽象的「天」、「命」、「性」、「情」、「中」等哲學概念的〈中庸〉，用以重新詮釋西周禮樂與儒家學說。《老子》書的抽象觀念極多，「天下萬物生於有，有生於無」，這種綜括「天下萬物」的「有」字，屬於極抽象之哲學概念。上文已討論的「玄牝」一詞就更是顯例。《老子》對「有」、「無」等抽象觀念運用嫻熟，似不下於子思。從另一思路設想，《周易》撰著之初，卦名已多含有抽象意涵，如〈復〉、〈泰〉、〈否〉、〈睽〉等等均是。下逮春秋末葉，至「孔子適周，將問禮於老子」（假定確有其事）之時，知識界早已進入能純熟運用抽象觀念的年代，只是「性與天道，不可得而聞」的孔子比較不喜歡演繹抽象觀念而已。但話說回來，《老子》書多押韻文句，形式略似《詩經》，與戰國諸子書如《孟子》、《莊子》相異，我們有理由推測，《老子》文本的寫定，亦必經歷一段長時期，故有古經典的元素，又有較晚出成熟的辭彙觀念。故綜合而言，《老子》文本的形成，歷經口耳相傳，有可能始於西元前 400 年前，而寫定則必在西元前 350 年前，且章次大致穩定。[97]近年多種出土簡帛《老子》出土，包括

陳大齊《荀子學說》、龍宇純《荀子論集》均有所討論。

94　司馬遷，《史記》，卷 74，頁 2347。

95　裘錫圭，〈郭店《老子》簡初探〉，《裘錫圭學術文集‧簡牘帛書卷》，頁 284。他又說：「我們根據郭店《老子》簡也可以斷定，至晚在戰國中期，已經有《老子》『五千言』在社會上流傳了。」（頁 286）

96　王博，〈郭店《老子》為什麼有三組？〉，達慕思大學「郭店老子國際研討會」（1998 年 5 月）發言稿，引自裘錫圭，〈郭店《老子》簡初探〉，頁 284。

97　如學者所知，郭店簡本、韓非子〈解老〉〈喻老〉、王弼本的章次，相同而密合的部分頗不

帛書《老子》、郭店楚簡《老子》，北大簡本《老子》等等，不一而足，字形、內容頗不相同，研究者可以解釋為文本「尚未穩定」的現象，但也可以解釋為文本「已經穩定」的證據，因傳抄至各地，抄手不同，難以避免地產生了歧異。

四 老子對《易》理的新詮：「道」與「無不為」

殷商多沿用母系社會習慣，已如上述。殷《歸藏》亦以〈坤〉卦為首。[98]《禮記・禮運》載孔子說：

> 我欲觀夏道，是故之杞，而不足徵也；吾得《夏時》焉。我欲觀殷道，是故之宋，而不足徵也；吾得《坤乾》焉。《坤乾》之義，《夏時》之等，吾以是觀之。[99]

據鄭玄《注》，《夏時》和《坤乾》分別是記錄夏朝、殷商之禮的重要典冊，《夏小正》和《歸藏》正是這兩部書的遺留。[100]孔穎達隨順鄭玄的解讀，依據文意轉折，認為這段話和下文「夫禮之初，始諸飲食」一大段涉及「禮」之源起的文字是連接的，意指《夏時》與《坤乾》關乎一代朝典禮儀。[101]

少，唯馬王堆帛書《老子》德經在先而道經在後，與帛書《周易》卦序有別於傳本，情況相同。

98 《周禮・太卜》「掌三易之灋」下賈公彥《疏》：「《歸藏易》以純坤為首。」《周禮注疏》，卷 24，頁 12a。

99 《禮記注疏》，卷 21，頁 8a。

100 《禮記・禮運》「吾得《夏時》焉」句鄭玄《注》：「得夏四時之書也。其書存者有《小正》。」「吾得《坤乾》焉」句鄭玄《注》：「得殷陰陽之書也。其書存者有《歸藏》。」《禮記注疏》，卷 21，頁 8a。雄按：《大戴禮記》有〈夏小正〉一篇，記述由正月至十二月，每月節候草木蟲魚、農業祭祀活動的變化，其學說仍不離古代部族政教生活，而歸本於自然。它的內容形式與《歸藏》又截然不同。參王聘珍撰，《大戴禮記解詁》，卷 2，頁 24-47。

101 孔穎達《疏》：「『而不足徵』者，徵，成也，謂得君闇弱，不堪足與成其夏禮。然因往適杞，而得夏家四時之書焉。夏禮既不可成，我又欲觀殷道可成與不，是故適宋，亦以宋君闇弱，不堪足與成其禮，吾得殷之《坤乾》之書，謂得殷家陰陽之書也。其殷之《坤乾》之書，并

而「殷易以坤為首，故先坤後乾」，[102]顯然是《歸藏》（也就是《坤乾》之書有存者）與《周易》的不同處，首在以〈坤〉為首而不是以〈乾〉為首。故李過《西溪易說》，以至洪頤煊、馬國翰所輯《歸藏》，以〈坤〉為首卦，次列〈乾〉卦，與《周易》〈乾〉卦為首〈坤〉卦為次相反，是最顯著的不同。推測其用意，與《歸藏》名義喻指萬物歸藏於大地，頗為一致。干寶《周禮注》及皇甫謐所說，《連山》以〈艮〉卦為首，[103]與《歸藏》以〈坤〉為首，體系上或有不同，但關於《連山》的形式，因缺乏出土文獻以為資證，無法細論。自來學者論《易》，皆以〈乾〉、〈坤〉為《易》的門戶。[104]殷民族政治理念體現於《歸藏》或《坤乾》立〈坤〉為首卦的理論，以「七八」不變之爻占，用兄終弟及制，均反映其政治意識型態保守穩定的一面，故孔子謂得《坤乾》可以觀「殷道」，也就是觀察殷商的政治方針與意識型態之大方向。《歸藏》名義，鄭玄《周禮・春官・大卜》鄭玄《注》稱「名曰《連山》，似山出內氣變也。《歸藏》者，萬物莫不歸而藏於其中」。賈公彥《疏》：

「名曰《連山》，似山出內氣也」者，此《連山易》其卦以純艮為首。艮為

夏四時之書，吾以二書觀之，知上代以來，至於今世，時代運轉，禮之變通。即下云『夫禮之初』以下是也。」《禮記注疏》，卷 21，頁 8b。

102 《禮記注疏》，卷 21，頁 9a。並參前注引孔穎達《疏》。

103 馬國翰《玉函山房輯佚書》所輯《連山》，錄《說卦傳》「帝出乎震，齊乎巽，相見乎離，致役乎坤，說言乎兌，戰乎乾，勞乎坎，成言乎艮」後說：「干寶《周禮注》引云：『此連山之《易》也。』羅泌《路史・發揮》，亦云。」（卷 2，頁 2b）卷末《附諸家論說》又引皇甫謐曰：「夏人因炎帝曰《連山》。《連山易》，其卦以純艮為首。艮為山，山上山下，是名《連山》，雲氣出內於山。夏以十三月為正，人統，艮漸正月，故以艮為首。」（卷 2，頁 5b）《連山》晚出，不詳其說，文獻真偽亦難以論述，據馬國翰所輯，歷代諸家議論亦不同，本文暫置不論。

104 《繫辭傳》：「乾坤，其易之門邪？乾，陽物也；坤，陰物也。陰陽合德，而剛柔有體，以體天地之撰，以通神明之德。」（《周易注疏》，卷 8，頁 15a-b）孔穎達《正義》：「《文言》者，是夫子第七翼也。以『乾坤，其易之門戶邪』，其餘諸卦及爻，皆從乾坤而出，義理深奧，故特作《文言》以開釋之。」（同前，卷 1，頁 10a）關於〈乾〉、〈坤〉作為《易》之門戶的喻象意義，詳本書中編〈柒、從乾坤之德論「一致而百慮」〉一章。

山，山上山下，是名連山，雲氣出內於山，故名《易》為《連山》。「《歸藏》者，萬物莫不歸而藏於其中」者，此《歸藏易》，以純坤為首。坤為地，故萬物莫不歸而藏於中，故名為《歸藏》也。[105]

歷代學者釋《歸藏》以〈坤〉為首，或本《說卦傳》「坤以藏之」之言，以大地形象解釋，以符合萬物歸藏於地之意。近代持《歸藏》與殷商有關而尚陰之說的學者，以金景芳、呂紹綱最著名。[106]金景芳的弟子廖名春即指出：

> 孔子說可用《坤乾》之義觀殷道，可見它能反映出殷代的意識型態和政治制度。這主要表現在《坤乾》的卦序上。《坤乾》以坤為首，反映了「殷道親親」的歷史特點，表現在繼承制上，就是強調血緣關係，重母統，傳弟，有著較強的氏族社會的殘餘。[107]

廖名春將《坤乾》與《周易》聯繫到兩代的制度之異同，我認為是一個正確的方向，表示《易》是統治者在國家政治事務上體認天道與人事關係的典冊，標識了朝代的政治方針。至於殷商「重母統，傳弟，有著較強的氏族社會的殘餘」，我始終認為：母系社會較近乎自然而然，因懷胎產子的是女性，兒女隨母親生活也屬勢所必至，反而是以嫡長子為繼位者的男性社會屬於故意的設計。漢儒已經指出《坤乾》一書以七八不變之爻為占的原則與《周易》以九六變爻為占的原則大相逕庭，其實也反映了殷《易》以「地」之喻象為首，與周代《易》以「天」之喻象為首，有基本不同；說明殷代政治傾向保守、周代政治強調變革的異趣。

從「殷道」到「周道」，中國「王道」[108]發生了重大的轉變，而分別被老子和孔子繼承，形成了儒、道兩派思想，總結了殷、周兩代政治教化理念，也開啟了中國後世兩個主要宗教與文化的流派。

---

105 《周禮注疏》，卷 24，頁 11a-12a。

106 說詳本書下編〈陸、《易傳》作者問題檢討〉。

107 詳蕭元主編、廖名春副主編，《周易大辭典》「歸藏」條，頁 155。

108 此處「王道」即〈洪範〉「無偏無黨，王道蕩蕩；無黨無偏，王道平平；無反無側，王道正直」之義。《尚書注疏》，卷 12，頁 14a。

關於孔子和老子的思想資源，似與殷商脫離不了關係。孔子是殷人之後，卻追慕周公制度作樂，是人所共知。而老子思想尚柔，顯然亦受殷商《歸藏》啟迪。自周滅殷後，《歸藏》隨著殷王朝覆滅而星散，《周易》取而代之成為陰陽哲學的新正朔。《周易》的陰陽哲學，遂對孔子、老子產生深遠的影響。孔子及儒家禮樂特重陰陽之義（詳下文）而尊尚陽剛、有為，老子則成為《易傳》詮釋系統以外，最偉大的陰陽哲學新詮者，尊尚陰柔、無為。

首先，《周易》卦爻辭強調天道循環，其專門術語為「初、終」。及至《十翼》，則將此二語變為「終始」，或《彖傳》之「終則有始」，或《繫辭傳》之「原始反終」（說詳本書中編〈陸、論《易傳》對《易經》哲理的詮釋〉）。老子則亦強調天道循環。第二十五章：

> 有物混成，先天地生。寂兮寥兮，獨立不改，周行而不殆，可以為天下
> 母。吾不知其名，字之曰道，強為之名曰大。大曰逝，逝曰遠，遠曰反。

「周行不殆」即「終則有始」之義；「大曰逝，逝曰遠，遠曰反」即六十四卦以〈未濟〉告終之義。故老子哲學，首重動態變化，而首揭櫫「道」，而指向其抽象性質為「自然」。「道」的界定，可得而言者三：

1. 「無名天地之始」：鑑於「名實相副」，「無名」亦即「無實」。[109] 凡「有實」皆「有名」，皆為兩兩相對；「無實」則「絕對」（與物無對）而非「相對」。唯絕對，故「無名」。

2. 正因「道」非實存，故能兼攝正反、陰陽、有無等一切相對的實存，而此種「非實存」也是「無」的一種體現。注意：老子語彙中的「無」有兩個層次，一屬與「有」相對之「無」，層次較低；另一屬「有無」之上恆常無名無實、以「無為而無不為」的方式讓「萬物並作」之「無」，

---

109 凡讀《老子》，必須靈活地從正、反兩面解讀其文本。自司馬光、王安石讀為「無，名天地之始」，近代學者梁啟超、高亨、陳鼓應等均從之（詳劉笑敢，《老子古今》〔北京：中國社會科學出版社，2006〕，上卷，頁 93），而不知其誤，皆因未能通解老子講「無名」亦即「無實」，「有名」亦即「有實」的含義。關於「名」及先秦名學問題，詳參鄭吉雄，〈名、字與概念範疇〉。

其層次較高。「道」本質上的「無」屬於後者。

3. 「道」的無名、無實、非實存，促使天地萬物無為而無不為，就其本體而言則「字之曰『道』」。「道」只是假名（「字之曰道」）。就其作用而言，則稱為「自然」。[110]

此一特殊的「道」觀念一經確立，施用於觀察萬物，即能窺見世間事物正、反兩面陰陽互攝、似是而非或似非而是的本質。故第二章：

> 天下皆知美之為美，斯惡已。皆知善之為善，斯不善已。故有無相生，難易相成，長短相較，高下相傾，音聲相和，前後相隨。

此段語序前後掉換作：「有無相生，難易相成，長短相較，高下相傾，音聲相和，前後相隨。故天下皆知美之為美，斯惡已。皆知善之為善，斯不善已」，亦無不可。「道」以下的世界，萬物皆名實相副：「有無相生，難易相成……」，「名」為兩兩相對，「實」亦兩兩相對。老子見世人徒看事理的表層，不明白天地之間陰陽相攝的作用。在有形有名世界，相生並存，只是表象，表象之上，尚有一個絕對的無名無實的「道」作為根源、主宰。世人因不悟此理，遂終致陷身於單一價值的泥淖，不能自拔。人類

---

110 唐高祖武德八年（625）赴國子學，召集百官及三教學者，宣布三教位序，以道教居首，儒教次之，佛教最後，並令道士李仲卿宣講《老子》。時僧慧乘與李仲卿相辯難。此事見於唐釋道宣《集古今佛道論衡》卷丙及法琳《辯正論》。茲摘錄《集古今佛道論衡》其中一段文字曰：「（慧乘）先問道（士）云：『先生廣位道宗，高邁宇宙，向釋《道德》云：上卷明道，下卷明德。未知此道更有大此道者，為更無大於道者？』答曰：『天上天下，唯道至極最大，更無大於道者。』難曰：『道是至極最大，更無大於道者，亦可道是至極之法，更無法於道者？』答曰：『道是至極之法，更無法於道者。』難曰：『《老經》自云：「人法地，地法天，天法道，道法自然。」何意自違本宗，乃云「更無法於道者」？若道是至極之法，遂更有法於道者，何意道法最大，不得更有大於道者。』答曰：『道只是自然，自然即是道，所以更無別法能法於道者。』難曰：『道法自然，自然即是道，亦得自然還法道不？』答曰：『道法自然，自然不法道。』難曰：『道法自然，自然不法道，亦可道法自然，自然不道。』答曰：『道法自然，自然即是道，所以不相法。』難曰：『道法自然，自然即是道，亦可地法天，天即是地。然地法於天，天不即地。故知道法自然，自然不即道。若自然即是道，天應即是地。』參〔唐〕道宣撰，劉林魁校注，《集古今佛道論衡校注》（北京：中華書局，2018），卷丙，頁179。

一旦弄清楚「無名」之「道」以下「有無相生，難易相成……」只是表象，就能明瞭「天下皆知美之為美」原來並不美，「皆知善之為善」原來並不善。[111]有此一悟，即能從美善的執著中解脫，明白到聖人何以要「無為」：

> 是以聖人處無為之事，行不言之教；萬物作焉而不辭，生而不有。為而不恃，功成而弗居。夫唯弗居，是以不去。[112]

讀通了第一、二章，即基本掌握老子思路：「無為」作為一種治世、治身的方法，沒有「道恆無名」的宇宙觀作為基礎，是不行的。

在再一步討論前，我們又必須釐清「無為」與「無不為」的關係。第三十七章：

> 道常無為而無不為。[113]

第四十八章：

---

111 第十三章「寵辱若驚，貴大患若身。何謂寵辱若驚？寵為下，得之若驚，失之若驚，是謂寵辱若驚。何謂貴大患若身？吾所以有大患者，為吾有身；及吾無身，吾有何患？」其意正相同。世人皆喜「寵」而惡「辱」，不悟「寵、辱」皆枝末表象，皆宜避之唯恐不及。但「寵、辱」不能免，則臨「寵辱／大患」（用劉釗說，「大患」即指「寵辱」而言，詳彭裕商、吳毅強，《郭店楚簡老子集釋》，頁423）之時，宜視之無異如己身。世人皆知貴身，至人則視身如無，既無身，則亦無大患。此章論旨，亦意在強化「寵辱若驚」的論點。

112 劉笑敢，《老子古今》，上卷，頁101。

113 同前注，頁383。雄按：關於第三十七章「道常無為而無不為」，帛書甲、乙本均作「道恒无名」。嚴遵《道德真經指歸》「而無不為」作「而無以為」，道藏本《谷神子》同。劉殿爵與高明都討論了「無以為」與「無不為」的關係，說詳高明，《帛書老子校注》，頁55-56。而高明指出帛書甲、乙本有十一處言「無為」，而無一處言「無不為」，今本則不然。帛書甲、乙本「上德無為而无以為也」。而王弼《注》「道常無為而無不為」云：「順自然也，萬物無不由為以治以成之也。」高明引陶鴻慶、波多野太郎，認為下句當作「萬物無不由之以始以成也」，進而推論「王本經文原同帛書甲、乙本作『道恒無名』」，故謂：「通過帛書甲、乙本之全面校勘，得知老子原本只講『無為』，或曰『無為而無以為』，從未講過『無為而無不為』。」他認為《莊子》外篇、《韓非子》、《呂覽》、《淮南子》等書始出現「無不為」的思想，所以認為「『無為而無不為』的思想不出於《老子》，它是戰國末年出現的一種新的觀念，可以說是對老子『無為』思想的改造。」高明，《帛書老子校注》，頁423-425。至於郭店甲本《老子》則作「道恆無為也」，諸家皆認為「而無不為」數字是後人所加。說詳彭裕商、吳毅強，《郭店楚簡老子集釋》，頁152-155。

為學日益，為道日損。損之又損，以至於無為。無為而無不為。[114]

劉笑敢承認「無為而無不為」是老子「無為」理論的一個重要命題，但令人意外地，他將重點放在為老子並非陰謀論而辯護：

> 所謂無為，字面上看是全稱否定，實際上所否定的只是通常的、常規的行為和行為方式，特別是會造成衝突、必須付出巨大代價而效果又不好的行為。這種否定同時肯定了另一種「為」，即不同方式的「為」，可以減少衝突並能達到更高效果的「為」。也就是以「無事」「取天下」，以「不爭」而「善勝」，以「不為」而「成」，概括言之，即「無為而無不為」。「無為」是方法、原則，「無不為」是效果、目的。……老子要「生」而「不有」，「為」而「不恃」，「長」而「不宰」，「功成」而「不處」，又要「為」而「不爭」，「功成」而「身退」。[115]

於是劉笑敢將「無為而無不為」解釋為「輔」：

> 從今天來看，「輔」也是一種「為」，但是，從《老子》原文來看就不算。聖人輔助萬物正常發展、自然發展，萬物興盛，百姓自在，那不就是雖無為而無所不為了嗎？[116]

劉先生之解存在問題，「輔」字之解，是從〈太一生水〉中借用，卻不能單純用現代漢語之義釋為今語「輔助」，而應該回到該篇「反輔」、「相輔」兩詞語的文義——「反輔」是「太一」的專用語，只出現兩次——「水反輔太一」、「天反輔太一」。由於「太一」是促成「水」在天地間運行的力量，而非「水」本身（太一藏於水）。它和「道」一樣，既無名，亦無實。但作為唯一、超然、不具有相對性的主宰力量，人類必須藉由有形的「水」和可見的「天」，來感知「太一」的存在——「水反輔太一」就是密雲不

---

114 劉笑敢，《老子古今》，上卷，頁 480。

115 同前注，頁 388。

116 同前注，頁 484。雄按：老子思想給後人以「陰謀」的印象，不在於「無為而無不為」或「生而不有，為而不恃」，而是像第三十六章「將欲歙之，必固張之；將欲弱之，必固強之；將欲廢之，必固興之；將欲奪之，必固與之。是謂微明」的論述。

雨,「天反輔太一」就是普降甘霖。[117]至於「相輔」一詞,則專指名實並存的世間萬物:天地、神明、陰陽、四時、寒熱、濕燥。〈太一生水〉的「輔」字,並非現代漢語「輔助」之意,而是「推動」之意。「反輔」是反向推動,「相輔」則是二元互推。[118]因為二元關係並不存在「主、從」的關係,而是強調二元之間互動互推的力量。因此,劉先生借用「輔」字引申為聖人的「無不為」是「輔助萬物正常發展、自然發展」是不正確的。

劉先生並不是唯一誤釋「無不為」的學者,事實上不止一位學者將第四十八章「無不為」一語類比為現代漢語「無所不為」甚至「無不可為」,[119]是很大的誤會。「而」字作為一個介詞(conjunction)並不是將「無為」和「無不為」設定為因果關係(正如上文劉笑敢解釋「無為」是方法、原則,「無不為」是效果、目的),而是用「無不為」來界定「無為」的型態,意思是:所謂「無為」,既要否定「積極有為」(像周朝和儒家那樣推行封建、禮樂、宗法),也要避免徹底消極的「毫不作為」(注意:「無」、「不」二字雙重否定)。它的意思有一點近似《莊子・山木》的「材與不材之間」,但又略有區別——莊子主旨在表達「似之而非」的恢諧譎語,而老子的「無為而無不為」則是莊嚴立論。這個命題旨在說明:治世之聖人既不應有積極之作為,也不能完全不作為。要知道,即使「小國寡民」、「常使民無知無欲」也屬於某

---

117 鄭吉雄,〈《太一生水》釋讀研究〉,頁 154-155。

118 「輔」从「車」,甫聲,是從兩旁夾住固定車輪的部件。《詩・小雅・正月》:「其車既載,乃棄爾輔。」(《毛詩注疏》,卷 12 之 1,頁 15b)《說文解字》引「《春秋傳》曰:『輔車相依。』(雄按:《左傳》僖公五年)段玉裁《說文解字注》已指出《周易》〈咸〉卦上六「咸其輔頰舌」的「輔」當作「酺」,借字「輔」行而「酺」字廢(14 篇上,頁 50a)。李零說〈太一生水〉「『相輔』是表示二元概念的對稱性」,義亦差近。參李零,《郭店楚簡校讀記(增訂本)》,頁 264。

119 廖名春讀郭店乙本第四十八章「亡為而亡不為」為「無所施為就能無所不為」(彭裕商、吳毅強,《郭店楚簡老子集釋》,頁 393),又說「『取天下』即『無不為』」(同前,頁 395);丁原植也說「『取天下』也就是『無不為』的實際效用」(同前,頁 394)。而劉信芳說「『亡不為』者,即不知何以作為,也就無為而不可。蓋學派眾多,則無所適從,無所適從則應超越於諸學派之上,作抽象概括之俯視,登泰山而眾山小,此《老子》之書之所以作也。」(同前,頁 393)雄按:推劉信芳「無為而不可」意思,就是無為而無所不可、無不可為之意。

種程度的作為——儘管這種「作為」並不像西周禮樂治世那種積極的干預式的作為。劉笑敢解釋「為無為」，說：

> 是用普通的陳述形式「弗為而已」。顯然，「為無為」的句式比「弗為而已」更有概括性、概念化、理論化的特色。[120]

雄按：「為無為」意思其實等於「無為」（第一個「為」字是發語詞，無義）。劉先生將「無為」直接釋為「弗為」，很容易引起誤會。如果「無為」意思是什麼都不做的話，實令人費解。老子和先秦諸子一樣都以「致治」為目標（儘管「治」的境界不同），倘若什麼事都不做，豈非緣木求魚？[121]

從邏輯上講，「無不為」是「無為」的必要條件（necessary condition）。翻譯為現代漢語，「無為而無不為」的意思是「無為但也不要毫不作為」。它的直接意義就是順應萬物之所為。《淮南子・原道》解釋得好：

> 所謂無為者，不先物為也；所謂無不為者，因物之所為。[122]

「不先物為」就是不要主動干預事物；「因物之所為」是順應萬物自身的作為。我的理解也是如此。「因」義為「順應」，既非積極的有為，也不是毫不作為。要注意：所謂「順應」，在人類社會中實施起來，其實至為困難。儒家理想中禮樂制度其實是一種和「順應」精神大相逕庭的「大政府主義」，無所不干預——大至朝廷君臣之義，小至家庭兄弟之誼，禮樂體系都要徹底干預，「君子慎其獨也」云云，甚至要督促君子干預自己的內心。老子對這種「有為」的管治十分反感。但如果徹底站在「有為」的反面，君臣之制、夫婦之別、父子之情、兄弟之誼又不能統統推翻。既不能推翻，就只能在既有的自然關係下，維持一種鬆散的、足以最低度運作程度的管治，這才是《老子》「無為而無不為」以及《淮南子》「因物之所為」

---

120 劉笑敢，《老子古今》，上卷，頁118。

121 劉笑敢認為政府實施老子無為而治的原理包括「從人們容易忽略、不易察覺的地方入手作起，其方法與眾不同，其結果自然也會與眾不同。」見劉笑敢，《老子：年代新考與思想新詮》（台北：東大圖書公司，2007），頁121。雄按：此亦由於劉先生誤釋「無為」與「無不為」的關係所致。

122 「因物之所為」高誘《注》：「順物之性也。」何寧撰，《淮南子集釋》，卷1，頁48。

的真意義。我們若不能準確地掌握這層意思,「無為」也好,「無不為」也罷,都將被誤解,正因為二者共構為一個命題,意義互相支持。

釐清「無為而無不為」至為重要。我反覆思考了此一命題,終對《老子》思想獲得前所未有的靈光乍現、徹底通透之感。老子的「無為」是針對儒家所繼承西周的禮樂教化而言的。面對春秋末葉禮崩樂壞的加速,孔子的辦法是實施一個重建禮樂制度的大工程:重訂記載禮樂制度的文獻——《六經》,同時向眾多門弟子申明「禮意」——為君子說明「忠」、「孝」、「仁」、「義」的範疇,以推廣儒門禮樂教育。老子則認為孔子完全弄錯了方向。他認為,積極有為地重建禮樂只是抱薪救火,因為在名實相副的世界,當「實」已徹底改變,「名教」依賴的「名」的體系亦將難以為繼。所謂「道可道,非常道;名可名,非常名」即指此而言(詳下文)。因此老子始終堅持柔弱、虛無的主色調,勉勵治國者勿積極提倡特定的價值取向,以免在禮崩樂壞的情形下,最終更深地陷入社會大亂的泥淖。在禮崩樂壞的時代,革除虛假禮文、消除對社會大眾生活的嚴格宰制,闕為首要之務。且要教諭君子「後其身而身先,外其身而身存」(第七章)、「為道日損,損之又損」(第四十八章)之理,依循「大曰逝,逝曰遠,遠曰反」的規律,重新提倡小國寡民的施政方略。對於治國者而言,「無為」不可能是無所作為,但亦不是強調無所不可、無所不為。既然「小國寡民」也不能不有管治之方,順應事物自身發展就是好辦法,能讓小國亦能致治,民寡更有裨益。

五 老子對《易》理的新詮:「道」與「無名」

《老子》道經開首即說:

道可道,非常道;名可名,非常名。無名,天地之始;有名,萬物之母。

這一章吸引了古今中外學者紛紛討論，卻言人人殊，[123]夏含夷〈「非常道」考〉[124]臚列十幾種較具權威性的西方漢學家對《老子》第一章的翻譯，[125]從漢學研究角度看相當有參考價值，從「求真」的精神看則皆屬臆測，無甚意義。拙見以為，這一章的意義之所以人人言殊，皆因未能上溯到孔子名學以為根源，[126]以至於對老子的言論僅止於猜測。我們必須先釐清《老子》這段話的言說對象為何。他所針對的正是禮教的內核——「名」的理論，也就是孔子的名學。要知道孔子名學包含兩個層面：

1. 禮樂制度中綱紀倫常秩序的確立
2. 語言文字（名）及指涉事物（實）的絕對關係

前者是治道的實施，後者則是理論的自然基礎，二者相合，共同構築了一個森嚴的「名」的世界——也就是「禮」的世界。孔子以「正名」思想而立名教，還進一步說「君子疾沒世而名不稱」（《論語・衛靈公》）。君子之「名」是什麼呢？《禮記・檀弓上》說：

---

123 此一課題參考資料太多，讀者可參許抗生，〈再解《老子》第一章〉（收入陳鼓應主編，《道家文化研究》，第 15 輯〔北京：三聯書店，1999〕，頁 70-77），李若暉，〈道之顯隱〉（上篇收入《哲學門》總第 20 輯〔北京：北京大學出版社，2010〕，頁 235-270，下篇收入《哲學門》，總第 21 輯，頁 179-192），該文對《老子》道經第一章有詳細的論證。又韓國良，〈三十年來老學研究存在的問題及反思〉（《孔子研究》，2010 年第 4 期，頁 108-116），又蕭无陂，〈近三十年來《老子》文本考證與研究方法述評——兼與韓國良先生商榷〉（《孔子研究》，2012 年第 3 期，頁 101-111）。

124 夏含夷，〈非常道考〉，《國學學刊》，2011 年第 4 期，頁 39-45。

125 包括 Stanislas Julien (1842)、Lionel Giles (1904)、Richard Wilhelm (1910) English by H.G. Ostwald (1985)、Léon Wieger (1913), English by Derek Bryce (1999)、Arthur Waley (1934)、Derke Bodde (1937)、Robert Henricks (1989)、Michael LaFargue (1992)、Livia Kohn (1993)、Richard John Lynn (1999)、Ralph D. Sawyer and Mei-chun Lee Sawyer (1999)、Roger T. Ames and David L. Hall (2003)。另又有中國學者 Lin Yutang（林語堂，1942）、D.C. Lau（劉殿爵，1963）、Wing-Tsit Chan（陳榮捷，1963）、Ren Jiyu（任繼愈，1993）。

126 此關乎老子年代問題。個人認為老子其人年代不可考，《史記・老子韓非列傳》所記孔子問禮於老子，亦可能是傳說中眾多老子中之一。至於《老子》書看起來則較《論語》晚，因其中成熟的具概括性的抽象名詞如「有」、「無」之類，似不會形成得很早。

幼名，冠字，五十以伯仲，死謚，周道也。[127]

「名」屬於個人隱私，具有神祕性。男性及冠，即代表進入公領域活動，就要立一個在意義上能影射「名」的一個假名——「字」，[128]以作公領域活動之用。自此以後，中國男性無不兼有「名」與「字」。君子沒世，有沒有可稱之「名」，是孔子所重視的。這可能源自周民族謚法的古老傳統[129]——逝世者的德行，應透過活著的人根據當事人平生行誼，為他另立一個「名」，來確立總評。從方法上看，這也是「正名」思想的一部分，是「名，自命」的方法。[130]由此而將禮制中的語言文字之道，推到一個涵括生前死後、包羅德性治道的抽象理論層次，為綱常倫理的種種名稱，設立了具有絕對性意義的康莊大道。而老子「道可道」一節，正是針對此一命題提出根本上的反駁。

《老子》將「名」置於哲理論辯之第一課題，在思想史上意義甚大。[131]

---

127 《禮記注疏》，卷 7，頁 23b。

128 中國傳統禮俗，男性進入公領域即隱藏「名」諱，而以「字」行，所以英語世界通譯男性的「字」為 style name。

129 謚法之興，學界共識，應始於西周中葉。《逸周書》有〈謚法〉，于鬯《香草校書・周書二》：「〈謚法篇〉當為周人所作，非周公所作。……此篇實周人為周公、太公制謚而作。」（〔清〕于鬯，《香草校書》〔北京：中華書局「學術筆記叢刊」本，2006〕，卷 10，頁 192）「謚」的意思，就是在帝王公侯等逝世後，用一個字來總結其生平事跡功過。《逸周書・謚法》：「謚者，行之迹也；號者，功之表也；車服，位之章也。是以大行受大名，細行受小名；行出於己，名生於人。」（《逸周書彙校集注》，卷 6，頁 625-627）《太平御覽・禮儀部》引《禮記外傳》：「謚者，行之迹也，累積平生所行事善惡而定其名也。」（卷 562，頁 5b）《禮記・表記》「謚以尊名」，鄭《注》：「謚者，行之迹也。」（《禮記注疏》，卷 54，頁 12b）讀者可併參《逸周書彙校集注》所錄諸家的意見。

130 雄按：「名」實即「字」，《論語・子路》孔子「必也正名乎」，鄭玄《注》：「正名，正書字也。」但這個「字」也不是現今人所講的表情達意的文字，因為回到「名」一字而言，與「銘」字有關。依《說文解字》釋「名」為「自命也」，段玉裁《注》引《禮記・祭統》，謂「夫鼎有銘，銘者，自名也」，乃許慎所本，並引《周禮・小祝》、《儀禮・士喪禮》稱為死者「作器刻銘，亦謂稱揚其先祖之德，著己名於下」，說明許慎之意，認為「名」可取代「銘」字，而其意源出於舉辦喪禮的人稱死者生前的德行，以著自名。許慎撰、段玉裁注，《說文解字注》，2 篇上，頁 17b。

131 馬王堆帛書作「无名萬物之始也，有名萬物之母也」。關於《老子》道經首章的解釋，讀者

《老子》第一章接著說：

> 無名，天地之始；有名，萬物之母。故常無欲，以觀其妙；常有欲，以觀
> 其徼。此兩者，同出而異名，同謂之「玄」。玄之又玄，眾妙之門。

第二章：

> 天下皆知美之為美，斯惡已。皆知善之為善，斯不善已。故有無相生，難
> 易相成，長短相較，高下相傾，音聲相和，前後相隨。

我們要注意老子相信「道常無名」。依《莊子·逍遙遊》「名者，實之賓
也」[132]的名實之論，「名」與「實」是並生，也是並存的——有名則有實，
無實則無名。故「無名，天地之始」，是說萬物未生之時處於「道」（天地
原始）的狀態，是既無名亦無實；及至萬物始生，有一物之實，則有一物
之名。例如有「天」之「實」，就有「天」之「名」；有「地」之「實」就
有「地」之「名」。這是「有名，萬物之母」的意思，也是《老子》第四
十章「天下萬物生於有，有生於無」的意思。「有」與「無」既是相對之
名，也是相對之實，彼此是相生、並存的關係。從「無名」變而為「有
名」，「無實」變而為「有實」，名與實雖屬異類，卻同出一源，而「玄」
就是它們同源的共因（common factor）。共因是「玄」，共源則是「道」。認
知的方法，一者要「無欲」，無欲才能觀「無名無實」的「道」；另一要「有
欲」，有欲才認清「有名有實」的天地萬物。方法雖然不同，共因（玄）、
共源（道）卻是一致的。我說「道」是「無名無實」，是因為老子的「道」
只是假名，不是與任何「實」物相副之「名」，甚至和「有」相對的概念
「無」，亦不足以說明「道」，因為「道」是與物無對的。《老子》第二十五
章：

> 有物混成，先天地生，寂兮寥兮，獨立不改，周行而不殆，可以為天下
> 母。吾不知其名，字之曰道，強為之名曰大。大曰逝，逝曰遠，遠曰

可參李若暉撰，《老子集注彙考（第一卷）》（上海：上海辭書出版社，2015），其中臚列內
容極為詳盡。

132 郭慶藩撰，《莊子集釋》，卷1上，頁24。

反。……人法地，地法天，天法道，道法自然。

正如禮教社會男性以「名」為諱，以「字」代行，「字」就是一個影射真名卻又不「真」的「假名」。「道」也只是這個「混成」之「物」的「字」，正因為「道」沒有「實」，也就沒有「名」。這就是「道常無名」。《老子》第三十二章：

> 道常無名。……始制有名，名亦既有，夫亦將知止，知止可以不殆。[133]

如上所論，名、實是相依存的。一旦有「實」體存在，即有隨之而生的「名」。概念上的「有」，是集體存有的抽象之「名」，其中每一個存有的實體──譬如天、地、人、禽──又有各自的名，亦各止於其「名」所指涉的「實」。「知止」，固然可以不殆，因為每一個「實」都讓依附於它的「名」有了歸宿。然而，一旦談到「道」，因為它不是「名」，背後沒有「實」存，自然就沒有「止」可言。所以就概念上推論，「道」就是超越於萬物的抽象存在，故能成為一切事物的根源，也就不能為經驗法則所知。至於「道」所生經驗界的萬物，皆有「實」，亦皆有「名」，也因為「共因」（玄）的存在，而依循了「同出」（同出於「道」）而「異名」的自然法則，成為兩兩相對──善與不善、有與無、難與易、長與短、高與下──的存在形式；而這種兩兩相對的形式，必將時時呈現相反之結果。這就是老子思想中對《周易》陰陽哲學最深刻的演繹！世間萬物皆循此一法則，如如運作；不過，聖人卻不能陷入相對相反的循環，而必須仿效最高層次的「無名」之「道」來治世，由是而推至於「無為」。第二章：

> 是以聖人處無為之事，行不言之教，萬物作焉而不辭，生而不有，為而不恃，功成而弗居。夫唯弗居，是以不去。

有與無是相生，難與易為相成。那麼「美」、「惡」亦然，有「美」之標榜，則必有「惡」隨之而生；有「善」的傳頌，則必有「不善」隨之而來。聖人則「不由而照之於天」（借用《莊子・齊物論》語），[134]因聖人託名於「道」

---

133 馬王堆帛書《老子》作「道恆无名」，郭店楚簡《老子》甲組作「道恆亡名」。
134 郭慶藩撰，《莊子集釋》，卷 1 下，頁 66。

而治世，[135]故必須仿效「道」無名無為的模式致治。既然是無名無為，自然不能制禮作樂，甚至不能像《詩》、《書》那樣舉聖王為範，推崇德行，否則必將有不善、不德隨之而來。老子如此透過二元對立的世界而凸顯「聖人」託名於「道」作為治世方略的取態，正反映他受《周易》陰陽哲學的影響。讀者必須明瞭這一層意義，才能明白老子和《易傳》對《周易》經文有截然不同的詮釋，也才能明白不能將道家思想和《易傳》思想等同起來。

「道可道」的「道」在上古漢語，既是動詞，也是名詞，前一「道」字指道路，後者是依循此「道」之意；至「非常道」之「道」則是名詞。照《老子》的講法，「名可名，非常名」，正是因為「道可道，非常道」之故。因為「道」恆常變動。既然「道」並不恆「常」，則「名」也必然沒有「常」可言。「無名，天地之始」，天地萬物有名之「實」生於無名之「道」，亦恆常變易。「實」恆變，則依附於「實」而存在的「名」也必隨之而變。「道」既不恆「常」，「實」自然也不恆「常」，「名」也更理所當然不恆「常」了。由此推論，不啻徹底推翻了儒家將「名」視為綱紀倫常的基礎，而其理論基礎，即是《周易》恆常變動的哲學。

既說「名者，實之賓也」，名、實就是賓主的關係。有「賓」的存在，才有所謂「主」，正如有「你」才有「我」，反之亦然——假設世界上只有一個人類，就不會有「我」這個「名」，因為沒有「你」的存在與稱謂。這正是「名者，實之賓也」的意思，也是名實關係的通誼——名和實，是同時並起、互相依存的。我稱之為「通誼」，是因為它既適用於儒家，也適用於道家及任何諸子。在於儒家，名、實關係是絕對的，「君、臣、父、子」之「名」各有其「實」去支撐，是倫理教化上自然規定的內涵。這些「名」一旦存在，活在其中、承擔著它們的人類，就有責任去充實、實現它們的內涵。從倫理學的角度看，孔子及其後學專注的，是名實關係具有

---

135 郭店楚簡〈太一生水〉第 10-12 簡：「以道從事者必托其名，故事成而身長；聖人之從事也，亦託其名，故功成而身不傷。」李零，《郭店楚簡校讀記（增訂本）》，頁 42。

穩定性、不變的一面。後世儒者將名教視為綱常、常道，即此緣故。

我們必須了解儒家這種名實觀，才能明瞭老子「道可道，非常道；名可名，非常名」想要闡述什麼，也才能明瞭先秦思想史中「語言」作為一種「方法」，有多麼重要！在老子看來，儒者將名與實視為永恆不變的理念，其實不堪一擊，關鍵不在於「名」本身，而是在於「實」的隨時而變——推至根本，就是「道」周行不殆的無常。我們借用《易緯》所說「易」有「簡易、變易、不易」的三義來說明，如果說儒家的名實觀著眼於「不易」，老子的名實觀就是著眼於「變易」。

六 老子哲學：《易》理的調整與進化

學者一旦認清《周易》非占筮紀錄，自當明瞭：《六經》之中，唯有《周易》最為概念化，最具概括性。它的尚陽、主剛、尚德、主變的思想，最足以標示周民族滅殷，開邦建國，「天命靡常」、「殷鑑不遠」等全體理念。在先秦思想的歷史發展歷程中，這些概括性理念，及其建基於宇宙論的政治陳述，實勢所必至。在思想界離不開「政教」的大前提下，也順理成章地被春秋末年以降的思想家吸收，並給予新的詮釋。其中老子給予《易》理新詮，並不是像《易傳》作者那樣將《周易》解釋一遍——「詮釋」原本就不一定以傳、注的型態開展，甚至未必以原有哲理架構的方式進行。更常見的情形是，它被新一代思想家吸收消化之後，以新命題和新架構重新展現。這種情形在戰國諸子俯拾皆是。老子思想與《易》哲學之間的關係正是如此。本於《易》的陰陽哲學，老子強調「萬物負陰而抱陽」（第四十二章）也確立了天地萬物均為「陰陽」的生化，是「道」的本質，理念近乎《繫辭傳》的「一陰一陽之謂道」。「一陰一陽」譯作今語即：有時候陰，有時候陽，就是「道」。這裡「一陰一陽」是動態的，老子「萬物負陰而抱陽」也是動態的，所以下句云「沖氣以為和」。這個「和」字和〈乾〉卦《彖傳》「保合大和」的「和」字意義相同，都是氣化宇宙的

衝突調和。扼而言之，老子的「陰陽哲學」，實即《周易》陰陽哲學的調整與進化。

謂老子對《易》哲學的「調整」，意思是：依照《周易》尚陽、主剛的哲理本質，「易」道理應為積極有為，故〈乾〉九三「君子終日乾乾，夕惕，若厲，无咎」，就是尚陽主剛的說明。「道常無為」則否定這種積極有為的方針，凸顯出尊尚陰柔、穩定不變為主的精神。這是它「修正」《易》理的部分。這一點殆無可疑。略舉數例，如老子尊尚陰柔，故凡描述天地萬物之根源，即視之為虛空柔弱。第六章：

> 谷神不死，是謂玄牝。玄牝之門，是謂天地根。綿綿若存，用之不勤。[136]

《易》道主剛，老子卻主柔。生物第一性徵區別「牝」、「牡」即在於性器官，稱「天地根」為「玄牝之門」，等於將雌性生物的性器官「抽象化」，以作為宇宙生命根源的譬喻。生命之誕生綿綿不絕，皆自此出。因宇宙之源為陰柔，聖人君子，自治治民，亦應以此為準則。第十六章：

> 致虛極，守靜篤。萬物並作，吾以觀復。夫物芸芸，各復歸其根。

虛極、靜篤，皆有別於《易》尚陽主剛的精神。又如第二十八章：

> 知其雄，守其雌，為天下谿。為天下谿，常德不離，復歸於嬰兒。知其白，守其黑，為天下式。為天下式，常德不忒，復歸於無極。知其榮，守其辱，為天下谷。為天下谷，常德乃足，復歸於樸。

老子此章論題完全奠基於陰陽哲學。在《易》哲學的投射下，「陰陽」（此與〈太一生水〉「神明復相輔也，是以成陰陽」的「陰陽」層次不同）決定了天下萬物的屬性。有此一前提，始有「雄雌」、「白黑」、「榮辱」的區別。而老子根據最高層次、屬性為「無」的自然之「道」，進而提出「尚陰」而非「尚陽」的世界觀。

謂老子哲學是《易》哲學的「進化」，意思是：老子對《易》理作出

---

136 關於「谷神」之「谷」字，王弼《注》讀為山谷字：「谷神，谷中央無者也。無形無影，無逆無違，處卑不動，守靜不衰，物以之成而不見其形，此至物也。」（《老子王弼注》，頁5）因《老子》書中之「谷」字多指山谷。然而後世諸家解讀紛然雜陳，難以究詰，有的讀為「中虛」之名，有的讀為「谷養」。讀者可參高明，《帛書老子校注》，頁248-249。

了主觀的調整。要知道《易》理陰陽哲學與時變化，只述說一自然規律。如用以作政治的演繹，自可有不同的向度。負面的引申，或如山濤所謂「天地四時，猶有消息，而況人乎？」[137]變相鼓勵嵇康的兒子嵇紹變其父親之節操，成為中國士大夫氣節傳統的醜聞。但老子承《周易》陰陽消息的思想，強調了「善」的堅持。第八章：

> 居善地，心善淵，與善仁，言善信，正善治，事善能，動善時。夫唯不
> 爭，故無尤。

就概念範疇而言，「善」的解釋當然隨儒、道等不同思想賦予新義而有所不同，即使《老子》亦言「（天下）皆知善之為善，斯不善已」。第八章反覆強調之「善」，取其正面意義，與「皆知善之為善」之「善」不同。《繫辭傳》釋「善」，從「一陰一陽之謂道」講起，指出「繼之者善，成之者性」，皆指「生生之謂易」而言，也就是強調生命之不斷繼起。但老子則居、心、言、治、能皆強調「善」，強調言行的「不爭」而「無尤」，此正顯示老子深諳《易》陰陽之道的同時，未嘗對「善」加以忽略。漢魏時期，何晏、王弼闡發《老子》思想為「貴無論」，演繹出「異類俱存」[138]的包容理念，則是《周易》陰陽哲學進化至《老子》哲學後的進一步演繹。

又《繫辭傳》稱「陽卦多陰，陰卦多陽」，不但指喻《易》占，[139]亦體

---

137 《世說新語・政事》。雄按：嵇康曾與山濤絕交，〈與山巨源絕交書〉傳誦千古。而嵇紹向山濤諮詢出仕之理由，山濤稱「為君思之久矣」，可見其用心之卑劣。二人之問答，既顯嵇紹之無德行，亦證山濤之無節操。劉義慶撰，楊勇校箋，《世說新語校箋》修訂本（台北：正文書局，2000），頁151。

138 《列子・天瑞》張湛《注》記何晏〈道論〉：「有之為有，恃無以生；事而為事，由無以成。夫道之而無語，名之而無名，視之而無形，聽之而無聲，則道之全焉。故能昭音響而出氣物，色形神而彰光影；玄以之黑，素以之白，矩以之方，規以之圓。圓方得形而此無形，白黑得名而此無名也。」楊伯峻，《列子集釋》，卷1，頁10-11。雄按：天地間黑的極黑，白的極白；大的極大，小的極小。說明了宇宙根源必然為「無」，才能包容異類。《周易》〈復〉卦王弼《注》表達了相同的意思：「凡動息則靜，靜非對動者也；語息則默，默非對語者也。然則天地雖大，富有萬物，雷動風行，運化萬變，寂然至无，是其本矣。故動息地中，乃天地之心見也。若其以有為心，則異類未獲具存矣。」《周易注疏》，卷3，頁19b。

139 因揲蓍之法，三變得一奇二偶為少陽，一偶二奇為少陰。

現弱小者必將壯盛、剛強者必將消亡的符號喻意，故凡一陽二陰「震」、「坎」、「艮」，分喻長男、中男、少男，皆陽少陰多，而以陽為主；凡一陰二陽「巽」、「離」、「兌」，分喻長女、中女、少女，皆陰少陽多，而以陰為主。此一符號表述方式，正是老子「柔弱勝剛強」（第三十六章）、「飄風不終朝，驟雨不終日」（第二十三章）論據的初源，認為今日之柔弱，必將為他日之剛強，反之則今日剛強必將成為他日的柔弱（此一原理，王弼稍後在《周易略例》中解釋為「以寡治眾」，體現在《周易》，則〈師〉卦䷆九二為「師之主」，[140]〈復〉卦䷗初九為「剛長」之始[141]）。關鍵正在於「天地尚不能久」（第二十三章），也就是永恆變化之理促使強者終必弱，柔者終必剛。此為天地之定律。[142]老子以此深信「有為」的方式治身治民，必皆失敗。第三十六章：

> 將欲歙之，必固張之；將欲弱之，必固強之；將欲廢之，必固興之；將欲奪之，必固與之。是謂微明。

《老子》書中此類「正言若反」的論述常被認為近於陰謀的方略，實則不然，因其提醒治國者勿以積極有為的態度追求張、強、興、與，而反陷於歙、弱、廢、奪的困境。所謂「微明」，亦即今語見微知著、杜漸防微之意。

後世常執著「無為」二字代表老子思想，原無問題，但若管中窺豹，以為「無為」二字即老子唯一主張，忽略了尚有「無不為」的必要條件，則易生誤會。如上文指出，「無不為」設定了「無為」的方略，避免陷入「無所作為」的窘境。正如〈太一生水〉說：

---

140 〈師〉卦王弼《注》。《周易注疏》，卷2，頁9a。

141 〈復〉卦《象傳》。《周易注疏》，卷3，頁19b。

142 如《老子》第二十二章「是以聖人抱一為天下式」王弼《注》：「少之極也。」聖人抱「一」之「一」，義為「少之極」，表示王弼詮釋聖人之治，是要以極少治理極多。參《老子王弼注》，頁19。第二十三章「德者同於德，失者同於失」，王弼《注》：「得，少也；少則得，故曰得也。……失，累也；累多則失，故曰失也。」（同前，頁19-20）第三十九章「昔之得一者」，王弼《注》：「昔，始也；一，數之始而物之極也。各是一物之生，所以為主也。」（同前，頁34-35）

以道從事者，必托其名，故事成而身長。聖人之從事也，亦託其名，故功
成而身不傷。[143]

治國的聖人「託名」、「從事」而「功成」，無所作為，又豈能有「功成」
可論呢？故老子的「清虛以自守，卑弱以自持」(借用《漢書・藝文志》語)，[144]
固非有為(無為)，亦非無所作為(無不為)，而是一種介乎「無為」與「有
為」之間的方略。「有之以為利，無之以為用」的奧妙之處，正在於處於
「有」與「無」之間而傾向於「無」，在「有為」與「無為」之間向「無為」
傾斜。此一道理，本於天地之道所謂「天長地久。天地所以能長且久者，
以其不自生，故能長生」(第七章)，而歸結於第二十二章：

曲則全，枉則直；窪則盈，弊則新；少則得，多則惑。

此類「正言若反」的命題，並不是陰謀的表現，而是「反者道之動，弱者
道之用」(第四十章)原理的現實施用。

「正言若反」亦非全屬於語言技巧 —— 正面論述和反面解讀相互依
存 —— 而是哲學命題的勢所必然。正如「無為」與「無不為」看似相反，
也是相互依存一樣。這種相互依存，就像《易》中之「陰陽」一樣，捨一
不可，然而，它們又不似「陰陽」在《易》理屬於抽離於現實的觀念，[145]
而是處處能顯現、能落實於政治倫理、治民治身之上的指導性準則。第三
章：

不尚賢，使民不爭；不貴難得之貨，使民不為盜；不見可欲，使心不亂。

是以聖人之治，虛其心，實其腹，弱其志，強其骨。常使民無知無欲。使

夫知者不敢為也。為無為，則無不治。

雄按：「不尚賢」並不是說治國不需賢能，重點是「不尚」，就是不要用
「有為」的態度標榜，而要技巧地用「無不為」的方式進行。其餘「不貴

---

143 李零，《郭店楚簡校讀記（增訂本）》，頁 42。

144 班固，《漢書》，卷 30，頁 1732。

145 例如《繫辭傳》「一陰一陽之謂道。繼之者善也，成之者性也。仁者見之謂之仁，知者見之
謂之知，百姓日用而不知……」，那樣出入於人文與自然之間以概念化的方式鋪陳陰陽之
理。

難得之貨」、「不見可欲」也一樣,「貨」與「欲」對民生而言是不可或缺,關鍵在於不要用勝負之心作侵略性的取捨與區別。由是而後文用「虛、實」、「強、弱」相對,也是依循「無為而無不為」的準則:「虛其心」不是「無其心」,「弱其志」也不是「無其志」,因為人不可能心志,故只能說「虛、弱」。這樣講,「實、強」的意思也就不言而喻了。這就是老子轉化《易》陰陽哲學的妙用。又如第十一章:

> 三十輻,共一轂,當其無,有車之用。埏埴以為器,當其無,有器之用。
>
> 鑿戶牖以為室,當其無,有室之用。故有之以為利,無之以為用。

老子意旨,並不在於論證「有」一無是處,而是說明世人徒知「有之以為利」,而未知「無之以為用」之理。此與「無為而無不為」的用意相符。

《周易》〈坤〉卦象徵「地」,與〈乾〉卦象徵「天」為相對。凡大地有土亦有水,故尚陰、尚地的思想,亦尊尚「水」。在戰國最能代表道家哲學的一篇作品是郭店楚簡〈太一生水〉。〈太一生水〉原簡共十四枚,簡形、編組痕跡和字體均與郭店簡丙組《老子》相同,顯示該篇原與丙組《老子》可能合為一冊,自 1993 年出土,1998 年《郭店楚簡》正式刊布後,相關研究論著已超過一百種。其中思想最重要的特色,就是以「水」為宇宙論之核心(本書中編〈壹、論《易》道主剛〉一章有討論)。[146]而戰國晚期稷下黃老一派思想,亦將「水」與「地」視為一體,故有《管子‧水地》,開宗明義曰:

> 地者,萬物之本原,諸生之根菀也。美惡賢不肖愚俊之所生也。水者,地之血氣,如筋脉之通流者也。故曰:水具材也。[147]

而《老子》尚水,人所皆知。如第八章「上善若水,水善利萬物而不爭」,且後文「居善地,心善淵」更以土地和淵泉並舉。

經典的語言,有虛有實,《老子》亦不例外。《老子》第八十章:

---

146 並參鄭吉雄,〈《太一生水》釋讀研究〉,頁 145-166。
147 黎翔鳳撰,《管子校注》,卷 14,頁 813。

小國寡民，使有什伯之器而不用，使民重死而不遠徙。[148]

歷來注家多以為「小國寡民」是老子的理想。[149]但衡諸史實，殷商代夏而興，「諸侯歸殷者三千」，[150]至周人「懲國九十有九」而「滅國五十」，[151]則相對於周朝而言，殷商時代城邦規模小而數量多，《老子》「小國寡民」一語，其實即殷商城邦狀況的具體描述，不宜泛指之為理想。其餘內容與殷商史實有關者頗不少。

　　周人尊「天」，故動言「天命」；孔子言「獲罪於天，無所禱也」（《論語·八佾》），子思言「誠者，天之道」（《禮記·中庸》），孟子言「盡其心者，知其性也。知其性，則知天矣」（《孟子·盡心上》），是孔子、子思、孟子皆以「天」為德性禮義最高判準。《老子》則不以「天」為究極之辭：

人法地，地法天，天法道，道法自然。

又曰：

知常容，容乃公，公乃王，王乃天，天乃道，道乃久，沒身不殆。

「天」之上尚有「道」，即以「道」為效法對象，「道」則以「自然」為效法對象。即〈太一生水〉亦開宗明義說：

太一生水，水反輔太一，是以成天。

「天」的位階亦明顯居於「太一」及「水」之下。這顯然與周人、儒家尊

---

148 帛書《老子》甲本作「小邦寡民，使十百人之器毋用」。高明，《帛書老子校注》，頁 150。

149 王弼《注》：「國既小，民又寡，尚可使反古，況國大民眾乎！故舉小國而言也。」（《老子王弼注》，頁 66）河上公《注》：「聖人雖治大國，猶以為小。儉約不奢泰，民雖眾，猶若寡少，不敢勞之也。」（《老子河上公注》，卷 4，頁 96）如蘇轍云：「願得小國寡民以試焉，而不可得耳。」〔宋〕蘇轍，《老子解》（台北：藝文印書館《百部叢書集成》影印《寶顏堂祕笈》，1965），卷 4，頁 21a

150 〔唐〕柳宗元，〈封建論〉，〔唐〕柳宗元，《柳河東集》（上海：上海古籍出版社，2008），頁 48。

151 據古史學者研究，殷商已有分封邦國，但與周人封建不同。據徐義華〈商代分封制的產生與發展〉：「商代分封制下的諸侯，大致可以分為兩類，一類是由商本族人在被征服區建立的地方政權，一類是歸服於商王朝的地方政權。」（頁 266）《淮南子·脩務》記夏禹「治平水土，定千八百國」（卷19，頁1314），可視為古史傳說遺留，但從城邦大小演變軌跡，亦應合乎歷史發展。

天、[152]事天、[153]敬天[154]截然不同。

又如孔子倡言「仁」。「仁」的觀念，始自《詩經》，〈鄭風・叔于田〉：

> 豈無居人，不如叔也，洵美且仁。

鄭《箋》：

> 洵，信也，言叔信美好而又仁。

鄭玄以「仁」字《論語》常見，其義顯豁，故不再演釋。而孔《疏》：

> 信美好而且有仁德。[155]

則以「仁」指「仁德」。但《老子》第五章稱：

> 天地不仁，以萬物為芻狗；聖人不仁，以百姓為芻狗。

第十八章又稱：

> 大道廢，有仁義。智慧出，有大偽。六親不和，有孝慈。國家昏亂，有忠
> 臣。

則以「仁義」的位階低於「道德」，[156]這和上文在「天」之上放置更高位階
的「道」的做法如出一轍。「道、德」和「陰、陽」一樣，都是抽象觀念，
古語謂之「象」。第三十五章：

---

152 《禮記・祭義》：「天子卷冕北面，雖有明知之心，必進斷其志焉，示不敢專，以尊天也。」
《禮記注疏》，卷48，頁15a。

153 《孟子・盡心上》：「存其心，養其性，所以事天也。」《孟子注疏》，卷13上，頁2b。

154 《荀子・不苟》：「君子大心則敬天而道。」王先謙撰，《荀子集釋》，卷2，頁42。

155 《毛詩注疏》，卷4之2，頁9a。

156 此處筆者接受裘錫圭先生之說，大抵認為王弼本第十八章「大道廢，有仁義；智慧出，有大
偽；六親不和，有孝慈；國家昏亂，有忠臣」，郭店簡本《老子》作「古（故）大道廢，安
（用法同『焉』，可訓『乃』）又（有）仁義；六新（親）不和，安又（有）孝慈；邦家緍（昏）
亂，安又（有）正臣」。王弼本第十九章「絕聖棄智，民利百倍；絕仁棄義，民復孝慈；絕
巧棄利，盜賊無有」，而郭店簡本作「絕智弃鞭（辯），民利百倍。絕攺（巧）弃利，烖（盜）
惻（賊）亡（無）又（有）。絕偽弃怚（詐），民復（復）季（孝）子（慈）」，認為老子並
沒有「絕聖」和「絕仁棄義」的思想。裘先生也引《莊子》「故絕聖棄知，大盜乃止，⋯⋯
削曾、史之行，鉗楊墨之口，攘棄仁義，而天下之德始玄同矣」（〈胠篋〉）、「絕聖棄知而
天下大治」（〈在宥〉）以指出究竟是《莊子》這兩篇的作者受到添加了「絕聖」、「絕仁棄義」
版本的老子的影響，抑或是《老子》抄寫者受《莊子》的影響而添加了「絕聖」、「絕仁棄義」
的內容，是今後需要進一步研究的。見裘錫圭，〈郭店《老子》簡初探〉，頁294-296。

執大象，天下往。往而不害，安平大。樂與餌，過客止。道之出口，淡乎
其無味，視之不足見，聽之不足聞，用之不足既。

這裡的「執大象」的「執」，諸本無異。河上公注釋：「執，守也；象，道
也。」[157]唯郭店簡本「執」作「埶」。裘錫圭認為「埶」字上古音與「設」
相近，引殷墟卜辭、馬王堆帛書等二字通用之例，並引魏啟鵬〈楚簡《老
子》柬釋〉指《老子》所「設」的是「大象」，是將西周「陳列形之於文
字的政教法令，以為萬民所觀所誦」者，「昇華為無形無聲的大道之
象」。[158]筆者原則贊同魏說，但要補充老子的「執大象」是〈太一生水〉中
的「託名」之意，因為「道之為物，唯恍唯惚。忽兮恍兮，其中有象」（王
弼本第二十一章），大道無名無形而其中有象（大象），聖人必須假託其名，
才能用以治世，才能達到「天下往，往而不害」的目的。

《周易》尚陽而主剛，是在承認陰陽、剛柔並存於天地的前提下提出
的；同樣地，老子尚陰、主柔而倡無為，亦未嘗全盤否定陽、剛及有為，
只不過強調二元對立，相推相磨，必然以陰柔無為，作為主軸。然而老子
之所論，實與《易》理相映照，相對立。明乎此，始能掌握老子思想的精
髓所在。

七 《易》理體現：西周禮樂中的《易》哲學

《周易》哲學就是陰陽哲學，人所共知；人所不知者，是陰陽哲學並
非抽象寄託於《說卦傳》所記八卦之象徵，而是具體寄託於西周禮樂制
度。本書〈《易》象新議〉一章已有詳說。凡西周禮樂中的陰陽之義，其
實與《周易》所昭示的陰陽之理，並無二致。《繫辭傳》所謂「法象莫大
乎天地」，天地亦即陰陽之「象」的最大者。法象於現實的施用，歸本自

---

157 高明，《帛書老子校注》，頁414。
158 裘錫圭，〈郭店《老子》簡初探〉，頁303。

然，同時不離人倫政治教化。故服術、稱名等禮儀，釐然不同。謹就西周禮樂中「陰、陽」的施用，略作補充如下。

《禮記・樂記》：

> 人生而靜，天之性也；感於物而動，性之欲也。物至知知，然後好惡形焉。好惡無節於內，知誘於外，不能反躬，天理滅矣。[159]

傳統儒者受到的啟迪，凡論「樂」必歸本於人性、動靜、天理人欲等問題，殊不能靈活考察音樂的複雜原理。

上古《詩》與「禮」「樂」互相涵攝，關係殊深。《詩大序》論詩與樂音：

> 聲成文，謂之音。[160]

《禮記・樂記》：

> 聲相應，故生變；變成方，謂之音。[161]
>
> 樂師辨乎聲詩，故北面而弦。[162]

又記子夏答魏文侯：

> 天下大定，然後正六律，和五聲，弦歌詩頌，此之謂德音，德音之謂樂。《詩》云：「莫其德音，其德克明。克明克類，克長克君。王此大邦，克順克俾。俾于文王，其德靡悔。既受帝祉，施于孫子。」此之謂也。今君之所好者，其溺音乎？[163]

關於《詩》與樂的關係，王國維區別為二家，所傳次第不同：

> 古樂家所傳《詩》之次第，本與詩家不同。……此詩、樂二家，春秋之季，已自分途：詩家習其義，出於古詩儒；……樂家傳其聲，出於古太師氏。[164]

---

159 《禮記注疏》，卷 37，頁 10a。

160 《毛詩注疏》，卷 1 之 1，頁 6a。

161 《禮記注疏》，卷 37，頁 1b。

162 同前注，卷 38，頁 18a。

163 同前注，卷 39，頁 2a-3b。

164 王國維，〈漢以後所傳周樂考〉，《觀堂集林》，卷 2，頁 23b-24a。

近當代學者或以為詩、樂無關，[165]而所論當以錢鍾書為最深入平情而合理：

> 《易‧繫辭》：「物相雜，故曰文」，或陸機〈文賦〉：「暨音聲之迭代，若五色之相宜」。夫文乃眼色為緣，屬眼識界，音乃耳聲為緣，屬耳識界；「成文為音」，是通耳於眼、比聲於色。《左傳》襄公二十九年季札論樂，聞歌〈大雅〉曰「曲而有直體」，杜預註：「論其聲如此。」亦以聽有聲說成視有形，與「成文」、「成方」相類。[166]

錢氏由此而推論「詩、樂」有同異之別而常相配合，「猶近世言詩歌入樂所稱『文詞與音調之一致』（die Wort-Ton-Einheit）；後謂詩樂性有差異，詩之『言』可『矯』而樂之『聲』難『矯』」。[167]《管錐編》文長不錄，讀者可參。[168]就「樂」而言，又與「禮」相為表裡。故《禮記‧禮運》：

> 故人者，其天地之德，陰陽之交，鬼神之會，五行之秀氣也。[169]

人之一身蘊涵陰陽，擴而大之，至於天地萬物，都是陰陽的賦形；禮制於天地萬物無不包括，故亦處處均可區分陰陽。《禮記‧喪服四制》云：

> 凡禮之大體，體天地，法四時，則陰陽，順人情，故謂之禮。[170]

「則陰陽」三字，意即以「陰陽」為法則。周公制禮作樂，「禮」、「樂」本身，即分屬陰陽，截然不同。《禮記‧郊特牲》：

> 樂由陽來者也，禮由陰作者也，陰陽和而萬物得。[171]

《禮記‧樂記》：

---

165 可參陳哲音，〈先秦儒家樂教思想探究〉，《孔孟月刊》，第 57 卷第 7、8 期（2019 年 4 月），頁 22-32；江希彥，〈戰國時代儒家之詩教與樂教情況研究——以楚簡文獻資料為中心〉，《新亞學報》，第 33 卷（2016 年 8 月），頁 165-229。

166 錢鍾書，《管錐編》，《毛詩正義》「關雎（二）」條，頁 59。

167 錢鍾書，《管錐編》，《毛詩正義》「關雎（三）」條，頁 60。

168 同前注論《毛詩正義》「關雎（二）、（三）」條，頁 59-62。

169 《禮記注疏》，卷 22，頁 5a。

170 同前注，卷 63，頁 11b。

171 同前注，卷 25，頁 10a。

聖人作樂以應天，制禮以配地。[172]

「樂」「由陽來」而「應天」，「禮」「由陰作」而「配地」。禮樂的與天地、陰陽的對應釐然可見。正如後儒的解釋，《白虎通義》亦以「陰陽」區分「禮樂」：

　　樂言作，禮言制何？樂者，陽也，動作倡始，故言作。禮者，陰也，繫制於陽，故言制。樂象陽也，禮法陰也。[173]

「禮」以象陰，「樂」以象陽。就「樂」而言，「無樂」屬陰，「有聲」屬陽。《禮記·郊特牲》：

　　饗禘有樂，而食嘗無樂，陰陽之義也。凡飲，養陽氣也；凡食，養陰氣也。故春禘而秋嘗，春饗孤子，秋食耆老，其義一也，而食嘗無樂。飲養陽氣也，故有樂；食養陰氣也，故無聲。凡聲，陽也。[174]

「樂」「有聲」為「陽」，「禮」「無樂」屬「陰」。秋為少陰，故「食嘗無樂」；春為少陽，故「饗禘有樂」。《禮記·樂記》論先王制樂，即陳陰陽之義：

　　是故先王本之情性，稽之度數，制之禮義，合生氣之和，道五常之行，使之陽而不散，陰而不密，剛氣不怒，柔氣不懾，四暢交於中而發作於外，皆安其位而不相奪也。然後立之學等，廣其節奏，省其文采，以繩德厚。[175]

「陽」屬天而與陽光有關，故稱「散」，「陰」屬地而與水土有關，故稱「密」。「陽而不散，陰而不密」語義即謂「陽」而不至於「散」，「陰」而不至於「密」。所謂「道五常之行」，即依「金木水火土」之「性」而立的「仁義禮智聖」之「行」。《樂記》倘依李善《文選注》載沈約所說「取公孫尼子」，則「道五常之行」以及「陽而不散，陰而不密」的陰陽五行之

---

172 同前注，卷 37，頁 19a。

173 陳立撰，《白虎通疏證》，卷 3，頁 98-99。

174 《禮記注疏》，卷 25，頁 8a-b。孔穎達《疏》：「『陰陽之義也』者，無樂為陰，有樂為陽，故云『陰陽之義』也。……『凡飲，養陽氣也；凡食，養陰氣也』者，此覆釋上文饗有樂而食無樂之義，以飲是清虛養陽氣，故有樂；而食是體質養陰氣，故無樂。」（同前，頁 8b）

175 同前注，卷 38，頁 6b-7a。鄭玄《注》：「五常，五行也。」孔《疏》：「『合生氣之和，道五常之行』者，言聖人裁制人情，使合生氣之和，道達人情以五常之行，謂依金木水火土之性也。」（同前，頁 7a-b）

論，非獨子思、孟子傳述，公孫尼子亦張皇此一音樂區分陰陽的學說。無怪乎《禮記‧樂記》說：

> 天高地下，萬物散殊，而禮制行矣。流而不息，合同而化，而樂興焉。[176]

又曰：

> 地氣上齊，天氣下降，陰陽相摩，天地相蕩，鼓之以雷霆，奮之以風雨，
> 動之以四時，煖之以日月，而百化興焉。如此，則樂者，天地之和也。[177]

「禮、樂」固然分屬「陰、陽」，單就「樂」而言，也必以臻「天地之和」為境界，而涉及天地之氣的交泰、陰陽的相摩相蕩。此皆先秦禮樂思想的精微，儒門君子精研的至理。近世新儒家學者專意於談心性、論寡欲，於禮樂之道不免忽略太過。而《莊子‧天運》記北門成問於黃帝「帝張咸池之樂於洞庭之野」，作者託言於黃帝，答曰：

> 吾奏之以人，徵之以天，行之以禮義，建之以大清。夫至樂者，先應之以
> 人事，順之以天理，行之以五德，應之以自然，然後調理四時，太和萬
> 物。四時迭起，萬物循生；一盛一衰，文武倫經；一清一濁，陰陽調和，
> 流光其聲；蟄蟲始作，吾驚之以雷霆；其卒无尾，其始无首；一死一生，
> 一僨一起；所常无窮，而一不可待。汝故懼也。吾又奏之以陰陽之和，燭
> 之以日月之明，其聲能短能長，能柔能剛；變化齊一，不主故常……。[178]

此段論述所透露的思想，是音樂的極致，無不與自然相融通，故其中清濁、盛衰、抑揚、循環、長短、剛柔之理，無不符合自然界「陰陽」之義，進而涉及日月、死生等等自然人事。如歸諸教化，則正如王應麟《困學紀聞》卷三引陶淵明《羣輔錄》論「傳樂為道，以和陰陽」，最終目的則是「移風易俗」，又復歸諸《詩》教：

> 〈定之方中〉傳引仲梁子曰：「初立楚宮也。」《鄭志》：「張逸問：『仲
> 梁子何時人？』答曰：『仲梁子，先師魯人。當六國時，在毛公前。』」《韓

---

176 同前注，卷37，頁19a。

177 同前注，頁21a。

178 郭慶藩撰，《莊子集釋》，卷5下，頁502-504。

非子》「八儒」有仲良氏之儒。陶淵明《羣輔錄》：「仲梁氏傳樂為道，以和陰陽，為移風易俗之儒。」[179]

《詩》之歌詠，必合樂意，實亦關乎陰陽之義，甚至與節候時令相配合。故有「豳風」、「豳雅」、「豳頌」之說，始見《周禮・春官・籥章》：

> 籥章：掌土鼓、豳籥。中春，晝擊土鼓，龡〈豳詩〉，以逆暑。中秋，夜迎寒，亦如之。凡國祈年于田祖，龡〈豳雅〉，擊土鼓，以樂田畯。國祭蜡，則龡〈豳頌〉，擊土鼓，以息老物。[180]

綜上所述，周民族制禮作樂，無不意識到「陰、陽」在深層的影響。

八 《易》理消融：《論語》所記孔子的《周易》語彙

孔子自詡「郁郁乎文哉，吾從周」（《論語・八佾》），又說「甚矣吾衰也！久矣吾不復夢見周公」（《論語・述而》），孔子畢生嚮往周朝禮樂，儒家學說完全奠基於禮樂理論，人所共知。唯孔子對《周易》的深造自得，近人卻囿於疑古之論，而刻意切斷孔子與《易》的關係，甚為可惜。

漢代以降，學者深信孔子是《易傳》的作者。而且《史記・孔子世家》記「孔子讀《易》，韋編三絕」。[181]孔子讀的是竹簡編成書冊的《易》，翻閱次數多了，繫縛竹簡的繩子斷了好幾次，可見他喜愛的程度。自從北宋歐陽修《易童子問》懷疑《易傳》非孔子作，清儒崔述《考信錄》提出七條證據定案，《易傳》的著作權好像已和孔子無關。到了古史辨運動，學者又進一步推翻《論語》關於孔子學《易》的記載——孔子不但沒有撰著

---

179 王應麟著，翁元圻等注，《困學紀聞》，卷三「詩」，頁338。

180 《周禮注疏》，卷24，頁6a-8a。王應麟《困學紀聞》卷三「《詩》六義，三經三緯」條，翁元圻案語：「（王鴻緒）《欽定詩經傳說彙纂》：『案：鄭康成《箋》豳詩以應豳籥，孔穎達疏之曰：「述其政教之始，則為豳風；述其政教之中，則為豳雅；述其政教之成，則為豳頌。」』此漢、唐相傳之說，而程子亦以為然也。」（卷3，頁316-317）

181 司馬遷，《史記》，卷47，頁1937。

解釋《周易》的著作，他甚至根本沒有學《易》。《論語‧述而》說：

> 子曰：「加我數年，五十以學《易》，可以無大過矣。」[182]

唐代陸德明《經典釋文》記：

> 如字。《魯》讀「易」為「亦」，今從《古》。[183]

漢代以來流傳的《論語》有三個版本：《魯論》、《齊論》和《古論》。如依照《古論》作「易」，這句話就讀作「五十以學《易》，可以無大過矣」，意思是五十歲讀《周易》，沒有大過錯；如依照《魯論》作「亦」，這句話就讀作「五十以學，亦可以無大過矣」，意思是五十歲仍堅持學習，可以避免犯大錯。東漢末何晏《論語集解》（即《十三經注疏》所用的版本）正是作「易」而不是「亦」。何晏《注》說：

> 《易》「窮理盡性以至於命」。年五十而知天命，以知命之年，讀至命之書，
> 故可以無大過。[184]

清儒惠棟《九經古義》贊成《魯論》作「亦」。至民國初年疑古運動加上反傳統思潮，學術界大多相信後一說，認為孔子根本沒有學《易》，《史記》的記載自然也不可靠。[185]

敦煌文獻唐代抄本「伯希和 2510」號所記鄭玄注解的《論語》本子，也保存了這一章，內容是：

> 子曰加我數年五十以學易可無大過矣。

只有末句少了一個「以」字。而唐代專門輯錄和甄別經典異文的學者、《經典釋文》的作者陸德明也說「今從《古》」，代表他也支持「易」，而不贊成作「亦」字。足證《魯論》作「亦」只是孤例，並無依據，亦可見漢代以來，主流學者不約而同地都認為「易」字才是正確的。如此看來，《周易》的確是孔子學習的對象。

---

182 《論語注疏》，卷 7，頁 6a。

183 陸德明，《經典釋文‧論語音義》，卷 24，頁 8a。

184 《論語注疏》，卷 7，頁 6a。

185 說詳本書下編〈陸、《易傳》作者問題檢討〉。

孔子曾說「五十而知天命」，這裡又說「五十以學《易》」，[186]那意思很明顯，是說《周易》艱深，裡面又多用占筮術語來引喻政治倫理的教誨，所以勉勵學生，最好到了知命之年再讀《周易》，較不會受到迷信的魅惑。這主要是因為《周易》是國家的政典，是周民族建邦立國政治方略的寄託。其中所述陰陽之象，具體反映在國家典禮。自周平王東遷，天子力量式微，王者迹熄，王化不行，《周易》流落於各國，成為史官、卜人、士大夫占問政治人事禍福吉凶的工具。《左傳》、《國語》所記二十多條筮例，顯示《易》占盛行，反映的卻是《易》道的衰微。孔子讀《易》卻不太願意以《易》為教，原因在於此。

不能否認的是，孔子誦讀《周易》已經熟極而流。《易》的語彙，已深深根植在孔子思想裡，不自覺地流露成為日常語言的一部分。相信《魯論》作「亦」的學者，忽略了〈大過〉正是《周易》第二十八卦，這個卦中「大過」的意思，是兩件事物落差很大，[187]而不是〈述而〉中孔子用為「重大過錯」之意。這裡很明顯地，孔子稍稍運用了語言的技巧，將作為卦名的「大過」兩個字鑲嵌在句子中，表達了五十歲知命之後，再讀《周易》，就比較不會犯錯的意思。《論語》這一章的語言技巧其實十分高明，卻被近世學者忽略，十分可惜。孔子常常隱括卦名及卦爻辭以立言。見於《論語》者如下：

1. 〈述而〉：「子曰：『加我數年，五十以學《易》，可以無大過矣。』」

2. 〈子路〉：「子曰：不得中行而與之，必也狂狷乎。狂者進取，狷者有所不為也。」

3. 〈為政〉：「子張問十世可知也。子曰：『殷因于夏禮，所損益可知也。周因于殷禮，所損益可知也。其或繼周者，雖百世可知也。」

---

186 這兩段記文，在戰國傳誦一時，故《莊子‧天運》說：「孔子行年五十有一而不聞道，乃南之沛見老聃。」（《莊子集釋》，卷 5 下，頁 516）很明顯是以戲謔之語，故意加一歲於「五十」之上而強調孔子的「不聞道」。

187 作為最早注解之一種的《彖傳》解釋〈大過〉：「大者過也。棟橈，本末弱也；剛過而中，巽而說行，利有攸往，乃亨。大過之時大矣哉！」《周易注疏》，卷 3，頁 30a。

4. 〈季氏〉:「孔子曰:『益者三友,損者三友,友直,友諒,友多聞。益矣。友便辟,友善柔,友便佞,損矣。』」

5. 〈季氏〉:「孔子曰:『益者三樂,損者三樂,樂節禮,樂樂道人之善,樂多賢友,益矣。樂驕樂,樂佚游,樂宴樂,損矣。』」

6. 〈公冶長〉:「子曰:『已矣乎,吾未見能見其過,而內自訟者也。』」

7. 〈顏淵〉:「子曰:『聽訟,吾猶人也。必也使無訟乎。』」

8. 〈述而〉:「子曰:『聖人吾不得而見之矣,得見君子者,斯可矣。子曰:『善人吾不得而見之矣,得見有恆者,斯可矣。亡而為有,虛而為盈,約而為泰,難乎有恆矣。』」

9. 〈子路〉:「子曰:『南人有言曰:「人而無恆,不可以作巫醫。善夫。」『不恆其德,或承之羞』。子曰:『不占而已矣。』」

10. 〈季氏〉:「孔子曰:『生而知之者,上也;學而知之者,次也;困而學之,又其次也;困而不學,民斯為下矣。』」

11. 〈學而〉:「子曰:『道千乘之國,敬事而信,節用而愛人,使民以時。』」

以上「約而為泰」、「節用而愛人」兩例,也許是一般用語而未必專屬《周易》。但即使如此,其餘數量亦自不少。第 2 條以「狂狷」對照申論「中行」,而《周易》卦爻辭「中行」一詞出現共五次,意指「中道」。〈損〉和〈益〉是第 41、42 卦。這兩卦的精神在於:「損、益」一體兩面,有時似損實益,有時似益實損;有時則損中有益,或益中有損,講的都是人生的有得有失。六三爻辭「三人行,則損一人;一人行,則得其友」最足以說明這個道理。第 3、4、5 條中,孔子借「損、益」以說明三代禮制承繼增減,賦予了新意義。第 7 條和《周易》〈訟〉卦有關。〈訟〉卦卦辭說:

有孚窒,惕中吉,終凶。利見大人,不利涉大川。[188]

---

188 雄按:《經典釋文‧周易音義》:「『有孚窒』一句,『惕中吉』一句。」(卷 2,頁 4a)朱熹《周易本義》採此斷句(卷 1,頁 56)。筆者認為據文義,意為「有孚」但有阻礙(窒),「惕」則可獲「中吉」,故可讀為「有孚,窒;惕,中吉,終凶。利見大人,不利涉大川。」另一讀法為「有孚,窒惕,中吉,終凶」。

〈訟〉卦論述爭訟的哲理，核心精神在於兩方爭訟，多有一傷，故上九爻辭為「或錫之鞶帶，終朝三褫之」，即使獲得至高榮譽，亦將因爭訟而受損傷。因此最理想的狀態是不爭訟。而孔子申言「必也使無訟」，亦吸取爻辭「中吉，終凶」的訓誨意義。第 8 條「人而無恆」，表面看不出來是引用《周易》〈恆〉卦卦名或卦義。但「不恆其德，或承之羞」，卻是〈恆〉卦九三爻辭。孔子引述來說明一個人沒有恆久的德行，終必招致羞辱。孔子說「不占而已」，[189]強調這個人生的至理，不需要占筮也能明瞭。孔子的意思，和荀子說「善為《易》者不占」[190]的道理是一樣的。尤其「損」、「益」合用，「恆」、「訟」常言，更顯然並不尋常。「五十以學《易》，可以無大過」一語雙關，最饒趣味。這樣的語言的妙用，足以反映孔子幽默的一面。故傳統注經者往往亦認為孔子思想與《易》義相通，可以互證。如《論語‧顏淵》：

> 子曰：「夫達也者，質直而好義，察言而觀色，慮以下人，在邦必達，在家必達。」

《集解》引馬融說：

> 常有謙退之志。察言語，觀顏色，知其所欲，其志慮常欲以下人。「謙尊而光，卑而不可踰。」[191]

「謙尊而光，卑而不可踰」出自〈謙〉卦《彖傳》。[192]孔子生於無道之世，雖然自言「道之不行，已知之矣」（《論語‧微子》），[193]但仍選擇一種積極奮進的人生，並且以積極奮進的態度教人，印證了〈乾〉九三「君子終日乾

---

189 邢昺《疏》：「『不恆其德，或承之羞』者，此《易》〈恆〉卦之辭，孔子引之，言德無恆，則羞辱承之也。『子曰不占而已』者，孔子既言《易》文，又言夫《易》所以占吉凶，無恆之人，《易》所不占也。」《論語注疏》，卷 13，頁 9a。

190 《荀子‧大略》：「善為《詩》者不說，善為《易》者不占，善為《禮》者不相。」王先謙撰，《荀子集解》，卷 19，頁 507。

191 《論語注疏》，卷 12，頁 9a。

192 《周易注疏》，卷 2，頁 32a。

193 《論語注疏》，卷 18，頁 5b。

「乾」的教誨。[194]

《論語・陽貨》記孔子謂：

天何言哉？四時行焉，百物生焉，天何言哉？[195]

「四時行焉」為〈乾〉之道，即日照南北轉移以成四季的原理；「百物生焉」為〈坤〉之道，即〈坤〉卦《象傳》所謂「坤厚載物，德合无疆」[196]（〈乾〉卦《象傳》亦謂「雲行雨施，品物流形」[197]）。故孔子此處所謂「天」，是合天地乾坤之道而言的。故《史記》太史公稱孔子「讀《易》，韋編三絕」，洵非虛語。

其餘如《周易》卦爻辭「君子」一詞曾二十見，可見其對「君子之道」的重視。《論語》所記，孔子屢言「君子」言行矩矱，如出一轍。

何澤恆曾發表長文〈孔子與易傳相關問題覆議〉，[198]大意認為孔子畢生不教《易》，據《論語》的編者，孔子最重要的弟子沒有任何提及孔子對《易》的講解，戰國傳述孔子學問最著名的兩位大儒：孟子和荀子，也都沒有任何贊《易》的文字。

然而，據《史記・儒林傳》所載，孔子傳《易》給弟子商瞿。由此推測，儘管孔子主要弟子大多屬反《易》派，只講《詩》、《書》而不提及《易》；但仍有不少屬於傳《易》派，將孔子對《易》的見解綜合為七種《易

---

194 如《論語・學而》闡釋君子好學的態度。《論語・公冶長》：「子曰：『十室之邑，必有忠信如丘者焉，不如丘之好學也。』」（《論語注疏》，卷5，頁12a）「好學」的定義如何呢？《論語・學而》：「子曰：『君子食無求飽，居無求安，敏於事而慎於言，就有道而正焉，可謂好學也已。』」（同前，卷1，頁8a）這不正是一種非常積極的人生態度嗎？這種好學、積極、奮進的人生，正也是孔子一生的寫照。《論語・為政》：「子曰：『吾十有五而志于學。三十而立，四十而不惑，五十而知天命，六十而耳順，七十而從心所欲，不踰矩。』」（同前，卷2，頁2a）

195 《論語注疏》，卷17，頁8a。

196 《周易注疏》，卷1，頁22a。

197 同前注，頁6a。

198 何澤恆，〈孔子與易傳相關問題覆議〉，《臺大中文學報》，第12期（2000年5月），頁1-55，後轉載於《周易研究》2001年第1、2期（2001年2、5月），又收入《先秦儒道舊義新知錄》（台北：大安出版社，2004），頁39-117。

傳》的主要內容。今天我們看《十翼》中很多「子曰」的內容，是強有力之證。他們也致力將《易》列入《六經》，與《詩》、《書》等合稱，並置於首位，成為戰國中期的主流意見。《莊子・天運》說：

> 孔子謂老聃曰：「丘治《詩》、《書》、《禮》、《樂》、《易》、《春秋》六經，自以為久矣，孰知其故矣，以奸者七十二君，論先王之道而明周、召之迹，一君无所鉤用。甚矣夫！人之難說也，道之難明邪！」老子曰：「幸矣，子之不遇治世之君也！夫六經，先王之陳迹也，豈其所以迹哉！[199]

《莊子・天下》：

> 《詩》以道志，《書》以道事，《禮》以道行，《樂》以道和，《易》以道陰陽，《春秋》以道名分。[200]

這兩篇雖然未必是莊子親著，但墓葬時間約為西元前 300 年的郭店楚墓竹簡，其中〈六德〉說：

> 觀諸《詩》、《書》則亦在矣，觀諸《禮》、《樂》則亦在矣，觀諸《易》、《春秋》則亦在矣。[201]

〈語叢一〉也臚列了《禮》、《樂》、《書》、《詩》、《易》、《春秋》的名稱，[202]可見戰國中期，六種經典合稱，成為儒家所謂「六經」，已被廣泛認可。當時《周易》尚未發展到漢代那樣，受惠於政府「尊經」，而且居於《六經》之首，但它是《六經》的一種，卻是不爭的事實。

《易傳》之中，《文言傳》和《繫辭傳》「子曰」的文字共有三十條，裡面申述的，絕大部分都是「進德修業」一類的德義內容，和《論語》所記孔子的教誨十分一致，這足以證明，《易傳》主要內容，和孔子及其門人有密切關係。我們看《繫辭下傳》：

> 子曰：「顏氏之子，其殆庶幾乎！有不善，未嘗不知；知之，未嘗復行也。

---

199 郭慶藩撰，《莊子集釋》，卷 5 下，頁 531-532。
200 同前注，卷 10 下，頁 1067。
201 李零，《郭店楚簡校讀記（增訂本）》，頁 171。
202 同前注，頁 209。

《易》曰：『不遠復，无祗悔，元吉。』」[203]

這段引孔子稱許顏回以解釋〈復〉卦初九爻辭的文字，和《論語・雍也》「有顏回者好學，不遷怒，不貳過」[204]語調相當一致，在義理上也十分符合。反觀《論語・公冶長》記子貢說「夫子之言性與天道，不可得而聞也」，[205]說服力十分薄弱。（《禮記》記孔子言論涉及「天道」姑且不談，《論語・陽貨》就記載了孔子論「性相近也，習相遠也」，[206]怎麼會「不可得而聞」呢？）同樣是後學追述孔子的話語，我看不出有什麼理由只採信《論語》的記載，否定《易傳》、《禮記》等其他文獻所記孔子對自身思想的闡述。

經典化的意義，在於《周易》的重要性在歷史上獲得重新確認，讓它和其他幾部經書並列為代表周代政治典禮、也代表儒家學說的作品。

九 《易》理轉化：戰國《易》學與儒學的交融

在討論戰國儒家學者給予《易》理新的詮解，而推進了《易》哲學的轉化，是一個不容易用一個短篇章即可解決的大問題。

關於儒家與《易》關係的問題，可從兩方面討論。一是近代學界關於「儒」的討論，另一是孔子與《易》關係之探討。

關於「儒」的起源問題，及門傅凱瑄博士的博士論文《近代中國學界對「儒」的論爭（1840-1949）》[207]有詳細深入的探討，筆者於 2022 年 10 月 19 日在香港中文大學主講第八屆新亞儒學講座第一講「近世『儒』的論說

---

203 《周易注疏》，卷 8，頁 14a。
204 《論語注疏》，卷 6，頁 1b。
205 同前注，卷 5，頁 6a。
206 同前注，卷 17，頁 2a。
207 傅凱瑄，《近代中國學界對「儒」的論爭（1840-1949）》，臺灣大學中國文學系博士論文，李隆獻教授及筆者聯合指導，2017。

與變遷」亦有申論。自章太炎發表在《國故論衡》中發表〈原儒〉[208]以來，「儒家思想起源為何」即成為一個廣泛被學者討論的課題。[209]陳來認為諸家都只是集中在考慮「職業類型與職業名稱」，「在論述『儒』的起源，而未嘗在根本上挖掘『儒家』作為一種思想的起源。換句話說，這些研究都是語學的或史學的方法，都不是思想史的方法」。[210]此一批評似是而實非。嚴格來說，如章太炎、錢穆等提出的「儒」的「行業」，其實正是從「儒」的社會流品（非今人所謂「職業」）論「儒家」的思想淵源，豈不合宜？陳來又認為「職業說」是：

> 視儒為一種「藝」，而沒有把儒作為一種「道」。[211]

其實，先秦思想本即圍繞政治教化的問題開展，故儒者的「藝」即政治事業，實與其「道」即思想內容，是一致的。

當然，我絕對同意討論「儒」在思想史上的起源，應在前人的基礎上再進一步。「儒」之原義為柔、為術士、[212]為社會一種行業、[213]或為殷人之

---

208 章太炎，《國故論衡》，《章太炎全集》，第 3 輯第 1 冊，頁 108-112。

209 錢穆自 1923 年始撰《先秦諸子繫年》，「治諸子，謂其淵源起於儒，始於孔子」，首度回應了《原儒》的議題。其後胡適著《說儒》，馮友蘭著《原儒墨》，郭沫若著《駁說儒》，數年後再發表《論儒家的發生》，傅斯年著《戰國子家敘論》，1954 年錢穆再發表《駁胡適之說儒》。爾後著述寖多，關於「儒」的討論也極多，不遑細述。近年以陳來綜述諸家，自表意見，其文可參。讀者可參陳來，〈說說儒——古今原儒說及其研究反省〉，《原道》，第 2 輯（北京：團結出版社，1995 年版），頁 315-336。

210 同前注，頁 326-327。

211 同前注，頁 328。

212 許慎《說文解字》人部：「儒，柔也。術士之偁。從人，需聲。」按：「柔也」句下段《注》：「鄭《目錄》云：『〈儒行〉者，以其記有道德所行。儒之言優也，柔也；能安人，能服人。又儒者，濡也，以先王之道能濡其身。』〈玉藻〉注曰：『舒儒者，所畏在前也。』」「術士之偁」句下段《注》：「術，邑中也，因以為道之偁。《周禮》『儒以道得民』，注曰『儒，有六藝以教民者』；〈大司徒〉『以本俗六安萬民』；『四曰聯師儒』，注云『師儒，鄉里教以道藝者』。按六藝者，禮樂射御書數也，《周禮》謂六德六行六藝，曰德行道藝。自真儒不見，而以儒相詬病矣。」許慎著，段玉裁注，《說文解字注》，8 篇上，頁 3b-4a。

213 錢穆〈駁胡適之說儒〉：「余舊撰《國學概論》，已著墨家得名乃由刑徒勞役取義，而於儒字尚無確詁。及著《先秦諸子繫年》，乃知許叔重《說文》儒為術士之稱，術指術藝，術士即嫻習六藝之士，而六藝即禮樂射御書數。因知儒墨皆當時社會生活職業一流品，此乃自來論

遺裔、或為禮崩樂壞之後的沒落貴族，都可以聊備一說，作為參考。其實章太炎〈原儒〉早就從「道」的角度考察「儒」的源起，所以他才推論到原本「儒」業涵括天文，等於指出儒者天人合一思想的關懷，遠源甚古。我們當然不必遽信太炎引《周易》《象傳》「需者，雲上於天」之說，但他引述《莊子・田子方》「儒者冠圜冠者知天時」而論「達名之儒」：「知天文、識旱潦」、「知天文占候，謂其多技，故號徧施於九能，諸有術者悉畡之矣」，[214]卻是立言有本，不可忽視。儒者治《詩》、《書》。〈豳風・七月〉中所載「三正」之內容、[215]《尚書・堯典》「日中星鳥」、「日永星火」關於天文的記載，[216]《周易》〈剝〉、〈復〉、〈明夷〉、〈晉〉所涉及的日出日沒、陰陽消長的自然哲理，正不離於「天文占候」。陳來的文章引《周禮》「六藝」之論以證儒家思想的來源，其實先秦儒者之擅《周禮》所載之「六藝」，豈不就證明了太炎「徧施於九能，諸有術者悉畡之矣」之論？《易》理本於日照長短強弱依四季遞嬗而轉變的原理，故與天文學關係甚為密切；《歸藏》有「熒惑」（火星的古稱謂）之名，更可見其與天文學有關。而且此類天文知識，與《尚書・堯典》命「羲和之官」的原理一樣，都是從農業社會的角度，著眼於天文與人事之實用關係，一方面強調一種整體性的世界觀，另方面強調「天」與「人」之間的對應。故《禮記・禮運》有：

> 五行四時十二月，還相為本也。五聲六律十二管，還相為宮也。五味六和十二食，還相為質也。五色六章十二衣，還相為質也。[217]

的記載。可見時曆、聲律、氣味、色彩等，都在儒家典禮範圍之中。

我之所以追溯「儒」的本業，主要還是要強調：對於《周易》特別具

先秦學派者所未道。越數載，胡適之先生有〈說儒〉篇，亦以生活職業釋儒字，而持論與余說大異。……據《論語》與《周易》，儒家論人事皆尚剛，不尚柔。」收入《中國學術思想史論叢（二）》（台北：東大圖書公司，1985），頁 373-374。錢先生據《論語》與《周易》證儒家論人事「皆尚剛」，可稱巨眼。

214 章太炎，《國故論衡》，頁 109。

215 參《毛詩注疏》，卷 8 之 1，頁 10a-b。

216 《尚書注疏》，卷 2，頁 9b-10a。

217 《禮記注疏》，卷 22，頁 5b-6a。

有神道設教色彩的經典，儒者不可能因為其書涉及迷信和神祕主義，而加以輕忽。近一世紀以來，儒學研究主流常以孔子是中國人文精神與理性主義之源，而一意否認孔子與《易》的關係，其論點已走了偏鋒。「儒」術源遠流長，固然本就脫離不了宗教。但更重要的是，《周易》並不是占筮紀錄，其內涵更多是本於天地、日月運行之理自然哲學，開展的是涉及政治方略、君子言行的偉業鴻圖，而不是算命攤、風水館的欺騙技倆。研究者必須先在這一點上有清晰的認識，才能客觀地理解戰國儒者對於《易》理的新詮。

儒者知天文，卻未必專以天文為業。以三《易》的傳統而言，其中包括宗教神話、政治民族一體的內容。《周易》「乾」、「坤」、「陰」、「陽」諸義，固與天文地理有關，即古人所謂仰觀俯察；但其為教，卻幾乎全以人事為本。如〈乾〉卦之「群龍无首」，與〈坤〉卦之「君子有攸往，先迷後得主」遙相對映，均指君子遇主或不遇主；〈坎〉卦卦辭「行有尚」，〈離〉卦歸結於「王用出征」。下經〈咸〉、〈恆〉為夫婦之道，關鍵之一為「恆其德」與「不恆其德」，更可見天道人事一體之妙。因此，凡論《易》的知識背景，必源本於天道；[218]但論其意義又必歸結於人事。天行固有彝則，君子則須立德行。《周易》中「君子」、「小人」的區別，指的是統治者與被統治者。凡涉及「君子」之內容，實多指上古「士」階層（即《尚書》所謂「多士」之「士」）而言，專言「士」應如何觀察天地之誼與自治治人之原理。

儒家思想主要源出西周禮樂制度。而禮樂的文字寄託，不外乎《易》、《詩》、《書》三種經典（《六經》之中，《樂》與《詩》相合，《春秋》代有繼作，《禮》以踐履為尚而散見於《詩》、《書》）。三者之中，《易》為尤重。蓋先秦時期，思想界尚無後世觀念中獨立哲學思辯之事。經典、諸子所記，多屬政治教化之範疇，故思想史之問題，亦多圍繞政治教化開展。《周易》多政

---

218 《周易》〈乾〉、〈坤〉二卦卦爻辭內容，中外學者等以天文學解釋之。筆者別有評論，詳見拙文，〈海外漢學發展論衡──以歐美漢學為例〉，《漢學論衡初集》，頁 11-81。

治教化之內容，即以此緣故。周革殷命，制禮作樂，雖屬政治教化的實施問題；但此種種政教之基礎，又必依託於天道觀的奠立。亦即說，《周易》時位變革、崇尚德義的思想，即是周民族革除舊法統、奠立新法統的最高依據。《周易》尚革新、主變化的思想，源出於周民族滅殷之後，以變革之思想，激發周人果敢地貫徹封建宗法制度，以奠定萬年之基業的精神。這是《周易》卦爻辭中勉勵士大夫觀察天地之誼與自治治人之理的原因。

　　《易傳》多撰成於戰國時期，而撰述的型態則頗多樣。從《十翼》看來，有的緊緊扣著經文的一字一句，如〈象傳〉和〈彖傳〉；〈文言傳〉只演說〈乾〉、〈坤〉二卦，則緊緊守著《易》的門戶；〈繫辭〉、〈說卦〉二傳專講象數；〈序卦傳〉則解說六十四卦卦序，強調卦與卦之間的連繫發展（articulation）。由於過去一世紀研究者被誤導而誤以為《易傳》皆是戰國諸子思想的產物，於是有「儒家《易》」和「道家《易》」的論爭，不知《易傳》主要是演說六十四卦的義理，並非儒家或道家學說專屬。但話說回來，雖不是「專屬」，但以戰國諸子思想相互間激烈的衝突和交融，戰國儒說與《易傳》學說之間，確有甚多交互輝映之處，因此我們也必須要注意到《易傳》中儒家學說的滲透，也要注意到戰國儒家典籍中《易》的痕跡。

　　至於《易傳》與儒家學說的關係，首先要認清，《易傳》主要是解釋《易經》六十四卦卦爻辭的作品，因此「經」的內容，主要皆由「傳」所發揮。[219]《易傳》是《易傳》，儒家是儒家（如以孟、荀為代表），不必強為牽合。過去我在拙著〈名、字與概念範疇〉中，指出孟子「性善」之說，

---

219 本書中編〈陸、論《易傳》對《易經》哲理的詮釋〉，「經」的「辭例」、「易數」、「終始觀念」三方面均為「傳」所承繼。「辭例」一節，強調可見《易傳》對於六十四卦每卦的卦義透過字義演繹的方法，將隱微而概括的經文，往人事、政治、倫理、自然等各方面作比附引申，以見宇宙萬物內在相互的連結（intra-connectivity）；「易數」一節，詳見本書中編〈肆、《易》數與中國早期數字觀念〉；「終始觀念」一節則提示《易經》本於陰陽循環而提出「初終」一詞以喻指萬物生死榮枯的定律，而在《易傳》則發展出「終則有始」、「原始反終」的觀念，強調了沒有終則沒有始、沒有死則沒有生的生命法則。

《繫辭傳》作者即給予嶄新解釋，截然與孟子學說不同，主要闡發「生生」之義。因天地之所以崇高偉大，在於無窮盡的循環，榮枯代謝，等於永遠給予萬物「生」的機會。或有人認為人死不能復生，這純粹是從個人生死起念。從群體而言，「原始反終」，「精氣為物，遊魂為變」即是生命繼起，著眼的非個人生死，而是物種的代興。故六十四卦卦爻辭並無「生死」二字，有的只是「初終」。

但如果說《易傳》與儒說截然無關，卻又非事實。因《易傳》作者常稱「子曰」，已公開宣示其哲學立場以孔家為本。如果深入《易傳》文本，我們的確可以看到不少章節，充滿了《易》理與儒說的糾纏。茲略舉四點，分論如下：

（一）本體論：《易》理的基礎？

歷來討論《易》哲學，皆本於《易傳》立說，因視經文為占筮紀錄，無哲學可言，可略而不談。此一觀點，固然忽略了《易傳》哲學皆源出「經」的義理。我在《周易階梯》中曾揭示「經」的義理，分別為「尚陽」、「相反相成」、「貴己」、「初終」、「尚中」、「君子之智」、「天文曆法」七項。而《易傳》哲學，則《彖傳》「保合太和」的「太和」一詞，經張載闡釋，可兼攝「尚陽」與「相反相成」，進而提升為具有本體論（ontology）意義（儘管尚未算得上嚴格意義的本體論）的概念，又可分化為「中」、「和」、「元」三個概念，在不同脈絡下有不同的運用，更凸顯出「主變」哲理，在主變之中強調「時行」。[220]凡論《易傳》哲學，首要大問題是宇宙之根源是一是二？在傳統《易》學的問法：《繫辭傳》「一陰一陽之謂道」，究竟是「一陰一陽」本身即是「道」，抑或是「一陰一陽」的「所以然」是「道」？前者屬二元論而後者屬一元論。宋儒本於「理、氣」關係，首先揭示「所以然」超然於「一陰一陽」之上，是為《易》學哲學史上最早的

---

[220] 過去百年間，以熊十力《乾坤衍》為首先揭示《周易》本體論的鉅著，其次為成中英以本體詮釋學（Onto-hermeneutics）述說《周易》本體論。

本體論解釋。論者或謂《繫辭傳》「易有太極，是生兩儀」，即可以離析為三部分：「易」是「所以然」亦即「本體」，「太極」說明此本體中已先驗地蘊涵陰陽氣化流行的「理」（太極不是氣化流行）；而「兩儀」則是一陰一陽的氣化流行。但從語言學角度分析，鑑於「易」兼有「簡易、變易、不易」三義，「易有太極」意思是「易即太極，太極即易」，二者是同實而異名。研究先秦思想史的學者以為《易傳》思想屬「氣」論。主「氣」的確是戰國晚期思想界共法，雖非《易傳》可得而專，用來描述《易傳》至為適合。由「氣」的變化，解說《易傳》各個概念，始能妥貼。過去安樂哲〈《易大傳》與中國自然宇宙觀〉提出「無定體觀」（no fixed substratum）、「生生不已觀」（The unceasingness of procreation）、「一多不分觀」（The inseparability of the one and the many）、「釐清『一』的觀念」（disambiguating the notion of "one"）、「傾向與偶然性」（propensity and contingency）、「合有無動靜觀」（continuity between determinacy and indeterminacy, equilibrium and motion）、「無往不復觀」（no advancing without reversion）、「輻射性的核心優於邊界觀」（priority of radial center over boundaries）共八點，[221]其中安樂哲多處引述了唐君毅的學說（如無定體觀、輻射性的核心優於邊界觀），也有並未承認但顯然汲取自華嚴宗學說的「一多不分」學說，用來描述《易傳》哲學，亦頗恰當，也呼應了本書所提出《易》哲學陰陽互相涵攝之理、生生不息之義、終則又始的規律等。「傾向與偶然性」其實原本已涵攝於經文。〈无妄〉卦即強調不可預知的偶然性。至於「輻射性的核心優於邊界觀」，我有不同的看法，安樂哲既然提出「一切事物當下均有局部（local）與普世（global）的雙重性質」，[222]就不可能存在有核心、邊界的優劣區分。以「卦」而論，六十四卦各指涉某一特殊情景，而隨著內外卦與「非覆即變」的另一卦之間的往復發展而存在一種自足的循環。在這種情形下，世界處處都可以是核心，相

---

221 見安樂哲，〈《易大傳》與中國自然宇宙觀〉，頁 251-267。英文引自安樂哲提交給筆者的英文演講稿。

222 同前注，頁 265。

對於核心則處處皆可以是普世。這才是他所提出傾向與偶然並存、生生不已又無定體的重要基礎之一。

（二）「中」的哲學

　　進一步說，不但「辭例」、「易數」、「終始觀念」相互支持，與其他觀念也環環相扣，例如「尚中」的觀念與「初終」、「終始」是一整套理念的產物，必須明瞭「初→終→初」、「終→始→終」的規律，才能理解所「尚」的「中」，是一個歷時性、持續性的抽象觀念。任何將「中」理解為某一特定固定價值的想法都不符合真正的「中」，因為「中」既強調在「初→終→初」、「終→始→終」的規律中呈現一個相對穩定的階段，又同時強調這種所謂「穩定」切忌一成不變，因為宇宙萬物恆常變動，各種價值、條件的調和，是促成、支撐著「中」的要件。正如《尚書‧洪範》所指出「雨、暘、燠、寒、風」的自然氣候理想狀態是「時」（「雨、暘、燠、寒、風」互相替換）而不是「恆」（「雨、暘、燠、寒、風」五者其一恆常不退散），推衍到人事，「恭作肅，從作乂，明作哲，聰作謀，睿作聖」亦應如此，故《尚書‧洪範》說：

> 曰休徵；曰肅，時雨若；曰乂，時暘若；曰哲，時燠若；曰謀，時寒若；
> 曰聖，時風若。曰咎徵：曰狂，恆雨若；曰僭，恆暘若；曰豫，恆燠若；
> 曰急，恆寒若；曰蒙，恆風若。[223]

這個「時」字，是《易》哲學的核心概念之一。在《易傳》「時行」一詞凡出現五次，四次在〈彖傳〉，即〈大有〉卦「其德剛健而文明，應乎天而時行，是以元亨」、〈遯〉卦「遯亨，遯而亨也。剛當位而應，與時行也」、〈艮〉卦「艮，止也，時止則止，時行則行，動靜不失其時，其道光明」、〈小過〉卦「小過，小者過而亨也。過以利貞，與時行也」。[224]一次

---

223 《尚書注疏》，卷 12，頁 22a。
224 分見《周易注疏》，卷 2，頁 29a；卷 4，頁 7a；卷 5，頁 27a；卷 6，頁 18a。

在《文言傳》，則是〈坤〉卦「坤道其順乎，承天而時行」。[225]此外《彖傳》也有「時義」（如〈豫〉卦「豫之時義大矣哉」、〈隨〉卦「隨之時義大矣哉」、〈遯〉卦「遯之時義大矣哉」），[226]或稱「時用」（如〈習坎〉卦「險之時用大矣哉」、〈蹇〉卦「蹇之時用大矣哉」），[227]又或稱「時」（如〈頤〉卦「頤之時大矣哉」、〈革〉卦「革之時大矣哉」）。[228]此外尚有「與時偕行」一詞，包括〈乾〉卦《文言傳》：「終日乾乾，與時偕行。」〈損〉卦《彖傳》：「損益盈虛，與時偕行。」〈益〉卦《彖傳》：「凡益之道，與時偕行。」[229]其意義和「時行」二字相同。總是離不開一個「時」字。[230]所以這簡簡單單的一個「時」字，構成了一整套光明俊偉的哲學，告訴我們治生、處世、對事、待人都必須要考量從各方面作出周延細緻的考慮，同時注意到勿膠柱鼓瑟，要懂得觀察各種條件的變化。而「時」的觀念，被戰國儒家所吸收，證據歷歷。如《孟子》稱孔子「聖之時者」，朱熹說：

> 愚謂孔子仕、止、久、速，各當其可，蓋兼三子之所以聖者，而時出之，非如三子之可以一德名也。[231]

朱熹顯然考慮孟子接著說「孔子之謂集大成」，所以說「兼三子之所以聖者，而時出之」，這個「時」字譯做現代漢語就是「適當時候」之意，指孔子依照時勢條件各方面考慮，選擇合適的時刻，而表現（出）某種德行。「時」的觀念也用在《禮記・中庸》，為「時中」：

> 仲尼曰：「君子中庸，小人反中庸。君子之中庸也，君子而時中；小人之中庸也，小人而無忌憚也。」[232]

此處「時中」一詞，充滿《易》哲學的理趣。儒家典籍中，「中」的觀念

---

225 同前注，卷 1，頁 26a。
226 分見同前注，卷 2，頁 34b；卷 3，頁 1b；卷 4，頁 7a。
227 分見同前注，卷 3，頁 34a；卷 4，頁 21b-22a。
228 分見同前注，卷 3，頁 27a；卷 5，頁 18b。
229 分見同前注，卷 1，頁 17a；卷 4，頁 27a；卷 4，頁 30a。
230 讀者亦可參拙著，《周易階梯》第八章「易傳哲學」。
231 朱熹，《四書章句集注》，卷 10，頁 440。
232 《禮記注疏》，卷 52，頁 3a。

見於《易》、《詩》、《書》，而各有不同的意涵，或專指時間觀念，或專指空間觀念，或兼時間空間而言，或指身體、心性、禮義……不一而足。[233] 而此處之「時中」，不但構詞上與《易傳》「時行」、「時用」一致——唯「行」、「用」為動態動詞（dynamic verb）而「中」則為靜態動詞（stative verb），都旨在凸顯變動不居的狀態中君子經由審視、考慮、研判而捕捉到恰當的準則。讀者要注意，這種對「中」的理解，在現實生活中——落實到人倫日用時，要精準掌握實相當複雜而不易為之，尤其因為儒家堅持的常常是價值的永恆性，《五經》之稱為「經」（longitude）或「常道」（constancy）、「五常」（the Five Constancies）等等，強調的都是不變性、永恆性，追求的是足以跨越不同時代而垂範後世的倫理準則，導致儒者面對隨時而變化的情境時顯得過於拘執不通。〈中庸〉記仲尼說「君子而時中」，是否是孔子親口說的並不重要，關鍵是這句話著眼於以通達的態度、適當變通的方式，去掌握「中」的準則。此一精神涵括在「中庸」這樣的大題目裡面，實展現了不凡的意義。

（三）《繫辭傳》儒學元素：對聖人、賢人、君子的期許

　　《易》哲理影響了儒家學說，而儒家學說更是滲透到《易傳》之中。不過這種滲透不是單向的，不是純粹將儒學引入《易傳》，而是將儒家學說與《易》的卦爻之說互相結合，成為相互涵攝的狀態。

　　要了解《易傳》政治教化的哲學，先要區別「聖人」、「賢人」、「君子」的不同設定。閱讀《繫辭傳》不難發現，儘管同一章中，作者常將「聖人」與「君子」同時置入，如《上傳》第一章不言「聖人」、「君子」，而是述說「賢人」；第二章首論「聖人設卦觀象」，[234] 隨即申論「是故君子所居而

---

233 關於先秦典籍中「中」字意義的類別與變遷，說詳拙著，〈先秦經典「中」字字義分析——兼論《保訓》「中」字〉。

234 雄按：王弼讀首句為：「聖人設卦觀象，繫辭焉而明吉凶，剛柔相推而生變化。」（《周易注疏》，卷7，頁5a）朱熹《周易本義》則讀為：「聖人設卦，觀象繫辭焉而明吉凶，剛柔相推而生變化。」（卷3，頁235）

安者，《易》之序也……」。[235]由此推論，「賢人」兼聖人、君子二者而言其特質，君子則必將以聖人為效法對象。這樣的思想，既與古代政治制度官職階級的設定一致，也符合儒家德治理念。

上古士大夫思想，絕非以帝王為追求目標（因帝王有待於「天命」），而以佐王致治為終生所望（自孔子栖栖皇皇奔走於列國，立君子之道，亦依循此一方向）。故君子修身立德，必以言行能符合「佐王致治」的目標為準，由是而有《周易》「遇主」、「利見大人」，就講出了士大夫這一層心態，由是而有卦爻辭中對「君子」的種種描述。《易傳》中對「君子」的陳述，亦依此一方向而有不同方向、層次、角度申論。其中最值得注意的，莫過於《易傳》中「聖人」、「大人」、「君子」的區別。[236]「聖人」居於最高層次，自不待言，而《易傳》中的主詞，尚有「大人」，和「君子」並不相同，甚至《象傳》還有「后」、「上」等主詞，均與「君子」有所不同。如《繫辭傳》「《易》有聖人之道四焉」臚列尚辭、尚變、尚象、尚占之後，即言「是以君子將有為也，將有行也……」，直至歎美「非天下之至變，其孰能與於此」之後，筆鋒一轉，又說「夫《易》，聖人之所以極深而研幾也」，又將焦點由「君子」轉向「聖人」。[237]這都是過去申論《易傳》義理的《易》家鮮少注意的。正因為儒家思想體系特別強調君臣、父子的上下名分，才區別出政教秩序中不同權力、不同位階的責任與德性要求。這些都是《易傳》義理與儒家學說一致的地方。

又如〈乾〉卦《文言》強調「君子學以聚之，問以辯之，寬以居之，仁以行之」，[238]聚學辯問、居寬行仁，固然是《論語》之教；窮通達變，[239]

---

235 《周易注疏》，卷 7，頁 7a。
236 說詳拙著，〈隱士逸民與出處進退——清儒論「隱」〉。
237 《周易注疏》，卷 7，頁 23b-25b。
238 同前注，卷 1，頁 19a-b。
239 如〈乾〉卦九三《文言傳》曰：「君子進德脩業。忠信，所以進德也；脩辭立其誠，所以居業也。知至至之，可與幾也；知終終之，可與存義也。是故居上位而不驕，在下位而不憂，故乾乾因其時而惕，雖危无 咎矣。」《周易注疏》，卷 1，頁 13a-14a。其中所論窮通達變之道。

也是孔子恆常教誨。而《易傳》之中，有很多由卦象衍生的君子之道的義理，以《大象傳》為例，[240]如〈小畜〉「君子以懿文德」、〈大有〉「君子以遏惡揚善，順天休命」、〈蠱〉「君子以振民育德」、〈大壯〉「君子以非禮弗履」、〈節〉「君子以制度數，議德行」等等，[241]顯然是儒家思想的貫注，將儒學的義理，一一與卦象相比附。義理的衍繹，固然屬於儒家的學說，但卦象的喻指，卻屬於《周易》哲理的範疇。此一情形在《繫辭傳》中亦俯拾皆是。如《上傳》「聖人有以見天下之賾」一章：

> 子曰：「君子居其室，出其言善，則千里之外應之，況其邇者乎？居其室，出其言不善，則千里之外違之，況其邇者乎？言出乎身，加乎民；行發乎邇，見乎遠。言行，君子之樞機；樞機之發，榮辱之主也。言行，君子之所以動天地也，可不慎乎？」[242]

這段話是闡釋〈中孚〉九二「鶴鳴在陰，其子和之。我有好爵，吾與爾靡之」，而冠之以「子曰」，將著作權歸諸孔子。其中強調的是君子「言」的藝術與力量，亦即本書上編〈伍〉所論述本諸身體而建立的語言哲學。「言」雖切近己身，在君子卻能影響及於千里。不但施政致遠，影響人民，動及天地，更是榮辱之主。此段文字意旨源自《論語》所記孔子「慎言」之教，卻透過強調「言」進而言行→樞機→榮辱→動天地反向闡述「慎言」的自然之理、人文之義。

（四）《序卦傳》的宇宙論

《易傳》中儒家學說的滲透，雖謂俯拾皆是，[243]但各個例子展現的實

---

240 關於《大象傳》與《小象傳》是否同一作者，我在拙著《周易階梯》第四章「《易傳》綜述」有說明（頁67），主要認為二傳作者應為同一人，只不過因應卦、爻性質之異，而有不同的風格展現。

241 分見《周易注疏》，卷2，頁15b；卷2，頁29a-b；卷3，頁5a；卷4，頁9b；卷6，頁14a。

242 《周易注疏》，卷7，頁17b-18a；朱熹，《周易本義》，《繫辭上傳》，第八章，卷3，頁241。

243 例如〈乾〉卦《文言傳》「元者，善之長也」一節同時見於《左傳》襄公九年「穆姜薨於東

情，則是儒家學說在《易傳》中，常常隨順《周易》卦爻內容而開展，讓人難以分辨究竟是儒學滲透到《易》學，抑或反過來《易》學滲透到儒學。上文提出的例子，《易》卦爻辭既多記述周民族自天子至於卿大夫倫理政教的法則，而儒學以西周禮樂為型範，則二者所述關於君子、賢人、聖人的詮解，自然有極多暗相吻合之處。然而，一旦談及《序卦傳》那就清楚得多了。本節討論《序卦傳》的宇宙觀，也可以說是該傳的萬物觀，因《序卦傳》視「天地」與「萬物」同體並存之故，雖然開宗明義，隨順〈乾〉、〈坤〉而以「有天地」三字起首，但其餘六十二卦個別事物的開展，實即天地運作的示現。這是我們讀古書所必須認清的。

　　《序卦傳》講述的是六十四卦卦序的理路，[244]因應六十四卦涉及自然、國家、戰爭、社會、家庭、儀軌等各方面，順應卦義，就其卦與卦的先後排列，講出一番道理。鑑於經傳撰著年代的數百年差異，這番道理當然不能被視為「經」的作者原意，而應視為《序卦傳》作者閱讀後賦予經文的一套完整理解。這套理解就其從「天地」設定場域考察，可證其哲學色彩；但其隨著六十四卦述說其義，而不是先建立一套宇宙觀來套用在卦序意義上，它又似乎夠不上稱為嚴格意義的「哲學」。但這一點也許不必太執著，因為先秦思想原本就屬中國早期，哲理的體系性尚未完整。但就其設定「天地」為預設場域而言，作者哲理視野的宏偉與高遠，令人驚異：

> 有天地，然後萬物生焉。盈天地之間者唯萬物，故受之以屯。屯者，盈也；屯者，物之始生也。物生必蒙，故受之以蒙。[245]

以〈乾〉、〈坤〉二卦取象天地，人或以為理所當然。但其偉論，則在於「盈天地之間者唯萬物」一句，視「天地」與「萬物」既為一致，亦為互攝，是第一、二句「有天地，然後萬物生焉」的發展性新解。「有天地，萬物生」，即以天地為父母，萬物為天地陰陽交感而生。但「盈天地之間者唯

宮，始往而筮之」穆姜對〈隨〉卦的評驚。

244 山東大學《易》學與古代中國哲學研究中心李尚信教授專研卦序，讀者可參李尚信，《卦序與解卦理路》（成都：巴蜀書社，2008）。

245 《周易注疏》，卷9，頁11a。

萬物」則又產生了新義理：萬物充盈於天地，天地亦不外於萬物；天地既與萬物為一，則無所謂未有天地之先，理論上就沒有「有生於無」的可能。沿此解釋，甚至較張載《正蒙》本於「太虛無形，氣之本體」理念而論「無無」（雄按：對「無」的否定），更為直截簡當，立論近似於裴頠〈崇有論〉所謂「夫總混羣本，宗極之道」，[246]而凸顯「物」字，則已宣示了不依循老子哲學的大方向。「天地萬物」同中有異、異中有同，互相涵攝的關係確立，而即順著卦序，將第三卦〈屯〉連接上，「故」字作為介詞，說明了前後的邏輯關係，意指天地與萬物均適於「屯難」之理，天地之自生、萬物之化生，無不屯難，而確立了《周易》始於天地萬物，在生生不息的歷程中，克服艱辛實為常態。而這個「盈天地之間者唯萬物」的「盈」字，又與下文「屯，盈也」互相呼應，可以見其義理的嚴密，環環相扣，而順著六十四卦次序，一一鋪陳。

上經以「天道」為主，下經以「人事」為主，而下經之始，《序卦傳》亦援用上經的辭例，說：

> 有天地，然後有萬物；有萬物，然後有男女；有男女，然後有夫婦，然後有父子；有父子，然後有君臣。[247]

「下篇」與「上篇」起首不同，在於更凸顯天地→萬物→男女→夫婦→父子→君臣的線性關係。「有天地，然後有萬物」實即「上篇」的「有天地，然後萬物生焉」，至於「有萬物，然後有男女」，意指萬物因「天、地」交感而生，則萬物或親於天，則本於乾道，為陽、為男；或親於地，則本於坤道，為陰、為女。有男女，仍本於天地交感的精神，而有「夫婦」之

---

246 裴頠〈崇有論〉：「夫總混羣本，宗極之道也；方以族異，庶類之品也；形象著分，有生之體也；化感錯綜，理跡之原也。夫品而為族，則所稟者偏；偏無自足，故憑乎外資。」（《晉書・裴頠傳》，卷 35，頁 1044）裴頠思想中宇宙本源，就是「總混羣本」，說不出是什麼但總之是萬物的本源。因為這個本源是「總混」，表示其並無共同的原理，於是「庶類之品」（萬物）的演化過程中「所稟者偏」，只能依賴其他物種的支持。這是存有論與貴無論立異的主軸。

247 《周易注疏》，卷 9，頁 12b-13a。

道，然後倫理逐步確立。正如《郭店楚簡・六德》33-38簡云：

> 男女別生言，父子親生言，君臣義生言。父聖子仁，夫智婦信，君義臣
> 忠。聖生仁，智率信，義使忠。故夫夫、婦婦、父父、子子、君君、臣
> 臣，此六者各行其職，而讒諂蔑由作也。君子言信言爾，言誠言爾，設外
> 內皆得也。其反，夫不夫，婦不婦，父不父，子不子，君不君，臣不臣，
> 昏所由作也。[248]

這段文字由男女之別講起，進而論父子之親，再進而論君臣之義。「夫婦
→父子→君臣」層層遞進，正符合上文所講述之人倫由男女結合婚配起
始，進而有家人之諸誼，再擴而言之，由私領域擴至公領域，則躍進君臣
之義的問題了。

　　透過《序卦傳》上篇、下篇起首，即可明瞭其哲理，部分汲取儒說，
部分則仍依經文卦序卦義，引申建構由宇宙乃至於人倫萬事的關係。限於
篇幅，不能縷述各卦內容。

　　以上列舉四點，大略說明《易》學被戰國儒家學說消融轉化的痕跡，
細節有待他日再詳論者尚有很多。例如《周易》〈革〉卦與〈鼎〉卦為「覆」
的關係，其中兼有「變革」與「革命」兩義。但戰國儒家已不言革命問題，
獨留變革思想，屬德性義理的一部分。《論語》雖說「夫子罕言性與天
道」，但譬如「三十而立，四十而不惑，五十而知天命，六十而耳順，七
十而從心所欲，不踰矩」，亦是「變」的思想，體現在個人進德修業。如
擴大至於歷史，則有三代損益變革的理論。凡此亦屬於儒學承繼《易》哲
學而加以調整轉化的痕跡。

　　《易傳》多「子曰」，表示作者不約而同服膺道德性命之理，歸宗仁義
之說。《易傳》所論，與方士占筮一派講《易》而流為術數者絕不相同，
其所蘊含之人文精神，更不能抹殺。指《周易》經傳非儒家思想之核心經
典，實不合理。孟、荀更將《易》理內化為德性剛健之說，自此以後，儒

---

248 參劉釗，《郭店楚簡校釋》，頁109。此段排序採李零說。詳李零，《郭店楚簡校讀記（增訂
　　本）》，頁132。

術出西周禮樂，禮樂制度依託於天道陰陽觀念的事實，愈隱而難見。然西漢孟喜、京房術數，暗含天命無常之學說，藉此以儆誡為政者自省自惕。後世操玩術數者不深究於此，導致《周易》人文精神不彰，術數小道，反被術士用以誣民惑世，而儒者轉而不喜《易》。這實屬不幸！

近年刊布的清華簡有〈筮法〉一篇，其中有「夫天之道，男勝女，眾勝寡」的文字：[249]

由於此簡上下文並不連貫，無法從文義判斷這是否屬於「尚陽」的思想。不過，將「🔲」字讀為「勝」，而提出「天之道，男勝女」是很有意思的。

---

249 清華大學出土文獻與保護中心編，李學勤主編，《清華大學藏戰國竹簡（肆）》，圖版頁46，釋文頁115。

參考下一句為「眾勝寡」,讓讀者自然而然想到王弼《周易略例》以《老子》哲學提出「以寡治眾」的理論。「眾勝寡」顯然是其對立面,反映了戰國《易》學思想顯示其尊陽而卑陰的一個側面。姑記於此,以俟來者。

十 結語

　　本文稱「同源分流」,旨在辨明儒家和道家的學說理論儘管是南轅北轍,卻分享了共同的源頭:近源是《周易》,遠源則是一套更悠遠的、奠基於自然陰陽哲學的政治意識型態——暫時可追溯至殷商的《歸藏》。這個共「源」,隨著歷史變遷又別而為二「流」,依循各自理論的軌跡,其一成為以西周禮樂制度為主體的儒家學說,另一成為以反對西周禮樂制度為目標的道家學說。它們也成為戰國乃至於後世思想的主要流派。

　　本文嘗試綜合《易》、《詩》、《論語》等經典及傳注、考古及出土簡帛、《老子》及其後世解釋等等,從中國古代思想的角度,文化、文明的演進,思想、觀念的發展,重建殷商、西周到戰國的一千餘年間,《周易》的陰陽哲學如何分別被孔子及老子所承繼。扼而言之,陰陽哲學的奠立,歷經殷商《歸藏》尊尚陰柔,而至西周《周易》的尊尚陽剛。孔子及儒家的思想資源汲取之而建立陰陽之象犖然清晰的禮樂思想。老子亦承繼《周易》變化循環的哲學,而偏取尊尚陰柔一面,為禮崩樂壞的春秋末葉以及走上衰敗的周室,指出一條未來的道路。

　　孔子和老子的思想資源,均與殷商脫離不了關係。孔子是殷人之後,卻追慕周公制度作樂,是人所共知。而老子思想尚柔,思想兼有遺民與隱逸的精神,顯然亦受殷商滅亡及《歸藏》/《坤乾》的啟迪。自周滅殷後,《歸藏》隨著殷王朝覆滅而星散,《周易》成新政府治國理念的正朔。《周易》陰陽哲學,遂對孔子、老子產生深遠的影響。孔子及儒家學者藉由重新詮解卦爻辭,而陸續成為《十翼》流播人間。西周禮樂與哲學,繼續深入滲透到儒家禮教學說中。

殷民族重母統的傳統反映於《歸藏》立純陰的〈坤〉為首,一點靈根,成為老子思想的種子,道家精神的淵源。而老子同時汲取《周易》思想,成為《易傳》詮釋系統以外,最偉大的陰陽哲學新詮者,將《周易》主剛尚陽的精神,轉化為尊尚陰柔、倡議無為的思想,建構了宏大的政治教化方略。原來先秦兩大思想家都可溯源於殷商,和《歸藏》、《周易》都脫離不了關係!

《周易》諸卦卦爻辭均以訓誨君子亦即士大夫為主,卜筮必待義理解釋,明義理必以修德行為本,此為《周易》原有之精神,與《詩》、《書》之教,吻合無間。然據《左傳》所記,春秋時期筮人多衍《易》象,修德明義之道衰微。故孔子修《春秋》、立儒門,強調人文精神,雖韋編三絕,而竟不甚以《易》為教,恐君子致大過。戰國《易傳》盛稱孔子,作者尚多服膺儒門仁義之說,用以解釋卦爻所蘊含之人文精神,與秦漢方士講《易》而流為術數者不同。

本文的特色之一,在於為《老子》文本提出新詮。老子思想揭示無名之道、玄牝之門為自然界及人文界的終極原理,而闡發現象界事理兩兩相對的本質,並提示學者勿追逐現象界二元性的相刃相靡,而應以「無不為」為必要條件行「無為」之事,以避免流於「有為」的捨本逐末,而致在禮崩樂壞以後,企圖重建禮樂而反致陷入惡性競爭、價值混亂的泥淖。老子的身分固多傳聞異辭,但後人可視之為抱藏典冊、隱姓埋名的遺民隱逸的代表,其源可上溯殷周之際,其流則為戰國老子、莊子、關尹等。(限於篇幅,莊、關思想當另文討論。)老子柔弱勝剛強、飄風不終朝等言論,皆有警世的作用,論其思想資源,則終不能不推究《周易》陰陽哲學。

陸、《易傳》作者問題檢討*

一 前言

傳本《易傳》包括《彖傳》、《象傳》、《繫辭傳》,《文言傳》、《說卦傳》、《序卦傳》、《雜卦傳》等七種。[1]自漢以降,學者多相信孔子作《易傳》而無異說。[2]宋代歐陽修撰《易童子問》質疑《易傳》中有部分內容非聖人之言,為學界疑《易傳》不出於孔子之始。清中葉崔述《考信錄》踵事增華,提出更多論據,以證《易傳》非孔子所撰著。懷疑《易傳》非孔子所撰之門牖既已開啟,後世學者遂得擴大,而二十世紀的古史辨運動更將之推至高峰,甚至進而疑及孔子是否確有讀《易》、傳《易》之事。學者各抒己見,百家爭鳴,對於《易傳》作者及時代等相關問題,提出種種異說。

前賢在考察《易傳》作者的問題上,已有不少重要的研究成果。張心澂《偽書通考‧經部‧易類》收錄自漢代以迄 1930 年間學者對《易傳》作者、時代的各種意見,並加以辨證。[3]黃沛榮師〈孔子與周易經傳之關係〉

---

* 本文第二作者為國立臺灣大學中國文學研究所傅凱瑄博士。本文原刊《船山學刊》,2015 年第 3 期,頁 62-76;2015 年第 5 期,頁 76-87。

1 馬王堆漢墓帛書另有《易傳》六種:〈繫辭傳〉、〈二三子問〉、〈易之義〉、〈要〉、〈昭力〉、〈繆和〉,與本文討論歷代學者辯論之《易傳》作者問題無涉,暫置不論。

2 孔穎達〈周易正義序‧第六論夫子十翼〉:「其《彖》、《象》等《十翼》之辭,以為孔子所作,先儒更无異論;但數《十翼》亦有多家。既文王《易經》本分為上下二篇,則區域各別,《彖》、《象》釋卦,亦當隨經而分。故一家數《十翼》云:《上彖》一、《下彖》二、《上象》三、《下象》四、《上繫》五、《下繫》六、《文言》七、《說卦》八、《序卦》九、《雜卦》十。鄭學之徒,並同此說,故今亦依之。」《周易注疏》,卷序,頁 11a-b。

3 張心澂,《偽書通考》(上海:商務印書館,1954),頁 41-80。

針對孔子作《易》、讀《易》、贊《易》、傳《易》等問題，整理學界之重要意見並進行論證。[4]何澤恆〈孔子與易傳相關問題覆議〉從文獻釋讀及學術史的角度也提出了若干看法。[5]楊慶中《周易經傳研究》第八章「孔子與《易傳》」，將歷來對於孔子與《易傳》關係之說法，分為「否定說」、「肯定說」、「謹慎肯定說」三類，對於近人的研究成果介紹尤為詳盡。[6]徐威雄〈先秦儒學與易關係之研究〉第四章「有關《易傳》諸問題的再觀察」則聚焦於《易傳》是否為孔子所作，《易傳》各篇出現的可能年代，及《易傳》中道家思想等問題。[7]五位學者除了整理前人的成果，也各自提出了堅實的論證。

　　為呈現自宋以迄當代考辨「《易傳》作者問題」的發展變化，本文在寫作上以時代為序，介紹各時代學者較具代表性的說法，並就其主張及研究方法簡略評述，期有助於釐清此一問題的根源、歷史發展及其影響。

二　《易傳》與孔子之關係

　　《易傳》之作者為誰，在先秦典籍中未見記載。今日所可見最早之記載，為司馬遷《史記‧孔子世家》：

> 孔子晚而喜《易》，序彖、繫、象、說卦、文言。讀《易》，韋編三絕，曰：「假我數年，若是，我於《易》則彬彬矣。」[8]

按：此處「序」字究竟是《序卦》的簡稱，抑或用為動詞？倘用為動詞，

4　黃沛榮，〈孔子與周易經傳之關係〉，《易學乾坤》，頁157-210。
5　何澤恆，〈孔子與易傳相關問題覆議〉，《先秦儒道舊義新知錄》，頁39-117。
6　楊慶中，《周易經傳研究》（北京：商務印書館，2005），頁150-171。
7　徐威雄，〈先秦儒學與易關係之研究〉（新加坡國立大學中文系博士論文，2005），頁186-228。
8　司馬遷，《史記》，卷47，頁1937-1938。

又應作何解釋？後人對此有種種不同的說法。[9]而班固《漢書・儒林傳》謂孔子：

> 晚而好《易》，讀之韋編三絕，而為之傳。[10]

此處僅謂「為之傳」，並沒有列出具體的傳名，〈藝文志〉則稱：

> 殷、周之際，紂在上位，逆天暴物，文王以諸侯順命而行道，天人之占可得而効，於是重易六爻，作上下篇。孔氏為之《彖》、《象》、《繫辭》、《文言》、《序卦》之屬十篇。[11]

比較馬、班的記載，前者未列出《易傳》之數，後者則明確指出《易傳》有十篇，二人均未提及《雜卦》，至於《序卦》則有爭議。前人既多信從孔子作《十翼》之說，對於馬、班敘事之出入並未特別留意。晚清以下，學者對《易傳》作者有所懷疑，詳考文獻，因而對於《史記》提出不同的解讀，如司馬遷是否確指《易傳》為孔子所作，其所見《易傳》篇數為何，所見《易傳》內容與班固所見是否相同等，均牽涉到《易傳》的著成時代與作者問題，而〈孔子世家〉「晚而喜《易》」一段便成了聚訟之所。

《漢書・藝文志》著錄《易》類著作，謂：

> 《易經》十二篇，施、孟、梁丘三家。

顏師古注：

> 上下《經》及《十翼》，故十二篇。[12]

由此可知十篇《易傳》的性質雖為「傳」，實具有「經」的地位，並由朝廷立於學官，故以《易傳》為孔子所作當是漢代學者的共識，並非司馬遷一家之言。唐代孔穎達謂：「《彖》、《象》等《十翼》之辭，以為孔子所作，先儒更无異論。」[13]直到清代，大部分學者都接受此說。

9　據徐威雄整理，此句的斷句至少有四種，參徐威雄，〈先秦儒學與易關係之研究〉，頁 198 注 2。

10　班固，《漢書》，卷 88，頁 3589。

11　同前注，卷 30，頁 1704。

12　同前注，頁 1703。

13　詳注 2。

三 宋代學者的懷疑

北宋歐陽修首先對孔子作《易傳》之說提出質疑。歐陽修撰《易童子
問》，借童子之問發揮自己對《周易》經傳的詮解，並主張《易傳》非皆
為孔子所作。《易童子問》卷一開篇即謂：

> 童子問曰：「『乾，元、亨、利、貞』，何謂也？」曰：「眾辭淆亂，質諸
> 聖。《彖》者，聖人之言也。」童子曰：「然則乾無四德，而《文言》非聖
> 人之書乎？」曰：「是魯穆姜之言也，在襄公之九年。」[14]

童子問歐陽修〈乾〉卦卦辭應該如何解釋，歐陽修答覆道：唯有《彖傳》
才是聖人——孔子——之說，故釋《易經》應以《彖傳》為主，不可從《文
言》。卷三又進一步提出論據：穆姜時代早於孔子，如果《文言》為孔子
所作，傳《春秋》之《左傳》絕不可能把孔子論〈乾〉卦之言記作穆姜述
〈隨〉卦之語，左氏既述之而不疑，可見其並不以《文言》為孔子所作，
當是《文言》襲用了《左傳》襄公九年穆姜之語，故可推論《文言》作者
非孔子。[15]歐陽修又將對《文言》之疑推及他傳：

> 童子問曰：「《繫辭》非聖人之作乎？」曰：「何獨《繫辭》焉，《文言》、《說
> 卦》而下，皆非聖人之作，而眾說淆亂，亦非一人之言也。昔之學《易》
> 者，雜取以資其講說，而說非一家，是以或同或異，或是或非，其擇而不
> 精，至使害經而惑世也。然有附託聖經，其傳已久，莫得究其所從來而核

14　〔宋〕歐陽修，《易童子問》，卷 1，李逸安點校，《歐陽修全集》（北京：中華書局，
　　2001），卷 76，頁 1107。穆姜之言見襄公九年《左傳》：「穆姜薨於東宮。始往而筮之，遇
　　艮之八。史曰：『是謂艮之隨。隨，其出也。君必速出！』姜曰：『亡！是於《周易》曰：
　　「隨，元、亨、利、貞，无咎。」元，體之長也；亨，嘉之會也；利，義之和也；貞，事之
　　幹也。體仁足以長人，嘉德足以合禮，利物足以和義，貞固足以幹事。然，故不可誣也，
　　是以雖隨无 咎。今我婦人，而與於亂。固在下位，而有不仁，不可謂元；不靖國家，不
　　可謂亨；作而害身，不可謂利；弃位而姣，不可謂貞。有四德者，隨而無咎。我皆無之，
　　豈隨也哉？我則取惡，能無咎乎？必死於此，弗得出矣。』」《春秋左傳注疏》，卷 30，頁
　　25a-27a。
15　歐陽修，《易童子問》，卷 3，《歐陽修全集》，卷 78，頁 1122。

其真偽。」[16]

歐陽修認定《繫辭》上下、《文言》、《說卦》、《序卦》、《雜卦》六篇皆非孔子所作，亦即只有《彖傳》上下、《象傳》上下四篇出於孔子之手。他之所以如此斷定，是因為《繫辭》諸篇文辭「繁衍叢脞」，說法「自相乖戾」。「繁衍叢脞」指各傳文句時有重複之處，違反了孔子言簡義深的寫作原則：

> 謂其說出於諸家，而昔之人雜取以釋經，故擇之不精，則不足怪也。謂其說出於一人，則是繁衍叢脞之言也。其遂以為聖人之作，則又大繆矣。孔子之文章，《易》、《春秋》是已，其言愈簡，其義愈深。吾不知聖人之作，繁衍叢脞之如此也。[17]

在歐陽修看來，《彖》、《象》言簡義深，近於《春秋》，可定為孔子之作，至於其他諸篇，反覆碎亂，當出於眾人之手。而「自相乖戾」則指《易傳》的若干論點有所矛盾，歐陽修舉二例以證：一、《文言》以「元、亨、利、貞」為乾之四德，卻又謂「乾元者，始而亨者也。利貞者，性情也」，則「元」、「亨」、「利貞」應屬三種不同的層次，不可謂之「四德」。二、論八卦起源，《繫辭》已有兩說：一是八卦出於河圖，一是伏羲近取諸身、遠取諸物而畫八卦；《說卦》又謂聖人幽贊神明而生蓍、觀變於陰陽而立卦。三種說法彼此牴牾，不合情理，可見諸傳非成於一人之手，更不可能是孔子所作。

除從文辭不一判斷外，歐陽修在《易童子問》最末嘗試從思想上進行論證。如《繫辭》中「原始反終，故知死生之說」、「精氣為物，遊魂為變，是故知鬼神之情狀」之語，與《論語》所記孔子思想不合，故可判定絕非孔子之言。又如「知者觀乎彖辭，則思過半矣」、「八卦以象告，爻彖以情言」等說法，過於淺陋，亦非聖人當言。[18]至於以〈乾〉、〈坤〉之策「三百

16　同前注，頁1119。

17　同前注，頁1120。

18　同前注，頁1120-1121。

有六十，當期之日」，不知〈乾〉、〈坤〉無定策，完全不明占筮之理，更可見《繫辭》非孔子所作。[19]而就《說卦》、《雜卦》兩傳的內容來看，應是「筮人之占書」。[20]

　　歐陽修雖疑《繫辭》以下六篇非孔子所作，但他認為《繫辭》、《文言》中可能保存了部分孔子之言。如〈易或問〉謂：

> 或問曰：「今之所謂《繫辭》者，果非聖人之書乎？」曰：「是講師之傳，謂之『大傳』。其源蓋出於孔子，而相傳於易師也。其來也遠，其傳也多，其間轉失而增加者，不足怪也。故有聖人之言焉，有非聖人之言焉。其曰『《易》之興也，其於中古乎？作《易》者其有憂患乎？』『其文王與紂之事歟？』『殷之末世，周之盛德歟？』若此者，聖人之言也，由之可以見《易》者也。『河出圖，洛出書』，『聖人幽贊神明而生蓍』，『兩儀生四象』，若此者，非聖人之言，凡學之不通者，惑此者也。知此，然後知《易》矣。」[21]

歐陽修指出《繫辭》中確有孔子對《易》的說解，但這些說解經由「口傳」保存下來，而非「著作」的型態。在由「口傳」落實到具體「著作」的過程中，混入了後儒說解，非盡為孔子之言。這就牽涉到傳世的《十翼》是否為先秦之舊。《漢書・藝文志》謂：

> 及秦燔書，而《易》為筮卜之事，傳者不絕。[22]

後之學者多據此認定《易傳》十篇即先秦原貌。但揚雄《法言・問神》曰「《易》損其一」，[23]王充《論衡・謝短》、〈正說〉記宣帝時曾得逸《易》一篇。[24]《隋書・經籍志》則曰：

19　同前注，頁 1123。

20　同前注。

21　歐陽修，〈易或問〉，《居士外集》，《歐陽修全集》，卷 61，頁 879。

22　班固，《漢書》，卷 30，頁 1704。

23　揚雄《法言・問神》：「或曰：『易損其一也，雖憃知闕焉。……』」汪榮寶撰，《法言義疏》，卷 7，頁 147。

24　王充《論衡・謝短》：「宣帝之時，河內女子壞老屋，得《易》一篇，名為何《易》？此時《易》具足未？」（黃暉撰，《論衡校釋》，卷 12，頁 559）〈正說〉：「至孝宣皇帝之時，河

及秦焚書，《周易》獨以卜筮得存，唯失《說卦》三篇。[25]

諸家記載雖略有出入，[26]然皆謂《易》之諸傳或曾散佚。歐陽修在〈傳易圖序〉中即認定「《易》非完書」：

> 說者言當秦焚書時，《易》以卜筮得獨不焚。其後漢興，他書雖出，皆多殘缺，而《易經》以故獨完。然如〈經解〉所引，考於今《易》亡之，豈今《易》亦有亡者邪，是亦不得為完書也。[27]

「〈經解〉所引」指《禮記・經解》：「《易》曰：『君子慎始，差若豪氂，繆以千里。』此之謂也。」[28]既非《易》之經文則當為「傳」語，然並未見載於《十翼》，歐陽修據此推論《易》之「傳」曾遭秦火而不全。並據《論語》「子曰」的使用，推論《文言》、《繫辭》諸篇中既有「子曰」，絕非孔子自作，當是漢代經師引述孔子之語：

> 蓋漢之易師，擇取其文以解卦體，至其有所不取，則文斷而不屬，故以「子曰」起之也。其先言「何謂」而後言「子曰」者，乃講師自為答問之言爾，取卦辭以為答也，亦如公羊、穀梁傳《春秋》，先言「何」、「曷」，而後道其師之所傳以為傳也。今《上繫》凡有「子曰」者，亦皆講師之說也。然則今《易》皆出乎講師臨時之說矣。幸而講師所引者，得載於篇，不幸其不及引者，其亡豈不多邪？[29]

內女子發老屋，得逸《易》、《禮》、《尚書》各一篇。」（同前，卷 28，頁 1124）

25　魏徵等撰，《隋書》，卷 32，頁 912。

26　揚雄、王充謂所失所得皆為「一篇」，屈萬里認為此失而復得之一篇，當為雜卦：「雜卦一篇，宣帝前既不見徵引，乃至無人道及，則是所謂損者，即此一篇，固斷斷乎無疑也。」然《隋書・經籍志》何以又言「失說卦三篇」，屈萬里指出：「說卦、序卦、雜卦，各家多隸屬一卷，以其篇幅之簡短度之，漢以來當即合作一篇。……說卦一名，可括序卦、雜卦，合之為一篇，分之為三篇。……雜卦既與說卦同篇，後人既以說卦之名統之，而謂所失者在說卦，隋志承其說，又見說卦為三篇，因而致誤，不知實說卦中之一也。」參屈萬里，〈易損其一考〉，原刊《山東省立圖書館季刊》，第 1 卷第 2 期（1936 年 12 月），收入《屈萬里先生文存（第一冊）》，《屈萬里全集》，第 17 種，頁 89-90。

27　歐陽修，〈傳易圖序〉，《居士外集》，《歐陽修全集》，卷 65，頁 946。

28　《禮記注疏》，卷 50，頁 6b。

29　歐陽修，〈傳易圖序〉，頁 947。

歐陽修認為孔子可能曾作《繫辭》、《文言》等傳，著於竹帛者因秦火有所散佚，口授之學則相傳不絕，然漢經師卻只視講授需要，以「子曰」片段地稱引孔子之言，自行發揮，多有謬誤，故嘆道：

> 嗚呼！歷弟子之相傳，經講師之去取，不徒存者不完，而其偽謬之失，其可究邪！[30]

可知歐陽修考辨《易傳》作者問題，並非完全否定《繫辭》、《文言》諸傳的價值，而是因為《易傳》相傳為孔子所作，具有「經」的地位，學者若將所有內容都視為聖人之言而奉行不渝，可能有害。他在《易童子問》中，主張應將《繫辭》與《書》、《禮》之「傳」同等視之，欲學者「取其是而捨其非」，才能避免「害經惑世」之弊。[31]

而歐陽修之所以敢於懷疑《易傳》作者非孔子，乃因其有掌握聖人之意的自信。《易童子問》曰：

> 雖有明智之士，或貪其雜博之辯，溺其富麗之辭，或以為辯疑是正，君子所慎，是以未始措意於其間。若余者可謂不量力矣，邈然遠出諸儒之後，而學無師授之傳，其勇於敢為而決於不疑者，以聖人之經尚在，可以質也。[32]

雖然前人對於經傳已進行過諸多研究，歐陽修僅是自學所得，但這都不妨礙他由讀經直探聖人之志。當《繫辭》以下諸傳所言，與自身所體會、所理解的聖人似有不同，他便自信地提出自己的疑問，再從各種角度加以考察、證明，開宋代疑《易傳》風氣之先。而由歐陽修批評《說卦》、《雜卦》為筮人占書，絕非聖人之作，亦可知王弼掃除象數之後，經由數代學者闡發義理，《易》的卜筮性質已漸為學者所輕，甚至將卜筮視為對《易》的曲解，故《易傳》言及卜筮之處多為歐陽修所斥。

歐陽修斷言《易傳》非聖人之書，對後來的學者造成相當大的影響。

30　同前注。

31　歐陽修，《易童子問》，卷3，頁1121。

32　同前注，頁1119。

葉國良在《宋人疑經改經考》中指出：自歐陽修疑《易傳》後，北宋司馬光、劉安世等七位學者繼起考訂《十翼》之作者；南宋時期，疑《易傳》者竟有鄭樵、楊簡、葉適、王柏、金履祥等二十家之說。葉國良比較兩宋學者考辨《易傳》之差異，謂：

> 歐陽修雖疑《十翼》有非孔子作者，未及《象》、《彖》；而南宋學者則有以為皆非孔子作者。北宋學者之疑《十翼》，未有以為非先秦古書，南宋學者則有直指其中雜有漢儒偽竄者。[33]

他又歸納兩宋學者所運用的考辨方法大致有以下六種：

> 觀宋儒之考《易》，或以各篇思想之矛盾以推其不成於一人之手（原注：如歐陽修之於《繫辭》、《文言》以下諸篇），或以義理之不合以定其非聖人之言（原注：如楊簡之於《繫辭》），或以文體之相似以推其著成時代（原注：如李心傳之於《繫辭》、《文言》），或以所用辭彙之晚以疑其為後人偽竄（原注：如徐總幹之於《繫辭下》），或以未見古籍徵引以定其書出之晚（原注：如鄭樵之於《象》、《彖》），或以其書出之遲疑為後人所託（原注：如趙汝楳之於《序卦》、《雜卦》），可謂勤於思索矣。[34]

葉國良此處僅其舉大者言之，而宋儒在實際進行論證時，往往交互運用以證成其說。這些方法也給予後世研究者相當大的啟發。

　　要而言之，自歐陽修以降，儒者之所以疑《易傳》作者，甚至疑及群經，目的在於恢復經典原貌，彰明聖人之志，以期振興儒學。雖然這些論證或較為疏陋，或過於主觀，尚不足以撼動主流意見，但他們敢於懷疑「聖人之言」，已埋下後世考辨《易傳》作者的種子。

---

33 葉國良，《宋人疑經改經考》（台北：臺灣大學出版委員會，1980），頁 11-12。
34 同前注，頁 21。

四 清代學者的考辨

宋代學者對於《易傳》作者所提出的種種質疑，並未動搖孔子作《易傳》之說，自元以降，對此一問題的討論甚少，亦未能超出宋人所言。直到清代崔述撰作《考信錄》，才又對《易傳》作者問題提出更深入的考辨。此前時代略早於崔述的章學誠已從校讎學的角度切入，對古代學術流傳方式提出新的觀點，並對「孔子作《易傳》」提出了新的理解，值得注意。晚清康有為則主張孔子作《六經》以改制，《易》之卦爻辭與《彖》、《象》二傳為孔子所作，《繫辭》以下六傳或為後儒附會，或為劉歆竄偽，其說影響二十世紀初古史辨運動甚鉅。

章學誠論文獻校讎所反映之學術源流，最主要在於：學術之興，是以庶民的生活需要作為起點，治民的聖人為了解決人口漸增、文明演進的需要，新的政治制度應運而生。其後為了經世，將新制度一一記錄下來而成為《六經》。由此一學說，帶出了「六經皆先王之政典」，私人著述興起於戰國而大盛於後世的「先公而後私」之論點。《文史通義・言公上》開篇即指出：

> 古人之言，所以為公也，未嘗矜於文辭，而私據為己有也。志期於道，言以明志，文以足言，其道果明於天下，而所志無不申，不必其言之果為我有也。[35]

古人立言旨在有裨世道，而非標榜個人，此即「言公」。又謂：

> 古人先有口耳之授，而後著之竹帛焉，非如後人作經義，苟欲名家，必以著述為功也。[36]

後人欲託著述來建立個人聲名，而古人講授的目的則在於傳布知識，最初並沒有嚴格的「作者」觀念。以《易》來說：

> 商瞿受《易》於夫子，其後五傳而至田何。施、孟、梁邱，皆田何之弟子

---

35 章學誠，《文史通義・言公上》，《章氏遺書》，卷4，頁3a。
36 同前注，頁7a。

也。然自田何而上,未嘗有書,則三家之《易》,著於〈藝文〉,皆悉本於
田何以上口耳之學也。[37]

章學誠認為自商瞿至田何,孔門《易》說多以口耳相傳,到了施讎、孟
喜、梁丘賀之時才寫定。而三家所傳述之《易》,集結了數代儒者對於
《易》的說解,並非個人著作。《十翼》的情況正類此。若以後世「作者」
的觀念來說,《十翼》當然不可定為孔子所作,但若將「作者」的觀念由
「個人」轉為「家學」,那麼儒者傳述孔子之說,加以闡發,自亦不妨以孔
子為《易傳》之作者:

> 古人不著書,其言未嘗不傳。……門人弟子,援引稱述,雜見傳紀章表
> 者,不盡出於所傳之書也,而宗旨卒亦不背乎師說。則諸儒著述成書之
> 外,別有微言緒論,口授其徒,而學者神明其意,推行變化,著於文辭,
> 不復辨為師之所詔,與夫徒之所衍也。而人之觀之者,亦以其人而定為其
> 家之學,不復辨其孰為師說,孰為徒說也。蓋取足以通其經而傳其學,而
> 口耳竹帛,未嘗分居立言之功也。[38]

簡言之,即是「言論為公器」。師徒授受,無論是傳於口耳或託於竹帛,
均在闡發一家一派之學說,並沒有「師之論說」與「徒之論說」的區分。
且文獻在流傳過程中多有散佚,今日所見之書,可能只是某人部分的觀點
而已。以孔子為例,後人多以《論語》作為了解其中心思想的依據,但《論
語》並不代表孔子學說的全部。在實際教學的過程中,孔子可能對《易經》
有所發揮,這些內容雖未見載於《論語》,然經由門人傳述,仍有部分被
保存了下來。後儒在傳述時或添入了個人意見,但其核心仍本於孔子對
《易》的詮釋,師徒前後論說有何異同,是不需要被揭示的。這是先秦時
期的普遍現象。以此觀之,《易經》本是先王政典,孔子整齊《六經》,闡
發聖王的經典大業,《十翼》源自孔子所教,當然就不是獨立創作,而是
孔子及其後儒者的集體成果。而《易傳》之所以雜糅後來講師之問答與衍

---

37 同前注,頁 7a-b。
38 同前注,頁 7b。

釋，也就不能遽爾認定為非毀聖經，應從「言公」的角度，視為尚未有私人著述時，不得不然的一種正常現象。這和後世私人著述觀念興起以後，作偽者有意偽託，是截然不同的。

至於崔述《考信錄》則是以歐陽修之說為基礎，對《易傳》作者提出質疑。《考信錄》和《易童子問》最大的不同，在於歐陽修只簡單提出了懷疑的理由，並未具體論證，而崔述除提出了懷疑的理由，甚至對於懷疑的方法、懷疑的步驟和限制等，均有詳細的說明。[39]

崔述在《豐鎬考信錄》卷二「存疑」條引《易》「明夷」《象傳》「內文明而外柔順，以蒙大難，文王以之」：

> 文王之在厄，《詩》不言，《書》不言，《論語》、《孟子》亦無有言之者；至《易》、《春秋》傳始言之，《戰國策》、《尚書大傳》、《史記》以降，言之者更多。何邪？謂實無是事邪，何以傳記言之者累累。謂果有是事邪，《六經》、《孟子》不當皆諱之而不言。……竊疑文王固嘗見忌於紂，紂欲伐之而甘心焉，而文王不肯舉兵相抗，委曲退讓以承順之，如太王之事獯鬻，勾踐之事吳然者，而後之人遞加附會，各以其意而為之說，是以紛紛不一。……余寧從《經》而缺之，不敢從《傳》而妄言也。《易傳》本非孔子所作，乃戰國時所撰，是以汲冢《周易》有《陰陽篇》而無《十翼》，其明驗也。[40]

此條先敘孔子厄於陳蔡之事雖見載於《論語》、《孟子》，但後人仍多所附會，進而論及《易傳》「以蒙大難，文王以之」之說，既未載於《六經》，《論》、《孟》亦無傳述，諸家對此事之記敘又不盡相同，可見亦是後人所附會，崔述由此推論「《易傳》本非孔子所作」。此一觀點，崔述在《洙泗考信錄》卷三討論《論語》「子曰『加我數年，五十以學《易》，可以無大過矣』」條有更重要而詳細的發揮：

39　按：本節論崔述及下節論錢穆的部分，可並參本書下編〈貳、論二十世紀初《周易》經傳分離說的形成〉。

40　崔述，《豐鎬考信錄》，卷2，《考信錄》，上冊，頁12-14。

〈世家〉云：「孔子晚而喜《易》，序《彖》、《繫》、《象》、《說卦》、《文言》。」由是班固以來諸儒之說《易》者，皆謂《傳》為孔子所作。至於唐宋，咸承其說。[41]

以上起首一段文字下，有一大段按語。崔述舉出七個證據，證明《易傳》非孔子作：

第一證：《易傳》文辭繁而多文采，和孔子自著的《春秋》甚至孔子門人所輯錄的《論語》相去太遠，反而近似《左傳》和《大戴禮記》。

第二證：《易傳》中有「子曰」二字，顯見非孔子所撰。

第三證：孟子不曾提到孔子傳《易》之事。

第四證：魏文侯師子夏，但汲冢竹書中的《周易》無《十翼》，足證《易傳》不出於孔子。

第五證：《春秋》襄九年《左傳》穆姜答史之言一段與今本〈乾〉卦《文言傳》文字大致相同。而崔述認為《左傳》是原創，《文言》則是複製品。[42]

第六證：《周易》〈艮〉卦《象傳》「君子思不出其位」一語，《論語》既載此語為曾子所說，可推論作傳者必非孔子。

第七證討論《史記・孔子世家》「孔子晚而喜《易》，序《彖》、《繫》、《象》、《說卦》、《文言》」。崔述依據《史記》文例，論證「序」為「序述」之義而非指《序卦傳》，然若以「序《書傳》」之例來理解「序《易傳》」，則又似與後人認定的「作《易傳》」有所出入，由於文義不明，故不載〈世家〉之言。[43]

---

41 崔述，《洙泗考信錄》，卷3，同前注，下冊，頁38。

42 崔述謂：「《春秋》襄九年《傳》，穆姜答史之言與今《文言》篇首略同而詞小異。以文勢論，則於彼處為宜。以文義論，則『元』即『首』也，故謂為『體之長』，不得遂以為『善之長』。『會』者『合』也，故前云『嘉之會也』，後云『嘉德足以合禮』，若云『嘉會足以合禮』，則於文為複，而『嘉會』二字亦不可解。『足以長人、合禮、和義，而幹事，是以雖隨無咎』，今刪其下二句而冠『君子』字於四語之上，則與上下文了不相蒙。然則是作《傳》者采之魯史而失其義耳，非孔子所為也。」同前注，頁39-40。

43 崔述謂：「〈世家〉之文本不分明：或以『序』為《序卦》，而以前『序《書》傳』之文例之，

以上七證，首二證依《易傳》本文推論，最為重要。第三、四證以其他文獻記載推論，屬於旁證。第五、六證屬文獻比較之例（《周易》與《左傳》、《周易》與《論語》）。第七證則澄清《史記》實未明言孔子撰著《易傳》。七證中第一、二、五證是在歐陽修的基礎上進一步申說，其餘四證則屬崔述的創發。其中最值得注意的是第三、四證。崔述指出：子夏在孔門弟子中以「文學」稱，然不傳《易》；而亟稱孔子的孟子，只言孔子之《春秋》學而不言其《易》學，如此，不僅孔子是否撰作《易傳》成問題，孔子與《易》學的關係似乎也可以打上問號。到了古史辨時期，許多學者便在其基礎上，進而主張孔子未曾讀《易》，徹底切斷了孔子與《易》之關係，這恐怕是崔述始料未及的。而崔述《考信錄》在當時並未受到重視，影響有限，直到胡適、顧頡剛等人表彰其人其書，才引起學界注意。

康述之後，康有為也對《易傳》作者提出懷疑。康有為在《新學偽經考》中主張《易》卦爻辭非文王所撰，而是孔子所作。[44]在《易傳》的問題上，除《彖》、《象》成於孔子之手，其他皆為後人所撰甚至有意偽託。

康有為主張秦焚書並未及於《六經》，故漢初立於學官的《六經》，皆是完整之書。西漢末年，劉歆為了替王莽政權尋找經典依據，因而竄偽《六經》，淆亂聖人之言。康有為根據《史記·孔子世家》指出：西漢時《易》實只有上下二篇，「十翼」之名乃是劉歆所偽，目的在於將自己偽作的《序卦》、《雜卦》諸傳混入。為免啟人疑竇，劉歆又在《史記》中竄入

又似序述之義，初無孔子作《傳》之文。蓋其說之晦有以啟後人之誤。故今皆不載。」同前注，頁40。

44 康有為並非第一個主張卦爻辭為孔子所撰之人。關於孔子作《易》之說，黃沛榮師〈孔子與周易經傳之關係〉一文已作了整理。該文先引葉國良《宋人疑經改經考》指出：約與歐陽修同時，王洙疑卦辭為孔子作。葉夢得亦有近似的主張。王、葉皆認為依司馬遷之言，《繫辭》當名「易大傳」，而《漢書·藝文志》以「繫辭」為孔子《十翼》之一篇，應指卦辭而言。至王弼始誤改「易大傳」之名為「繫辭」，實則卦辭、《繫辭》皆孔子十翼之一。又補充後人的看法如：南宋李石亦謂卦爻辭出於孔子之手。清人中則有廖平《知聖篇》主張「十翼既非孔子作，則經之為孔子作無疑矣」，諸說皆在康有為之前。參黃沛榮，〈孔子與周易經傳之關係〉，頁157-160。

「孔子晚而喜《易》，序《彖》、《繫》、《象》、《說卦》、《文言》」一段，[45]
將卦爻辭的作者由孔子改為文王，再偽造孔子作《易傳》之說，以便將漢
儒及劉歆自撰的「易傳」，一併附會為孔子之言，藉以取得「經」的地位。
康有為除據《法言》、《論衡》，推定「西漢前《易》無《說卦》」，又據思
想內容加以論斷：

> 《說卦》：「帝出乎震，齊乎巽，相見乎離，致役乎坤，說言乎兌，戰乎乾，
> 勞乎坎，成言乎艮。」又曰：「震，東方也；離也者，南方之卦也；兌，正
> 秋也；坎者，正北方之卦也。」與焦、京《卦氣圖》合，蓋宣帝時說《易》
> 者附之入經，田何、丁寬之傳無之也。[46]

由於焦延壽、京房時代晚於司馬遷，康有為據此推定〈孔子世家〉中的「說
卦」二字為後人所竄入。而《史記》中並無《序卦》、《雜卦》之名，則二
傳當為劉歆所偽。[47]又謂：

> 《說卦》與孟、京《卦氣圖》合，其出漢時偽託無疑。《序卦》膚淺，《雜
> 卦》則言訓詁，此則歆所偽竄。[48]

康有為指《序卦》「膚淺」、《雜卦》「言訓詁」，是從文體與文義研判其非
聖經，此與歐陽修批評部分《易傳》「繁衍叢脞」是一致的，但他進一步
認定二傳為劉歆所偽，不免過於武斷。[49]康有為之說予古史辨學者相當大
的啟發：前人雖疑《易傳》非孔子作，仍多認定是孔子身後師儒相傳之
說，約在戰國末年到漢初時寫定。康有為則將部分《易傳》的成書時代定

45　康有為，《新學偽經考》（北京：中華書局，1988），頁52。康有為在此語下又言：「顛倒眩
　　亂，學者傳習，熟於心目，無人明其偽竄矣。」

46　同前註，頁35-36。

47　康有為謂：「《序卦》、《雜卦》所出尤後，《史記》不著，蓋出劉歆所偽，故其辭閃爍隱約，
　　於〈藝文志〉著《序卦》，於〈儒林傳〉不著，而以『十篇』二字總括其間，要之三篇非孔
　　子經文。」同前註，頁36。

48　同前註，頁52。

49　按：《詩經》有毛亨所撰《大序》、《小序》，《尚書》有百篇《書序》，與《易》之《序卦傳》
　　撰著年代可能相近，蓋係戰國晚年風氣的產物。從文體比較角度考察，未必為漢代晚出之
　　作。

得更晚，甚至認為是經師或劉歆所編造，與《易經》未必有關聯。古史辨時期的學者受其影響，往往將《易傳》的年代定得極晚，[50]又或認定《易傳》乃儒者用以寄託己說，與經的關係極淺。[51]康有為與古史辨學者之預設心理雖有異（前者欲證成其劉歆造偽經之說，後者則出於反傳統及科學主義思潮的思想），但對於《易傳》經典性（canonicity）和歷史性（historicity）的摧破則是一致的。

綜上所論，清代學者對於《易傳》作者問題的討論與宋儒是有若干共同基礎，也反映了一些方法論的問題。首先，他們都運用了文獻考證的方法，包括研判文辭風格是否符合孔子所撰著的《春秋》（當然他們都預設了《春秋》是孔子所撰），思想內容是否符合《論語》所載之孔子言論。他們也針對《易傳》論點或記載的矛盾提出質疑。不過這些考證，其實是從極嚴格的證據法則去揭示文獻紀錄的矛盾。如歐陽修論〈乾〉卦《文言傳》抄了《左傳》襄公九年穆姜釋〈隨〉卦卦辭之語，論證精彩；但他批評《繫辭傳》論八卦起源有兩說之矛盾時，則明顯忽略了《易》是《六經》中多義性（multiplicity of meanings）最顯著的經典。[52]《繫辭》和其他《易傳》解釋存在多義性的《易經》，其自身亦存在詮釋歧義性，如《繫辭》詮釋〈益〉卦亦有二說，一是觀象制器說的「包犧氏沒，神農氏作，斲木為耜，揉木為耒，耒耨之利，以教天下，蓋取諸益」，[53]另一是本於「德」的觀念而提出的「德之裕也」、「長裕而不設」、「益以興利」的衍德說。[54]且《繫辭上傳》

---

50 如錢玄同在〈讀漢石經周易殘字而論及今文易的篇數問題〉時，便謂：「康氏直斷《說卦》為焦京之徒所偽作，宣帝時說《易》者附之入經，可謂巨眼卓識。」（收入顧頡剛編著，《古史辨》，第 3 冊，頁 77）而顧頡剛則將《繫辭》「觀象制器」一節的時代定在《史記》之後。又如李鏡池〈論易傳著作時代書〉中曾論證《繫辭傳》撰於西漢，《文言傳》則是其中一部分（顧、李之說詳下節）。

51 如錢穆認為《十翼》為秦後儒者所託，非傳儒家舊說。

52 《易經》卦爻辭本即有多義性的現象，故一卦之中，六爻可將卦爻作不同意義向度的衍伸。說詳本書上編〈壹、從卦爻辭字義的演繹論《易傳》對《易經》的詮釋〉。

53 《繫辭下傳》，《周易注疏》，卷 8，頁 5a。

54 同前注，頁 17b-18b。

謂「河出圖、洛出書」，作者原意是否如後儒所釋的指龍馬負八卦之圖以出河，已不能確定，「河出圖」一語亦未必與伏羲畫卦之說牴觸。[55]崔述的考證也採用了非常嚴格的標準，如以魏文侯師子夏而汲冢竹書無《十翼》證孔子未撰著《易傳》，然除非可以證明汲冢竹書確實盡存子夏所傳孔子所授之典籍，絕無遺漏，否則此一論證恐怕仍有討論的餘地。我們提出上述的質疑，並不在為《易傳》作者問題翻案，亦不是要論證孔子撰著《易傳》，而是希望後世學者能客觀理解：歐陽修與崔述採用嚴格的標準審視文獻與證據，並不是毫無商榷餘地的。

至於歷史學家章學誠從文化演進的角度，並基於「六經皆史」說的經世思想，將《易傳》視為師徒之說相承、家派論點融合的產物，此說其實是被眾多攻訐《易傳》的學者所忽略，卻是我們討論《易傳》問題時所不能不注意和考慮的論點。學者必須注意：包括歐陽修、崔述和康有為的考辨目的，都不在於推翻儒家經典，而是在儒學淨化運動的潮流中，秉持著強烈的正統意識，極力清除儒學中的雜質，[56]以彰明聖人之道。這是研究者必須特別留意的。如果撇開儒學信仰的神聖性不論，《禮記》利用「子曰」來發揮孔子及其後學的思想，其詮釋廣為後世儒者所接受，唐代編修《五經正義》便將其列為「經」；《易傳》亦利用「子曰」以將孔子學說融入卦爻德義的解釋，又有何道理非要將其逐出「經」之行列？

---

55 孔穎達《周易正義》：「『河出圖，洛出書，聖人則之』者，如鄭康成之義，則《春秋緯》云：『河以通乾出天苞，洛以流坤吐地符。河龍圖發，洛龜書感。河圖有九篇，洛書有六篇。』孔安國以為河圖則八卦是也，洛書則九疇是也。」（《周易注疏》，卷7，頁30a）從文義看來，「河龍圖發」既未言此圖即是「八卦」，孔安國以為「河圖則八卦」亦僅言以八卦為法則，實未與伏羲近取諸身遠取諸物而始作八卦之說，有明顯的牴牾。然則歐陽修之質疑，尚未能有愜於人心。

56 關於「儒學淨化運動」，詳鄭吉雄，〈乾嘉學者經典詮釋的歷史背景與觀念〉，原刊《臺大中文學報》，第15期（2001年12月），頁241-281，後收入《戴東原經典詮釋的思想史探索》（台北：臺大出版中心，2008），頁229-273。

五 古史辨學者的論難

　　晚清以降，西學大量傳入，對於學者研究傳統學術的視角與方法都造成重大衝擊。《易經》本涉及殷周「古史」，而二十世紀初隨著引進社會學方法和觀念的「新史學」在中國本土紮根，在以「史」治《易》的風氣下，社會學觀點和方法遂被廣泛地引入《周易》經傳的研究，造成巨大的影響。西方社會學者經由考察各個民族的歷史發展，推導出各種公理、公例，再用以解釋所有民族的文化現象，而以「進化史觀」影響最大。「進化史觀」主張人類社會文明是逐漸發展而成的，其初莫不以巫術迷信、神道設教的方式進行統治。既是人類社會的公理、公例，中國社會必然也經歷過這些階段。於是學者們戴上新學說的眼鏡，重新檢視古籍，指出《易經》言卜筮，正是「神道設教」的代表，「義理」則是後人為了推崇聖經而披上的外衣，故致力於恢復《易經》的「卜筮」原貌。而對《易經》看法的轉變，也讓研究者對於《易傳》作者問題有了不同的思考角度。大體來說，此時期學者多主張《易傳》非孔子作、非成於一人之手，還提出了一個新問題：孔子是否讀過《易》？此一問題牽涉到《易傳》中是否保存了孔子思想，是否確為儒者之說，於是《易傳》的思想歸屬又成了必須釐清的新課題。

　　錢玄同在 1923 年所撰〈答顧頡剛先生書〉中，暢談對群經之疑。他認為《論語》是考察孔子學說和事蹟最可信的依據，故將其中有關《六經》之處摘錄下來，加以分析。這種「以經釋經」或「以經證經」的方法，清儒已廣泛運用了二百餘年。信中指出《論語》中提及《易》有三處：其一「五十以學易」，「易」字乃是漢人所改：

> 《魯論》與《古論》大異。今本出于鄭玄，鄭于此節從《古論》讀。若《魯論》則作「五十以學，亦可以無大過矣」（原注：見《經典釋文》），漢〈高彪碑〉「恬虛守約，五十以學」，即從《魯論》。我以為《論語》原文實是「亦」字，因秦漢以來有「孔子贊《易》」的話，故漢人改「亦」為「易」以圖

附合。[57]

其二，《論語》中孔子引〈恆〉九三爻辭，與贊《易》無關；其三，曾子曰「君子思不出其位」，〈艮〉卦《象傳》作「君子以思不出其位」，乃是《象傳》作者襲用曾子之語。由此三處可以確認孔子與《易》無關。錢玄同更提出看待《易經》與《易傳》之新觀點：

> 我以為原始的易卦，是生殖器崇拜時代底東西；「乾」「坤」二卦即是兩性底生殖器底記號。初演為八，再演為六十四，大家拿它來做卜筮之用；於是有人做上許多卦辭、爻辭，這正和現在底「籤詩」一般。……孔丘以後的儒者借它來發揮他們底哲理，有做《彖傳》的，有做《象傳》的，有做《繫辭傳》的，有做《文言傳》的，漢朝又有焦贛、京房一流人做的《說卦傳》，不知什麼淺人做的《序卦傳》，不知那位學究做的《雜卦傳》，配成了所謂「十翼」。[58]

「生殖器崇拜」（phallicism）是人類學家研究原始宗教在古代社會的崇拜行為。《易經》原本已將經驗層面的物質世界存在一切雌雄兩性、陽剛陰柔的實質事物，化約為陰陽、乾坤、往來、吉凶等抽象觀念，以統轄六十四卦、三百八十四爻所代表的具體事物和道理。錢玄同的論點等於否認《易經》存在抽象化的觀念，反過來指一切《易》理皆源出於原始社會的生殖器崇拜。「原始」二字，其實蘊涵了一種進化論的觀點，認為中國社會愈古老則愈素樸、文明也愈低。至於「《易》為卜筮之書」的說法，可能受到章太炎的啟發。章太炎反對皮錫瑞、廖平、康有為等人將《六經》視為孔子改制之作，強調《六經》為周代施政紀錄，絕非孔子為後世制法所創

---

57 錢玄同，〈答顧頡剛先生書〉，收入顧頡剛編著，《古史辨》，第 1 冊，頁 75。《魯論》「易」作「亦」，清儒惠棟在《九經古義・論語》中已言及：「『五十以學易，可以無大過矣。』《魯論》『易』為『亦』。君子愛日以學，及時而成，五十以學，斯為晚矣。然秉燭之明，尚可寡過，此聖人之謙辭也。」（卷 16，頁 3b）而日本學者本田成之在 1920 年所發表〈作易年代考〉一文，亦曾提到此一問題：「魯論語易字作亦，五十以學，亦可以無大過矣。五十是知命之年，其時若能再學，自今以往，可以無誤云云，是謙遜語，而非謂說學易也。」譯文收於江俠庵譯，《先秦經籍考》（上海：商務印書館，1931），頁 39-66，引文見頁 51。

58 同前注，頁 77。

作。章太炎 1899 年撰〈今古文辨義〉曰：

> 《易》與《禮》、《樂》，多出文、周，然《易》在當時，為卜筮所用，《禮》、《樂》亦為祝史瞽矇之守，其辭與事，夫人而能言之行之也。[59]

1907 至 1910 年於日本講〈經的大意〉謂：

> 百年前有個章學誠，說「六經皆史」，意見就說六經都是歷史，這句話，真是撥雲霧見青天。《尚書》、《春秋》固然是史，《詩經》也記王朝列國的政治，《禮》、《樂》都是周朝的法制，這不是史，又是甚麼東西？惟有《易經》似乎與史不大相關，殊不知道，《周禮》有個太卜的官，是掌《周易》的，《易經》原是卜筮的書。古來太史和卜筮測天的官，都算一類，所以《易經》也是史。[60]

其所以強調「《易》為卜筮之書」，旨在闡明《易》為太卜所掌，確為周代政典之一，並非孔子所作。此外，章太炎 1914 年 5 至 6 月間撰〈自述學術次第〉，其後修訂為〈易論〉，皆以歷史實證觀點論述《易》卦取義體系，對古史提出解釋。[61]此種「《易》為卜筮」、「以《易》釋史」的觀點，可能正啟發了錢玄同、顧頡剛。[62]他們轉將「卜筮」與「迷信」結合起來，批判《周易》經文不過是籤詩之流，絕無義理可言，《易經》亦只剩下史料價值。而錢玄同這兩段辨析，可說為古史辨時期討論《周易》經傳問題

59　章太炎，〈今古文辨義〉，《太炎文錄補編（上）》，《章太炎全集》，第 3 輯第 5 冊，頁 203。

60　章太炎，〈經的大意〉，原載《教育今語雜誌》，第 2 冊（1910 年 2 月），後載吳齊仁編，《章太炎的白話文》（上海：上海泰東圖書局，1927），收入《演講集（上）》，《章太炎全集》，第 2 輯第 1 冊，頁 99-100。

61　參本書下編〈貳、論二十世紀初《周易》經傳分離說的形成〉。

62　章太炎與錢玄同有師承關係，〈經的大意〉收入《章太炎的白話文》，黎錦熙、蕭一山等人嘗推論《章太炎的白話文》實為錢玄同所作，陳平原在〈關於《章太炎的白話文》〉一文中已加考辨，指出此書中除〈中國文字略說〉為錢玄同所作，其餘諸篇當為章氏自作，然由此可見章、錢兩人關係之密切（陳平原，〈關於《章太炎的白話文》〉，《魯迅研究月刊》，2001年第 6 期，頁 47-52）。而顧頡剛在《古史辨》第 1 冊的〈自序〉中，亦曾自述受章太炎之影響與啟發：「我願意隨從太炎先生之風，用了看史書的眼光去認識《六經》，用了看哲人和學者的眼光去認識孔子。」「我當時願意在經學上做一個古文家，只因聽了太炎先生的話，以為古文家是合理的，今文家則全是些妄人。」（〈自序〉，頁 23-26）

定下基調：《易經》為卜筮之書，孔子與《易》無關；《易傳》為孔子後學所作，對於其後學者討論《易傳》作者問題影響深遠。

　　馮友蘭 1927 年發表〈孔子在中國歷史中之地位〉，以思想比較的方式探討《易傳》的作者問題：

> 「易」之《彖》，《象》，《繫辭》等是否果係孔子所作；此問題，我們但將《彖》、《象》等裡面的哲學思想與《論語》裡面的比較，便可解決。[63]

這也是採用了「以經釋經」的方法。馮友蘭因而引《論語》與此三傳對「天」的觀念，加以比較：

> 《論語》中孔子所說之天，完全係一有意志的上帝，一個「主宰之天」。但「主宰之天」在《易》《彖》、《象》等中沒有地位。我們再看《易》中所說之天，……我們讀了以後，我們即覺在這些話中，有一種自然主義的哲學。……這些話裡面的天或乾，不過是一種宇宙力量，至多也不過是一個「義理之天」。[64]

《易傳》中的「天」固然是自然的意味為多，但《論語‧陽貨》記子貢問「子如不言，則小子何述焉？」，孔子答道：「天何言哉？四時行焉，百物生焉，天何言哉！」[65]這個「天」何嘗是一「有意志的上帝」？何嘗沒有自然主義的意味？由此可見，比較《易傳》和《論語》（或《春秋》）而論其是否與孔子有關，其實不是一件簡單的工作。在馮友蘭看來，人的思想可以變動，但對宇宙及人生不可能同時有兩種極端相反的觀念，《論語》與《易傳》對「天」的觀念既不同，則不可能同出一人，因此只能說孔子或曾讀《易》，並有所解釋，但只是隨時講解，「沒有什麼了不得的意義」。[66]此說其實亦承自二十世紀初的思潮，刻意將《易傳》和孔子切割，並有意無意地貶低《易傳》的價值，暗示其思想另有來源。而此種由觀念辨析思

63　馮友蘭，〈孔子在中國歷史中之地位〉，原刊《燕京學報》，第 2 期（1927 年 12 月），後收入顧頡剛編著，《古史辨》，第 2 冊，頁 198。

64　同前注，頁 199-200。

65　《論語注疏》，卷 17，頁 8a。

66　馮友蘭，〈孔子在中國歷史中之地位〉，頁 203。

想異同的方式，後來廣為學者所接受及運用。

其後錢穆在 1928-1929 年間發表〈論十翼非孔子作〉一文。[67]該文提出十個證據，證明孔子未嘗撰《易傳》：

第一證：汲冢竹書無《十翼》。

第二證：《左傳》穆姜論元亨利貞與〈乾〉卦《文言》同，以文勢論，是《文言》抄了《左傳》。

第三證：《易》〈艮〉卦《象傳》「君子思不出其位」一語，《論語》記曾子語。若孔子作《十翼》，則《論語》編者不應如此記。

第四證：《繫辭》屢稱「子曰」，顯非孔子所撰。

第五證：《史記・太史公自序》引《繫辭》稱《易大傳》[68]而不稱經，可見太史公不以之為孔子之語。

第六證：太史公尊崇孔子，多稱述孔子所稱述的遠古賢哲。今《繫辭》詳述伏羲、神農，但《史記》稱五帝託始黃帝，更不敘及伏、神二氏，可證史公時尚不以《繫辭》為孔子作品。

錢穆謂此六證前人多說過。如第二、四證歐陽修、崔述皆已言之，第一、三證見於《考信錄》。第五證之意康有為曾言及，[69]第六證則是前人討論《史記・五帝本紀》何以無伏羲、神農時，用以批評司馬遷不從經典之過，但錢穆將五、六證轉用於推論司馬遷並不以《繫辭》為孔子所作，則

67　參顧頡剛等編，《古史辨》，第 3 冊，頁 89。

68　拙著《周易階梯》第四章曾指出漢代司馬談、劉向、班固等人在提及相關內容時，都稱《繫辭傳》為《易大傳》。有一種說法，認為後者就是前者的別名，但也有可能它們是不同的兩篇作品（頁 72）。這個問題，何澤恆教授〈孔子與易傳相關問題覆議〉一文有論及。歐美《易》家如 Richard Wilhelm、安樂哲都用《大傳》之名，但像 Joseph A. Adler 翻譯朱子《周易本義》就將《繫辭傳》譯作"Treatise on the Appended Remarks"（*The Original Meaning of the Yijing: Commentary on the Scripture of Change*, p. 261）。傳統學者乃至當代學者常常將《繫辭傳》與《易大傳》混而為一。

69　康有為言：「史遷〈太史公自序〉，稱『《繫辭》』為『《易大傳》』，蓋《繫辭》有『子曰』，則非出孔子手筆，但為孔門弟子所作，商瞿之徒所傳授，故太史談不以為經而以為傳也。」《新學偽經考》，頁 51。

是其個人創發。[70]雖已有六證，但錢穆仍覺不足以擊中問題核心，唯有切斷孔子與《易》的關係，才徹底解決此一爭議：

> 現在要更進一層說，孔子對於《易經》也並未有「韋編三絕」的精深研究，那孔子作《十翼》的話自然無根據了。[71]

錢穆又舉出四證加以說明：

第七證：《論語》「加我數年五十以學易可以無大過矣」一條，《魯論》「易」作「亦」，本很明白；《古論》妄錯一字，遂生附會。

第八證：《孟子》常稱述《詩》、《書》而不及《易》。《繫辭》有「繼之者善，成之者性」，孟子論性善也並未引及。又荀子亦不講《易》。[72]

第九證：若孔子曾作《十翼》，《易》為儒家經典，秦人焚書必及之。既然秦不燒《易》，可知《易》在先秦必非儒家經典。而今日所見《易傳》多為儒家學說，是秦後儒者將思想學問將託於《易》，而非傳儒家舊說。

第十證：《論語》和《易》思想不同。此條比較了《論語》與《繫辭》論「道」、「天」、「鬼神」之處，指出《繫辭》思想近老莊，其哲學是道家的自然哲學。

由第七到九證，層層推進。先論孔子無學《易》之事，次論孟、荀兩大儒者皆不言《易》，截斷先秦儒家與《易》的關係（此證部分《考信錄》曾提及，但錢說更詳細）。接著補充秦焚書不及《易》以加強史實，最後則回到思想史上從觀念的分析比較著手。錢穆集結了前人對於《易傳》考辨的重要論證，據此十證，孔子不僅與《易傳》無關，與《易經》也無關了。錢穆所提十證多為同時期的學者所接受，[73]即使不接受其說，在討論《易傳》

---

70 按：錢穆「史公尊崇孔子，多稱述孔子所稱述的遠古賢哲」一語亦係一種預設。依其意推之，孔子亦未嘗言黃帝事，而《史記》「稱五帝託始黃帝」，已可見《史記》立論未必悉依孔子言論以為標準。今《史記》不言伏羲神農，自亦不能推論司馬遷不以《繫辭》為孔子所撰著。此亦讀者不可不注意之一點。

71 錢穆，〈論十翼非孔子作〉，頁 90。

72 錢穆自注曰：「今《荀子》書中有引及《易》的幾篇，並不可靠。」同前注。

73 如郭沫若 1928 年撰〈周易時代的社會生活〉中「《易傳》中辯證的觀念之展開」一節，持「孔子作《十翼》」說，相信孔子讀過《易經》（收入《中國古代社會研究》，頁 67-68。但

作者與時代問題時，亦必須先說明孔子、先秦儒者與《周易》經傳之關係，才能展開論述。尤其第十證的提出，讓學者開始留意到先秦各家思想的互動。

顧頡剛於 1930 年所撰〈論易繫辭傳中觀象制器的故事〉一文，在概念上提出「故事」二字以扣緊「辨古史」的前提，方法上則從文獻比較著手。他注意到《繫辭》「觀象制器」章、《世本》、《淮南子》都陳述聖人制器之事，若《繫辭》確為孔子所作，時代較早，又是聖人之言，《世本》、《淮南子》應直接稱引，但《世本》內容與《繫辭》不同，而《淮南子》雖與《繫辭》相近，文中卻未明言引自《繫辭》，則《繫辭》的撰作時間可能反在《淮南子》之後，加以《史記》亦未引用此章，可知其時代應更晚。至於「觀象制器說」稱一切的物質文明都發源於《易》卦，立論除了直觀卦象，還運到用到互體、卦變等繁複的方式，實奠基於《說卦》、《九家易》上，故可推言應是京房或京房後學所作，時代不能早於漢元帝。[74]顧頡剛一方面受康有為所影響，認為「互體」、「卦變」之說荒誕，又未見於先秦，當為漢人所創；一方面則採錢穆之說，由《史記》不言神農、伏羲推論司馬遷未見《繫辭》；又得力於崔述比較《論語》與《象傳》「君子思不出其位」的方式，故將《繫辭》「觀象制器」一章定為西漢後期所作，而此種以文獻所載內容相近，推定彼此先後順序的作法，其後也常被學者用於考證《易傳》各篇之撰作時代。

李鏡池在 1930 年與顧頡剛討論《易傳》而作〈論易傳著作時代書〉，文中指出：《彖》、《象》大約成於戰國末年至秦漢之間，《繫辭》則從漢初直到西漢末。又謂《繫辭》、《文言》實是西漢時代一班易學家說《易》遺著的彙錄，他稱之為「雜拌」。[75]同年另撰〈易傳探源〉，進一步論證《易傳》各篇的時代與作者問題。他先由《史記・孔子世家》不見「十翼」之名，

是到了 1935 年撰〈周易之制作時代〉時，便改稱「孔子與《易》並無關係」（收入《青銅時代》，《郭沫若全集・歷史編》，第 1 卷，頁 385-387。

74　顧頡剛，〈論易繫辭傳中觀象制器的故事〉，頁 45-69。

75　李鏡池，〈論易傳著作時代書〉，頁 133。

推言當時「孔子作《十翼》」之傳說尚未固定下來，再由篇中「孔子以《詩》、《書》、禮樂教」一句，推言孔子未嘗以《易》教人，故孔子以《六經》為教，是西漢才有的說法。再者，「孔子晚而喜《易》」一段文字，與上下文無關，若非錯簡，則必定是後人所插入，約在昭、宣之間始有孔子「序」《易傳》之說，新莽時劉歆進一步將「序」改為「作」，可見這種傳說實是一步一步發展而成。此說或即受康有為之影響而來。李鏡池在兩文中又嘗試將《易傳》各篇分開來討論，有助於學者對各傳性質、時代的辨析。如其中談到《彖》、《象》與儒家的關係：

> 若果我們讀過了儒家底一部重要的書——《論語》，再來讀《象傳》，就彷彿在溫習舊書一般，很熟識，很易了解。《象傳》這些話，差不多從《論語》裡頭都可以找出它相類似的話來。[76]

> 不特《象傳》是儒家思想的產物，就是《彖傳》也帶儒家色采。……不過《彖傳》作者並不是純粹的儒家，……多多少少是受過道家底影響。[77]

前文引馮友蘭辨「天」觀念而謂《彖》、《象》與《論語》不類，而李鏡池從政治、人生哲學切入，主張《象》與《論語》相近，而《彖》則雜有道家影響，進而推論兩傳作者不同。

在否定《周易》經傳與孔子關係的陣營中，郭沫若的觀點較為特殊。他在 1928 年所撰〈周易時代的社會生活〉，贊成文王演《易》、孔子讀《易》的傳統說法，然 1935 年撰〈周易之制作時代〉則據《魯論》否定孔子與《易經》之關係，並將《易經》作者定為戰國時的儒者馯臂子弓，[78]如此一來，「《易傳》的『十翼』不作於孔子，是不待論的」。[79]但他並不贊同《易傳》皆是秦漢之後才作成，因為據《晉書‧束皙傳》所記，汲冢出土已有「似《說卦》而異」的《卦下易經》，可推知戰國初年馯臂子弓傳授《易》時，必然有過類似「傳」的東西以說明自己的理念，只是弟子

---

76 李鏡池，〈易傳探源〉，頁 114。
77 同前註，頁 116-117。
78 郭沫若，〈周易之制作時代〉，頁 391-394。
79 同前註，頁 394。

們所記內容有所出入，故《說卦》、《序卦》、《雜卦》三篇，可能與《卦下易經》都是同類的作品。《彖傳》、《繫辭》、《文言》三種當是荀子門人在秦統治期間所作，至於《象傳》則從李鏡池之說，定為秦漢之際的北方儒者模仿《彖傳》而成。[80]郭沫若將《易經》的時代定在戰國，證諸文獻與文物皆難以成立，[81]但值得注意的是：他認為《易經》中有豐富深厚的哲理思想，並不只是卜筮之書，而周人在太王時「還是穴居野處的原始民族」，文王也只是「半開化民族的酋長」，「並不是能夠作出《易經》來的那樣高度的文化人」[82]（讀者可特別注意「穴居野處的原始民族」、「半開化民族」二語），為了調和此一矛盾，故將《易經》的時代定得極晚。以往學者多因《說卦》以下三篇而懷疑《易傳》作者，但郭沫若卻認為這三篇實與《周易》的關係最為緊密。此外，他在李鏡池的基礎上，據地域學風將《易傳》的作者區分開來，又將《彖傳》、《繫辭》與《荀子》相較，指出《易傳》多出荀門，推言傳《周易》經傳者應為荀子一系，對於後人討論《易傳》的思想頗有影響。

在此種懷疑風潮下，學者們多接受「《易》為卜筮之書」，也改從另一種角度肯定《易傳》的價值，梁啟超可為代表。梁啟超在 1927 年出版《古書真偽及其年代》中便指出：

> 《易》的本身原無哲學意味，不過是卜筮的書。……後人思想進化，拿來加上哲學的色味，陸續做出了《彖》、《象》、《繫辭》、《文言》等篇，不幸《史記》有「孔子晚而喜《易》」的話，以後的人便把帶哲學意味的《彖》、《象》、《繫辭》、《文言》和亂七八糟的《說卦》、《序卦》、《雜卦》都送給孔子，認作研究孔子的重要資料。[83]

---

80 同前注，頁 395-396。並參李鏡池，〈易傳探源〉，頁 116-117。

81 關於《易經》年代的問題，屈萬里〈易卦源於龜卜考〉（《書傭論學集》，頁 48-69）及〈周易卦爻成於周武王時考〉（同前，頁 7-28）均有詳確的考論。黃沛榮師在〈老子書與周易經傳之關係〉一文中曾針對郭沫若之說加以辨明，參《易學乾坤》，頁 217-218。

82 郭沫若，〈《周易》之制作時代〉，頁 382-383。

83 梁啟超，《古書真偽及其年代》（上海：江蘇廣陵古籍刻印社影印《飲冰室專集》之 140，

其說雖未否認《彖》、《象》可能與孔子有關，然將《繫辭》、《文言》中的「陰陽」觀念與鄒衍相聯繫，又將「玄學」、「鬼神死生」與道家相聯繫，主張「《繫辭》《文言》以下各篇是是孔門後學受了道家和陰陽家的影響而做的書」。[84]而《繫辭》、《文言》雖非孔子所作，但其中有許多精微之語，是古代哲學的重要成果，不必否定其價值：

> 我們應該把畫卦歸之上古。重卦、做卦辭爻辭，歸之周初，做《彖辭》、《象辭》，暫歸之孔子；《繫辭》、《文言》歸之戰國末年；《說卦》、《敍卦》、《雜卦》歸之戰國秦漢之間，拿來觀察各時代的心理、宇宙觀和人生觀，那便什麼都有價值了。[85]

梁啟超雖不因《易傳》非孔子作而輕視之，然只將其視為考察時代思想的材料，切斷了經傳的縱向聯繫，也影響了近一世紀以來「經傳分離」的研究取向。

蘇淵雷於 1933 年所撰《易學會通》一書中，雖接受文王於憂患中作《易》之舊說，[86]但也採用卦爻辭為農業社會初期產物，尚未脫離卜筮之用的新見。[87]他推崇孔子贊《易》「始推天行以明人事」，並從「孔子對於宇宙之觀念」、「孔子之力行主義」及「正名主義」三方面，證明《彖》、《象》、《繫辭》所言與《論語》相合，確立孔子與《易》學之淵源，故將《易傳》歸於孔門，並無不宜。[88]蘇淵雷從思想比較了證明《易傳》與孔子確有關係，然他讚揚孔子能「推天行以明人事」，則似認定《易傳》的義理全為孔子所創發，與《易經》無關。

至於張心澂 1939 年所撰《偽書通考》一書中，先整理了歷代學者對於《易傳》的相關討論，反駁前人謂孔子與《易》無關之說，再進而分析孔

1990），頁 77-78。

84　同前注，頁 77。

85　同前注，頁 78。

86　蘇淵雷，《易學會通》（上海：世界書局，1935），頁 3、9、15。

87　同前注，頁 3、9。

88　同前注，頁 6-10。

子與《周易》經傳之關係。張心澂認為孔子曾經整理卦爻辭，此即司馬遷所言「序彖繫象」，而「說卦文言」指的則是作《彖》、《象》二傳，以此調和《史記》記載與「《十翼》非盡出於孔子之手」的歧異。[89]他特別強調《論語》雖是了解孔子的重要材料，但「究非其全體，不能謂《論語》之外，別無孔子之精深義理」，[90]故採章學誠之見，以學派傳承的觀點照看全局，指出非孔子自作之傳，可能亦是孔子口授，至漢時方寫定。[91]他又指出「玄學思想」非專屬於道家，孔子可能亦有此種思想而不常言，又由南北學風不同切入，推論《繫辭》思想之所以頗近於道家言，可能是南方學者較容易領會此類玄思，故發揮較多：

> 《易》由商瞿傳之楚人馯臂子弘，子弘傳江東人矯子庸疵，其所以得此傳者，殆亦以南人而易領悟此道之故。此二人皆以南人接近南方之玄學思想，更足以發揮光大《易》之玄理。其玄理與道家固有相同之點，而其為用（原注：即推之人事）則與道家殊塗矣。[92]

前人比較《易傳》與道家思想多就「觀念」言，而張心澂則著意於「用」，強調《易傳》的要旨在於「人事」，以此判分其當為儒者之言，誠為有見。要之，蘇、張二人雖不否定孔子讀《易》、贊《易》的舊說，實亦不免受「《易》為卜筮之書」的影響，改從儒學的角度來肯定《易傳》的價值。經傳的關係又受到另一重打擊。

　　大體而言，此時期學者在研究《易傳》相關問題的方法上，結合了清儒文獻考據與西方哲學思辨之長，並援引人類學和社會學的觀點，較前人更為繁複細密，部分討論較具說服力。各家在研究方法上的開拓，深化了《易傳》研究的各個面向，卻也不免以偏概全或是主觀之失。以文獻考證來說，學者以文獻內容比較時代先後，或忽略了古書的著成、流傳的過程中，可能有文字上的出入、思想上的取捨，未必適用於全部的文獻。而以

89　張心澂，《偽書通考・經部・易類》，頁40-41。
90　同前注，頁75。
91　同前注，頁78-79。
92　同前注，頁79。

思想分析來說，學者在比較時態度仍不夠嚴謹，如馮友蘭提出「天」的幾種意義，但先秦思想家論「天」，義理、主宰、自然等幾個範疇常相重疊，勉強區分亦未必有當，故其分析方法似更加嚴密，實有不少盲點。而之所以產生這些盲點，與學者對《易經》的態度有關。無可置疑，二十世紀初中國學術界在維護傳統和推翻傳統兩端之間激烈擺盪，對於《易經》的態度也不免出現保守派與革新派的異同觀點（讀者可參楊慶中《二十世紀中國易學史》），亦使此一時期對《易傳》的討論常陷入目的論式的窠臼。考證倘建築在某種文化預設與想像的基礎上，所得結論很難客觀，遂讓二十世紀初《周易》經傳的討論，沾染了不少當代政治社會改革思潮的特殊色彩。

而此時懷疑《易傳》非孔子所作者，雖多據前人之說，立場並不相同：十九世紀以前，學者多信《易經》為聖人所作，而孔子所作之《易傳》亦應以發揮義理，所以主要針對《易傳》中論及卜筮之處提出質疑，間亦及於文辭、思想之比較；古史辨時期，學者多認定《易》為卜筮之書，而孔子為中國人文思想、理性主義的開拓者，不應與卜筮之書有所關聯，因此部分學者便主張孔子未曾讀《易》，亦未以《易》教弟子，先秦儒家並未傳《易》學，《易傳》乃是秦漢之後儒者無書可說，不得已而作。這種決絕的態度，一方面切斷了《周易》經傳關係，另一方面也幾乎切斷了《易傳》與先秦儒學的聯繫，影響至鉅。

六 當代學者的探析

經過古史辨時期的多方論證，《易經》為卜筮之書，《易傳》為哲理之書，兩者性質不同，已漸成定說，但孔子與《周易》經傳是否全無關係，並未就此塵埃落定。

以《魯論》「五十以學亦可以無大過」論證孔子未嘗讀《易》，雖然風行一時，甚至使得郭沫若改變了對《周易》經傳時代的推論，影響力之大，可見一斑。然而對部分學者來說，若無更多確切有力的證據，仍傾向

於接受孔子讀《易》、傳《易》的舊說。而有學者則因肯定《易傳》的思想價值，再次將孔子與《易傳》連結起來。此外，出土文獻也為舊說提供了新的證據。

1973 年馬王堆帛書出土，[93] 其中有以宮卦形式排序的《周易》，還有與傳世《易傳》內容、形式相近的作品，[94] 對於考察《易傳》的作者與時代問題，提供了新的材料，有助於學者進一步釐清種種複雜的現象。[95] 其中〈要〉篇中提及「夫子老而好《易》」，[96] 可證《史記》言「孔子晚而喜《易》」，並非嚮壁虛造。而孔子對於《易》理的闡發，更成為學者肯定孔子傳《易》的重要依據。[97] 淺野裕一據郭店楚簡〈六德〉「觀諸詩書則亦在矣，觀諸禮樂則亦在矣，觀諸易春秋則亦在矣」，及〈語叢一〉「易所以會天道人道也」、「詩以會古今之志也者」、「春秋所以會古今之事也」之語，推論戰國前期儒者已將《易》視為經典。[98] 而上海博物館所藏戰國楚竹書《周易》的內容與通行本基本一致，且此批文獻都屬思想方面，並無日書等占卜書，亦可以證此時《易》被視為與儒家有關之文獻而非占卜書。以

93　馬王堆帛書出土於三號墓，墓葬時代推定於文帝前元十二年（前 168 年），參李學勤為《馬王堆漢墓文物》所撰之〈序〉，傅舉有、陳松長編著，周士一、陳可風翻譯，《馬王堆漢墓文物》（長沙：湖南出版社，1992），無頁碼。

94　從 1974 年以來，關於帛書《周易》經傳的內容不斷披露。特別是《文物》1984 年第 3 期發表了馬王堆漢墓帛書整理小組所作的〈馬王堆帛書《六十四卦》釋文〉，《道家文化研究》第 3 輯（1993 年 8 月）發表了陳松長、廖名春所作的〈帛書《繫辭》釋文〉、〈帛書《二三子問》、《易之義》、《要》釋文〉以後，對於帛書《周易》經、傳的研究分別掀起了熱潮。

95　廖名春即指出：帛書《周易》經、傳涉及《周易》經傳的作者，《繫辭傳》和《彖傳》、《文言傳》的形成，傳《易》的學派等問題，對於《周易》經傳及易學史有重要的意義。參廖名春，〈帛書《周易》經、傳述論〉，收入《帛書〈周易〉論集》（上海：上海古籍出版社，2008），頁 3。

96　廖名春，〈帛書《要》釋文〉，同前注，頁 388。

97　如〈要〉篇：「子曰：《易》，我後亓祝卜矣！我觀亓德義耳也。幽贊而達乎數，明數而達乎德，又仁〔守〕者而義行之耳。贊而不達於數，則亓為之巫；數而不達於德，則亓為之史。史巫之筮，鄉之而未也，好之而非也。」即強調從義理而非卜筮之角度詮釋《易》理（同前注，頁 389）。

98　淺野裕一著，陳威瑨譯，〈儒家對《易》的經典化〉，頁 84-85。

往多認為《易》在戰國至漢初才成為儒家經典，隨著戰國楚簡的發現，實可把時代再前推約兩百年，亦即《易》作為儒家經典，孔子晚年好《易》、自撰《易傳》等說法，最遲在戰國前期，甚至可能從春秋末期便已開始。[99] 這些證據均指向《周易》經傳與孔子關係密切，絕非秦漢儒者所附會。而在《易傳》問題上，孔子究竟是「述而不作」，還是確曾手定部分內容？如果是「述而不作」，那麼《易傳》寫定於何時？撰者的思想歸屬為何？這些問題都是學者們關注的焦點。

（一）孔子與《周易》經傳關係的再確立

1920 年以降，學者多認定《易經》與《易傳》之時代不同、性質不同，不宜合觀，此後研治《周易》者亦多堅守「經傳分離」的立場。如上節所引梁啟超、蘇淵雷、張心澂之說，已啟其端。屈萬里謂：「易之為書，只為占筮而設」，[100]而「十翼說經，惟務義理」，[101]故治《易》之途徑，首當「以經觀經，以傳觀傳」。[102]高亨之說亦相近：

> 《易傳》解經與《易經》原意往往相去很遠，所以研究這兩部書，應當以經觀經，以傳觀傳。解經則從筮書的角度，考定經文的原意。……解傳則從哲學書的角度，尋求傳文的本旨，探索傳對經的理解，……這樣才能明確傳的義蘊。[103]

朱伯崑也認為唯有將經傳分家，區別經傳不同的歷史背景，才能真正掌握經傳的面貌。[104]劉大鈞、林忠軍則檢討前人以《易傳》附經「雖有利於解經，但容易造成經傳不分，不利於對二者自身所具有的體系、價值、特點

99　同前注，頁 92。

100　屈萬里，〈說易〉，原載《圖書月刊》，第 1 第卷 3 期（1941 年 3 月），收入《屈萬里先生文存（第一冊）》，頁 39。

101　同前注，頁 40。

102　同前注，頁 45。

103　高亨，〈自序〉，《周易大傳今注》，頁 2。

104　朱伯崑，《易學哲學史》，第 1 卷，頁 54-56。

等進行研究。故今天研究《周易》將經傳分開，似乎勢在必行」。[105]勞思光也指出：「易傳各篇本身理論雖互有不同，但皆與易卦爻辭有根本之違異；此蓋因易傳之出現乃在戰國及秦漢一段期間，立說者本祇託易以為說，並非真欲解釋卦爻辭。」[106]唯有將經傳分而觀之，「方可避免傳統文人之根本錯誤」。[107]

在部分主張「經傳分離」的學者看來，《易傳》雖是不稱職的傳，卻是足以展現先秦哲理高度的代表之作。如屈萬里即謂「十翼闡發哲理，大率皆儒家言，語多精粹，尤治先秦思想史者之要籍」。[108]徐復觀認為「《周易》原是卜筮之書」，其性質「有如今日江湖術士的測字、看相、算命」，「原來是沒有多大哲學意味、思想價值的」，而「賦予《周易》以哲學的意味，當來自作為《易傳》的十翼」。[109]高亨則說「《易傳》雖是筮書的注解，然而超出筮書的範疇，進入哲學書的領域」，並肯定其為「先秦時代相當重要的思想史料，特別是此時代首屈一指之辯證思想史料」。[110]曾春海也主張：「『經』原係卜筮用書，……『傳』既取理解和義理表達之路向，則《易》書漸由卜筮之書，轉進成探討宇宙與人生哲理的經典。」[111]戴君仁推崇《易傳》闡發哲理，是《易》由占卜書成為哲學書的關鍵：

> 雖然卦爻辭也有極有道理的話，可是賦易以哲學價值者，卻在十翼，有了十翼之後，易才不是卜筮之書，而為儒家哲學的總匯。[112]

---

105 劉大鈞、林忠軍注譯，《周易經傳白話解》（台南：大孚書局，1997），頁 156。

106 勞思光，《新編中國哲學史（二）》（台北：三民書局，1999），頁 72。按：勞思光並不認為《易經》只是卜筮之書，他指出《易經》中「包括一種古代中國之重要思想」，此即「宇宙秩序」。爻辭中則蘊涵「物極必反」、「中」的觀念，前者反映了古代中國思想中的「變化」觀念。參勞思光，《新編中國哲學史（一）》（台北：三民書局，1997），頁 83-86。

107 勞思光，《新編中國哲學史（二）》，頁 80。

108 屈萬里，《先秦漢魏易例述評・自序》，序頁 4。

109 徐復觀，《中國人性論史：先秦篇》，頁 203。

110 高亨，《周易大傳今注・自序》，頁 2。

111 曾春海，《易經的哲學原理・自序》，頁 1。

112 戴君仁，〈卜筮之易與義理之易〉，《梅園論學續集》，頁 211。

戴君仁將《易傳》視為「儒家哲學的總匯」，正是學界對於《易傳》思想性質的主要看法。牟宗三也認為《易經》是卜筮之辭，[113]而謂：

> 《易傳》成一套玄思，代表孔門義理，這是確定的。[114]

林麗真亦指出：

> 《周易》是一部叢書性質的書，由「經」與「傳」兩大部分組成。「經」的
> 部分，……其中有義理可以究詰的實在很少，而且很多語句頗令人費解，
> 所以自朱熹提出「易本卜筮之書」的見解以後，卦爻辭是西周初葉卜筮官
> 的占筮紀錄，已成定讞。「傳」的部分，……大體上乃是發揮儒家的政治、
> 倫理哲學，但其宇宙論則與《老》《莊》略有相通之處。[115]

至於占筮之《易經》何以能被改造為義理之《易傳》，學者推言孔子可能扮演了關鍵性的角色。如余敦康謂：

> 在從《易經》到《易傳》的發展過程中，孔子是一個承先啟後的人物，占
> 了極端重要的地位。[116]

劉大鈞認為《彖》、《象》、《文言》、《繫辭》等主要篇章，雖反映了孔子的思想，但卻是後人託孔子之名而作。[117]而徐復觀在 1961 年所撰〈陰陽五行及其有關文獻的研究〉中便已提到：

> 《易傳》中引有「子曰」的，分明是編定的人認為這是孔子的話；沒有「子
> 曰」的，便是傳承孔子《易》學者的話。……孔子對《易》的貢獻，是從
> 由實物相互關係的想像所形成的吉凶觀念解放出來，落實在人間道德的主
> 動性上；並把作為行為理想標準的「中」，應用到《易》的解釋上去。[118]

---

113 牟宗三主講，盧雪崑錄音整理，《周易哲學演講錄》（新北：聯經出版事業公司，2003），頁
　　13、16。

114 同前注，頁 3。

115 林麗真，〈易傳附經的起源問題〉，收入《義理易學鉤玄》（台北：大安出版社，2004），頁
　　38。

116 任繼愈主編，《中國哲學發展史（先秦）》（北京：人民出版社，1988），頁 657。按：據編
　　者〈重印後記〉，〈《易經》和《易傳》〉一章為余敦康所撰寫（頁 784）。

117 劉大鈞，〈歷代易學研究概論（上）〉，《周易概論》，頁 92。

118 徐復觀，〈陰陽五行及其有關文獻的研究〉，頁 558-559。《中國人性論史：先秦篇》又指出：

方東美則認為：「本來在漢以前，符號和卦爻辭的系統屬於古代的易經，而十翼則是孔子和商瞿一學派的成就，這兩部分直到漢代是分開的。」[119] 又謂：

> 周易的符號系統只是歷史的記載，即使有哲學意義，也只有含藏其中而已。……我們現在必須明瞭周易的哲學和周易的歷史記載是兩回事，歷史記載在前，哲學產生在後。周易這部歷史的書變為哲學的書，代表儒家、代表孔子的精神。[120]

此皆可見諸家是因《易傳》的思想屬性而將之與孔子、儒學聯繫起來。如強烈堅持《易傳》絕非孔子所作的高亨，也不反對孔子曾讀《易》、贊《易》之說，[121]又如朱伯崑並不贊同將《易傳》的思想皆歸之於孔子，[122]但也指出孔子確曾解《易》並影響了後來的儒者。[123]綜觀各家之說，雖多肯定孔子與《周易》經傳並非毫無關係，然已不再從傳統「《易》歷三聖」的角度推崇《易傳》能闡發《易經》之義理，而是讚揚《易傳》能化腐朽為神奇，將哲學思想寄寓在《易經》這種筮書中。學者既否定《周易》經傳之關係，對於《易經》或不進行研究，或只從史料的角度探尋經文所呈現的社會生活，而將《易傳》看作孔子開創、後學發揮的儒家思想，反映的是

《論語・述而》「子曰：『加我數年，五十以學《易》，可以無大過矣』」，如依《魯論》「易」作「亦」，其意難釋。且《論語》中曾引《易》〈恆〉卦九三爻辭，則鄭玄從《古論》而不從《魯論》「是不應當有問題的」（頁 203-204）。

119 方東美，《原始儒家道家哲學》（台北：黎明文化事業公司，1993），頁 128。

120 同前注，頁 133。

121 高亨《周易大傳通說・周易大傳概述》言：「《十翼》雖非孔丘所作，然孔丘確曾讀過《易經》（原注：見《論語・述而》篇、〈子路〉篇，又《史記・孔子世家》曰：『孔子……讀《易》，韋編三絕。』亦當有所據），並以《易經》教授弟子（原注：見《史記・仲尼弟子列傳》、《漢書・儒林傳》）。」《周易大傳今注》，頁 6。

122 朱伯崑，《易學哲學史》，第 1 卷，頁 55。

123 朱伯崑謂：「儒家解易，始於孔子，注重卦爻辭的教育意義，不大迷信筮法，此即後來荀子所說：『善為易者不占』。後來的《易傳》，特別是《象》，正是繼承孔子的這種學風，對《周易》進行解說的。《禮記》中有六處引《周易》中的話，講說道德修養的重要性，可以代表後來儒家對孔子易說的闡發。」《易學哲學史》，第 1 卷，頁 32。

時代思潮，故著重於思想的橫向聯繫，不再上溯。

（二）《周易》經傳關係的再思考

當「經傳分離」的主張已蔚為主流之際，仍有學者堅持「『傳』承『經』義」，即指「傳」的義理是與「經」相聯繫的。雖因古史辨影響，學者多不信《易經》為文王所作，但仍強調《周易》是以占筮形式寄寓義理之書，孔子好《易》故而有所闡釋。金景芳、黃壽祺、黃慶萱、李學勤、黃沛榮師、金春峰、鄭吉雄等學者即持此一立場。

《易經》真是一部漫無體統、毫無義理的「卜筮之書」嗎？部分學者深入研究卦爻辭之後，提出不同的看法。李鏡池在 1930 年撰〈周易筮辭考〉，力主「《易》為卜筮之書」，[124]但在 1961 年發表〈關於周易的性質和它的哲學思想〉，改謂《易經》「雖然是一部占筮書，而其中就有哲學思想」。[125]1962 年發表〈周易的編纂和編者的思想〉則指出「《周易》雖然是根據舊有資料彙集起來以供占者參考」，但「這裡面有編者或編輯團體經過分析而作出來的系統思想，而不是資料彙編」，[126]「每卦有它的重點，講一個問題」，特別強調研究卦爻辭要經過系統的分析，不可個別摘引。[127]屈萬里晚年亦謂：「卦爻辭本為占筮而設；但，顯然地，它有不少地方，是寓哲理於占筮。」[128]朱伯崑則指出：卦爻辭曾經編纂者加以「系統化」，所體現的思想與西周的意識型態一致，卦象卦序中隱藏著邏輯思維。[129]黃慶萱也認為：「《周易》之作，源於憂患意識，含有天人合一的觀念，因而見

---

124 李鏡池在此篇篇首即謂：「我們相信《周易》是卜筮之書，其起源是在于卜筮，其施用亦在于卜筮。」《古史辨》，第 3 冊，頁 187。

125 李鏡池，〈關於周易的性質和它的哲學思想〉，《周易探源》，頁 155-156。

126 李鏡池，〈周易的編纂和編者的思想〉，同前注，頁 201。

127 同前注，頁 226-227。

128 屈萬里，〈推衍與附會──先秦兩漢說易的風尚舉例〉，原載《總統蔣公逝世週年紀念論文集》（台北：中央研究院，1976），後收入《屈萬里先生文存（第一冊）》，頁 93。

129 朱伯崑，《易學哲學史》，第 1 卷，頁 8-21。

重於儒家。」[130]黃沛榮師在〈周易卦爻辭釋例〉中提到研究《周易》卦爻辭之辭例的目的之一，即在於「闡明卦爻辭之哲學」，[131]直指卦爻辭本身具有哲學成分。戴璉璋也認為「明象位、重德業是易學發展的兩大主脈。這兩條主脈，發端於《易經》，貫穿於春秋，而結穴於《易傳》」，並肯定《易傳》對《易經》「作了最好的繼承與發展」。[132]金春峰則指出《周易》具有「兩重性」：既是「占卜之書」，也是「哲學與義理的文本」，後者「集中表現在它的明確自覺的辯證法觀念」。[133]

另有學者注意到《易經》所蘊藏的政治思想，如高懷民在《先秦易學史》中指出：「位」、「時」、「中」等觀念，實是先聖相傳的重要政治思想，文王取之融入伏羲的八卦哲學，「易學的根本哲學理論也變成了治國理民的政治學術的依據」，故《易》不只是筮術占斷的書，也是哲學理論的書、政治思想的書。[134]金景芳向主《周易》有一套辯證哲學，他在〈易論〉中則推論：《坤乾》首坤次乾、《周易》首乾次坤之異，正代表了由殷道親親重母統，轉向周道尊尊重父統。[135]其晚年所撰〈論《周易》的實質及其產生的時代與原因〉，主張《歸藏》是殷商政權的指導思想，文王將其改造為《周易》，乃欲以此推翻殷商政權，重新肯定文王作《易》的舊說。[136]而鄭吉雄近十餘年來曾撰作多文，對卦爻辭進行深入探析，論證《周易》並非單純的卜筮紀錄，而是周人在殷周易代之際所撰作的政典，標識了朝代

---

130 黃慶萱，〈周易的名義內容大義和要籍〉，《周易縱橫談（增訂二版）》，頁24。

131 黃沛榮，〈周易卦爻辭釋例〉，原刊臺靜農先生八十壽慶論文集編輯委員會編，《臺靜農先生八十壽慶論文集》（新北：聯經出版事業公司，1981），後收入《易學乾坤》，頁155。

132 戴璉璋，《易傳之形成及其思想・序言》，頁4。

133 金春峰，《〈周易〉經傳梳理與郭店楚簡思想新釋》（北京：中國言實出版社，2004），頁20。

134 高懷民，《先秦易學史》（台北：著者自印，1990），頁93-94。

135 金景芳，〈易論〉，原刊《東北人民大學人文科學學報》，1955年第2期、1956年第1期，後收入《學易四種》，頁166。

136 金景芳，〈論《周易》的實質及其產生的時代與原因〉，《金景芳晚年自選集》（長春：吉林大學出版社，2000），頁19-22。按：據篇首「我學《易》70多年，今天已經96歲」之語（頁13），則此文應撰於1998年。

的政治方針，尚陽主變，修德教化，與殷易《歸藏》的保守浪漫大相逕庭。《周易》也是經過長期發展的士大夫之學，用以教育士大夫治身治國所應具備的生命知識，前人將作卦爻辭之人繫於周文王，正反映了殷周鼎革時的憂患意識，[137]可見《易經》實是富有哲理的先王政典，孔子正是認識到此點，故讀《易》好《易》。而孔子既深於《易》，故儒學中本就有得力於《易》理之處。鄭吉雄審視《論語》全書，指出孔子常用《易經》之語，並常隱括卦名及卦爻辭以立言，推斷孔子「汲取了《易》道剛健的精神，成為其思想的重要基礎」，[138]為孔子曾讀《易》之說，提供了更堅實的證據。

正因為《易經》本身即有哲理，故《易傳》實為闡明卦爻辭的哲理而作，並非主張「經傳分離」者所謂利用卜筮的外殼寄寓儒家學說。金景芳即指出：

> 孔子作《易傳》，講的就是《易經》，是給《易經》作傳，不是講他自己的思想，是講《易經》的思想。……《易傳》全部是對《易經》的解釋。[139]

黃沛榮師亦謂：

> 《易》傳為說《易》之作，對於卦爻辭之義蘊，自應予以闡發；換言之，影響《易》傳最大者當為卦爻辭矣。[140]

主張「經傳分離」者往往據著作時代及性質分論《易經》與《易傳》，截斷兩者的內在聯繫，故兩位學者皆提示應當重新看待《周易》經傳關係。鄭吉雄在前輩學者的基礎上，運用詮釋學理論，對照《易經》與《易傳》演繹字義的方式，指出《易經》各卦卦爻辭常扣緊一個觀念字（往往為卦名），由不同向度加以演繹，從而在一卦之內創造出多重新意義。《易傳》則完全承襲了此種方式，扣緊「經」的字義，加以演繹，創造出新的義

---

137 詳本書上編〈伍、《易經》身體、語言、義理的開展〉。
138 詳本書下編〈伍、《易》儒道同源分流論〉。
139 金景芳講述，呂紹綱整理，《周易講座》（桂林：廣西師範大學出版社，2005），頁26。
140 黃沛榮，〈老子書與周易經傳之關係〉，頁229。

理。[141]以此為據，最能證明「傳承經義」的現象。進一步說，任何人要研究儒家的《五經》，都無法捨棄眾多的解經之「傳」。鄭吉雄從詮釋方法著眼，深入考察經傳關係，提供了審視「傳承經義」的新視角。

「經傳分離」與「傳承經義」兩種切入角度，雖同樣肯定孔子與《周易》經傳的關係，然所持理由實大不相同：前者從《易傳》的價值追溯，以儒學為主；後者則從《易經》的哲理延伸，以《易》學為主。而後者認定《易經》本身即有哲理，顯然更能合理地解釋《史記》「孔子晚而喜《易》」的記載。孔子既將《易》理內化為儒學的一部分，儒者依其說而撰《易傳》，《易傳》與儒學自然有相合之處。如黃慶萱指出《周易》見重於儒家，而「《周易》所言仁智之道，誠敬之教，時中之用，寡過之效，也便代表《周易》大義之所在，儒家思想的重心了」。[142]又如鄭吉雄據卦爻辭二十條論「君子」的內容，論證《易經》本為教育士大夫的典籍。若此論成立，則可進一步推言孔子的教育思想曾受《易經》之啟發。黃壽祺〈從《易傳》看孔子的教育思想〉一文即以《繫辭》、《文言》中的「子曰」三十條為據，考察二傳中的教育思想，發現二傳「與《論語》相對照，是在在吻合的」。[143]然《易》學與儒學，有同有異，不宜混為一談：先秦的儒家、道家皆吸收《易》理而加以轉化，故《易》學並不等同於儒學。而儒學的來源除《易》，尚有《詩》、《書》、《禮》、《樂》等周代政典，亦不能簡單將儒學與《易》學畫上等號。唯有了解《易傳》之核心在於以儒學詮釋《易經》卦爻辭的哲理，並掌握《易》學與儒學的發展脈絡，才能更確切地說明《易傳》在先秦學術思想上的價值。

（三）《易傳》的作者與時代辨析

孔子曾讀《易》而有所闡述，甚至有所撰作，雖已漸成定說，然今日

---

141 詳本書上編〈壹、從卦爻辭字義的演繹論《易傳》與《易經》的詮釋〉。

142 黃慶萱，〈周易的名義內容大義和要籍〉，頁 24。

143 黃壽祺，〈從《易傳》看孔子的教育思想〉，黃壽祺、張善文編，《周易研究論文集》，第 4 輯（北京：北京師範大學出版社，1990），頁 291-292。

所見《十翼》是否即為孔子所作，多數學者的看法仍有保留，主張《十翼》應為孔子門人及後學持續編纂而成，無法完全斷言何者為孔子所寫，何者為門人所記，宜視為儒者之集體成果。方東美便謂《十翼》「是孔子到商瞿以後才有的，是春秋時代的產物」，[144]但「春秋戰國時代沒有個人著作，只有集體著作，沒有寫作傳統，只有口說傳統」，難以斷言《十翼》成於孔子一人之手。[145]牟宗三謂「十翼不必是孔子所作，但十翼之出於孔門，當無可疑」。[146]戴璉璋則指出：《易傳》與《論語》除思想上有差距，語法也有不同，且從句式、押韻現象觀察，亦可證明《易傳》雖非孔子所作，但「從各篇內容上觀察，說是出於儒者之手並無可疑，而孔子詮釋經義、引用經文的態度，對於《易傳》的形成所產生的影響，也不容抹煞」。[147]唯若不以嚴格定義來認定著作權，則《易傳》作者當可歸於孔子。如戴君仁謂：「十翼是孔門傳易的學者眾手所成，而非孔子一人所作」，但算成孔子所作，亦無不可。因為從學術流派上看，可以把創派的祖師看作學派的總代表，故可將這十篇歸在孔子身上。[148]李學勤《周易溯源》引用帛書〈要〉篇，指出其中雖無孔子作《易傳》之明文，不過「後世之士疑丘者，或以《易》乎？」一句，實已暗示孔子有所撰作：

> 孔子這段話和《孟子・滕文公下》所記孔子說的「知我者，其惟《春秋》乎？罪我者，其惟《春秋》乎？」意味十分相似。孔子不僅是《易》的讀者，也是一定意義上的作者，這正是因為他作了《易傳》。[149]

對於歐陽修等學者主張《易傳》中有「子曰」便非孔子自作，李學勤認為這是不了解古書形成的體例而致。[150]簡言之，《易傳》雖成於後儒之手，然

---

144 方東美，《原始儒家道家哲學》，頁 128。

145 同前注，頁 155。

146 牟宗三主講、盧雪崑錄音整理，《周易哲學演講錄》，頁 3。

147 戴璉璋，《易傳之形成及其思想》，頁 9-10。

148 戴君仁，《談易》（台北：開明書局，1961），頁 3-4。

149 李學勤，《周易溯源》，頁 379。

150 李學勤認為古代書籍流傳常經由口傳，「子曰」可能是弟子代代口傳過程中所加入，如《繫辭傳》中多數「子曰」都在引述《周易》經文之後，有區別孔子之言與經文的作用。而「子

若就其核心思想而言，仍可歸於孔子名下。

諸家既皆同意《易傳》成書過程複雜，難以斷言是否確有孔子親作之篇章，但仍嘗試加以分辨。有部分學者肯定《易傳》中的「子曰」當為孔子之言。除前引徐復觀之說外，如高明謂「孔子論《易》的話，見於《周易》書中的，有兩部分，一部分見於《文言》，一部分見於《繫辭傳》」。[151] 黃壽祺也主張：「《繫辭》、《文言》中所引『子曰』的言論，更無疑是孔子弟子及其後學所紀錄的孔子言論，可以與《論語》之文同等看待，是可以肯定和孔子有關係的。」[152]黃慶萱強調孔子於《周易》述而不作，「但是《十翼》之中的《文言傳》跟《繫辭傳》有許多『子曰』，卻多是孔子弟子或弟子的弟子們所記孔子的話」。[153]黃沛榮師則由修辭之習慣，證明孔子與《文言傳》、《繫辭傳》之關係，指出二傳「與《論語》諸條同為孔子之言。故《易》傳七種雖非孔子手定，然其論《易》之語亦當為弟子所記而載諸《易》傳之中」。[154]此外，前人雖謂《易傳》非盡為孔子所作，多仍肯定《彖》、《象》為孔子所定，黃慶萱也認為「《彖》、《象》兩傳，也有許多與《論語》主旨相合之處，可能也是孔子對《易》卦爻辭的闡釋，弟子及後學記錄而成」。[155]胡自逢除肯定《繫辭》中的「子曰」為孔子之言，[156]又指出《象傳》當為孔子所作：「唐以前儒者多以《象傳》為孔子所作，今由《象傳》文字之樸直簡潔及其內容多與儒家之言相符，可云是孔子所

曰」也不一定是後世流傳中才添入，如《孟子》一書為孟子與弟子所撰作，書中均稱「孟子」，孔子作《十翼》也可能是這種情況，從而指出：「歐陽修的懷疑，缺點是不了解古書形成的體例。在紙和印刷術普及之後，人們總是用後世的眼光去觀察古代，對於當時學術傳流的困難缺少體會，於是產生種種誤解。」同前注，頁358-361。

151 高明，〈孔子的易教〉，《孔學管窺》（台北：廣文書局，1972），頁82。

152 黃壽祺，〈從《易傳》看孔子的教育思想〉，頁276。

153 黃慶萱，〈孔子與周易〉，《周易縱橫談（增訂二版）》，頁208。

154 黃沛榮，〈孔子與周易經傳之關係〉，頁208-209。

155 黃慶萱，〈孔子與周易〉，頁208。

156 胡自逢，〈孔子解《易》十九則述要〉，《易學識小》，頁417-437。

作，時代則在春秋。」[157]高懷民在《彖》上下、《象》上下之外，又指出：「《繫辭傳》上下及《文言傳》三翼為孔子之弟子或再傳弟子所成」，因此「七翼均應繫於孔子名下，不應說是孔子以後人之作品」。[158]

近人中主張《十翼》皆為孔子所作者，可以金景芳為代表。他在〈關於《周易》的作者問題〉中，指出《繫辭》、《說卦》中有關筮法、卦的性質等部分，應是孔子學《易》以前就有的，不是孔子所作。[159]而如《繫辭》、《序卦》兩者「在思想上是一個統一的整體」，如此高明的思想，唯有孔子方能說出，[160]故謂：

> 根據我多年學《易》所得，認為《易傳》十篇基本上是孔子所作。但裡邊有記述前人遺聞的部分，有弟子記錄的部分，也有後人竄入的部分，脫文錯簡還不計算在內。[161]

金景芳的學生呂紹綱承其觀點，進一步從三方面論證《易傳》確為孔子所作：一、在思想上，「《易傳》的思想同《論語》、《春秋》相比較，二者完全一致，找不到乖違之處，甚至可謂無隙可乘」。[162]二、在歷史文獻學上，肯定《論語》、《史記》、《漢書》的記載。[163]三、在考古文獻學方面，引帛書〈要〉篇「夫子老而好《易》」，肯定孔子讀《易》亦作《易傳》。[164]此種強烈肯定「孔子作《易傳》」的立場，當是一種對疑古思潮的反思，有助於刺激學者重新檢視《易傳》的作者與時代問題。

而若要以嚴格的作者觀念推定《易傳》的寫作時代，則眾說紛紜，莫衷一是。黃沛榮師〈孔子與周易經傳之關係〉指出當代學界看法主要有

---

157 胡自逢，〈周易彖傳探賾〉，同前注，頁 349。

158 高懷民，《先秦易學史》，頁 356。

159 金景芳，〈關於《周易》的作者問題〉，《學易四種》，頁 215。按：此文後又刊於《周易研究》，1988 年第 1 期，頁 1-7、19。

160 同前注，頁 217-224。

161 同前注，頁 215。

162 呂紹綱，《周易闡微》（長春：吉林大學出版社，1990），頁 277。

163 同前注，頁 287。

164 同前注，頁 289-293。

三：一、著成於戰國之世；二、著成於戰國末期至漢初者；三、著成於秦火之後。[165]楊慶中所撰《周易經傳研究》第九章「《易傳》成書的年代」，詳細整理了學者們對於七篇《易傳》個別著成時代的不同意見。[166]大體而言，目前學界多認定出於戰國時代，[167]然若要更細分出初、中、晚期，各家意見又有不同。如戴君仁、高亨、戴璉璋皆由《彖傳》及《象傳》的押韻現象進行研究，戴璉璋在戴、高二人的基礎上，指出兩傳押韻現象近於《荀子》、《老子》及《楚辭》中之屈宋賦，故定為戰國後期的南方儒者所作。[168]不過此種方法只能判斷文獻的著成時代，無法確定思想產生的時代。張岱年則利用「基本概念範疇的提出與演變」及「基本哲學命題的肯定與否定」進行研究，判斷《繫辭》當成於老子之後，莊子之前，《文言》時代與《繫辭》相近，《彖傳》在荀子之前，而《象傳》晚於《彖傳》，故謂《易傳》的基本部分是戰國中期至戰國晚期的著作。[169]其後劉大鈞在張岱年的基礎上，進一步辨析《十翼》成書的先後順序，推論《彖》、《大象》、《文言》、《說卦》都略早於《繫辭》，因而將《易傳》基本部分的時

---

165 黃沛榮，〈孔子與周易經傳之關係〉，頁 183-184。

166 楊慶中，《周易經傳研究》，頁 172-189。

167 雖然多數學者都因出土文獻而紛紛將《易傳》著成的時代提早，但黃慶萱反而將時代延後。黃慶萱 1978 年所撰〈周易縱橫談〉一文，原認定：「十翼除雜卦為西漢作品外，都著成於春秋戰國，代表著先秦儒者對周易的闡釋。」（參《周易讀本》，頁 3）但在〈周易的名義內容大義和要籍〉中則認為除《說卦》是先秦的作品，其他諸傳皆應成於漢代（參《周易縱橫談（增訂二版）》，頁 15-18）。關鍵仍在於文獻的原創雖早，寫定卻晚。

168 戴君仁認為：《彖》、《象》等《易傳》之辭，多可見韻的通合現象，與《荀子》書的押韻現象最相近，推測「《易傳》作者和荀子書作者時地均相近，而假定為在荀子稍前，南方的儒者。」（《談易》，頁 27-28）高亨則主張《彖傳》及《象傳》的押韻現象，「與南方詩歌如《楚辭》中之屈宋賦及《老》《莊》書中之韻語之界畔相合」，推論《彖》、《象》兩傳作者必是南方人（《周易大傳今注》，頁 7）。戴璉璋則謂「《彖》、《象》兩傳韻語通押的現象，與《詩經》及《易經》卦爻辭等多有不合，而接近於《荀子》、《老子》及《楚辭》中屈、宋兩家作品」，贊同戴君仁、高亨之見（《易傳之形成及其思想》，頁 9-10）。

169 張岱年，〈論《易大傳》的著作年代與哲學思想〉，《中國哲學》，第 1 輯（北京：生活·讀書·新知三聯書店，1979），頁 126-127。

代提前到戰國初期至戰國中期。[170]金德建則論證〈中庸〉與《繫辭》、《文言》之內容有十二處相通，進而推斷子思吸取融貫二傳而撰成〈中庸〉，故二傳的產生不會晚於子思的時代。[171]又如戴璉璋主張「《大象》作者在本體與工夫方面的詞語接近〈大學〉，而思想的脈絡則可謂直承孔孟」，他以〈震〉卦《大象》為例，指出「君子以恐懼修省」之「恐懼」，當是孟子所謂「孔子懼，作《春秋》。……吾為此懼，閑先聖之道」之「懼」，並非一般畏懼害怕之意，而是在憂患危機中「產生的一種怵惕惻隱、悚然戒慎」，[172]但金春峰的看法正好相反，他認為「恐懼」、「修省」等觀念，「正好是《大象》早出，成於《左》、《國》時期或春秋晚期孔子時代的證據」，[173]而「《彖傳》和《小象》中的倫理政治思想，應用了很多孔孟儒學的觀念，表現出戰國的時代特色」。[174]

　　近四十年，大量的出土文獻為先秦思想研究提供了更多的比較基點。如李學勤即由出土的〈五行〉推論〈中庸〉應是子思所作，進而指出從屬《子思子》的〈中庸〉、〈坊記〉、〈表記〉、〈緇衣〉四篇，其體裁文氣甚似《文言》、《繫辭》，引《易》也多，推斷在子思時代已有《易傳》的基本內容和結構。[175]他又據銀雀山漢墓出土的〈唐勒賦〉推斷體裁相同的〈小言賦〉確實出於戰國晚期，而〈小言賦〉中有幾句話本於《易傳》，故可推定《易傳》的著成時代當不晚於戰國中期。[176]鄭吉雄據其考察所得，指出《易》的思想是以太陽為中心的宇宙論，對照郭店楚簡〈太一生水〉的「水」宇宙論，再考察〈乾〉卦《彖傳》以「雲行雨施」和「大明終始」說「乾元」，是一種綰合了「太陽」和「水」為中心的新宇宙論，可推斷

170 劉大鈞，〈關於《周易大傳》〉，《周易概論》，頁 14-15。
171 金德建，〈《中庸》思想和《易》理的關係〉，《先秦諸子雜考》（鄭州：中州書畫社，1982），頁 171-174。
172 戴璉璋，《易傳之形成及其思想》，頁 122。
173 金春峰，《〈周易〉經傳梳理與郭店楚簡思想新釋》，頁 36-37。
174 同前注，頁 58。
175 李學勤，《周易溯源》，頁 102-105。
176 同前注，頁 126-128。

《彖傳》應寫成於〈太一生水〉之後。[177]此種思想辨析方式雖能較精確地推言各傳之著成時代，但運用時有亦有限制：一、概念提出的先後未必即等於概念發生的先後；[178]二、部分作為比較基準的文獻究竟成於何時，仍有爭議，[179]故仍有待學者對先秦各種文獻資料作出更細密、周延而深入的辨析，方能獲致更精確可靠的成果。

（四）《易傳》思想歸屬

至於《易傳》作者若為儒者，其當屬思孟一派，荀子一派，還是自成一派，學者們亦有不同看法。主張當屬思孟一派者，如方東美認為「周易是從孔子傳到子思的家學，孟子則從子思領受了周易的精神」，故主張孟子雖不言《易》，實對《易》有真正透徹的了解。[180]戴璉璋謂「戰國後期的儒者，如〈中庸〉、《易傳》以及《樂記》的作者們，繼承了孔、孟修人道以證天道的教義後」，進一步「明天道以弘人道」。[181]而《易傳》中「自昭明德」、「反身修德」、及「敬以直內，義以方外」等思想，「與孔子『為仁由己』、孟子的『反身而誠』以及仁義內在的性善說，都是同一血脈」。[182]劉大鈞以「中」的概念為例，指出「中」是《周易》古經中重要的概念，經過孔子的肯定與發揚，子思、孟子、〈中庸〉亦皆稱譽中道，故《易傳》

---

177 參鄭吉雄，〈從《太一生水》試論《乾‧彖》所記兩種宇宙論〉及〈太一生水釋讀研究〉。

178 以「陰陽」為例，《論》、《孟》中未見而散見於《老》、《莊》，故學者多將《易傳》中之「陰陽」視為道家之說。但鄭吉雄指出：陰陽二字，本即指日光隱顯，《詩》、《書》雖用「陰陽」為地理方位，但《易經》本質上與《詩》、《書》不同，不能據《詩》、《書》來推論《易經》中沒有抽象義涵的「陰陽」觀念。參本書上編〈叁、試從詮釋觀點論易、陰、陽、乾、坤字義〉。

179 如〈中庸〉一篇，錢穆、朱伯崑認為是秦漢儒者所作，金德建、李學勤均認為應出於子思。參錢穆，〈易傳與小戴禮記中之宇宙論〉，《中國學術思想史論叢（二）》，頁262-265。朱伯崑，《易學哲學史》，第1卷，頁47。金、李二人之說參前文。

180 方東美，《原始儒家道家哲學》，頁159。

181 戴璉璋，《易傳之形成及其思想》，頁51。

182 同前注，頁54。

的「尚中」思想應屬思孟學派，[183]他又比較〈中庸〉與《易傳》中「誠」、「治國思通」、「遁世思想」、「以天、地、四時、日、月依次對舉」等概念，推言「《彖》、《象》、《文言》等為思孟學派所整理、潤色，《繫辭》中亦有思孟學的內容」。[184]這種觀點以《易傳》代表孔子思想，以思孟為儒學正統，僅著眼於儒學內在的流變，忽略經傳的聯繫，不免有所不足。然若就《易傳》與思孟相通之處來看，或可謂儒者已將《易》理內化為思想核心，依儒學自身的脈絡進行開展。

　　主張與荀學關係較密切者，如郭沫若比較《荀子》與《繫辭》中「道」的觀念，認為後者完全是前者的複寫，而《彖傳》、《文言傳》言「乘龍以御天」，屬於「南方系統的著想」，認定「《易傳》多出自荀門」。[185]其說雖多主觀之處，但主張《易傳》作者當為南方儒者，頗有啟發性。李學勤強調思孟學說雖與《易傳》雖有相通之處，但主要是繼承孔子的《易》論而來，不必然代表思孟一派曾傳《易》。[186]而《荀子》書中曾引用《周易》經傳，且〈樂論〉採自〈樂記〉，〈樂記〉中「天尊地卑」一節襲自《繫辭》，或許也代表荀子與《易》學有某種關係。荀子的《易》學上承孔子以降之傳統，重在義理而非占筮，後傳至陸賈、穆生，在晚周到漢初頗有影響。[187]這是從《易》學流傳的角度推言《易傳》與荀子一系的關係更為密切。黃沛榮師從思想上舉出三項論據，說明《易傳》與荀子學說頗有關聯：一、《荀子‧大略》「《易》之咸」一段與〈咸〉卦《彖傳》略同，可能有相同的來源，其間並不必然有因襲的關係，但亦可見兩者的思想顯然有關。二、《易傳》以「天」、「地」、「人」配合的「三才」之說，亦見於《荀子》。三、《易傳》好言「積」，此於孔、孟思想中少見，而於《荀子》

---

183 劉大鈞，〈關於《周易大傳》〉，頁 18-21。

184 同前注，頁 21-22。

185 郭沫若，〈《周易》之制作時代〉，頁 398-402。

186 李學勤，《周易溯源》，頁 105。

187 同前注，頁 128-145。

中屢見，[188]所論皆是《易傳》與《荀子》重要的思想特點，值得注意。而前引戴君仁、高亨、戴璉璋均由押韻現象論證《易傳》應出於荀子之前的南方學者，則是就成書的地域而言。要之，荀子確曾學《易》傳《易》，但《荀子》與《易傳》之思想相通處，可能是《易傳》影響了《荀子》，也可能是兩者同受某一派《易》說所啟發，彼此間的傳承關係須再探究。

　　另有學者認為《易傳》與思孟、荀子二家各有同異，且其中又多雜有其他學派的思想，應屬一特殊流派。如朱伯崑謂：

> 儒家的倫理觀念，道家和陰陽五行家的天道觀，成了《易傳》解《易》的指導思想。《易傳》實際上是哲學著作，有自己的理論體系，成為戰國時期一大哲學流派。[189]

強調《易傳》反映的是「戰國時代哲學發展的面貌」，與時代的聯繫更甚於與孔、孟的聯繫。[190]徐復觀則由《史記・儒林列傳》、《漢書・儒林傳》之記載，指出「《易》的傳承地乃在齊魯」，但他認為「與曾子子思孟子這一派似乎並無關係。與荀子的關係亦甚少」。[191]由孔子發展到子思、孟子，本是「由內通向外的道德精神」，但《易傳》言道德「外在的意義較重」，又在「性與命之中，介入了陰陽觀念」，「反而多一曲折」。[192]而《易傳》中的陰陽思想，至荀子時「當已發展完成」，荀子可能曾受《易傳》思想影響，然「《易傳》主張天人合一，而荀子則主張『惟聖人不求知天』」，兩者迥然不同，是以謂「《易傳》系統，在儒家中恐係獨成一派的」。[193]余敦康亦將《易傳》與孟、荀兩家的思想各作比較，指出《易傳》中「明德慎罰」的思想與孟、荀的王道思想一致，[194]而對禮的解釋及神道設教的思

---

188 黃沛榮，〈孔子與周易經傳之關係〉，頁 185、191-193。
189 朱伯崑，《易學哲學史》，第 1 卷，頁 55。
190 同前注。
191 徐復觀，〈陰陽五行及其有關文獻的研究〉，頁 563。
192 徐復觀，《中國人性論史（先秦篇）》，頁 217-220。
193 徐復觀，〈陰陽五行及其有關文獻的研究〉，頁 563。
194 任繼愈主編，《中國哲學發展史（先秦）》，頁 665。

想則更接近荀子，[195]故謂：

> 《易傳》和荀子有很多共通的地方，和孟子相比，有很大的不同。比如在天道觀的思想方面，《易傳》和荀子顯然都受了道家思想的影響，但是在孟子那裡，卻找不到這種跡象。比如在政治思想方面，孟子是反對當時剛剛興起於三晉地區的法治思想的，但是《易傳》和荀子卻站在儒家的立場，把法治思想納入自己的體系之中。[196]

然荀子主性惡，《易傳》主性善，兩者在人性論上是對立的，因此他不贊同將《易傳》歸於荀子一派，而謂：「《易傳》的思想自有特色，應該獨立成派。」[197]徐、余二氏均從思想的關鍵處，深入分析《易傳》與孟、荀之異同，立論篤實可參，然不免因受「《易》為卜筮之書」及「經傳分離」的成見影響，忽略了《易傳》雖以儒家思想為核心，但它扣緊著卦爻辭來詮釋，並非暢論儒學之作。若僅將《易傳》視為獨立個體，在考察著成時代、思想歸屬等課題時，便有盲點。鄭吉雄探討先秦隱逸思想時曾試圖回歸古史，以經釋經，用《尚書·多士》、《詩·大雅》等經典與《易經》〈坤〉卦互證，指出〈坤〉卦卦爻辭或為告誡殷遺民之語。其後《文言》在詮釋〈坤〉卦時，遂多著眼於君臣關係，不自覺複述了《易經》作者呼籲殷遺民順從王事、卑作臣民之意。[198]如然，則《文言傳》的撰作時代雖距周革殷命的年代已遠，但所闡述的思想卻可能淵源甚早，不盡然受時代思潮或學派所影響，即是一例。《易傳》作者主要的關懷在於詮釋《易經》，自然與孟、荀以儒學為核心進行發展有所不同，可說是儒家中特殊的一派。而作者為詮釋《易經》，吸收了各家各派對於《易》的解說，或是可與《易》理相發明之處，雖有時代之影響，然始終聚焦於《易經》。倘若研究者只注意思想的橫向聯繫，截斷《易傳》與《易經》的縱向聯繫，將《易傳》義理全部視為孔子或儒者之創發，實是不虞之譽。

---

195 同前注，頁 662-665。

196 同前注，頁 666。

197 同前注。

198 參鄭吉雄，〈從遺民到隱逸：道家思想溯源——兼論孔子的身分認同〉，頁 30-35。

另一值得重視的看法是陳鼓應的「道家主幹說」。陳鼓應撰有《易傳與道家思想》、《道家易學建構》二書，力主《易傳》當屬道家之作，絕非儒者之言。前書主要闡述《易傳》與老、莊和黃老思想的一致性，〈序〉中指出：

> 先秦的辯證法體系只有一個，即從老子（原注：包括莊子）至易傳（原注：易經只有萌芽性觀念），它們的思維模式基本上是同一的。[199]

然《易》道主剛，老子尚柔，似乎南轅北轍，如何能說《易傳》為道家產物？陳鼓應解釋道：主柔、主剛乃是道家體系兩個側重面，老子雖尚柔，但《管子‧樞言》等稷下道家的作品則崇陽尚剛。何況先秦儒家典籍從未有剛柔對舉之例，更未有於剛柔對立中尚剛之主張，因此《易傳》尚剛正可證明其與稷下道家有關而非儒家之作。[200]在後書中則強調《易經》的占筮語言發展至《易傳》的過程中，已融入了道家思想，而向道家哲學延伸：

> 《易》本是殷周之際的占筮之書，自西周到春秋戰國的漫長時間裡，逐漸由哲理化而哲學化，其哲理化是春秋以降解《易》者的成果，而其哲學化則是受了老莊及稷下道家思想的洗禮。[201]

此種「道家主幹說」，亦是「經傳分離說」的產物：只側重於分析《易傳》，而忽略《易傳》與《易經》聯繫。關於此說之非，已有多位學者撰文辨駁。[202]黃沛榮師即指出：《老子》思想與《易》有關，某些思想是《老子》、

---

199 陳鼓應，《易傳與道家思想‧序》（台北：臺灣商務印書館，1999），頁 ii。

200 陳鼓應，同前注，頁 ii-iii。

201 陳鼓應，〈先秦道家易學發微〉，《道家易學建構》（台北：臺灣商務印書館，2003），頁 1。

202 如呂紹綱於 1989 年撰〈《易傳》與《老子》是兩個根本不同的思想體系——兼與陳鼓應先生商榷〉、1995 年撰〈論《繫辭傳》屬儒不屬道〉、2001 年撰〈《老子》思想與《周易》古經〉，均收入呂紹綱，《〈周易〉的哲學精神：呂紹綱易學文選》（上海：上海古籍出版社，2005），頁 208-257。周桂鈿，〈道家新成員考辨——兼論《易‧繫辭》不是道家著作〉，《周易研究》，1993 年第 1 期，頁 1-5、26。廖名春，〈論帛書《繫辭》的學派性質〉，《哲學研究》，1993 年第 7 期，頁 58-65。郭沂，〈《易傳》成書與性質若干觀點平議〉，《齊魯學刊》，1998 年第 1 期，頁 34-42。陳啟智，〈論《易傳》的學派屬性——與陳鼓應先生商榷〉，《周

《易傳》同受卦爻辭影響，而非《易傳》受《老子》影響。[203]鄭吉雄則大膽推論《易經》為儒家與道家思想的共同來源，《易》理本於以太陽為中心的宇宙論，尚乾主剛，而老子及戰國道家則遠溯遺民思想，採《歸藏》立坤為首的學說，尚水尚陰尚地。[204]這兩種明顯不同的宇宙論，正是《易傳》與道家根本性的歧異。蕭漢明留意到文獻著成先後問題：「《象》、《繫》與《管子》中的稷下道家之作以及《黃帝四經》的成書先後尚無定論，誰影響誰的最終結論尚有待時日。」[205]陳鼓應主張《繫辭》是稷下道家所作，但若《繫辭》的成書時代先於稷下道家，則稷下道家的尚剛思想可能反受《繫辭》影響而產生。諸家之批評皆直指核心，使「道家主幹說」面臨嚴峻的挑戰。

而當學界多傾向回歸孔子確曾讀《易》贊《易》的傳統說法時，亦有學者持不同的意見。何澤恆在〈孔子與《易傳》相關問題覆議〉一文中，指出四項問題實際上仍未得到解決：一、《史記・孔子世家》論孔子與《周易》經傳一段，標點應從金德建之說，作「孔子晚而喜《易》，序《彖》、繫《象》、說卦《文言》」，故司馬遷述孔子所作《易傳》範圍，僅《彖》、《象》、《文言》。《說卦》以下三篇晚出，前人已論及；而《繫辭》之定名與編綴可能在司馬遷身後。二、「假我數年五十以學易可以無大過」，「易」字如不依《魯論》作「亦」，此句難釋；三、《史》、《漢》所載孔門傳《易》譜系，先秦以上恐不可信。四、帛《易》佚傳的詞彙用語，時代較晚，思想上與今本矛盾或彼此矛盾，甚至與儒家學說不合。此外，孔子讀《易》、

　　易研究》，2002 年第 1 期，頁 8-18。顏國明，〈「《易傳》是道家《易》學」駁議〉，《中國文哲研究集刊》，第 21 期（2002 年 9 月），頁 171-215；〈從易學義涵檢視「道家易學」譜系〉，《鵝湖學誌》，第 32 期（2004 年 6 月），頁 85-142。張丰乾曾整理此一論題之發展及各家觀點，參〈《周易》究竟屬於哪一派──《周易》學派歸屬問題研究綜述〉，《中華文化論壇》，1997 年第 2 期，頁 24-28。

203 黃沛榮，〈老子書與周易經傳之關係〉，頁 229。

204 說詳本書下編〈伍、《易》儒道同源分流論〉。

205 蕭漢明，〈關於《易傳》的學派屬性問題──兼評陳鼓應《易傳與道家思想》〉，《哲學研究》，1995 年第 8 期，頁 80。

喜《易》、贊《易》、傳《易》是不同層次上的問題，並非證明孔子曾讀《易》，就能推論其他三項。[206]這些論點提醒研究者：在《易傳》作者的問題上，仍有許多文獻問題必須謹慎處理，不宜輕下斷語。

本節綜述近代學者對《易傳》作者研究之各種面向及主張。「《易傳》成於戰國儒者之手」是目前多數學者的共識。若要更深入探析，各家雖皆有精闢的論證，卻又各存在一些限制。由本節所述，可知在考辨《易傳》作者相關問題時，學者們所使用的材料、所運用的方法相近，結論卻往往大異其趣，關鍵有二：一、由於先秦文獻多為門人弟子不斷增益而成，要判定具體的寫作時代仍有困難。即使可以判定文獻的寫定時代，亦不必然可以推斷其中某一思想發生的時代。基點既無法確定，比較後也難下定論。二、以往研究者多忽略《易經》與《易傳》的緊密聯繫，只將《易傳》思想源頭上溯到孔子。如不能掌握《易經》的義理，則可能錯估《易傳》在先秦思想史上的定位。是以今日若要研究《易傳》的作者、時代、思想歸屬等相關問題，除須掌握先秦各家各派的思想要旨及流變外，最重要的應當還是循「內證」的路子，研求《易經》經文，釐清「經」、「傳」之間同中有異、異中有同的關係，才能得出更為翔實可信的結論。

七 結語

《易傳》作者問題爭議迄今已千餘年，爭論的焦點主要在於《易傳》作者究竟是不是孔子。大體而言，傳統學者即使提出質疑，仍多認定《彖》、《象》當是孔子所作。近代學者則多斷言《十翼》皆非孔子自著，於是進一步轉為關注《易傳》何時成書，出於何派學者之手，又該如何理解《史記》、《漢書》中所載孔子與《易傳》之關係。

就考辨的方式而言，前人辨析《易傳》作者時，主要以《十翼》各傳

---

206 何澤恆，〈孔子與易傳相關問題覆議〉，頁39-117。

相參，再輔以《左傳》、《論語》與《易傳》相關之內容，以及《史記》、《漢書》相關之記載，而在辨析文義時，常常雜入「非聖人所言」的主觀意見。近代學者除了利用前人的成果外，更進一步將《易傳》與先秦、漢代之各類文獻對勘，從文辭使用、押韻方式、思想變化、傳經系統、文獻流布等各種現象進行分析，近年來又輔以出土文獻，材料更為豐富，方法也更為嚴密。

就考辨的目的來看，傳統學者將經典視為政治制度的根本、個人行事的準則，具有神聖性與唯一性，不容質疑。當經典所記述的三代之治始終無法達致，有些學者開始懷疑舊解有誤而嘗試提出新詮，有些則質疑其中混入非聖人之言而試圖加以清除，《易傳》作者問題屬於後者。由於《易傳》雖稱為「傳」而實有「經」的地位，故歐陽修亟言不辨《易傳》作者恐有「害經惑世」之弊。近代學者考辨《易傳》作者之目的，則在於摘除儒者所賦予經典的神祕面紗，建構思想史之脈絡。大體而言，古史辨時期學者受到反傳統思潮的洗禮，多帶有摧破舊說的企圖，往往利用看似客觀的方法，證成充滿主觀的結論，標新立異，以期引起關注。晚近學者則重拾對傳統文化的敬意，更純粹地以學術的角度來看待此一問題，嘗試釐清先秦思想之縱向發展，以及各家學說之橫向互動。不過，由於先秦文獻流傳的過程中，初為口說傳授，著於竹帛之後，往往又經後學不斷增益，是以若要用思想對比參照的方式來確認《易傳》的著成時代，具有一定難度。此外，在經傳分離的觀念籠罩下，學者多將《易傳》視為《易》理之源，而《易傳》思想以儒家為主幹，故推本於孔子的創發，不再上溯，又或只著重於戰國時代各家思想的交互影響。實則《易經》富涵義理，孔子吸收《易》理而融會自己的學說，有繼承的一面，亦有開創的一面。如不了解《易經》，則難以清楚說明《易傳》的承繼與開創。

自歐陽修始疑《易傳》作者非孔子，經過崔述、康有為等人推波助瀾，質疑聲浪在二十世紀前半葉的疑古運動中達到最頂峰，近年來學者們又重新肯定《易傳》與孔子之關係，乍看之下，像是繞了一圈又回到原點，然而所謂「原點」，風光已與千年前大不相同。在此一過程中，觸及

了《周易》經傳性質，孔子思想，先秦至漢代儒學，及先秦百家思想之互動等種種課題，對於先秦學術史的研究，意義十分重大。目前對《易傳》作者的考辨尚無人人信服的答案，未來除了將期待寄諸新的出土材料，更有俟於學者以新眼光、新觀點對《易經》、《易傳》進行更深入的研究！

結論　《周易》的精神傳統與詮釋視界

（一）「三大法則」的兩個層次與「太極」的二儀歸一

讀《周易》，必先講明三大法則，它們分別有「歷史意義」和「哲學意義」兩個層次，分述如下。

歷史意義的三大法則——尚陽、主變、崇德。周民族加以宣示，旨在解釋周革殷命的合法性，在於朝代變革是天命靡常的結果，而天志的審判準則，主要取決於「德」的崇高或敗壞。周民族利用《易》高舉尚陽剛、主德行的理念，成功地建立了一套主導中國數百年、綿延歷史數千年的倫理文化體系。[1]《易》家唯知《周易》尚「變」，卻囿於「乾坤並建」，而不知《易》道主剛；[2]又囿於《易》為卜筮之書之說，而忽略其尊崇德行，竟因此而認不出這三個具有特殊歷史意義的大法則。

哲學意義的三大法則——易簡、變易、不易。它們的意義不局限於某一階段的歷史，而是普及於天地萬物、往古來今。在地球四十億年歷史中，無量數的物種在一個兼有穩定和不穩定元素的複雜環境中逐漸誕生、演化，注定受到自然環境的形塑。我們承受陽光規律性變化的宰制，發展出日出而作、日入而息的生活習慣，新陳代謝和免疫系統的機制也配合著這樣的作息規律而成形。這樣的環境，讓人類一旦脫離地球，幾乎無法生

1　董仲舒《春秋繁露・基義》：「君臣、父子、夫婦之義，皆取諸陰陽之道。君為陽，臣為陰；父為陽，子為陰；夫為陽，妻為陰。」（《春秋繁露義證》，卷 12，頁 350）《白虎通義・三綱六紀》：「《含文嘉》曰：『君為臣綱，夫為妻綱，父為子綱』」之說（《白虎通疏證》，卷 8，頁 373-374），皆屬於「尚陽剛」思想的倫理文化體現。「主德行」則普遍於思、孟、荀的學說，例多不列。

2　儘管邵雍以伏羲《易》和文王《易》區分先天、後天之學，也未注意到《易》道主剛之義。

存。像太空人脫離了地球引力，生理系統即大亂，重回地面後才恢復正常。推及宇宙，《易》理陰陽互動，和量子糾纏（quantum entanglement）、波粒二象性（wave particle duality）等量子力學原理，恍然若相呼應。[3]回到現象界，從醫院產房到太平間走一轉，我們見證了人間的生死存歿；從森林的四季變遷，我們觀察到物種的榮枯代謝；從眾生運命的順與逆、幸與不幸，我們領悟到吉凶悔吝的錯綜變化。這些不就是《易傳》「原始反終」、「終則有始」嗎？人類自詡為萬物之靈，奢言「自由」，其實牢牢地被「陰、陽」所束縛，自生至死，一刻不能脫離。人類圓顱而方趾，我們呼吸著大氣，讓陽光打開心窗，思維作用於頭腦；我們的飲食從五穀乃至禽畜都是土地所養育，死後骨肉腐朽，又化為泥土。人類世界的「變」，從來逃不出天地的定律。相對於廣闊無垠的宇宙，人類太渺小了，這個「變」也就成為難以預期——就像六十四卦中有〈无妄〉卦。然而，從宇宙尺度看，這規律是可得而知的——它就是亙古恆常、至為易簡的「變」，驅使「陰、陽」之化而統歸於「太極」。

「太極」或者「道」的意義，歷來傳注有兩大解釋系統，所謂「一陰一陽之謂道」：二元論的解釋，認為「一陰一陽」本身就是「道」；一元論的解釋，認為「一陰一陽」之上的「所以然」才是「道」。

「太極」是「二元」，因為永遠有兩種「力」[4]相互推移；它也是「一

3　若將「光」的「粒子性」理解為存有，「波動性」理解為活動，則「光子」（photon）兼具波動（wave）和粒子（particle）的內秉（intrinsic）性質，也近似我們對哲學上德性本體「即存有即活動」的描述。物理學「雙縫干涉」（double slit interference）實驗所說明波動與粒子「疊加」（superposition）狀態，因為隨機與絕對並存，儘管已超出中國傳統道德形上學追求不變之「道」或「理」的設定，卻似可與榮格論《易》占時提出因果性（causality）和融和性（synchronicity）並存的情形互喻。不過方法上這暫屬假設，因為理論物理學解釋宏觀與微觀宇宙時所依循的數學原理（注意數學的「數」全屬抽象概念），實已超出《易》哲學以現象界為歸宿（《說卦傳》八卦之「象」無論是天、地、水、火……抑或父、母、六子，都屬現象界）的設定。二者之間的同與異，不能不納入考慮。

4　這裡的「力」是陰陽互推的力量，落實於存有世界（包括宇宙）的不同對象，可以分別理解為 gravity, force, thrust 等不同觀念。從古典物理學的引力乃至於量子力學的弱力、強力，都可以和「陰、陽」的理念發生對應。

元」，因為兩種「力」永遠並存相推，不能分割，自不得不歸於一。此「二儀歸一」，《繫辭傳》稱之為「易有太極，是生兩儀」；《彖傳》作者統稱之為「太和」，張載《正蒙》承繼之（既名曰「和」則必有二儀，才有絪縕、相盪、勝負、屈伸可言）；熊十力《乾坤衍》解釋「乾元、坤元」是「一元，不可誤作二元」。[5]由是而言，易簡、變易、不易也就「統」而為「一」（unity）了。這就是《易》理「同歸而殊塗，一致而百慮」（《繫辭傳》）的妙用，可證宇宙萬物本質上並非無意義的混亂（chaos），而是亂中有序。太極如如呈現眾生眼前——儘管肉眼凡胎，難以識別。

（二）傳注傳統

　　一切玄思，都是筆者重訪傳注傳統的思考所得。本書十八章探討《周易》經傳，兼及義理、象數、圖象。個人一向用笨工夫，以「文獻」作為基礎，以語言文字作為初步，重視版本校勘、辭例比較，乃至於出土文獻的參照，更要梳理經、傳、注的異與同。知識世界，浩如瀚海，每人僅取滿腹之飲。生當後世，我們何其幸運，可以站立在前代聖人與當世賢達的肩膀之上，又拜科技電子化之賜，材料的獲得，遠較前人便利。如果我們的思慮能更周詳，那是拜主客觀條件所賜。先秦《周易》以外，其他經典史籍、漢代經書和緯書、漢儒《易》說的遺留，至於唐代陸德明《經典釋文》、李鼎祚《周易集解》對舊說的採擷匯輯。唐代以後，宋人推陳出新，而有復古《易》的倡議，並及疑經運動的推行，高瞻遠矚，對《易》學的貢獻難以估量。自宋迄清，如王應麟《困學紀聞》、顧炎武《日知錄》、王引之《經義述聞》、俞樾《羣經平議》，所論弘大而深細，令人敬服。至於近世學界名宿，雖不無過於疑古之病，但自顧頡剛、高亨、屈萬里、張政烺等，均精思博識，考索詳盡，所獲結論，足資參證，都是筆者不敢輕忽

5　熊十力《乾坤衍》：「乾元、坤元，唯是一元，不可誤作二元。剋就乾而明示其元，則曰乾元；剋就坤而明示其元，則曰坤元。實則元，一而已。豈可曰乾坤各有本原乎？」《乾坤衍》，《熊十力全集》，第 7 冊，二「廣義」，頁 524。

的。

　　《周易》傳注傳統如大江大海，更需要兼採各派學說，探索傳注傳統
中的源與流。《易傳》的研究固然要擺脫儒家《易》與道家《易》的爭議，
認清楚六十四卦卦名、卦辭、爻辭才是傳文義理的源頭，我們才能平心靜
氣地找到裡面真正的價值。漢《易》體大思精，《易》家各出心裁，可惜
經歷魏晉六朝戰亂，舊說零落。自王弼採費直解《易》之法，以傳釋經，
漢《易》家法衰微。《周易略例》宣示掃除象數，但王弼其實對漢儒象數
有所採擇、消化，始提出「掃除」之說。如能蒐羅隋唐所保存漢儒《易》
注材料，與王弼《注》作詳細比較，當更能了解王弼與其他漢儒象數家學
理的異同。

　　《易》道廣大，自來有義理、象數的區分。北宋圖書之學肇興，筆者
已有《易圖象與易詮釋》一書，深入探討。理學初興，北宋五子的道學思
想，無論是周敦頤《太極圖》與《圖說》、邵雍先天理論、張載《正蒙》、
程頤《易傳》等，無不將基礎奠立在《易》學之上。換言之，不懂得《易》
學，恐怕不容易了解宋代理學。及至明代，心學《易》、史事《易》等亦
一時猗盛。《四庫全書總目》宣示「兩派六宗」，[6]義理、象數之外，別有卜
筮、禨祥、造化、老莊、儒理、史事的宗別，亦未能賅括全局。因此研治
《周易》，務須兼取各派之長，避免自限於一隅。這是個人數十年讀《易》
的微末領悟，只是綆短汲深，學力所限，謹提出拙見如上，與海內方家互
勉。

（三）知幾其神

　　《周易》是優美而深邃的古代經典，無論從文學、史學、哲學的角
度，都能紬繹出清澈的資源，足為型範，屬於全人類重要的精神遺產。但
因《易》具有多重形象，值十九世紀末科學主義興盛，進化論流行，反迷
信、反傳統思潮肇興，《周易》竟成為主流學者排擊對象；同時，維護傳

6　〔清〕紀昀編纂，《四庫全書總目・易類一》（台北：藝文印書館，1989），卷 1，頁 3a。

統文化一派，與重視精神傳統的學者則極力維護《周易》的地位與價值。1923 年丁文江與張君勱的科學玄學論戰，是為當時思潮的標誌性事件。在動盪的時代，推崇科學主義者與傳統衛道之士，都不約而同地指《易》為占卜之具，忽視了這部古經典的優美與壯美。這不能不說是古經典的災難。

1923 年的科玄論戰距今百載，一回首已成陳跡。二十一世紀中國傳統思想文化研究又面臨了各式各樣新挑戰，例如「神」的內涵與定位——海外有歐美漢學家視之為巫術的傳播，海內則誤以無神論解釋中國傳統思想。內外交征，中國古代自然哲學的本質與價值隱沒難知。追源溯本，「神」在古代原有多重意義——或為最高主宰，或泛指神祇，或指具超越性的道德意志。究其內涵與外延，固然涉及魂魄的有無，亦關乎萬化的妙用。「神」的觀念貫串了中國傳統思想全體，它的意義卻存在流動性與多義性。如《繫辭傳》中「知鬼神之情狀」與「陰陽不測之謂神」兩個「神」字，字義就截然不同。《繫辭傳》：

> 《易》，无思也，无為也，寂然不動，感而遂通天下之故。非天下之至神，其孰能與於此？[7]

其中所謂「至神」，顯然不是超越性的主宰，亦非氣化經驗層次的靈魂之屬，而是一個自然哲學觀念，強調《易》形上學中的自然規律，決定宇宙運行軌跡，无思无為，如如而行，寂然與萬物感通。因此這裡的「神」字，雖是名詞之最高神祇（Supreme Spirit），但強調的是其神妙、靈驗（supremely efficacious），而不是直指一個決定眾生禍福的天帝。採取自然哲學內容解說「神」也好，採取指向魂魄的神靈義詮釋「神」也罷，它的神祕性裡面其實兼有道德形上學以及理性主義的種子，[8]對於生命價值的確立乃至於死亡真諦的探討，都充滿啟示性。不幸的是，世俗喜將《易》理衍

7　《周易注疏》，卷 7，頁 24b。

8　例如以星曆比附《易》學，最終也是希望用自然實測印證抽象玄理，徵驗雖未必可靠，動機卻無可厚非。

釋於占筮、風水等，對強調其神祕效驗與力量，引起近現代研究者輕視、批判，也招徠了不必要的附會解釋，讓人忘記了荀子的警語：

> 日月食而救之，天旱而雩，卜筮然後決大事。非以為得求也，以文之也。[9]

楊倞釋「以文之也」為「文飾政事」，實涉及禮儀文飾撫慰、安頓人類集體心理的強大效應。亦即說，救日食、求雨而舞雩、卜筮，都是為了安頓人心而創造的儀式，其優美（文）旨在確立其感染力。後人執著於「《易》為卜筮之書」，批判的聲音則充滿敵意。在過去一個世紀風起雲湧的《周易》研究浪潮中，喧鬧的討論下，我始終看見古經典的寂寞。

（四）境界相融

《周易》反映早期中國的精神傳統之所以充滿爭議，也因為經典詮釋的開放性，有以致之。尤其《周易》兼為中國經典與世界經典，注定讓它的研究與解釋存在雙軌並進。

其一、《周易》具有開放性。它由抽象的「陰」、「陽」觀念，具體化而成陰陽爻「▬▬」、「▬▬▬」，進而發展出三爻卦，進而六爻卦，並透過結合卦辭和爻辭而大備。稍晚《易傳》著成，與「經」結合，開始了經典化（canonization）的漫長歷程。每一個階段都以陰陽哲學為本，但都衍生出新意義。由此而論，日、韓、歐、美學者對於《易》的翻譯，無論援引的是什麼理論，對文本作出何種解釋，都必然符合開放性的精神，而匯入《易》學的大河。

其二、儘管《周易》具有開放性，從歷史角度考察，它總經歷了真真實實的歷程。歷程上每一塊碑石、銘痕、足跡，後人都有責任就事論事，還其原貌，不能指鹿為馬。因此強調《周易》開放性，並不代表不需要回歸經典文本考察其核心義理。要知道海外《易》學研究頗受中國《易》學的影響，如日本學者特喜從事卜筮《易》、朝鮮學者擅長的圖書《易》、歐

9　楊倞《注》：「得求，得所求也。言為此以示急於災害，順人之意，以文飾政事而已。」王先謙撰，《荀子集解》，卷 11，頁 316。

美學者如 Richard Alan Kunst 博士論文 *The Original "Yijing": A Text, Phonetic Transcription, Translation and Indexes, with Sample Glosses* 接受古史辨學者認定《周易》是反映古代農業社會歷史紀錄的觀點，在在說明上文所說經典詮釋存在「橫看成嶺側成峰」的眾音交響、百家爭鳴的情形。姑勿論觀點角度如何多元，其實並不影響「本義」的探求。我們倒不必因為無止境的學術爭議而對「本義」的探求失去信心。歷代《易》家中，朱熹著書題為「本義」，允為代表性人物，也說明了研究者以《易》學、以真理追求為己任的胸襟。

如何在「開放性」與「求本義」二者間取得平衡，是一個難題。它的困難也說明了「詮釋」作為一種方法，實不容易超越主觀與客觀重疊糾纏的困境。伽德默爾（Hans Georg Gadamer）的「境界相融」（fusion of horizons）也許是一個理想，卻也是真實存在的命題。研究此一命題的學者與著作太多了，這四個字看似深邃難懂，只有大智慧者才能做到，實則不然。它就發生在平常人身上，發生在你我身上。要知道「經典」的詮釋離不開「人」。譬如我讀《周易》，剛開始對內容一無所知，靠的自然是我原有的個性、思想和有限的知識。讀著讀著，經傳知識慢慢進入了我的腦海，被我消化、吸收了，和思想融合在一起了，變成「我」的一部分，也改變了「我」。我經過了這樣的精神洗禮，再用這個全新的「我」去閱讀《周易》，新知識和舊知識在腦海裡再次發生了化學作用，又融合在一起了。如此這般，反覆不斷，我的精神世界不斷被《周易》所浸潤，《周易》的菁華也在我心靈的朗照下，不斷被揭露。在這個過程中，「經典」和「我」慢慢就愈來愈相融。所以我常說，我們在閱讀經典，其實經典也在閱讀我們。當我告訴你經典的意義是這樣那樣時，你是分不清楚哪些部分意義是屬於經典的，哪些部分是屬於我的。這就是「境界相融」。所以，不是只有智者才能做到境界相融，是你、我、他，每一個閱讀經典的人都可以經歷的境界。「相融」，是一個連續不斷的過程。在這個「經典」與「人」「你泥中有我，我泥中有你」的狀態下，不同的人閱讀經典就會有不同的領會，就會呈現不同的維度。從這個角度看經典詮釋的多維度，那就像是一個又

一個的天羅地網：同一部經典在每個人心中既呈現出多重維度，在不同人之間又呈現出更多不同的維度，彼此交錯。如果有一天，一群閱讀經典的人坐在一起討論，就會有各種不同的看法，呈現出百花紛陳，百家爭鳴的現象。這就是人文學生命力的展現。

（五）曲終雅奏

　　處於二十一世紀初的今天，全球瘟疫肆虐，國際政治動盪，環境挑戰嚴峻。當此之際，「變」的哲學對於當代人文學而言，彌足珍貴。回歸經典，釐清歷史本源，重驗傳注傳統，以《周易》文本為核心，建構新的研究典範，正是我的微願。借用〈鼎〉卦王弼《注》所謂「革去故而鼎成新」，[10]如果解構一世紀以前的典範是「革」（革去舊觀念），筆者深入二十世紀初古史辨學者所建立的舊典範，加以改革，就是發揮「鼎」的精神，以建立新觀念。

　　《周易》是全球經典，不但歐洲、美國、日本、韓國等各地的學術英傑甚多，據吳偉明的考察，屬中國非漢族的《易》學，亦充滿有異於漢族傳統文獻文化解釋的瑰麗色彩，足以說明《易》學生命力的豐贍。大中華地區以漢語為母語（Sinophone）的研究者，絕不能存偏頗之心，輕視彼邦研究成果。研究者應以嚴謹態度，實事求是，深入觀察異邦學者研究《周易》的特色，諦審其以不同語言迻譯的方法與得失，進而偵知其學術源流，並以同情理解的心情，考察其人所身處的時地背景，在精微之處求毫釐之辨，明辨其短，兼取其長。近兩年筆者與韓子奇、吳偉明、黎子鵬等同行共同推動「寰宇《易經》」系列演講，目的就在提倡新風氣，消除疆界意識，冀能提醒全人類，變化哲學的力量可以有多深遠。

　　《易》的全球化也提醒筆者翻譯的重要性。個人近撰"Reexamining the English Translation of the *Yijing*"一文，深深了解到在英譯工作上，歐美學者經歷了哪些困擾，也能從他們從義訓的採擇中探知他們的考慮。嚴復翻譯

10　《周易注疏》，卷 5，頁 20b。

《天演論》，稱翻譯三難為「信、達、雅」，可證經典翻譯，值得討論的空間很大。從經典訓詁所指向文本「本義」的角度看，其中有對錯的評量是必然的，無可厚非的，但我們絕不能只著眼於對錯。討論翻譯的適切性時，不要忘記《周易》是一部具有高度開放性的經典，一旦討論到開放性所展現出文化傳播的宏偉力量，對錯有時也會顯得微不足道。翻譯的困難與藝術性也提醒我們，除了語意的妥貼之外，意義的梳理，也必須立足文獻，推研經傳。

曲終雅奏，《易》理綰合人文與自然，人文學研究的要旨，上文已有詳論；至於「自然」一端，歸屬於方以智所謂「質測之學」。文明演進，科學知識日新月異，舊學商量，有待於新知格正。如上古以降，治天官律曆者，多援引《易》數，其間有得有失。以今日人類知識之進步，自可依賴新知識以格正古代對於「天」與曆日的測量，逐步消除古人缺乏科學知識所引致的謬誤。如清儒梅文鼎、焦循即曾致力於此，而有成就。同時可以充分利用科技，重探舊學，例如古代《易》圖之學，只能在紙張上以平面繪製天文地理架構。倘能善用電腦繪圖，以三維（3D）之法呈現立體，則可以讓舊學光華重現丰采。三維之法對於《易》理關乎天地、星曆的展現，尤為有效。

至於民間民俗信仰中的《易》所涉及各種占驗之法，考論堪輿，或涉神祕，實屬另一途徑，自不影響學院派的研究，可以各行其道，彼此不相妨礙。總之，《易》道廣大，途徑眾多，傑出者代有人出。如本書能在《易》學長河中能激起一點波瀾，則是筆者的微願。

人物姓名字號生卒年

Alighieri, Dante（但丁，1265-1321）

Barthes, Roland（1915-1980）

Baynes, Cary F.（1883-1977）

Benoist, Michel（蔣友仁，1715-1774）

Bouvet, Joachim（白晉，1656-1730）

Clauvius, Christopher（1538-1612）

Comte, August（1798-1857）

Couplet, Philippe（1623-1693）

Creel, Herrlee G.（顧立雅，1905-1994）

Darwin, Charles（達爾文，1809-1882）

Dick, Philip K.（1928-1982）

Heidegger, Martin（1889-1976）

Heidegger, Martin（海德格爾，1889-1976）

Huxley, Thomas H.（赫胥黎，1825-1895）

Jansen, Marius B.（馬厄利爾‧詹遜，1922-2000）

Jaspers, Karl（雅斯培，1883-1969）

Jung, Carl G.（榮格，1875-1961）

Keightley, David N.（吉德煒，1932-2017）

Kuhn, Thomas（孔恩，1922-1996）

Legge, James（理雅各，1815-1897）

Leibniz, Gottfried Wilhelm（萊布尼茲，1646-1716）

Marshman, Joshua（1768-1837）

McClatchie, Thomas（1814-1885）

Menzies, James M.（明義士，1885-1957）

Morrison, Robert（1782-1834）

Needham, Joseph（李約瑟，1900-1995）

Newton, Isaac（1643-1727）

Nivison, David（倪德衛，1923-2014）

Olsvanger, Immanuel（1888-1961）

Orman Quine, Willard van（奎因，1908-2000）

Pythagoras of Samos（畢達哥拉斯，569BC-495BC？）

Régis, Jean Baptiste（1663-1738）

全祖望（謝山、紹衣，1705-1755）

向達（1900-1966）

有賀長雄（1860-1921）

朱伯崑（1923-2007）

朱震（子發，1072-1138）

朱熹（元晦、晦庵，1130-1200）

朱駿聲（允倩，1788-1858）

朴世采（1631-1695）

江瑔（玉瑔，1888-1917）

牟宗三（1909-1995）

何佑森（1930-2008）

何晏（平叔，196-249）

何琳儀（1943-2007）

余敦康（1930-2019）

吳汝綸（摯甫，1840-1903）

呂思勉（誠之，1884-1957）

呂紹綱（1933-2008）

宋書升（晉之，1842-1915）

李光地（厚菴、榕村，1642-1718）

李孝定（陸琦，1918-1997）

李珥（栗谷，1536-1584）

李清照（易安，1084-1155?）

李富孫（既汸、薌汲，1761-1831）

李滉（退溪，1501-1570)

李道平（遵王、遠山，1788-1844）

李學勤（1930-2019）

李濟（濟之，1896-1979）

李鏡池（1902-1975）

杜預（元凱，222-285）

汪中（容甫，1745-1794）

沈竹礽（紹勳，1849-1906）

邢昺（叔明，932-1010）

那珂通世（1851-1908）

京房（前77-前37）

來知德（1526-1604）

兒島獻吉郎（1866-1931）

周振甫（1911-2000）

周敦頤（茂叔、濂溪，1017-1073）

坪井九馬三（1859-1936）

奇大升（高峰，1527-1572）

孟子（軻，前372-前289）

尚秉和（節之，1870-1950）

屈萬里（翼鵬，1907-1979）

服部宇之吉（1867-1939）

東方朔（前154-前93B.C.）

林泰輔（1854-1922）

枚乘（？-前140）

武內義雄（1886-1966）

邵雍（康節，1011-1077）

金谷治（1920-2006）

金景芳（1902-2001）

金榜（輔之，1735-1801）

金履祥（吉甫、次農，1232-1303）

金德建（1909-1996）

俞樾（蔭甫、曲園，1821-1906）

姚際恆（立方，1647-約1715）

星野恆（1839-1917）

柳宗元（子厚，773-819）

柳詒徵（翼謀，1880-1956）

段玉裁（懋堂、若膺，1735-1815）

津田左右吉（1873-1961）

洪頤煊（筠軒，1765-1837）

狩野直喜（1868-1947）

皇甫謐（玄晏，215-282）

胡元儀（蘭莪，1848-1908）

胡自逢（1917-2004）

胡適（適之，1891-1962）

胡樸安（韞玉，1878-1946）

重野安繹（1827-1910）

韋昭（弘嗣，201-273）

唐君毅（1909-1978）

唐蘭（佩蘭，1901-1979）

孫志祖（貽谷，1736-1800）

孫詒讓（仲容，1848-1908）

容肇祖（元貽，1897-1994）

徐中舒（1898-1991）

徐復觀（秉常、佛觀，1904-1982）

桑原武夫（1904-1988）

班固（孟堅，32-92）

荀子（況，前340-前245）

荀爽（慈明，128-190）

馬國翰（竹吾，1794-1857）

馬融（季長，79-166）

高亨（1900-1986）

高明（仲華，1909-1992）

高島嘉右衛門（吞象，1832-1914）

商瞿（前552-？）

崔述（東壁，1740-1816）

崔駰（？-92）

康有為（長素、南海，1858-1927）

張心澂（仲清，1887-1973）

張君勱（嘉森、立齋，1887-1969）

張協（景陽，？-307）

張岱年（季同，1909-2004）

張政烺（苑峰，1912-2005）

張根（知常，？）

張栻（南軒、欽夫，1133-1180）

張華（茂先，232-300）

張載（橫渠，1020-1077）

張衡（平子，78-139）

曹植（子建，192-232）

梁啟超（任公，1873-1929）

梅文鼎（定九，1633-1721）

梅廣（1939-2002）

章太炎（炳麟，1869-1936）

章學誠（實齋，1738-1801）

荻生徂徠（物茂卿，1666-1728）

莊周（前365-前286）

許慎（叔重，約58-147）

郭沫若（鼎堂，1892-1978）

郭雍（子和，1106-1187）

郭璞（景純，276-324）

陳大齊（百年，1886-1983）

陳訓慈（1901-1991）

陳摶（圖南，872-989）

陳瓘（瑩中，1057-1124）

陶淵明（潛、元亮，365-427）

陸賈（前240-前170）

陸德明（元朗，約550-630）

陸績（公紀，188-219）

傅斯年（孟真，1896-1950）

傅毅（？-前90）

勞乃宣（玉初、韌叟，1843-1921）

勞思光（1927-2012）

喬衍琯（1929-2008）

嵇康（叔夜，223-263）

嵇紹（延祖，253-304）

惠施（前370-前318）

惠棟（定宇，1697-1758）

森大來（1863-1911）

焦循（里堂，1763-1820）

程頤（正叔、伊川，1033-1107）

馮友蘭（芝生，1895-1990）

黃壽祺（之六，1912-1990）

愛新覺羅毓鋆（1906-2011）

楊伯峻（德崇，1909-1992）

楊簡（慈湖，1141-1226）

溝口雄三（1932-2010）

萬斯大（充宗，1633-1683）

葉適（水心，1150-1223）

董仲舒（前179-前104）

董作賓（彥堂，1895-1963）

虞翻（仲翔，164-233）

廖平（季平，1852-1932）

熊十力（子真、逸翁，1885-1968）

聞一多（家驊，1899-1946）

劉向（子政，前77-前6）

劉安世（器之，1048-1125）

劉牧（長民，1011-1064）

劉歆（子駿，約前58.- 23）

劉勰（彥和，約465-532）

歐陽修（永叔，1007-1072）

鄭玄（康成，127-200）

鄭樵（漁仲，1104-1162）

蕭公權（恭甫、跡園，1897-1981）

蕭吉（約525-約614）

蕭漢明（1940-2011）

錢大昕（竹汀、曉徵，1728-1804）

錢玄同（1887-1939）

錢穆（賓四，1895-1990）

錢鍾書（1910-1998）

閻若璩（百詩，1636-1704）

應劭（約153-196）

戴君仁（靜山，1901-1978）

戴震（東原，1724-1777）

韓愈（退之、昌黎，768-824）

顏回（淵，前521-前491）

顏師古（籀，581-645）

魏徵（玄成，580-643）

羅泌（長源，1131-1189）

羅苹（華叔，1153？-1237？）

羅振玉（雪堂，1866-1940）

龐樸（1928-2015）

嚴一萍（1912-1987）

嚴可均（景文、鐵橋，1762-1843）

嚴復（幾道，1854-1921）

蘇淵雷（1908-1995）

蘇軾（子瞻，1037-1101）

蘇轍（子由，1039-1112）

饒宗頤（1917-2018）

顧炎武（亭林、寧人，1613-1682）

顧頡剛（1893-1980）

龔自珍（定盦，1792-1841）

龔原（深甫，1043-1110）

引用文獻

為便檢索，各類文獻均以作者姓氏筆劃為序

一 古籍

《十三經注疏》，台北：藝文印書館影印清嘉慶南昌學堂阮元校刻重刊宋本
　　《十三經注疏》本，1979。

《老子四種》，台北：大安出版社，1999。

《周易參同契》，嚴靈峰主編，《無求備齋易經集成》，第 155 冊影印明萬曆
　　間刊百陵學山本，台北：成文出版社，1976。

《素問》，北京：中醫古籍出版社，1999。

上海師範大學古籍整理組校點，《國語》，上海：上海古籍出版社，1978。

于鬯，《香草校書》，北京：中華書局「學術筆記叢刊」本，2006。

毛奇齡，《古文尚書冤詞》，《文淵閣四庫全書》，第 66 冊，台北：臺灣商
　　務印書館，1983。

毛奇齡，《仲氏易》，嚴靈峰主編，《無求備齋易經集成》，第 77-78 冊影印
　　清道光九年（1829）刊《皇清經解》本，台北：成文出版社，1976。

王夫之，《周易內傳》，嚴靈峰主編，《無求備齋易經集成》，第 75-76 冊影
　　印清道光二十二年（1842）湘潭王氏守遺經書屋刊本，台北：成文出版
　　社，1976。

王引之，《經義述聞》，南京：江蘇古籍出版社「高郵王氏四種」本，
　　2000。

王先慎集解，《韓非子集解》，北京：中華書局「新編諸子集成」本，1998。

王先慎撰，鍾哲點校，《韓非子集解》，北京：中華書局「新編諸子集成」本，2003。

王先謙撰，沈嘯寰、王星賢點校，《荀子集解》，北京：中華書局「新編諸子集成」本，1997。

王念孫，《讀書雜志》，南京：江蘇古籍出版社「高郵王氏四種」本，2000。

王弼、韓康伯，《周易王韓注》，台北：大安出版社，1999。

王聘珍撰，王文錦點校，《大戴禮記解詁》，北京：中華書局「十三經清人注疏」本，1998。

王應麟著，翁元圻等注，欒保羣、田松青、呂宗力校點，《困學紀聞（全校本）》，上海：上海古籍出版社，2008。

史徵，《周易口訣義》，《文淵閣四庫全書》，第 8 冊，台北：臺灣商務印書館，1983。

司馬光，《溫公易說》，嚴靈峰主編，《無求備齋易經集成》，第 14 冊影印清乾隆四十六年（1781）武英殿聚珍叢書本，台北：成文出版社，1976。

司馬遷，《史記》，北京：中華書局，1959。

伏勝撰，鄭玄注，陳壽祺輯校，《尚書大傳》，台北：臺灣商務印書館《四部叢刊初編》影印《左海文集》本，1965。

全祖望，《鮚埼亭集》，台北：華世出版社，1977。

朱震，《漢上易傳》，《文淵閣四庫全書》，第 11 冊，台北：臺灣商務印書館，1983。

朱熹，《四書章句集注》，台北：大安出版社，1994。

朱熹，《周易本義》，台北：大安出版社，1999。

朱熹，《易學啟蒙》，朱傑人、嚴佐之、劉永翔主編，《朱子全書》，第 1 冊，上海：上海古籍出版社；合肥：安徽教育出版社，2002。

朱熹，《晦庵先生朱文公文集》，朱傑人、嚴佐之、劉永翔主編，《朱子全書》，第 20-25 冊，上海：上海古籍出版社；合肥：安徽教育出版社，

　　2002。

朱謙之校釋，《老子校釋》，北京：中華書局「新編諸子集成」本，1996。

朱駿聲，《六十四卦經解》，北京：中華書局，1958。

何寧撰，《淮南子集釋》，北京：中華書局「新編諸子集成」本，1998。

吳汝綸撰，施培毅、徐壽凱校點，《吳汝綸全集》，合肥：黃山書社，
　　2002。

吳淩雲，《吳氏遺箸》，《叢書集成續編》，第 73 冊影印光緒十五年（1889）
　　廣雅書局刻本，台北：新文豐出版公司，1989。

宋書升著，張雪庵校點，劉方復校，《周易要義》，濟南：齊魯書社，
　　1989。

李之藻著，黃曙輝點校，《天學初函》，上海：上海交通大學出版社，
　　2013。

李昉等撰，《太平御覽》，北京：中華書局，1960。

李富孫，《李氏易解賸義》，嚴靈峰主編，《無求備齋易經集成》，第 185 冊
　　影印清光緒十三年（1887）槐盧叢書本，台北：成文出版社，1976。

李過，《西谿易說》，《文淵閣四庫全書》，第 17 冊，台北：臺灣商務印書
　　館，1983。

李道平，《周易集解纂疏》，北京：中華書局，1994。

李鼎祚輯，《周易集解》，台北：臺灣商務印書館，1996。

李鼎祚撰，王豐先點校，《周易集解》，北京：中華書局，2016。

李衡，《周易義海撮要》，嚴靈峰主編，《無求備齋易經集成》，第 23 冊影
　　印清同治十二年（1873）粵東書局刊本，台北：成文出版社，1976。

杜甫著，仇兆鰲注，《杜詩詳注》，北京：中華書局，1999。

汪中著，王清信、葉純芳點校，《汪中集》，台北：中央研究院中國文哲研
　　究所籌備處，2000。

周敦頤著，陳克明點校，《周敦頤集》，北京：中華書局「理學叢書」本，
　　1990。

尚秉和撰，張善文校理，《尚秉和易學全書》，北京：中華書局，2020。

房玄齡等撰，《晉書》，北京：中華書局，1995。

武運隆，《易說求源》，嚴靈峰主編，《無求備齋易經集成》，第 99 冊影印民國七年（1918）排印本，台北：成文出版社，1976。

段玉裁，《經韵樓集》，台北：漢京文化事業公司，1980。

洪興祖撰，白化文、許德楠、李如鸞、方進點校，《楚辭補注》，北京：中華書局，1983。

紀昀編纂，《四庫全書總目》，台北：藝文印書館，1989。

范曄撰，《後漢書》，北京：中華書局，1997。

孫志祖，《讀書脞錄》，台北：廣文書局，1963。

孫詒讓撰，王文錦、陳玉霞點校，《周禮正義》，北京：中華書局「十三經清人注疏」本，2013。

晁說之，《嵩山文集》，台北：臺灣商務印書館《四部叢刊續編》影印舊抄本，1976。

桓譚著，朱謙之校輯，《新輯本桓譚新論》，北京：中華書局「新編諸子集成續編」本，2009。

班固，《漢書》，北京：中華書局，1962。

王聘珍撰，王文錦點校，《大戴禮記解詁》，北京：中華書局「十三經清人注疏」本，1985。

柳宗元，《柳河東集》，上海：上海古籍出版社，2008。

荀爽撰，王謨輯，《九家易解》，台北：藝文印書館《叢書集成續編》影印《漢魏遺書鈔》本，1970。

馬國翰輯，《玉函山房輯佚書》，《續修四庫全書》，第 1204 冊影印光緒九年（1883）嫏嬛館刻本，上海：上海古籍出版社，2002。

崔述，《考信錄》，台北：世界書局，1979。

康有為，《新學偽經考》，北京：中華書局，1988。

張根，《吳園周易解》，嚴靈峰主編，《無求備齋易經集成》，第 19 冊影印清同治七年（1868）錢儀吉刊經苑本，台北：成文出版社，1976。

張華著，范寧校證，《博物志校證》，北京：中華書局，1980。

張載著，章錫琛點校，《張載集》，北京：中華書局「理學叢書」本，1978。

梅文鼎，《曆學答問》，梅文鼎著，韓琦整理，《梅文鼎全集》，第 1 冊，合肥：黃山書社，2020。

章學誠，《章氏遺書》，台北：漢聲出版社影印吳興劉氏嘉業堂本，1973。

許維遹集釋，梁運華整理，《呂氏春秋集釋》，北京：中華書局「新編諸子集成」本，2009。

郭雍，《郭氏傳家易傳》，嚴靈峰主編，《無求備齋易經集成》，第 24-25 冊影印清乾隆三十九年（1744）武英殿聚珍叢書本，台北：成文出版社，1976。

郭慶藩撰，王孝魚點校，《莊子集釋》，北京：中華書局「新編諸子集成」本，1961。

陳立撰，吳則虞點校，《白虎通疏證》，北京：中華書局「新編諸子集成」本，1994。

陳壽撰，《三國志》，北京：中華書局，1959。

陳澧著，鍾旭元、魏達純校點，《東塾讀書記》，上海：上海古籍出版社，2012。

陳瓘，《了齋易說》，《文淵閣四庫全書》，第 9 冊，台北：臺灣商務印書館，1983。

惠棟，《九經古義》，台北：藝文印書館《叢書集成續編》影印《槐廬叢書》本，1971。

惠棟，《易例》，《文淵閣四庫全書》，第 52 冊，台北：臺灣商務印書館，1983。

焦循，《易通釋》，嚴靈峰主編，《無求備齋易經集成》，第 120-121 冊影印清道光九年（1829）刊《皇清經解》本，台北：成文出版社，1976。

焦循，《易圖略》，嚴靈峰主編，《無求備齋易經集成》，第 146 冊影印清道光九年（1829）刊《皇清經解》本，台北：成文出版社，1976。

程顥、程頤著，王孝魚點校，《二程集》，北京：中華書局「理學叢書」

本，2004。

黃暉，《論衡校釋》，北京：中華書局「新編諸子集成本」，1996。

黃懷信等，《逸周書彙校集注》，上海：上海古籍出版社，2007。

揚雄著，汪榮寶義疏，陳仲夫點校，《法言義疏》，北京：中華書局「新編
　　諸子集成」本，1996。

楊伯峻，《列子集釋》，北京：中華書局「新編諸子集成」本，1985。

楊伯峻注，《春秋左傳注》，北京：中華書局，1981。

葉適，《習學記言序目》，北京：中華書局「學術筆記叢刊」本，1977。

葛洪，《神仙傳》，北京：中華書局《叢書集成初編》排印本，1991。

虞世南撰，《北堂書鈔》，《續修四庫全書》，第 1213 冊影印南海孔氏三十
　　有三萬卷堂校注重刊本，上海：上海古籍出版社，2002。

雷思齊，《易圖通變》，《無求備齋易經集成》，第 143 冊影印清同治十二年
　　（1873）粵東書局刊本，台北：成文出版社，1976。

鳩摩羅什譯，《妙法蓮華經》，《大正新修大藏經》，第 262 冊，台北：新文
　　豐出版公司，1983。

趙彥肅，《復齋易說》，嚴靈峰主編，《無求備齋易經集成》，第 17 冊影印
　　清康熙十九年（1680）通志堂原刊本，台北：成文出版社，1976。

趙善譽，《易說》，嚴靈峰主編，《無求備齋易經集成》，第 110 冊影印清道
　　光二十四年（1844）守山閣叢書本，台北：成文出版社，1976。

劉牧，《易數鉤隱圖》，嚴靈峰主編，《無求備齋易經集成》，第 143 冊影印
　　清康熙十九年（1680）通志堂原刊本，台北：成文出版社，1976。

劉知幾，《史通》，上海：上海書店，1989。

劉義慶撰，楊勇校箋，《世說新語校箋》，台北：明倫出版社，1972。

劉熙，《釋名》，《文淵閣四庫全書》，第 221 冊，台北：臺灣商務印書館，
　　1983。

劉勰著，范文瀾注，《文心雕龍注》，台北：臺灣開明書店，1978。

歐陽修著，李逸安點校，《歐陽修全集》，北京：中華書局，2001。

鄭玄注，《周易乾鑿度》，嚴靈峰主編，《無求備齋易經集成》，第 157 冊影

　　印清乾隆二十一年（1756）雅雨堂刊本，台北：成文出版社，1976。

鄭玄注，《易通卦驗鄭氏注》，台北：藝文印書館《叢書集成三編》影印《黃氏逸書考》，1972。

黎翔鳳撰，黎運華整理，《管子校注》，北京：中華書局「新編諸子集成」本，2009。

黎靖德編，王星賢點校，《朱子語類》，北京：中華書局，1994。

蕭吉，《五行大義》，台北：藝文印書館《百部叢書集成》影印《知不足齋叢書》，1966。

蕭統編，李善注，《文選》，台北：藝文印書館影印清胡克家重刻宋淳熙本，1955。

錢大昕著，陳文和主編，《嘉定錢大昕全集（增訂本）》，南京：鳳凰出版社，2016。

戴震撰，張岱年主編，《戴震全書》，合肥：黃山書社，1995。

魏徵等著，《隋書》，北京：中華書局，1973。

魏徵撰，《羣書治要》，台北：臺灣商務印書館《四部叢刊初編》影印日本天明七年（1787）刊本，1965。

羅泌，《路史》，《文淵閣四庫全書》，第 383 冊，台北：臺灣商務印書館，1983。

蘇軾，《東坡先生易傳》，嚴靈峰主編，《無求備齋易經集成》，第 16 冊影印明萬曆二十五年（1597）兩蘇經解本，台北：成文出版社，1976。

蘇輿撰，鍾哲點校，《春秋繁露義證》，北京：中華書局「新編諸子集成本」，1992。

蘇轍，《老子解》，台北：藝文印書館《百部叢書集成》影印《寶顏堂祕笈》，1965。

顧炎武著，黃汝成集釋，欒保羣、呂宗力校點，《日知錄集釋（全校本）》，上海：上海古籍出版社，2006。

龔自珍著，王佩諍校，《龔自珍全集》，上海：上海古籍出版社，1999。

龔原，《周易新講義》，嚴靈峰主編，《無求備齋易經集成》，第 17 冊影印

清光緒八年（1882）《佚存叢書》本，台北：成文出版社，1976。

二 出土文獻

《郭店楚墓竹簡》，北京：文物出版社，1998。

丁四新，《楚竹書與漢帛書周易校注》，上海：上海古籍出版社，2011。

明義士，《殷虛卜辭》，台北：藝文印書館，1972。

明義士著，許進雄編輯，《殷虛卜辭後編》，台北：藝文印書館，1972。

馬王堆漢墓帛書整理小組，〈馬王堆帛書《六十四卦》釋文〉，《文物》，1984 年第 3 期，頁 1-10。

馬承源主編，《上海博物館藏戰國楚竹書》，第 3 冊，上海：上海古籍出版社，2003。

清華大學出土文獻與保護中心編，李學勤主編，《清華大學藏戰國竹簡（肆）》，北京：中西書局，2013。

陳松長編著，鄭曙斌、喻燕姣協編，《馬王堆簡帛文字編》，北京：文物出版社，2001。

傅舉有、陳松長編著，周士一、陳可風翻譯，《馬王堆漢墓文物》，長沙：湖南出版社，1992。

葉玉森，《殷虛書契前編集釋》，台北：藝文印書館，1966。

韓自強，《阜陽漢簡〈周易〉研究》，上海：上海古籍出版社，2004。

羅振玉，《漢熹平石經集錄續補》，《歷代石經研究資料輯刊》，第 5 冊，北京：北京圖書館出版社，2005。

三 字典辭書

丁度，《集韻》，上海：上海古籍出版社，1985。

中央研究院小學堂楚系簡帛文字，https://xiaoxue.iis.sinica.edu.tw/chuwenzi。

王力，《王力古漢語字典》，北京：中華書局，2000。

王念孫，《廣雅疏證》，南京：江蘇古籍出版社「高郵王氏四種」本，
　　2000。

王筠，《說文句讀》，北京：中國書店影印 1882 年尊經書局刊本，1983。

田倩君，《中國文字叢釋》，台北：臺灣商務印書館，1967。

朱駿聲，《說文通訓定聲》，台北：藝文印書館，1975。

何琳儀，《戰國古文字典：戰國文字聲系》，北京：中華書局，1998。

李孝定編述，《甲骨文字集釋》，台北：中央研究院歷史語言研究所，
　　1991。

周法高主編，《金文詁林》，香港：香港中文大學，1975。

季旭昇，《說文新證》，台北：藝文印書館，2002-2004。

孫海波編，《甲骨文編》，台北：藝文印書館，1963。

徐中舒主編，《甲骨文字典》，成都：四川辭書出版社，1995。

許慎著，段玉裁注，《說文解字注》，北京：中華書局，2013。

陸德明，《經典釋文》，上海：上海古籍出版社，1985。

葉玉森，《殷虛書契前編集釋》，台北：藝文印書館，1966。

戴家祥主編，《金文大字典》，上海：學林出版社，1995。

四 近現代著作：專書

于省吾，《雙劍誃群經新證》（含《雙劍誃易經新證》），上海：上海書店出版
　　社，1999。

中國社會科學院考古研究所編，《殷墟與商文化：殷墟科學發掘 80 周年紀
　　念文集》，北京：科學出版社，2011。

孔德成，《孔德成先生文集》，台北：藝術家出版社，2018。

方東美，《原始儒家道家哲學》，台北：黎明文化事業公司，1993。

王中江，《進化主義在中國的興起：一個新的全能式世界觀（增補版）》，北京：中國人民大學出版社，2010。

王汎森，《古史辨運動的興起：一個思想史的分析》，台北：允晨文化實業公司，1987。

王國維，《王國維遺書》，上海：上海古籍出版社，1983。

白一平（William H. Baxter）、沙加爾（Laurent Sagart）著，來國龍、鄭偉、王弘治合譯，《上古漢語新構擬》，香港：中華書局，2017。

任繼愈主編，《中國哲學發展史（先秦）》，北京：人民出版社，1988。

朱伯崑，《朱伯崑論著》，瀋陽：瀋陽出版社，1998。

朱伯崑，《易學哲學史》，北京：華夏出版社，1995。

朱伯崑主編，《周易通釋》，北京：崑崙出版社，2004。

朱伯崑主編，《國際易學研究》，第 1 輯，北京：華夏出版社，1995。

朱維錚等，《章太炎生平與學術》，北京：生活‧讀書‧新知三聯書店，1988。

江俠庵譯，《先秦經籍考》，上海：商務印書館，1931。

江瑔，《讀子卮言》，台北：文海出版社，1967。

牟宗三主講，盧雪崑錄音整理，《周易哲學演講錄》，新北：聯經出版事業公司，2003。

艾蘭、邢文編，《新出簡帛研究：新出簡帛國際學術研討會論文集》，北京：文物出版社，2004。

何澤恆，《先秦儒道舊義新知錄》，台北：大安出版社，2004。

余英時，《中國知識階層史論（古代篇）》，新北：聯經出版事業公司，1980。（附許倬雲、饒宗頤〈審查報告〉）

余英時，《論天人之際：中國古代思想起源試探》，新北：聯經出版事業公司，2014。

余敦康，《中國哲學論集》，瀋陽：遼寧大學出版社，1998。

余敦康，《易學今昔》，桂林：廣西師範大學出版社，2005。

吳偉明，《易學對德川日本的影響》，香港：中文大學出版社，2009。

吳偉明，《東亞易學史論：〈周易〉在日韓越琉的傳播與影響》，台北：臺大出版中心，2019。

吳新楚，《周易異文校證》，廣州：廣東人民出版社，2001。

吳齊仁編，《章太炎的白話文》，上海：上海泰東圖書局，1927。

呂思勉，《呂思勉讀史箚記（增訂本）》，上海：上海古籍出版社，2005。

呂紹綱，《〈周易〉的哲學精神：呂紹綱易學文選》，上海：上海古籍出版社，2005。

呂紹綱，《周易闡微》，長春：吉林大學出版社，1990。

李守力，《周易詮釋》，蘭州：蘭州大學出版社，2016。

李尚信，《卦序與解卦理路》，成都：巴蜀書社，2008。

李約瑟（Joseph Needham），《中國科學技術史》（Science and Civilization in China），香港：中華書局，1975。

李若暉，《老子集注彙考》，上海：上海辭書出版社，2015。

李雪山，《商代分封制度研究》，北京：中國社會科學出版社，2004。

李零，《中國方術考》，北京：東方出版社，2000。

李零，《死生有命，富貴在天：〈周易〉的自然哲學》，香港：香港中文大學出版社，2013。

李零，《郭店楚簡校讀記（增訂本）》，北京：中國人民大學出版社，2007。

李學勤，《走出疑古時代（修訂本）》，瀋陽：遼寧大學出版社，1997。

李學勤，《李學勤講中國文明》，北京：東方出版社，2008。

李學勤，《周易溯源》，成都：巴蜀書社，2006。

李濟，《中國文明的開始》，《安陽》附錄，石家莊：河北教育出版社，2000。

李鏡池，《周易探源》，北京：中華書局，2007。

沈玉成，《左傳譯文》，北京：中華書局，1981。

邢文，《帛書周易研究》，北京：人民出版社，1997。

周振甫，《周易譯注》，北京：中華書局，1991。

周錫䪖，《周易》，香港：中華書局，2012。

周錫馥，《易經新論》，香港：中華書局，2013。

屈萬里，《書傭論學集》，《屈萬里先生全集》，新北：聯經出版事業公司，1984。

屈萬里，《讀易三種》，《屈萬里先生全集》，新北：聯經出版事業公司，1984。

屈萬里，《先秦漢魏易例述評》，《屈萬里先生全集》，新北：聯經出版事業公司，1984。

屈萬里，《屈萬里先生文存》，《屈萬里先生全集》，新北：聯經出版事業公司，1984。

林忠軍，《象數易學發展史（第一卷）》，濟南：齊魯書社，1994。

林政華，《易學新探》，台北：文津出版社，1987。

林素英，《歲時禮俗文化論略》，台北：臺灣師範大學出版社，2020。

林富士，《漢代的巫者》，台北：稻鄉出版社，1999。

林麗真，《義理易學鉤玄》，台北：大安出版社，2004。

金春峰，《〈周易〉經傳梳理與郭店楚簡思想新釋》，北京：中國言實出版社，2004。

金景芳、呂紹綱著，呂紹綱修訂，《周易全解》修訂本，上海：上海古籍出版社，2005。

金景芳、呂紹綱著，《周易全解》，長春：吉林大學出版社，1989。

金景芳，《金景芳晚年自選集》，長春：吉林大學出版社，2000。

金景芳，《學易四種》，長春：吉林文史出版社，1987。

金景芳講述，呂紹綱整理，《周易講座》，桂林：廣西師範大學出版社，2005。

金德建，《先秦諸子雜考》，鄭州：中州書畫社，1982。

段長山主編，《歸藏易考》，香港：中國哲學文化出版社，2002。

胡自逢，《先秦諸子易說通考》，台北：文史哲出版社，1989。

胡自逢，《易學識小》，台北：文史哲出版社，2000。

胡厚宣，《甲骨學商史論叢》，成都：齊魯大學國學研究所專刊，1944。

胡秋原，《一百三十年來中國思想史綱》，台北：學術出版社，1973。

胡頌平，《胡適之先生年譜長編初稿》，新北：聯經出版事業公司，1990。

胡適著，歐陽哲生編，《胡適文集》，北京：北京大學出版社，1998。

胡樸安，《周易古史觀》，上海：上海古籍出版社，1986。

唐君毅，《中國哲學原論》，《唐君毅全集》，台北：台灣學生書局，1986。

徐威雄（Ser Wue Hiong），〈先秦儒學與易關係之研究〉，新加坡國立大學中文系博士論文，2005。

徐復觀，《中國人性論史・先秦篇》，台北：臺灣商務印書館，1994。

馬振彪，《周易學說》，廣州：花城出版社，2002。

馬敘倫，《老子校詁》，北京：中華書局，1974。

高亨，《周易大傳今注》，濟南：齊魯書社，1979。

高亨，《周易古經今注》重訂本，北京：中華書局，1984。

高亨，《周易雜論》，《高亨著作集林》，第 1 卷，北京：清華大學出版社，2004。

高明，《帛書老子校注》，北京：中華書局「新編諸子集成」本，1998。

高懷民，《先秦易學史》，台北：著者自印，1990。

張心澂，《偽書通考》，上海：商務印書館，1954。

張立文，《周易帛書今注今譯》，台北：台灣學生書局，1991。

張光直，《中國青銅時代（第二集）》，新北：聯經出版事業公司，1994。

張光裕，《先秦泉幣文字辨疑》，台北：國立臺灣大學文學院，1970。

張政烺，《馬王堆帛書周易經傳校讀》，北京：中華書局，2008。

張政烺著，李零等整理，《張政烺論易叢稿》，北京：中華書局，2015。

張善文，《象數與義理》，瀋陽：遼寧教育出版社，1995。

梁啟超，《古書真偽及其年代》，上海：江蘇廣陵古籍刻印社影印《飲冰室專集》，1990。

梁啟超著，吳松等點校，《飲冰室文集點校》，昆明：雲南教育出版社，2001。

梅廣，《上古漢語語法綱要》，台北：三民書局，2019。

章太炎，《民國章太炎先生炳麟自訂年譜》，台北：臺灣商務印書館，1987。

章太炎，《章太炎全集》，上海：上海人民出版社，2014-2017。

郭沫若，《兩周金文辭大系圖錄攷釋》，北京：科學出版社，1957。

郭沫若著作編輯出版委員會編，《郭沫若全集・歷史編》，北京：人民出版社，1982。

陳大齊，《荀子學說》，台北：中華文化出版事業委員會，1954。

陳仁仁，《戰國楚竹書〈周易〉研究》，武漢：武漢大學出版社，2010。

陳松長編著，《香港中文大學文物館藏簡牘》，香港：香港中文大學文物館，2001。

陳鼓應、趙建偉，《周易注譯與研究》，台北：臺灣商務印書館，1999。

陳鼓應，《易傳與道家思想》，台北：臺灣商務印書館，1994。

陳鼓應，《道家易學建構》，台北：臺灣商務印書館，2003。

陳鼓應，《老莊新論》，上海：上海古籍出版社，1992。

陳鼓應主編，《道家文化研究》，第 3 輯，上海：上海古籍出版社，1993。

陳遵媯，《中國天文學史》，上海：上海人民出版社，2006-2007。

傅凱瑄，《近代中國學界對「儒」的論爭（1840-1949）》，國立臺灣大學中國文學系博士論文，李隆獻、鄭吉雄教授指導，2017。

傅斯年，《傅斯年全集》，新北：聯經出版事業公司，1980。

傅隸樸，《周易理解》，台北：臺灣商務印書館，1989。

勞思光，《新編中國哲學史（二）》，台北：三民書局，1999。

彭裕商、吳毅強著，《郭店楚簡老子集釋》，成都：巴蜀書社，2011。

普鳴（Michael J. Puett）著，張常煊、李健芸譯，李震校，《成神：早期中國宇宙論、祭祀與自我神化》，北京：生活・讀書・新知三聯書店「古典與文明」第 2 輯，2020。

曾春海，《易經的哲學原理》，台北：文津出版社，2003。

湯用彤，《湯用彤學術論文集》，北京：中華書局，1983。

馮友蘭，《中國哲學史新編》，北京：人民出版社，1995。

黃沛榮，《易學乾坤》，台北：大安出版社，1998。

黃慶萱，《周易縱橫談（修訂二版）》，台北：東大圖書公司，2008。

黃慶萱，《周易讀本》，台北：三民書局，1980。

黃慶萱，《新譯乾坤經傳通釋》，台北：三民書局，2007。

楊慶中，《二十世紀中國易學史》，北京：人民出版社，2000。

葉國良、鄭吉雄、徐富昌合編，《出土文獻研究方法論文集・初集》，台
　　北：臺大出版中心「東亞文明叢刊」，2005。

葉國良，《宋人疑經改經考》，台北：臺灣大學出版委員會，1980。

葛兆光，《中國思想史》，上海：復旦大學出版社，2001。

董作賓，《董作賓先生全集甲編》，台北：藝文印書館，1977。

裘錫圭，《裘錫圭學術文集・甲骨文卷》，上海：復旦大學出版社，2012。

裘錫圭，《裘錫圭學術文集・簡牘帛書卷》，上海：復旦大學出版社，
　　2012。

廖名春，《中國學術史新證》，成都：四川大學出版社，2005。

廖名春，《帛書〈周易〉論集》，上海：上海古籍出版社，2008。

熊十力，《熊十力全集》，武漢：湖北教育出版社，2001。

聞一多，《聞一多全集》，武漢：湖北人民出版社，1993。

劉大鈞、林忠軍注譯，《周易經傳白話解》，台南：大孚書局，1997。

劉大鈞，《周易概論》，成都：巴蜀書社，2004。

劉正，《中國易學》，北京：中央編譯出版社，2015。

劉笑敢，《老子：年代新考與思想新詮》，台北：東大圖書公司，2007。

劉笑敢，《老子古今》，北京：中國社會科學出版社，2006。

劉起釪，《古史續辨》，北京：中國社會科學出版社，1991。

劉釗，《郭店楚簡校釋》，福州：福建人民出版社，2003。

鄧球柏，《帛書周易校釋（增訂本）》，長沙：湖南出版社，1996。

鄭吉雄、佐藤鍊太郎合編，《臺日學者論經典詮釋中的語文分析》，台北：
　　台灣學生書局，2010。

鄭吉雄、林永勝合編，《易詮釋中的儒道互動》，台北：臺大出版中心，

2012。

鄭吉雄，《周易玄義詮解》，台北：中央研究院中國文哲研究所，2012。

鄭吉雄，《周易階梯》，上海：上海古籍出版社，2018。

鄭吉雄，《易圖象與易詮釋》，台北：臺大出版中心，2004。

鄭吉雄，《漢學論衡初集》，台北：臺大出版中心，2021。

鄭吉雄，《戴東原經典詮釋的思想探索》，台北：臺大出版中心，2008。

鄭吉雄，《周易答問》，上海：上海古籍出版社，2019。

黎子鵬，《清初耶穌會士白晉〈易經〉殘稿選注》，台北：臺大出版中心，
　　2020。

盧央，《易學與天文學》，北京：中國書店，2003。

蕭元主編，廖名春副主編，《周易大辭典》，北京：中國工人出版社，
　　1991。

蕭公權，《中國政治思想史》，台北：中國文化大學出版部，1980。

賴貴三，《東西博雅道殊同──國際漢學與易學專題研究》，台北：里仁書
　　局，2015。

錢穆，《中國思想史》，台北：台灣學生書局，1995。

錢穆，《先秦諸子繫年》，台北：三民書局，1981。

錢穆，《師友雜憶》，台北：東大圖書公司，1986。

錢穆，《國史大綱》，香港：商務印書館復刻八十年紀念版，2020。

錢穆，《國學概論》，北京：商務印書館，1997。

錢鍾書，《管錐編》，香港：中華書局，1980。

龍宇純，《荀子論集》，台北：台灣學生書局，1987。

戴君仁，《談易》，台北：開明書局，1961。

戴璉璋，《易傳之形成及其思想》，台北：文津出版社，1989。

濮茅左，《楚竹書〈周易〉研究：兼述先秦兩漢出土與傳世易學文獻資
　　料》，上海：上海古籍出版社，2006。

薄樹人，《薄樹人文集》，合肥：中國科學技術大學出版社，2003。

薄樹人主編，《中國天文學史》，台北：文津出版社，1996。

鄺芷人，《陰陽五行及其體系》，台北：文津出版社，1998。

嚴紹璗，《日本的中國學》，南昌：江西人民出版社，1991。

蘇淵雷，《易學會通》，上海：世界書局，1935。

饒宗頤，《選堂集林・史林》，香港：中華書局香港分局，1982。

顧頡剛等，《古史辨》，上海：上海書店「民國叢書」本，1992。

五 近現代著作：期刊論文及專書論文

于豪亮，〈帛書《周易》〉，《文物》，1984 年第 3 期，頁 15-24。

王明欽，〈《歸藏》與夏啟的傳說 —— 兼論臺與祭壇的關係及鈞臺的地望〉，《華學》，第 3 輯，北京：紫禁城出版社，1998，頁 212-226。

王明欽，〈王家臺秦墓竹簡概述〉，收入艾蘭、邢文編，《新出簡帛研究》，北京：文物出版社，2004，頁 26-49。

王明欽，〈試論《歸藏》的幾個問題〉，收入古方、徐良富、唐際根編，《一劍集》，北京：中國婦女出版社，1996，頁 101-112。

王博，〈美國達慕思大學郭店《老子》國際學術討論會紀要〉，《道家文化研究》，第 17 輯，北京：生活・讀書・新知三聯書店，1999，頁 1-12。

任俊華、梁敢雄，〈《歸藏》、《坤乾》源流考 —— 兼論《秦簡歸藏》兩種摘抄本的由來與命名〉，《周易研究》，2002 年第 6 期，頁 14-23。

安亞偉，〈河南洛陽市唐城花園西周墓葬的清理〉，《考古》，2007 年第 2 期，頁 94-96、103。

安樂哲（Roger T. Ames）著，吳傑夫（Geoffrey Voorhies）譯，〈《易大傳》與中國自然宇宙觀〉，收入鄭吉雄主編，《周易經傳文獻新詮》，台北：臺大出版中心，2010，頁 251-267。

朱歧祥，〈花東婦好傳〉，《東海中文學報》，第 19 期，2007 年 7 月，頁 1-12。

江希彥，〈戰國時代儒家之詩教與樂教情況研究——以楚簡文獻資料為中心〉，《新亞學報》，第 33 卷，2016 年 8 月，頁 165-229。

江雨德，〈國之大事：商代晚期中的禮制改良〉，收入中國社會科學院考古研究所編，《殷墟與商文化：殷墟科學發掘 80 周年紀念文集》，北京：科學出版社，2011，頁 267-276。

艾蘭（Sarah Allan），〈太一・水・郭店《老子》〉，《郭店楚簡國際學術研討會論文集》，武漢：湖北人民出版社，2000，頁 524-532。

何澤恆，〈孔子與易傳相關問題覆議〉，《臺大中文學報》，第 12 期，2000 年 5 月，頁 1-55。

余永梁，〈易卦爻辭的時代及其作者〉，《古史辨》，第 3 冊，上海：上海書店「民國叢書」本，1992，頁 143-170。

余敦康，〈從易經到易傳〉，《中國哲學》，第 7 輯，北京：三聯書店，1982，頁 1-27。

李宗焜，〈數字卦與陰陽爻〉，《中央研究院歷史語言研究所集刊》，第 77 本第 2 分，2006 年 6 月，頁 279-318。

李若暉，〈道之顯隱〉上篇，《哲學門》，總第 20 輯，北京：北京大學出版社，2010，頁 235-270。

李若暉，〈道之顯隱〉下篇，《哲學門》，總第 21 輯，北京：北京大學出版社，2010，頁 179-192。

李家浩，〈王家臺秦簡「易占」為《歸藏》考〉，《傳統文化與現代化》，1997 年第 1 期，頁 46-52。

李貴生，〈《呂氏春秋》貴生思想的意涵與詮釋效度：兼論〈十二紀〉的「焊接」結構〉，《臺大中文學報》，第 71 期，2020 年 12 月，頁 1-52。

李零，〈讀上博楚簡《周易》〉，《中國歷史文物》，2006 年第 4 期，頁 62-63。

李學勤，〈太一生水的數術解釋〉，《道家文化研究》，第 17 輯，北京：生活・讀書・新知三聯書店，1999，頁 297-300。

李學勤，〈申論《老子》的年代〉，《道家文化研究》，第 6 輯，上海：上海

古籍出版社，1995，頁 72-79。

李學勤，〈西周中期青銅器的重要標尺〉，《中國歷史博物館館刊》，1979年第 1 期，頁 29-36。

李鏡池，〈左國中易筮之研究〉，《古史辨》，第 3 冊，上海：上海書店「民國叢書」本，1992，頁 171-187。

李鏡池，〈易傳探源〉，《古史辨》，第 3 冊，上海：上海書店「民國叢書」本，1992，頁 95-132。

李鏡池，〈周易筮辭考〉，《古史辨》，第 3 冊，上海：上海書店「民國叢書」本，1992，頁 187-251。

李鏡池，〈論易傳著作時代書〉，《古史辨》，第 3 冊，上海：上海書店「民國叢書」本，1992，頁 133-134。

杜正勝，〈從疑古到重建 —— 傅斯年的史學革命及其與胡適顧頡剛的關係〉，《當代》，第 116 期，1995 年 12 月，頁 10-29。

杜正勝，〈錢賓四與二十世紀中國古代史學〉，《當代》，第 111 期，1995年 7 月，頁 70-81。

邢文，〈北大簡《老子》辨偽〉，《光明日報》，2016 年 8 月 8 日 16 版「國學」。

邢文，〈秦簡《歸藏》與《周易》用商〉，《文物》，2000 年第 2 期，頁 58-63。

邢文，〈數字卦與《周易》形成的若干問題〉，《臺大中文學報》，第 27 期，2007 年 12 月，頁 1-32。

周桂鈿，〈道家新成員考辨——兼論《易·繫辭》不是道家著作〉，《周易研究》，1993 年第 1 期，頁 1-5、26。

周錫韍，〈《周易》考古的驚世發現〉，《國學新視野》，2016 年 12 月冬季號，頁 105-110。

林忠軍，〈王家臺秦簡《歸藏》出土的易學價值〉，《周易研究》，2001 年第 2 期，頁 3-12。

邵東方，〈「今本」《竹書紀年》諸問題考辨——與陳力博士商榷〉，《竹書

紀年研究論稿》（*Studies on The Bamboo Annals: Debates, Methods, and Texts*），
　　台北：Airiti Press，2009，頁 17-85。

洪國樑，〈《詩經・豳風・七月》之「公子」及其相關問題〉，收入朱曉海
　　編，《新古典新義》，台北：台灣學生書局，2001，頁 165-194。

胡樸安，〈荀子學說〉，《國學彙編》，第 2 集，上海：國學研究社，1924，
　　頁 1-10。

唐蘭，〈在甲骨金文中所見的一種已經遺失的中國古代文字〉，《考古學
　　報》，1957 年第 2 期，頁 33-36。

唐蘭，〈老聃的姓名和時代考〉，《古史辨》，第 4 冊，上海：上海書店「民
　　國叢書」本，1992，頁 332-351。

夏含夷，〈重寫儒家經典——談談在中國古代寫本文化中抄寫的詮釋作
　　用〉，《興與象：中國古代文化史論集》，上海：上海古籍出版社，
　　2012，頁 86-104。

夏含夷，〈《竹書紀年》的整理與整理本〉，收入葉國良、鄭吉雄、徐富昌
　　合編，《出土文獻研究方法論文集・初集》，台北：臺大出版中心「東
　　亞文明叢刊」，2005，頁 339-441。

夏含夷，〈「非常道」考〉，《國學學刊》，2011 年第 4 期，頁 39-45。

夏含夷，〈晉侯的世系及其對中國古代紀年的意義〉，《中國史研究》，2001
　　年第 1 期，頁 3-10。

夏含夷，〈從出土文字資料看《周易》的編纂〉，收入鄭吉雄編，《周易經
　　傳文獻新詮》，台北：臺大出版中心，2010，頁 33-49。

容肇祖，〈占卜的源流〉，《古史辨》，第 3 冊，上海：上海書店「民國叢書」
　　本，1992，頁 252-308。

徐少華，〈上博八所見「令尹子春」及其年代試析——兼論出土文獻整理
　　與解讀中的二重證法〉，《簡帛文獻與早期儒家學說探論》，北京：商
　　務印書館，2015，頁 145-163。

徐志銳，〈論《周易》形象思維〉，《國際易學研究》，第 2 輯，北京：華夏
　　出版社，1996，頁 87-98。

徐芹庭，〈民國以來象數與義理派之易學〉，《孔孟學報》，第 40 期，1980
　　年 9 月，頁 261-317。

徐義華，〈商代分封制的產生與發展〉，收入中國社會科學院考古研究所
　　編，《殷墟與商文化：殷墟科學發掘 80 周年紀念文集》，北京：科學
　　出版社，2011，頁 260-266。

晁福林，〈應用古文字資料研究禮制——以《西周金文禮制研究》為例〉，
　　《中國學派》，https://mp.weixin.qq.com/s/WPMkNjEv77pcQ_5ZHUp4uw。

晏昌貴，〈西周陶篿所見筮數、圖象考釋〉，《周易研究》，2009 年第 2 期，
　　頁 12-18。

素癡，〈《老子》的年代問題〉，《古史辨》，第 4 冊，上海：上海書店「民
　　國叢書」本，1992，頁 414-417。

荊州地區博物館，〈江陵王家臺 15 號秦墓〉，《文物》，1995 年第 1 期，頁
　　37-43。

高明，〈《連山》、《歸藏》考〉，《高明文輯》，台北：黎明文化事業公司，
　　1978，頁 117-140。

高明，〈孔子的易教〉，《孔學管窺》，台北：廣文書局，1972，頁 77-94。

康 達 維（David R. Knechtges），"The Perils and Pleasures of Translation: The
　　Case of the Chinese Classics"，收入鄭吉雄、張寶三合編，《東亞傳世
　　漢籍文獻譯解方法初探》，台北：臺大出版中心「東亞文明研究叢
　　刊」，2005，頁 1-51。

張丰乾，〈《周易》究竟屬於哪一派——《周易》學派歸屬問題研究綜述〉，
　　《中華文化論壇》，1997 年第 2 期，頁 24-28。

張岱年，〈關於張載的思想和著作〉，《張載集》，北京：中華書局「理學叢
　　書」本，1978，頁 2-5。

張岱年，〈論《易大傳》的著作年代與哲學思想〉，《中國哲學》，第 1 輯，
　　北京：生活・讀書・新知三聯書店，1979，頁 126-127。

張忠宏，〈論朱熹對程頤易學的批評〉，《國立臺灣大學哲學論評》，第 49
　　期，2015 年 3 月，頁 107-149。

張政烺，〈試釋周初青銅器銘文中的易卦〉，《考古學報》，1980 年第 4 期，頁 403-415。

張國碩，〈商文化階段劃分探索〉，收入中國社會科學院考古研究所編，《殷墟與商文化：殷墟科學發掘 80 周年紀念文集》，北京：科學出版社，2011，頁 213-220。

淺野裕一著，陳威瑨譯，〈儒家對《易》的經典化〉，收入鄭吉雄、林永勝主編，《易詮釋中的儒道互動》，台北：臺大出版中心，2012，頁 84-85。

盛邦和，〈上世紀初葉日本疑古史學敘論〉，《二十一世紀》，網路版第 36 期（2005 年 3 月 31 日）。

許抗生，〈再解《老子》第一章〉，《道家文化研究》，第 15 輯，北京：生活·讀書·新知三聯書店，1999，頁 70-77。

連劭名，〈江陵王家臺秦簡《歸藏》筮書考〉，《中國哲學史》，2001 年第 3 期，頁 5-11。

連劭名，〈江陵王家臺秦簡與《歸藏》〉，《江漢考古》，1996 年第 4 期，頁 66-68。

郭旭東，〈甲骨文中所見的商代朝覲禮儀〉，收入中國社會科學院考古研究所編，《殷墟與商文化：殷墟科學發掘 80 周年紀念文集》，北京：科學出版社，2011，頁 444-452。

郭沂，〈《易傳》成書與性質若干觀點平議〉，《齊魯學刊》，1998 年第 1 期，頁 34-42。

郭沫若，〈由周初四德器的考釋談到殷代已在進行文字簡化〉，《文物》，1959 年第 7 期，頁 1-8。

陳平原，〈關於《章太炎的白話文》〉，《魯迅研究月刊》，2001 年第 6 期，頁 47-52。

陳來，〈說說儒——古今原儒說及其研究反省〉，《原道》，第 2 輯，北京：團結出版社，1995 年版，頁 315-336。

陳居淵，〈「易象」新說——兼論《周易》原有《象經》問題〉，《周易研

究》，2012 年第 1 期，頁 43-49。

陳松長、廖名春，〈帛書《二三子問》、《易之義》、《要》釋文〉，上海：上海古籍出版社，1993，頁 424-435。

陳松長，〈帛書《繫辭》釋文〉，《道家文化研究》，第 3 輯，上海：上海古籍出版社，1993，頁 416-423。

陳哲音，〈先秦儒家樂教思想探究〉，《孔孟月刊》，第 57 卷第 7、8 期，2019 年 4 月，頁 22-32。

陳桐生，〈20 世紀的《周易》古史研究〉，《周易研究》，1999 年第 1 期，頁 23-30。

陳啟智，〈論《易傳》的學派屬性——與陳鼓應先生商榷〉，《周易研究》，2002 年第 1 期，頁 8-18。

程二行、彭公璞，〈《歸藏》非殷人之易考〉，《中國哲學史》，第 2 期，2004 年 5 月，頁 100-107。

程燕，〈談清華簡《筮法》中的「坤」字〉，《周易研究》，2014 年第 2 期，頁 19-20、31。

馮友蘭，〈孔子在中國歷史中之地位〉，《古史辨》，第 2 冊，上海：上海書店「民國叢書」本，1992，頁 194-210。

馮時，〈「太一生水」思想的數術基礎〉，收入邢蘭、邢文編，《新出簡帛研究》，北京：文物出版社，2004，頁 251-254。

馮時，〈天地交泰觀的考古學研究〉，收入葉國良、鄭吉雄、徐富昌合編，《出土文獻研究方法論文集‧初集》，台北：臺灣大學出版中心「東亞文明研究叢刊」，2005，頁 323-338。

黃沛榮，〈《易經》形式結構中所蘊涵之義理〉，《漢學研究》，第 19 卷第 1 期，2001 年 6 月，頁 1-22。

黃沛榮，〈近十餘年來海峽兩岸易學研究的比較〉，《漢學研究》，第 7 卷第 2 期，1989 年 12 月，頁 1-17。

黃壽祺，〈從《易傳》看孔子的教育思想〉，收入黃壽祺、張善文編，《周易研究論文集》，第 4 輯，北京：北京師範大學出版社，1990，頁

275-292。

黃澤鈞，〈清華肆《別卦》卦名釋義——以意義相關者為範圍〉，《漢學研究》，第 39 卷第 1 期，2021 年 3 月，頁 1-39。

楊希牧，〈中國古代的神祕數字論稿〉，《民族學研究所集刊》，第 33 期，1972 年 3 月，頁 89-118。

楊秀芳，〈從詞族研究論「天行健」的意義〉，收入鄭吉雄、佐藤鍊太郎合編，《臺日學者論經典詮釋中的語文分析》，台北：台灣學生書局，2010，頁 35-75。

楊秀芳，〈論動詞「揵」的語義發展〉，《中國語言學集刊》，第 1 卷第 2 期，2007 年 12 月，頁 99-115。

楊超，〈先秦陰陽五行說〉，《文史哲》，1956 年第 3 期，頁 49-56。

鄒衡，〈試論夏文化〉，《夏商周考古學論文集》，北京：文物出版社，1980，頁 103-104。

廖名春，〈《周易》卦爻辭的哲學——以《乾》《坤》兩卦為例〉，《文史》，2014 年第 3 輯，頁 79-104。

廖名春，〈王家臺秦簡《歸藏》管窺〉，《周易研究》，2001 年第 2 期，頁 13-19。

廖名春，〈試論古史辨運動興起的思想來源〉，《中國學術史新證》，成都：四川大學出版社，2005，頁 155-177。

廖名春，〈論帛書《繫辭》的學派性質〉，《哲學研究》，1993 年第 7 期，頁 58-65。

趙曉陽，〈傳教士與中國國學的翻譯——以《四書》、《五經》為中心〉，收入鞠曦主編，《恆道》，第 2 輯，長春：吉林文史出版社，2003。

劉大鈞，〈左傳國語筮例〉，《周易概論》，濟南：齊魯書社，1986。

劉長林，〈《周易》意象思維的基本邏輯規律〉，《國際易學研究》，第 8 輯，北京：華夏出版社，2005，頁 273-287。

劉長林，〈陰陽原理與養生〉，《國際易學研究》，第 2 輯，北京：華夏出版社，1996，頁 100-106。

劉起釪，〈現代日本的《尚書》研究〉，《傳統文化與現代化》，1994 年第 2 期，頁 82-91。

蔡飛舟，〈清華簡《別卦》解詁〉，《周易研究》，2016 年第 1 期，頁 15-17。

蔡瑩瑩，〈《左傳》《易》例重探——兼論先秦《易》說的特色與價值〉，《中國文學研究》，第 35 期，2013 年 1 月，頁 1-58。

鄧佩玲，〈《詩‧周頌‧維天之命》「假以溢我」與金文新證〉，收入李雄溪、林慶彰主編，《嶺南大學經學國際學術研討會論文集》，台北：萬卷樓圖書公司，2014，頁 317-327。

鄭吉雄、楊秀芳、朱歧祥、劉承慧合著，〈先秦經典「行」字字義的原始與變遷——兼論「五行」〉，《中國文哲研究集刊》，第 35 期，2009 年 9 月，頁 89-127。

鄭吉雄，〈《太一生水》釋讀研究〉，《中國典籍與文化論叢》，第 14 輯，北京：北京大學出版社，2012，頁 145-166。

鄭吉雄，〈先秦經典「中」字字義分析——兼論《保訓》「中」字〉，收入陳致主編，《簡帛‧經典‧古史》，上海：上海古籍出版社，2013，頁 181-208。

鄭吉雄，〈名、字與概念範疇〉，《杭州師範大學學報（社會科學版）》，第 39 卷第 4 期，2017 年 9 月，頁 13-28。選入中國人民大學書報資料中心複印報刊資料《中國哲學》，第 12 期（2017），頁 10-25。

鄭吉雄，〈從《太一生水》試論《乾‧彖》所記兩種宇宙論〉，收入武漢大學簡帛研究中心主編，《簡帛》，第 2 輯，上海：上海古籍出版社，2007，頁 139-150。

鄭吉雄，〈從遺民到隱逸：道家思想溯源——兼論孔子的身分認同〉，《東海人文學報》，第 22 期，2010 年 7 月，頁 125-156。

鄭吉雄，〈論先秦思想史中的語言方法——義理與訓詁一體性新議〉，《文史哲》，2018 年第 5 期，頁 38-67。

鄭吉雄，〈論章學誠的道與經世思想〉，《臺大中文學報》，第 5 期，1992

年 6 月，頁 303-328。

鄭吉雄，〈論戴震與章學誠的學術因緣——「理」與「道」的新詮〉，《文史哲》，2011 年第 3 期，頁 163-175。

鄭吉雄，〈隱士逸民與進退出處——清儒論「隱」〉，《嶺南學報》，復刊版第 14 期，2021 年 11 月，頁 239-278。

鄭吉雄，〈釋「天」〉，《中國文哲研究集刊》，第 46 期，2015 年 3 月，頁 63-99。

鄭錦懷、岳峰，〈金尼閣與中西文化交流新考〉（A New Survey of Nicolas Trigault's Contributions to Sino-Western Cultural Exchange），《東方論壇》，2011 年第 2 期，頁 38-43。

蕭无陂，〈近三十年來《老子》文本考證與研究方法述評——兼與韓國良先生商榷〉，《孔子研究》，2012 年第 3 期，頁 101-111。

蕭漢明，〈關於《易傳》的學派屬性問題——兼評陳鼓應《易傳與道家思想》〉，《哲學研究》，1995 年第 8 期，頁 72-84。

賴貴三，〈《歸藏易》研究之回顧與評議〉，《中國學研究》（*The Journal of Chinese Studies*），第 58 期，2011 年 12 月，頁 641-676。

賴賢宗，〈成中英的本體詮釋學與易學體用論〉，《儒家詮釋學》，北京：北京大學出版社，2010，頁 1-24。

賴賢宗，〈成中英哲學思想發展與意義〉，《書目季刊》，第 38 卷第 1 期，2004 年 6 月，頁 55-69。

錢玄同，〈讀漢石經周易殘字而論及今文易的篇數問題〉，《古史辨》，第 3 冊，上海：上海書店「民國叢書」本，1992，頁 74-84。

錢玄同，〈論觀象制器的故事出京氏易傳〉，《古史辨》，第 3 冊，上海：上海書店「民國叢書」本，1992，頁 70。

錢婉約，〈「層累地造成說」與「加上原則」——中日近代史學上之古史辨偽理論〉，收入馮天瑜主編，《人文論叢》1999 年卷，武漢：武漢大學出版社，1999，頁 436-447。

錢穆，〈易傳與小戴禮記中之宇宙論〉，《中國學術思想史論叢（二）》，台

北：東大圖書公司，1985，頁 256-282。

錢穆，〈駁胡適之說儒〉，《中國學術思想史論叢（二）》，台北：東大圖書公司，1985，頁 373-382。

錢穆，〈論十翼非孔子作〉，《古史辨》，第 3 冊，上海：上海書店「民國叢書」本，1992，頁 89-94。

霍斐然，〈《左傳》占例破譯〉，《周易研究》，1988 年第 2 期，頁 30-31。

戴君仁，〈易傳之釋經——談易之一〉，《民主評論》，第 10 卷第 24 期，1959 年 12 月，頁 14-15。

戴君仁，〈易經的義理性〉，《國立故宮博物院圖書季刊》，第 2 卷第 3 期，1972 年 1 月，頁 11-18。

韓國良，〈三十年來老學研究存在的問題及反思〉，《孔子研究》，2010 年第 4 期，頁 108-116。

顏國明，〈「《易傳》是道家《易》學」駁議〉，《中國文哲研究集刊》，第 21 期，2002 年 9 月，頁 171-215。

顏國明，〈從易學義涵檢視「道家易學」譜系〉，《鵝湖學誌》，第 32 期，2004 年 6 月，頁 85-142。

龐樸，〈《周易》古法與陰陽觀念〉，《文化一隅》，鄭州：中州古籍出版社，2005，頁 402-412。

嚴一萍，〈釋𢑚〉，《中國文字》，第 40 期，1971 年 6 月，頁 1-4。

嚴壽澂，〈章太炎國學觀略論〉，《饒宗頤國學院院刊》，第 5 期，2018 年 5 月，頁 373-402。

饒宗頤，〈由卜兆記數推究殷人對於數的觀念〉，《選堂集林‧史林》，台北：明文書局，1982，頁 60-62。

饒宗頤，〈殷代易卦及有關占卜諸問題〉，《文史》，第 20 輯，北京：中華書局，1983，頁 1-13。

顧立雅（Herrlee G. Creel），〈釋天〉，《燕京學報》，第 18 期，1935 年 12 月，頁 59-71。

顧頡剛，〈《周易》卦爻辭中的故事〉，《古史辨》，第 3 冊，上海：上海書

店「民國叢書」本，1992，頁 1-44。

顧頡剛，〈論易繫辭傳中觀象制器的故事〉，《古史辨》，第 3 冊，上海：上
　　海書店「民國叢書」本，1992，頁 45-69。

六 朝鮮/韓國文獻

丁若鏞，《中庸講義》，《與猶堂全書》，第 4 冊，漢城：茶山學術財團，
　　2012。

尹絲淳，《도설로보는한국유학》（從圖說看韓國儒學），首爾：예문서원，
　　2008。

成均館大學，《韓國經學資料集成》，首爾：成均館大學出版部，1989。

金永友，《丁若鏞의易學思想研究》，首爾大學博士論文，李楠永教授指
　　導，2000。

金麟哲，《茶山『周易』解釋體系》，首爾：景仁文化社，2003。

琴章泰，《聖學十圖와퇴계철학의구조》（聖學十圖與退溪哲學的結構），首爾：
　　首爾大學出版部，2001。

黃昞起，《茶山丁若鏞의易象學》，延世大學博士論文，李光虎教授指導，
　　2004。

韓㤠劤、金泳鎬、安秉直等，《丁茶山研究現況》，首爾：民音社，1986。

七 日本文獻

內藤湖南，〈尚書稽疑〉，《研幾小錄》，《內藤湖南全集》，第 7 冊，東京：
　　筑摩書房，1996-1997。

加地伸行，《易の世界》，東京：新人物往來社，1986。

橋本增吉，《支那古代曆法史研究》，東京：東洋書林、原書房，1982。

橋本增吉，〈支那古代曆法史研究〉，東京大學博士論文，白鳥庫吉教授指導，1941。

桑原武夫編，《歷史の思想》，東京：筑摩書房「現代日本思想大系」27，1965。

今井宇三郎、堀池信夫、間嶋潤一合著，《易經（下）》，東京：明治書院「新釈漢文大系」63，2008。

今井宇三郎，《易經（上）》，東京：明治書院「新釈漢文大系」23，1987。

今井宇三郎，《易經（中）》，東京：明治書院「新釈漢文大系」24，1993。

今井宇三郎，《宋代易學の研究》，東京：明治圖書出版，1958。

小島祐馬，《中國思想史》，東京：創文社，1968。

辛賢，〈「帛書周易」易之義篇における記述形式の問題〉，「富士ゼロックス小林節太郎記念基金」1997年度研究助成成果。

辛賢，〈邵雍と宋代易学〉，「富士ゼロックス小林節太郎記念基金」2001年度研究助成成果。

辛賢，《漢易術數論研究：馬王堆から『太玄』まで》，東京：汲古書院，2002。

大久保利謙，《日本近代史學の成立》，《大久保利謙歷史著作集》，第7冊，東京：吉川弘文館，1988。

中井履軒，《周易雕題》（大阪大學懷德堂文庫復刻本），東京：吉川弘文館，1997。

中村璋八、古藤友子合著，《周易本義》，東京：明德出版社，1992。

津田左右吉，《古事記及び日本書紀の新研究》，東京：洛陽堂，1919。

津田左右吉，《儒教之研究一》，《津田左右吉全集》，第16卷，東京：岩波書店，1965。

津田左右吉，《上代日本の社会及び思想》，東京：岩波書店，1933。

津田左右吉，《神代史の新しい研究》，東京：二松堂，1913。

津田左右吉，《日本上古代史研究》，東京：岩波書店，1930。

鄭吉雄，〈「易」占に本づく儒道思想の起源に關する試論──併せて易の乾坤陰陽の字義を論ず〉，《中國哲學》，第 34 期，2006 年 3 月，頁 1-48。

白鳥庫吉，〈《尚書》の高等批評〉，收入桑原武夫編，《歷史の思想》，東京：筑摩書房「現代日本思想大系」27，1965。

武內義雄，《中國思想史》，東京：岩波書店，1962。

平岡武夫，《經書の成立》，東京：全國書房，1946。

本田成之，〈作易年代考〉，江俠庵譯，《先秦經籍考》，上海：商務印書館，1931，頁 39-66。

本田濟，《易學：成立と展開》，京都：平樂寺書店，1960。

本田濟，《易經講座》，東京：斯文會，2006-2007。

有賀長雄，《社會學》，東京：龍溪書社，2007。

鈴木一馨，《陰陽道：呪術と鬼神の世界》，東京：講談社，2002。

淺野裕一，〈戰國楚簡と古代中國思想史の再檢討〉，《中國出土資料研究》，第 6 號，2002 年 3 月，頁 9-17。

高島嘉右衛門講述，《增補高島易斷》，東京：明法堂，1894。

八 英文文獻

Adler, Joseph A. trans & ed., *The Original Meaning of the Yijing: Commentary on the Scripture of the Change*. New York: Columbia University Press, 2020

Barthes, Roland, *Image-Music-Text* (essays selected and translated by Stephen Heath). New York: Hill and Wang, 1977.

Baxter, William H. & Sagart, Laurent, *Old Chinese: A New Reconstruction*. New York: Oxford University Press, 2014

Berengarten, Richard, *Changing*. Bristol: Shearman Books Ltd, 2016

Bernofsky, Susan trans., Schleiermacher, Friedrich, "On the Different Methods of Translating." In Lawrence Venuti ed., *The Translation Studies Reader*, 3rd ed., Abingdon: Routledge, 2012, pp. 59-60.

Boltz, William G., "The Composite Nature of Early Chinese Texts." In Chapter 2 of Kern, Martin ed. *Text and Ritual in Early China*. Seattle: University of Washington Press, 2005.

Chen, I-Hsin, *Connecting Protestantism to Ruism: Religion, Dialogism and Intertextuality in James Legge's Translation of the Lunyu*. PhD Dissertation, School of Arts Languages and Cultures, The University of Manchester, 2014.

de Groot, J. J. M., *The Religious System of China*, Volume IV. Leyden: Brill, 1901.

Feuillas, Stéphane, "The Burden of Female Talent: The Poet Li Qingzhao and Her History in China." *T'oung Pao* 102, Issue 1-3 (2016).

Feuillas, Stéphane, "Transformative Journeys: Travel and Culture in Song China." *T'oung Pao* 97, Issue 4-5 (2011).

Feuillas, Stéphane, *Lu Jia Nouveaux Discours*（陸賈《新語》）, *Bibliothèque chinoise*, Paris: Les Belles Lettres, 2012.

Hon Tze-ki, *The Yijing and Chinese Politics: Classical Commentary and Literati Activism in the Northern Song Period 960-1127*. Albany: SUNY Press, 2005.

Jung, Carl G., *Psychology and Religion*. New Haven: Yale University Press, 1992.

Keightley, David N., *The Origins of Chinese Civilization*. Berkeley: University of California Press, 1983.

Kuhn, Thomas, *The Structure of Scientific Revolutions*. University of Chicago Press, 1962.

Kunst, Richard A., *The Original "Yijing": A Text, Phonetic Transcription,*

Translation and Indexes, with Sample Glosses.* University of California, Berkeley, 1985. (U.M.I Dissertation)

Legge, James, *Confucianism in Relation to Christianity: A Paper Read Before the Missionary Conference in Shanghai on May 11th.* Shanghai: Kelly & Walsh; London: TrÜbner & Co. 1877.

Lynn, Richard John trans., *The Classic of Changes: A New Translation of the I Ching as Interpreted by Wang Bi.* New York: Columbia University Press, 1994.

Marshall, S. J., *The Mandate of Heaven: Hidden History in the Book of Changes.* Surrey: Curzon, 2001.

Ng Waiming, Benjamin, *The I Ching in Tokugawa Thought and Culture.* Honolulu: Association for Asian Studies and University of Hawai'i Press, 2000.

Ng Waiming, Benjamin, *The Making of the Global Yijing in the Modern World: Cross Cultural Interpretations and Interactions.* Singapore: Springer, 2021.

Ng, Oncho, "Religious Hermeneutics: Text and Truth in Neo-Confucian Readings of the *Yijing.*" *Journal of Chinese Philosophy* 34: 1 (March 2007), 5-24.

Nielsen, Bent, *A Companion to Yi Jing Numerology and Cosmology: Chinese Studies of Images and Numbers from Han* 漢*(202BCE – 220 CE) to Song* 宋*(960-1279 CE)*, Routledge, 2002. Paperback edition 2015. Also the Book Review by Hon, Tze-ki in *China Review International* vol. 11, no.2 (Fall 2004), 453-456.

Pankenier, David, *Astrology and Cosmology in Early China: Conforming Earth to Heaven.* Cambridge University Press, 2013.

Perkins, Franklin, *Leibniz and China: A Commerce of Light.* New York Cambridge: Cambridge University Press, 2004.

Puett, Michael J., *To Become a God: Cosmology, Sacrifice, and Self-Divination* in *Early China*. Harvard University Press, Harvard-Yenching Institute Monograph Series57, 2002.

Redmond, Geoffrey & Hon Tze-ki, *Teaching the I Ching (Book of Changes)*. New York: Oxford University Press, 2014.

Rutt, Richard, *The Book of Changes (Zhouyi): A Bronze Age Document Translated with Introduction and Notes*. Surrey: Curzon Press Ltd., 1996.

Shaughnessy, Edward L., *Before Confucius: Studied in the Creation of the Chinese Classics*. Albany: SUNY, 1997.

Shaughnessy, Edward L., *I-Ching: The Classic of Changes*. New York: Ballantine Books, 1997.

Shaughnessy, Edward L., *Unearthing the Changes: Recently Discovered Manuscripts of the Yi Jing (I Ching) and Related Texts*. New York: Columbia University Press, 2014.

Smith, Richard, *China's Cultural Heritage: The Ch'ing Dynasty 1644-1912*. Boulder: Westview Press, 1983.

Smith, Richard, *Fathoming the Cosmos and Ordering the World: The Yijing (I Ching, or Classic of Changes) and Its Evolution in China*. Charlottesville: University of Virginia Press, 2008.

Smith, Richard, *Fortune-Tellers & Philosophers: Divination in Traditional Chinese Society*. Boulder: Westview Press, 1991.

Smith, Richard, *The I Ching: A Biography*. Princeton: Princeton University Press, 2012.

Smith, Richard, *The Qing Dynasty and traditional Chinese Culture*. Lanham: Rowman & Littlefield, 2015.

Vandermeersch Leon, "De la tortue a l'achillée." In J.P. Vernant ed. *Divination et rationalité*. Paris: Éditions du Seuil, 1974, pp. 37-51.

Wilhelm, Hellmut, *Change: Eight Lectures on the I-Ching* (德文書名 *Die Wandlung: Acht Vorträge zum I-Ging*), Translated by Cary F. Baynes,

Bollingen Series 62. New York: Pantheon Books, 1960.

Wilhelm, Hellmut, *Heaven, Earth, and Man in the Book of Changes: Seven Eranos Lectures*. Seattle, London: University of Washington Press, 1977.

Wilhelm, Richard trans., rendered into English by Cary F. Baynes, *I Ching*. Princeton, New Jersey: Princeton University Press, 1971. Reissued in Penguin Books, 2003.

Nivison, David S., *The Riddle of the Bamboo Annals*（竹書紀年解謎）. Taipei: Airiti Press Inc., 2009.

附錄　《周易》卦爻辭附彖、象、文言傳

乾☰

卦辭：乾，元亨，利貞。

爻辭：初九：潛龍勿用。九二：見龍在田，利見大人。九三：君子終日乾乾，夕惕，若厲，无咎。[1]九四：或躍在淵，无咎。九五：飛龍在天，利見大人。上九：亢龍有悔。用九：見群龍无首，吉。

彖傳：大哉乾元！萬物資始，乃統天。雲行雨施，品物流形。大明終始，六位時成，時乘六龍以御天。乾道變化，各正性命。保合大和，乃利貞。首出庶物，萬國咸寧。

象傳：天行健，君子以自強不息。（初九）「潛龍勿用」，陽在下也。（九二）「見龍在田」，德施普也。（九三）「終日乾乾」，反復道也。（九四）「或躍在淵」，進「无咎」也。（九五）「飛龍在天」，「大人」造也。（上九）「亢龍有悔」，盈不可久也。（用九）「用九」天德，不可為「首」也。

文言傳：「元」者，善之長也；「亨」者，嘉之會也；「利」者，義之和也；「貞」者，事之幹也。君子體仁足以長人，嘉會足以合禮，利物足以合義，貞固足以幹事。君子行此四德者，故曰「乾：元、亨、利、貞。」初九：「潛龍勿用」，何謂也？子曰：「龍德而隱者也。不易乎世，不成乎名，遯世无悶，不見是而无悶，樂則行之，憂則違之，確乎其不可拔，『潛龍』也。」九二曰：「見龍在田，利見大人」，何謂也？子曰：「龍德而正中者也。庸言之信，庸行之謹；閑邪存其誠，善世而不伐，

1　傳統句讀並有「夕惕若厲，无咎」及「夕惕若，厲，无咎」等幾種讀法。

德博而化。《易》曰：『見龍在田，利見大人』，君德也。」九三曰：「君子終日乾乾，夕惕若，厲无咎」，何謂也？子曰：「君子進德修業。忠信，所以進德也；修辭立其誠，所以居業也；知至至之，可與幾也；知終終之，可與存義也。是故居上位而不驕，在下位而不憂。故乾乾因其時而惕，雖危无咎矣。」九四曰：「或躍在淵，无咎」，何謂也？子曰：「上下无常，非為邪也；進退无恆，非離群也。君子進德修業，欲及時也，故无咎。」九五曰：「飛龍在天，利見大人」，何謂也？子曰：「同聲相應，同氣相求。水流濕，火就燥；雲從龍，風從虎；聖人作而萬物睹。本乎天者親上，本乎地者親下，則各從其類也。」上九曰：「亢龍有悔」，何謂也？子曰：「貴而无位，高而无民，賢人在下位而无輔，是以動而有悔也。」「潛龍勿用」，下也。「見龍在田」，時舍也。「終日乾乾」，行事也。「或躍在淵」，自試也。「飛龍在天」，上治也。「亢龍有悔」，窮之災也。乾元「用九」，天下治也。「潛龍勿用」，陽氣潛藏。「見龍在田」，天下文明。「終日乾乾」，與時偕行。「或躍在淵」，乾道乃革。「飛龍在天」，乃位乎天德。「亢龍有悔」，與時偕極。乾元「用九」，乃見天則。「乾元」者，始而亨者也。「利貞」者，性情也。乾始能以美利利天下，不言所利，大矣哉！大哉乾乎！剛健中正，純粹精也；六爻發揮，旁通情也；時乘六龍，以御天也；雲行雨施，天下平也。君子以成德為行，日可見之行也。「潛」之為言也，隱而未見，行而未成，是以君子弗用也。君子學以聚之，問以辯之，寬以居之，仁以行之。《易》曰：「見龍在田，利見大人」，君德也。九三重剛而不中，上不在天，下不在田，故「乾乾」因其時而「惕」，雖危「无咎」矣。九四重剛而不中，上不在天，下不在田，中不在人，故「或」之。「或」之者，疑之也，故「无咎」。夫大人者，與天地合其德，與日月合其明，與四時合其序，與鬼神合其吉凶。先天而天弗違，後天而奉天時。天且弗違，而況於人乎？況於鬼神乎？「亢」之為言也，知進而不知退，知存而不知亡，知得而不知喪。其唯聖人乎！知進退存亡，而不失其正者，其唯聖人乎！

坤 ䷁

卦辭：坤，元亨，利牝馬之貞。君子有攸往，先迷後得主。利西南得朋；東北喪朋。安貞，吉。

爻辭：初六：履霜，堅冰至。六二：直方，大，不習无不利。六三：含章可貞。或從王事，无成有終。六四：括囊，无咎，无譽。六五：黃裳，元吉。上六：龍戰于野，其血玄黃。用六：利永貞。

彖傳：至哉坤元！萬物資生，乃順承天。坤厚載物，德合无疆。含弘光大，品物咸亨。牝馬地類，行地无疆；柔順利貞，君子攸行。先迷失道，後順得常。「西南得朋」，乃與類行；「東北喪朋」，乃終有慶。「安貞」之吉，應地无疆。

象傳：地勢坤，君子以厚德載物。（初六）「履霜堅冰」，陰始凝也。馴致其道，至堅冰也。（六二）六二之動，「直」以「方」也。「不習无不利」，地道光也。（六三）「含章可貞」，以時發也。「或從王事」，知光大也。（六四）「括囊，无咎」，慎不害也。（六五）「黃裳，元吉」，文在中也。（上六）「龍戰于野」，其道窮也。

文言傳：坤，至柔而動也剛，至靜而德方。後得主而有常，含萬物而化光。坤道其順乎？承天而時行。積善之家，必有餘慶；積不善之家，必有餘殃。臣弒其君，子弒其父，非一朝一夕之故，其所由來者漸矣，由辯之不早辯也。《易》曰：「履霜堅冰至」，蓋言順也。「直」，其正也；「方」，其義也。君子敬以直內，義以方外，敬義立而德不孤。「直方，大，不習无不利」，則不疑其所行也。陰雖有美，含之；以從「王事」，弗敢成也。地道也，妻道也，臣道也。地道「无成」，而代「有終」也。天地變化，草木蕃；天地閉，賢人隱。《易》曰：「括囊，无咎，无譽」，蓋言謹也。君子黃中通理，正位居體，美在其中，而暢於四支，發於事業，美之至也。陰疑於陽必戰，為其嫌於无陽也，故稱龍焉；猶未離其類也，故稱血焉。夫「玄黃」者，天地之雜也，天玄而地黃。

屯☲☳

卦辭：屯，元亨，利貞。勿用，有攸往，利建侯。

爻辭：初九：磐桓，利居貞，利建侯。六二：屯如邅如，乘馬班如，匪
　　　寇，婚媾。女子貞不字[2]，十年乃字。六三：即鹿无虞，惟入於林中。
　　　君子幾，不如舍，往吝。六四：乘馬班如，求婚媾，往吉，无不利。
　　　九五：屯其膏，小貞吉，大貞凶。上六：乘馬班如，泣血漣如。

彖傳：屯，剛柔始交而難生。動乎險中，大亨，貞。雷雨之動滿盈，天造
　　　草昧，宜「建侯」而不寧。

象傳：雲雷屯。君子以經綸。（初九）雖「磐桓」，志行正也。以貴下賤，
　　　大得民也。（六二）六二之難，乘剛也。「十年乃字」，反常也。（六三）
　　　「即鹿无虞」，以從禽也。「君子」「舍」之，「往吝」，窮也。（六四）
　　　「求」而「往」，明也。（九五）「屯其膏」，施未光也。（上六）「泣血漣
　　　如」，何可長也？

蒙☶☵

卦辭：蒙，亨。匪我求童蒙，童蒙求我。初筮，告；再三，瀆，瀆則不
　　　告。利貞。

爻辭：初六：發蒙，利用刑人，用說桎梏。以往，吝。九二：包蒙，吉。
　　　納婦，吉。子克家。六三：勿用取女，見金夫，不有躬，无攸利。六
　　　四：困蒙，吝。六五：童蒙，吉。上九：擊蒙，不利為寇，利禦寇。

彖傳：蒙，山下有險，險而止。「蒙，亨」，以亨行，時中也。「匪我求童
　　　蒙，童蒙求我」，志應也。「初筮，告」，以剛中也。「再三，瀆，瀆則
　　　不告」，瀆蒙也。蒙以養正，聖功也。

象傳：山下出泉，蒙。君子以果行育德。（初六）「利用刑人」，以正法也。
　　　（九二）「子克家」，剛柔接也。（六三）「勿用取女」，行不順也。（六四）
　　　「困蒙」之「吝」，獨遠實也。（六五）「童蒙」之「吉」，順以巽也。（上

2　　王引之《經義述聞》讀「女子貞」為一句，「不字」意即不孕為一句。

九）「利」用「禦寇」，上下順也。

需 ䷄

卦辭：需，有孚，光亨，貞吉。利涉大川。

爻辭：初九：需于郊，利用恆，无咎。九二：需于沙，小有言，終吉。九
三：需於泥，致寇至。六四：需于血，出自穴。九五：需于酒食，貞
吉。上六：入于穴，有不速之客三人來，敬之，終吉。

彖傳：需，須也，險在前也。剛健而不陷，其義不困窮矣。「需，有孚，
光亨，貞吉」，位乎天位，以正中也。「利涉大川」，往有功也。

象傳：雲上於天，需。君子以飲食宴樂。（初九）「需于郊」，不犯難行也。
「利用恆，无咎」，未失常也。（九二）「需于沙」，衍在中也。雖「小
有言」，以吉終也。（九三）「需於泥」，災在外也。自我「致寇」，敬
慎不敗也。（六四）「需于血」，順以聽也。（九五）「酒食，貞吉」，以
中正也。（上六）「不速之客來，敬之，終吉」，雖不當位，未大失也。

訟 ䷅

卦辭：訟，有孚，窒；惕，中吉，終凶[3]。利見大人，不利涉大川。

爻辭：初六：不永所事，小有言，終吉。九二：不克訟，歸而逋，其邑人
三百戶，无眚。六三：食舊德，貞厲，終吉。或從王事，无成。九
四：不克訟，復即命，渝，安貞吉。九五：訟，元吉。上九：或錫之
鞶帶，終朝三褫之。

彖傳：訟，上剛下險，險而健，訟。「訟，有孚，窒惕，中吉」剛來而得
中也；「終凶」，訟不可成也。「利見大人」，尚中正也。「不利涉大
川」，入于淵也。

象傳：天與水違行，訟。君子以作事謀始。（初六）「不永所事」，訟不可長

3　《經典釋文》：「『有孚窒』一句，『惕中吉』一句。」另一讀法為「有孚，窒惕，中吉，終
　　凶」。

也。雖「小有言」，其辯明也。（九二）「不克訟」，歸逋竄也。自下訟上，患至掇也。（六三）「食舊德」，從上吉也。（九四）復即命渝。安貞不失也。（九五）「訟，元吉」，以中正也。（上九）以訟受服，亦不足敬也。

師 ䷆

卦辭：師，貞，丈人吉，无咎。

爻辭：初六：師出以律。否臧，凶。九二：在師中，吉，无咎。王三錫命。六三：師或輿尸，凶。六四：師左次，无咎。六五：田有禽，利執言，无咎。長子帥師，弟子輿尸，貞凶。上六：大君有命，開國承家，小人勿用。

彖傳：師，眾也。貞，正也。能以眾正，可以王矣。剛中而應，行險而順，以此毒天下，而民從之，吉又何咎矣！

象傳：地中有水，師。君子以容民畜眾。（初六）「師出以律」，失律，凶也。（九二）「在師中吉」，承天寵也。「王三錫命」，懷萬邦也。（六三）「師或輿尸」，大无功也。（六四）「左次，无咎」，未失常也。（六五）「長子帥師」，以中行也。「弟子輿尸」，使不當也。（上六）「大君有命」，以正功也。「小人勿用」，必亂邦也。

比 ䷇

卦辭：比：吉。原筮，元永貞，无咎。不寧方來，後夫凶。

爻辭：初六：有孚比之，无咎。有孚盈缶，終來，有它吉。六二：比之自內，貞吉。六三：比之匪人。六四：外比之，貞吉。九五：顯比。王用三驅，失前禽，邑人不誡，吉。上六：比之无首，凶。

彖傳：比，輔也，下順從也。「比，吉，原筮，元永貞，无咎」，[4]以剛中

---

4 今本《彖傳》作「比，吉也。比，輔也，下順從也」，據王引之《經義述聞》考證，不確。「比，吉」應置於「原筮，元永貞」之前，為卦名及卦辭首字。「也」字衍。傳文「比，輔

也。「不寧方來」，上下應也。「後夫凶」，其道窮也。

象傳：地上有水，比。先王以建萬國，親諸侯。（初六）比之初六，「有它吉」也。（六二）「比之自內」，不自失也。（六三）「比之匪人」，不亦傷乎！（六四）「外比」於賢，以從上也。（九五）「顯比」之吉，位正中也。舍逆取順，「失前禽」也。「邑人不誡」，上使中也。（上六）「比之无首」，无所終也。

小畜 ☴☰

卦辭：小畜，亨。密雲不雨，自我西郊。

爻辭：初九：復自道，何其咎？吉。九二：牽復，吉。九三：輿說輹，夫妻反目。六四：有孚，血去，惕出，无咎。九五：有孚攣如，富以其鄰。上九：既雨既處，尚德載。婦貞，厲。月幾望，君子征，凶。

彖傳：小畜，柔得位而上下應之，曰小畜。健而巽，剛中而志行，乃亨。「密雲不雨」，尚往也。「自我西郊」，施未行也。

象傳：風行天上，小畜。君子以懿文德。（初九）「復自道」，其義「吉」也。（九二）「牽復」在中，亦不自失也。（九三）「夫妻反目」，不能正室也。（六四）「有孚」，「惕出」，上合志也。（九五）「有孚攣如」，不獨富也。（上九）「既雨既處」，「德」積「載」也。「君子征，凶」，有所疑也。

履 ☰☱

卦辭：履虎尾，不咥人，亨。

爻辭：初九：素履，往，无咎。九二：履道坦坦，幽人貞吉。六三：眇能視，跛能履，履虎尾，咥人，凶。武人為于大君。九四：履虎尾，愬愬，終吉。九五：夬履，貞厲。上九：視履考祥，其旋元吉。

彖傳：履，柔履剛也。說而應乎乾，是以「履虎尾，不咥人，亨。」剛中

也，下順從也」，依《彖傳》體例，即解釋該卦之名義。

正，履帝位而不疚，光明也。

象傳：上天下澤，履。君子以辯上下，定民志。（初九）「素履」之「往」，
　　　獨行願也。（九二）「幽人貞吉」，中不自亂也。（六三）「眇能視」，不
　　　足以有明也。「跛能履」，不足以與行也。「咥人」之「凶」，位不當
　　　也。「武人為于大君」，志剛也。（九四）「愬愬，終吉」，志行也。（九五）
　　　「夬履，貞厲」，位正當也。（上九）「元吉」在上，大有慶也。

泰 ䷊

卦辭：泰：小往大來，吉，亨。

爻辭：初九：拔茅茹，以其彙，征吉。九二：包荒，用馮河，不遐遺。朋
　　　亡，得尚于中行。九三：无平不陂，无往不復，艱貞，无咎。勿恤其
　　　孚，于食有福。六四：翩翩，不富以其鄰，不戒以孚。六五：帝乙歸
　　　妹，以祉，元吉。上六：城復于隍，勿用師。自邑告命，貞吝。

彖傳：「泰，小往大來，吉，亨」，則是天地交而萬物通也，上下交而其志
　　　同也。內陽而外陰，內健而外順，內君子而外小人，君子道長，小人
　　　道消也。

象傳：天地交，泰。后以財成天地之道，輔相天地之宜，以左右民。（初九）
　　　「拔茅」，「征吉」，志在外也。（九二）「包荒」，「得尚于中行」，以光
　　　大也。（九三）「无往不復」，天地際也。（六四）「翩翩不富」，皆失實
　　　也。「不戒以孚」，中心願也。（六五）「以祉，元吉」，中以行願也。（上
　　　六）「城復于隍」，其命亂也。

否 ䷋

卦辭：否之匪人，不利君子貞，大往小來。

爻辭：初六：拔茅茹，以其彙，貞吉，亨。六二：包承，小人吉，大人否
　　　亨。六三：包羞。九四：有命，无咎，疇離祉。九五：休否，大人
　　　吉。其亡其亡，繫于苞桑。上九：傾否，先否後喜。

彖傳：「否之匪人，不利君子貞，大往小來」，則是天地不交而萬物不通

也，上下不交而天下无邦也。內陰而外陽，內柔而外剛，內小人而外
君子，小人道長，君子道消也。

象傳：天地不交，否。君子以儉德辟難，不可榮以祿。（初六）「拔茅」，「貞
吉」，志在君也。（六二）「大人否，亨」，不亂群也。（六三）「包羞」，
位不當也。（九四）「有命，无咎」，志行也。（九五）「大人」之「吉」，
位正當也。（上九）「否」終則「傾」，何可長也？

同人 ☰

卦辭：同人，同人于野，亨。利涉大川，利君子貞。

爻辭：初九：同人于門，无咎。六二：同人于宗，吝。九三：伏戎于莽，
升其高陵，三歲不興。九四：乘其墉，弗克攻，吉。九五：同人先號
咷而後笑，大師克，相遇。上九：同人于郊，无悔。

象傳：同人，柔得位、得中，而應乎乾，曰同人。「同人于野，亨。利涉
大川」[5]，乾行也。文明以健，中正而應，「君子」正也。唯君子為能
通天下之志。

象傳：天與火，同人。君子以類族辨物。（初九）出門「同人」，又誰咎也？
（六二）「同人于宗」，「吝」道也。（九三）「伏戎于莽」，敵剛也。「三
歲不興」，安行也！（九四）「乘其墉」，義「弗克」也。其「吉」，反
則得，得則吉也[6]。（九五）「同人」之「先」，以中直也。「大師」「相
遇」，言相克也。（上九）「同人于郊」，志未得也。

大有 ☰

卦辭：大有，元亨。

爻辭：初九：无交害，匪咎，艱則无咎。九二：大車以載，有攸往，无

5　今本《周易》「曰同人」之後即為「同人曰同人于野，亨，利涉大川」，其中「曰同人」三字
涉上文而衍，應刪去，作「同人于野，亨，利涉大川」。

6　今本《周易》作「則困而反則也」，意義不詳。《經典釋文》：「一本作『反則得，得則吉
也』。」始為正確。

咎。九三：公用亨于天子，小人弗克。九四：匪其彭，无咎。六五：厥孚交如，威如，吉。上九：自天祐之，吉，无不利。

彖傳：大有，柔得尊位大中，而上下應之，曰大有。其德剛健而文明，應乎天而時行，是以「元亨」。

象傳：火在天上，大有。君子以遏惡揚善，順天休命。（初九）大有初九，「无交害」也。（九二）「大車以載」，積中不敗也。（九三）「公用亨于天子」，「小人」害也。（九四）「匪其彭，无咎」，明辨　也。（六五）「厥孚交如」，信以發志也。「威如」之「吉」，易而无備也。（上九）「大有」上「吉」，「自天祐」也。

謙 ䷌

卦辭：謙，亨。君子有終。

爻辭：初六：謙謙君子，用涉大川，吉。六二：鳴謙，貞吉。九三：勞謙君子，有終，吉。六四：无不利，撝謙。六五：不富以其鄰，利用侵伐，无不利。上六：鳴謙，利用行師，征邑國。

彖傳：「謙，亨」。天道下濟而光明，地道卑而上行。天道虧盈而益謙，地道變盈而流謙，鬼神害盈而福謙，人道惡盈而好謙。謙尊而光，卑而不可踰，「君子」之終也。

象傳：地中有山，謙。君子以裒多益寡，稱物平施。（初六）「謙謙君子」，卑以自牧也。（六二）「鳴謙，貞吉」，中心得也。（九三）「勞謙君子」，萬民服也。（六四）「无不利，撝謙」，不違則也。（六五）「利用侵伐」，征不服也。（上六）「鳴謙」，志未得也，可「用行師・征邑國」也。

豫 ䷏

卦辭：豫，利建侯、行師。

爻辭：初六：鳴豫，凶。六二：介于石，不終日，貞吉。六三：盱豫，悔；遲，有悔。九四：由豫，大有得。勿疑，朋盍簪。六五：貞疾，恆不死。上六：冥豫，成有渝，无咎。

彖傳：豫，剛應而志行，順以動，豫。豫順以動，故天地如之，而況「建
　　　侯、行師」乎？天地以順動，故日月不過，而四時不忒；聖人以順
　　　動，則刑罰清而民服。豫之時義大矣哉！

象傳：雷出地奮，豫。先王以作樂崇德，殷薦之上帝，以配祖考。（初六）
　　　初六「鳴豫」，志窮「凶」也。（六二）「不終日，貞吉」，以中正也。（六
　　　三）「盱豫」，「有悔」，位不當也。（九四）「由豫，大有得」，志大行也。
　　　（六五）六五「貞疾」，乘剛也。「恆不死」，中未亡也。（上六）「冥豫」
　　　在上，何可長也？

隨䷐

卦辭：隨，元亨，利貞，无咎。

爻辭：初九：官有渝，貞吉。出門交，有功。六二：係小子，失丈夫。六
　　　三：係丈夫，失小子，隨有求，得。利居貞。九四：隨有獲，貞凶。
　　　有孚在道以明，何咎？九五：孚于嘉，吉。上六：拘係之，乃從維
　　　之，王用亨于西山。

彖傳：隨，剛來而下柔，動而說，隨。大亨，貞，「无咎」，而天下隨時。
　　　隨之時義大矣哉！

象傳：澤中有雷，隨。君子以嚮晦入宴息。（初九）「官有渝」，從正吉也。
　　　「出門交，有功」，不失也。（六二）「係小子」，弗兼與也。（六三）「係
　　　丈夫」，志舍下也。（九四）「隨有獲」，其義凶也。「有孚在道」，明功
　　　也。（九五）「孚于嘉，吉」，位正中也。（上六）「拘係之」，上窮也。

蠱䷑

卦辭：蠱，元亨，利涉大川。先甲三日，後甲三日。

爻辭：初六：幹父之蠱，有子，考无咎，厲，終吉。九二：幹母之蠱，不
　　　可貞。九三：幹父之蠱，小有悔，无大咎。六四：裕父之蠱，往見
　　　吝。六五：幹父之蠱，用譽。上九：不事王侯，高尚其事。

象傳：蠱，剛上而柔下，巽而止，蠱。「蠱，元亨」，而天下治也。「利涉

大川」，往有事也。「先甲三日，後甲三日」，終則有始，天行也。

象傳：山下有風，蠱。君子以振民育德。(初六)「幹父之蠱」，意承「考」
　　　　也。(九二)「幹母之蠱」，得中道也。(九三)「幹父之蠱」，終无咎也。
　　　　(六四)「裕父之蠱」，往未得也。(六五)「幹父」，「用譽」，承以德也。
　　　　(上九)「不事王侯」，志可則也。

臨☷☱

卦辭：臨，元亨，利貞。至于八月，有凶。

爻辭：初九：咸臨，貞吉。九二：咸臨，吉，无不利。六三：甘臨，无攸
　　　　利。既憂之，无咎。六四：至臨，无咎。六五：知臨，大君之宜，
　　　　吉。上六：敦臨，吉，无咎。

彖傳：臨，剛浸而長，說而順，剛中而應，大「亨」以正，天之道也。「至
　　　　于八月，有凶」，消不久也。

象傳：澤上有地，臨。君子以教思无窮，容保民无疆。(初九)「咸臨，貞
　　　　吉」，志行正也。(九二)「咸臨，吉，无不利」，未順命也。(六三)「甘
　　　　臨」，位不當也。「既憂之」，「咎」不長也。(六四)「至臨，无咎」，
　　　　位當也。(六五)「大君之宜」，行中之謂也。(上六)「敦臨」之「吉」，
　　　　志在內也。

觀☴☷

卦辭：觀，盥而不薦，有孚顒若。

爻辭：初六：童觀，小人无咎，君子吝。六二：闚觀，利女貞。六三：觀
　　　　我生，進退。六四：觀國之光，利用賓于王。九五：觀我生，君子无
　　　　咎。上九：觀其生，君子无咎。

彖傳：大觀在上，順而巽，中正以觀天下。「觀，盥而不薦，有孚顒若」，
　　　　下觀而化也。觀天之神道，而四時不忒。聖人以神道設教，而天下服
　　　　矣。

象傳：風行地上，觀。先王以省方觀民設教。(初六)初六「童觀」，「小人」

道也。（六二）「闚觀，女貞」，亦可醜也。（六三）「觀我生，進退」，未失道也。（六四）「觀國之光」，尚「賓」也。（九五）「觀我生」，觀民也。（上九）「觀其生」，志未平也。

噬嗑 ䷔

卦辭：噬嗑，亨。利用獄。

爻辭：初九：屨校滅止，无咎。六二：噬膚，滅鼻，无咎。六三：噬腊肉，遇毒，小吝，无咎。九四：噬乾胏，得金矢，利艱貞，吉。六五：噬乾肉，得黃金，貞，厲无咎。上九：何校滅耳，凶。

彖傳：頤中有物，曰噬嗑。噬嗑而「亨」，剛柔分，動而明，雷電合而章，柔得中而上行，雖不當位，「利用獄」也。

象傳：雷電，噬嗑。先王以明罰敕法。（初九）「屨校滅止」，不行也。（六二）「噬膚，滅鼻」，乘剛也。（六三）「遇毒」，位不當也。（九四）「利艱貞，吉」，未光也。（六五）「貞厲，无咎」，得當也。（上九）「何校滅耳」，聰不明也。

賁 ䷕

卦辭：賁，亨，小利有攸往。

爻辭：初九：賁其趾，舍車而徒。六二：賁其須。九三：賁如濡如，永貞，吉。六四：賁如皤如，白馬翰如，匪寇，婚媾。六五：賁于丘園，束帛戔戔，吝，終吉。上九：白賁，无咎。

彖傳：賁，柔來而文剛，故亨[7]。分剛上而文柔，故「小利有攸往」，天文也。文明以止，人文也。觀乎天文以察時變，觀乎人文以化成天下。

象傳：山下有火，賁。君子以明庶政。无敢折獄。（初九）「舍車而徒」，義弗乘也。（六二）「賁其須」，與上興也。（九三）「永貞」之「吉」，終莫之陵也。（六四）六四當位，疑也。「匪寇，婚媾」，終无尤也。（六五）

---

7 今本《周易》作「賁，亨，柔來而文剛，故亨」，前一「亨」字衍。今刪去。

六五之「吉」，有喜也。（上九）「白賁，无咎」，上得志也。

剝䷖

卦辭：剝，不利有攸往。

爻辭：初六：剝牀以足，蔑貞，凶。六二：剝牀以辨，蔑貞，凶。六三：剝，无咎。六四：剝牀以膚，凶。六五：貫魚，以宮人寵，无不利。上九：碩果不食，君子得輿，小人剝廬。

彖傳：剝，剝也。柔變剛也。「不利有攸往」，小人長也。順而止之，觀象也。君子尚消息盈虛，天行也。

象傳：山附于地，剝。上以厚下安宅。（初六）「剝牀以足」，以滅下也。（六二）「剝牀以辨」，未有與也。（六三）「剝之无咎」，失上下也。（六四）「剝牀以膚」，切近災也。（六五）「以宮人寵」，終无尤也。（上九）「君子得輿」，民所載也；「小人剝廬」，終不可用也。

復䷗

卦辭：復，亨。出入无疾，朋來无咎。反復其道，七日來復，利有攸往。

爻辭：初九：不遠復，无祗悔，元吉。六二：休復，吉。六三：頻復，厲，无咎。六四：中行獨復。六五：敦復，无悔。上六：迷復，凶，有災眚。用行師，終有大敗。以其國，君凶，至于十年不克征。

彖傳：「復，亨」，剛反，動而以順行，是以「出入无疾，朋來无咎」。「反復其道，七日來復」，天行也。「利有攸往」，剛長也。復，其見天地之心乎？

象傳：雷在地中，復。先王以至日閉關，商旅不行，后不省方。（初九）「不遠」之「復」，以修身也。（六二）「休復」之「吉」，以下仁也。（六三）「頻復」之「厲」，義「无咎」也。（六四）「中行獨復」，以從道也。（六五）「敦復，无悔」，中以自考也。（上六）「迷復」之「凶」，反君道也。

无妄 ䷘

卦辭：无妄，元亨，利貞。其匪正，有眚，不利有攸往。

爻辭：初九：无妄，往吉。六二：不耕穫，不菑畬，則利有攸往。六三：无妄之災，或繫之牛，行人之得，邑人之災。九四：可貞，无咎。九五：无妄之疾，勿藥，有喜。上九：无妄，行有眚，无攸利。

彖傳：无妄，剛自外來，而為主於內。動而健，剛中而應，大「亨」以正，天之命也。「其匪正，有眚，不利有攸往」，无妄之往，何之矣？天命不祐，行矣哉！

象傳：天下雷行，物與无妄。先王以茂對時，育萬物。（初九）「无妄」之「往」，得志也。（六二）「不耕穫」，未富也。（六三）「行人」得牛，「邑人」災也。（九四）「可貞，无咎」，固有之也。（九五）「无妄」之「藥」，不可試也。（上九）「无妄」之「行」，窮之災也。

大畜 ䷙

卦辭：大畜，利貞。不家食，吉。利涉大川。

爻辭：初九：有厲，利已。九二：輿說輹。九三，良馬逐，利艱貞。曰閑輿衛，利有攸往。六四：童牛之牿，元吉。六五：豶豕之牙，吉。上九：何天之衢，亨。

彖傳：大畜，剛健，篤實，輝光，日新其德。剛上而尚賢，能止健，大正也。「不家食，吉」，養賢也。「利涉大川」，應乎天也。

象傳：天在山中，大畜。君子以多識前言往行，以畜其德。（初九）「有厲，利已」，不犯災也。（九二）「輿說輹」。中无尤也。（九三）「利有攸往」，上合志也。（六四）六四「元吉」，有喜也。（六五）六五之「吉」，有慶也。（上九）「何天之衢」，道大行也。

頤 ䷚

卦辭：頤，貞吉。觀頤，自求口實。

爻辭：初九：舍爾靈龜，觀我朵頤，凶。六二：顛頤，拂經，于丘頤，征凶。六三：拂頤，貞凶。十年勿用，无攸利。六四：顛頤，吉。虎視眈眈，其欲逐逐，无咎。六五：拂經，居貞吉。不可涉大川。上九：由頤，厲，吉。利涉大川。

彖傳：「頤，貞吉」，養正則吉也。「觀頤」，觀其所養也。「自求口實」，觀其自養也。天地養萬物，聖人養賢以及萬民，頤之時大矣哉！

象傳：山下有雷，頤。君子以慎言語，節飲食。（初九）「觀我朵頤」，亦不足貴也。（六二）六二「征凶」，行失類也。（六三）「十年勿用」，道大悖也。（六四）「顛頤」之「吉」，上施光也。（六五）「居貞」之「吉」，順以從上也。（上九）「由頤，厲，吉」，大有慶也。

大過 ䷛

卦辭：大過，棟橈。利有攸往，亨。

爻辭：初六：藉用白茅，无咎。九二：枯楊生稊，老夫得其女妻，无不利。九三：棟橈，凶。九四：棟隆，吉，有它吝。九五：枯楊生華，老婦得其士夫，无咎，无譽。上六：過涉滅頂，凶，无咎。

彖傳：大過，大者過也。「棟橈」，本末弱也。剛過而中，巽而說行，「利有攸往」，乃「亨」。大過之時大矣哉！

象傳：澤滅木，大過。君子以獨立不懼，遯世无悶。（初六）「藉用白茅」，柔在下也。（九二）「老夫」「女妻」，過以相與也。（九三）「棟橈」之「凶」，不可以有輔也。（九四）「棟隆」之「吉」，不橈乎下也。（九五）「枯楊生華」，何可久也？「老婦」「士夫」，亦可醜也。（上六）「過涉」之「凶」，不可咎也。

習坎 ䷜

卦辭：習坎，有孚，維心亨，行有尚。

爻辭：初六：習坎，入于坎窞，勿用。九二：坎，有險，求小得。六三：
　　　來之坎坎，險且枕。入于坎窞，勿用。六四：樽酒，簋貳，用缶。納
　　　約自牖。終无咎。九五：坎不盈，祇既平，无咎。上六：係用徽纆，
　　　寘于叢棘，三歲不得，凶。

象傳：習坎，重險也。水流而不盈，行險而不失其信。「維心亨」，乃以剛
　　　中也。「行有尚」，往有功也。天險，不可升也。地險，山川丘陵也。
　　　王公設險，以守其國。險之時用大矣哉！

象傳：水洊至，習坎。君子以常德行，習教事。（初六）「習坎，入坎」，失
　　　道「凶」也。（九二）「求小得」，未出中也。（六三）「來之坎坎」，終
　　　无功也。（六四）「樽酒，簋貳」，剛柔際也。（九五）「坎不盈」，中未
　　　大也。（上六）上六失道，凶「三歲」也。

離☲☲

卦辭：離，利貞，亨。畜牝牛，吉。

爻辭：初九：履錯然，敬之，无咎。六二：黃離，元吉。九三：日昃之
　　　離，不鼓缶而歌，則大耋之嗟，凶。九四：突如其來如，焚如，死
　　　如，棄如。六五：出涕沱若，戚嗟若，吉。上九：王用出征，有嘉折
　　　首，獲匪其醜，无咎。

象傳：離，麗也。日月麗乎天，百穀草木麗乎土，重明以麗乎正，乃化成
　　　天下。柔麗乎中正，故「亨」，是以「畜牝牛，吉」也。

象傳：明兩作，離。大人以繼明照于四方。（初九）「履錯」之「敬」，以辟
　　　咎也。（六二）「黃離，元吉」，得中道也。（九三）「日昃之離」，何可
　　　久也？（九四）「突如其來如」，无所容也。（六五）六五之「吉」，離王
　　　公也。（上九）「王用出征，以正邦也。」

咸☱☶

卦辭：咸，亨，利貞。取女，吉。

爻辭：初六：咸其拇。六二：咸其腓，凶。居吉。九三：咸其股，執其

隨，往吝。九四：貞吉，悔亡。憧憧往來，朋從爾思。九五：咸其
脢，无悔。上六：咸其輔、頰、舌。

彖傳：咸，感也。柔上而剛下，二氣感應以相與，止而說，男下女，是以
「亨，利貞。取女，吉」也。天地感而萬物化生，聖人感人心而天下
和平。觀其所感，而天地萬物之情可見矣。

象傳：山上有澤，咸。君子以虛受人。（初六）「咸其拇」，志在外也。（六二）
雖「凶，居吉」，順不害也。（九三）「咸其股」，亦不處也。志在「隨」
人，所「執」下也。（九四）「貞吉，悔亡」，未感害也。「憧憧往來」，
未光大也。（九五）「咸其脢」，志末也。（上六）「咸其輔、頰、舌」，
滕口說也。

恆䷟

卦辭：恆，亨，无咎，利貞。利有攸往。

爻辭：初六：浚恆，貞凶，无攸利。九二：悔亡。九三：不恆其德，或承
之羞，貞吝。九四：田无禽。六五：恆其德，貞，婦人吉，夫子凶。
上六：振恆，凶。

彖傳：恆，久也。剛上而柔下，雷風相與，巽而動，剛柔皆應，恆。「恆，
亨，无咎，利貞」，久於其道也。天地之道，恆久而不已也。「利有攸
往」，終則有始也。日月得天而能久照，四時變化而能久成。聖人久
於其道，而天下化成。觀其所恆，而天地萬物之情可見矣！

象傳：雷風，恆，君子以立不易方。（初六）「浚恆」之「凶」，始求深也。
（九二）九二「悔亡」，能久中也。（九三）「不恆其德」，无所容也。（九
四）久非其位，安得禽也？（六五）「婦人」貞吉，從一而終也。「夫子」
制義，從婦「凶」也。（上九）「振恆」在上，大无功也。

遯䷠

卦辭：遯，亨，小利貞。

爻辭：初六：遯尾，厲。勿用有攸往。六二：執之用黃牛之革，莫之勝

說。九三：係遯，有疾，厲。畜臣妾，吉。九四：好遯，君子吉，小
人否。九五：嘉遯，貞吉。上九：肥遯，无不利。

彖傳：「遯、亨」，遯而亨也。剛當位而應，與時行也。「小利貞」，浸而長
也。遯之時義大矣哉！

象傳：天下有山，遯。君子以遠小人，不惡而嚴。（初六）「遯尾」之
「厲」，不往何災也？（六二）「執用黃牛」，固志也。（九三）「係遯」
之「厲」，「有疾」憊也。「畜臣妾，吉」，不可大事也。（九四）「君子」
「好遯」，「小人否」也。（九五）「嘉遯，貞吉」，以正志也。（上九）「肥
遯，无不利」，无所疑也。

大壯 ䷡

卦辭：大壯，利貞。

爻辭：初九：壯于趾，征凶，有孚。九二：貞吉。九三：小人用壯，君子
用罔，貞厲。九四：羝羊觸藩，羸其角。貞吉，悔亡。藩決不羸，壯
于大輿之輹[8]。六五：喪羊于易，无悔。上六：羝羊觸藩，不能退，不
能遂，无攸利，艱則吉。

彖傳：大壯，大者壯也。剛以動，故壯。「大壯，利貞」，大者正也。正
大，而天地之情可見矣。

象傳：雷在天上，大壯。君子以非禮弗履。（初九）「壯于趾」，其「孚」窮
也。（九二）九二「貞吉」，以中也。（九三）「小人用壯，君子罔」也。
（九四）「藩決不羸」，尚往也。（六五）「喪羊于易」，位不當也。（上六）
「不能退，不能遂」，不詳也。「艱則吉」，咎不長也。

---

8 九四爻辭「羝羊觸藩，羸其角」，今本《周易》屬於九三爻辭。高亨《周易古經今注》舉三
證說明其應屬九四爻辭，其說甚詳，認為九三爻辭「貞厲」，占斷已畢，不應續有文字，此
其一；九四「貞吉，悔亡」，即「羝羊觸藩，羸其角」的占斷，語氣一貫，不應分置兩爻，
此其二；九四「藩決不羸」的「藩」字是承接同一爻辭「羝羊觸藩」而言，此其三。

<h1>晉 ䷢</h1>

卦辭：晉：康侯用錫馬蕃庶，晝日三接。

爻辭：初六：晉如摧如，貞吉。罔孚，裕，无咎。六二：晉如愁如，貞
吉。受茲介福，于其王母。六三：眾允，悔亡。九四：晉如鼫鼠，貞
厲。六五：悔亡，失得勿恤。往吉，无不利。上九：晉其角，維用伐
邑。厲，吉，无咎，貞吝。

彖傳：晉，進也。明出地上，順而麗乎大明，柔進而上行，是以「康侯用
錫馬蕃庶，晝日三接」也。

象傳：明出地上，晉。君子以自昭明德。（初六）「晉如摧如」，獨行正也。
「裕，无咎」，未受命也。（六二）「受茲介福」，以中正也。（六三）「眾
允」之志，上行也。（九四）「鼫鼠，貞厲」，位不當也。（六五）「失得
勿恤」，往有慶也。（上九）「維用伐邑」，道未光也。

<h1>明夷 ䷣</h1>

卦辭：明夷，利艱貞。

爻辭：初九：明夷于飛，垂其翼。君子于行，三日不食。有攸往，主人有
言。六二：明夷，夷于左股，用拯馬壯，吉。九三：明夷于南狩，得
其大首，不可疾貞。六四：入于左腹，獲明夷之心，于出門庭。六
五：箕子之明夷，利貞。上六：不明晦，初登于天，後入于地。

彖傳：明入地中，明夷。內文明而外柔順，以蒙大難，文王以之。「利艱
貞」，晦其明也。內難而能正其志，箕子以之。

象傳：明入地中，明夷。君子以蒞眾，用晦而明。（初九）「君子于行」，義
不食也。（六二）六二之「吉」，順以則也。（九三）「南狩」之志，乃大
得也。（六四）「入于左腹」，獲心意也。（六五）「箕子」之「貞」，明
不可息也。（上六）「初登于天」，照四國也。「後入于地」，失則也。

<h1>家人 ䷤</h1>

卦辭：家人，利女貞。

爻辭：初九：閑有家，悔亡。六二：无攸遂，在中饋，貞吉。九三：家人嗃嗃，悔厲，吉；婦子嘻嘻，終吝。六四：富家，大吉。九五：王假有家，勿恤，吉。上九：有孚，威如，終吉。

彖傳：家人，女正位乎內，男正位乎外，男女正，天地之大義也。家人有嚴君焉，父母之謂也。父父，子子，兄兄，弟弟，夫夫，婦婦，而家道正；正家而天下定矣。

象傳：風自火出，家人。君子以言有物而行有恆。（初九）「閑有家」，志未變也。（六二）六二之「吉」，順以巽也。（九三）「家人嗃嗃」，未失也。「婦子嘻嘻」，失家節也。（六四）「富家，大吉」，順在位也。（九五）「王假有家」，交相愛也。（上九）「威如」之「吉」，反身之謂也。

睽 ䷥

卦辭：睽，小事吉。

爻辭：初九：悔亡。喪馬勿逐，自復。見惡人，无咎。九二：遇主于巷，无咎。六三：見輿曳，其牛掣，其人天且劓。无初，有終。九四：睽孤，遇元夫，交孚，厲，无咎。六五：悔亡。厥宗噬膚，往，何咎？上九：睽孤：見豕負塗，載鬼一車；先張之弧，後說之弧；匪寇，婚媾。往，遇雨則吉。

彖傳：睽，火動而上，澤動而下，二女同居，其志不同行。說而麗乎明，柔進而上行，得中而應乎剛，是以「小事吉」。天地睽而其事同也，男女睽而其志通也，萬物睽而其事類也。睽之時用大矣哉！

象傳：上火下澤，睽。君子以同而異。（初九）「見惡人」，以辟「咎」也。（九二）「遇主于巷」，未失道也。（六三）「見輿曳」，位不當也。「无初，有終」，遇剛也。（九四）「交孚」，「无咎」，志行也。（六五）「厥宗噬膚」，往有慶也。（上九）「遇雨」之「吉」，群疑亡也。

蹇 ䷦

卦辭：蹇，利西南，不利東北。利見大人。貞吉。

爻辭：初六：往蹇，來譽。六二：王臣蹇蹇，匪躬之故。九三：往蹇，來反。六四：往蹇，來連。九五：大蹇，朋來。上六：往蹇，來碩，吉。利見大人。

彖傳：蹇，難也，險在前也。見險而能止，知矣哉！「蹇，利西南」，往得中也。「不利東北」，其道窮也。「利見大人」，往有功也。當位貞吉，以正邦也。蹇之時用大矣哉！

象傳：山上有水，蹇。君子以反身修德。（初六）「往蹇，來譽」，宜待也。（六二）「王臣蹇蹇」，終无尤也。（九三）「往蹇，來反」，內喜之也。（六四）「往蹇，來連」，當位實也。（九五）「大蹇，朋來」，以中節也。（上六）「往蹇，來碩」，志在內也。「利見大人」，以從貴也。

解 ䷧

卦辭：解，利西南。无所往，其來復，吉。有攸往，夙吉。

爻辭：初六：无咎。九二：田獲三狐，得黃矢，貞吉。六三：負且乘，致寇至，貞吝。九四：解而拇，朋至斯孚。六五：君子維有解，吉。有孚于小人。上六：公用射隼于高墉之上，獲之，无不利。

彖傳：解，險以動，動而免乎險，解。「解，利西南」，往得眾也。「其來復，吉」，乃得中也。「有攸往，夙吉」，往有功也。天地解，而雷雨作；雷雨作，而百果草木皆甲坼。解之時大矣哉！

象傳：雷雨作，解。君子以赦過宥罪。（初六）剛柔之際，義「无咎」也。（九二）九二「貞吉」，得中道也。（六三）「負且乘」，亦可醜也。自我致戎，又誰咎也？（九四）「解而拇」，未當位也。（六五）「君子」「有解」，「小人」退也。（上六）「公用射隼」，以解悖也。

損 ䷨

卦辭：損，有孚，元吉，无咎，可貞，利有攸往。曷之用？二簋可用享。

爻辭：初九：已事遄往，无咎。酌損之。九二：利貞，征凶。弗損，益之。六三：三人行，則損一人；一人行，則得其友。六四：損其疾，

使遄有喜，无咎。六五：或益之十朋之龜，弗克違，元吉。上九：弗損，益之，无咎，貞吉，利有攸往，得臣无家。

彖傳：損，損下益上，其道上行。損而「有孚，元吉，无咎，可貞，利有攸往。曷之用？二簋可用享」，二簋應有時，損剛益柔有時，損益盈虛，與時偕行。

象傳：山下有澤，損。君子以懲忿窒欲。（初九）「已事遄往」，尚合志也。（九二）九二「利貞」，中以為志也。（六三）「一人行」，「三」則疑也。（六四）「損其疾」，亦可喜也。（六五）六五「元吉」，自上祐也。（上九）「弗損，益之」，大得志也。

益䷩

卦辭：益，利有攸往，利涉大川。

爻辭：初九：利用為大作，元吉，无咎。六二：或益之十朋之龜，弗克違，永貞吉。王用享于帝，吉。六三：益之，用凶事，无咎。有孚中行，告公用圭。六四，中行告公從，利用為依遷國。九五：有孚，惠心，勿問，元吉。有孚，惠我德。上九：莫益之，或擊之，立心勿恆，凶。

彖傳：益，損上益下，民說无疆。自上下下，其道大光。「利有攸往」，中正有慶。「利涉大川」，木道乃行。益動而巽，日進无疆。天施地生，其益无方。凡益之道，與時偕行。

象傳：風雷益。君子以見善則遷，有過則改。（初九）「元吉，无咎」，下不厚事也。（六二）「或益之」，自外來也。（六三）「益用凶事」，固有之也。（六四）「告公從」，以益志也。（九五）「有孚，惠心」，「勿問」之矣。「惠我德」，大得志也。（上九）「莫益之」，偏辭也。「或擊之」，自外來也。

夬䷪

卦辭：夬，揚于王庭，孚號有厲。告自邑，不利即戎，利有攸往。

爻辭：初九：壯于前趾，往不勝，為咎。九二：惕號，莫夜有戎，勿恤。
　　　九三：壯于頄，有凶。君子夬夬獨行，遇雨若濡。有慍，无咎。九
　　　四：臀无膚，其行次且。牽羊悔亡，聞言不信。九五：莧陸夬夬，中
　　　行无咎。上六：「无號」，終有凶。
彖傳：夬，決也，剛決柔也。健而說，決而和。「揚于王庭」，柔乘五剛
　　　也，「孚號有厲」，其危乃光也。「告自邑，不利即戎」，所尚乃窮也。
　　　「利有攸往」，剛長乃終也。
象傳：澤上於天，夬。君子以施祿及下，居德則忌。（初九）「不勝」而往，
　　　「咎」也。（九二）「有戎，勿恤」，得中道也。（九三）「君子夬夬」，終
　　　「无咎」也。（九四）「其行次且」，位不當也。「聞言不信」，聰不明也。
　　　（九五）「中行，无咎」，中未光也。（上六）「无號」之凶，終不可長也。

姤☰

卦辭：姤，女壯，勿用取女。
爻辭：初六：繫于金柅，貞吉。有攸往，見凶。羸豕孚蹢躅。九二：包有
　　　魚，无咎，不利賓。九三：臀无膚，其行次且。厲，无大咎。九四：
　　　包无魚，起凶。九五：以杞包瓜，含章，有隕自天。上九：姤其角，
　　　吝，无咎。
彖傳：姤，遇也，柔遇剛也。「勿用取女」，不可與長也。天地相遇，品物
　　　咸章也。剛遇中正，天下大行也。姤之時義大矣哉！
象傳：天下有風，姤。后以施命誥四方。（初六）「繫于金柅」，柔道牽也。
　　　（九二）「包有魚」，義不及賓也。（九三）「其行次且」，行未牽也。（九四）
　　　「无魚」之凶，遠民也。（九五）九五「含章」，中正也。「有隕自天」，
　　　志不舍命也。（上九）「姤其角」，上窮「吝」也。

萃☷

卦辭：萃，亨。王假有廟，利見大人，亨，利貞。用大牲，吉。利有攸
　　　往。

爻辭：初六：有孚不終，乃亂乃萃，若號。一握為笑，勿恤，往无咎。六二：引吉，无咎，孚乃利用禴。六三：萃如嗟如，无攸利，往无咎，小吝。九四：大吉，无咎。九五：萃有位，无咎，匪孚。元永貞，悔亡。上六：齎咨涕洟，无咎。

彖傳：萃，聚也。順以說，剛中而應，故聚也。「王假有廟」，致孝享也。「利見大人，亨」，聚以正也。「用大牲，吉，利有攸往」，順天命也。觀其所聚，而天地萬物之情可見矣。

象傳：澤上於地，萃。君子以除戎器，戒不虞。（初六）「乃亂乃萃」，其志亂也。（六二）「引吉，无咎」，中未變也。（六三）「往无咎」，上巽也。（九四）「大吉，无咎」，位不當也。（九五）「萃有位」，志未光也。（上六）「齎咨涕洟」，未安上也。

升䷭

卦辭：升，元亨。用見大人，勿恤。南征，吉。

爻辭：初六：允升，大吉。九二：孚乃利用禴，无咎。九三：升虛邑。六四：王用亨于岐山，吉，无咎。六五：貞吉，升階。上六：冥升，利于不息之貞。

彖傳：柔以時升，巽而順，剛中而應，是以大亨。「用見大人，勿恤」，有慶也。「南征，吉」，志行也。

象傳：地中生木，升。君子以順德，積小以高大。（初六）「允升，大吉」，上合志也。（九二）九二之「孚」，有喜也。（九三）「升虛邑」，无所疑也。（六四）「王用亨于岐山」，順事也。（六五）「貞吉，升階」，大得志也。（上六）「冥升」在上，消不富也。

困䷮

卦辭：困：亨。貞，大人吉，无咎。有言不信。

爻辭：初六：臀困于株木，入于幽谷，三歲不覿。九二：困于酒食，朱紱方來，利用享祀。征凶，无咎。六三：困于石，據于蒺蔾，入于其

宮，不見其妻，凶。九四：來徐徐，困于金車，吝，有終。九五：劓
刖，困于赤紱，乃徐有說，利用祭祀。上六：困于葛藟，于臲卼。
曰：動悔，有悔，征吉。

彖傳：困，剛揜也。險以說，困而不失其所亨，其唯君子乎！「貞，大人
吉」，以剛中也。「有言不信」，尚口乃窮也。

象傳：澤无水，困。君子以致命遂志。（初六）「入于幽谷」，幽，不明也。
（九二）「困于酒食」，中有慶也。（六三）「據于蒺藜」，乘剛也。「入于
其宮，不見其妻」，不祥也。（九四）「來徐徐」，志在下也。雖不當位，
有與也。（九五）「劓刖」，志未得也。「乃徐有說」，以中直也。「利用
祭祀」，受福也。（上六）「困于葛藟」，未當也。「動悔，有悔」，吉行
也。

井 ䷯

卦辭：井，改邑不改井，无喪无得，往來井井。汔至，亦未繘井，羸其
瓶，凶。

爻辭：初六：井泥不食，舊井无禽。九二：井谷射鮒，甕敝漏。九三：井
渫不食，為我心惻。可用汲，王明，並受其福。六四：井甃，无咎。
九五：井洌，寒泉，食。上六：井收，勿幕，有孚，元吉。

彖傳：巽乎水而上水，井。井養而不窮也。「改邑不改井」，乃以剛中也。
「汔至，亦未繘井」，未有功也。「羸其瓶」，是以凶也。

象傳：木上有水，井。君子以勞民勸相。（初六）「井泥不食」，下也。「舊
井无禽」，時舍也。（九二）「井谷射鮒」，无與也。（九三）井渫不食，
行「惻」也。求「王明」，受「福」也。（六四）「井甃，无咎」，修井
也。（九五）「寒泉」之「食」，中正也。（上六）「元吉」在上，大成也。

革 ䷰

卦辭：革，己日乃孚，元亨，利貞，悔亡。

爻辭：初九：鞏用黃牛之革。六二：己日乃革之，征吉，无咎。九三：征

凶，貞厲。革言三就，有孚。九四：悔亡，有孚，改命，吉。九五：
大人虎變，未占有孚。上六：君子豹變，小人革面。征凶，居貞吉。

彖傳：革，水火相息，二女同居，其志不相得，曰革。「己日乃孚」，革而
信之。文明以說，大「亨」以正。革而當，其「悔」乃「亡」。天地
革而四時成。湯、武革命，順乎天而應乎人。革之時大矣哉！

象傳：澤中有火，革。君子以治曆明時。（初九）「鞏用黃牛」，不可以有為
也。（六二）「己日」「革之」，行有嘉也。（九三）「革言三就」，又何之
矣！（九四）「改命」之「吉」，信志也。（九五）「大人虎變」，其文炳
也。（上六）「君子豹變」，其文蔚也。「小人革面」，順以從君也。

鼎䷱

卦辭：鼎，元吉，亨。

爻辭：初六：鼎顛趾，利出否，得妾以其子，无咎。九二：鼎有實，我仇
有疾，不我能即，吉。九三：鼎耳革，其行塞，雉膏不食。方雨虧
悔，終吉。九四：鼎折足，覆公餗，其形渥，凶。六五：鼎黃耳，金
鉉，利貞。上九：鼎玉鉉，大吉，无不利。

彖傳：鼎，象也。以木巽火，亨飪也。聖人亨以享上帝，而大亨以養聖
賢。巽而耳目聰明，柔進而上行，得中而應乎剛，是以「元亨」。

象傳：木上有火，鼎。君子以正位凝命。（初六）「鼎顛趾」，未悖也。「利
出否」，以從貴也。（九二）「鼎有實」，慎所之也。「我仇有疾」，終无
尤也。（九三）「鼎耳革」，失其義也。（九四）「覆公餗」，信如何也！（六
五）「鼎黃耳」，中以為實也。（上九）「玉鉉」在上，剛柔節也。

震䷲

卦辭：震，亨。震來虩虩，笑言啞啞。震驚百里，不喪匕鬯。

爻辭：初九：震來虩虩，後笑言啞啞，吉。六二：震來厲，億喪貝。躋于
九陵，勿逐，七日得。六三：震蘇蘇，震行无眚。九四：震遂泥。六
五：震往來厲，億无喪有事。上六：震索索，視矍矍，征凶。震不于

其躬，于其鄰，无咎。婚媾有言。

彖傳：震，亨。「震來虩虩」，恐致福也。「笑言啞啞」，後有則也。「震驚百里」，驚遠而懼邇也。出，可以守宗廟社稷，以為祭主也。

象傳：洊雷，震。君子以恐懼修省。（初九）「震來虩虩」，恐致福也。「笑言啞啞」，後有則也。（六二）「震來厲」，乘剛也。（六三）「震蘇蘇」，位不當也。（九四）「震遂泥」，未光也。（六五）「震往來厲」，危行也。其事在中，大，「无喪」也。（上六）「震索索」，中未得也。雖凶「无咎」，畏鄰戒也。

艮䷳

卦辭：艮其背，不獲其身；行其庭，不見其人，无咎。

爻辭：初六：艮其趾，无咎，利永貞。六二：艮其腓，不拯其隨，其心不快。九三：艮其限，列其夤，厲薰心。六四：艮其身，无咎。六五：艮其輔，言有序，悔亡。上九：敦艮，吉。

彖傳：艮，止也。時止則止，時行則行，動靜不失其時，其道光明。艮其止，止其所也。上下敵應，不相與也。是以「不獲其身，行其庭，不見其人，无咎」也。

象傳：兼山，艮。君子以思不出其位。（初六）「艮其趾」，未失正也。（六二）「不拯其隨」，未退聽也。（九三）「艮其限」，危「薰心」也。（六四）「艮其身」，止諸躬也。（六五）「艮其輔」，以中正也。（上九）「敦艮」之「吉」，以厚終也。

漸䷴

卦辭：漸，女歸，吉，利貞。

爻辭：初六：鴻漸于干。小子厲，有言，无咎。六二：鴻漸于磐。飲食衎衎，吉。九三：鴻漸于陸。夫征不復，婦孕不育，凶。利禦寇。六四：鴻漸于木。或得其桷，无咎。九五：鴻漸于陵。婦三歲不孕，終莫之勝，吉。上九：鴻漸于陸。其羽可用為儀，吉。

彖傳：漸，之進也，「女歸，吉」也。進得位，往有功也。進以正，可以
　　　正邦也。其位，剛得中也。止而巽，動不窮也。
象傳：山上有木，漸。君子以居賢德善俗。（初六）「小子」之「厲」，義「无
　　　咎」也。（六二）「飲食衎衎」，不素飽也。（九三）「夫征不復」，離群
　　　醜也。「婦孕不育」，失其道也。利用「禦寇」，順相保也。（六四）「或
　　　得其桷」，順以巽也。（九五）「終莫之勝，吉」，得所願也。（上九）「其
　　　羽可用為儀，吉」，不可亂也。

<h2>歸妹䷵</h2>

卦辭：歸妹，征凶，无攸利。
爻辭：初九：歸妹以娣，跛能履，征吉。九二：眇能視，利幽人之貞。六
　　　三：歸妹以須，反歸以娣。九四：歸妹愆期，遲歸，有時。六五：帝
　　　乙歸妹，其君之袂，不如其娣之袂良。月幾望，吉。上六：女承筐无
　　　實，士刲羊无血，无攸利。
彖傳：歸妹，天地之大義也。天地不交，而萬物不興。歸妹，人之終始
　　　也。說以動，所歸，妹也。「征凶」，位不當也。「无攸利」，柔乘剛
　　　也。
象傳：澤上有雷，歸妹。君子以永終知敝。（初九）「歸妹以娣」，以恆也。
　　　「跛能履」，吉相承也。（九二）「利幽人之貞」，未變常也。（六三）「歸
　　　妹以須」，未當也。（九四）「愆期」之志，有待而行也。（六五）「帝乙
　　　歸妹」，「不如其娣之袂良」也。其位在中，以貴行也。（上六）上六
　　　「无實」，「承」虛「筐」也。

<h2>豐䷶</h2>

卦辭：豐，亨，王假之。勿憂，宜日中。
爻辭：初九：遇其配主，雖旬无咎，往有尚。六二：豐其蔀，日中見斗。
　　　往得疑疾，有孚發若，吉。九三：豐其沛，日中見沬。折其右肱，无
　　　咎。九四：豐其蔀，日中見斗。遇其夷主，吉。六五：來章，有慶

譽，吉。上六：豐其屋，蔀其家，闚其戶，闃其无人，三歲不覿，凶。

象傳：豐，大也。明以動，故豐。「王假之」，尚大也。「勿憂，宜日中」，宜照天下也。日中則昃，月盈則食，天地盈虛，與時消息，而況於人乎？況於鬼神乎？

象傳：雷電皆至，豐。君子以折獄致刑。（初九）「雖旬无咎」，過旬災也。（六二）「有孚發若」，信以發志也。（九三）「豐其沛」，不可大事也。「折其右肱」，終不可用也。（九四）「豐其蔀」，位不當也。「日中見斗」，幽不明也。「遇其夷主」，吉行也。（六五）六五之「吉」，「有慶」也。（上六）「豐其屋」，天際翔也。「闚其戶，闃其无人」，自藏也。

旅䷷

卦辭：旅，小亨，旅貞吉。

爻辭：初六：旅瑣瑣，斯其所取災。六二：旅即次，懷其資，得童僕貞。九三：旅焚其次，喪其童僕貞，厲。九四：旅于處，得其資斧，我心不快。六五：射雉一矢，亡，終以譽命。上九：鳥焚其巢，旅人先笑後號咷。喪牛于易，凶。

象傳：「旅，小亨」，柔得中乎外而順乎剛，止而麗乎明，是以「小亨，旅貞吉」也。旅之時義大矣哉！

象傳：山上有火，旅。君子以明慎用刑，而不留獄。（初六）「旅瑣瑣」，志窮「災」也。（六二）「得童僕貞」，終无尤也。（九三）「旅焚其次」，亦以傷矣。以旅與下，其義喪也。（九四）「旅于處」，未得位也。「得其資斧」，「心」未「快」也。（六五）「終以譽命」，上逮也。（上九）以旅在上，其義「焚」也。「喪牛于易」，終莫之聞也。

巽䷸

卦辭：巽，小亨。利有攸往。利見大人。

爻辭：初六：進退，利武人之貞。九二：巽在牀下，用史、巫，紛若吉，

无咎。九三：頻巽，吝。六四：悔亡。田獲三品。九五：貞吉，悔亡，无不利，无初有終。先庚三日，後庚三日，吉。上九：巽在牀下，喪其資斧，貞凶。

彖傳：重巽以申命，剛巽乎中正而志行，柔皆順乎剛，是以「小亨，利有攸往，利見大人」。

象傳：隨風，巽。君子以申命行事。（初六）「進退」，志疑也。「利武人之貞」，志治也。（九二）「紛若」之「吉」，得中也。（九三）「頻巽」之「吝」，志窮也。（六四）「田獲三品」，有功也。（九五）九五之「吉」，位正中也。（上九）「巽在牀下」，上窮也。「喪其資斧」，正乎「凶」也。

兌䷹

卦辭：兌，亨，利貞。

爻辭：初九：和兌，吉。九二：孚兌，吉，悔亡。六三：來兌，凶。九四：商兌未寧，介疾有喜。九五：「孚于剝」，有厲。上六：引兌。

彖傳：兌，說也。剛中而柔外，說以「利貞」，是以順乎天而應乎人。說以先民，民忘其勞；說以犯難，民忘其死。說之大，民勸矣哉！

象傳：麗澤，兌。君子以朋友講習。（初九）「和兌」之「吉」，行未疑也。（九二）「孚兌」之「吉」，信志也。（六三）「來兌」之「凶」，位不當也。（九四）九四之「喜」，有慶也。（九五）「孚于剝」，位正當也。（上六）上六「引兌」，未光也。

渙䷺

卦辭：渙，亨。王假有廟，利涉大川，利貞。

爻辭：初六：用拯馬壯，吉。九二，渙奔其机，悔亡。六三：渙其躬，无悔。六四：渙其群，元吉。渙有丘，匪夷所思。九五：渙汗其大號。渙王居，无咎。上九：渙其血去逖出，无咎。

彖傳：「渙，亨」，剛來而不窮，柔得位乎外而上同。「王假有廟」，王乃在中也。「利涉大川」，乘木有功也。

象傳：風行水上，渙。先王以享于帝，立廟。（初六）初六之「吉」，順也。
（九二）「渙奔其机」，得願也。（六三）「渙其躬」，志在外也。（六四）「渙
其群，元吉」，光大也。（九五）「王居，无咎」，正位也。（上九）「渙
其血」，遠害也。

節 ䷻

卦辭：節，亨。苦節不可貞。

爻辭：初九：不出戶庭，无咎。九二：不出門庭，凶。六三：不節若，則
嗟若，无咎。六四：安節，亨。九五：甘節，吉，往有尚。上六：苦
節，貞凶，悔亡。

彖傳：「節，亨」，剛柔分而剛得中。「苦節不可貞」，其道窮也。說以行
險，當位以節，中正以通。天地節而四時成，節以制度，不傷財，不
害民。

象傳：澤上有水，節。君子以制數度，議德行。（初九）「不出戶庭」，知通
塞也。（九二）「不出門庭，凶」，失時極也。（六三）「不節」之「嗟」，
又誰「咎」也？（六四）「安節」之「亨」，承上道也。（九五）「甘節」
之「吉」，居位中也。（上六）「苦節，貞凶」，其道窮也。

中孚 ䷼

卦辭：中孚，豚魚吉。利涉大川，利貞。

爻辭：初九：虞吉，有它不燕。九二：鶴鳴在陰，其子和之。我有好爵，
吾與爾靡之。六三：得敵，或鼓，或罷，或泣，或歌。六四：月幾
望，馬匹亡，无咎。九五：有孚攣如，无咎。上九：翰音登于天，貞
凶。

彖傳：中孚，柔在內而剛得中，說而巽，孚，乃化邦也。「豚魚吉」，信及
豚魚也。「利涉大川」，乘木舟虛也。中孚以「利貞」，乃應乎天也。

象傳：澤上有風，中孚。君子以議獄緩死。（初九）初九「虞吉」，志未變
也。（九二）「其子和之」，中心願也。（六三）「或鼓，或罷」，位不當

也。（六四）「馬匹亡」，絕類上也。（九五）「有孚攣如」，位正當也。（上
九）「翰音登于天」，何可長也？

小過䷽

卦辭：小過，亨，利貞。可小事，不可大事。飛鳥遺之音，不宜上，宜
下，大吉。

爻辭：初六：飛鳥以凶。六二：過其祖，遇其妣；不及其君，遇其臣，无
咎。九三：弗過防之，從或戕之，凶。九四：无咎，弗過遇之。往
厲，必戒，勿用永貞。六五：密雲不雨，自我西郊。公弋取彼在穴。
上六：弗遇過之，飛鳥離之，凶。是謂災眚。

彖傳：小過，小者過而亨也。過以「利貞」，與時行也。柔得中，是以「小
事」吉也。剛失位而不中，是以「不可大事」也。有「飛鳥」之象焉。
「飛鳥遺之音，不宜上，宜下，大吉」，上逆而下順也。

象傳：山上有雷，小過。君子以行過乎恭，喪過乎哀，用過乎儉。（初六）
「飛鳥以凶」，不可如何也。（六二）「不及其君」，臣不可過也。（九三）
「從或戕之」，「凶」如何也。（九四）「弗過遇之」，位不當也。「往厲，
必戒」，終不可長也。（六五）「密雲不雨」，已上也。（上六）「弗遇過
之」，已亢也。

既濟䷾

卦辭：既濟：亨小，利貞。初吉，終亂。

爻辭：初九：曳其輪，濡其尾，无咎。六二：婦喪其茀，勿逐，七日得。
九三：高宗伐鬼方，三年克之，小人勿用。六四：繻有衣袽，終日
戒。九五：東鄰殺牛，不如西鄰之禴祭，實受其福。上六：濡其首，
厲。

彖傳：「既濟，亨」，小者亨也。「利貞」，剛柔正而位當也。「初吉」，柔
得中也。「終」止則「亂」，其道窮也。

象傳：水在火上，既濟。君子以思患而豫防之。（初九）「曳其輪」，義「无

咎」也。(六二)「七日得」，以中道也。(九三)「三年克之」，憊也。(六四)「終日戒」，有所疑也。(九五)「東鄰殺牛」，不如西鄰之時也。「實受其福」，吉大來也。(上六)「濡其首，厲」，何可久也？

未濟 ䷿

卦辭：未濟：亨。小狐汔濟，濡其尾，无攸利。

爻辭：初六：濡其尾，吝。九二：曳其輪，貞吉。六三：未濟，征凶。利涉大川。九四：貞吉，悔亡。震用伐鬼方，三年有賞于大邦[9]。六五：貞吉，无悔。君子之光，有孚，吉。上九：有孚于飲酒，无咎。濡其首，有孚失是。

彖傳：「未濟，亨」，柔得中也。「小狐汔濟」，未出中也。「濡其尾，无攸利」，不續終也。雖不當位，剛柔應也。

象傳：火在水上，未濟。君子以慎辨物居方。(初六)「濡其尾」，亦不知極也。(九二) 九二「貞吉」，中以行正也。(六三)「未濟，征凶」，位不當也。(九四)「貞吉，悔亡」，志行也。(六五)「君子之光」，其暉「吉」也。(上九)「飲酒濡首」，亦不知節也。

9　「大邦」，今本《周易》作「大國」，因漢儒避高祖名諱而改字。《周易集解》引虞翻本即作「邦」。「邦」字與上句「方」字叶韻。

索引

259, 261, 262, 276, 288, 306,
308, 313, 322, 325, 326, 328,
340, 341, 342, 346, 347, 348,
350, 352, 354, 382, 383, 429,
488, 516, 517, 520, 530, 595,
596, 607, 655, 665, 668, 697,
707, 714, 715, 759

六日七分：035, 299, 300, 301, 759

升 降：174, 178, 234, 238, 374, 423,
759

天 地：007, 013, 019, 023, 024, 025,
028, 034, 050, 057, 117, 125,
132, 146, 147, 148, 149, 162,
166, 175, 179, 180, 186, 191,
194, 203, 208, 215, 219, 224,
225, 231, 236, 237, 238, 239,
241, 244, 245, 254, 256, 262,
269, 271, 272, 274, 289, 293,
294, 295, 296, 301, 302, 306,
308, 311, 313, 317, 322, 323,
324, 328, 329, 331, 335, 336,
337, 338, 340, 344, 346, 347,
348, 350, 351, 352, 354, 362,
363, 364, 365, 366, 367, 368,
369, 370, 371, 374, 376, 377,
378, 379, 380, 381, 382, 383,
384, 385, 386, 389, 390, 391,
394, 396, 397, 398, 410, 420,

442, 446, 479, 514, 516, 518,
522, 533, 535, 536, 549, 551,
556, 563, 571, 573, 574, 576,
577, 579, 582, 584, 585, 586,
587, 588, 589, 592, 593, 595,
596, 597, 603, 608, 609, 610,
616, 617, 618, 675, 676, 683,
713, 726, 727, 732, 733, 735,
738, 740, 742, 743, 745, 746,
748, 749, 751, 753, 754, 756, 759

天 球：031, 218, 229, 248, 287, 288,
291, 295, 302, 759

太 一 ／ 大 一：158, 160, 187, 220,
243, 244, 245, 246, 247, 262,
291, 292, 338, 340, 341, 342,
371, 427, 576, 577, 584, 586,
588, 590, 591, 593, 665, 666,
708, 713, 715, 759

太 卜：077, 130, 133, 135, 139, 570,
642, 759

太 和：234, 235, 236, 237, 374, 597,
610, 677, 759

太 陰：035, 131, 146, 147, 219, 227,
289, 294, 295, 298, 302, 303,
337, 342, 759

太 陽：031, 033, 061, 125, 126, 131,
144, 145, 147, 148, 152, 154,
157, 162, 217, 218, 219, 220,

科學主義：012, 013, 181, 226, 420,
　　434, 446, 473, 478, 489, 494,
　　527, 543, 638, 678, 679, 759

剛　柔：008, 024, 131, 147, 164, 165,
　　166, 173, 174, 175, 176, 177,
　　178, 179, 180, 181, 182, 196,
　　215, 219, 220, 223, 224, 225,
　　238, 239, 241, 243, 245, 260,
　　261, 284, 346, 348, 359, 365,
　　368, 377, 378, 379, 390, 394,
　　395, 398, 399, 400, 405, 410,
　　414, 571, 593, 597, 614, 670,
　　728, 737, 741, 742, 746, 751,
　　756, 757, 758, 759

原始反終：224, 384, 385, 389, 391,
　　573, 609, 610, 627, 676, 759

消　息：032, 156, 178, 218, 223, 245,
　　270, 298, 316, 317, 339, 378,
　　386, 408, 518, 547, 587, 738,
　　754, 759

假　借：015, 063, 065, 067, 069, 078,
　　083, 091, 093, 096, 104, 105,
　　107, 108, 110, 114, 119, 128,
　　132, 134, 135, 136, 142, 157,
　　158, 165, 166, 168, 198, 199,
　　367, 396, 512, 760

參伍／參互：128, 224, 318, 319, 760

異　文：004, 005, 015, 016, 085, 088,
　　089, 090, 091, 092, 093, 094,
　　095, 097, 102, 108, 109, 112,
　　114, 127, 128, 151, 168, 169,
　　171, 198, 200, 201, 512, 599,
　　701, 760

終　始：007, 040, 149, 154, 228, 238,
　　246, 319, 322, 333, 335, 336,
　　344, 366, 370, 371, 373, 374,
　　384, 385, 386, 387, 388, 389,
　　391, 409, 516, 573, 609, 612,
　　665, 725, 753, 760

終則有始：238, 239, 377, 389, 390,
　　391, 573, 609, 676, 736, 742, 760

揲　蓍：133, 149, 227, 311, 313, 314,
　　315, 380, 382, 501, 587, 760

無　不　為：009, 028, 570, 573, 574,
　　575, 576, 577, 578, 579, 588,
　　589, 590, 622, 760

象　數：005, 012, 023, 024, 025, 026,
　　041, 102, 140, 178, 213, 230,
　　231, 234, 248, 249, 250, 251,
　　280, 281, 283, 284, 293, 294,
　　296, 305, 307, 308, 313, 316,
　　317, 381, 382, 392, 418, 423,
　　430, 475, 488, 515, 516, 527,
　　536, 609, 630, 677, 678, 702,
　　703, 711, 760

陽實陰虛：140, 216, 229, 230, 387,

《周易》鄭解

2023年12月初版　　　　　　　　　　　　　　　　定價：新臺幣950元
有著作權‧翻印必究
Printed in Taiwan.

著　　者	鄭	吉	雄
叢書主編	沙	淑	芬
校　　對	王	中	奇
內文排版	菩	薩	蠻
封面設計	廖	婉	茹

出　版　者　聯經出版事業股份有限公司　　副總編輯　陳　逸　華
地　　　址　新北市汐止區大同路一段369號1樓　總編輯　涂　豐　恩
叢書主編電話　（02）86925588轉5310　　　總經理　陳　芝　宇
台北聯經書房　台北市新生南路三段94號　　社　長　羅　國　俊
電　　　話　（02）23620308　　　　　發行人　林　載　爵
郵政劃撥帳戶第0100559-3號
郵撥電話　（02）23620308
印　刷　者　世和印製企業有限公司
總　經　銷　聯合發行股份有限公司
發　行　所　新北市新店區寶橋路235巷6弄6號2樓
電　　　話　（02）29178022

行政院新聞局出版事業登記證局版臺業字第0130號

國家圖書館出版品預行編目資料

《周易》鄭解/鄭吉雄著．初版．新北市．聯經．2023年
12月．768面．17×23公分
ISBN 978-957-08-6933-0（精裝）

1.CST：易經　2.CST：注釋

121.12　　　　　　　　　　　　　　112006631